방언소증 1

方言疏證

Fangyan Shuzheng

지은이 **양웅**(揚雄) 저(著), **곽박**(郭璞) 주(注), **대진**(戴震) 소증(疏證)

옮긴이 **이연주**(李妍周)는 강원대학교 중문과 교수로 연구 분야는 중국어 음운론, 중국언어사, 중국어 교육론이다.

옮긴이 **이연승**(李妍承)은 서울대학교 종교학과 조교수로, 연구 분야는 한대사상, 유교, 중국종교 등이다.

방언소증方言疏證 **1**

1판 1쇄 인쇄 2012년 10월 5일 **1판 1쇄 발행** 2012년 10월 10일

지은이 양웅 **주** 곽박 **소증** 대진 **옮긴이** 이연주 · 이연승 **펴낸이** 박성모 **펴낸곳** 소명출판
등록 제13-522호 **주소** 137-878 서울시 서초구 서초동 1621-18 (란빌딩 1층)
대표전화 (02) 585-7840 **팩시밀리** (02) 585-7848
이메일 somyong@korea.com **홈페이지** www.somyong.co.kr

ISBN 978-89-5626-758-6 94820 값 39,000원,
ISBN 978-89-5626-757-9 (전 3권)

이 번역도서는 2007년도 정부재원(교육인적자원부 학술연구조성사업비)으로 한국연구재단의 지원에 의하여 연구되었음.

방언소증 1

方言疏證

양웅 지음 · 곽박 주 · 대진 소증
이연주 · 이연승 옮김

소명출판

◆ 일러두기

1. 『방언』과 곽박(郭璞) 「주」(『방언』 원문과 「주」는 글자 크기를 달리하였다)의 원문은 대진(戴震)이 교주(校注)한 『방언소증(方言疏證)』본을 기본 텍스트로 하였다. 청대 최초로 『방언』을 교주했던 대진의 『방언소증』은 그 후의 『방언』 연구사에서 획을 긋는 성과이므로 『방언소증』의 내용도 번역하였다.
2. 『방언』의 원문을 비교함에 있어서 대진(戴震)의 『방언소증』본(永樂大典本을 底本으로 함)을 『방언소증』본으로, 화학성(華學誠)의 『양웅방언교석회증(揚雄方言校釋滙證)』(四部叢刊 影印 宋 李孟傳 刻本을 底本으로 함)을 『사부총간』본으로 표기하였다.
3. 『방언소증』 외에 『양웅방언교석회증(揚雄方言校釋匯證)』(華學誠, 中華書局, 2006)을 참고하여 다음 주석서들의 내용을 역주에서 보충하였다. 노문초(盧文弨)의 『중교방언(重校方言)』, 단옥재(段玉裁)의 『설문해자주(說文解字注)』, 오여천(吳予天)의 『방언주상(方言注商)』, 유태공(劉台拱)의 『방언보교(方言補校)』, 왕념손(王念孫)의 『광아소증(廣雅疏證)』, 장병린(章丙麟)의 『신방언(新方言)』, 전역(錢繹)의 『방언전소(方言箋疏)』, 정유분(丁惟汾)의 『방언음석(方言音釋)』, 주조모(周祖謨)의 『방언교전(方言校箋)』, 주준성(朱駿聲)의 『설문통훈정성(說文通訓定聲)』, 학의행(郝懿行)의 『이아의소(爾雅義疏)』 등이며, 본문에서 이들 주석서를 언급할 때는 학자의 이름만을 표기했다. 관련된 주해를 모두 나열하는 식이 아니라, 대진의 『방언소증』을 중심으로 하여 『방언소증』본에 오류가 있거나 판본상 대진의 견해에 문제점이 지적되는 경우, 그리고 대진의 견해를 보완하는 내용이 있는 경우에 각 주석서들의 중복된 내용을 피하면서 정리하였다.
4. 『방언』 본문과 곽박 「주」, 『방언소증』에 대한 역자의 주해는 모두 각주로 처리하였다. 역주에서는 『방언』 본문과 곽박 「주」, 『방언소증』에서 직, 간접적으로 인용하고 있는 모든 전거를 찾아 표기하였다. 그 과정에서 인용 서적의 원문과 다소 출입이 있는 경우 지적하여 명기하였다.
5. 각 조항의 맨 마지막에 '역해'를 두어 각 어휘의 한국한자음과 방언 어휘의 의미, 사용지역 등을 표기하였으며, 곽박 「주」에서 어휘의 독음을 표기한 경우, 이에 근거한 상고음을 국제음성기호로 표기하였다. 상고음은 이방계의 상고음설을 따랐으며, 인터넷 사이트 東方語言學(http://www.eastling.org/) 上古音查詢을 참고하였다. 한국한자음은 단국대 동양학연구소에서 출간된 『漢韓大辭典』에 의거하여 독음을 표기하였다.
6. 『방언』에 등장하는 지명에 관한 설명은 『양웅방언교석회증』(하)의 부록 1 「방언지리명사석(方言地理名詞釋)」의 내용을 참조하여 정리하였으며, 역주로 처리하지 않고 부록 1 「『방언』 지리 관련 어휘 해설」로 첨부하였다.
7. 『방언』의 본문과 곽박 「주」 및 『방언소증』에 자주 나오는 성운학, 훈고학,

문자학 용어는 『중국문자훈고학사전(中國文字訓詁學辭典)』(동문선, 1993), 『중국언어학대사전(中國語言學大辭典)』(江西教育出版社, 1991), 『중국대백과전서(中國大百科全書)・언어문자(語言文字)』(中國大百科全書出版社, 1988) 등을 참조하여 정리하였으며, 「『방언』에 등장하는 언어학 용어 해설」로 첨부하였다.

8. 『방언』 관련 지도는 周祖謨의 『方言校箋』(中華書局, 1993)과 李恕豪의 『揚雄『方言』與方言地理學研究』(巴蜀書社, 2002)에서 발췌한 지명 지도, 李恕豪의 『揚雄『方言』與方言地理學研究』에 근거한 서한시대 12개 방언구역 지도, 丁啓陣의 『秦漢方言』(東方出版社, 1991)에서 발췌한 방언어휘 분포 예시도를 부록 3 「『방언』 지도 자료」로 첨부하였다.
9. 그림자료는 방언어휘의 이해를 돕기 위해 『漢代物質文化資料圖說』(上海古籍出版社), 『中國服飾通史』(中國紡織出版社), 『中國古代服飾』(商務印書館), 『中國古代的平民服裝』(商務印書館), 『漢韓大辭典』(단국대 동양학연구소), 『中華服飾藝術源流』(高等教育出版社), 『中華服飾藝術源流』(高等教育出版社), 『中國古代名物大典』(濟南出版社), 『中國青銅器 : 展覽圖錄』(五洲傳播出版社), 『圖說中國傳統農具』(學苑出版社), 『漢族風俗史』(學林出版社), 『詩經動物釋詁』(中華書局), 『中國青銅器』(上海古籍出版社), 『先秦兩漢考古論叢』(科學出版社) 등에서 발췌하여 부록 4 「『방언』 어휘 그림 참고자료」로 첨부하였다. 그러나 『방언』 어휘 그림 참고자료와 양웅 『방언』의 방언어휘가 다를 수 있음을 밝혀둔다.
10. 방언 어휘의 상고음을 이방계의 상고음설에 따라 인터넷 사이트 東方語言學(http://www.eastling.org/) 上古音查詢을 참고하여 국제음성기호로 표기하였다. 방언 어휘의 상고음은 부록 5 「『방언』 어휘 상고음」으로 첨부하였다. '역해'에서는 곽박 「주」에서 독음을 표기한 어휘에만 이 독음에 근거하여 상고음을 표기하였으나, 부록 5에서는 『방언』의 전체 방언어휘에 상고음을 표기하였으며 곽박의 독음이 있는 경우 ( ) 안에 이를 표시하였다.
11. 『방언』 어휘의 사용 지역을 12개 방언 구역에 의해 나누고 이를 부록 6 「『방언』 어휘별 사용지역」으로 첨부하였다.
12. 독자들이 본 번역서를 참고하는 데에 편의를 제공하고자 『방언』에 나오는 어휘를 항목별로 정리하여 부록 7 「『방언』어휘 색인」으로 첨부하였다.
13. 인명과 지명의 한자어는 모두 한국어 발음대로 표기하였다.
14. 원문 번역에서는 『방언소증』의 주해 내용에 따라서, 수정해야 하는 내용을 모두 반영하여 번역하였으며, 수정한 부분은 역주에서 처리하였다.
15. 『방언소증』에 있는 대진의 『輶軒使者絕代語釋別國方言疏證』 序文과 「李孟傳刻方言後序」, 「朱質跋李刻方言」, 「劉歆與揚雄書」, 「揚雄答劉歆書」 외에도 곽박의 『方言・注』 自序를 번역하였다.

역자 서문

이연승 교수와 양웅 『방언』을 번역하기로 한 것이 2007년이었다. 당시 필자는 중국 소수민족의 언어와 문화에 대해 관심을 갖고 연구하고 있었고 이연승 교수는 경학자로서의 양웅의 사상에 대해 관심을 가지고 연구하고 있었는데, 우리 두 사람은 『방언』을 함께 번역하기로 하고 한국연구재단의 지원을 받아 이에 착수했다. 이후 판본의 변경이 있었지만 당초 계획에 맞추어 번역작업을 마쳤다. 그러나 출판하는 과정에서 교정작업에 많은 시간을 보내 이제야 출간하게 되었다.

잘 알려진 바와 같이 『방언』은 양웅이 살던 시기인 한나라 초기 중국의 각 지역에서 사용되던 어휘들을 채집하여 체계적으로 정리 수록한 저술로 총 13권에 달한다. 내용으로는 의복에서부터 병기에 이르기까지 당시의 생활상을 엿볼 수 있는 귀중한 자료일뿐더러 이후 『광아』, 『옥편』, 『광운』 등 중국어사에 있어 중요한 사전들이 『방언』을 토대로 의미를 수록하고 있어 『방언』은 중국어 어휘 연구와 중국어 연구의 출발점이 되었다. 국내 학계에서도 최근 이 분야에 대한 연구들이 다수 이루어지고 있는바 늦은 감이 있지만 『방언』의 번역서를 출간하게 되어 기쁘게 생각한다.

번역에 있어 판본은 당초 화학성華學誠의 『양웅방언교석회증揚雄方言校釋匯證』(2006, 中國, 中華書局)을 택해 번역을 시작하였으나, 도중에 『방언』 원문을 이해하는 데 유용성과 가독성을 높이기 위해 대진의 『방언소증方言疏證』(1966, 臺灣, 中華書局)으로 변경하였다. 『방언소증』을 번역함으로써 『방언』에 대한 주해의 일관성을 유지하고자 했으며 지금으로부터 약 2000년 전인 한대의 방언 어휘에 대한 이해와 더불어 청대 고증학에 대해서도 엿볼 수 있다는 점에 의미를 두었다.

여러 해에 걸친 번역과 교정 과정을 통해 나름대로 번역의 완성도를 높이고자 노력하였으나 아직도 부족한 점이 많고 오류도 적지 않을 것으로 생각된다. 미흡한 번역서를 내놓으며 내심 두렵고 부끄럽기 그지없다. 아무쪼록 이 분야 연구자들과 독자들의 너그러운 이해를 부탁드리며, 조금이나마 본 번역서가 관련 분야 연구에 도움이 된다면 더 없는 영광이겠다.

본 번역 작업을 지원해준 한국연구재단에 감사드리며, 벽자와 난해한 내용으로 인해 쉽지 않았을 출판을 위해 기꺼이 수고해준 소명출판에도 진심으로 감사드린다.

방언소증 1_ 차례

방언소증 전체 차례

방언소증 1

방언소증 2

방언소증 3

『방언』 해제

『방언』의 원제목은 『유헌사자절대어석별국방언輶軒使者絶代語釋別國方言』이며, 『방언』은 약칭이다. 유헌輶軒이란 고대 제왕의 사자使者가 타는 간편한 마차로, 주진周秦 시대에는 매년 8월에 추수가 끝나면 전국 각지로 사자를 보내서 각 지방의 시가나 동요, 그리고 이어異語나 방언 등을 수집하여 보고하게 했다고 한다. 이들이 각지로부터 수집해 온 것이 '별국방언'이며, 시간적으로 볼 때 상고시대로부터 전해져오는 언어 자료가 '절대어석'이다. 이 두 가지 모두 유헌사자의 수집 대상이었으므로 위와 같은 서명이 되었을 것이다.

『방언』은 한대의 경학자인 양웅揚雄(B.C. 53-A.D. 18)의 저작으로 알려지고 있다. 그러나 『한서 · 양웅전』에는 『방언』이라는 책이 전혀 언급되지 않았고, 『한서 · 예문지』에도 양웅이 『방언』을 지었다는 기록은 없다. 후한 말 응소應劭가 『풍속통의風俗通義』의 서문에서 처음으로 양웅의 저작이라고 말했는데, 응소는 유흠이 양웅에게 준 편지인 「여양웅서與揚雄書」와 그에 대한 답문인 「답유흠서答劉歆書」를 인용하고 있는 듯하다. 송대의 홍매洪邁는 그 진위를 의심하기도 하였으나, 대진戴震, 노문초盧文弨, 전역錢繹, 왕선겸王先謙, 왕국유王國維 등 수많은 청대의 소학자小學者들은 『방언』이 양웅의 저작이라는 응소의 견해가 옳다고 주장하였다.

『방언』은 양웅 생전에도 이미 유흠劉欽, 장백송張伯松 등 당대 학자들의 주목을 끌었다. 「답유흠서答劉歆書」에 보면 유흠은 양웅의 이 저작을 당장이라도 보고 싶어 하는 뜻을 담아 양웅에게 서신을 보냈으나, 양웅은 미완의 초고를 보여줄 수 없다고 애써 거절하면서, 아울러 방언의 자료를 조사하고 수집한지 27년이나 되었다는 말을 하였다. 그가 경사로 올라가 성제 때에 황문랑黃門郎이 된 것이 대략 43세 즈음이라고 한다면, 71세로 사망하기 전까지 『방언』의 저술을 위한 자료 수집과 정리를 쉼 없이 계속했던 셈이다. 그렇다면 『방언』이야말로 양웅의 필생의 저작이라 할 수 있다.

『방언』은 매 권의 분류에 대한 제목이 없지만 대체적으로 『이아爾雅』의 체제를 모방했다. 분명히 눈에 띄는 예만 들어 본다면, 제3권에는 초목, 제4권에는 의복, 제5권은 다양한 기물들(器具), 제8권은 금수, 제9권은 병기, 배와 마차(舟輿), 제11권은 파충에 관하여 다양한 방언들을 싣고 있다. 또 하나 혹은 몇 개의 동의어를 나열한 후 그 뜻을 설명하고, 다시 각 지역의 방언을 나누어 설명하는 식으로 기록되어 있다. 지금 전해지는 『방언』은 13권이지만 유흠과 양웅이 주고받았던 서신의 내용이나 최초로 『방언』에 주해를 가한 곽박郭璞의 『방언·주』의 서문을 보면, 본래 양웅이 계획했던 것은 15권이었고 곽박 역시 15권본의 『방언』을 보았다. 글자 수 역시 응소의 『풍속통의』에는 9,000글자라고 하였으나, 곽박의 『방언·주』에는 11,900여 자라고 하였으므로 후대의 증보가 있었음이 추측된다. 따라서 현존하는 『방언』 13권본은 곽박 등 학자들의 손을 거쳐 점차 증보, 정리되었다고 생각된다.

『방언』은 양자강 유역과 황하 유역의 당시 한어 방언 어휘는 물론, 북으로는 적어狄語, 남으로는 만어蠻語, 서로는 강어羌語 등 이민족 언어의 어휘들도 수록하고 있는 중국 최초의 방언사전이며, 세계적으로도 최초로 방언 어휘를 비교, 수집한 방언지리학의 선구적 업적이다. 이 같은 연구 성과는 중국 고대 언어학사나 세계 언어학사에서도 매우 가치 있는 것으로서, 『방언』은 중국 언어학사에서 상당히 독보적인 저작이라 할 수 있다.

양웅 『방언』에 대한 주해로는 진대의 곽박에 의해 처음으로 『방언·주』가 저술되었다. 곽박은 양웅『방언』을 계승 발전시켜 『방언』에 주해를 달았을 뿐만 아니라 더 나아가 진대의 어휘를 조사하여 이를 『방언』의 어휘와 비교하기도 하였다. 우리는 곽박의 『방언·주』를 통해서 한대로부터 진대에 이르면서 어휘에 조금씩 변화가 일어나고 있었다는 사실을 알 수 있다. 또 현재 우리가 볼 수 있는 『방언』의 판본은 송대 이후의 판각본들로 모두 곽박의 『방언·주』판본이다. 따라서 양웅 『방언』은 곽박의 『방언·주』를 통해서 장기적으로 보존될 수 있었다고 할 수 있다.

이후 양웅 『방언』은 청대에 고증학이 발달하면서 다시 주목받기 시작하였고 많은 주석서가 등장하였다. 『방언』의 이들 주석서 가운데 청대 고증학자인 대진이 저술한 『방언소증方言疏證』은 『방언』의 원문을 글자마다 항목마다 꼼꼼히 고증하여 『방언』의 원래 모습을 가

장 잘 살린 것으로 평가된다. 시간이 흐르면서 송대 이후 전해진 『방언』의 여러 판본에는 오류가 많았는데, 대진은 『영락대전永樂大典』본을 주 판본으로 하여 명대 판본과 대조하면서 교정을 하였고 고문헌에서 『방언』이나 『방언 · 주』를 인용한 것을 수집해 『영락대전』본과 일일이 대조하여 모두 281자의 오류를 정정하고 27자의 탈자를 보완했으며 17자를 삭제하였다. 훗날 대진의 『방언소증』은 대진의 제자인 왕념손의 『방언소증보方言疏證補』에서 더 보완되었다. 대진 이후의 중요한 『방언』 연구자들, 예를 들면 전역錢繹, 노문초盧文弨, 주조모周祖謨 등 학자들도 대부분 대진의 설을 따르고 있으며 대진의 설을 비판하더라도 기본적으로 『방언소증方言疏證』의 형식을 취하고 있다. 최근 역대의 주석서를 총 정리한 화학성華學誠의 『양웅방언교석회증揚雄方言校釋匯證』이 출판되었는데 여기서도 주로 대진의 설을 따르고 있다.

『방언소증』은 『방언』의 원문 및 『방언』 연구에 있어서 중요한 주해 성과를 이해하는 데에 소중한 자료일 뿐 아니라 청대 고증학을 연구하는데 있어서도 귀중한 자료이다.

『방언·주』 자서

『方言·注』 自序

[**진**晉] **곽박**郭璞

蓋聞『方言』之作, 出乎輶軒之使[1], 所以巡遊萬國, 采覽異言, 車軌之所交, 人迹之所蹈, 靡不畢載, 以爲奏籍. 周·秦之季, 其業隳廢, 莫有存者.

일반적으로 『방언』이라는 저작은 유헌의 사신들이 지은 것이라고 한다. 이들은 여러 나라를 두루 순유하기 때문에, 각 지방의 서로 다른 말들을 채택하여 비교해볼 수 있었다. 마차가 닿는 곳이나 인적이 있는 곳에서라면 어디든지 모두 기재하여 진헌하지 않은 적이 없었다. 주대와 진대의 말기에 그 일은 쇠락하게 되고 결국 폐기되어 남아 있는 것이 없게 되어버렸다.

暨乎揚生, 沈淡其志, 歷載構綴, 乃就斯文. 是以三五之篇著[2], 而獨

---

1 輶軒之使 : 輶軒이란 고대의 가볍고 간단한 마차의 일종이다.
2 郭璞이 접했던 『方言』은 15권본이었던 것으로 보인다.

鑒之功顯. 故可不出户庭而坐照四表, 不勞疇咨而物來能名[3].

양웅에 이르러, 그가 자신의 뜻을 깊이 가라앉히고 담박하게 하여 몇 해에 걸쳐 자료를 모으고 틀을 짜서 편찬함으로써 이 『방언』이라는 책을 이루게 되었다. 이 15권의 책은 유독 그 성찰한 공이 혁혁하여, 문 밖을 나서지 않고도 앉아서 사방의 먼 곳을 비추어볼 수 있으며, 누구에게 자문을 구하는 수고를 하지 않고도 사물을 보고는 능히 이름을 알 수가 있다.

考九服[4]之逸言, 摽六代之絶語, 類離詞之指韻, 明乖途而同致. 辨章風謠而區分, 曲通萬殊而不雜, 眞治見之奇書, 不刋之碩記也.

(양웅은 이 책에서) 전국 각지의 방언을 상고하고, 유사 이래의 옛 말들을 기록하였으며, 각기 다른 말들의 뜻과 성운을 분류함으로써, 서로 다르나 한 가지로 일치하는 점을 명확히 밝혔다. 각 지방의 풍속과 말을 밝혀서 구분하고, 여러 가지로 서로 다른 것을 곡진히 두루 통하게 하여 섞이지 않게 하였다. 참으로 박학함을 담은 기서奇書이며, 길이 끊이지 않을 풍부한 기록이라 하겠다.

余少玩雅訓, 旁味方言, 復爲之解, 觸事廣之, 演其未及, 摘其謬漏, 庶以燕石之瑜[5]補琬琰[6]之瑕, 俾後之瞻涉者可以廣寤多聞爾.

나는 어려서부터 『이아』의 훈고를 익혔고 『방언』을 두루 맛보았으며, 다시 『방언』을 풀이하고, 사물에 임할 때마다 이를 넓혀 나가며,

3 疇는 여기에서 誰라는 의미로 쓰였으며, 咨는 '묻다'라는 뜻이다.

4 九服 : 주나라 때에 수도를 중심으로 거리에 따라서 나눈 행정 구획. 王城으로부터 사방 천 리를 王畿라고 하고, 그 다음부터 오백 리마다 차례로 侯服, 甸服, 男服, 采服, 衛服, 蠻服, 夷服, 鎭服, 藩服의 아홉 구역으로 나누었다. 여기에서는 전국 각지를 가리킨다.

5 燕石은 옥과 닮은 돌이며, 瑜는 아름다운 옥이다.

6 琬琰 : 琬圭와 琰圭는 훌륭한 옥으로 만든 禮器다.

그 미흡한 곳을 더 풀어나가고 잘못된 곳이나 빠진 부분을 가려내었다. 이는 마치 연석燕石과 같은 옥으로써 완규琬圭나 염규琰圭와 같은 훌륭한 옥기玉器를 보수하려는 것과 같다. 다만 뛰어난 후학들로 하여금 널리 깨우치고 이해하게끔 하고자 할 따름이다.

『방언소증』 서

『方言疏證』 序

[청清] 대진戴震

案『輶軒使者絶代語釋別國方言』十三卷, 漢揚雄撰, 晋郭璞注. 漢, 魏, 晉以來 引是書, 但稱『方言』者, 省文也. 雄采集之意, 詳見於「答劉歆書」.

『유헌사자절대어석별국방언』 13권은 전한 시대의 양웅이 지었고, 진대의 곽박이 주해를 하였다. 한, 위, 진이래 이 책을 인용한 경우 『방언』이라고 한 것은 글자를 생략한 것이다. 양웅이 『방언』에 수록된 글자를 채집한 의도는 「답유흠서」에 상세히 나와 있다.

考雄爲郎, 在成帝元延二年, 時雄年四十三. 『漢書』傳贊所謂"初雄年四十上餘, 自蜀來至遊京師", 是也。 劉歆遺雄書求『方言』, 則當王莽天鳳三·四年間, 未幾而雄卒, 答書內所謂"二十七歲於今"[1], 傳贊所

---

1 『양웅집』에 수록된 답서에는 "二十七歲於今矣"라고 되어 있다.

謂"年七十一, 天鳳五年卒." 是也。

양웅이 낭관이 된 시기가 성제 원연 2년(B.C. 11)이었다는 것을 따져 보면, 당시 양웅의 나이는 43세였다. 『한서』「양웅전」의 찬문에 "처음에 양웅은 40여 세가 되어 비로소 촉으로부터 경사로 오게 되었다"라고 한 것이 이 사실을 말해준다. 유흠이 양웅에게 서찰을 보내어 『방언』을 보자고 청하였던 것은 왕망 천봉 3, 4년간의 일이고, 그로부터 얼마 되지 않아 양웅은 세상을 떠났다. 유흠에게 보낸 답서에서 말한 "지금까지 27년이 되었다"라고 한 것과, 「양웅전」의 찬문에서 말한 "양웅의 나이 71세, 천봉 5년(18년)에 세상을 떠났다"고 한 것이 역시 이러한 사실을 말해준다.[2]

答書有云, "語言或交錯相反, 方複論思, 詳悉集之", "如可寬假延期,[3] 必不敢有愛." 然則『方言』終屬雄未成之作, 歆求之而不與, 故不得入錄. 班固次雄「傳」及「藝文志」, 不知其有此.

유흠에게 보낸 답서에서 말하기를, "말 가운데 어떤 것은 서로 섞이고 어지러워지면서 서로 반대되기도 하므로, 반복하여 연구하고 생각하면서 상세하게 이 책에 채집하였습니다", "너그러이 조금만 더 기간을 연기하여 주신다면 반드시 아끼는 바 없이 (『방언』을) 바치고자 합니다"라고 하였다. 그러나 『방언』은 끝내 양웅이 미완성으로 마친 작품이었으니, 유흠이 그것을 구했으나 주지 않았으며, 따라서 유흠의 도서 목록에 들어가지 못했다. 반고가 양웅의 「전」과 「예문지」를 정리하였으나, 『방언』이라는 양웅의 저서가 있음을 알지 못했다.

2 이 문단에서 대진은 양웅이 경사에 오게 된 것이 43세라고 추정하는 근거를 두 가지로 제시하고 있다.

3 『양웅집』에 수록된 답서에는 "而可且寬假延期"라고 되어 있다. 如와 而는 통용되는 글자다.

至應劭集解『漢書』, 始見徵引, 稱揚雄『方言』. 其『風俗通義』「序」又取答書中語, 具詳本末, 而云, "『方言』凡九千字." 今計正文, 實萬一千九百餘字. 豈劭所見, 與郭璞所注傳本微有異同歟? 歆遺雄書曰, "屬聞子雲獨采集先代絶言, 異國殊語, 以爲十五卷." 雄答書稱, "殊言十五卷." 郭璞「序」亦云, "三五之篇." 而『隋經籍志』, "『方言』十三卷." 『舊唐書』作, "『別國方言』十三卷." 其倂十五爲十三, 在璞注後, 隋已前矣.

응소가 『한서』에 집해 작업을 하기에 이르러 비로소 양웅의 저서를 증거로서 인용하며 양웅의 『방언』이라고 일컬었다. 『풍속통의』「서문」에서 또 유흠에게 보낸 답서에 있는 말을 취하여 그 본말을 모두 상세히 보여주며 말하기를, "『방언』은 모두 구천 자字다"라고 하였다. 지금 『방언』의 본문을 세어보니 실제로는 만 천 구백여 자다. 어찌 응소가 보았던 것과 곽박이 주해를 했던 판본에 차이가 없다고 하겠는가? 유흠이 양웅에게 보낸 서신에 "근자에 자운(양웅)께서 홀로 선대의 끊어져버린 말과 다른 나라들의 단절된 말들을 채집하여 15권으로 만드셨다는 이야기를 들었습니다"라고 하였으며, 양웅도 답서에서 "단절된 말 15권"이라고 하였다. 곽박의 「서문」에서도 역시 "15편"이라고 하였고, 『수서』「경적지」에는 "『방언』 13권"이라 하였으며, 『구당서』「경적지」에서는 "『별국방언』 13권"이라고 하였다. 이로써 미루어보면, 15권을 아울러 13권이라 한 것은 곽박이 주해를 한 이후이며 수나라 이전의 일이라 생각된다.

許愼『說文解字』·張揖『廣雅』多本『方言』, 而自成著作, 不加所引用書名. 『魏書』「江式傳」, "式上表曰, '臣六世祖瓊, 往晉之初, 與從父兄應元, 俱受學於衛覬, 古篆之法, 『倉』『雅』『方言』『說文』之誼, 當時並收善譽, 數世傳習, 斯業所以不墜.'" 杜預注『左傳』, "授師孑焉"[4]曰, "揚雄『方言』, '孑者, 戟也.'" 孔穎達『疏』云, "揚雄以『爾雅』釋古今之語, 作書擬之, 采異方之語, 謂之『方言』." 蓋是書漢末晉初乃盛行, 故應劭擧以爲言, 而杜預以釋經, 江瓊世傳其學, 以至於式. 他如吳薛綜述「二京解」, 晉張載 · 劉逵注「三都賦」, 晉灼注『漢書』, 張湛注『列子』, 宋 裴松之注『三國志』, 其子駰注『史記』, 及隋曹憲, 唐陸德明 · 孔穎達 · 長孫訥言 · 李善 · 徐堅 · 楊倞之倫, 『方言』及『注』, 幾備見援摭.

허신의 『설문해자』나 장읍의 『광아』는 『방언』에 많이 근거하여 스스로 저작을 이루었는데, 인용한 서명을 써놓지 않았다. 『위서』 「강식전」에 "강식이 글을 올려 말하기를, 저의 육대조이신 경은 옛날 진나라 초기에 사촌형 응원과 더불어 위기에게 배웠는데, 고대의 전서와 『창힐』, 『이아』, 『방언』, 『설문해자』의 연구로서 당시 좋은 명성을 얻었으며 여러 세대를 거쳐 전습되어 이에 그 학문이 끊어지지 않게 되었습니다"라고 하였다. 두예가 『좌전』에 주해하면서 "군사들에게 창을 주다"라는 구절에 대하여 "양웅의 『방언』에 '혈孑은 극戟(창)이다'라고 하였다"고 주해하였다. 공영달의 『소』에, "양웅은 『이아』에 근거하여 고금의 말들을 풀이하고, 책을 만들어 『이아』를 모방하였다. 다른 지방의 말들을 채집하여 『방언』이라고 하였다"고 말했다. 대체로 이 『방언』은 한대 말기로부터 진대 초기에 성행하였으므로 응소가 이를 들어 말하였고, 두예가 이로써 경전을 풀이하였으며 강경이 대대로 그 학문을 전수하여 강식에게까지 이르게 되었을 것이다. 그밖에도 오의 설종이 「이경해」를 짓고 진의 장재와 유규가 「삼도부」에 주해하고, 진작이 『한서』에 주해를 하고 장담이 『열자』에 주해를 하고 유송劉宋의 배송지가 『삼국지』에 주해하고 그 아들 배인이 『사기』에 주해를 할 때, 그리고 수대의 조헌, 당대의 육덕명, 공영달, 장손납언, 이선, 서견, 양경 등은 『방언』 및 곽박의 『방언 · 주』에 대하여 그 취할 바와 버릴 바를 상세하게 보여주었다.

---

4 『春秋左傳』 莊公 4年 : "楚武王荊尸, 授師孑焉, 以伐隨."

其後獨洪邁疑之, 謂"雄所爲文, 盡見於「自序」及「漢志」, 初無所謂『方言』." 則併傳贊內'自序'二字, 結上所錄"法言自序"者, 未之審. 又未考雄之文, 如「諫不受單于朝書」「趙充國頌」「元后誄」等篇, 溢於雄「傳」及「藝文志」外者甚多, 而輕置訾議. 豈應劭·杜預·晉灼及隋唐諸儒咸莫之考實耶?

그 후에 홀로 홍매가 『방언』에 의심을 품고는, "양웅이 『방언』을 지었다는 것은 오직 「자서」와 『한서』 「예문지」에 보일 뿐이며, 당초에는 『방언』이라는 것이 없었다"고 말했다. 그런데 『한서』 「양웅전」의 찬문에 있는 '자서'라는 두 글자가 찬문의 앞부분에 기록된 "『법언』 자서"와 연결되는 것인지 알 수 없다. 또 양웅의 문장들 가운데 「간불수선우조서(선우의 조서를 받지 말기를 간함)」, 「조충국송」, 「원후뢰」 등, 『한서』 「양웅전」이나 「예문지」에 기록되지 않은 것이 많다는 것을 고려하지 않고서, 가볍게 의심하고 비판했다. 어찌 응소, 두예, 진작 및 수대와 당대의 유자들이 모두 『방언』을 고증하지 않았겠는가!

常璩『華陽國志』, 於林閭翁孺·揚莊, 並云, "見揚子『方言』." 李善注『文選』, 引張伯松曰, "是懸諸日月不刊之書也." 亦直稱"揚雄『方言』曰". 可證歆雄遺答書, 附入『方言』卷末已久.

상거의 『화양국지』에 임려옹유, 양장에 대하여 모두 "양웅의 『방언』을 보았다"고 하였다. 이선이 『문선』에 주해할 때 장백송이 "이는 해와 달처럼 찬란하게 하늘에 내걸어도 고칠 것이 없는 책이다"라고 했던 말을 인용하였으며, 또 직접 "양웅의 『방언』에 말하기를"이라고 하였으니, 유흠과 양웅이 서신을 주고받았다는 사실을 증명할 수 있으며[5] 이를 『방언』의 권말에 첨부한 지 이미 오래되었다.

5 장백송의 말은 「답유흠서」에 있으므로, 이같이 말한 것이다.

宋·元以來, 六書故訓不講, 故鮮能知其精覈. 加以訛舛相承, 幾不可通. 今從『永樂大典』內得善本, 因廣搜羣籍之引用『方言』及注者, 交互參訂, 改正訛字二百八十一, 補脫字二十七, 刪衍字十七, 逐條詳證之, 庶幾漢人故訓之學猶存於是, 俾治經·讀史·博涉古文詞者, 得以考焉.

송, 원 이래, 육서의 옛 훈석들을 강학하지 않게 되었으므로 그 정수를 알 수 있는 자가 거의 없었다. 게다가 그릇되고 어지러이 전해졌으니 거의 이해할 수가 없게 되었다. 이제 『영락대전』에 실린 선본에 근거하여 여러 서적에서 『방언』과 『방언·주』를 인용한 것을 널리 찾아서 서로 비교하고 교정을 하여, 281개의 틀린 글자를 바로잡았으며 27개의 탈자를 보충하였고 17개의 연자를 삭제하였다. 각각의 조항에 대하여 상세히 증거를 제시하였으니 한나라 사람들의 옛 훈고의 학술이 거의 모두 여기에 있다고 해도 될 정도다. 경전을 연구하고 역사서를 읽거나 및 옛 시문들을 널리 섭렵하는 자들은 이를 가지고 고증할 수 있을 것이다.

방언 제1권

輶軒使者絕代語釋別國方言 第一

방언 1

黨[1]① · 曉② · 哲③, 知④也. 楚謂之黨,【黨, 朗也, 解寤貌】 或曰曉, 齊宋之間謂之哲.

당黨 · 효曉 · 철哲은 알다(지知)의 뜻이다. 초楚 지역에서는 당黨【당은 밝다는 뜻이며, 이해하고 깨달은 모습이다】이라고 하고, 혹은 효曉라고도 하며, 제齊와 송宋에 걸친 지역에서는 철哲이라고 한다.

---

1 『荀子 · 非相篇』에 "선왕을 본받고 예의에 따르며 학자를 가까이 한다(法先王, 順禮義, 黨學者)"라는 대목이 있는데, 俞樾은 『諸子平議』에서 말하기를, "黨學者란 '학자를 안다(曉學者)'라고 말하는 것과 같다"고 했다.

案'知'讀爲'智'. 『廣雅』: "黨·曉·哲, 智也."[2] 義本此. '智', 古'智'字. 孫綽「遊天台山賦」: "近智以守見而不之, 之者以路絶而莫曉."[3] 李善「注」云: "之, 往也. 假有之者, 以其路斷絶, 莫之能曉也. 『方言』曰: 曉, 知也."[4] 此所引乃如字, 讀與『廣雅』異. 「注」內'黨''朗', 疊韻字也. 『廣韻』作'爣朗'云: "火光寬明."[5]

'지知'는 '지智'로 읽는다. 『광아』에 "당黨·효曉·철哲은 알다(지智)의 뜻"이라고 했는데, 그 의미는 여기에서 근거하였다. '지智'는 '지智'의 옛 글자다. 손작의 「유천태산부」에 "얕은 지식을 가진 자들은 자기가 아는 것만을 지키면서 그곳에 가려 하지 않고, 갔던 사람들도 길이 험난하여 제대로 알지 못한다"는 구절이 있는데, 이선의 「주」에 "지之는 가다(왕往)의 뜻이다. 가는 자가 있다고 해도 그 길이 끊어졌다면 알 수가 없다. 『방언』에 말하기를 효曉는 알다(지知)의 뜻이라고 하였다"고 되어 있다. 여기에서 인용한 문장에서는 글자 그대로 지知라고 하였으니 독음은 『광아』와 다르다. 곽박의 「주」에 나오는 '당黨'과 '랑朗'은 첩운자다. 『광운』에서는 '당랑爣朗'이라고 썼으며, "불빛이 널리 밝은 것"이라고 하였다.

---

2 『廣雅·釋詁』: "慢·諒·悎·𥈭·覺·叡·忓諝·黨·聞·曉·哲, 智也."

3 『文選·賦己·遊天台山賦』: "近智者以守見而不之, 之者以路絶而莫曉." 戴震의 인용문에는 앞 구절에서 '者'라는 글자를 누락하고 있다.

4 이 두 구절에 대한 李善「注」의 원문은 다음과 같다. "近智, 猶小智也. 『爾雅』曰: 之, 往也. 言近智守所見而不之, 假有之者, 以其路斷絶, 莫之能曉也. 『方言』曰: 曉, 知也." 이를 보면 '之는 往이다'라고 한 것은 『爾雅』에서 인용한 것임을 알 수 있다.

5 『廣韻』上聲: "爣, 爣朗, 寬明也. 又火光."

역해

① 黨[당] : 알다. 깨닫다. 楚지역에서는 黨이라고 함.
② 曉[효] : 밝다. 명백하다. 이해하다. 정통하다. 楚지역에서는 黨이라고 하며 曉라고도 함.
③ 哲[철] : 알다. 이해하다. 밝게 알다. 지혜가 있다. 齊宋之間에서는 哲이라고 함.
④ 知[지] : 알다. 知는 黨, 曉, 哲의 풀이어휘.

방언 2

虔① · 儇②, 慧③ 也.【謂慧了. 音翾】 秦謂之謾④【言謾詑[6]也.[7] 訑, 大和反[8]. 謾,[9] 亡山反】, 晉謂之𢡃⑤【音悝[10], 或莫佳反】, 宋楚之間謂之倢⑥,【言便倢

6 『四部叢刊』本에는 '訑'라고 되어 있으나, 戴震은 '詑'라고 고쳤다. 華學誠은 郭璞의 「注」에서 음을 설명하는 순서로 미루어 '謾詑'가 아니라 '詑謾'이며, 訑는 詑의 別體라고 하였다.

7 『四部叢刊』本에는 '也'라고 되어 있으나 戴震은 '音'이라고 고쳤다. 그러나 華學誠은 이 구절에 대한 역대의 교정과 주해에 대한 논의를 종합하여 볼 때 '音'이 아니라 '也'로 고쳐야 하며, '言訑謾也'가 옳다고 하였다.

8 王念孫의 『方言疏證補』에서는 '土和反[t'ua]'으로 고치고서 말하기를, "詑자는 바로 본문에 있는 譎라는 글자다. 『廣韻』에 詑와 譎는 같은 음으로, 土和切이라고 하였고, 글자는 訑라고도 쓰며 일반적으로 他라고 쓰기도 한다. …… 각 판본에는 '大和反'이라고 잘못 되어 있지만 '大和'는 음이 '柁'인데, 『廣韻』과 『玉篇』을 살펴봐도 '詑'자에 모두 '柁'라는 음이 없다. 또 『集韻』에 『方言』의 음이 실려 있는데 역시 '詑'라는 글자를 '柁'라고 발음하지 않는다"고 하였다.

9 『四部叢刊』本에는 '莫錢, 又'가 더 있으나, 戴震은 이를 삭제했다. 그러나 華學誠은 삭제하는 것이 옳지 않다고 했다.

10 王念孫의 『方言疏證補』에 말하기를, "각 판본에는 '음은 悝다'라고 되어 있으나, 『玉篇』이나 『廣韻』에서 '𢡃'의 음이 모두 '埋'라고 되어 있다. 또, '𢡃는 慧(영리하다)다'라는 『廣雅』의 조항에 대한 曹憲의 음이 '莫佳'와 '莫諧' 두 가지

也】 楚或謂之譎.⑦【他和反, 亦今通語】 自關而東趙魏之間謂之黠⑧, 或謂之鬼⑨【言鬼脈[11]也】.

건虔 · 현儇은 영리하다(혜慧)의 뜻이다.【밝다(慧了)는 것을 말한다. 음은 현翾이다】 진秦에서는 만謾이라고 하며,【속인다(謾詑)는 뜻이다. 타詑는 토화반土和反[12]이다. 만謾은 망산반亡山反이다】 진晉에서는 매䚢라고 한다.【음은 매埋, 혹은 막가반莫佳反이다】 송宋과 초楚에 걸친 지역에서는 첩倢이라고 하며,【재빠르다(편첩便倢)는 뜻이다】 초楚에서는 혹은 타譎라고도 한다.【음은 타화반他和反이다. 또한 오늘날(곽박의 시대)에도 통용되는 말이다】 함곡관으로부터 동쪽 조趙 위魏 지역에서는 할黠이라고 하고, 혹은 귀鬼라고도 한다.【귀신같이 영리하다(귀맥鬼脈)는 것을 말한다】

방언소증

案『荀子 · 非相篇』: "鄉曲之儇子." 楊倞「注」云: "『方言』: 儇, 疾也. 又曰慧也. 與喜而翾義同, 輕薄巧慧之子也." 『楚詞 · 惜誦篇』: "忘儇媚以背衆兮."[13] 王逸「注」: "儇, 佞也." 洪興祖引『說文』: "儇, 慧也."[14] 「惜往日篇」: "或訑謾而不疑."[15] 『說文』云: "謾, 欺也."[16], "沇州謂欺曰訑."[17] 「注」內 '詑'卽'訑'之俗字. 此書音某及某某反之類多. 後人所加

로 되어 있는데, 후자는 '埋'에 해당되고 전자의 발음은 『方言』에서 말한 음과 같다는 사실에 근거하여 이같이 고친 것이다"라고 하였다.

11 『四部叢刊』本에는 '覛'라고 되어 있으나, 戴震은 '脈'으로 고쳤다.

12 『方言』의 원문에는 '大和反'으로 되어 있으나 역주 8번에 보이는 王念孫의 견해에 따라 '土和反'으로 고쳐서 해석하였다.

13 『楚辭 · 九章 · 惜誦』: "忘儇媚以背衆兮, 待明君其知之."

14 『說文解字』 人部: "儇, 慧也. 從人瞏聲."

15 『楚辭 · 九章 · 惜往日』: "或忠信而死節兮, 或訑謾而不疑."

16 『說文解字』 言部: "謾, 欺也. 從言曼聲."

雜入郭「注」, 今無從辨別, 姑仍其舊. '鬼䀛'各本訛作'鬼眎'. '䀛'俗作'脈', 因訛而爲'眎'. 後卷十內"䀛, 慧也."[18] 「注」云, "今名黠爲鬼䀛." 『廣雅』: "虔・謾・黠・儇・譎・㥏・捷・鬼, 慧也."[19] 義本此. '倢''捷', 古通用.

『순자・비상편』에 "향촌의 경박한 소년"이라는 말이 있는데, 양경의 「주」에서 말하기를 "『방언』에 '현儇은 빠르다(질疾)는 뜻이며[20], 또 영리하다(혜慧)의 뜻이다'라고 했다. 기뻐하면서 경박하게 군다는 말과 뜻이 같으니, 경박하고 간교한 자들"이라고 하였다. 『초사・석송편』에 "눈에 들려 하지 않고 꿋꿋이 남들과 떨어져서"라는 구절이 있는데, 왕일의 「주」에서 "현儇은 간교하다(녕佞)의 뜻"이라고 하였다. 홍흥조[21]는 『설문해자』의 "현儇은 영리하다(혜慧)의 뜻이다"라는 구절을 인용하였다. 『초사・석왕일』에 "어떤 이는 속이고도 의심받지 않으니"라는 구절이 있는데, 『설문해자』에서 "만謾은 속이다(기欺)의 뜻이다. 연주沇州에서는 속이다(기欺)를 타詑라고 한다"고 하였다. 곽박의 「주」에 있는 '타訑'는 바로 '타詑'의 속자俗字다. 이 책에는 '음은 모某'라고 하거나 '모모반某某反'이라고 한 것이 많다.[22] 후대 사람들이 덧붙여

17 『說文解字』 言部: "詑, 沇州謂欺曰詑. 從言它聲."

18 『方言』 제10권의 25번 항목을 참조할 것.

19 『廣雅・釋詁』: "虔・謾・黠・儇・譎・㥏・捷・鬼, 慧也."

20 楊倞 「注」에는 『方言』에 "儇은 疾(빠르다)이다. 또 慧(영리하다)라고도 한다"고 되어 있는데, 지금의 『方言』에는 '儇은 疾(빠르다)이다'라고 한 대목이 보이지 않는다. 楊倞이 보았던 『方言』의 판본에는 이런 구절이 있었을 가능성도 있다.

21 洪興祖(1090-1155): 字는 慶善이고 號는 練塘이며, 鎭江 丹陽 사람이다. 宋 徽宗 政和 8년(1118)에 進士가 되어 陳州 商水의 主簿가 되었다. 宋 高宗 紹興 4년(1134)에 召試에 응하여, 秘書省正字에 제수되었다. 저서에 『老莊本旨』, 『周易通義』, 『繫辭要義』, 『楚辭補注』 등이 있으며 『宋史』 제433권에 洪興祖의 「傳」이 있다.

22 다시 풀어 말하면, 이 책에는 '음은 A'라고 하거나 'AB反'이라고 한 것이 많다

서 곽박의 「주」에 끼워 넣었는데, 지금(대진 당시)은 판별할 수가 없게 되었으니 일단 그대로 둔다.[23] '귀맥鬼䀡'은 각 판본에서 모두 '귀시鬼眎'라고 잘못 적었다. '맥䀡'은 보통 '맥脈'이라고 쓰는데 이로 인하여 '시眎'라고 잘못 쓴 것이다. 뒤의 제10권에 "맥䀡은 영리하다(혜慧)의 뜻"이라는 구절이 있고, 곽박의 「주」에 "지금은 교활한(힐黠) 것을 귀맥鬼䀡이라고 한다"고 되어 있다. 『광아』에 "건虔·만謾·힐黠·현儇·타譇·매慸·첩捷·귀鬼는 영리하다(혜慧)의 뜻"이라고 되어 있는데, 그 의미는 여기에서 근거하였다. '첩倢'과 '첩捷'은 옛날에는 통용되었다.

역해

① 虔[건] : 총명하다. 영리하다.
② 儇[현] : 밝다. 총명하다. 곽박 「주」에 발음은 翾이라고 했는데, 이에 근거한 상고음은 [*hwjan, *hwjian]이다.
③ 慧[혜] : 영리하다. 慧는 虔, 儇의 풀이어휘.
④ 謾[만] : 속이다. 헐뜯다. 秦지역 어휘. 곽박 「주」에 발음은 亡山反이라고 했는데, 이에 근거한 상고음은 [*mruan]이다.
⑤ 慸[매] : 영리하다. 똑똑하다. 晉지역 어휘. 곽박 「주」에 발음은 悝와 莫佳反이라고 했는데, 이에 근거한 상고음은 [*ljəgx]와 [*mrjəg]이다.
⑥ 倢[첩] : 재빠르다. 宋楚之間의 어휘.
⑦ 譇[타] : 총명하다. 깨닫다. 楚지역에서는 譇라고도 함. 곽박 「주」에 당시에는 이것이 通語였으며 발음은 他和反이라고 했는데, 이에 근거한 상고음은 [*thuar]이다.

는 뜻이다.

23 戴震은 郭璞의 「注」에 무언가 문제가 있지만 더 이상 밝힐 수 없었으므로 이같이 말한 것이다.

⑧ 黠[힐] : 약다. 영리하다. 간교하다. 함곡관으로부터 동쪽 지역 趙魏之間에서는 黠이라고 함.

⑨ 鬼[귀] : 지혜롭다. 함곡관으로부터 동쪽 지역 趙魏之間 지역에서는 鬼라고도 함. 곽박 「주」에 귀신같이 영리하다(鬼脈)의 의미라고 했다.

방언 3

娥① · 嬴[24]②【音盈】, 好③也. 秦曰娥【言娥娥也】, 宋魏之間謂之嬴【言嬴嬴也】, 秦晉之間凡好而輕者謂之娥. 自關而東河濟之間謂之媌④【今關西人[25]呼好爲媌, 莫交反】, 或謂之姣.⑤【言姣潔也[26]】 趙魏燕代之間曰姝⑥【昌朱反, 又[27]音株, 亦四方通語】, 或曰妦.⑦【言妦容也. 音蜂】 自關而西秦晉之故都曰妍.⑧【秦舊都, 今扶風雍丘也. 晉舊都, 今太原晉陽縣也. 其俗通呼好爲妍, 五千反】 好, 其通語也.

아娥 · 영嬴【음은 영盈이다】은 아름답다(호好)의 뜻이다. 진秦에서는 아娥【아름답다(아아娥娥)를 말한다】라고 하고, 송宋 위魏에 걸친 지역에서는 영嬴

---

24 『四部叢刊』本에는 '嬴'으로 되어 있으나, 戴震은 '嬴'으로 썼다. 劉台拱의 『方言補校』에서 "嬴은 올바른 글자가 아니며 嬴라고 하는 것이 옳다"고 하였다. 盧文弨, 錢繹 두 사람은 고치지 않았으며 원 판본에 따라 '嬴'이라고 하였다. 明刻本 『廣雅』에는 '嬴'라고 되어 있는데, 王念孫의 『廣雅疏證』에는 嬴은 譌字이며, 宋本의 影本은 '嬴'이라고 하여 틀리지 않았다고 하였다. 王念孫의 『方言疏證補』 역시 '嬴'이라고 했으며 아울러 '嬴'과 같다고 하였다. 周祖謨의 『方言校箋』에서는 "嬴은 마땅히 嬴의 增益字다. 해가 진다(日莫)는 뜻의 莫을 暮로 쓰는데 暮가 莫의 增益字인 것과 같다"고 말했다. 華學誠은 『集韻』耕韻 '嬴'이라는 글자에 대한 내용에 보이는 『太平御覽』 제381권에 인용된 『方言』은 모두 '嬴'이라고 되어 있다고 하였다.

25 『四部叢刊』本에는 '亦'이 있으나, 戴震은 삭제하였다.

26 『四部叢刊』本에는 '音狡'가 있으나, 戴震은 삭제하였다.

27 『四部叢刊』本에는 없으나, 戴震이 보충하였다.

【영영嬴嬴을 말한다】이라고 하며, 진秦 진晉 지역에서는 대개 아름답고 날씬한 것을 아娥라고 한다. 함곡관으로부터 동쪽의 하제河濟 지역에서는 묘媌【지금 관서關西 사람들 역시 아름답다고 할 때 묘媌라고 한다. 음은 막교반莫交反이다】라고 하거나, 혹은 교姣【아름답고 깨끗하다(姣潔)를 말한다. 음은 교狡다】라고도 한다. 조趙 위魏 연燕 대代 지역에서는 주姝【음은 창주반昌朱反이다. 다른 음은 주株다. 역시 사방에서 통용되는 통어通語다】라고 하거나, 혹은 봉妦【아름다운 모습(妦容)을 말한다. 음은 봉蜂이다】이라고도 한다. 함곡관으로부터 서쪽 진秦 진晉의 옛 도시에서는 연妍이라고 한다.【진秦의 옛 도읍은 지금의 부풍扶風 옹현雍縣[28]이다. 진晉의 옛 도읍은 지금의 태원太原 진양현晉陽縣이다. 이 지역에서는 일반적으로 아름답다(호好)를 연妍이라고 한다. 음은 오천반五千反이다】 호好(아름답다)는 통어通語다.

방언소증

案『廣雅』: "嬴·媌·姣·姝·妍, 好也."[29] 義本此. '嬴'各本訛作'嬴', 惟『廣雅』不誤. 『說文』: "嬴, 從女羸省聲."[30] '嬴'與'嬴'有省不省之異,

28 郭璞의 「注」에는 雍丘라고 되어 있으나, 王念孫의 고증에 따라 雍縣으로 고쳐서 번역하였다. 王念孫은 『方言疏證補』에서 『晉書·地理志』에 扶風郡에 雍縣이 있고 雍邱縣은 없으며, 또 『太平御覽』은 郭璞의 「注」를 인용하여 "秦의 옛 도읍이며, 지금의 扶風 雍縣이다"라고 하였으니 이에 근거하여 정정한다고 하였다. 華學誠은 秦의 雍丘라는 治所는 지금의 河南 杞縣에 있고, 雍縣의 治所는 지금의 陝西 鳳翔의 남쪽에 있으며 晉나라 때에는 扶風郡에 속했으니 王念孫이 고친 것이 옳다고 하였다.

29 『廣雅·釋詁』: "娺·嬴·娃·嫷·孌·孈·姚·娧·純·珇·旺·娘·窔·窈·窕·妦·忏·妧·媌·婩·嬻·鮮·頓·嬸·麗·佳·嫪·鈔·嫽·姣·袾·齌·媉·顲·瞧·屢·姝·娩·妮·嫿·嬇·婍·姘·嘏·嬥·嫙·娙·蘣·襸·祖·褫·妙·嫖·媨·妘·嫣·嫈·嫛·覣·婥約·嫵·媦·嬛·姍, 好也."

30 『說文解字』 女部: "嬴. 少昊氏之姓也. 從女羸省聲."

實一字. 「古詩十九首」: "盈盈樓上女, 皎皎當牕牖, 娥娥紅粉糚."[31] 李善「注」云: "盈與嬴同, 古字通." 郭「注」於'娥''㜲', 並重言之. 又以姣潔釋姣, 正協此詩. 『楚辭 · 九歌』: "靈偃蹇兮姣服."[32] 洪興祖『補注』引『方言』: "好, 或謂之姣. 「注」云: '言姣潔也.'" 『列子 · 周穆王篇』: "簡鄭衞之處子娥媌靡曼者."[33] 張湛「注」云: "娥媌, 妖好也." 「楊朱篇」: "鄕有處子之娥姣者"[34], 又曰, "豐屋美服, 厚味姣色."[35] 『玉篇』引『方言』: "自關而東河濟之間謂好爲媌."[36] 『詩 · 陳風』: "佼人僚兮"[37] 『釋文』云: "佼字又作姣, 好也. 『方言』自關而東河濟之間, 凡好謂之姣." 「邶風」: "靜女其姝"[38] 『釋文』云: "姝." 『說文』作'妓'云: "好也." 「鄭風」: "子之丰兮."[39] 『毛傳』: "丰, 豐滿也." 『釋文』云: "『方言』作妦." 宋玉「神女賦」: "貌豐盈以莊姝兮."[40] 李善「注」引『方言』: "姝, 好也."

『광아』에 "영嬴 · 묘媌 · 교姣 · 주姝 · 연姸은 예쁘다(호好)의 뜻"이라는 말이 있는데, 그 의미는 여기에 근거하였다. '영嬴'은 각 판본에 잘못되어 '영㜲'이라고 했으며, 오직 『광아』만이 틀리지 않았다. 『설문해자』에서 "영嬴은 여女와 리羸의 성성省聲으로 이루어졌다"라고 하였는

31 『文選 · 詩己 · 古詩十九首』: "盈盈樓上女, 皎皎當窓牖. 娥娥紅粉粧, 纖纖出素手."

32 『楚辭 · 九歌 · 東皇太一』: "疏緩節兮安歌, 陳竽瑟兮浩倡. 靈偃蹇兮姣服, 芳菲菲兮滿堂."

33 『列子 · 周穆王篇』: "簡鄭 · 衛之處子娥媌靡曼者, 離芳澤, 正蛾眉, 設笄珥, 衣阿錫."

34 『列子 · 楊朱篇』: "鄕有處子之娥姣者, 必賄而招之, 媒而挑之, 弗獲而後已."

35 『列子 · 楊朱篇』: "楊朱曰: 豐屋美服, 厚味姣色, 有此四者, 何求於外."

36 『玉篇』 女部: "媌, 莫交切. 『說文』云: 目裏好也. 『方言』云: 自關而東河濟之閒謂好爲媌."

37 『詩經 · 陳風 · 月出』: "月出皎兮, 佼人僚兮. 舒窈糾兮. 勞心悄兮."

38 『詩經 · 邶風 · 靜女』: "靜女其姝, 俟我於城隅. 愛而不見, 搔首踟躕."

39 『詩經 · 鄭風 · 丰』: "子之丰兮, 俟我乎巷兮. 悔予不送兮." 여기서는 남자의 풍채가 크고 의젓하다는 의미로 풍만하다는 말을 쓴 것이다.

40 『文選 · 賦癸 · 神女賦』: "貌豐盈以莊姝兮, 苞溫潤之玉顏."

데, 영嬴과 영嫙은 성부聲部의 생략이 있고 없음의 차이일 뿐이며, 사실은 같은 글자다. 「고시십구수」에 "누각 위에 저 고운 여인은 달같이 흰 얼굴로 창가에 서 있네. 곱기도 하구나! 붉은 빛으로 단장한 모습"라는 구절이 있는데, 이선의 「주」에, "영盈은 영嬴과 같다. 옛 글자에서는 서로 통한다"고 하였다. 곽박의 「주」에는 아娥와 영嫙을 모두 아아娥娥, 영영嫙嫙이라고 글자를 중복시켜 말했으며, 또 교결姣潔이라고 교姣의 뜻을 풀이하였는데 이 시에서의 뜻과 꼭 부합한다. 『초사·구가』에 "신 내린 예쁜 신무神巫의 화려한 옷이여"라는 구절이 있는데, 홍흥조의 『초사보주』에서는 『방언』의 "호好는 혹은 교姣라고도 한다. 「주」에 말하기를, '아름답고 깨끗하다(교결姣潔)를 뜻한다'"라는 구절을 인용하였다. 『열자·주목왕편』에 "나긋나긋한 정나라와 위나라 처녀를 뽑아서"라는 말이 있는데, 장담의 「주」에 말하기를, "아묘娥媌란 아리땁다(妖好)는 뜻"이라고 하였다. 『열자·양주편』에 "고을에 어여쁜 처녀가 있다는 소리만 들으면"이라는 구절이 있으며, 또 "높고 커다란 집과 아름다운 의복, 좋은 맛의 음식과 아리따운 여색"이라는 구절이 있는데, 『옥편』에서는 『방언』의 "함곡관으로부터 동쪽의 하제河濟에 걸친 지역에서는 예쁘다(호好)를 묘媌라고 한다"라는 구절을 인용하였다. 『시경·진풍』에 "아름다운 님의 얼굴이 떠오르네"라는 구절이 있는데, 『경전석문』에서 "교佼라는 글자는 또 교姣라고도 쓰며, 아름답다(호好)의 뜻이다. 『방언』에 함곡관으로부터 동쪽의 하제河濟에 걸친 지역에서는 일반적으로 호好를 교姣라고 한다"고 하였다. 『시경·패풍』에 "아리땁고 얌전한 아가씨가"라는 구절이 있는데, 『경전석문』에 "주姝는 『설문해자』에서 주姰라고 썼으며, 아름답다(호好)의 뜻이라고 하였다"[41]고 되어 있다. 『시경·정풍』에 "그대의 풍만

---

41 『說文解字』의 女部에는 '姝'라는 글자와 '姰'라는 글자가 있으니 각각 다음과 같다. 『說文解字』 女部: "姝, 好也. 從女朱聲." 『說文解字』 女部: "姰, 好也. 從女殳聲. 『詩』曰: 靜女其姰." 그런데 『經典釋文』에서 왜 굳이 전자를 인용

함이여"라는 구절이 있는데, 『모전』에 "봉丰은 풍만하다는 뜻"이라고 하였다. 『경전석문』에 "『방언』에서는 풍妦이라고 하였다"고 되어 있다. 송옥의 「신녀부」에 "모습이 풍만하니 엄숙하며 아름답구나"라는 구절이 있는데, 이선의 「주」에서는 『방언』을 인용하여 "주姝는 아름답다(호好)의 뜻"이라고 하였다.

역해

① 娥[아] : 예쁘다. 秦지역 어휘. 秦晉之間에서 예쁘고 가벼운 것을 娥라고 함.
② 嬴[영] : 좋다. 아름답다. 宋魏之間 어휘. 곽박 「주」에 嬴嬴을 말하며, 嬴의 발음은 盈이라고 했는데, 이에 근거한 상고음은 [*riŋ]이다.
③ 好[호] : 아름답다. 好는 娥, 嬴의 풀이어휘이며, 양웅 당시의 通語다.
④ 媌[묘] : 눈매가 곱다. 함곡관으로부터 동쪽 河濟之間 어휘. 곽박 「주」에 당시의 관서사람들도 媌라고 했으며, 발음은 莫交反이라고 했는데, 이에 근거한 상고음은 [*mragw]이다.
⑤ 姣[교] : 예쁘다. 요염하다. 깨끗하다. 함곡관으로부터 동쪽 河濟之間에서는 姣라고도 함. 곽박 「주」에 아름답고 깨끗하다(姣潔)를 말하며, 발음은 狡라고 했는데, 이에 근거한 상고음은 [*kragwx]이다.
⑥ 姝[주] : 예쁘다. 연약하다. 꾸미다. 趙魏燕代之間의 어휘. 곽박 「주」에 이는 당시에 四方의 通語였으며, 발음은 昌朱反, 또 株라고 했는데, 이에 근거한 상고음은 각각 [*thjug], [*trjug]이다.
⑦ 妦[봉] : 아름답다. 趙魏燕代之間에서 妦이라고도 함. 곽박 「주」에 아름다운 모습(妦容)을 말하며, 발음은 蜂이라고 했는데, 이에 근거한 상

했는지 의문이다. 『漢語大詞典』에 의하면 姃는 姝와 같다.

고음은 [*buŋ, *phjuŋ]이다.

⑧ 姸[연] : 곱다. 함곡관으로부터 서쪽 秦晉의 故都 어휘. 곽박 「주」에 秦의 舊都는 곽박 당시의 扶風, 雍丘를 말하며, 晉의 舊都는 곽박 당시의 太原, 晉陽縣을 말한다고 했다. 姸의 발음은 五千反이라고 했는데, 이에 근거한 상고음은 [*ŋjan]이다.

방언 4

烈① · 枿②, 餘③也.【謂烈餘[42]也. 五割反[43]】陳鄭之間曰枿, 晉衛之間曰烈, 秦晉之間曰肄,④【音謚. 『傳』曰 : "夏肄是屛.[44]"】或曰烈.

열烈 · 얼枿은 남다(여餘)의 뜻이다.【남는다는 것을 말한다. 음은 오할반五割反이다】 진陳과 정鄭에 걸친 지역에서는 얼枿이라고 하고, 진晉과 위衛 지역에서는 열烈이라고 한다. 진秦과 진晉 지역에서는 이肄라고 하고, 【음은 익謚이다. 『좌전』에 말하기를 "하夏나라의 후손국을 돕고 있습니다"[45]라고 했

[42] 戴震은 "遺餘"의 오류라고 했고, 盧文弨는 『方言』 제2권의 "孑 · 藎, 餘也"에 대한 곽박의 주에 "謂遺餘"라고 한 것에 근거하여 '烈餘'를 '遺餘'로 고쳤으며, 錢繹의 『方言箋疏』에서도 이를 따랐다. 王念孫은 『方言疏證補』에서 "烈은 遺의 오류가 아니라 殂의 오류다. 殂은 烈로 읽는다. …… 지금 烈餘라고 되어 있는 것은 '烈'의 윗부분이 '殂'과 비슷하고, 또 앞뒤에 '烈'이라는 글자가 있어서 그로 인하여 잘못 쓰게 되어 '烈'이 된 것이다. '遺'와 '烈'은 모양이나 소리가 모두 서로 비슷하지 않으니, 만약 본래 '遺'라는 글자였다면 아무 연고 없이 '烈'로 잘못 되지는 않았을 것"이라고 하였다. 王國維는 『觀堂集林』 제5권 「序郭注方言後三」에서 郭璞 「注」의 '烈餘'는 마땅히 '殘餘'로 해야 하며, 戴震이 '遺餘'라고 한 것은 옳지 않다고 지적했다. 華學誠 역시 王念孫, 王國維의 설이 옳다고 보았다.

[43] 餘의 음을 五割反이라고 한 것은 이해할 수 없다.

[44] 『春秋左傳』 襄公二十九年 : "晉國不恤宗周之闕, 而夏肄是屛."

[45] 夏肄를 하나라의 후손국이라고 번역했는데, 결국 후손국이라는 말에는 '나머지'라는 의미가 들어 있으므로 곽박이 이 구문을 예로 든 것이다.

다] 열烈이라고도 한다.

방언소증

案『詩・大雅・雲漢』序 : "宣王承厲王之烈." 鄭「箋」云 : "烈, 餘也." '烈'與'裂''栵', 音義同. 『說文』: "裂, 繒餘也."[46] 『廣雅』: "栵, 餘也."[47] 枿, 『說文』作'巘'云 : "伐木餘也."[48] 又作櫱. 「商書・盤庚篇」: "若顛木之有由櫱."[49] 『釋文』云 : "櫱, 本又作枿. 馬云 : 顛木而肄生日枿." 「魯語」: "山不槎櫱"[50], 韋昭「注」云 : "以株生日櫱." 『詩・周南』: "伐其條肄"[51]. 『毛傳』: "肄, 餘也. 斬而復生日肄." '肄''餘', 語之轉. 『爾雅・釋詁』: "烈・枿, 餘也."[52] 郭「注」云 : "晉衛之閒曰櫱, 陳鄭之閒曰烈." 「疏」云 : "『方言』文." 「盤庚」「疏」引郭「注」, 亦作"晉衛之閒曰枿", 與『方言』本文互異. 蓋郭「注」偶訛耳. 「注」內'烈餘'當作'遺餘'.

『시경・대아・운한』의 서序에, "선왕은 여왕의 뒤를 이으셨다"는 구절이 있는데, 정현의 『모시전』[53]에서 말하기를, "열烈은 나머지(여餘)의 뜻"이라고 하였다. '열烈'과 '열裂', '례栵'의 음과 뜻은 같다. 『설문해

---

46 『說文解字』 衣部 : "裂, 繒餘也. 從衣列聲."

47 『廣雅・釋詁』: "輸・㱙・殂・栵・燼・了・嬴・荍・幓・遺, 餘也."

48 『說文解字』 木部 : "巘, 伐木餘也. 從木獻聲. 『商書』曰 : '若顛木之有甹巘.'"

49 「商書」란 『書經』, 즉 『尚書』의 「商書」를 말한다. 『書經・商書』: "矧曰, 其克從先王之烈, 若顛木之有由蘖. 天其永我命于玆新邑, 紹復先王之大業, 厎綏四方."

50 『國語・魯語(上)』: "且夫山不槎蘖, 澤不伐夭, 魚禁鯤鮞, 獸長麑麌, 鳥翼鷇卵, 蟲舍蚳蝝, 蕃庶物也, 古之訓也."

51 『詩經・周南・汝墳』: 遵彼汝墳, 伐其條肄. 旣見君子, 不我遐棄.

52 『爾雅・釋詁』: "烈・櫱, 餘也."

53 『方言疏證』의 번역문에서 『모시전』이라고 하면 鄭玄의 『毛詩箋』을 가리키고, 『모전』이라고 하면 『毛傳』을 가리키는 것으로 통일한다.

자』에 “열裂은 비단이 남은 것”이라고 되어 있다. 『광아』에는 “례𦂭는 남다(여餘)의 뜻”이라고 하였다. 얼枿은 『설문해자』에서는 얼欁이라고 썼으며, “벌목하고 난 나머지”라고 하였다. 이 글자는 또 얼櫱이라고도 쓴다. 『서경·상서·반경편』에 “넘어진 나무 그루터기에서 움이 나는 것과 같은 것이다”라는 구절이 있는데, 『경전석문』에 “얼櫱은 본래 또 얼枿이라고도 쓴다. 마융은 쓰러진 나무에서 움이 나는 것을 얼이라고 한다”고 하였다. 『국어·노어』에 “산에서는 새로 나는 눈의 어린 나무를 자르지 않는다”는 구절이 있는데, 위소의 「주」에 “나무 밑동에서 생겨나는 것을 얼櫱이라고 한다”고 하였다. 『시경·주남』에 “새로 움돋는 나뭇가지를 자르다”라는 구절이 있는데, 『모전』에 “이肄는 나머지(여餘)의 뜻이다. 나뭇가지를 베고 나서 다시 자라나는 것을 이肄라고 한다”고 했다. ‘이肄’와 ‘여餘’는 어지전語之轉이다. 『이아·석고』에 “열烈·얼枿은 나머지(여餘)의 뜻”이라고 하였다. 곽박의 『이아·주』에 “진晉 위衛에 걸친 지역에서는 얼櫱이라고 하고, 진陳 정鄭에 걸친 지역에서는 열烈이라고 한다”고 하였으며, 「소」에서는 “(곽박 「주」는) 『방언』의 문장”이라고 하였다. 또 『상서·반경』의 「소」에서도 곽박의 『이아·주』를 인용하여 “진晉과 위衛에 걸친 지역에서는 얼枿이라고 한다”고 하였는데, 이는 『방언』의 본문과는 다르다. 아마도 곽박의 『이아·주』가 뜻하지 않게 잘못되었을 것이다. 곽박의 『방언·주』에 있는 ‘열여烈餘’는 마땅히 ‘유여遺餘’가 되어야 한다.

역해

① 烈[렬]: 수목이 잘리고 난 후에 다시 자라난 새싹. 晉衛之間 어휘. 秦晉之間에서는 肄라고 하고 烈이라고도 함.
② 枿[얼]: 수목이 잘린 후에 새로 나는 새싹이나 가지. 陳鄭之間 어휘.

곽박 「주」에 발음은 五割反이라고 했는데, 이에 근거한 상고음은 [* ŋ at]이다.

③ 餘[여] : 나머지. 餘는 烈, 枿의 풀이어휘. 곽박 「주」에 남다(烈餘)를 말한다고 했다.

④ 肄[이] : 수목이 새로 자라나는 여린 가지. 인신하여 나머지(餘)라는 뜻도 있다. 秦晉之間 어휘. 곽박 「주」에 발음은 謚이라고 했는데, 이에 근거한 상고음은 [*djidh]이다.

방언 5

台①·胎②·陶③·鞠④, 養⑤也.【台猶頤也, 音怡】 晉衛燕魏曰台, 陳楚韓鄭之間曰鞠, 秦或曰陶, 汝潁梁宋之間曰胎, 或曰艾⑥.【『爾雅』云 : "艾, 養也."[54]】

이台·태胎·도陶·국鞠은 기르다(양養)의 뜻이다.【이台는 이頤와 같으며, 음은 이怡다】 진晉 위衛 연燕 위魏 지역에서는 이台라고 하고, 진陳 초楚 한韓 정鄭에 걸친 지역에서는 국鞠이라고 하며, 진秦에서는 도陶라고도 한다. 여汝 영潁 양梁 송宋에 걸친 지역에서는 태胎라고 하고, 혹은 애艾라고도 한다.【『이아』에서 애艾는 기르다(양養)의 뜻이라고 하였다】

방언소증

案'台''頤', 古通用. 『詩·小雅』 : "母兮鞠我."[55] 『毛傳』 : "鞠, 養也",

54 『爾雅·釋詁』 : "頤·艾·育, 養也."

55 『詩經·小雅·谷風之什·蓼莪』 : "父兮生我, 母兮鞠我. 拊我畜我, 長我育我,

"保艾爾後."[56], "福祿艾之."[57] 『毛傳』皆云 : "艾, 養也." 『爾雅 · 釋詁』: "頤 · 艾 · 育, 養也."[58] 郭「注」曰 : "汝潁梁宋之閒曰艾, 『方言』云." 「疏」全引『方言』此條, 作"晉衛燕趙曰台." 餘並同. 『廣雅』: "頤 · 陶, 養也."[59]

'이台'와 '이頤'는 옛날에는 통용되었다. 『시경 · 소아』에 "어머니 나를 기르셨네"라는 구절이 있는데, 『모전』에서 "국鞠은 기르다(양養)의 뜻"이라고 하였다. 같은 『시경 · 소아』에 "그대들 후손까지 보호하고 길러 주실 것이다"라는 구절과 "복과 녹을 길러주시겠네"라는 구절이 있는데, 『모전』은 이에 대하여 모두 "애艾는 기르다(양養)의 뜻"이라고 하였다. 『이아 · 석고』에 "이頤 · 애艾 · 육育은 기르다(양養)의 뜻"이라는 구절이 있는데, 곽박의 「주」에 "『방언』에서 말하기를 여汝 영潁 양梁 송宋에 걸친 지역에서는 애艾라고 한다"고 했다. 「소」에서는 『방언』의 이 조항을 전부 인용하였는데, "진晉 위衛 연燕 조趙 지역에서는 이台라고 한다"고 했으며, 그 나머지는 『방언』과 같다. 『광아』에 "이頤 · 도陶는 기르다(양養)의 뜻"이라고 하였다.

역해

① 台[이] : 기르다. 양육하다. 晉衛燕魏 지역 어휘. 곽박 「주」에 台는 頤와 같으며, 발음은 怡라고 했는데, 이에 근거한 상고음은 [*rəg]이다.

顧我復我, 出入腹我. 欲報之德, 昊天罔極."

56 『詩經 · 小雅 · 南有嘉魚之什 · 南山有臺』: "南山有枸, 北山有楰. 樂只君子, 遐不黃耇. 樂只君子, 保艾爾後."

57 『詩經 · 小雅 · 甫田之什 · 鴛鴦』: "乘馬在廏, 摧之秣之. 君子萬年, 福祿艾之."

58 『爾雅 · 釋詁』: "頤 · 艾 · 育, 養也."

59 『廣雅 · 釋詁』: "高 · 亯 · 庠 · 將 · 牧 · 穀 · 頤 · 陶 · 畜 · 旅 · 充, 養也."

② 胎[태] : 양육하다. 기르다. 汝潁梁宋之間의 어휘.

③ 陶[도] : 도야하다. 화육하다. 秦에서는 陶라고도 함.

④ 鞠[국] : 낳아 기르다(生養). 잘 돌보아 사랑하여 기르다(撫養, 撫育). 陳楚韓鄭之間의 어휘.

⑤ 養[양] : 기르다. 養은 台, 胎, 陶, 鞠의 풀이어휘.

⑥ 艾[애] : 양육하다. 보조하다(輔助). 汝潁梁宋之間에서는 艾라고도 함.

방언 6

憮①【亡輔反】·俺②【音淹】·憐③·牟④, 愛⑤也. 韓鄭曰憮, 晉衛曰俺,【俺憸, 多意氣也.[60]】汝潁之間曰憐, 宋魯之間曰牟, 或曰憐. 憐, 通語也.

무憮【음은 망보반亡輔反이다】·엄俺[61]【음은 엄淹이다】·련憐·모牟는 사랑하다(애愛)의 뜻이다. 한韓과 정鄭 지역에서는 무憮라고 하고, 진晉과 위衛에서는 엄俺【엄섬俺憸은 매우 득의한 것을 말한다】이라고 하며, 여汝 영潁에 걸친 지역에서는 련憐이라고 하고, 송宋과 노魯에 걸친 지역에서는 모

---

60 이 구절에 대하여 戴震은 아무런 언급이 없는데, "俺憸, 多意氣也"라는 말은 이 조목에서 말하는 '愛'와 의미상 관련이 없는 것으로 보인다. 華學誠은 俺憸은 첩운으로, 聲母가 모두 喉音에 속한다고 하며, 아마도 晉나라 때, 즉 郭璞 당시의 구어 중에 이런 말이 있었을 것이라고 하였다. 다만 郭璞이 이 조목에서 굳이 "俺憸, 多意氣也"라는 주해를 한 것은 아무래도 이상하다고 지적하였다.

61 『廣雅·釋詁』에 "俺은 愛(아끼다)라는 뜻"이라고 하였고, 王念孫의 『廣雅疏證』에서 "俺과 愛는 一聲之轉으로, 愛가 轉하여 俺이 되었고, 마찬가지로 薆가 轉하여 掩이 된 것"이라고 하였다. 華學誠은 晉, 衛 지역의 사람들의 '愛'라는 음이 '淹'이라는 음과 같고, 그리하여 揚雄이 '俺'이라는 글자를 만들어 기록한 것이리라고 보았다.

牟라고 하거나 혹은 련憐이라고 한다. 련憐은 통어다.

방언소증

案『爾雅・釋詁』: "煤憐惠愛也."[62] 郭「注」: "煤, 韓鄭語今江東通呼爲憐." 「疏」全引『方言』此條, 作"秦或曰憐", 餘並同. 「釋訓」: "矜・憐, 撫掩之也."[63] 郭「注」: "撫掩, 猶撫拍, 謂慰卹也." 『說文』: "憮, 愛也. 韓鄭曰憮."[64] "煤, 撫也. 讀若侮."[65] '煤''憮', 蓋聲義通. '憮俺'與'撫掩', 亦聲義通. 『荀子・榮辱篇』: "恈恈然惟利飲食之見."[66] 楊倞「注」: "恈恈, 愛欲之貌, 『方言』云: 恈, 愛也. 宋魯之閒曰恈."[67] '牟''恈', 古通用. 『廣雅』: "憮・俺・牟, 愛也."[68] 義本此.

『이아・석고』에 "모煤・련憐・혜惠는 사랑하다(애愛)의 뜻"이라는 구절이 있는데, 곽박의 「주」에 "모煤는 한韓 정鄭 지역의 말로서, 지금(곽박 당시) 강동江東 지역에서는 통칭하여 련憐이라고 한다"고 하였다. 「소」에서는 『방언』의 이 조항을 모두 인용하였는데, "진秦에서는 련憐

---

62 『爾雅・釋詁』: "煤・憐・惠, 愛也."

63 『爾雅・釋訓』: "矜・憐, 撫掩之也."

64 『說文解字』 心部: "憮, 愛也. 韓鄭曰憮. 一曰不動. 從心無聲."

65 『說文解字』 心部: "煤, 撫也. 從心某聲. 讀若侮."

66 『荀子・榮辱篇』: "恈恈然唯利飲食之見, 是狗彘之勇也. 爲事利, 爭貨財, 無辭讓, 果敢而振, 猛貪而戾, 恈恈然唯利之見, 是賈盜之勇也. 輕死而暴, 是小人之勇也." 戴震은 이 인용문의 '唯'를 '惟'라고 썼는데, 양자는 서로 통하는 글자다. 王先謙의 『荀子集解』에서는 이 인용문 안의 '利'가 다음 문장의 "恈恈然唯利之見"으로 인하여 잘못 들어간 것이라고 하였다.

67 戴震은 "宋魯之閒曰恈"라고 했는데, 戴震이 보았던 楊倞의 『荀子・注』에는 '恈'로 되어 있었을 가능성은 배제할 수 없으나, 『方言』의 원문을 보아도 여기에서의 '恈'는 '牟'가 되어야 하며, 楊倞의 「注」에도 '牟'라고 되어 있다.

68 『廣雅・釋詁』: "愍・惛・翳・愜・憮・俺・款・牟・震, 愛也."

이라고도 한다"라고 인용하였으며 그 나머지는 모두 같다. 『이아·석훈』에 "긍矜·련憐은 사랑하여 어루만지다(무엄撫掩)의 뜻"이라는 구절이 있는데, 곽박의 「주」에 "무엄撫掩은 무박撫拍과 같으며, 위로하여 어루만지다"라고 하였다. 『설문해자』에 "무憮는 사랑하다(애愛)의 뜻이다. 한韓 정鄭 지역에서는 무憮라고 한다", "모㥮는 어루만지다(무撫)의 뜻이다. 독음은 모侮와 같다"고 하였다. '모㥮'와 '무憮'는 대체로 소리와 뜻이 통한다. 무엄憮俺과 무엄撫掩 역시 소리와 뜻이 서로 통한다. 『순자·영욕편』에 "탐내며 오로지 먹고 마시는 것만을 보다"라는 구절이 있는데, 양경의 「주」에 "모모恈恈는 아껴 바라는 모습이다. 『방언』에 '모恈는 사랑하다(애愛)의 뜻이다. 송宋과 노魯에 걸친 지역에서는 모恈라고 한다'고 하였다"라고 되어 있다. '모牟'와 '모恈'는 옛날에는 통용되었다. 『광아』에 "무憮·엄俺·모牟는 사랑하다(애愛)의 뜻"이라고 하였는데, 그 의미는 여기에서 근거하였다.

역해

① 憮[무] : 어루만지다. 사랑하다(憮俺). 韓鄭지역에서 憮라고 함. 곽박 「주」에 발음은 亡輔反이라고 했는데, 이에 근거한 상고음은 [*mjagx]이다.
② 俺[엄] : 사랑하다. 晉衛지역에서 俺이라고 함. 곽박 「주」에 俺憸은 多意氣를 말하며, 발음은 淹이라고 했는데, 이에 근거한 상고음은 [*?jiam]이다.
③ 憐[련] : 어여삐 여기다. 사랑하다. 汝潁之間에서 憐이라고 함. 宋魯之間에서는 牟라고 하고 憐이라고도 함. 憐은 양웅 당시의 通語.
④ 牟[모] : 사랑하다. 宋魯之間에서 牟라고 함.
⑤ 愛[애] : 좋아하다. 愛는 憮, 俺, 憐, 牟의 풀이어휘.

방언 7

倰①·憮②·矜③·悼④·憐⑤, 哀⑥也.【倰亦憐耳, 音陵】 齊魯之間曰矜, 陳楚之間曰悼, 趙魏燕代之間曰倰, 自楚之北郊曰憮, 秦晉之間或曰矜, 或曰悼.

릉倰·무憮·긍矜·도悼·련憐은 슬퍼하다, 슬프다(애哀)의 뜻이다. 【릉倰은 련憐이라고도 한다. 음은 릉陵이다】 제齊와 노魯에 걸친 지역에서는 긍矜이라고 하고, 진陳과 초楚에 걸친 지역에서는 도悼라고 하며, 조趙 위魏 연燕 대代에 걸친 지역에서는 릉倰이라고 한다. 초楚로부터 북쪽의 교외에 이르는 지역에서는 무憮라고 하고, 진秦 진晉에 걸친 지역에서는 긍矜이라고 하며, 혹은 도悼라고도 한다.

방언소증

案『詩·小雅』: "爰及矜人."[69] 『毛傳』: "矜, 憐也." 「曲禮」: "七年曰悼"[70]. 鄭「注」: "悼, 憐愛也." 嵇康「養生論」: "世皆知笑悼."[71] 李善「注」云: "『方言』: 悼, 哀也. 笑悼謂笑其不善養生, 而又哀其促齡也." 『廣雅』: "倰·憮·齡·悼·憐, 哀也."[72] 義本此. '矜''齡', 古通用.

『시경·소아』에 "가엾은 사람들에게 (임금님의 가련하게 여기는 마음이) 미친다"라는 구절이 있는데, 『모전』에서 "긍矜은 불쌍히 여기다(련憐)

69 『詩經·小雅·鴻鴈之什·鴻鴈』: "鴻鴈于飛, 肅肅其羽. 之子于征, 劬勞于野. 爰及矜人, 哀此鰥寡."

70 『禮記·曲禮(上)』: "八十九十曰耄, 七年曰悼, 悼與耄, 雖有罪, 不加刑焉."

71 『文選·論三·養生論』: "中道夭於衆難, 世皆知笑悼, 謂之不善持生也."

72 『廣雅·釋詁』: "倰·憮·齡·悼·憐·悘, 哀也."

의 뜻"이라고 하였다. 『예기 · 곡례』에 "칠세의 어린이를 도悼라고 한다"는 구절이 있는데, 정현의 「주」에서 "도悼는 가엾이 여기는 것"이라고 하였다. 혜강의 「양생론」에 "세상 사람들은 모두 (양생을 잘 하지 못함을) 비웃고 (생명을 재촉함을) 슬퍼할 줄을 안다"는 구절이 있는데, 이선의 「주」에 "『방언』에서 도悼는 슬퍼하다(애哀)의 뜻이라고 했다. 소도笑悼란 양생을 잘 하지 못하는 것을 비웃으며, 또 그 생명을 재촉하는 것을 슬퍼하는 것"이라고 하였다. 『광아』에 "릉倰 · 무憮 · 긍矜 · 도悼 · 연憐은 슬퍼하다(애哀)의 뜻"이라고 하였는데, 그 의미는 여기에 근거하였다. '긍矜'과 '긍矜'은 옛날에는 통용되었다.

역해

① 倰[릉] : 슬퍼하다. 趙魏燕代之間의 어휘. 곽박 「주」에 倰은 憐의 뜻이며, 발음은 陵이라고 했는데, 이에 근거한 상고음은 [*ljəŋ]이다.
② 憮[무] : 슬퍼하다. 가엾이 여기다(哀怜). 楚의 북쪽 교외지역에서 사용되는 어휘.
③ 矜[긍] : 괴로워하다. 불쌍히 여기다. 齊魯之間의 어휘. 秦晉之間에서는 矜이라고 하고 悼라고도 함.
④ 悼[도] : 슬퍼하다. 陳楚之間 어휘. 秦晉之間에서는 矜이라고 하고 悼라고도 함.
⑤ 憐[련] : 불쌍히 여기다.
⑥ 哀[애] : 슬퍼하다. 哀는 倰, 憮, 矜, 悼, 憐의 풀이어휘.

방언 8

咺①【香遠反】·唏②【虛几反】·㣙③【音的, 一音灼】·怛④, 痛⑤也. 凡哀泣而不止曰咺, 哀而不泣曰唏. 於方, 則楚言哀曰唏; 燕之外鄙【鄙, 邊邑名】朝鮮洌水之間【朝鮮, 今樂浪郡是也. 洌水, 在遼東, 音烈】, 少兒泣而不止曰咺.【少兒, 猶言小兒】 自關而西秦晉之間凡大人少兒泣而不止謂之嗟⑥【丘尚反】, 哭極音絕亦謂之嗟. 平原謂啼極無聲謂之嗟哴⑦【哴, 音亮. 今關西語亦然】, 楚謂之噭咷⑧【叫逃兩音. 字或作吅, 音求】, 齊宋之間謂之喑⑨【音蔭】, 或謂之惄⑩【奴歷反】.

훤咺【음은 향원반香遠反이다】·희唏【음은 허궤반虛几反이다】·작(적)㣙【음은 적的이다. 또 작灼이라는 음도 있다】·달怛은 아프다(통痛)의 뜻이다. 슬피 울며 그치지 않는 것을 훤咺이라고 하며, 슬퍼도 울지 않는 것을 희唏라고 한다. 각 지역에서 쓰이는 말은 다음과 같다. 초楚 지역에서는 애통하다고 말할 때 희唏라고 하며, 연燕의 외지 마을과 조선朝鮮 열수洌水에 걸친 지역【조선朝鮮은 지금의 낙랑군樂浪郡이다. 열수洌水는 요동遼東에 있다. 발음은 열烈이다】에서는 어린아이【소아少兒는 소아小兒와 같다】가 그치지 않고 계속 우는 것을 훤咺이라고 한다. 함곡관으로부터 서쪽 진秦 진晉에 걸친 지역에서는 어른이나 아이가 그치지 않고 우는 것을 강嗟【음은 구상반丘尚反이다】이라 하며, 울음이 극에 달해 소리가 끊기는 것도 강嗟이라고 한다. 평원平原에서는 울음이 극에 달해 소리가 나오지 않는 것을 강량嗟哴【량哴의 음은 량亮이다. 지금(곽박 당시)의 관서關西의 말도 그러하다】이라 하며, 초楚 지역 말로는 교도噭咷【이 두 글자의 음은 규도叫逃다. 글자는 구吅로도 쓰며, 음은 구求다】라고 하고, 제齊 송宋 에 걸친 지역에서는 암(음)喑【음은 음蔭이다】이라고 하며, 혹은 녁惄【음은 노력반奴歷反이다】이라고도 한다.

案『春秋』成公十六年『公羊傳』: "悕矣." 何休「注」云: "悕悲也." 宋玉「風賦」: "中心慘怛"[73]. 李陵「答蘇武書」: "祇令人悲, 增忉怛耳."[74] 潘岳「寡婦賦」: "怛驚悟兮無聞."[75] 嵇康「幽憤詩」: "怛若創痏."[76] 李善「注」並引『方言』: "怛, 痛也." 枚乘「七發」: "嘘唏煩醒."[77] 「注」引『方言』"哀而不泣曰唏." 『說文』: "哀痛不泣曰唏."[78], "朝鮮謂兒泣不止曰咺."[79], "秦晉曰咣"[80], "楚曰噭咷"[81], "宋齊曰喑."[82] 蓋本『方言』而小異其辭. 『廣雅』: "忣・怛・惄, 痛也."[83], "欷・咣・喨, 悲也."[84] 義皆本此. '唏'與'悕''欷', '哴'與'喨', 古通用.

『춘추』 성공 16년 『공양전』에 "슬피 여긴 것이다"라는 말이 있는데, 하휴의 「주」에 "희悕는 슬프다(비悲)의 뜻"이라고 하였다. 송옥의 「풍부」에 "마음이 애처롭고 슬프다"라는 구절이 있으며, 이릉의 「답소무서」에는 "다만 사람을 슬프게 하며 더욱 비통하게 할 뿐이다"라는 말이 있고, 반악의 「과부부」에 "애처로이 놀라 깨었으나 아무 소리 들리지 않네"라는 구절이 있고, 혜강의 「유분시」에 "살을 도려낸

73 『文選・賦庚・風賦』: "中心慘怛, 生病造熱."

74 『文選・書上・答蘇武書』: "異方之樂, 秖令人悲, 增忉怛耳. 嗟乎子卿, 人之相知, 貴相知心."

75 『文選・賦辛・寡婦賦』: "若闔闔兮洞開, 怛驚悟兮無聞."

76 『文選・詩丙・幽憤詩』: "感悟思愆, 怛若創痏."

77 『文選・七上・七發』: "紛屯澹淡, 嘘唏煩醒, 惕惕怵怵, 臥不得瞑."

78 『說文解字』 口部: "唏, 笑也. 從口, 稀省聲. 一曰哀痛不泣曰唏."

79 『說文解字』 口部: "咺, 朝鮮謂兒泣不止曰咺. 從口, 宣省聲."

80 『說文解字』 口部: "咣. 秦晉謂兒泣不止曰咣. 從口羌聲."

81 『說文解字』 口部: "咷, 楚謂兒泣不止曰噭咷. 從口兆聲."

82 『說文解字』 口部: "喑, 宋齊謂兒泣不止曰喑. 從口音聲."

83 『廣雅・釋詁』: "憯・恫・忣・怛・哀・傷・痨・荼・毒・憯・蛆・懩・瘌・蓋・螫・疼・悤・悲・愍・殷・惄・痠・讟・桐, 痛也."

84 『廣雅・釋詁』: "歔・欷・咣・喨・惻・愴・愁・慼, 悲也."

상처처럼 아프다"라는 구절이 있는데, 이선의 「주」에서 모두 『방언』을 인용하여 "달怛은 슬프다, 애처롭다, 아프다(통痛)의 뜻"이라고 했다. 매승의 「칠발」에 "탄식하고 눈물지으며 취하여 괴로워한다"라는 구절이 있는데, 이선의 「주」에서는 『방언』의 "슬프나 눈물을 흘리지 않는 것을 희唏라고 한다"라는 구절을 인용하였다. 『설문해자』에 "애통하지만 눈물을 흘리지 않는 것을 희唏라고 한다", "조선朝鮮에서는 아이가 울음을 그치지 않는 것을 훤咺이라고 한다", "진秦과 진晉 지역에서는 (아이가 울음을 그치지 않는 것을) 강唴이라고 한다", "초楚에서는 (아이가 울음을 그치지 않는 것을) 교도嗷咷라고 한다", "송宋과 제齊 지역에서는 (아이가 울음을 그치지 않는 것을) 암(음)喑이라고 한다"고 하였다. 대체로 『방언』에 근거하였으나 말이 조금씩 다르다. 『광아』에 "작(적)灼·달怛·녁惄은 마음이 아프다, 비통하다(통痛)의 뜻이다", "희𢿥[85]·강唴·량喨은 슬프다(비悲)의 뜻"이라고 하였는데, 그 의미가 모두 여기에서 근거하였다. '희唏'와 '희悕', '희𢿥'는 옛날에는 통용되었으며, '량哴'과 '량喨'도 옛날에는 통용되었다.

역해

① 咺[훤] : 쉽게 울다. 두려워하다. 슬피 울며 그치지 않는 것을 咺이라고 함. 燕의 외곽마을과 朝鮮洌水之間에서 어린아이가 그치지 않고 우는 것을 咺이라고 함. 곽박 「주」에 발음은 香遠反이라고 했는데, 이에 근거한 상고음은 [*hjuanx]이다.

---

85 『廣雅』에는 '𢿥'가 아니라 '欷'로 되어 있다. 戴震이 보았던 明刻本 『廣雅』에는 𢿥라는 글자로 되어 있었을 가능성이 있다. 『漢語大詞典』이나 『漢韓大辭典』에도 𢿥라는 글자는 보이지 않고 '欷'라는 글자에는 '탄식하다', '흐느끼다'라는 뜻이 있다고 되어 있다.

② 唏[희] : 슬퍼하다. 한탄하여 울다. 탄식하며 울다. 슬퍼도 울지 않는 것을 唏라고 하는데, 楚 지역에서 슬프다(哀)를 唏라고 함. 곽박「주」에 발음은 虛几反이라고 했는데, 이에 근거한 상고음은 [*hjədx, *hjədh]이다.

③ 㤖[작(적)] : 근심하다. 놀라다. 곽박「주」에 발음은 的, 또 灼이라고 했는데, 이에 근거한 상고음은 각각 [*tiakw], [*tjakw]이다.

④ 怛[달] : 슬프다. 슬퍼하다. 놀라다. 두려워하다.

⑤ 痛[통] : 아프다. 痛은 咺, 唏, 㤖, 怛의 풀이어휘.

⑥ 唴[강] : 어린아이가 울다. 울음을 그치지 않거나 지나치게 슬퍼하여 울다가 목이 쉬다. 함곡관으로부터 서쪽 秦晉之間에서 어른이나 어린아이가 그치지 않고 우는 것을 唴이라고 하며, 울음이 극에 달해 소리가 끊기는 것도 唴이라고 함. 곽박「주」에 발음은 丘尙反이라고 했는데, 이에 근거한 상고음은 [*khjaŋ, *khjaŋh]이다.

⑦ 唴哴[강량] : 울음을 그치지 않거나 혹은 지나치게 슬퍼하여 울다가 목이 쉬다. 平原에서는 울음이 극에 달해 소리가 나오지 않는 것을 唴哴이라고 함. 곽박「주」에 당시에는 關西語도 그러했으며, 哴의 발음은 亮이라고 했는데, 이에 근거한 상고음은 [*ljaŋh]이다.

⑧ 噭咷[교도] : 어린아이가 울음을 그치지 않다. 楚 지역에서는 울음이 극에 달해 소리가 나오지 않는 것을 噭咷라고 함. 곽박「주」에 噭의 발음은 叫, 咷의 발음은 逃라고 했는데, 이에 근거한 상고음은 각각 [*kiəgwh], [*dagw]이다. 噭는 혹 叴라고도 쓰며, 叴의 발음은 求이라고 했는데, 이에 근거한 상고음은 [*gjəgw]이다.

⑨ 喑[암(음)] : 외치다. 목이 잠기다. 큰 소리로 부르짖다. 齊宋之間의 어휘. 곽박「주」에 발음은 蔭이라고 했는데, 이에 근거한 상고음은 [*ʔjiəmh]이다.

⑩ 惄[녁] : 근심하다. 걱정하다. 마음 아프게 생각하다. 齊宋之間에서 喑이라고 하며 惄이라고도 함. 곽박「주」에 발음은 奴歷反이라고 했는

데, 이에 근거한 상고음은 [*niəkw]이다.

방언 9

悼①·惄②·悴③·憖④, 傷⑤也.【『詩』曰: "不憖遺一老"[86], 亦恨傷之言也. 憖, 魚吝反】自關而東汝潁陳楚之間通語也. 汝謂之惄, 秦謂之悼, 宋謂之悴, 楚潁之間謂之憖.

도悼·녁惄·췌悴·은憖은 상하다, 다치다(상傷)의 뜻이다.【『시경』에 "옛 늙은 신하 한 분이라도 남기려 하지 않고"라는 구절이 있으니, 역시 원망하여 해치다의 뜻이다. 은憖의 음은 어린반魚吝反이다】 함곡관으로부터 동쪽 여汝 영潁 진陳 초楚에 걸친 지역의 통어通語다. 여汝에서는 녁惄이라 하고, 진秦에서는 도悼라고 하며, 송宋에서는 췌悴라고 하고, 초楚와 영潁에 걸친 지역에서는 은憖이라고 한다.

방언소증

案『詩·衛風』: "躬自悼矣."[87] 『毛傳』: "悼, 傷也." 「小雅」: "我心憂傷, 惄焉如擣."[88] 曹植「朔風詩」: "繁華將茂, 秋霜悴之."[89] 李善「注」

86 『詩經·小雅·節南山之什·十月之交』: "皇父孔聖, 作都于向. 擇三有事, 亶侯多藏. 不憖遺一老, 俾守我王. 擇有車馬, 以居徂向." 본래는 "不憖遺一老, 俾守我王"의 '不'은 다음 구까지 걸리는 것으로서, "옛 늙은 신하 한 분이라도 남겨 우리 임금님 지키려 하지 않고"라고 해석한다. 위에서는 첫 구만을 인용했으므로 어쩔 수 없이 첫 구에 不을 넣어 해석하였다. 그러나 郭璞이 이 시구의 '憖'을 '亦恨傷之言也'라고 한 것은 오류다.

87 『詩經·衛風·氓』: "三歲爲婦, 靡室勞矣. 夙興夜寐, 靡有朝矣. 言旣遂矣, 至于暴矣. 兄弟不知, 咥其笑矣. 靜言思之, 躬自悼矣."

引『方言』:“悴, 傷也.” 『說文』:“悴, 憂也.”[90] 『春秋』文公十二年『左傳』:“兩君之士, 皆未憖也.” 『釋文』引『方言』:“憖, 傷也.” 『廣雅』:“悴・傷・憖, 憂也.”[91], “悼・惄・悴・憖, 傷也.”[92] ‘傷’‘傷’, 古通用.

『시경・위풍』에 “자신이 스스로 마음 상하네”라는 구절이 있는데, 『모전』에서 “도悼는 마음 상하다(상傷)의 뜻”이라고 하였다. 『시경・소아』에 “내 마음의 근심이여! 생각할수록 방망이로 치는 것 같구나”라는 구절이 있으며, 조식의 「삭풍시」에 “잎과 꽃이 무성하나 가을 서리가 시들게 하네”라는 구절이 있는데, 이선의 「주」에서는 『방언』을 인용하여 “췌悴는 상하게 하다(상傷)의 뜻”이라고 하였다. 『설문해자』에 “췌悴는 근심하다(우憂)의 뜻”이라고 했다. 『춘추』 문공 12년 『좌전』에 “두 나라의 군사가 모두 사상의 피해를 받지 않고 있다”라는 말이 있는데, 『경전석문』에서는 『방언』을 인용하여 “은憖은 다치다(상傷)의 뜻”이라고 했다. 『광아』에 “췌悴・상傷・은憖은 근심하다(우憂)의 뜻이다.” 또 “도悼・녁惄・췌悴・은憖은 근심하다(상傷)의 뜻”이라고 했다. ‘상傷’과 ‘상傷’은 옛날에 통용되었다.

역해

① 悼[도]: 근심하다. 마음상하다. 양웅 당시 함곡관으로부터 동쪽 汝潁

88 『詩經・小雅・節南山之什・小弁』:“踧踧周道, 鞫爲茂草. 我心憂傷, 惄焉如擣.”

89 『文選・詩己・朔風詩』:“子好芳草, 豈忘爾貽. 繁華將茂, 秋霜悴之.”

90 『說文解字』 心部:“悴, 憂也. 從心卒聲. 讀與『易』萃卦同.”

91 『廣雅・釋詁』:“慇・師・慛・嗌・奭・悴・愁・患・慼・桓・慎・怛・惴・恸・悺・忦・慸・傷・慆・慁・憖・瞻・濟・惄・溼, 憂也.”

92 『廣雅・釋詁』:“悲・悠・悼・惄・悴・憖・慇・感・痛・嘆・殤, 傷也.”

陳楚 지역의 통어. 秦 지역에서 悼라고 함.

② 惄[녁] : 걱정하다. 마음 아프게 생각하다. 汝 지역의 어휘.

③ 悴[췌] : 근심하다. 마음 아파하다. 宋 지역의 어휘.

④ 憖[은] : 근심으로 괴로워하다. 근심하고 슬퍼하다(憂傷). 楚穎之間의 어휘. 곽박 「주」에 원망하여 해치다(恨傷)를 말하며, 憖의 발음은 魚吝反이라고 했는데, 이에 근거한 상고음은 [* ŋ jiənh]이다.

⑤ 傷[상] : 다치다. 상하다. 傷은 悼, 惄, 悴, 憖의 풀이어휘.

방언 10

慎①・濟[93]②・曙③・惄[94]④・溼[95]⑤・桓[96]⑥, 憂⑦也.【曙者, 憂而不動也. 作念反】宋衛或謂之慎, 或曰曙. 陳楚或曰溼, 或曰濟. 自關而西秦晉之間或曰惄, 或曰溼. 自關而西秦晉之間凡志而不得, 欲而不獲, 高而有墜, 得而中亡謂之溼【溼者, 失意潛沮之名.[97]】, 或謂之惄.

신慎・제濟・잠曙・닉惄・습溼・환桓은 근심하다(우憂)의 뜻이다.【잠曙은 근심하여 움직이지 않는 것이다. 음은 작념반作念反이다】 송宋 위魏 지역에서는 혹은 신慎이라고 하고, 혹은 잠曙이라고도 한다. 진陳 초楚 지역에

93 『廣雅・釋詁』에 "濟는 憂(근심하다)다"라는 구절이 있고, 또 "懠는 愁(시름겹다)다"라는 말이 있다. 이에 근거하여 王念孫은 "懠와 濟는 소리가 비슷하고 뜻이 같다"고 지적했다.

94 『方言疏證』에서 말했듯이 대체로 '惄'이라고 되어 있는 판본이 많지만, 戴震은 이를 '愵'으로 고쳤다.

95 盧文弨는 濕을 옛날에는 溼이라고 썼다고 하였다.

96 華學誠은 桓은 곧 悹을 말하는 것이라고 하였다. 『說文解字』의 "悹은 憂(근심하다)다"라고 한 예를 들었다.(『說文解字』 心部 : "悹, 憂也. 從心官聲.")

97 『四部叢刊』本에는 '沮, 一作阻.'가 있으나, 戴震은 삭제하였다.

서는 습溼이라고 하고, 혹은 제濟라고도 한다. 함곡관으로부터 서쪽 진秦 진晉에 걸친 지역에서는 녁惄이라고 하고, 혹은 습溼이라고도 한다. 함곡관으로부터 서쪽 진秦과 진晉에 걸친 지역에서는 대개 뜻하였지만 이루지 못하고, 바라지만 얻지 못하고, 높이 올라가고자 하나 떨어지고, 얻었으나 도중에 없어지는 것을 습溼이라고 하며,【습溼이란 실의하여 풀죽어 있는 것을 말한다. 저沮는 저阻라고도 쓴다】 혹은 녁惄이라고도 한다.

방언소증

案'愵'各本作'惄'. 『說文』云 : "惄, 饑也. 餓也. 一曰憂也."[98], "愵, 憂貌. 讀與惄同."[99] 陸機「贈弟士龍詩」: "惄焉傷別促"[100]. 李善「注」云 : "『方言』: 愵, 憂也. 自關而西秦晉之閒或曰惄." 今從李善所引改正. 『荀子・脩身篇』: "卑濕重遲貪利."[101] 楊倞「注」云 : "『方言』: 濕, 優也. 自關而西凡志而不得, 欲而不獲, 高而不墜, 行而中止, 皆謂之濕, 亦謂之惄." 「不苟篇」: "窮則弃而儑."[102] 楊倞「注」云 : "儑當爲濕, 『方言』: 濕, 優也. 字書無儑字". 據此兩引『方言』皆作'優', 或'憂''優', 古通用. 餘與『方言』本文小異. '濕'與'溼'通. 『廣雅』: "桓・愼・瞢・濟・惄・溼, 憂也"[103]. 義本此.

---

98 『說文解字』 心部 : "惄, 飢餓也. 一曰憂也. 從心叔聲. 『詩』曰 : 惄如朝飢."

99 『說文解字』 心部 : "愵, 憂皃. 從心弱聲. 讀與惄同."

100 『文選・詩丙・贈弟士龍』: "行矣怨路長, 惄焉傷別促."

101 『荀子・脩身篇』: "狹隘褊小, 則廓之以廣大, 卑溼重遲貪利, 則抗之以高志."

102 『荀子・不苟篇』: "憂則挫而慑, 通則驕而偏, 窮則棄而儑."

103 『廣雅・釋詁』: "慇・師・慛・嗌・僽・悴・愁・患・慼・桓・愼・怛・惴・惆・悺・忦・慈・傷・惂・慁・愁・瞢・濟・惄・溼, 憂也."

'닉溺'을 각 판본에서는 '녁惄'이라고 하였다. 『설문해자』에 "녁惄은 굶주리다(기아饑餓), 혹은 근심하다(우憂)의 뜻이다"[104]라고 하였다. 닉溺은 근심하는 모습이며, 독음은 녁惄으로 읽는다. 육기의 「증제사룡시」에 "근심스러워 이별의 시간이 다가옴을 상심하네"라는 구절이 있는데, 이선의 「주」에서는 "『방언』에 '닉愵은 근심하다(우憂)의 뜻이다. 함곡관으로부터 서쪽 진秦 진晉에 걸친 지역에서는 녁惄이라고도 한다'고 하였다." 나는 이선이 인용한 바에 근거하여 고쳤다.[105] 『순자·수신편』에 "비루하고 실망스런 태도로 이익을 탐하다"라는 구절이 있는데, 양경의 「주」에는 "『방언』에 '습漝은 근심하다(우優)의 뜻이다.[106] 함곡관으로부터 서쪽에서는 무릇 뜻이 있으나 이루지 못하고, 바라지만 획득할 수 없으며, 높이 오르고자 하나 떨어지고, 행하지만 중도에 그만두는 것을 모두 습漝이라고 하며 또는 녁惄이라고 한다'고 하였다"라고 되어 있다. 『순자·불구편』에 "궁하면 자포자기하여 용렬한 짓을 하게 된다"는 구절이 있는데, 양경의 「주」에서는 "압㑴은 마땅히 습漝이라고 해야 한다. 『방언』에 '습漝은 근심하다(우優)의 뜻이다'라고 하였다. 자서에는 압㑴이라는 글자가 없다"고 하였다. 이 두 곳에 인용한 『방언』에 모두 '우優'라고 되어 있는 것에 따르면 아마도 '우憂'와 '우優'는 옛날에 통용되었던 것 같다. 그 나머지[107]는 『방언』의 원문과 조금 다르다. '습漝'과 '압溼'은 통한다. 『광아』에 "환桓·신愼·잠暜·제濟·녁惄·습溼은 근심하다(우憂)의 뜻"이라고 했는데, 그 의미는 여기에서 근거하였다.

---

104 戴震의 인용문과 조금 차이가 있는데, 『說文解字』의 원문에 따라 이같이 번역하였다.

105 각 판본에 '惄'이라고 되어 있는 것을 '愵'이라고 고쳤다는 뜻이다.

106 이때는 優가 憂의 의미로 사용되었으므로 '근심하다'라고 풀이하였다.

107 즉, 『荀子·修身篇』에 대한 楊倞의 「注」에서 '漝'을 '優'라고 풀이한 나머지 부분을 가리킨다.

역해

① 愼[신] : 근심하고 두려워하다. 宋魏지역 어휘.

② 濟[제] : 근심하다. 걱정하다. 陳楚지역에서는 溼이라고 하고 濟라고도 함.

③ 曆[잠] : 근심하다. 宋魏지역에서는 愼이라고 하고 曆라고도 함. 곽박 「주」에 근심하여 움직이지 않는 것을 말하며, 발음은 作念反이라고 했는데, 이에 근거한 상고음은 [*dziamh]이다.

④ 惄[닉] : 근심하다. 근심하는 모양.

⑤ 溼[습] : 근심하다. 실망하다. 濕과 같은 글자. 陳楚지역에서는 溼이라고 함. 함곡관으로부터 서쪽 秦晉之間에서 대개 뜻하였지만 이루지 못하고 바라지만 얻지 못하고 높이 올라가고자 하나 떨어지고 얻었으나 도중에 없어지는 것을 溼이라고 함. 곽박 「주」에 溼이라는 것은 실의하여 가라앉은 모습(潛沮)을 말하며, 潛沮의 沮는 또 阻로도 쓴다고 했다.

⑥ 桓[환] : 우려하다.

⑦ 憂[우] : 근심하다. 憂는 愼, 濟, 曆, 惄, 溼, 桓의 풀이어휘.

방언 11

鬱悠[①]・懷[②]・惄[③]・惟[④]・慮[⑤]・願[⑥]・念[⑦]・靖[⑧]・愼[⑨], 思[⑩]也. 晉宋衛魯之間謂之鬱悠.【鬱悠, 猶鬱陶也】 惟, 凡思也. 慮, 謀思也. 願, 欲思也. 念, 常思也. 東齊海岱之間曰靖,【岱, 泰山】 秦晉或曰愼, 凡思之貌亦曰愼【謂感思者之容】, 或曰惄.

울유鬱悠・회懷・녁惄・유惟・려慮・원願・념念・정靖・신愼은 생각하다(사思)의 뜻이다. 진晉 송宋 위衛 노魯에 걸친 지역에서는 울유鬱悠라고 한다.【울유鬱悠는 울도鬱陶와 같다】 유惟는 무릇 생각한다는 뜻이다. 려慮는 무언가를 꾀하여 생각한다는 뜻이다. 원願은 무언가를 바라 생각한다는 것이다. 념念은 늘 생각하는 것이다. 동제東齊와 해대海岱에 걸친 지역에서는 정靖이라고 하고,【대岱는 태산太山이다】 진秦 진晉 지역에서는 신愼이라고도 한다. 대체로 생각하는 모습도 역시 신愼【느끼며 생각하는 자의 모습을 말한다】이라고 하고, 혹은 녁惄이라고도 한다.

방언소증

案『爾雅・釋詁』: "懷・惟・慮・願・念・惄, 思也."[108] 「疏」引『方言』此條, 文並同. 『說文』亦云: "惟, 凡思也."[109], "慮, 謀思也."[110], "念, 常思也."[111] 卽取爲字之正訓. 張衡「思玄賦」: "潛服膺以永靖兮"[112] 李善「注」云: "『方言』: 靖, 思也." '靖'與'靚'同. 『字林』: "靖, 審也." 向秀「思舊賦」: "惟古昔以懷今兮."[113] 李善「注」引『方言』: "惟, 思也." 又『廣雅』: "鬱悠・愼・靖, 思也."[114] 義本此.

『이아・석고』에 "회懷・유惟・려慮・원願・념念・녁惄은 생각하다(사思)의 뜻"이라고 하였고, 그에 대한 「소」에서는 『방언』의 이 조항을 인용하였으며, 문장이 동일하다. 『설문해자』에서도 "유惟는 무릇 생각하는 것이다." 또 "려慮는 무언가를 도모하여 생각하는 것이다." 또

108 『爾雅・釋詁』: "懷・惟・慮・願・念・惄, 思也."
109 『說文解字』 心部: "惟, 凡思也. 從心隹聲."
110 『說文解字』 思部: "慮, 謀思也. 從思虍聲."
111 『說文解字』 心部: "念, 常思也. 從心今聲."
112 『文選・賦辛・思玄賦』: "潛服膺以永靖兮, 緜日月而不衰."
113 『文選・賦辛・思舊賦』: "惟古昔以懷今兮, 心徘徊以躊躇."
114 『廣雅・釋詁』: "鬱悠・愼・靖・瞖・憚・憮・恁・侖, 恖也." 여기에서는 '思'가 '恖'로 되어 있는데, 이 둘은 같은 글자다.

"념念은 늘 생각한다"라고 했는데, 바로 글자 본래의 올바른 뜻을 취한 것이다. 장형의 「사현부」에 "가슴 속에 깊이 품어 영원히 생각하네"라는 구절이 있는데, 이에 대한 이선의 「주」에서는 "『방언』에 '정靖은 생각하다(사思)의 뜻'이라고 했다"고 하였다. 정靖과 정靚은 같다. 『자림』에 "정靖은 자세히 살피다(심審)의 뜻"이라고 하였다. 향수의 「사구부」에 "옛날 일을 생각하고 또 오늘날을 생각하네"라는 구절이 있는데, 이선의 「주」에서는 『방언』을 인용하여 "유惟는 생각하다(사思)의 뜻"이라고 했다. 또 『광아』에 "울유鬱悠·신慎·정靖은 생각하다(사思)의 뜻"이라고 하였는데, 그 의미는 여기에서 근거하였다.

역해

① 鬱悠[울유] : 분노나 원한을 품다. 근심을 품다. 晉宋衛魯之間의 어휘. 곽박 「주」에 鬱陶와 같다고 했다.
② 懷[회] : 생각을 품다. 마음을 품다.
③ 惄[녁] : 생각하다. 마음 아프게 생각하다. 秦晉에서는 慎이라고도 함. 무릇 생각하는 모습을 慎이라고도 하고 惄이라고도 함.
④ 惟[유] : 생각하다.
⑤ 慮[려] : 모사하다. 꾀를 생각해내다.
⑥ 願[원] : 보고 싶은 생각, 마음에 품다.
⑦ 念[념] : 항상 생각하다.
⑧ 靖[정] : 꾀하다. 좋은 계책을 생각하다. 東齊海岱之間의 어휘
⑨ 慎[신] : 생각에 잠긴 모습. 秦晉에서 慎이라고 하며, 무릇 생각하는 모습도 慎이라고 함. 곽박은 생각에 잠긴 모습을 말한다고 함.
⑩ 思[사] : 생각하다. 思는 鬱, 悠, 懷, 惄, 惟, 慮, 願, 念, 靖, 慎의 풀이 어휘.

방언 12

敦① · 豐② · 厖③【䮾鶶】· 夰④【音介】· 憮[115]⑤【海狐反】· 般⑥【般桓】· 嘏⑦【音賈】· 奕⑧ · 戎⑨ · 京⑩ · 奘⑪【在朗反】· 將⑫, 大⑬也. 凡物之大貌曰豐. 厖, 深之大也. 東齊海岱之間曰夰, 或曰憮. 宋魯陳衛之間謂之嘏, 或曰戎. 秦晉之間凡物壯大謂之嘏, 或曰夏⑭. 秦晉之間凡人之大謂之奘, 或謂之壯⑮. 燕之北鄙齊楚之郊或曰京, 或曰將. 皆古今語也【語聲轉耳】. 初別國不相往來之言也. 今或同, 而舊書雅記故俗語不失其方【皆本其言之所出也. 雅, 『爾雅[116]』也】, 而後人不知, 故爲之作釋也.【「釋詁」「釋言」之屬】

돈敦 · 풍豐 · 방厖【음은 치방䮾鶶의 방鶶이다[117]】· 개夰【음은 개介다】· 호憮【음은 해고반海狐反이다[118]】· 반般【음은 반환般桓의 반般이다[119]】· 하嘏【음은 가賈다】· 혁奕 · 융戎 · 경京 · 장奘【음은 재랑반在朗反이다】· 장將은 크다(대大)의 뜻이다. 무릇 사물이 큰 모습을 풍豐이라고 한다. 방厖은 깊은 것이 매우 큰 것이다. 동제東齊 해대海岱에 걸친 지역에서는 개夰라고 하고, 혹은 호憮라고도 한다. 송宋 노魯 진陳 위衛에 걸친 지역에서는 하嘏라고 하고, 혹은 융戎이라고도 한다. 진秦 진晉에 걸친 지역에서는 무릇 사물이 장대한 것을 하嘏라고 하고, 혹은 하夏라고도 한다. 진秦 진晉에 걸친 지역에서는 무릇 사람이 큰 것을 장奘이라고 하고, 혹은 장壯이라고도 한다. 연의 북비北鄙지역이나 제齊 초楚의 교외에서는 혹은 경京이라고도 하고, 혹은 장將이라고도 하는데 모두 고금어古今語다.【어성

115 『四部叢刊』本에는 '憮'로 되어 있으나, 戴震은 '憮'로 고쳤다.
116 『四部叢刊』本에는 『小雅』로 되어 있으나, 戴震은 『爾雅』로 고쳤다.
117 본래 "䮾鶶"이라고만 되어 있었으나 戴震의 견해에 따라 이같이 옮겼다.
118 憮(曉模合一平)와 海狐反(曉模合一平)이 동일하므로 憮의 한자음은 '무'가 아니라 '호'가 맞으리라 생각된다.
119 본래 "般桓"이라고만 되어 있었으나, 戴震의 견해에 따라 이같이 옮겼다.

전語聲轉이다】 처음에 각 나라들이 서로 왕래하지 않을 때의 말이다. 오늘날(양웅 당시) 간혹 같은 것도 있지만 옛 서적이 오랜 풍속을 기록해 놓은 것에는 그 말이 지역적인 특색을 잃지 않고 있었다.【모두 그 말이 나오게 된 것에 근거하는 것이다. 아雅는 『이아』다】 그러나 후대 사람들은 이를 알지 못하기 때문에 풀이하였다.【「석고」, 「석언」과 같은 것을 말한다】

방언소증

案'敦''大', 語之轉. '幠'各本訛作'憮', 今訂正. 「注」內'㲉鷜', '般桓'當作'音㲉鷜之鷜', '音般桓之般.' 觀卷十一「注」內'蟞音, 癟䵷之䵷', 可見後人多妄刪原文, 遂不成語. 雅記故俗謂常記故時之俗. 郭「注」: "雅, 『爾雅』也." 以雅記對舊書, 失之. '爾'各本訛作'小'. 據下云「釋詁」「釋言」之屬, 當作『爾雅』甚明. '爾'亦作'尒', 遂訛而爲'小'. 『方言』此條, 自明其作書之意, 謂舊書所常記故習之俗, 所語本不失其方, 而後人不知, 是以作『方言』以釋之. 郭璞不達其意, 以爲指『爾雅』「釋詁」「釋言」, 亦失之. 介·夏·幠[120]·厖·嘏·奕·戎·京·壯·將, 『爾雅·釋詁』亦云: "大也."[121] 「疏」引『方言』此條, 文並同. 『釋文』引『方言』: "厖, 深之大也." '乔''介', 古通用. 『說文』: "厖, 石大也."[122], "乔, 大也."[123], "嘏, 大遠也."[124], "奕, 大也."[125], "奘, 駔大也."[126] 『廣雅』: "豐·般·敦, 大

120 『爾雅·釋詁』에 '幠'라고 되어 있기 때문에, 戴震, 盧文弨, 錢繹 등이 이에 의거하여 『方言』 원문의 '憮'를 '幠'로 고친 것이다. 그런데 戴震은 『方言疏證』에서 『爾雅·釋詁』의 문장을 인용하면서 이와 같이 잘못 썼다. 이 글자는 마땅히 '幠'가 되어야 한다.

121 『爾雅·釋詁』: "弘·廓·宏·溥·介·純·夏·幠·厖·墳·嘏·丕·弈·洪·誕·戎·駿·假·京·碩·濯·訏·宇·穹·壬·路·淫·甫·景·廢·壯·冢·簡·箌·昄·晊·將·業·席, 大也."

122 『說文解字』厂部: "厖, 石大也. 從厂尨聲."

123 『說文解字』大部: "乔, 大也. 從大介聲. 讀若蓋."

也."[127] 義本此. '豐''豐', 古通用.

'돈敦'과 '대大'는 어지전語之轉이다. '호膴'는 각 판본에서 '무憮'라고 잘못 기록하였으나, 지금 바로잡는다. 곽박「주」의 '치방鴟鶂'과 '반환般桓'은 '음은 치방鴟鶂의 방鶂이다'와 '음은 반환般桓의 반般이다'라고 해야 한다. 제11권의 곽박「주」에 '절蠽의 음은 옹절癰癥의 절癥이다.'[128] 라는 말을 보면 후대 사람들이 아무렇게나 원문을 삭제해버려 말이 되지 않는 곳이 많다는 것을 알 수 있다. 아기고속雅記故俗이란 기록해 놓은 옛날 풍속을 말한다. 곽박의「주」에는 "아雅는『이아』"라고 해서, 아기雅記와 구서舊書(옛 책)를 대응시켰지만 잘못된 것이다. '이爾'는 각 판본에서 '소小'라고 잘못 썼지만, 그 뒤에 나오는 '「석고」, 「석언」 같은 것'이라는 말에 의거해보면『이아』임에 틀림없다. '이爾'는 '이尔'라고도 쓰는데, 이 때문에 오류가 생겨서 '소小'로 되었다.『방언』의 이 조항에는 책을 쓴 의도를 스스로 분명히 밝히고 있다. 옛 풍속들을 기록한 옛날 책에서 말한 바에는 본래 그 지역적인 특색을 잃지 않고 있는데, 후대 사람들이 이를 이해하지 못하기 때문에 그것을 풀이해주기 위해『방언』을 짓는다고 했다. 곽박이 그 의미를 이해하지 못하고『이아』의「석고」와「석언」을 가리킨다고 했으니, 역시 제대

124 『說文解字』古部: "嘏, 大遠也. 從古叚聲."

125 『說文解字』大部: "奕, 大也. 從大亦聲.『詩』曰: 奕奕梁山."

126 『說文解字』大部: "奘, 駔大也. 從大從壯, 壯亦聲."

127 『廣雅·釋詁』: "道·天·地·王·皇·豐·粲·博·殷·粗·兄·屍·沛·祏·舲·衍·臨·巨·佳·方·夸·匯·凱·般·張·覺·封·奭·太·賢·胡·修·廣·旁·奄·㤃·劬·朴·魁·訏·沈·岑·賁·誧·籉·顥·顝·龐·幹·芋·䋮·袞·顈·萬·艪·駿·都, 大也."

128 戴震은 "蠽音癰癥之癥"이라고 쓰고 있는데, 이 가운데 "蠽"은 위 구절에 속하는 글자로서, 戴震이 잘못 인용하고 있는 것으로 보인다.『方言』제11권의 2번 항목 중의 郭璞「注」에 "今關西呼麥蠽, 音癰癥之癥."이라고 끊어 읽어야 맞다. 다만 周祖謨나 華學誠 등의 학자는 '呼'의 다음에 '爲'라는 글자가 빠져 있다고 지적하였다.

로 의미를 알지 못한 것이다. 개介・하夏・호幠[129]・방厖・하嘏・혁奕・융戎・경京・장壯・장將은 『이아・석고』에서도 "크다(대大)의 뜻"이라고 하였다. 「소」에서는 『방언』의 이 조항을 인용하였으며, 문장도 같다. 『경전석문』에서는 『방언』을 인용하여 "방厖은 깊음이 매우 큰 것"이라고 하였다. '개奈'와 '개介'는 옛날에 통용되었다. 『설문해자』에 "방厖은 돌이 크다는 뜻", "개奈는 크다는 뜻", "하嘏는 크고 멀다는 뜻", "혁奕은 크다는 뜻", "장奘은 준마가 크다는 뜻"이라고 했다. 『광아』에 "풍豊・반般・돈敦은 크다(대大)의 뜻"이라고 하였으니, 그 의미는 여기에서 근거하였다. '풍豐'과 '풍豊'은 옛날에 통용되었다.

역해

① 敦[돈] : 도탑다.

② 豐[풍] : 넉넉하다. 무릇 물건의 큰 모습을 말함.

③ 厖[방] : 크다. 도탑다. 厖은 깊이가 큰 것을 말함. 곽박 「주」에 발음은 鴟鵝의 鵝이라고 했는데, 이에 근거한 상고음은 [*mru ŋ]이다.

④ 奈[개] : 크다. 介와 같다. 東齊海岱之間의 어휘. 곽박 「주」에 발음은 介이라고 했는데, 이에 근거한 상고음은 [*kriadh]이다.

⑤ 幠[호] : 덮다. 크다. 東齊海岱之間에서 奈라고 하며 幠라고도 함. 곽박 「주」에 발음은 海狐反이라고 했는데, 이에 근거한 상고음은 [*hnag]이다.

⑥ 般[반] : 크다. 곽박 「주」에 발음은 般桓의 般이라고 했는데, 이에 근거한 상고음은 [*pran, *pan]이다.

⑦ 嘏[하] : 크다. 장대하다. 宋魯陳衛之間의 어휘이며, 秦晉之間에서는

129 『方言疏證』에는 '憮'라고 되어 있으나 『爾雅・釋詁』 및 戴震 자신의 고증에 의거하여 '幠'로 바로잡는다.

무릇 물건이 장대한 것을 嘏라고 함. 곽박 「주」에 발음은 賈이라고 했는데, 이에 근거한 상고음은 [*kragx]이다.

⑧ 奕[혁] : 크다. 아름답다.

⑨ 戎[융] : 크다. 확대하다. 宋魯陳衛之間에서는 嘏라고 하며 戎이라고도 함.

⑩ 京[경] : 크다. 높다. 燕의 北鄙, 齊楚의 교외에서 京이라고도 함.

⑪ 奘[장] : 크다. 몸집이 크다. 성하다. 튼튼하다. 건강하다. 秦晉之間에서 무릇 사람이 큰 것을 奘이라고 함. 곽박 「주」에 발음은 在朗反이라고 했는데, 이에 근거한 상고음은 [*dzaŋx]이다.

⑫ 將[장] : 크다. 장대하다. 성하다. 왕성하다. 燕의 北鄙, 齊楚의 교외에서 京이라고 하며 將이라고도 함.

⑬ 大[대] : 크다. 大는 敦, 豐, 厖, 夰, 幠, 般, 嘏, 奕, 戎, 京, 奘, 將의 풀이어휘.

⑭ 夏[하] : 크다. 秦晉之間에서 물건이 장대한 것을 嘏라고 하며 夏라고도 함.

⑮ 壯[장] : 크다. 큼직하다. 秦晉之間에서 사람이 큰 것을 奘이라고 하며 壯이라고도 함.

방언 13

假①【音駕】· 狢②【古格字】· 懷③ · 摧④ · 詹⑤ · 戾⑥ · 艐⑦【古屆字】, 至⑧也. 邠唐冀兗之間曰假, 或曰狢.【邠, 今在始平漆縣. 唐, 今在太原晉陽縣】 齊楚之會郊【兩境之間】, 或曰懷. 摧 · 詹 · 戾, 楚語也.【『詩』曰 : "先祖于摧"[130], "六日不詹"[131], "魯侯戾止"[132]之謂也. 此亦方國之語, 不

130 『詩經 · 大雅 · 蕩之什 · 雲漢』: "胡不相畏, 先祖于摧."

131 『詩經 · 小雅 · 魚藻之什 · 采綠』: "終朝采藍, 不盈一襜. 五日爲期, 六日不詹."

專在楚也】. 艐, 宋語也. 皆古雅之別語也.【雅, 謂風雅】 今則或同.

가假【음은 가駕다】·격狢【옛날의 격格자다】·회懷·최摧·첨詹·려戾·계艐【옛날의 계屆자다】은 이르다(지至)의 뜻이다. 빈邠 당唐 기冀 연兗에 걸친 지역에서는 가假라고 하고, 혹은 격狢이라고도 한다.【빈邠은 지금(곽박 당시)의 시평始平 칠현漆縣에 있다. 당唐은 지금(곽박 당시)의 태원太原 진양현晉陽縣에 있다】 제齊 초楚가 만나는 교외 지역【두 지역의 경계 사이를 말한다】에서는 회懷라고도 한다. 최摧·첨詹·려戾는 초어楚語다.【『시경』에서 "선조의 제사가 끊기고 말 것이다", "엿새가 되어도 돌아오지 못하네", "노나라 임금이 오시는데" 등의 말이 있다. 이는 또한 지방의 말로, 초 지역에서만 쓰이는 것은 아니다】 계艐는 송나라 말이다. 모두 고대 아언雅言의 다른 단어들이다.[133]【아雅는 풍아風雅를 말한다】 지금은 간혹 같은 것도 있다.

방언소증

案'狢''格', 古通用. 艐·格·戾·懷·摧·詹, 『爾雅·釋詁』亦云 : "至也."[134] 郭「注」曰 : "齊楚之會郊曰懷. 宋曰屆, 詹摧皆楚語. 『方言』云." 「疏」引『方言』此條, 文並同. 『釋文』 : "艐, 郭音屆. 孫云, 古屆字." '格'字亦作'狢'. 『廣雅』 : "假, 至也."[135] 曹憲音格. '假''格', 古亦通.

---

132 『詩經·魯頌·泮水』 : "魯侯戾止, 言觀其旂."

133 郭璞은 '雅'를 '風雅'라고 하였고, 이에 대하여 戴震은 다시 지적하여 언급하지 않았으므로 이에 관한 戴震의 견해를 알 수는 없다. 그러나 王念孫은 이때의 '古雅' 는 '古常', 즉 옛날의 일상적인 別語를 말한다고 지적하였다. 華學誠은 '雅'란 '雅言'으로, '古雅'는 '고대의 雅言'이라고 하였다. 따라서 '古雅의 別語'란 고대 아언의 별국 방언을 말한다고 하였는데, 본 번역에서는 華學誠의 의견을 따른다.

134 『爾雅·釋詁』 : "迄·臻·極·到·赴·來·弔·艐·格·戾·懷·摧·詹, 至也."

'격佫'과 '격格'은 옛날에 통용되었다. 계艐·격格·려戾·회懷·최摧·첨詹은 『이아·석고』에서도 "이르다(지至)의 뜻"이라고 했다. 곽박의 「주」에 "제齊 초楚가 만나는 교외에서는 회懷라고 하고, 송宋에서는 계屆라고 하며, 첨詹과 최摧는 모두 초어楚語라고 『방언』에서 말했다"고 하였다. 「소」에서는 『방언』의 이 조항을 인용하였는데, 문장도 같다. 『경전석문』에 "계艐에 대하여 곽박은 음이 계屆라고 했고, 손씨[136]는 계屆의 고자古字라고 하였다." '격格'이라는 글자는 또 '격佫'이라고도 쓴다. 『광아』에 "가假는 이르다(지至)의 뜻"이라고 하였으며, 조헌[137]

135 『廣雅·釋詁』:"假·及·軫·礙·艾·括·致·悃·歫·摵·會·抵·薄·察·往·薦·周·望·㑭·腆·緊, 至也."

136 여기서 말하는 손씨는 孫炎이다. 孫炎은 삼국시대의 경학가로 字는 叔然이며, 樂安(지금의 산동성 博興) 사람이다. 鄭玄에게 나아가 수학하였으며 당시 사람들은 그를 東州의 大儒라고 불렀다고 한다. 『毛詩』, 『禮記』, 『春秋』 三傳, 『國語』, 『爾雅』 및 『尙書』에 대하여 주해를 한 바 있는데 그가 쓴 『爾雅音義』의 영향력은 비교적 컸다. 北齊의 顔之推는 『顔氏家訓·音辭篇』에서 "손숙연이 『爾雅音義』를 지었으니 한대 말기의 사람으로서 유일하게 反語를 알았던 것이다. 魏에 이르러 反語가 크게 행해졌다"고 하여, 후대 사람들은 이에 근거하여 손염이 반절을 처음으로 창시했다고 말하기도 하지만 후대에 발견된 바로는 반절이 사용되기 시작한 것이 孫炎보다 더 이른 시기다. 孫炎의 『爾雅音義』는 지금은 소실되어 전해지지 않는다. 『經典釋文』, 『集韻』, 『初學記』, 『晉書音義』, 『詩經正義』, 『文選』의 李善 「注」와 『太平御覽』 등의 서적에서 孫炎의 『爾雅音義』의 반절을 인용한 예가 백여 가지 남아 있다.

137 曹憲은 隋唐 교체기의 문자학자로 수대에는 秘書學士를 역임하였다. 그는 여러 학자들의 문자에 관한 저서에 정통하였고 한대 이래로 전해지지 않던 경학과 소학을 다시 일으켰고 거의 전해지지 않던 大篆古文을 부흥시켰다. 曹憲은 隋煬帝의 명을 받아 『桂苑叢書』의 편찬에 참여하였고, 또 『廣雅』에 주해를 하였으며 『古今字圖雜錄』 1권을 저술했다. 이는 모두 문자훈고학에 속하는 것이다. 唐代 貞觀 연간에 弘文館學士로 불림을 받았으나 연로하다는 이유로 응하지 않았다. 당 태종은 책을 읽으면서 기이한 문장이나 어려운 글자에 부딪칠 때마다 그에게 사신을 보내 물어보았으며 曹憲은 그를 위해 음을 달아주고 답해주었다고 한다. 曹憲은 수당대의 중요한 『文選』학자이기도 하여 당시와 후세에게 지대한 영향을 미쳤다. 그는 李善을 위시한 그의 제자들과 함께 『文選』학을 최고봉으로 끌어올렸다.

은 음이 격格이라고 하였다. '가假'와 '격格'은 옛날에 통용되었다.

역해

① 假[가] : 이르다.(格과 同字) 邠唐冀兗之間의 어휘. 곽박 「주」에 발음은 駕이라고 했는데, 이에 근거한 상고음은 [*krarh]이다.

② 洛[격] : 이르다.[138] 邠唐冀兗之間에서 假라고 하며 洛라고도 함. 곽박은 格의 古字라고 함.

③ 懷[회] : 오다. 이리로 오다. 齊楚의 양쪽 접경 사이 지역에서 懷라고도 함.

④ 摧[최] : 이르다. 摧, 詹, 戾는 楚語.

⑤ 詹[첨] : 이르다. 도달하다. 摧, 詹, 戾는 楚語.

⑥ 戾[려] : 이르다. 도착하다. 摧, 詹, 戾는 楚語.

⑦ 艐[계] : 이르다. 도달하다. 艐는 宋語. 곽박은 屆의 古字라고 함.

⑧ 至[지] : 이르다. 至는 假, 洛, 懷, 摧, 詹, 戾, 艐의 풀이어휘.

방언 14

嫁① · 逝② · 徂③ · 適④, 往⑤也. 自家而出謂之嫁, 由女而出爲嫁也. 逝, 秦晉語也. 徂, 齊語也. 適, 宋魯語也. 往, 凡語也.

가嫁 · 서逝 · 조徂 · 적適은 가다(왕往)의 뜻이다. 집으로부터 나오는 것을 가嫁라고 하니, 여자가 출가하는 것을 가嫁라고 하는 것과 같다. 서逝는 진秦과 진晉 지역의 말이다. 조徂는 제齊 지역 말이다. 적適은 송

---

138 참고로 '洛, 來也.'은 『方言』 제2권에 나오고, '洛, 登也'는 『方言』 제1권에 나온다.

宋과 노魯 지역 말이다. 왕往은 범어다.

방언소증

案『列子・天瑞篇』: "子列子居鄭圃, 將嫁於衛."[139] 張湛「注」云: "自家而出謂之嫁". 『爾雅・釋詁』: "如適之嫁徂逝往也."[140] 郭「注」引『方言』: "自家而出謂之嫁, 猶女出爲嫁." '猶''由', 古通用. 「疏」全引『方言』此條, '由'亦作'猶', '徂'亦作'退'. 『說文』云: "退, 往也. 退, 齊語", "適, 之也. 宋魯語." 蓋本此.

『열자・천서편』에 "열자가 정鄭나라의 보전甫田에 살다가 위衛나라로 떠나려 하였다"는 대목이 있는데, 장담「주」에 말하기를, "집으로부터 떠나가는 것을 가嫁라고 한다"고 하였다. 『이아・석고』에 "여如・적適・지之・가嫁・조徂는 가다(왕往)의 뜻"이라고 하였다. 곽박의 「주」에서는 『방언』을 인용하여 "집으로부터 떠나가는 것을 가嫁라고 한다. 여자가 출가하는 것을 가嫁라고 하는 것과 같다"고 했다. '유猶'와 '유由'는 옛날에 통용되었다. 「소」에서는 『방언』의 이 조항을 전부 다 인용하였는데, '유由'는 '유猶'라고 썼고, '조徂'는 '조退'라고 썼다. 『설문해자』에 말하기를, "조退는 가다(왕往)의 뜻이다. 조退는 제齊 지역 말이다"[141]라고 하였고, 또 "적適은 가다(지之)의 뜻이다. 적適은 송宋 노魯 지역의 말이다"[142]라고 하였는데, 대체로 모두 여기에서 근거하였다.

---

139 "子列子居鄭圃, 四十年人無識者. 國君卿大夫視之, 猶衆庶也. 國不足, 將嫁於衛"라는 『列子・天瑞篇』의 첫 대목에서 중간 부분을 생략하고 "子列子居鄭圃, 將嫁於衛"의 형태로 인용한 것이다.

140 『爾雅・釋詁』: "如・適・之・嫁・徂・逝, 往也."

141 『說文解字』 辵部: "退, 往也. 從辵且聲. 退, 齊語."

142 『說文解字』 辵部: "適, 之也. 從辵啻聲. 適, 宋魯語."

역해

① 嫁[가] : 시집가다. 가다. 집으로부터 나가는 것. 여자가 시집가는 것.
② 逝[서] : 가다. 떠나다. 逝는 秦晉語.
③ 徂[조] : 가다. 일정한 곳으로 나아가다. 徂는 齊語.
④ 適[적] : 가다. 이르다. 도달하다. 시집가다. 適은 宋魯語.
⑤ 往[왕] : 가다. 往은 嫁, 逝, 徂, 適의 풀이어휘. 往은 凡語.

방언 15

謾台①【蠻怡二音】·脅鬩②【呼鬲[143]反】, 懼③也. 燕代之間曰謾台, 齊楚之間曰脅鬩. 宋衛之間凡怒而噎噫【噎噫謂憂也. 噫, 央媚反】謂之脅鬩.【脅鬩猶鬩沭也】 南楚江湘之間謂之嘽咺④.【湘, 水名, 今在零陵. 咺, 音香遠反】

만이謾台【이 두 글자의 음은 만이蠻怡다】·협혁脅鬩【음은 호격반呼隔反이다】은 두려워하다(구懼)의 뜻이다. 연燕 대代에 걸친 지역에서는 만이謾台라고 하며, 제齊 초楚에 걸친 지역에서는 협혁脅鬩이라고 한다. 송宋 위衛에 걸친 지역에서는 성이 나서 헐떡이는 것을【일噎은 우憂를 말한다. 의噫는 음이 앙미반央媚反이다】 협혁脅鬩【협혁脅鬩은 혁술鬩沭과 같다】이라 한다. 남초南楚와 강상江湘에 걸친 지역에서는 천훤嘽咺이라고 한다.【상湘은 물 이름이며, 지금은 영릉零陵에 있다. 훤咺의 음은 향원반香遠反이다】

143 『四部叢刊』本에는 '鬲'으로 되어 있으나, 戴震은 '隔'으로 고쳤다.

방언소증

案『廣雅』: "蟬咺・謾台・脅鬩, 懼也."[144] 義本此. '嘽''蟬', 古通用. '咺'曹憲音'火袁反.' 『廣韻』引『方言』此條, 文並同. '脅'亦作'愶'. 『玉篇』云: "以威力相恐愶也."[145] '鬩'亦作'䫛'. 『廣韻』: "䫛, 惶恐也."[146] 或作'潿'. 「注」內'潿沭'各本訛作'鬩穀', 今訂正. 後卷十有云: "凡窘猝怖遽謂之潿沭."[147]

『광아』에 "선훤蟬咺・만이謾台・협혁脅鬩은 두려워하다(구懼)의 뜻"이라고 하였는데, 그 의미는 여기에서 근거하였다. '천嘽'과 '훤蟬'은 옛날에 통용되었다. '훤咺'은 조헌 음이 '화원반火袁反'이다. 『광운』에서는 『방언』의 이 조항을 인용하였는데, 그 문장도 같다. '협脅'은 '협愶'이라고도 쓴다. 『옥편』에서 말하기를, "위력으로 서로 두렵게 하는 것을 협愶이라고 한다"고 하였다. '혁鬩'은 '혁䫛'이라고도 쓴다. 『광운』에 "혁䫛은 두려워하다(황공惶恐)의 뜻"이라고 하였다. '혁鬩'을 또는 '혁潿'이라고도 쓴다. 곽박의 「주」 안에 있는 '혁술潿沭'은 각 판본에서 '혁곡鬩穀'이라고 잘못 썼는데, 지금 바로잡는다. 뒤의 제10권에 "무릇 황급하고 갑작스러우며 두려워 허둥대는 것을 혁술潿沭이라고 한다"는 구절이 있다.

---

144 『廣雅・釋詁』: "惶・怖・㦊・㑌・猜・忦・嘽咺・謾台・脅鬩・忧・愓・蛩慎・征伀・悭怮・畏・恐・遽, 懼也."

145 『玉篇』 心部: "愶, 許劫切. 以威力相恐愶."

146 『廣韻』 入聲: "䫛, 惶恐也."

147 『方言』 제10권 21번 항목에 "潿沭・征伀, 遑遽也. 江湘之間, 凡窘猝怖遽謂之潿沭, 或謂之征伀"라는 구절이 있다.

역해

① 謾台[만이] : 두려워하다. 燕代之間의 어휘. 곽박 「주」에 발음은 蠻, 怡라고 했는데, 이에 근거한 상고음은 각각 [*mruan], [*rəg]이다.

② 脅鬩[협혁] : 두려워하다. 齊楚之間의 어휘. 宋衛之間에서는 화가 나서 헉헉대는 것을 말함. 곽박 「주」에 脅鬩은 鬩穀와 같다고 했다.

③ 懼[구] : 두려워하다. 懼는 謾台, 脅鬩의 풀이어휘.

④ 嘽咺[천훤] : 두려워하다. 南楚江湘之間의 어휘. 곽박 「주」에 咺의 발음은 香遠反이라고 했는데, 이에 근거한 상고음은 [*hjuanx]이다.

방언 16

虔①·劉②·慘③·綝④, 殺⑤也.【今關西人呼打爲綝, 音廩, 或洛感反】秦晉宋衛之間謂殺曰劉, 晉之北鄙亦曰劉. 秦晉之北鄙, 燕之北郊, 翟縣之郊, 謂賊爲虔.【今上黨潞縣卽古翟國】晉魏河內之北謂綝[148]曰殘⑥, 楚謂之貪⑦, 南楚江湘之間謂之歁.⑧[149]【言歁綝難猒

148 『四部叢刊』本에는 '綝'으로 되어 있었으나, 戴震은 『說文解字』와 『經典釋文』, 『春秋左傳』과 「疏」에 인용된 문장을 근거로 '惏'으로 고쳤다. 王念孫은 『方言疏證』 手校本에서 "河內之北謂惏曰殘"이라는 『方言』의 구절이 "河內之北謂殘曰惏"이라고 되어야 한다고 말했다. 王念孫은 다음과 같은 이유를 들었다. 즉, '賊'과 '殘'은 의미가 서로 연관이 있으므로, "秦, 晉의 북쪽 변두리와 燕의 北郊, 翟縣의 교외에서는 해치는 것(賊)을 虔이라고 하고, 晉, 魏, 河內의 북쪽에서는 殘을 惏이라고 한다"고 말하는 것이고, 또 '殘'과 '貪'은 의미상 서로 관련이 있으므로 그 다음에 '貪'을 언급했다는 것이다. 華學誠은 王念孫의 의견이 옳다고 하며 마땅히 "河內之北謂殘曰惏"이라고 고쳐야 한다고 지적했다.

149 『四部叢刊』本에는 '欺'로 되어 있었으나, 戴震은 '歁'으로 고쳤다. 王念孫은 『方言疏證補』에서 『說文解字』에 "欲은 얻고자 하는 것"이라는 말이 있고, 『廣雅』에 "欲은 貪(탐하다)"이라는 말이 있다는 사실을 근거로 하여 '欲'과 '歁'은

也.[150]】

건虔・류劉・참憯・름惏은 죽이다(살殺)의 뜻이다.【지금(곽박 당시) 관서關西 사람들은 때리는 것을 름惏이라고 하며, 음은 름廩이며, 또는 낙감반洛感反이다】 진秦 진晉 송宋 위衛에 걸친 지역에서는 죽이다(살殺)를 류劉라고 하며, 진晉의 북쪽 변두리에서도 류劉라고 한다. 진秦 진晉의 북쪽 변두리와 연燕의 북교北郊 적현翟縣의 교외에서는 해치는 것(적賊)을 건虔이라고 하고,【오늘날(곽박 당시)의 상당上黨, 노현潞縣이 바로 옛날의 적국翟國이다】 진晉 위魏 하내河內의 북쪽에서는 림惏을 잔殘이라고 하며, 초楚에서는 탐貪이라고 한다. 남초南楚와 강상江湘에 걸친 지역에서는 감歁이라고 한다.【탐하는 것이 물릴 줄을 모른다(감림난염歁惏難猒)를 말한다】

방언소증

案『詩・周頌』: "勝殷遏劉."[151] 『毛傳』: "劉, 殺也." 『春秋』成公十三年『左傳』: "虔劉我邊陲." 杜預「注」云: "虔・劉, 皆殺也." 「疏」引『方言』: "虔, 殺也." 憯, 『說文』云: "毒也."[152] '㨆''惏', 古通用. 『說文』: "河內之北謂貪曰惏."[153], 與此小異. 『春秋』僖公二十四年『左傳』: "狄固貪惏." 『釋文』引『方言』: "殺人而取其財曰惏." 「疏」所引同. 今『方言』無此語.

서로 통한다고 하였다. 吳予天은 『方言注商』에서 『玉篇』 欠部에서 "江, 湖에 걸친 지역에서는 貪淋을 欿이라고 한다. 郭璞은 欿惏難懸이라고 하였다"는 말을 근거로 이 구절의 '歁'은 마땅히 '欿'이 되어야 한다고 지적했다.

150 "歁㨆難猒"에서 '㨆'은 '惏'이 되어야 하며, 바로 앞의 주해에서 吳予天이 지적한 바를 반영한다면 '歁㨆'은 마땅히 '欿惏'이 되어야 한다.

151 『詩經・周頌・臣工之什・武』: "於皇武王, 無競維烈. 允文文王, 克開厥後. 嗣武受之, 勝殷遏劉, 耆定爾功."

152 『說文解字』 心部: "憯, 毒也. 從心參聲."

153 『說文解字』 心部: "惏, 河內之北謂貪曰惏. 從心林聲."

昭公二十八年『左傳』: "貪惏無饜." 「疏」引『方言』: "晉魏河內之北謂惏爲殘, 楚謂之貪." '惏'又作'婪'. 『說文』云: "貪也. 杜林說, 卜者黨相詐驗爲婪."[154] '歁'各本訛作'欺', 「注」內同. 『說文』: "歁食不滿也. 讀若坎."[155] 『廣雅』: "歁·婪, 貪也."[156] 義本此. 曹憲音'苦感反', 今據以訂正. '歁''掺', 疊韻字也.

『시경·주송』에 "은나라를 이겨 포악함을 막으시어"라는 대목이 있는데, 『모전』에 "류劉는 죽이다(살殺)의 뜻"이라고 하였다. 『춘추』 성공 13년 『좌전』에 "국경 지대의 백성들을 학살하였습니다"라는 구절이 있는데, 두예의 「주」에, "건虔·류劉는 모두 죽이다(살殺)의 뜻"이라고 하였고, 「소」에서는 『방언』을 인용하여 "건虔은 죽이다(살殺)의 뜻"이라고 하였다. 참慘에 대해서 『설문해자』에서는 "죽이다(독毒)의 뜻"이라고 하였다. '름掺'과 '림惏'은 옛날에 통용되었다. 『설문해자』에 "하내河內의 북쪽에서는 탐貪을 림惏이라고 한다"고 했는데 이(『방언』의 원문)와는 조금 다르다. 『춘추』 희공 24년 『좌전』에 "오랑캐 적은 본래 정말로 욕심이 많다"라는 구절이 있는데, 『경전석문』에서는 『방언』을 인용하여 "사람을 죽이고 그의 재산을 취하는 것을 림惏이라고 한다"고 하였다. 이는 『좌전』의 「소」에서 인용한 것과 같다.[157] 그러나 지금의 『방언』에는 이 말이 없다. 소공 28년 『좌전』에 "탐욕 부리기에 한이 없다"는 구절이 있는데, 공영달의 「소」에서는 『방언』을 인용하여 "진晉 위魏 하내河內의 북쪽에서는 림惏을 잔殘이라고 하고, 초楚에서는 탐貪이라고 한다"[158]고 하였다. '림惏'은 또 '람婪'이라고도 쓴다.

154 『說文解字』 女部: "婪, 貪也. 從女林聲. 杜林說, 卜者黨相詐驗爲婪. 讀若潭."
155 『說文解字』 欠部: "歁, 食不滿也. 從欠甚聲. 讀若坎."
156 『廣雅·釋詁』: "㨹·挳·悔·忨·懆·饕餮·嗀·嗇·歁·欿·欲·婪·利·遴·茹·嗜·饞·慘·餪, 貪也."
157 『春秋左傳』의 孔穎達 「疏」에는 "『方言』에 말하기를, 사람을 죽이고 재산을 취하는 것을 惏이라고 한다(『方言』云: 殺人取財曰惏)"고 되어 있다.

『설문해자』에는 "람婪은 탐하다(탐貪)의 뜻이다. 두림이 말하기를, 점치는 자의 무리들이 서로 증험이 있다고 속이는 것을 람婪이라고 한다"고 하였다. '감歁'은 각 판본에 '기欺'라고 잘못 되어 있다. 곽박의 「주」도 역시 마찬가지다. 『설문해자』에 "감歁은 먹어도 만족하지 못하는 것이며, 감坎과 같이 읽는다"라고 하였다. 『광아』에 "감歁·람婪은 탐하다(탐貪)의 뜻"이라고 하였는데 그 의미는 여기에서 근거하였다. 조헌의 음은 '고감반苦感反'이다. 지금 이에 근거하여 바르게 고친다. '감歁'과 '름𢷾'은 첩운자疊韻字다.

역해

① 虔[건] : 살육하다. 탈취하다. 재단하다. 베다(砍伐). 秦晉의 北鄙, 燕의 北郊, 翟縣의 교외에서 해치는 것(賊)을 虔이라고 함.
② 劉[류] : 죽이다. 秦晉宋衛之間에서 죽이다(殺)를 劉라고 하며, 晉의 北鄙에서도 劉라고 함.
③ 慘[참] : 참혹하다. 무자비하다. 아프게 하다.
④ 𢷾[름] : 죽이다. 치다. 쇠잔하다. 곽박 「주」에 곽박 당시 關西사람들은 때리다(打)를 𢷾이라 하며, 발음은 廩또 洛感反이라고 했는데, 이에 근거한 상고음은 각각 [*ljəmx], [*ləmx]이다.
⑤ 殺[살] : 죽이다. 殺은 虔, 劉, 慘, 𢷾의 풀이어휘.
⑥ 殘[잔] : 해치다. 죽이다. 晉魏 지역과 河內의 북쪽에서는 惏을 殘이라 함.
⑦ 貪[탐] : 탐하다. 욕심 부리다. 楚지역 어휘.
⑧ 歁[감] : 탐내다. 南楚江湘之間의 어휘. 곽박 「주」에 歁은 탐하는 것이 물릴 줄을 모른다(歁𢷾難猒)라고 했다.

158 『春秋左傳』의 孔穎達 「疏」에는 "『方言』云 : 晉魏河內之北謂惏爲殘, 楚謂之貪, 則惏亦貪也"라고 되어 있다.

방언 17

亟①・憐②・憮③・㤿④, 愛⑤也. 東齊海岱之間曰亟【欺革反】[159]. 自關而西秦晉之間, 凡相敬愛謂之亟, 陳楚江淮之間曰憐, 宋衛邠陶之間曰憮, 或曰㤿【陶唐, 晉都處】

극亟・련憐・무憮・엄㤿은 아끼다, 사랑하다(애愛)의 뜻이다. 동제東齊와 해대海岱에 걸친 지역에서는 극亟【음은 기혁반欺革反이다】이라고 하고, 함곡관으로부터 서쪽 진秦 진晉에 걸친 지역에서는 새로 경애하는 것을 극亟이라고 하며, 진陳 초楚 강회江淮에 걸친 지역에서는 련憐이라고 하고, 송宋 위衛 빈邠 도陶에 걸친 지역에서는 무憮라고 하고, 혹은 엄㤿이라고도 한다.【도당陶唐은 진晉의 수도가 있는 곳이다】

방언소증

案'亟'亦作'㥛'. 「注」內'欺革反'各本訛作'詐欺也'. 於正文不相涉. 『廣雅』: "㥛・憮・㤿, 愛也."[160] 義本此. 曹憲於'㥛'下列'欺革', '九力'二反, 今據以訂正. 『爾雅・釋言』: "憮・敉, 撫也."[161] 「疏」引『方言』: "東齊邠陶之閒謂愛曰憮." '東齊'二字誤.

'극亟'은 '극㥛'이라고도 쓴다. 곽박의 「주」의 '기혁반欺革反'이라고 한 대목은 각 판본에 '사기야詐欺也'로 잘못 되어 있는데, 이는 원문과 서

159 『四部叢刊』本에는 '詐欺也'로 되어 있으나, 戴震은 '欺革反'으로 고쳤다. 王念孫의 手校明本에서는 '也'자를 빼고 마땅히 '詐欺'라고 해야 한다고 하였다.
160 『廣雅・釋詁』: "㦎・憯・翳・㥛・憮・㤿・款・牟・震, 愛也."
161 『爾雅・釋言』: "撫・敉, 撫也."

로 관련이 없다.[162] 『광아』에 "극㥛·무憮·엄俺은 아끼다. 사랑하다(애愛)의 뜻"이라고 하였는데, 그 의미는 여기에서 근거하였다. 조헌은 '극㥛'에 대하여 '기혁반欺革反'과 '구력반九力反'이라는 두 가지 음을 나열하였다. 지금 이에 근거하여 정정한다. 『이아·석언』에 "무憮·미敉는 어루만지다(무撫)의 뜻"이라고 하였다. 「소」에서 『방언』을 인용하여 "동제東齊 빈汾 도陶에 걸친 지역에서는 아끼다(애愛)를 무憮라고 한다"고 했는데, '동제東齊'라는 두 글자는 오류다.

역해

① 亟[극] : 사랑하다. 東齊海岱之間의 어휘. 함곡관으로부터 서쪽 秦晉之間에서는 서로 敬愛하는 것을 亟이라고 말함. 곽박 「주」에 발음은 欺革反이라고 했는데, 이에 근거한 상고음은 [*khrək]이다.
② 憐[련] : 어여삐 여기다. 陳楚江淮之間의 어휘.
③ 憮[무] : 사랑하다. 어루만져주다. 불쌍히 여기다. 宋衛邠陶之間의 어휘.
④ 俺[엄] : 사랑하다. 宋衛邠陶之間에서 憮라고 하고 俺이라고도 함.
⑤ 愛[애] : 사랑하다. 愛는 亟, 憐, 憮, 俺의 풀이어휘.

방언 18

眉① · 梨② · 耋③ · 鮐④, 老⑤也. 東齊曰眉【言秀眉也】, 燕代之北

162 戴震은 "詐欺也"라고 되어 있던 것을 "欺革反"으로 고쳤으나, 王念孫은 이와는 달리 생각했다. 王念孫은 明刻本을 手校하면서 "詐欺也"에서 '也'를 삭제했다. 즉, 郭璞 「注」는 마땅히 "詐欺"라고 해야 하며, '欺'로써 '亟'의 음을 지시하려는 것이라고 본 것이다.

鄙曰梨【言面色如凍梨】, 宋衛兗豫之內曰耋【八十爲耋. 音絰】. 秦晉之郊陳兗之會曰耇鮐⑥.【言背皮如鮐魚. 耇, 音垢】

미眉・리梨・질耋・태(이)鮐는 늙다(로老)의 뜻이다. 동제東齊에서는 미眉【빼어난 눈썹을 말한다】라고 하고, 연燕 대代의 북쪽 교외에서는 리梨라고 하며,【얼굴색이 언 배와 같아서 하는 말이다】 송宋 위衛 연兗 예豫 지역에서는 질耋이라고 하며,【팔십 세를 질耋이라고 하며, 음은 질絰이다】 진秦과 진晉 지역의 교외와 진陳 연兗 지역이 만나는 곳에서는 구태(이)耇鮐【등가죽이 마치 복어와 같아서 하는 말이다. 구耇의 음은 구垢다】라고 한다.

방언소증

案『詩・豳風』: "以介眉壽"[163]. 『毛傳』: "眉壽, 豪眉也." 「小雅」: "遐不眉壽."[164] 『毛傳』: "眉壽, 秀眉也." '棃'亦通用'黎'. 「吳語」: "播棄黎老."[165] 韋昭「注」: "鮐, 背之耇稱老." 『詩・秦風』: "逝者其耋."[166] 『毛傳』: "八十曰耋." 「大雅」: "黃耇台背."[167] 『毛傳』: "台背, 大老也." 鄭「箋」云: "耇, 凍棃."[168], "台之言鮐也. 大老則背有鮐文."[169] 「疏」引『方言』: "燕代北鄙謂老爲棃." 『釋文』引『方言』: "凍棃, 老也." '凍'字『方

---

163 『詩經・豳風・七月』: "六月食鬱及薁, 七月亨葵及菽, 八月剝棗, 十月穫稻. 爲此春酒, 以介眉壽. 七月食瓜, 八月斷壺, 九月叔苴, 采荼薪樗. 食我農夫."

164 『詩經・小雅・南有嘉魚之什・南山有臺』: "樂只君子, 遐不眉壽."

165 『國語・吳語』: "今王播棄黎老, 而近孩童焉比謀"

166 『詩經・秦風・車鄰』: "今者不樂, 逝者其耋."

167 『詩經・大雅・生民之什・行葦』: "黃耇台背, 以引以翼."

168 『毛詩正義』「行葦」시의 序에 대한 鄭玄의 『毛詩箋』에 나오는 구절인데, 조금 차이가 있으니 다음과 같다. "九族, 自已上至高祖, 下至玄孫之親也. 黃, 黃髮也. 耇, 凍梨也."

169 『毛詩正義』: "箋云: 台之言鮐也, 大老則背有鮐文."

言』所無. 『爾雅・釋詁』: "黃髮・齯齒・鮐背・耇・老, 壽也." 「疏」引『方言』: "秦晉之郊陳兗之會謂老曰耇鮐."

『시경・빈풍』에 "노인들 장수를 빌며 잔 올린다네"라는 구절이 있는데, 『모전』에서 "미수眉壽는 흰 수염"이라고 하였다. 『시경・소아』에 "어찌 오래 장수하시지 않겠는가!"라는 구절이 있는데, 『모전』에서 "미수眉壽는 수미秀眉(노인의 긴 눈썹을 말하며, 이는 장수를 상징한다)다"라고 하였다. '리棃'는 '려黎'와도 통용된다. 『국어・오어』에 "노신을 버리다"라는 구절이 있는데, 위소의 「주」에서 "등이 굽을 만큼 나이든 사람을 노老라고 한다"고 하였다. 『시경・진풍』에 "세월이 지나가 버리면 덧없이 늙어버릴 것을"이라는 구절이 있는데, 『모전』에서는 "팔십세를 질耋이라고 한다"고 하였다. 『시경・대아』에 "구부정히 늙은 노인"이라는 구절이 있는데, 『모전』에 "이배台背는 나이가 많은 노인"이라고 하였다. 정현의 『모시전』에서는 "구耇는 빙리凍棃, 즉 나이든 것"이라고 하였고, "이台는 태(이)鮐를 말하는 것이다. 아주 나이가 들면 등이 굽게 된다"고 하였다. 「소」에서는 『방언』을 인용하여 "연燕 대代의 북쪽 변두리에서는 나이든 것을 리棃라고 한다"고 하였다. 『경전석문』은 『방언』을 인용하여 "동리凍棃는 늙은이다"라고 했는데, '동凍'이라는 글자는 『방언』에 없다. 『이아・석고』에 "황발黃髮・예치齯齒・태(이)배鮐背・구耇・로老는 오래 살다, 장수하다(수壽)의 뜻"[170]이라고 하였고, 「소」에서는 『방언』을 인용하여 "진秦 진晉 지역의 교외와 진陳과 연兗이 만나는 지역에서는 나이든 이를 구태(이)耇鮐라고 한다"고 하였다.

170 『爾雅・釋詁』: "黃髮・齯齒・鮐背・耇・老, 壽也."

역해

① 眉[미] : 노인. 장수하여 눈썹이 긴 사람. 東齊에서 眉라고 함. 곽박 「주」에 노인의 긴 눈썹(秀眉)을 말한다고 했다.

② 梨[리] : 늙은이. 늙은이의 살갗의 빛깔. 燕代의 北鄙에서 梨라고 함. 곽박 「주」에 얼굴색이 언 배와 같아서 이르는 말이라고 했다.

③ 耋[질] : 늙은이. 여든 살. 일흔 살. 예순 살. 宋衛兗豫之內의 어휘. 곽박 「주」에 八十을 耋라고 하며, 발음은 経이라고 했는데, 이에 근거한 상고음은 [*dit]이다.

④ 鮐[태(이)] : 늙다. 늙은이.

⑤ 老[로] : 늙다. 老는 眉, 梨, 耋, 鮐의 풀이어휘.

⑥ 耇鮐[구태(이)] : 늙다. 秦晉의 교외, 陳兗之會에서는 耇鮐라고 함. 곽박 「주」에 등가죽이 마치 복어와 같아서 이르는 말이며, 耇의 발음은 垢이라고 했는데, 이에 근거한 상고음은 [*kugx]이다.

방언 19

脩① · 駿② · 融③ · 繹④ · 尋⑤ · 延⑥, 長⑦也. 陳楚之間曰脩, 海岱大野之間曰尋,【大野, 今高平鉅野】宋衛荊吳之間曰融. 自關而西秦晉梁益之間, 凡物長謂之尋. 『周官』之法[171], 度廣爲尋,【度, 爲絹帛橫[172]廣】幅廣爲充⑧.【『爾雅』曰 : "緇廣充幅."[173]】延, 年長也[174]. 凡施於年者謂之延, 施於衆長謂之永⑨.【各隨事爲義】

---

171 여기서 말하는 『周官』의 법이란, 『周禮 · 冬官考工記』에 있는 다음의 내용을 말한다. 『周禮 · 冬官考工記 · 匠人』: "方百里爲同, 同間廣二尋, 深二仞謂之澮."

172 『四部叢刊』本에는 '擴'이라고 되어 있으나, 戴震은 '橫'이라고 고쳤다.

173 『爾雅 · 釋天』: "緇廣充幅, 長尋曰旐, 繼旐曰旆."

174 『四部叢刊』本에는 '永長也'로 되어 있으나, 戴震은 '年長也'로 고쳤다.

수脩・준駿・융融・역繹・심尋・연延은 길다. 늘이다(장長)의 뜻이다. 진陳 초楚에 걸친 지역에서는 수脩라고 하고, 해대海岱 대야大野에 걸친 지역에서는 심尋이라고 한다.【대야大野란 지금의 고평高平 거야鉅野를 말한다】 송宋 위衛 형荊 오吳에 걸친 지역에서는 융融이라고 한다. 함곡관으로부터 서쪽 진秦 진晉 양梁 익益에 걸친 지역에서는 무릇 사물이 긴 것을 심尋이라고 한다. 『주관』의 법에 가로로 넓은 것을 심尋【도度란 견백의 가로 넓이를 말한다】이라고 하고, 폭이 넓은 것을 충充이라고 한다.【『이아』에서는 "검은 비단의 넓이가 충폭이다"[175]라고 했다】 연延이란 사는 햇수가 길다는 뜻이다. 무릇 나이로 말하자면 연延이라고 하고, 사물이 긴 것을 영永이라고 한다.【각각은 대상에 따라 뜻을 취한 것이다】

방언소증

案『詩・小雅』: "不駿其德."[176] 「大雅」: "昭明有融."[177] 『毛傳』皆云: "長也." 阮籍「咏懷詩」: "獨有延年術."[178] 「注」引『方言』: "延, 長也." 『爾雅』『釋文』引『方言』: "幅廣曰充". '年長也'之'年'各本訛作'永'. 嵇康「養生論」: "芬之使香, 而無使延."[179] 李善「注」引『方言』: "延, 年長也." 『爾雅・釋詁』: "永・羕・引・延・融・駿, 長也."[180] 郭「注」云:

175 이에 대한 『爾雅』의 郭璞 「注」에는 "비단의 넓이는 전폭(2尺 4寸)이고, 길이는 8尺이다(帛全幅長八尺)"이라고 되어 있다. 『爾雅義疏』에 따르면, 充幅이란 布의 경우에는 2尺 2寸, 帛의 경우에는 2尺 4寸의 너비를 말한다.

176 『詩經・小雅・節南山之什・雨無正』: "浩浩昊天, 不駿其德. 降喪饑饉, 斬伐四國."

177 『詩經・大雅・生民之什・旣醉』: "昭明有融, 高朗令終. 令終有俶, 公尸嘉告."

178 『文選・詩丙・詠懷詩十七首』: "獨有延年術, 可以慰我心."

179 『文選・論三・養生論』: "推此而言, 凡所食之氣, 蒸性染身, 莫不相應. 豈惟蒸之使重, 而無使輕, 害之使闇, 而無使明, 薰之使黃, 而無使堅, 芬之使香, 而無使延哉."

180 『爾雅・釋詁』: "永・羕・引・延・融・駿, 長也."

"宋衛荊吳之閒曰融." 「疏」引『方言』: "延, 年長也. 凡施於年者謂之延, 施於衆長謂之永." 據此兩引年長可爲確證矣. 『廣雅』: "脩繹尋長也."[181] 義本此.

『시경 · 소아』에, "그 덕이 일정치 않으시니"라는 구절이 있으며, 「대아」에 "매우 밝고 뚜렷하니"라는 구절이 있는데, 『모전』에서는 '준駿'과 '융融'이라는 두 글자에 대해서 모두 '길다(장長)의 뜻'이라고 풀이하였다. 완적의 「영회시」에 "홀로 생을 연장하는 방법을 가졌으니"라는 구절이 있는데, 「주」에서는 『방언』을 인용하여 "연延은 늘이다(장長)의 뜻"이라고 하였다. 『이아』와 『경전석문』에서는 『방언』을 인용하여 "폭이 넓은 것을 충充이라고 한다"고 했다. 사는 햇수가 길다(年長)고 할 때의 '년年'을 각 판본에서는 '영永'이라고 잘못 썼다. 혜강의 「양생론」에 "(잣나무 잎을 먹으면 사향노루가) 향내를 피우는데 (어찌) 향내를 풍기게 하면서 생명을 연장시키지는 않겠는가"라는 구절이 있는데, 이선의 「주」에서는 『방언』을 인용하여 "연延은 사는 햇수가 긴 것"이라고 하였다. 『이아 · 석고』에 "영永 · 양羕 · 인引 · 연延 · 융融 · 준駿은 길다(장長)의 뜻"이라는 구절이 있는데, 곽박의 「주」에 "송宋 위衛 형荊 오吳에 걸친 지역에서는 융融이라고 한다"고 하였으며, 「소」에서는 『방언』을 인용하여 "연延은 사는 햇수가 길다는 뜻이다. 무릇 나이로 말하면 연延이라고 하고, 사물이 긴 것을 말하면 영永이라고 한다"고 하였다. 이 두 인용에 근거하여 '사는 햇수가 길다(年長)'가 옳다는 것은 확증할 수 있다. 『광아』에 "수脩 · 역繹 · 심尋은 길다(장長)의 뜻"이라고 했는데, 그 의미는 여기에서 근거하였다.

181 『廣雅 · 釋詁』: "鬱 · 凞 · 倭 · 儠 · 橛 · 篃 · 橢 · 矧 · 呂 · 僨 · 迒 · 暘 · 從 · 挻 · 鎡 · 抒 · 隑 · 脩 · 夐 · 繹 · 覃 · 尋 · 將 · 枚 · 袤, 長也."

역해

① 脩[수] : 길다. 멀다. 오래다. 陳楚之間의 어휘.

② 駿[준] : 빠르다. 높다. 크다.

③ 融[융] : 길다. 宋衛荊吳之間의 어휘.

④ 繹[역] : 풀다. 풀어놓다. 늘어놓다. 끌어내다.

⑤ 尋[심] : 길다. 잇다. 海岱大野之間의 어휘. 함곡관으로부터 서쪽 秦晉梁益之間에서는 무릇 물건이 긴 것을 尋이라고 함. 가로로 넓은 것을 尋, 폭이 넓은 것을 充이라고 함.

⑥ 延[연] : 끌다. 끌어들이다. 늘이다. 延은 햇수가 긴 것을 말함. 햇수가 긴 것을 延이라 하고, 사물이 긴 것을 永이라 함.

⑦ 長[장] : 길다. 長은 脩, 駿, 融, 繹, 尋, 延의 풀이어휘.

⑧ 充[충] : 기르다. 가로로 긴 것을 尋, 폭이 긴 것을 充이라고 함.

⑨ 永[영] : 길다. 오래다. 햇수가 긴 것을 延이라 하고, 사물이 긴 것을 永이라고 함.

방언 20

允[①] · 訦[②]【音諶】· 恂[③]【音荀】· 展[④] · 諒[⑤]【音亮】· 穆[⑥], 信[⑦]也. 齊魯之間曰允, 燕代東齊曰訦, 宋衛汝潁之間曰恂, 荊吳淮汭之間曰展,【汭, 水口也. 音芮】西甌毒屋黃石野之間曰穆.【西甌, 駱越別種也. 音嘔. 其餘皆未詳所在】眾信曰諒, 周南召南衛之語也.

윤允 · 심訦【음은 심諶이다】· 순恂【음은 순荀이다】· 전展 · 량諒【음은 량亮이다】· 목穆은 믿을 만하다, 진실하다(신信)의 뜻이다. 제齊 로魯에 걸친 지역에서는 윤允이라고 하고, 연燕 대代 동제東齊에서는 심訦이라고 한다. 송宋 위衛 여汝 영潁에 걸친 지역에서는 순恂이라고 하고, 형荊 오吳 회예淮汭에 걸친 지역에서는 전展이라고 하며,【예汭는 수구水口다. 음은 예芮다】 서구西甌 독옥毒屋 황석黃石의 평야에 걸친 지역[182]에서는 목穆이라고 한다.【서구西甌[183]는 낙월駱越[184]의 한 지파다. 음은 구嘔다. 그 나머지는 모두 어디에 있는지 자세히 알 수 없다】 모두들 믿는 것을 량諒이라고 하니, 주남周南 소남召南 위衛 지역의 말이다.

방언소증

案顏延之「宋文皇帝元皇后哀策文」: "壼政穆宣."[185] 李善「注」引『方言』: "穆, 信也." 『說文』: "燕・代・東齊, 謂信曰訦."[186] 蓋取諸『方言』. 『爾雅・釋詁』: "允・孚・亶・展・諶・誠・亮・詢, 信也."[187] 郭「注」引『方言』: "荊吳淮泗之閒曰展, 燕岱東齊曰諶, 宋衛曰詢." 「疏」全引『方言』此條. '汭'亦訛作'泗', '代'訛作'岱', 餘並同. 又云: "訦, 諶" '亮''諒', '詢''恂', 音義同.

안연지의 「송문황제원황후애책문」에 "궁중의 정사는 진실로 잘 베

182 이 대목은 郭璞도 西甌를 제외하고는 잘 모른다고 했으므로 정확히 이해하기는 불가능하다. 毒屋은 『漢語大詞典』에도 나오지 않지만 黃石은 고대 소수민족명이라는 풀이가 있으므로 毒屋 역시 소수민족의 명칭이 아닐까 짐작된다. 따라서 "西甌 毒屋 黃石의 평야에 걸친 지역"이라고 한 것은 이들 소수민족이 거주하던 지역을 말하는 것이라 생각한다.

183 西甌는 중국 고대의 소수민족명으로, 越人의 일파다. 진한 시대에 嶺南의 일대에 분포하고 있었으며 오늘날 壯族과 淵源 관계가 있다고 한다.

184 駱越은 옛 종족명으로, 오늘날의 운남, 귀주, 광서 지역에 분포하고 있었다고 한다.

185 『文選・哀下・宋文皇帝元皇后哀策文』: "壼政穆宣, 房樂韶理."

186 『說文解字』 言部: "訦, 燕代東齊謂信訦. 從言冘聲."

187 『爾雅・釋詁』: "允・孚・亶・展・諶・誠・亮・詢, 信也."

풀어지고"라는 구절이 있는데, 이선의 「주」에서는 『방언』을 인용하여 "목穆은 진실하다, 믿음(신信)의 뜻"이라고 하였다. 『설문해자』에서는 "연燕 대代 동제東齊 지역에서는 신信을 심訦이라고 한다"고 하였으니, 아마도 『방언』에서 취한 것이리라 생각된다. 『이아 · 석고』에 "윤允 · 부孚 · 단亶 · 전展 · 심諶 · 성誠 · 량亮 · 순詢은 진실하다(신信)의 뜻"이라고 하였으며, 곽박의 「주」에서는 『방언』을 인용하여 "형荊 오吳 회예淮汭에 걸친 지역에서는 전展이라고 하고, 연燕 대代 동제東齊에서는 심諶이라고 하며, 송宋 위衛 지역에서는 순詢이라고 한다"고 하였고, 「소」에서도 『방언』의 이 조항을 전부 인용하였는데, '예汭'를 '사泗'라고 잘못 썼고, '대代'를 '대岱'라고 잘못 썼으나 그 나머지는 완전히 같다. 또 이어 말하기를, "심訦은 심諶이다"라고 하였다. '량亮'과 '량諒', '순詢'과 '순恂'은 음과 뜻이 같다

역해

① 允[윤] : 진실로. 정말로. 믿을 만하다. 齊魯之間의 어휘.
② 訦[심] : 성실하다. 미쁘다. 진실로 참되다(誠信). 燕代東齊의 어휘. 곽박 「주」에 발음은 諶이라고 했는데, 이에 근거한 상고음은 [*djəm]이다.
③ 恂[순] : 믿을 만하다. 믿다. 진실하다. 정확하다. 宋衛汝穎之間의 어휘. 곽박 「주」에 발음은 荀이라고 했는데, 이에 근거한 상고음은 [*skwj in]이다.
④ 展[전] : 실제로. 진정으로. 荊吳淮汭之間의 어휘.
⑤ 諒[량] : 믿다. 참. 진실. 작은 일에 구애되는 진실. 하찮은 의리를 묵수하는 일. 眾信을 諒이라고 하며, 이는 周南, 召南, 衛의 말이다. 곽박 「주」에 발음은 亮이라고 했는데, 이에 근거한 상고음은 [*lja ŋ h]이다.
⑥ 穆[목] : 진실로 참되다(誠信). 西甌毒屋黃石野之間의 어휘.

⑦ 信[신] : 믿다. 진실하다. 믿음. 信은 允, 訦, 恂, 展, 諒, 穆의 풀이어휘.

방언 21

碩①・沈②・巨③・濯④・訏⑤・敦⑥・夏⑦・于⑧, 大⑨也.【訏亦作芋, 音義同耳, 香于反】齊宋之間曰巨, 曰碩. 凡物盛多謂之寇⑩.【今江東有小鳧, 其多無數, 俗謂之寇鳧也】齊宋之郊, 楚魏之際曰夥⑪.【音禍[188]】自關而西秦晉之間凡人語而過謂之過⑫【于果反】, 或曰僉⑬. 東齊謂之劍[189]⑭, 或謂之弩⑮. 弩猶怒也. 陳鄭之間曰敦, 荊吳揚甌之郊曰濯, 中齊西楚之間曰訏.【西楚, 謂今汝南彭城】自關而西秦晉之間凡物之壯大者而愛偉之謂之夏, 周鄭之間謂之假.[190]⑯【音賈】郴⑰, 齊語也.【洛含反】于, 通語[191]也.

석碩・침沈・거巨・탁濯・우訏・돈敦・하夏・우于는 크다(대大)의 뜻이다.【우訏는 우芋라고도 쓰며, 음과 뜻은 같다. 음은 향우반香于反이다】제齊 송宋에 걸친 지역에서는 거巨라고 하고, 혹은 석碩이라고도 한다. 무릇 어떤 것이 성하고 많은 것을 일러 구寇라고 한다.【지금(곽박 당시) 강동江東에 작은 오리들이 있는데, 너무 많아 셀 수가 없을 정도이다. 일반적으로 이런 상황을 가리켜 구寇라고 한다】제齊 송宋의 교외 초楚 위魏의 경계 지역에서는 화夥【음은 화禍다】라고 한다. 함곡관으로부터 서쪽인 진秦 진晉에 걸친 지역에서는 보통 사람이 말을 하는 데에 있어 지나친 것을 화過【음은 우과반于果反이다】라고 하고, 혹은 첨僉이라고도 한다. 동제東齊에서는 검劍이

188 『四部叢刊』本에는 '榾'라고 되어 있으나, 戴震은 '禍'로 고쳤다.
189 錢繹은 劍과 僉을 같다고 보았다.
190 『四部叢刊』本에는 '暇'라고 되어 있으나, 戴震은 '假'로 고쳤다.
191 본래는 '通詞'라고 되어 있었으나 戴震이 '通語'로 고쳤다.

라고 하고, 혹은 노𧊱[192]라고도 한다. 노𧊱는 노怒와 같다. 진陳 정鄭에 걸친 지역에서는 돈敦이라고 하며, 형荊 오吳 양揚 구甌의 교외에서는 탁濯이라고 하고, 중제中齊 서초西楚에 걸친 지역에서는 우訏라고 한다. 【서초西楚는 지금(곽박 당시)의 여남汝南 팽성彭城을 말한다】 함곡관으로부터 서쪽인 진秦 진晉에 걸친 지역에서는 무릇 어떤 것이 장대하고 사랑스럽고 대단한 것을 가리켜 하夏라고 한다. 주周 정鄭에 걸친 지역에서는 하嘏【음은 가賈다】라고 한다. 람郴[193]은 제齊나라 말이며,【음은 낙함반洛含反이다】 우于는 통어通語다.

방언소증

案『史記・陳涉世家』: "夥頤! 涉之爲王, 沈沈者! 楚人謂多爲夥."[194] 『集解』: "沈音, 長含反." '沈'亦作'䢱', 音耽. 『玉篇』云: "多也."[195] 『後漢書・張衡傳』: "不恥祿之不夥."[196] 「注」引『方言』: "凡物盛而多, 齊宋之郊謂之夥." 夏・假・碩・濯・訏, 『爾雅・釋詁』亦云: "大也."[197] 「疏」引『方言』, 文並同. 『禮記・檀弓篇』: "于則于."[198] 「疏」云: "于謂廣大."

192 華學誠은 𧊱는 怒이고, 怒에는 過(지나치다)의 의미가 있으므로 의미상 상통하는 부분이 있다고 추정했다.

193 華學誠은 앞에서 "크다(大)"라는 의미로 나왔던 沈이라는 글자의 齊 지역 발음이 아닐까 추정한다.

194 『史記・陳涉世家』: "入宮, 見殿屋帷帳, 客曰: '夥頤! 涉之爲王, 沈沈者!' 楚人謂多爲夥, 故天下傳之, 夥涉爲王, 由陳涉始."

195 『玉篇』 多部: "䢱, 丁含切. 多也."

196 『後漢書・張衡列傳』: "不恥祿之不夥, 而恥智之不博."

197 『爾雅・釋詁』: "弘・廓・宏・溥・介・純・夏・幠・厖・墳・嘏・丕・弈・洪・誕・戎・駿・假・京・碩・濯・訏・宇・穹・壬・路・淫・甫・景・廢・壯・冢・簡・箌・昄・晊・將・業・席, 大也."

198 "제후(나 그 사자)가 고맙게도 우리나라에 오실 경우, 신하로서 간이하게 예를 행하는 자는 신하로서의 간이한 예를 행하고, 임금이 직접 와서 남의 임

『說文』 "齊人謂多爲錁."[199] 又'𥓓'字下云:"讀若楚人名多夥." '錁''夥'一字, 而前言齊人, 後言楚人. 據『方言』"齊宋之郊, 楚魏之際", 則兩處皆通. 『廣雅』:"巨·訏·沈·敦, 大也."[200], "僉, 過也."[201] 義本此. 『廣韻』:"𧶠, 過也. 秦人呼過爲𧶠也."[202] '假'各本訛作'暇', '通語'訛作'通詞', 今訂正.

『사기·진섭세가』에 "정말로 화려하구나! 진섭이 왕이 되니(궁전이) 높고 크고 심오하구나! 하고 말하였다. 초나라 사람들은 '다多'를 '화夥'라고 하였다"는 말이 있다. 『사기집해』에 "침沈의 음은 장함반長含反이다"[203]라고 하였다. '침沈'은 '탐𣢾'이라고도 쓰는데, 이 글자의 발음은 탐耽이다. 『옥편』에 말하기를 "많다(다多)의 뜻"이라고 하였다. 『후한서·장형전』에 "녹이 많지 않은 것을 부끄러이 여기지 않다"는 말이 있는데, 「주」에서 『방언』을 인용하여 "무릇 어떤 것이 성하고 많은 것을 제齊 송宋의 교외에서는 화夥라고 한다"고 하였다. 하夏·가假·석碩·탁濯·우訏에 대하여 『이아·석고』에서도 역시 "크다(대大)의 뜻"이라고 하였고, 「소」에서는 『방언』을 인용하였는데, 문장이 똑같다. 『예기·단궁편』에 "우즉우于則于"라는 구절이 있는데, 「소」에서 말하기를, "우于는 광대하다(廣大)의 뜻"이라고 하였다. 『설문해자』에 "제齊

금으로서 광대한 예를 행하는 사람은 임금으로서 광대한 예를 행합니다(諸侯之來辱敝邑者, 易則易, 于則于. 易于雜者未之有也)"라는 구절에 있는 대목이다.

199 『說文解字』 多部:"夥, 齊謂多爲夥. 從多果聲."

200 『廣雅·釋詁』:"道·天·地·王·皇·亶·㲋·博·殷·粗·兄·㠯·沛·祏·𡿗·衍·臨·巨·佳·方·夸·匯·凱·般·張·覺·封·奘·太·賢·胡·㣙·廣·𡚀·奄·𠡜·㔓·朴·魁·訏·沈·岑·夤·誧·䶕·頷·𩔁·麤·𣪠·芋·䌹·袞·𩓿·萬·䭎·驐·都, 大也."

201 『廣雅·釋言』:"僉, 過也."

202 『廣韻』 上聲:"𧶠, 𧶠過也. 秦人呼過爲𧶠也."

203 『史記集解』에서 應劭의 말이라고 하며 인용한 대목이다.

나라 사람들은 다多를 과錁라고 한다"고 했고, 또 과㗻라는 글자에 대하여 말하기를, "초나라 사람들은 다多(많다)를 화夥라고 말하는데, 이때의 화夥처럼 읽는다"[204]고 하였다. '과錁'와 '화夥'는 같은 글자인데, 앞에서는 제나라 사람이라고 말하고 뒤에서는 초나라 사람이라고 말했다. 『방언』에 따르면 "제齊 송宋의 교외와 초楚 위魏의 변경"이라고 하였기 때문에 두 곳이 모두 해당된다. 『광아』에 "거巨 · 우訏 · 침沈 · 돈敦은 크다(대大)의 뜻"이라고 하였고, 또 "첨僉은 말이 지나치다(과過)의 뜻"이라고 하였는데, 그 의미는 여기에서 근거하였다. 『광운』에 "과過는 지나치다(과過)의 뜻이다. 진秦나라 사람들은 과過를 과過라고 한다"고 하였다. '가假'는 각 판본에서 '하暇'라고 잘못 적었으며, '통어通語'를 '통사通詞'라고 잘못 적었으니 지금 바르게 고친다.

역해

① 碩[석] : 크다. 머리가 크다. 가득하다. 齊宋之間에서 巨라고 하며 碩이라고도 함.
② 沈[침] : 크다. 무겁다. 또는 느낌이 무겁다.
③ 巨[거] : 크다. 많다. 齊宋之間에서 巨라고 함.
④ 濯[탁] : 크다. 빛나다. 荊吳揚甌의 교외 지역 어휘.
⑤ 訏[우] : 크다. 과장하다. 큰소리치다. 中齊西楚之間의 어휘. 곽박「주」에 訏는 芋로도 쓰며 발음은 香于反이라고 했는데, 이에 근거한 상고음은 [*hwjag]이다.
⑥ 敦[돈] : 도탑게 하다. 陳鄭之間의 어휘.
⑦ 夏[하] : 크다. 함곡관으로부터 서쪽 秦晉之間에서 무릇 사물이 장대하

---

204 『說文解字』 㐁部 : "㗻, 屰惡驚詞也. 從㐁咼聲. 讀若楚人名多夥."

고 위엄이 있는 것을 夏라고 함.

⑧ 于[우] : 크다. 광대하다. 于는 양웅 당시의 通語다.

⑨ 大[대] : 크다. 大는 碩, 沈, 巨, 濯, 訏, 敦, 夏, 于의 풀이어휘.

⑩ 寇[구] : 많다. 풍성하다. 무릇 사물이 풍성하고 많은 것을 寇라 함. 곽박 「주」에는 당시 江東 지역에 작은 오리가 수를 헤아릴 수 없이 무수히 많은데 이것을 속칭 寇라고 한다고 했다.

⑪ 夥[화] : 많다. 패거리. 동아리. 齊宋의 교외, 楚魏의 변두리에서 夥라고 함. 곽박 「주」에 발음은 禍이라고 했는데, 이에 근거한 상고음은 [*guarx]이다.

⑫ 過[화] : 말이 지나치다. 또는 지나친 말. 함곡관으로부터 서쪽 秦晉之間에서 사람이 말이 지나친 것을 過라고 함. 곽박 「주」에 발음은 于果反이라고 했는데, 이에 근거한 상고음은 [*guarx]이다.

⑬ 僉[첨] : 여럿. 모두. 함곡관으로부터 서쪽 秦晉之間에서 사람이 말이 지나친 것을 過라고 하며 僉이라고도 함.

⑭ 劒[검] : 지나치다. 東齊에서 劒이라고 함.

⑮ 弩[노] : 지나치다. 성내다. 화내다. 東齊에서 劒이라고 하며 弩라고도 하는데, 弩는 怒와 같다.

⑯ 嘏[하] : 크다. 장대하다. 周鄭之間의 어휘. 곽박 「주」에 발음은 賈이라고 했는데, 이에 근거한 상고음은 [*kragx, *kragh, *kagx]이다.

⑰ 郴[람] : 크다. 郴은 齊語. 곽박 「주」에 발음은 洛含反이라고 했는데, 이에 근거한 상고음은 [*hləm]이다.

방언 22

抵[205]①【觸牴[206]】· 傚②【音致】, 會③也. 雍梁之間曰抵, 秦晉亦曰抵. 凡會物謂之傚.

저牴【음은 촉저觸牴의 저牴[207]다】・치僦【음은 치致다】는 모이다, 이르다(회會)의 뜻이다. 옹雍 양梁에 걸친 지역에서는 저抵라고 하고, 진秦 진晉에서도 역시 저抵라고 한다. 일반적으로 물건을 모으는 것을 치僦라고 한다.

방언소증

案'抵'各本訛作'牴'. 據『廣雅』: "會・抵, 至也."[208] 義與此合. 「注」內'觸牴'當作'音觸牴之牴.' 各本訛作'觸牴也', 遂幷正文改爲'牴', 今訂正. 『玉篇』引『方言』: "僦, 會也."[209]

'저抵'는 각 판본에 '저牴'라고 잘못 되어 있다. 『광아』에 "회會・저抵는 이르다(지至)의 뜻"이라고 되어 있는데, 의미가 이와 합치된다. 곽박의 「주」에 있는 '촉저觸牴'는 마땅히 '음은 촉저觸牴의 저牴'라고 해야 한다. 각 판본에는 모두 '촉저야觸牴也'로 잘못 되어 있다. 이에 아울러 본문도 '저牴'로 고쳤는데, 지금 그것을 바로잡는다. 『옥편』은 『방언』을 인용하여 "치僦는 모이다(회會)의 뜻"이라고 하였다.

역해

① 抵[저]: 닿다. 만나다. 부딪치다. 雍梁之間에서 牴라고 하며, 秦晉에서

205 『四部叢刊』本에는 '牴'라고 되어 있으나, 戴震은 '抵'로 고쳤다.
206 『四部叢刊』本에는 '也'로 되어 있으나, 戴震은 '牴'로 고쳤다.
207 본래 "觸牴"라고만 되어 있었으나 戴震의 견해에 따라 이같이 옮겼다.
208 『廣雅・釋詁』: "假・及・軫・礙・艾・括・致・悃・岠・摵・會・抵・薄・察・往・薦・周・望・艀・腆・緊, 至也."
209 『玉篇』人部: "僦, 丈吏切. 會物也. 『方言』云: 僦, 會也."

도 秪라고 함. 곽박 「주」에 발음은 觸秪의 秪이라고 했는데, 이에 근거한 상고음은 [*tidx]이다.

② 敓[치] : 모아 합치다. 물건이 모이는 것을 敓라고 함. 곽박 「주」에 발음은 致이라고 했는데, 이에 근거한 상고음은 [*trjidh]이다.

③ 會[회] : 모이다. 會는 秪, 敓의 풀이어휘.

방언 23

華①・荂②, 晠③也.【荂亦華[210]別名, 音誇】 齊楚之間或謂之華, 或謂之荂.

화華・과荂는 밝다, 화려하다(성晠)의 뜻이다.【과荂는 화華의 다른 말이며, 음은 과誇다】 제齊 초楚에 걸친 지역에서는 혹은 화華라고 하고, 혹은 과荂라고 한다.

방언소증

案草木之'蕐', 『說文』本作'雩',[211] 呼瓜反. 華盛之'蕐', 『說文』作'蘳',[212] 胡瓜反. 今經傳通作'華'. 遂無'雩''蘳'之異.[213] 『爾雅・釋言』:

---

210 『四部叢刊』本에는 '蕐'으로 되어 있으나, 戴震은 '華'로 고쳤다.

211 『說文解字』 雩部 : "雩, 艸木華也. 從𠂹亏聲. 凡雩之屬皆從雩."

212 『說文解字』 華部 : "華, 榮也. 從艸從雩. 凡華之屬皆從華."

213 『方言疏證』에는 앞부분 문장이 "案草木之華, 『說文』本作雩. 呼瓜反. 華盛之華, 『說文』作華, 胡瓜反. 今經傳通作華. 遂無雩蘳之異"라고 되어 있다. 그러나 이대로 읽을 경우 내용이 전혀 이해되지 않는다. 짐작컨대 판각할 때에 당시에 통용되었거나 편의상 글자를 바꾼 것으로 보인다. 의미의 소통을 위하여 戴震이 본래 썼던 字體를 회복하여 위의 대목을 "案草木之蕐, 『說文』本

"華, 皇也."[214] 『釋文』: "胡瓜反." 「釋草」: "華, 荂也. 華 · 荂, 榮也. 木謂之華, 草謂之榮."[215] 郭「注」云 : "今江東呼華爲荂." 此四'華'字, 皆當讀呼瓜反. 『方言』此條兩'蕐'字, 與「釋言」同. 「注」內'蕐'字, 與「釋草」同. 又『說文』: "荂卽雩之別體." 『爾雅』旣以'荂'釋'華', 應是異字異音. 此「注」荂音誇, 得之.

초목의 꽃이라는 의미의 '화華'를 『설문해자』에서는 본래 '화雩'라고 썼으며, 음은 호과반呼瓜反이다. 번성하다(蕐盛)는 의미의 '화蕐'를 『설문해자』에서는 '화蘳'라고 썼으며, 음은 호과반胡瓜反이다. 오늘날 경전에서는 모두 '화華'라고 쓰며, 이에 '화雩'와 '화蘳'의 차이가 없어졌다. 『이아 · 석언』에 "화華는 아름답고 성한 모습(황皇)이라는 뜻"이라고 하였다. 『경전석문』에서는 "음은 호과반胡瓜反"이라고 하였다. 『이아 · 석초』에서는 "화華는 꽃(과荂)이다. 화華와 과荂는 꽃이 피다(영榮)의 뜻이다. 나무에 꽃이 핀 것을 화華라고 하고, 풀에 꽃이 핀 것을 영榮이라고 한다"고 하였다. 곽박의 「주」에 "지금 강동江東에서는 화華를 과荂라고 한다"고 하였다. 이 네 개의 '화華'라는 글자[216]는 모두 마땅히 호과반呼瓜反으로 읽어야 한다. 『방언』의 이 조항에 있는 두 개의 '화蕐'라는 글자는 「석언」과 같다.[217] 곽박의 「주」에 '화蕐'라는 글자는 「석초」와 같다.[218] 또 『설문해자』에 "과荂는 과雩의 다른 글자체"라고

作雩. 呼瓜反. 蕐盛之蕐, 『說文』作蘳, 胡瓜反. 今經傳通作華. 遂無雩蘳之異"라고 고쳤다.

214 『爾雅 · 釋言』: "皇, 華也."

215 『爾雅 · 釋艸』: "華, 荂也. 華 · 荂, 榮也. 木謂之華, 草謂之榮. 不榮而實者謂之秀, 榮而不實者謂之英."

216 여기서 말하는 네 개의 '華'라는 글자란 '蕐', '雩', '蘳', '荂'를 가리킨다.

217 『方言』 원문에 나오는 두 개의 '華'는 아름답고 성한 모습이라는 의미로, 『爾雅 · 釋言』에서 '皇'이라고 풀이한 것과 같다는 뜻이다.

218 郭璞의 「注」에 있는 '蕐'는 꽃이 핀 것을 뜻하는 것으로 『爾雅 · 釋草』에서 '榮'이라고 풀이한 것과 같다는 뜻이다.

하였고, 『이아』에서 '화荂'로 '화華'를 풀이하였으니, 마땅히 다른 글자이며 음도 다르다. 곽박의 「주」에서 과荂의 음을 과誇라고 했는데, 이는 옳다.

역해

① 華[화] : 꽃. 꽃이 피다. 齊楚之間에서 華라고도 함.
② 荂[과] : 꽃. 꽃모양. 무성하다. 齊楚之間에서 華라고도 하며 荂라고도 함. 곽박 「주」에 荂는 華의 다른 명칭이며, 발음은 誇이라고 했는데 이에 근거한 상고음은 [*khwrag]이다.
③ 晠[성] : 밝다. 화려하다. 晠은 華, 荂의 풀이어휘.

방언 24

墳①, 地大也. 青幽之間凡土而高且大者謂之墳.【即大陵也】

분墳은 땅이 큰 것을 의미한다. 청주青州와 유주幽州에 걸친 지역에서는 대개 땅이 높고 또 큰 것을 분墳이라고 한다.【즉 대릉大陵이다】

방언소증

案『爾雅・釋詁』: "墳, 大也."[219] 「疏」引『方言』此條, 文並同.

---

219 『爾雅・釋詁』: "弘・廓・宏・溥・介・純・夏・幠・厖・墳・嘏・丕・弈・洪・誕・戎・駿・假・京・碩・濯・訏・宇・穹・壬・路・淫・甫・景・廢・

『이아·석고』에 "분墳은 크다(대大)의 뜻"이라고 하였고, 「소」에서는 『방언』의 이 조항을 인용하였는데, 문장이 모두 같다.

역해

① 墳[분]: 크다. 青幽之間에서 흙을 높고 크게 한 것을 墳이라고 말함. 곽박 「주」에 큰 릉(大陵)을 말한다고 했다.

방언 25[220]

張小使大謂之廓①, 陳楚之間謂之摸②.【音莫】

작은 것을 펼쳐서 크게 만드는 것을 곽廓이라고 한다. 진陳 초楚에 걸친 지역에서는 막摸【음은 막莫이다】[221]라고 한다.

방언소증

案王延壽「魯靈光殿賦」: "廓宇宙而作京."[222] 李善「注」引『方言』此句. 『爾雅·釋詁』: "廓, 大也."[223] 「疏」亦引此句, 文並同. '摸'刻本皆作

壯·冢·簡·箌·昄·晊·將·業·席, 大也."

220 25번이라고 하여 위의 24번과 조항을 가른 것은 戴震의 견해에 따른 것이다. 盧文弨, 錢繹, 周祖謨 등 여러 학자들도 戴震의 견해에 따랐다.

221 模와 莫은 古音이 동일하다.

222 『文選·賦己·魯靈光殿賦』: "荷天衢以元亨, 廓宇宙而作京."

223 『廣雅·釋詁』: "道·天·地·王·皇·亹·敹·博·般·粗·兄·㝁·沛·

‘模’.

왕연수의 「노영광전부」에 “우주를 널리 펼치어 그 가운데 경도京都를 만드셨네”라는 구절이 있는데, 이선의 「주」에서 『방언』의 이 구절을 인용하였다. 『이아 · 석고』에 “곽廓은 크다(대大)의 뜻”이라고 했다. 이에 대하여 「소」에서도 역시 이 구절을 인용하였는데 문장이 같다. ‘막摸’을 각 판각본에서 모두 ‘모模’라고 하였다.

역해

① 廓[곽] : 넓다. 크다. 광대하다.
② 摸[막] : 크다. 陳楚之間의 어휘. 곽박 「주」에 발음은 莫이라고 했는데, 이에 근거한 상고음은 [*mak]이다.

방언 26

嬛① · 蟬【火金[224]反】② · 綱③【音剡】· 撚④【諸典反】· 未⑤, 續⑥也.[225] 楚曰嬛. 蟬, 出⑦也.【別異義】 楚曰蟬, 或曰未, 及⑧也.[226]

祏 · 齡 · 衍 · 臨 · 巨 · 佳 · 方 · 夸 · 匯 · 凱 · 般 · 張 · 覺 · 封 · 奘 · 太 · 賢 · 胡 · 庨 · 廣 · 殇 · 奄 · 舫 · 劬 · 朴 · 魁 · 訏 · 沈 · 岑 · 賁 · 誧 · 籊 · 顧 · 顝 · 鱻 · 皺 · 芋 · 絧 · 袞 · 頪 · 萬 · 艣 · 驋 · 都, 大也.”

224 『四部叢刊』本에는 ‘全’이라고 되어 있으나, 戴震은 ‘金’으로 고쳤다. 그러나 華學誠은 ‘火全反’이 맞으며, ‘蟬’ 뒤가 아니라, ‘嬛’ 뒤에 들어가야 한다고 했다.

225 戴震은 “未續”을 붙여서 읽었다. 그러나 그럴 경우 다른 글자의 뜻과는 어긋나게 되므로 ‘未’에서 ‘尾’, ‘及’의 뜻을 취하여 斷句하는 것이 옳다고 판단하여 戴震의 독법에 따르지 않았다.

현嬛【음은 화전반火全反이다】·선蟬·염𦄅【음은 염剡이다】·연撚【음은 낙전반諾典反이다】·미未는 이어가다(속續)의 뜻이다. 초楚에서는 현嬛이라고 한다. 선蟬은 나가다(출出)의 뜻이다.【별도의 다른 의미다】 초楚에서는 선蟬이라고 하고,[227] 혹은 미未[228]라고도 한다. 이르다(급及)의 뜻이다.

방언소증

案『廣雅』: "𦄅·剿·接·撚·未·連·似·㮚·屬·結, 續也."[229] '𦄅''撚''未'三字, 取之此條. 是自未以上五字各自句絶. '嬛''蠉', 古通用, 蟲行也. 蟬, 『玉篇』云: "蟬連, 系續之言也."[230] 𦄅, 『玉篇』云: "續也."[231] 撚, 『廣韻』云: "以指撚物." 皆有連續之意, 未續應謂欲續而未結繫. 未及則猶有閒斷. 『廣雅』失之. "楚曰嬛"三字句絶. '蟬''出', 語之轉. 故蟬又爲出.

『광아』에 "염𦄅·첩剿·접接·년撚·미未·련連·사似·㮚[232]·속屬·결結은 이어가다(속續)의 뜻"이라고 되어 있는데, '염𦄅', '년撚', '미未'라는 세 글자는 『방언』의 이 조항에서 취한 것이다. 여기서 미未자 앞

226 戴震은 "未及"을 붙여서 읽었으나 역시 바로 앞의 주해와 같은 이유로 따르지 않았다.

227 錢繹의 『方言箋疏』에서는 "楚曰蟬"이라는 구절은 "楚謂出爲蟬也." 즉, "초 지역에서는 나가는 것을 蟬이라고 한다"는 뜻이라고 하였다.

228 華學誠은 吳予天의 『方言注商』에서 "未는 의미 전환을 하여 사람들의 뒤를 따르는 것을 尾라고 하게 된다. 그러므로 尾에는 또 及(이르다. 미치다)이라는 뜻이 있게 된다"고 한 것에 의거하여, "或曰未, 及也"라고 읽는 것이 옳다고 말한다.

229 『廣雅·釋詁』: "𦄅·剿·接·撚·未·連·似·㮚·屬·結, 續也."

230 『玉篇』 虫部: "蟬, 市然切. 蜩也. 以旁鳴者. 蟬連, 系續之言也."

231 『玉篇』 糸部: "𦄅, 以冉切. 續也."

232 '㮚'의 독음은 미상이다.

의 다섯 글자를 각 글자마다 단구를 하였다.[233] '현嬛'과 '현蠉'은 옛날에 통용되었으며, 벌레가 기어가는 것을 말한다. 선蟬은 『옥편』에서 "선연蟬連은 계속된다는 말"이라고 하였고, 염䌟은 『옥편』에서 "이어가다(속續)"라고 하였다. 년撚은 『광운』에서 "손가락으로 물건을 비틀어 늘이다"라고 하였으니 모두 연속한다는 뜻을 가지고 있다. 미속未續이란 이어가고 싶은데 잇지 못하는 것이고, 미급未及이란 끊임이 있다는 뜻이니 『광아』가 틀렸다. "초왈현楚曰嬛"이라는 세 글자에서 문장이 끊어진다. '선蟬'과 '출出'은 어지전語之轉이므로, 선蟬은 또 나가다(출出)라는 뜻이 되는 것이다.

역해

① 嬛[현] : 잇닿다. 이어지다. 嬛은 嬛의 本字. 楚지역 어휘. 곽박「주」에 발음은 火全反이라고 했는데, 이에 근거한 상고음은 [*hwjian]이다.

② 蟬[선] : 연속하다. 楚에서 蟬이라고 하며 이르다(及)의 뜻.

③ 䌟[염] : 잇다. 곽박「주」에 발음은 剡이라고 했는데, 이에 근거한 상고음은 [*ramx, *djamx]이다.

④ 撚[년] : 접속하다. 연결하다(系). 곽박「주」에 발음은 諾典反이라고 했는데, 이에 근거한 상고음은 [*nianx]이다.

⑤ 未[미] : 이르다. 미치다.

⑥ 續[속] : 잇다. 계속 이어지다. 續은 嬛, 蟬, 䌟, 撚, 未의 풀이어휘.

⑦ 出[출] : 나가다.

⑧ 及[급] : 이르다.

---

233 이는 『方言』 원문에서 "嬛・蟬・䌟・撚・未, 續也"라고 읽었다는 뜻이다. 戴震의 독법과는 다르므로 戴震이 이같이 지적하여 그 오류를 밝히고자 한 것이다.

방언 27

踏①【古塌[234]字, 他匣反】·䍃②【逍遙】·䟿③【音拂】, 跳④也. 楚曰蹠⑤【敕厲反, 亦中州語】. 陳鄭之間曰䍃, 楚曰蹠⑥. 自關而西秦晉之間曰跳⑦, 或曰踏.

답踏【옛날의 탑塌이란 글자로 음은 타갑반他匣反이다】·요䍃【음은 소요逍遙의 요遙[235]다】·불䟿【음은 불拂이다】은 뛰다(도跳)의 뜻이다. 초楚 지역에서는 체蹠【음은 칙려반敕厲反이다. 역시 중주中州의 말이다】라고 하고, 진陳과 정鄭에 걸친 지역에서는 요䍃라고 하며, 초楚 지역에서는 척蹠이라고 한다.[236] 함곡관으로부터 서쪽 진秦과 진晉에 걸친 지역에서는 도跳라고 하고, 혹은 답踏이라고도 한다.

방언소증

案『說文』: "楚人謂跳躍曰蹠."[237] '䍃', '䟿', 皆云: "跳也."[238] 『廣雅』: "踏·蹠·䍃·踊·躍·蹳·蹶·踈·蹠, 跳也."[239] 義本此. 「注」內'逍

234 『四部叢刊』本에는 '蹋'이라고 되어 있으나, 『方言疏證』본에는 '塌'이라고 되어 있다.

235 본래 '逍遙'라고만 되어 있었으나, 戴震의 견해에 따라 이같이 옮겼다.

236 앞에 이미 "楚 지역에서는 蹠라고 한다"는 말이 있어서 "楚 지역에서는 蹠이라고 한다"는 말이 또 나온 것이 조금 어색하다. 현대의 가장 종합적인 『方言』 연구서인 華學誠의 『會證』에도 이에 대한 설명은 없다. 다만 추측하기에 '蹠'는 일반적인 의미에서 '뛰다'라는 뜻이라면 '蹠'은 『說文解字』의 설명을 반영하여 생각해보면, 발을 높이 들면서 뛰는 것을 의미하는 것으로 보인다.

237 『說文解字』 足部: "蹠, 楚人謂跳躍曰蹠. 從足庶聲."

238 『說文解字』에는 "䍃, 跳也", "䟿, 跳也"라는 식으로 되어 있다. 『說文解字』 足部: "䍃, 跳也. 從足䍃聲." 『說文解字』 足部: "䟿, 跳也. 從足弗聲."

遙'當作'音逍遙之遙.'

『설문해자』에 "초 지역 사람들은 도약跳躍을 척蹠이라고 한다." 또 "요䠛·불𨂃은 모두 뛰다(도跳)를 말한다"고 하였다. 『광아』에 "답踏·척蹠·요䠛·불𨂃·체踶는 뛰다(도跳)의 뜻"이라고 했는데, 그 의미는 여기에 근거하였다. 곽박 「주」에 '소요逍遙'라고 되어 있는 것은 마땅히 '음은 소요逍遙의 요遙다'라고 해야 한다.

역해

① 踏[답] : 뛰다. 함곡관으로부터 서쪽 秦晉之間에서는 跳라고 하며 踏이라고도 함. 곽박 「주」에 踏는 蹋의 古字이며, 발음은 他匣反이라고 했는데, 이에 근거한 상고음은 [*thrəp]이다.

② 䠛[요] : 뛰다. 陳鄭之間의 어휘. 곽박 「주」에 발음은 逍遙의 遙이라고 했는데, 이에 근거한 상고음은 [*grjagw]이다.

③ 𨂃[불] : 뛰다. 급히 가는 모습(急行貌). 곽박 「주」에 발음은 拂이라고 했는데, 이에 근거한 상고음은 [*phjət]이다.

④ 跳[도] : 뛰다. 도약하다. 빨리 가다. 달아나다. 跳는 踏, 䠛, 𨂃의 풀이 어휘.

⑤ 踶[체] : 뛰다. 넘다. 楚 지역의 어휘. 곽박 「주」에는 이것이 中州의 말이라고 했다. 踶의 발음은 敕厲反이라고 했는데, 이에 근거한 상고음은 [*thjadh]이다.

⑥ 蹠[척] : 밟다. 나아가다. 楚 지역의 어휘.

239 『廣雅·釋詁』: "踏·蹠·䠛·踊·躍·𨂃·蹶·踕·踶, 跳也."

방언 28

躡① · 郅②【音質】· 跂③【音企】· 㑘④【㑘[240]亦訓來】· 躋⑤【濟渡[241]】· 踚⑥【踊躍[242]】, 登⑦也. 自關而西秦晉之間曰躡, 東齊海岱之間謂之躋, 魯衛曰郅, 梁益之間曰㑘, 或曰跂.

섭(녑)躡 · 질郅【음은 질質이다】· 기跂【음은 기企다】· 격㑘【격格도 오다(來)의 뜻이다】· 제躋【음은 제도濟渡(건너다)의 제濟다】· 약踚【음은 용약踊躍(뛰어오르다)의 약躍이다】은 오르다(등登)의 뜻이다. 함곡관으로부터 서쪽의 진秦 진晉에 걸친 지역에서는 섭(녑)躡이라고 하고, 동제東齊 해대海岱에 걸친 지역에서는 제躋라고 하며, 노魯 위衛 지역에서는 질郅이라고 하고, 양梁 익益에 걸친 지역에서는 격㑘이라고 하고, 혹은 기跂라고도 한다.

방언소증

案郭璞「江賦」: "躋江津而起漲."[243] 謝靈運「石門新營所住四面高山迴溪石瀨修竹茂林詩」: "躋險築幽居."[244] 陸機「辨亡論」: "遂躋天號, 鼎跱立."[245] 李善「注」皆引『方言』: "躋, 登也." 『爾雅 · 釋詁』: "騭 · 假 · 格 · 涉 · 躋 · 登, 陞也." 郭「注」云 : "『方言』: '魯衛之間曰騭, 梁益曰

---

240 『四部叢刊』本에는 '格'라고 되어 있으나, 戴震은 '㑘'로 고쳤다.
241 『四部叢刊』本에는 '濟渡'라고 되어 있으나 戴震은 '音濟渡之濟'라고 했다.
242 『四部叢刊』本에는 '踊躍'이라고 되어 있으나 戴震은 '音踊躍之躍'라고 했다.
243 『文選 · 賦己 · 江賦』: "摠萬川乎巴梁, 衝巫峽以迅激. 躋江津而起漲, 極泓量而海運."
244 『文選 · 詩己 · 石門新營所住四面高山迴溪石瀨脩竹茂林』: "躋險築幽居, 披雲臥石門."
245 『文選 · 論三 · 辯亡論(上)』: "遂躋天號, 鼎跱而立." 戴震은 이 구절을 인용하면서 '而'字를 빠뜨렸다.

格.'" 「疏」全引『方言』此條, 文並同. 又云: "騭郅, 格佫, 音義同." 「注」內'濟渡', '踊躍', 當作'音濟渡之濟', '音踊躍之躍'.

곽박의 「강부」에 "강진에 올라 큰 파도를 일으킨다"는 구절이 있으며, 사령운의 「석문신영소주사면고산회계석뢰수죽무림시」에 "높고 험한 곳에 올라 세속을 떠난 거처를 짓고서"라는 구절이 있다. 또 육기의 「변망론」에 "천자의 자리에 올라 천하를 셋으로 나누어 정립하게 되었다"라는 구절이 있는데, 이선의 「주」에서는 모두 『방언』을 인용하여 "제躋는 오르다(등登)의 뜻"이라고 하였다. 『이아 · 석고』에 "즐騭 · 가假 · 격格 · 섭陟 · 제躋 · 등登은 오르다(승陞)의 뜻이다"[246]라고 하였는데, 곽박의 「주」에서 『방언』을 인용하여 "노魯 위衛에 걸친 지역에서는 즐騭이라고 하고, 양梁 익益 지역에서는 격格이라고 한다"고 하였다. 「소」에서는 『방언』의 이 조항을 전부 인용하였는데, 문장이 완전히 같다. (「소」에서는) 또 말하기를 "즐騭과 질郅, 격格과 격佫은 음과 뜻이 같다"고 하였다. 곽박의 「주」에 '제도濟渡'와 '용약踊躍'은 마땅히 '음은 제도濟渡의 제濟이다', '음은 용약踊躍의 약躍이다'라고 해야 한다.

역해

① 躡[섭(녑)]: 오르다. 함곡관으로부터 서쪽 秦晉之間의 어휘.
② 郅[질]: 오르다. 올라가다. 魯衛 지역의 어휘. 곽박 「주」에 발음은 質이라고 했는데, 이에 근거한 상고음은 [*tjit]이다.
③ 跂: 발돋움하다. 梁益之間에서 佫이라고 하며 跂라고도 함. 곽박 「주」에 발음은 企이라고 했는데, 이에 근거한 상고음은 [*khjigx, *khjig

246 『爾雅 · 釋詁』: "騭 · 假 · 格 · 陟 · 躋 · 登, 陞也."

h]이다.

④ 佫[격] : 오르다.('佫, 登也.') 梁益之間의 어휘. 곽박 「주」에 格 역시 오다(來)의 의미라고 했다.

⑤ 躋[제] : 오르다. 東齊海岱之間의 어휘. 곽박 「주」에 발음은 濟渡의 濟이라고 했는데, 이에 근거한 상고음은 [*tsidx, *tsidh]이다.

⑥ 踚[약] : 오르다. 뛰다. 곽박 「주」에 발음은 踊躍의 躍이라고 했는데, 이에 근거한 상고음은 [*rakw]이다.

⑦ 登[등] : 오르다. 登은 躡, 郅, 跂, 佫, 躋, 踚의 풀이어휘.

방언 29

逢① · 逆②, 迎③也. 自關而東曰逆, 自關而西或曰迎, 或曰逢.

봉逢 · 역逆은 맞이하다(영迎)의 뜻이다. 함곡관으로부터 동쪽 지역에서는 역逆이라고 하고, 함곡관으로부터 서쪽 지역에서는 영迎이라고 하고, 혹은 봉逢이라고도 한다.

방언소증

『孟子』: "逢君之惡, 其罪大."[247] 趙岐「注」: "逢, 迎也." 『周禮 · 小祝』: "逆時雨."[248] 鄭「注」: "逆, 迎也." 『說文』: "逆, 迎也. 關東曰逆, 關西曰迎." 蓋本此.

---

247 『孟子 · 告子章句(下)』: "長君之惡, 其罪小. 逢君之惡, 其罪大. 今之大夫, 皆逢君之惡. 故曰, 今之大夫, 今之諸侯之罪人也."

248 『周禮 · 春官 · 小祝』: "順豐年. 逆時雨. 寧風旱. 彌災兵. 遠罪疾."

『맹자』에 "군주의 악惡에 영합하는 것은 그 죄가 크다"는 구절이 있는데, 조기의 「주」에 "봉逢이란 맞이하다(영迎)의 뜻"이라고 하였다. 『주례·소축』에 "때에 맞게 오는 비를 맞이한다"는 말이 있는데, 정현의 「주」에 "역逆은 맞이하다(영迎)의 뜻"이라고 하였다. 『설문해자』에 "역逆은 맞이하다(영迎)의 뜻이다. 함곡관으로부터 동쪽 지역에서는 역逆이라고 하고, 함곡관으로부터 서쪽 지역에서는 영迎이라고 한다"[249]고 했는데, 대체로 여기에서 근거하였다.

역해

① 逢[봉] : 만나다. 맞이하다. 영합하다. 함곡관으로부터 서쪽 지역에서는 迎이라고 하고 逢이라고도 함.
② 逆[역] : 맞이하다. 마중하다. 불러들이다. 받다. 함곡관으로부터 동쪽 지역의 어휘.
③ 迎[영] : 맞이하다. 마음으로 따르다. 迎은 逢, 逆의 풀이어휘.

방언 30

撏①【常含反】·攓②【音蹇】·摭③【盜蹠】·挻④,【羊羶反】 取⑤也. 南楚曰攓, 陳宋之間曰摭, 衛魯揚徐荊衡之郊曰撏.【衡, 衡山, 南岳名, 今在長沙】 自關而西秦晉之間凡取物而逆謂之篡⑥,【音饌】 楚部或謂之挻.

---

249 『說文解字』 辵部 : "逆, 迎也. 從辵屰聲. 關東曰逆, 關西曰迎."

심(섬)撏【음은 상함반常含反이다】·건攓【음은 건蹇이다】·척摭【음은 도척盜蹠의 척蹠[250]이다】·연挻【음은 양전반羊羶反이다】은 취하다(취取)의 뜻이다. 남초南楚에서는 건攓이라고 하고, 진陳 송宋에 걸친 지역에서는 척摭이라고 하며, 위衛 로魯 양揚 서徐 형荊 형衡의 교외에서는 심(섬)撏이라고 한다.【형衡은 형산衡山으로, 남악의 이름이다. 지금(곽박 당시) 장사長沙에 있다】 함곡관으로부터 서쪽에 있는 진秦과 진晉에 걸친 지역에서는 어떤 물건을 집어서 취하는 것을 찬篡【음은 찬饌이다】이라고 한다. 초楚의 일부 지역에서는 혹은 연挻이라고도 한다.

방언소증

案『玉篇』; "撏, 取也."[251] 『列子·天瑞篇』: "攓蓬而指."[252] 張湛「注」云: "攓, 拔也." 『說文』作'攐', 云: "拔取也. 南楚語."[253] 又作'搴'. 『楚詞』: "朝搴阰之木蘭兮."[254] 王逸「注」: "搴, 取也." 『史記·孫叔通列傳』: "故先言斬將搴旗之士."[255] 『索隱』引『方言』云: "南方取物爲搴." 『禮記·禮器篇』: "有順而摭也."[256] 「疏」云: "摭猶拾取也." 張衡「思玄賦」: "摭若華而躊躇."[257] 李善「注」引『方言』: "摭, 取也." 摭亦作拓. 『說

---

250 본래 "盜蹠"이라고만 되어 있었지만, 戴震의 견해에 따라 이같이 옮겼다.

251 『玉篇』手部: "撏, 徐林切. 取也. 又視占切."

252 『列子·天瑞篇』: "子列子適衛, 食於道, 從者見百歲髑髏, 攓蓬而指, 顧謂弟子百豐曰, ……"

253 『說文解字』手部: "攐. 拔取也. 南楚語. 從手寒聲. 『楚詞』曰: 朝攐批之木蘭."

254 『楚辭·離騷經·靈均』: "朝搴阰之木蘭兮, 夕攬洲之宿莽."

255 『史記·劉敬叔孫通列傳』: "迺謂曰: '漢王方蒙矢石爭天下, 諸生寧能鬥乎?故先言斬將搴旗之士. 諸生且待我, 我不忘矣.' 漢王拜叔孫通爲博士, 號稷嗣君."

256 『禮記·禮器篇』: "君子之於禮也, 有直而行也, 有曲而殺也, 有經而等也, 有順而討也, 有撕而播也. 有推而進也, 有放而文也, 有放而不致也, 有順而摭也. 三代之禮一也, 民共由之, 或素或青, 夏造殷因." 인용한 예문은 이 대목에서 다양한 경우를 나열한 중의 하나이므로, 길지만 해당 대목을 모두 실었다.

文』云:“拓, 拾也. 陳宋語.”[258] 『老子』:“挻埴以爲器.”[259] 『釋文』引『方言』:“挻, 取也.” ‘簒’各本訛作‘籑’, 蓋因「注」內‘饌’字而誤, 今訂正. 『後漢書·逸民傳』:“揚雄曰, ‘鴻飛冥冥, 弋者何簒焉.’”[260] 宋衷曰, “簒, 取也.” 今人謂以計數取物爲簒. 『爾雅·釋詁』:“探·簒·俘, 取也.”[261] 『說文』:“屰而奪取曰簒.”[262] 『廣雅』:“搴·摭·挻·撏, 取也.”[263] 義本此. 「注」內‘盜蹠’當作‘音盜蹠之蹠.’

『옥편』에 “심(섬)撏은 취하다(취取)의 뜻”이라고 하였다. 『열자·천서편』에 “쑥대를 뽑아서 가리킨다”는 구절이 있는데, 장담의 「주」에서 “건攓은 뽑다(발拔)의 뜻”이라고 하였다. 『설문해자』에서는 건攐이라고 썼으며, “(건攐은) 뽑아서 취하는 것이다. 남초南楚의 말”이라고 하였다. ‘건攓’은 또 ‘건搴’이라고도 쓴다. 『초사』에 “아침엔 비산의 목란꽃 캐고”라는 구절이 있는데, 왕일의 「주」에 “건搴은 취하다(취取)의 뜻”이라고 하였다. 『사기·손숙통열전』에 “그러므로 먼저 적장을 베고 적기를 빼앗을 수 있는 사람을 천거한 것이오”라는 구절이 있는데, 『사기색은』에서는 『방언』을 인용하여 말하기를, “남방에서는 물건을 취하는 것을 건搴이라고 한다”고 하였다. 『예기·예기편』에 “존자의 예를 따라 주워다가 그것을 행하는 경우도 있다”라는 구절이 있는데, 「소」

257 『文選·賦辛·思玄賦』:“摭若華而躊躇, 超軒轅於西海兮.”

258 『說文解字』手部:“拓, 拾也. 陳、宋語. 從手石聲.”

259 戴震은 “挻埴以爲器”라고 하였으나 ‘挻’이 아니라 ‘埏’이라고 해야 한다. 현행본, 즉 王弼本『老子』의 제11장에 나온다. “三十輻共一轂, 當其無, 有車之用. 埏埴以爲器, 當其無, 有器之用. 鑿戶牖以爲室, 當其無, 有室之用. 故有之以爲利, 無之以爲用.”

260 『後漢書·逸民列傳』:“楊雄曰:‘鴻飛冥冥, 弋者何簒焉.’ 言其違患之遠也.”

261 『爾雅·釋詁』:“探·簒·俘, 取也.”

262 『說文解字』厶部:“簒, 屰而奪取曰簒. 從厶算聲.”

263 『廣雅·釋詁』:“龕·岑·資·欲·采·掇·搴·摭·芼·集·摡·扱·捉·摘·擥·素·撈·撟·穌·賴·攎·摷·撩·揬·担·收·斂·捕·擸·投·有·撤·挻·摻·銛·抍·攟·掩·竊·略·剝·剿·撏·捋, 取也.”

에서 말하기를 "척摭은 주워 가지는 것과 같다"고 하였다. 장형의 「사현부」에 "약화수 꽃을 따려다가 주저하네"라는 구절이 있는데, 이선의 「주」에서는 『방언』을 인용하여 "척摭은 취하다(취取)의 뜻"이라고 하였다. '척摭'은 '척拓'이라고도 쓴다. 『설문해자』에 말하기를, "척拓은 줍다(습拾)의 뜻이다. 진陳 송宋 지방의 말이다"라고 하였다. 『노자』에 "흙을 이겨서 그릇을 만든다"라는 구절이 있는데, 『경전석문』은 『방언』을 인용하여 "연埏은 취하다(취取)의 뜻"이라고 하였다. '찬篡'은 각 판본에 '찬簒'이라고 잘못 새겼다. 아마도 곽박의 「주」에 있는 '찬饌'이라는 글자로 인하여 오류가 생겼을 것이다. 지금 바르게 고친다. 『후한서·일민열전』에 "양웅이 말하기를, '큰 기러기가 하늘 높이 뜨면 주살을 쏘아도 잡을 수가 없다'[264]고 하였다"는 대목이 있는데, 송충이 말하기를 "찬篡은 취하다(취取)의 뜻"이라고 하였다. 요즘 사람들은 숫자를 세어 물건을 취하는 것을 찬篡이라고 한다. 『이아·석고』에 "탐探·찬篡·부俘는 취하다(취取)의 뜻"이라고 하였다. 『설문해자』에 "(남의 뜻에) 거슬러 억지로 취하는 것을 찬篡(빼앗다)이라고 한다"고 하였다. 『광아』에 "건搴·척摭·연埏·심(섬)撏은 취하다(취取)의 뜻"이라고 하였는데, 그 의미는 여기에서 근거하였다. 곽박 「주」의 '도척盜蹠'은 마땅히 '음은 도척盜蹠의 척蹠이다'라고 해야 한다.

역해

① 撏[심(섬)]: 따다. 달려 있는 것을 붙잡아 따다. 衛魯揚徐荊衡의 교외 지역 어휘. 곽박 「주」에 발음은 常含反이라고 했는데, 이에 근거한 상고음은 [*djam, *rjəm, *dzəm]이다.

---

264 揚雄의 『法言·問明』에 나오는 문장이다.

② 攓[건] : 취하다. 손에 잡다. 南楚지역의 어휘. 곽박 「주」에 발음은 蹇이라고 했는데, 이에 근거한 상고음은 [*kjianx, *kjanx]이다.

③ 摭[척] : 줍다. 주워 모으다. 습득하다. 陳宋之間의 어휘. 곽박 「주」에 발음은 盜蹠의 蹠이라고 했는데, 이에 근거한 상고음은 [*tjiak]이다.

④ 挻[연] : 빼앗아 취하다(篡取). 탈취하다. 楚의 일부 지역에서 挻이라고도 함. 곽박 「주」에 발음은 羊羶反이라고 했는데, 이에 근거한 상고음은 [*rjan]이다.

⑤ 取[취] : 취하다. 取는 㧘, 攓, 摭, 挻의 풀이어휘.

⑥ 篡[찬] : 빼앗다. 빼앗아 취하다. 함곡관으로부터 서쪽 秦晉之間에서 무릇 물건을 취하여 가져오는 것을 篡이라고 함. 곽박 「주」에 발음은 饌이라고 했는데, 이에 근거한 상고음은 [*dzruanx, *dzrjuanh]이다.

방언 31

餥①【音非】·飵②【音昨】, 食③也. 陳楚之內相謁而食麥饘謂之餥【饘, 糜也. 音旃】, 楚曰飵. 凡陳楚之郊南楚之外相謁而飧⑥,【晝飯爲飧. 謁, 請也】 或曰飵, 或曰鮎④【音黏】. 秦晉之際河陰之間曰穩【惡恨反】饐⑤,【五恨反. 今馮翊郃陽河東龍門是其處也】 此秦語也.【今關西人呼食欲飽爲穩饐】

비餥【음은 비非다】와 작飵【음은 작昨이다】은 먹다(식食)의 뜻이다. 진陳 초楚 지역에서는 서로 만나 인사를 한 후에 보리죽을 먹는 것을 비餥라고 하고,【전饘은 죽(미糜)이다. 음은 전旃이다】 초 지역에서는 작飵이라고 한다. 대체로 진과 초 지역의 교외와 남초의 외부 지역에서는 서로 청하여 식사를 대접하는 것을 작飵이라고 하며,【낮에 해주는 밥이 손飧이다. 알謁은 식사초대를 말한다】 혹은 념鮎[265]이라고 한다.【음은 념黏이다】 진秦 진晉의 경계 지역이나 하음河陰에 걸친 지역에서는 은饐【음은 악한반惡恨反이다】안饎[266]【음은 오한반五恨反이다. 지금 풍익馮翊 합양郃陽 하동河東 용문龍門이 바로 이 지역이다】이라고 하는데, 이는 진秦의 말이다.【요즘(즉 곽박 당시) 관서關西 사람들은 먹으면서 배부르고자 하는 것을 은안饐饎이라고 한다】

방언소증

案『爾雅·釋言』:"餥·餱, 食也."[267] 郭「注」云:"『方言』:陳楚之間相呼食爲餥."「疏」全引『方言』此條, 惟末句作此真秦語也. 衍一'真'字, 餘並同.『說文』:"陳楚之閒相謁食麥飯曰餥."[268], "楚人相謁食麥曰飵."[269], "秦人謂相謁而食麥曰饐饎."[270] 徐鍇『說文繫傳』云:"相謁相見後設麥飯以爲常禮, 如今人之相見飮茶也. 餐亦作湌."『廣雅』:"餥·飵·鮎·饐·饎·湌, 食也."[271] 義本此.

『이아·석언』에 "비餥·후餱는 먹다, 양식(식食)의 뜻"이라고 하였다.

---

265 『說文解字』食部에 "鮎이란 서로 만나서 인사를 고하고 보리밥을 먹는 것이다(相謁食麥也)"라는 구절이 있다.

266 華學誠에 따르면 饐饎은 쌍성첩운자다.『說文解字』食部에서 '饐'이라는 글자에 대하여 "秦 지역의 사람들은 서로 만나서 인사하고 보리밥을 먹는 것을 饐饎이라고 한다"고 하였고, 郭璞의「注」에서는 "요즘(즉 곽박 당시) 關西 사람들은 먹으면서 배부르고자 하는 것을 饐饎이라고 한다"고 하였으니, 郭璞의「注」에서 말한 것은 別異義의 예에 해당된다.

267 『爾雅·釋言』:"餥·餱, 食也."

268 『說文解字』食部:"餥. 餱也. 從食非聲. 陳楚之閒相謁食麥飯曰餥."

269 『說文解字』食部:"飵. 楚人相謁食麥曰飵. 從食乍聲."

270 『說文解字』食部:"饐, 秦人謂相謁而食麥曰饐饎. 從食㥯聲."『說文解字』食部:"饎. 饐饎也. 從食豈聲."

271 『廣雅·釋詁』:"餥·飵·鮎·啖·噬·饐·饎·湌·餔·啜·嘗·餉·饟·茹·餵, 食也."

곽박의 「주」에서 말하기를 "『방언』에 진陳 초楚에 걸친 지역에서는 서로 불러서 먹으라고 권하는 것을 비饕라고 한다"고 했고, 형병刑昺의 「소」에서는 『방언』의 이 조항을 모두 인용하였으며, 다만 끝 구절을 "이는 사실 진秦나라 말이다"라고 고쳤을 뿐이다. '진眞'이라는 한 글자를 더 넣었으며, 그 나머지는 모두 같다. 『설문해자』에 "진陳 초楚 지역에서는 서로 만나 인사를 고한 후에 보리밥을 먹는 것을 비饕라고 한다", "초楚 지역 사람은 서로 만나 인사를 고한 후에 보리밥을 먹는 것을 작飵이라고 한다", "진秦 지역 사람들은 서로 만나 인사를 고한 후에 보리밥을 먹는 것을 은안䭡餲이라고 한다"는 말이 있다. 서개의 『설문해자계전』에 말하기를, "서로 만나 인사를 고한 후에 보리밥을 차려 놓는 것을 상례로 여겼으니, 이는 마치 요즘(서개 당시) 사람들이 만나서 차를 마시는 것과 같은 것"이라고 하였다. 찬餐을 손飧이라고도 쓴다. 『광아』에 "비饕·작飵·념飴·은䭡·의饐·찬飧은 먹다(식食)의 뜻"이라고 하였는데, 그 의미는 여기에서 근거하였다.

역해

① 饕[비] : 보리죽으로 손님을 대접하다. 일종의 밀가루로 만든 식품. 陳楚지역에서 보리죽을 먹으라고 서로 권하는 것을 饕라고 함. 곽박 「주」에 발음은 非이라고 했는데, 이에 근거한 상고음은 [*pjəd]이다.

② 飵[작] : 보리죽으로 손님을 대접하다. 손님을 대접할 보리죽. 楚지역의 어휘. 陳楚의 교외와 南楚의 외부지역에서 서로 먹으라고 권하는 것을 飵이라고 함. 곽박 「주」에 발음은 昨이라고 했는데, 이에 근거한 상고음은 [*dzak]이다.

③ 食[식] : 먹다. 食은 饕, 飵의 풀이어휘.(참조: 飧[손]은 간단한 식사. 밥을 국이나 물에 말다의 의미이며, 상고음은 [*sən]이다)

④ 餂[념] : 보리밥을 먹다. 陳楚의 교외, 南楚의 외부에서 보리죽을 먹으라고 권하는 것을 餂이라고도 함. 곽박 「주」에 발음은 黏이라고 했는데, 이에 근거한 상고음은 [*nrjam]이다.

⑤ 䭡䭢[은안] : 보리밥으로 신을 초대하다. 배불리 먹다. 秦晉의 경계지역, 河陰之間에서 䭡䭢이라 하며, 이는 당시의 秦語다. 곽박 「주」에 곽박 당시의 關西 사람들은 배부르게 먹으라고 권하는 것을 䭡䭢이라고 했으며, 䭡의 발음은 惡恨反, 䭢의 발음은 五恨反이라고 했는데, 이에 근거한 䭡의 상고음은 [*ʔənh], 䭢의 상고음은 [* ŋ ənh]이다.

방언 32

釗①【居遼反】[272] · 薄②, 勉③也【相勸勉也】. 秦晉曰釗, 或曰薄. 故其鄙語曰薄努④, 猶勉努⑤也【如今人言努力也】. 南楚之外曰薄努, 自關而東周鄭之間曰勔釗⑥【沈湎】, 齊魯曰勖[273]茲⑦【勖勔, 亦訓勉也】.

교釗[274]【음은 거료반居遼反이다】 · 박薄[275]은 노력하다, 애쓰다, 권면하다(면勉)의 뜻이다.【서로 권면하는 것이다】 진秦 진晉 지역에서는 교釗라고 하

272 이 발음의 지시가 본래는 郭璞 「注」의 "相勸勉也"라는 구절의 뒤에 있었는데, 戴震은 '釗'라는 글자 뒤로 옮겼으며 盧文弨의 판본도 동일하다.

273 『四部叢刊』本에는 '勗'이라고 되어 있었는데 戴震이 '勖'이라고 고쳤으며, 盧文弨와 錢繹도 戴震의 설이 옳다고 했다.

274 『廣雅 · 釋詁』: "釗 · 劭는 勉(권면하다)이다. 읽기는 순임금의 음악인 韶처럼 읽는다"라는 구절이 있다. 제7권에 "釗 · 超는 遠(멀다)이다. 燕의 북쪽 교외에서는 釗라고 하고, 東齊에서는 超라고 한다"는 조목이 있다. 따라서 釗에는 '멀다'라는 의미도 있음을 알 수 있다.

275 華學誠은 "勉과 같은 뜻이다. 『管子 · 輕重戊』에 '부로들은 돌아가 살아갈 방도를 모색하고, 정장들은 돌아가 생업에 힘쓴다.(父老歸而治生, 丁壯者歸而薄業)'라는 구절이 있는데, 여기에서의 '薄業'은 곧 '勉業', 즉 생업에 힘쓴다는 뜻"이라고 하였다.

고, 혹은 박薄이라고 한다. 그러므로 그 비어鄙語[276]는 박노薄努이며, 면노勉努와 같다.【지금(곽박 당시) 사람들이 노력努力한다고 말하는 것과 같다】 남초南楚의 외곽에서는 박노薄努라고 하고, 함곡관으로부터 동쪽의 주周 정鄭에 걸친 지역에서는 면소勔釗라고 하며,【면勔의 음은 침면沈湎의 면湎[277]이다】 제齊 노魯 지역에서는 욱자勖茲라고 한다.【욱면勖勔 역시 힘쓰다(면勉)의 뜻이다】

방언소증

案'勖''釗''勔', 『爾雅・釋詁』亦云: "勉也."[278] 郭「注」引『方言』: "周鄭之間相勸勉爲勔釗." 「疏」全引『方言』此條, 文並同. 「注」內'沈湎'當作'音沈湎之湎.' 『廣雅』: "薄, 勉也."[279] 義本此.

'욱勖', '교釗', '면勔'은 『이아・석고』에도 역시 "노력하다, 애쓰다, 권면하다(면勉)의 뜻"이라고 하였다. 곽박의 「주」에서는 『방언』을 인용하여 "주周와 정鄭에 걸친 지역에서는 서로 권면하는 것을 면교勔釗라고 한다"고 했다. 「소」에서는 『방언』의 이 조항을 모두 인용하였으며, 인용한 문장도 같다. 곽박 「주」의 '침면沈湎'은 마땅히 '음은 침면沈湎의 면湎이다'라고 해야 한다. 『광아』에 "박薄은 힘쓰다(면勉)의 뜻"이라고 하였는데, 그 의미는 여기에서 근거하였다.

---

276 鄙語는 낮고 속된 말이나 상스러운 말을 뜻한다.

277 본래 "沈湎"이라고만 되어 있었는데, 戴震의 견해에 따라 이같이 옮겼다.

278 『爾雅・釋詁』: "亹亹・蠠沒・孟・敦・勗・釗・茂・劭・勔, 勉也." 이 가운데 勗은 勖의 訛字다.

279 『廣雅・釋詁』: "薄・怒・文・農, 勉也."

역해

① 釗[교] : 힘쓰다. 권면하다. 秦晉 지역의 어휘. 곽박 「주」에 발음은 居遼反이라고 했는데, 이에 근거한 상고음은 [*kiagw]이다.

② 薄[박] : 노력하다. 애쓰다. 권면하다. 秦晉 지역에서 釗라고 하며 薄이라고도 함.

③ 勉[면] : 힘쓰다. 勉은 釗, 薄의 풀이어휘.

④ 薄努[박노] : 노력하다. 힘쓰다. 薄의 鄙語가 薄努이며, 勉努와 같다. 南楚의 외부지역에서 薄努라고 함. 곽박 「주」에 곽박 당시의 사람들이 努力이라고 하는 것과 같다고 했다.

⑤ 勉努[면노] : 노력하다. 힘쓰다. 薄의 鄙語가 薄努이며, 勉努와 같다. 곽박 「주」에 곽박 당시의 사람들이 努力이라고 하는 것과 같다고 했다.

⑥ 勔釗[면교] : 힘씀. 노력함. 함곡관으로부터 동쪽 周鄭之間에서 勔釗라고 함. 곽박 「주」에 勔의 발음은 沉湎의 湎이라고 했는데, 이에 근거한 상고음은 [*mjianx]이다.

⑦ 勖兹[욱자] : 힘쓰다. 齊魯의 어휘. 곽박 「주」에 勖勔도 힘쓰다(勉)의 의미라고 했다.

방언 제2권

輶軒使者絕代語釋別國方言 第二

방언 1

釥[①]【錯眇反】·嫽[②]【洛天反】, 好[③]也. 青徐海岱之閒[1]曰釥, 或謂之嫽.【今通呼小姣潔喜好者爲嫽釥[2]】. 好, 凡通語也.

초釥[3]【음은 착묘반錯眇反이다】·료嫽[4]【음은 낙요반洛天反이다】는 예쁘다(호好)

---

1 華學誠은 『玉篇』 女部와 『集韻』 嘯韻의 '嫽'字에서 『방언』을 인용하였으나 두 곳 모두 '海岱'라는 두 글자가 없으며, 『集韻』 小韻의 '釥'字에서 『방언』을 인용한 대목에는 '海岱之間'이라는 네 글자가 없다고 했다.

2 王念孫의 『廣雅疏證』에서는 이를 '釥嫽'라고 인용하였다.

3 王念孫은 釥는 小(작다)와 뜻이 같으며 小는 好와 뜻이 비슷하다고 했다. 吳予天은 옛날 사람들은 작고 연약한 것을 아름답다고 생각해서 好(예쁘다)를 小(작다)라고 하였는데, 이는 好(예쁘다)를 嬴이라고 하는 것과 같다고 했다. 이에 관해서는 『方言』 제1권의 3번 항목을 참조할 것.

4 王念孫은 嫽는 僚와 같다고 했다. 또, 錢繹은 사람이 아름다운 것을 僚라고

의 뜻이다. 청青 서徐 해대海岱에 걸친 지역에서는 초鈔라고 하고, 혹은 료嫽라고도 한다.【오늘날(곽박 당시)에는 일반적으로 작고 예쁜 것을 료초嫽鈔라고 한다】 호好(예쁘다)는 범통어凡通語다.

방언소증

案'鈔'亦作'俏'. 『廣韻』云 : "俏醋, 好貌.[5]" '俏''醋'雙聲形容之辭, 亦方俗語也. 『玉篇』引『方言』: "青徐之閒謂好爲嫽.[6]" 『廣雅』: "鈔·嫽, 好也.[7]" 義本此.

'초鈔'는 '초俏'라고도 한다. 『광운』에 "초초俏醋는 예쁜 모습"이라고 했다. '초초俏醋'는 사물을 형용하는 쌍성어휘이며, 또한 방속어다. 『옥편』에서는 『방언』을 인용하여 "청青 서徐에 걸친 지역에서는 예쁘다(호好)를 료嫽라고 한다"고 했다. 『광아』에 "초鈔·료嫽는 예쁘다(호好)의 뜻"이라고 했는데, 그 의미는 여기에서 근거하였다.

역해

① 鈔[초] : 작고 예쁘다. 青徐海岱之閒의 어휘. 곽박 「주」에 발음은 錯眇

한다고 했다.

5 『廣韻』 去聲 : "俏醋, 好兒."

6 『玉篇』 女部 : "嫽, 力弔切. 『說文』云 : 女字也. 『方言』云 : 青徐之閒謂好爲嫽."

7 『廣雅·釋詁』 : "婘·嬴·娃·嫷·孌·嬳·姚·娧·純·珇·旺·婠·窔·窈·窕·姅·忏·妧·媌·婩·嬻·鮮·頓·嬙·麗·佳·嫮·鈔·嫽·姣·袾·齎·媉·灦·瞴·㜸·姝·施·妮·嬞·嬻·婍·姘·婽·嬥·嫙·娙·蘸·襸·祖·褫·妙·嫕·媨·妧·嫋·嫈·嫛·覣·婥約·嫵·媢·嬛·姍, 好也."

反이라고 했는데, 이에 근거한 상고음은 [*tshjiagwx]이다.

② 嫽[료] : 예쁘다, 아름답다. 靑徐海岱之閒에서 釥라고 하며 嫽라고도 함. 곽박 「주」에 곽박 당시에는 일반적으로 작고 예쁜 것을 嫽釥라고 했으며, 발음은 洛夭反이라고 했는데, 이에 근거한 상고음은 [*lagwx, *ljiagw, *ljiagwx]이다.

③ 好[호] : 아름답다. 好는 釥, 嫽의 풀이어휘. 好는 凡通語.

방언 2

朦①【忙紅反】· 厖②,【鴟鳩[8]】 豐③也. 自關而西秦晉之閒凡大貌謂之朦, 或謂之厖; 豐, 其通語也. 趙魏之郊燕之北鄙凡大人謂之豐人. 『燕記』曰 : 豐人杼首. 杼首, 長首也. 楚謂之伃④【音序】, 燕謂之杼⑤. 燕趙之閒言圍大謂之豐.【謂度圍物也】

몽朦[9]【음은 망홍반忙紅反이다】· 방厖[10]【음은 치방鴟鳩[11]의 방鳩이다】은 풍성하다(풍豐)의 뜻이다. 함곡관으로부터 서쪽 지역 진秦과 진晉에 걸친 지역에서는 큰 모양을 몽朦이라고 하고, 혹은 방厖이라고도 한다. 풍豐은 통어다. 조趙와 위魏의 교외, 연燕의 북쪽 마을에서는 큰 사람(대인大人)을 풍인豐人이라고 한다. 『연기』에 "큰 사람은 머리가 길다"고 했는데, 저수杼首는 머리가 길다는 뜻이다.[12] 초楚에서는 서伃【음은 서序다】라고

8 華學誠은 '鳩鴟'라고 써야 한다고 했다.(이에 관해서는 『方言』 제1권의 12번 항목을 참조할 것) 戴震은 이를 '音鴟鳩之鳩'이라고 해야 한다고 했다.

9 華學誠은 朦은 滿(가득하다)을 의미하며 滿과 豐은 의미가 가깝다고 했다.

10 錢繹은 蒙과 厖은 고대에 발음이 같았다고 했다.

11 郭璞은 厖의 음을 鴟鳩의 鳩으로 설명하고 있다. 厖과 동음이라면 '방'이라고 읽어야 한다. 그러나 『廣韻』에 수록된 '莫湩切'에 의거하면 '망'이라고 읽어야 한다.

12 머리가 길다는 것은 머리가 아래위로 길한 모양을 말하며, 옛날에 길쭉한 얼

하며, 연燕에서는 저杼[13]라고 한다. 연燕과 조趙에 걸친 지역에서는 둘레가 큰 것을 풍豐이라고 한다.【사물의 둘레를 재는 것을 말한다】

방언소증

案左思「魏都賦」: "巷無杼首.[14]" 劉逵「注」云: "『方言』『燕記』[15]曰, 豐人杼首, 杼首長首也. 燕謂之杼." 『玉篇』: "朦, 大也, 豐也.[16]" 『廣雅』: "朦・厖, 豐也[17]. 抒, 長也.[18]" 皆本此. '杼''抒'古通用. 「注」內'鴟鴭'當作'音鴟鴭之鴭'.

좌사의 「위도부」에 "마을에는 머리가 긴 사람(杼首[19])이 없다"는 구절이 있는데, 유규의 「주」에서는 『방언』을 인용하여 "『연기』에 큰 사람은 머리가 길다고 했다. 저수杼首는 긴 머리를 말한다. 연燕 지역에

굴을 장수할 상이라고 여겼다.

13 王念孫은 抒, 佇, 眝는 모두 음이 直呂反이고 뜻이 같다고 했다. 華學誠은 直呂反은 上古音이 定聲母 魚韻部에 속하고, 伃는 상고음이 邪聲母 魚韻部에 속하므로 伃와 杼는 첩운자이며, 이 두 글자는 楚와 燕 지역 방언음의 차이지 실제로는 같은 단어라고 했다.

14 『文選・賦丙・魏都賦』: "肯貌蕞陋, 稟質遳脆. 巷無杼首, 里罕耆耋."

15 『燕記』는 崔逞(?-399)이 지은 책이다. 崔逞은 北魏의 清河 東武城(지금의 山東 武城의 西北) 사람으로 字는 叔祖다. 士族 출신으로 처음에는 前燕에서 著作郎을 지냈으며, 『燕記』를 저술하였다. 후에는 前秦, 後燕에서 벼슬을 하였고 後燕에 난이 일어나자 가솔을 이끌고 北魏로 왔다. 道武帝가 그를 예우하였으나 후에 도무제에게 죽임을 당했다.

16 『玉篇』 肉部: "朦, 莫孔切. 大也. 豐也."

17 『廣雅・釋詁』: "朦・厖・穰, 豐也."

18 『廣雅・釋詁』: "鬱・敀・倿・儠・橄・筩・橢・矧・呂・僓・迒・暘・從・挺・鎦・抒・隑・脩・敻・繹・覃・尋・將・枚・袤, 長也."

19 杼首는 머리의 두 끝이 뾰족하며 아래위로 길쭉한 형태로, 고대에는 이를 장수할 相이라고 여겼다.

서는 저杼라고 한다"고 했다. 『옥편』에 "몽은 크다(대大)의 뜻이며, 또 풍성하다(풍豐)의 뜻"이라고 했고, 『광아』에 "몽朦·방庬은 풍성하다(풍豐)의 뜻이다. 서抒는 길다(장長)의 뜻"이라고 했는데, 모두 여기에서 근거하였다. '저杼'와 '서抒'는 옛날에 통용되었다. 곽박 「주」의 '치방鴟鶶'은 '음은 치방鴟鶶의 방鶶이다'라고 해야 한다.

역해

① 朦[몽] : 풍부하다. 큰 모양. 함곡관으로부터 서쪽 秦晉之閒에서 큰 모양을 朦이라고 함. 곽박 「주」에 발음은 忙紅反이라고 했는데, 이에 근거한 상고음은 [*muŋ]이다.

② 庬[방] : 크다. 두텁다. 함곡관으로부터 서쪽 秦晉之閒에서 큰 모양을 朦이라고 하며 또 庬이라도 함. 곽박 「주」에 발음은 鴟鶶의 鶶이라고 했는데, 이에 근거한 상고음은 [*mruŋ]이다.

③ 豐[풍] : 풍성하다. 豐은 朦, 庬의 풀이어휘. 곽박 당시의 通語. 趙魏의 교외, 燕의 北鄙에서 大人을 豐人이라고 함. 燕趙之閒에서는 둘레가 큰 것을 豐이라고 함.

④ 伃[서] : 길다. 楚지역 어휘. 곽박 「주」에 발음은 序이라고 했는데, 이에 근거한 상고음은 [*rjagx]라고 했다.

⑤ 杼[저] : 길다. 펴다. 燕지역 어휘.

방언 3

娃①【烏佳反】·嫷②【諾過反】[20]·窕③【徒[21]了反】·豔④, 美⑤也. 吳楚衡淮之閒曰娃, 南楚之外曰嫷【言婑嫷也】, 宋衛晉鄭之閒曰豔, 陳楚周南之閒曰窕. 自關而西秦晉之閒凡美色或謂之好⑥, 或謂之窕. 故吳有館娃之宮, 秦有榛娥之臺.【皆戰國時諸侯所立也. 榛, 音七】秦晉之閒美貌謂之娥⑦,【言娥娥也】美狀爲窕,【言閑都也】美色爲豔,【言光豔也】美心爲窈⑧.【言幽靜也】

왜娃[22]【음은 오가반烏佳反이다】· 타㜕【음은 낙과반諾過反이다】· 조窕[23]【음은 도료반途了反이다】· 염豔은 아름답다(미美)의 뜻이다. 오吳 초楚 형衡 회淮에 걸친 지역에서는 왜娃라고 하며, 초楚의 남쪽 외부에서는 타㜕【즉 아름답고 아리따운 모습(유타婑㜕)을 말한다】라고 하며, 송宋 위衛 진晉 정鄭에서는 염豔이라 하고, 진陳 초楚 주남周南지역에서는 조窕라고 한다. 함곡관으로부터 서쪽 지역 진秦 진晉 사이에서는 아름다운 여자(미색美色)를 혹은 호好라고 하고, 혹은 조窕라고도 한다. 그래서 오吳에 관왜지궁館娃之宮[24]이 있고, 진秦에 칠아지대榛娥之臺[25]가 있다.【모두 전국戰國 시대 제후諸侯들이 세운 것이다. 칠榛의 음은 칠七이다】진秦 진晉에서는 아름다운 미모를 아娥라고 하며,【아름다운 모양(아아娥娥)을 말한다】아름다운 용모를 조窕라고 하고,【온화하고 우아하게 아름답다(한도閑都)를 말한다】아름다운 얼굴을 염豔이라고 하며,【빛나게 화려하고 아름답다(광염光豔)는 뜻이다】아름다운 마음을 요窈[26]라고 한다.【고요하고 그윽하다(유정幽靜)를 뜻한다】

---

20 周祖謨는 이 글자가 託자의 오류가 아닐까 의심스럽다고 하였다.

21 『四部叢刊』本에는 '途'라고 되어 있으나, 戴震은 '徒'로 고쳤다.

22 王念孫은 娃는 佳와 의미가 비슷하다고 했다. 華學誠은 娃는 아름답다의 뜻이거나 또는 미인을 가리킨다고 했다.

23 『毛傳』에서는 "窈窕는 幽閒(그윽하다)의 뜻"이라고 했다. 幽로 窈를 풀이하였으며 閒으로 窕를 풀이하였다. 『方言』에는 아름다운 모양을 窕라고 하여 외면적인 아름다움을, 아름다운 마음을 窈라고 하여 내면적인 고요함(幽靜)을 말한다고 했다.

24 吳나라와 越나라가 전쟁을 하여 월나라가 크게 패하고 越王 勾踐과 大夫 范蠡가 인질로 잡혔다. 범려는 미인계를 써서 吳王 夫差에게 절세미인 西施를 바쳤다. 오왕 부차는 서시를 위해 靈岩山에 館娃宮을 지었다.

25 榛娥之臺는 고대의 臺의 명칭이다.

案左思「吳都賦」: "幸乎館娃之宮.[27]" 劉逵「注」云: "吳俗謂好女爲娃. 揚雄『方言』曰: 吳有館娃之宮." 『列子・楊朱篇』: "皆擇稚齒婑媠者.[28]" 宋玉「神女賦」: "嫷被服.[29]" 李善「注」引『方言』: "嫷, 美也, 他臥反." 『史記・外戚世家』: "邢夫人號娙娥.[30]" 『索隱』引『方言』: "美貌謂之娙娥." 『詩・周南』: "窈窕淑女.[31]" 「毛傳」: "窈窕, 幽閒也." 『釋文』引王肅云: "善心曰窈, 善容曰窕." 『說文』: "吳楚之閒謂好曰娃[32], 南楚之外謂好曰嫷[33], 秦晉謂好曰娙娥.[34] 娙, 長好也.[35]" 『廣雅』: "娃・嫷・窈・窕, 好也.[36] 娥・豔, 美也.[37]" 皆本此. 諸刻脫'秦有'二字, 『永樂大典』本, 曹毅[38]本俱不脫. 陸機「擬古詩」: "秦娥張女彈.[39]" 李善「注」云:

---

26 『廣雅・釋詁』에서는 窈篠를 깊다는 뜻으로, 『說文解字』에서는 窈를 깊고 멀다는 뜻으로 풀이했다. 華學誠은 窈窕가 疊韻連綿字로 아름다운 용모를 의미한다고 했다.

27 『文選・賦丙・吳都賦』: "幸乎館娃之宮, 張女樂而娛羣臣."

28 『列子・楊朱』: "穆之後庭, 比房數十, 皆擇稚齒婑媠者以盈之."

29 『文選・賦癸・神女賦』: "嫷被服, 侻薄裝. 沐蘭澤, 含若芳."

30 『史記・外戚世家』: "李夫人卒. 則有尹婕妤之屬更有寵. 褚先生曰. 武帝時幸夫人尹婕妤. 邢夫人號娙娥. 衆人謂之娙何."

31 『詩經・周南・關雎』: "關關雎鳩, 在河之洲, 窈窕淑女, 君子好逑."

32 『說文解字』 女部: "娃, 圜深目皃. 或曰吳楚之閒謂好曰娃. 從女圭聲."

33 『說文解字』 女部: "嫷, 南楚之外謂好曰嫷. 從女隋聲."

34 『說文解字』 女部: "娥, 帝堯之女, 舜妻娥皇字也. 秦晉謂好曰娙娥. 從女我聲."

35 『說文解字』 女部: "娙, 長好也. 從女巠聲."

36 『廣雅・釋詁』: "婘・孎・娃・嫷・孌・孉・姚・娧・純・珇・旺・婠・宊・窈・窕・姅・忓・妧・媌・娗・婧・鮮・頔・嬏・麗・佳・嫮・釥・嫽・姣・袾・竇・媉・顲・膴・嬮・姝・媣・妃・嫿・嬻・婍・姸・婽・嬥・媄・娙・蔙・禮・祖・祴・妙・嫇・媨・妐・嫪・嫈・嫈・覙・婥約・嫵・媦・嫚・姗, 好也."

37 『廣雅・釋詁』: "腆・嬒・酕・裂・臟・胋・膪・膟・醽・皇・翼・滑・黨・賁・膚・熹・琇・甘・珍・旨・甛・蒸・將・英・暟・娥・媛・豔・珇, 美也."

38 '之'자가 빠졌다.

39 『文選・詩庚・擬古詩(擬今日良宴會)』: "齊僮梁甫吟, 秦娥張女彈."

"應瑒「神女賦」曰 : 夏姬曾不足以供妾御, 況秦娥與吳娃[40]·『方言』曰 : 秦俗美貌謂之娥." 又「別賦」「吳趨行」及「古詩十九首」李善「注」並引『方言』: "秦晉之閒美貌謂之娥."

좌사의 「오도부」에 "관왜궁에 왕의 어가御駕가 이르고"라는 말이 있는데, 유규의 「주」에서는 "오吳 지역 민간에서는 아름다운 여자를 왜娃라고 한다. 양웅의 『방언』에 오吳에 관왜지궁館娃之宮이 있다"고 했다. 『열자·양주편』에 "모두 나이가 어리고 아름다운 여인을 골랐다"라는 구절이 있으며, 송옥의 「신녀부」에는 "몸에 걸친 옷은 아름답고"라는 구절이 있는데, 이선의 「주」에서는 『방언』을 인용하여 "타嫷는 아름답다(미美)의 뜻이다. 음은 타와반他臥反이다"라고 했다. 『사기·외척세가』에 "형 부인은 호가 경아[41]다"라는 구절이 있는데, 『사기색은』에서는 『방언』을 인용하여 "아름다운 모습을 경아라고 한다"고 했다. 『시경·주남』에 "그 얌전하고 아름다운 숙녀"라는 구절이 있는데, 『모전』에서 "요조窈窕는 유한幽閒"이라고 했다. 『경전석문』에서는 왕숙의 말을 인용하여 "착한 마음(선심善心)을 요窈라고 하고, 아름다운 용모(선용善容)를 조窕라고 한다"고 했다. 『설문해자』에 "오吳 초楚 지역에서는 호好(아름답다)를 왜娃라고 하고, 남초의 외부에서는 호好(아름답다)를 타嫷라고 하며, 진秦 진晉에서는 호好(아름답다)를 경아라고 한다. 경娙은 키가 크고 아름답다는 뜻"이라고 했다. 『광아』에 "왜娃·타嫷·요窈·조窕는 아름답다(호好)의 뜻이다. 아娥·염豔은 아름답다(미美)의 뜻"이라고 했다. 이는 모두 여기에서 근거하였다. 여러 각본刻本들이 '진유秦有'라는 두 글자를 빠트리고 있는데, 『영락대전』본과 조

40 『文選·詩庚·擬古詩(擬今日良宴會)』에 대한 李善의 「注」에 "應瑒 「神女賦」曰 : 夏姬曾不足以供妾御, 況秦娥與吳娃. 『方言』曰 : 秦俗美貌謂之娥"라는 구절이 있다.

41 娙娥는 아름답다는 뜻으로, 婕妤와 함께 漢 武帝 때 만든 여자의 작위명이다.

의지의 판본은 빠트리지 않았다. 육기의 「의고시」에 "진아秦娥가 장녀탄張女彈을 읊조린다"는 구절이 있는데, 이선의 「주」에는 "응창 「신녀부」에 '하나라 여자 하희는 황제의 첩으로 바치기에 부족했다. 하물며 진아와 오왜에 비하랴'라고 했는데, 『방언』에 진秦의 민간에서는 아름다운 여자를 아娥라고 한다고 했다." 또 「별부」와 「오취행」, 「고시십구수」의 이선의 「주」에서도 모두 『방언』을 인용하여 "진秦 진晉에 걸친 지역에서는 아름다운 용모를 아娥라고 한다"고 했다.

역해

① 娃[왜] : 예쁘다. 미녀, 아가씨. 吳楚衡淮之閒의 어휘. 곽박 「주」에 발음은 烏佳反이라고 했는데, 이에 근거한 상고음은 [*ʔrig]이다.
② 嫷[타] : 婧와 同字로 곱다, 아름답다. 南楚의 외부 지역의 어휘. 곽박 「주」에 아름답고 아리따운 모습(婑嫷)을 말하며, 발음은 託過反이라고 했는데, 이에 근거한 상고음은 [*thuarh]이다.
③ 窕[조] : 예쁘다. 아름답다. 가볍다. 작다. 陳楚周南之閒 어휘. 곽박 「주」에 발음은 途了反이라고 했는데, 이에 근거한 상고음은 [*diagwx]이다.
④ 豔[염] : 아름답다. 곱다. 요염하고 아름답다. 宋衛晉鄭之閒 어휘.
⑤ 美[미] : 아름답다. 美는 娃, 嫷, 窕, 豔의 풀이어휘. 美[미; *mjidx]
⑥ 好[호] : 예쁘다. 함곡관으로부터 서쪽 秦晉之閒에서 美色을 好라고도 함.
⑦ 娥[아] : 예쁘다. 미녀. 秦晉之閒에서 美貌를 娥라고 함. 곽박 「주」에 娥娥를 말함.
⑧ 窈[요] : 아름답다. 고상하다. 그윽하다. 아름다운 모양을 窕라고 하며, 美色을 豔이라고 하고, 아름다운 마음을 窈라고 하며 窕라고도 함.

방언 4

奕①·僷[42]②, 容③也. 自關而西凡美容謂之奕, 或謂之僷.【奕, 僷[43], 皆輕麗之貌, 僷, 音葉】宋衛曰僷, 陳楚汝潁之閒謂之奕.

혁奕·엽僷은 용모(용容)의 뜻이다. 함곡관으로부터 서쪽 지역에서는 아름다운 용모를 혁奕이라고 하고, 혹은 엽僷이라고도 한다.【혁奕과 엽僷은 모두 가볍고 아름다운 모습을 말한다. 엽僷은 음이 엽葉이다】송宋 위衛에서는 엽僷이라고 하고, 진陳 초楚 여汝 영潁에서는 혁奕이라고 한다.

방언소증

案『詩·商頌』: "萬舞有奕.[44]" 「毛傳」: "奕奕然, 閑也." 「疏」云: "奕, 萬舞之容, 故爲閑也." 「魯頌」: "新廟奕奕.[45]" 鄭「箋」云: "奕奕, 姣美也." 陸機「贈馮文熊遷斥丘令詩」: "奕奕馮生.[46]" 李善「注」引『方言』: "自關而西凡美容謂之奕奕, 因詩辭遂誤重一奕字." 『廣雅』: "奕, 容也.[47]" 義本此. 『說文』: "宋衛之閒謂華奕麗曰僷僷.[48]" 『廣韻』: "僷僷,

---

42 『四部叢刊』本에는 偞으로 되어 있으나, 戴震, 盧文弨, 錢繹, 王念孫, 周祖謨는 모두 僷이라고 했으며, 華學誠은 이 偞을 僷으로 고쳐야 한다고 했다. 葉, 偞과 僷은 같은 뜻으로 가볍고 아름다운 모습을 나타낸다.

43 周祖謨는 "奕僷"은 원래 "奕奕, 僷僷"인데 郭璞 「注」에는 흔히 疊字와 連綿語를 사용해 단어를 해석했는데, 바로 奕奕, 僷僷이 그 예라고 했다. 華學誠은 周祖謨의 견해가 옳다고 했다.

44 『詩經·商頌·那』: "奏庸鼓有斁, 萬舞有奕. 我有嘉客, 亦不夷懌."

45 『詩經·魯頌·閟宮』: "新廟奕奕, 奚斯所作. 孔曼且碩, 萬民是若."

46 『文選·詩丙·贈馮文羆遷斥丘令』: "奕奕馮生. 哲問允迪. 天保定子."

47 『廣雅·釋詁』: "皃·奕·裕·心·彤, 容也."

48 『說文解字』 人部: "僷, 宋衛之間謂華僷僷. 從人葉聲." 『說文解字』에는 '華奕麗'가 아니라 '華僷僷'이라고 되어 있다.

輕薄美好貌.[49]"

『시경·상송』에 "갖가지 춤들이 질서정연하니"라는 구절이 있는데, 「모전」에서 "혁혁奕奕한 모습은 바로 숙련된 모습을 의미한다"고 하였다. 「소」에서는 "혁奕은 여러 가지 춤을 추는 자태로 숙련된 모습(한閑)이라고 했다"라고 하였다. 『시경·노송』에 "새로운 사당이 혁혁하니"라는 구절이 있는데, 정현의 『모시전』에서는 "혁혁奕奕은 아리땁다(교미姣美)의 뜻"이라고 했다. 육기의 「증풍문웅천척구령」에는 "혁혁한 나의 친구 풍생馮生[50]은"이라는 구절이 있는데, 이선의 「주」에서는 『방언』을 인용하여 "함곡관으로부터 서쪽 지역에서는 아름다운 용모를 혁혁奕奕이라고 한다. 시문이기 때문에 혁奕자를 하나 더 중복했다"라고 하였다. 『광아』에 "혁奕은 모양"이라고 했는데, 그 의미는 여기에서 근거하였다. 『설문해자』에 "송宋 위衛에 걸친 지역에서는 화엽엽華偞偞이라고 한다[51]"고 했다. 『광운』에 "엽엽偞偞은 가볍고 아름다운 모습"이라고 했다.

역해

① 奕[혁] : 크다. 아름답다. 함곡관으로부터 서쪽에서 아름다운 용모를 奕이라고 함. 陳楚汝潁之間 어휘.
② 偞[엽] : 아름답다. 함곡관으로부터 서쪽 지역에서 아름다운 용모를 奕이라고 하며 偞이라고도 함. 宋衛 지역 어휘. 곽박 「주」에 奕과 偞은 모두 가볍고 아름다운 모습을 말하며, 偞의 발음은 葉이라고 했는데,

49 『廣韻』 入聲 : "偞偞, 輕薄美好貌."
50 馮文羆을 말한다.
51 『說文解字』의 원문에 따라 번역하였다.

이에 근거한 상고음은 [*rap]이다.

③ 容[용] : 용모. 容은 奕, 僷의 풀이어휘.

방언 5

䚍[52]①【音綿[53], 下作矊, 音字同耳】・鑠②【舒灼反】・盱[54]③【香于反】・揚④・䁎[55]⑤【音滕[56]】, 雙⑥[57]也. 南楚江淮之閒曰䚍, 或曰䁎. 好目謂之順⑦,【言流澤也】 驢瞳之子【驢, 黑也】謂之矊⑧.【言矊邈也[58]】 宋衛韓鄭之閒曰鑠.【言光明也】 燕代朝鮮洌水之閒曰盱,【謂擧眼也】 或謂之揚.【『詩』曰 : "美目揚兮."[59]是也. 此本論雙耦, 因廣其訓, 復言目耳】

면䚍[60]【음은 면綿이다. 아래에는 면矊이라고 썼는데, 음과 글자가 동일하다】・삭

---

52 『方言疏證』에는 이 글자의 좌측 하단이 '方'이 아니라 '容'이다. 『四部叢刊』本에는 '䚍'로 되어 있다.

53 『方言疏證』에는 緜로 되어 있으나, 『四部叢刊』本에는 '綿'으로 되어 있다.

54 『四部叢刊』本에는 '盰'로 되어 있으며, 華學誠은 '盰'과 '盱'는 같은 글자라고 했다.

55 『四部叢刊』本에는 이 글자가 '目'에 '滕'의 좌측이 더해진 글자다.

56 『方言疏證』에는 '滕'의 우측이 '月' 아니라 '舟'인데, 『四部叢刊』本에는 '滕'으로 되어 있다.

57 『四部叢刊』本에는 '隻'이라고 되어 있으며, 戴震은 이를 '雙'으로 고쳤다. 周祖謨와 王念孫은 戴震이 '隻'을 '雙'으로 고친 것에 동의한다. 洪頤煊은 『讀書叢錄・方言』「雙也」 조항에서 "隻자는 矆자의 오류가 아닌지 의심스럽다"고 했다. 朱駿聲과 華學誠은 洪頤煊의 주장이 옳다고 했다.

58 劉台拱은 '緜邈'라고 써야 한다고 했다. 郭璞이 緜藐는 '멀리 보는 모습'이라고 하였는데 華學誠은 '緜邈'과 '緜藐'는 음과 뜻이 같다고 했다.

59 『詩經・齊風・猗嗟』: "猗嗟昌兮! 頎而長兮. 抑若揚兮, 美目揚兮. 巧趨蹌兮, 射則臧兮. 美目揚兮."

60 華學誠은 䚍이 矈의 뜻이라고 했다. 『說文解字』에서는 눈가가 미세하고 조밀한 모양이라고 풀이하였다. 段玉裁는 의미가 파생되어 조밀한 것을 지칭하게 되었다고 하였다.

鑠【음은 서작반舒灼反이다】·우盱[61]【음은 향우반香于反이다】·양揚·등䁡【음은 등縢이다】은 쌍雙의 뜻이다. 초楚의 남쪽과 강회江淮에 걸친 지역에서는 면顠, 혹은 등䁡이라고 한다. 예쁜 눈을 순順이라고 하고,【윤기가 나고 촉촉한 것을 말한다】 검은 눈동자를【로黸는 검다(흑黑)의 뜻이다】 면矊【멀리 바라보는 모습을 말한다】이라고 한다. 송宋 위衛 한韓 정鄭에 걸친 지역에서는 삭鑠[62]이라고 한다.【밝게 빛나는 것을 말한다】 연燕 대代 조선朝鮮 열수洌水에 걸친 지역에서는 우盱라고 하고,【눈을 드는 것을 말한다】 혹은 양揚[63]이라고도 한다.【『시경』에 "아름다운 눈을 들어 바라보니"라는 구절이 있는데, 바로 이것을 말한다. 이는 본래 쌍을 의미했는데, 그 뜻이 확대되어 다시 눈을 말한다】

방언소증

案'雙'各本訛作'隻'. 「注」內 : '雙耦'訛作'隻耦'. 『玉篇』引『方言』: "顠, 雙也.[64]" 『廣韻』: "䁡, 雙也.[65]" 今據以訂正. 『玉篇』『廣韻』又謂 : "雙生爲顠." 『廣雅』: "顠·耦, 孿也.[66]" '雙''耦''孿', 二也. 『楚詞·招魂篇』: "遺視矊些.[67]" 洪興祖『補注』引『方言』: "黸瞳之子謂之矊, 又作娒." 「大招篇」: "美目娒只.[68]" 『補注』云 : "娒音緜, 美目貌." '鑠'亦作'皪'. 『玉篇』云 : "美目也.[69]" 顔延之「宋文皇帝元皇后哀策文」: "圜精初爍.[70]" 李

---

61 吳予天은 盱는 烏(검다)를 의미한다고 했다.

62 洪頤煊은 鑠은 눈빛이 형형하게 빛난다는 것을 의미하며 矆과 鑠을 중첩하면 그 의미가 더욱 분명해진다고 했다. 吳予天은 鑠鑠은 두 눈을 가리키는데 宋 衛 지역에서는 검은 눈동자를 말한다고 했다.

63 吳予天은 揚을 矆(눈 부릅뜨고 보다)으로 해석하고 揚은 昜(『說文解字』에서는 昜을 '열다'의 뜻으로 풀이하였다)이라고 했다.

64 『玉篇』頁部 : 顠, 彌仙切. 『方言』云 : 雙也. 故『淮南』曰 : 顠, 偶. 又雙生也.

65 『廣韻』上平聲 : "顠, 雙生."

66 『廣雅·釋詁』: "鳌·孳·僆·顠·匹·耦, 孿也."

67 『楚辭·招魂篇』: "靡顔膩理, 遺視矊些. 離榭脩幕, 侍君之閒些."

68 『楚辭·大招篇』: "靑色直眉, 美目娒只. 靨輔奇牙, 宜笑嘕只."

善「注」云 : "郭璞『方言 · 注』, 爍言光明也." '鑠''爍', 古通用. 『詩 · 小雅』: "云何其盱[71]." 『說文』: "盱, 張目也. 一曰朝鮮謂盧童子曰盱.[72]" '矑''盧', '瞳''童', 古通用. 『玉篇』云 : "盱, 擧目也[73]. 燕 代 朝鮮 列水謂盧瞳子爲盱." '洌''列', 古亦通用. 「鄭風」: "淸揚婉兮.[74]" 「毛傳」: "淸揚, 眉目之閒也." '䐪'『玉篇』云 : "美目也.[75]" 『廣韻』作'睖', 云 : "美目貌.[76]"

각 판본에서 '쌍雙'을 모두 '척隻'이라고 잘못 썼다. 곽박의 「주」에서도 '쌍우雙耦'를 '척우隻耦'라고 틀리게 썼다. 『옥편』에서는 『방언』을 인용하여 "면顢은 쌍(쌍雙)의 뜻"이라고 하였다. 『광운』에도 "등䐪은 쌍(쌍雙)의 뜻"이라고 하였다. 지금 이것을 근거로 바로잡는다. 『옥편』, 『광운』에 "또 쌍둥이를 면顢이라고 한다"고 했다. 『광아』에 "면顢 · 우耦는 쌍둥이(자孶)의 뜻"이라고 했다. '쌍雙'과 '우耦', '자孶'는 둘(이二)의 뜻이다. 『초사 · 초혼편』에 "검은 눈동자를 슬쩍 바라본다"라는 구절이 있는데, 홍흥조 『초사보주』에는 『방언』을 인용하여 "검은 눈동자를 면矊이라고 하는데, 또 면婳이라고도 쓴다"고 하였다. 『초사 · 대초편』에 "아름다운 눈 예쁜 눈매"라는 구절이 있는데, 『초사보주』에 "면婳은 음이 면緜이고, 아름다운 눈이라는 뜻"이라고 했다. '삭鑠'은 또 '삭䁖'으로도 쓴다. 『옥편』에 "아름다운 눈"이라고 했다. 안연지 「송문황제원황후애책문」에 "푸른 하늘이 막 우주에 드러나 빛을 발하고"라는

69 『玉篇』 目部 : 䁖, 舒灼切. 美目也.

70 『文選 · 哀下 · 宋文皇帝元皇後哀策文』: "倫昭儷昇, 有物有憑. 圓精初爍, 方祇始凝."

71 『詩經 · 小雅 · 何人斯』: "壹者之來, 云何其盱. 爾還而入, 我心易也."

72 『說文解字』 目部 : "盱, 張目也. 從目于聲. 一曰朝鮮謂盧童子曰盱."

73 『玉篇』 頁部 : "頣, 式忍切. 擧目視人皃."

74 『詩經 · 鄭風 · 野有蔓草』: "野有蔓草, 零露溥兮. 有美一人, 淸揚婉兮."

75 『玉篇』 目部 : "䐪, 以證、大登二切. 美目也. 大視也. 亦作䑃."

76 『廣韻』 下平聲 : "睖, 美目皃."

구절이 있는데, 이선의 「주」에는 "곽박 『방언 · 주』에 삭爍은 밝다(광명光明)를 의미한다"고 했다. '삭鑠'과 '삭爍'은 옛날에는 통용되었다. 『시경 · 소아』에 "어찌하여 이처럼 멀리 바라보겠는가[77]"라는 구절이 있는데, 『설문해자』에 "우盱는 눈을 크게 뜨다. 일설에 따르면 조선朝鮮에서는 검은 눈동자(노동자盧童子)를 우盱라고 한다"고 했다. '노矑'와 '노盧', '동瞳'과 '동童'은 옛날에는 통용되었다. 『옥편』에 "우盱는 눈을 들다. 연燕 대代 조선朝鮮 열수列水에서는 검은 눈동자(노동자盧瞳子)를 우盱라고 한다"고 했다. '열洌'과 '열列'은 옛날에는 통용되었다. 『시경 · 정풍』에 "맑은 눈 고운 눈썹 예쁘기도 하여라"라고 했는데, 「모전」에 "청양清揚은 눈과 눈썹 사이다"라고 했다. '등䐍'은 『옥편』에 "아름다운 눈"이라고 했다. 『광운』에서는 '등䁞'이라고 썼으며, "아름다운 눈의 모습"이라고 했다.

역해

① 矏[면] : 쌍둥이. 쌍의 의미. 또 '눈가가 미세하고 조밀한 모양'을 의미. 南楚江淮之閒 어휘. 곽박 「주」에 발음은 綿이라고 했는데, 이에 근거한 상고음은 [*mjian]이다.

② 鑠[삭] : 爍의 假借字. 빛나다. 뜨겁다. 끄다. 宋衛韓鄭之閒 어휘. 곽박 「주」에 光明을 말하며, 발음은 舒灼反이라고 했는데, 이에 근거한 상고음은 [*hrjakw]이다.

③ 盱[우] : 盱와 같은 글자. 쳐다보다. 검고 아름다운 눈. 燕代朝鮮洌水之閒 어휘. 곽박 「주」에 눈을 들다(擧眼)를 의미하며, 발음은 香于反이라고 했는데, 이에 근거한 상고음은 [*hwjag]이다.

---

77 『詩經 · 小雅 · 何人斯』: "壹者之來, 云何其盱. 爾還而入, 我心易也."

④ 揚[양] : 눈썹과 그 아래위 주변을 가리킴. 의미가 파생되어 '용모가 아름답다'로도 쓰임. 燕代朝鮮洌水之閒에서 盱라고 하며 揚이라고도 함.

⑤ 䁖[등] : 아름다운 눈의 모습. 南楚江淮之閒에서 顙이라고 하며 䏚이라고도 함. 곽박 「주」에 발음은 滕이라고 했는데, 이에 근거한 상고음은 [*dəŋ]이다.

⑥ 雙[쌍] : 쌍. 雙은 顙, 鑠, 盱, 揚, 䏚의 풀이어휘.

⑦ 順[순] : 예쁘고 빛나는 눈. 예쁜 눈을 順이라고 함.

⑧ 矊[면] : 검은 눈동자. 곽박 「주」에 발음은 綿이라고 했는데, 이에 근거한 상고음은 [*mjian]이다.

방언 6

嫢[78]①【羌箠反】· 笙② · 揫③【音遒】· 摻④【素檻反】[79], 細⑤也. 自關而西秦晉之閒凡細而有容謂之嫢,【嫢嫢, 小成貌】 或曰徥⑥.【言徥徥[80]也.[81]】凡細貌謂之笙, 斂物而細謂之揫, 或曰摻.

78 『四部叢刊』本에는 '魏'로 되어 있으며, 戴震은 '魏'자를 '嫢'로 고쳤다. 王念孫과 段玉裁도 '嫢'라고 했으며, 盧文弨와 錢繹, 周祖謨, 華學誠도 戴震의 설을 따랐다.

79 『四部叢刊』本에는 '素檻反'이라고 되어 있는데, 華學誠은 『集韻』에 근거해 摻자는 발음이 素檻反이며, 『方言』에서 가늘다의 의미라고 한 것에 따라 戴震, 盧文弨, 錢繹이 모두 '檻'字를 '㨔'자로 쓴 것은 잘못이라고 했다.

80 『四部叢刊』本에는 '徥偕'라고 되어 있으며, 戴震은 '徥徥'라고 고쳤다. 그러나 盧文弨와 錢繹은 戴震을 따르지 않았으며, 華學誠도 '徥偕'가 걸음걸이를 묘사한 말이라고 했다.

81 『四部叢刊』本에는 여기에 '度皆反'이라는 말이 더 있다. 『方言疏證』본에는 이 세 글자가 없으며, 盧文弨와 錢繹은 '度指反'으로 고쳤다. 劉台拱은 徥의 옛 음이 '度皆反'이며, 제6권의 '度揩反'도 틀리지 않는데 盧文弨가 이를 '度指反'로 고친 것은 틀렸다고 했다. 吳承仕도 盧文弨와 錢繹이 틀렸다고 했으며, 周祖謨는 '度指反'으로 고친 것은 틀렸지만 '度皆' 역시 '度楷'를 잘못 쓴 것이라고 했다. 華學誠은 원래의 '度皆反'을 그대로 따랐다.

규嫢【음은 강추반羌箠反이다】·생笙[82]·추揫【음은 주遒다】·섬(삼)摻[83]【음은 소람반素檻反이다】은 가늘다(세細)의 뜻이다. 함곡관으로부터 서쪽 진秦 진晉에 걸친 지역에서는 가늘면서 모양이 있는 것을 규嫢라고 하며,【규규嫢嫢는 작게 생긴 모양을 말한다】 혹은 시(지)徥[84]【천천히 걷는 모양을 말한다】라고도 한다. 가는 모양을 생笙이라고 하고, 물건을 모아서 묶은 모양이 가느다란 것을 추揫라고 하며, 혹은 섬(삼)摻이라고 한다.

방언소증

案'嫢'各本訛作'魏', 今訂正. 『說文』: "嫢, 媞也. 讀若癸. 秦晉謂細腰爲嫢.[85]" 『廣雅』: "嫢·笙·揫·摻·細, 小也.[86]" 義本此. 曹憲於'嫢'下列'其癸', '渠惟'二反.

'규嫢'자는 각 판본에서 모두 '위魏'로 잘못 썼는데, 지금 그것을 바로잡는다. 『설문해자』에 "규嫢는 예쁘고 아름답다(제媞)의 뜻이며, 계癸와 비슷하게 읽는다. 진秦 진晉에서 가는 허리를 규嫢라고 한다"고 했다. 『광아』에 "규嫢·생笙·추揫·섬(삼)摻·세細는 모두 작다(소小)의 뜻"이라고 했는데, 그 의미는 여기에서 근거하였다. 조헌은 규嫢자에 '기계반

82 章炳麟은 지금도 미세한 물건을 笙이라고 하며 발음이 星과 비슷하다고 했다. 徐復(『補釋』)은 生으로 쓰기도 한다고 했다.

83 王念孫은 摻을 『說文解字』에서 '거두다'의 뜻으로 풀이 하였는데 물건을 거두어 가늘게 묶는 것을 摻이라고 하며 摻은 纖을 의미한다고 했다.(제2권의 8번 항목을 참고할 것)

84 郭璞 「注」에는 '부녀자들의 편안한 모습'이라고 풀이하였는데 孫炎은 提提가 '걸음걸이가 급하지 않은 모습'이라고 풀이하였으며 錢繹은 가냘프고 아름다운 사람의 걷는 모습이 편안함을 이르는 말이라고 했다.

85 『說文解字』 女部: "嫢, 媞也. 從女規聲, 讀若癸. 秦晉謂細爲嫢."

86 『廣雅·釋詁』: "嫢·笙·揫·摻·尛·稗·細·纖·微·纱·麼·㦬·私·茦·葼·㑨·葆·杪·肖·尐·區·眇·鄙, 小也."

其癸反'과 '거유반渠惟反'이라는 두 가지 음을 수록하였다.

역해

① 嫢[규] : 가는 허리. 가늘고 아름다운 모습. 함곡관으로부터 서쪽 秦晉之閒에서는 가늘면서 모양이 있는 것을 嫢라고 함. 곽박 「주」에 발음은 羌箠反이라고 했는데, 이에 근거한 상고음은 [*khwjid, *khwjidx]이다.
② 笙[생] : 작고 가늘다. 기본 의미는 관악기의 일종인 생황. 대자리라는 의미로도 쓰임.
③ 揫[추] : 물건을 모아서 묶은 모양이 가느다란 것을 揫라고 함. 곽박 「주」에 발음은 遒이라고 했는데, 이에 근거한 상고음은 [*tsjəgw, *dzjəgw]라고 했다.
④ 摻[섬(삼)] : 섬섬하다. 가늘다. 여리고 가냘프다. 물건을 모아서 묶은 모양이 가느다란 것을 揫라고 하며 摻이라도 함. 곽박 「주」에 발음은 素檻反이라고 했는데, 이에 근거한 상고음은 [*srəm, *srəmx]이다.
⑤ 細[세] : 가늘다. 細는 嫢, 笙, 揫, 摻의 풀이어휘.
⑥ 偍[시(지)] : 가냘프고 아름다운 걸음걸이. 슬슬 걷다. 함곡관으로부터 서쪽 秦晉之閒에서는 가늘면서 모양이 있는 것을 嫢라고 하며 偍라고도 함.

방언 7

褒①【言瓌瑋也】·渾②【們渾, 肥滿也. 狐本反】·膞③【膞呬, 充壯也. 四四反】·臁④【音壤】·僇⑤【恪膠反】·泡⑥【音庖】, 盛⑦也. 褒[87], 自關而西秦晉之閒語也. 陳宋之閒曰僇,【僇胖[88], 麤大貌】江淮之閒曰泡,【泡肥,

洪張貌】 秦晉或曰臁. 梁益之閒凡人言[89]盛及其所愛[90]偉[91]其肥䠣[92]謂之臁.【肥臁, 多肉】

괴傀[93]【아름다운 옥구슬(괴위瓌瑋)을 말한다】·혼渾[94]【문혼們渾은 비만이다.[95] 음은 호본반狐本反이다】·비膞【비희膞咽는 살이 찌고 건장한 것을 뜻한다. 음은 필사반匹四反이다】·양臁【음은 양壤이다】·교僗【음은 각교반恪膠反이다】·포泡【음은 포庖다】는 성하다(성盛)의 뜻이다. 함곡관으로부터 서쪽 진秦 진晉에 걸친 지역에서 사용하는 말이다. 진陳 송宋에 걸친 지역에서는 교僗라 하고,【교무僗胕는 거칠고 큰 모양을 말한다】 강회江淮에 걸친 지역에서는 포泡라고 하며,【포비泡肥는 크게 부풀어 확장된 모습을 말한다】 진秦 진晉에서 혹은 양臁이라고도 한다. 양梁 익益에 걸친 지역에서는 사람들이 사랑하는 자식이 좀 더 풍성해지고 살이 쪄서 크고 좋아 보이기를 바라는데 이러한 것을 양臁이라고 말한다.【비양肥臁은 살이 많은 것을 말한다】

---

87 『四部叢刊』本에는 '傀'자가 없으나, 戴震은 '傀'를 첨가했다. 盧文弨, 錢繹, 華學誠은 戴震을 따랐다.

88 『四部叢刊』本에는 '侔'로 되어 있지만, 戴震은 '胕'로 고쳤다. 盧文弨, 錢繹, 王念孫, 周祖謨는 '侔'으로 썼다.

89 '人言'을 王念孫이 手校한 明刻本에서는 '言人'으로 수정했다.

90 『四部叢刊』本에는 여기에 '曰'이 있는데, 戴震은 이를 삭제했으며, 華學誠은 戴震이 옳다고 했다.

91 '偉'를 宋本에서는 '偉'로 썼으며, 明本에는서 모두 '諱'로 썼다. 戴震과 王念孫은 '偉'라고 했으며, 盧文弨와 錢繹은 '諱'라고 했다. 華學誠은 '偉'가 맞으며, 살찐 것을 臁이라고 하는데, 오늘날 四川에서 이 말이 여전히 사용되고 있으며, 몸이 약한 아이가 살이 좀 더 찌게 되기를 바라다의 의미로 쓰인다고 했다. 의미상으로도 '瑋(偉)其肥盛'이 맞으며, '諱'는 뜻이 통하지 않는다고 했다.

92 『四部叢刊』本에는 이 글자가 '䠣'로 되어 있는데, 戴震은 '䫉'로 고쳤다. 盧文弨는 '䠣'라고 했으며, 劉台拱, 王念孫, 華學誠은 戴震을 따라 '䫉'라고 했다.

93 王念孫은 傀를 『說文解字』에서는 '偉(크다)'라고 풀이하였으며, 傀, 傀, 瑰, 瓌 네 글자는 통용되었다고 했다.

94 華學誠은 渾渾이 지금의 滾滾(물이 세차게 흐르는 모양)이라고 했다.

95 錢繹은 們이 懣자의 俗字라고 했다. 그래서 們渾은 懣渾이며 '가득 차다'의 뜻이라고 했다.

방언소증

案'僾'『說文』作'傀', 云: "偉也.[96]" 『玉篇』云: "僾, 『聲類』傀字.[97]" 膔, 『玉篇』云: "盛肥也.[98]" 『漢書·賈鄒枚路傳』: "壤子王梁代, 益以淮陽.[99]" 晉灼曰: "揚雄『方言』, 梁益之閒所愛諱其肥盛曰壤." 李善注『文選』云: "『方言』云, 瑋其肥盛. 晉灼注以瑋爲諱." 『說文』: "益州鄙言人盛, 諱其肥謂之膿.[100]" 『玉篇』引『方言』: "膿, 肥也." 今『方言』各本作 "凡人言盛及其所愛曰諱, 其肥晠謂之膿." 明正德己巳影宋曹毅之刻作曰'偉', 皆衍'曰'字. 據『說文』及『漢書』注『文選』注刪, '諱'卽'偉'之訛. '偉''瑋', '晠''盛', '膿''壤', 古通用. 『廣雅』: "膿·僇·泡·膔·渾·肥, 盛也.[101]" 義本此.

'괴僾'자는 『설문해자』에 '괴傀'로 썼고, "크다(위偉)의 뜻"이라고 했다. 『옥편』에 "괴僾는 『성류』에서 괴傀자로 썼다"고 했다. 『한서·가추매로전』에 "황실의 자제들을 살찌우도록 양梁, 대代 같은 비옥한 지역을 점거하게 했으며, 또 회양淮陽을 양梁에 병합시켰다"라는 구절이 있는데, 진작이 「주」에서 양웅의 『방언』을 인용하여 "양梁 익益에 걸친 지역에서 살찌고 큰 것을 일반적으로 양壤이라고 한다"고 하였다. 이선의 『문선·주』에서는 "『방언』에 '위기비성瑋其肥盛'이라는 구절이 있는데, 진작 「주」에 위瑋를 휘諱라고 썼다"고 하였다. 『설문해자』에

---

96 『說文解字』 人部: "傀, 偉也. 從人鬼聲. 『周禮』曰: 大傀異. 瓌, 傀或從玉裹聲."

97 『玉篇』 人部: "僾, 『聲類』傀字."

98 『玉篇』 肉部: "膔, 匹備切. 盛肥也."

99 『漢書·賈鄒枚路傳』: "壤子王梁, 代, 益以淮陽. 卒仆濟北, 囚弟於雍者, 豈非象新垣平等哉!"

100 『說文解字』 肉部: "膿, 益州鄙言人盛, 諱其肥謂之膿. 從肉襄聲."

101 『廣雅·釋詁』: "腬·膿·僇·泡·僾·膔·韡·蘊·茂·昆·渾·昌·阜·溢·腯·肥·奋·洊, 盛也."

"익주에서 사람들이 살찐 것을 저속하게 여겨 양臁이라고 한다"고 했다. 『옥편』에서는 『방언』을 인용하여 "양臁은 살찌다(비肥)의 뜻"이라고 했다. 오늘날 『방언』의 판본들 중에는 "범인언성급기소애왈휘凡人言盛及其所愛曰諱, 기비성위지양其肥晠謂之臁"이라고 되어 있는 것도 있다. 명대 정덕正德 기사己巳년에 송대 조의지의 판각본에는 '왈曰'자를 첨가하여 '왈위曰偉'로 되어 있는데, '왈曰'자가 없어야 한다. 『설문해자』와 『한서·주』, 『문선·주』에 근거하여 '위偉'의 오류인 '휘諱'를 삭제하고 '위偉'로 고쳐야 한다. '위偉'와 '위瑋', '성晠'과 '성盛', '양臁'과 '양壤'은 옛날에는 통용되었다. 『광아』에 "양臁·교僇·포泡·비膞·혼渾·비肥는 살이 쪄서 풍성하다(성盛)의 뜻"이라고 했는데, 그 의미는 여기에서 근거하였다.

역해

① 傀[괴]: 傀와 同字. 크다. 함곡관으로부터 서쪽 秦晉之閒의 어휘.

② 渾[혼]: 물이 어지러이 흐르는 소리. 合水하다. 渾渾은 큰 모양. 곽박 「주」에 발음은 狐本反이라고 했는데, 이에 근거한 상고음은 [*gwənx]이다.

③ 膞[비]: 장대하다. 곽박 「주」에 발음은 匹四反이라고 했는데, 이에 근거한 상고음은 [*bjidh]이다.

④ 臁[양]: 살찌다. 곡식이 잘 여물다. 秦晉에서는 臁라고도 함. 梁益之閒에서 사람들이 사랑하는 자식이 좀 더 풍성해지고 살이 쪄서 크고 좋아 보이기를 바라는데 이러한 것을 臁이라고 함. 곽박 「주」에 발음은 壤이라고 했는데, 이에 근거한 상고음은 [*njaŋx]이다.

⑤ 僇[교]: 풍성하다. 陳宋之閒 어휘. 곽박 「주」에 발음은 恪膠反이라고 했는데, 이에 근거한 상고음은 [*khrəgw]이다. 그러나 『廣韻』에는 僇

[료](來/幽 [*liəgwx])와 僇[표](幫/幽 [*piəgwx])음을 수록하고 있다.

⑥ 泡[포] : 성하다. 물 흐르는 소리. 江淮之閒 어휘. 곽박 「주」에 발음은 庖이라고 했는데, 이에 근거한 상고음은 [*brəgw]이다.

⑦ 盛[성] : 성하다. 盛은 儴, 渾, 膞, 膿, 僇, 泡의 풀이어휘.

방언 8

私①・策[102]②・纖③・葆④【音銳[103]】・穉⑤【古稚字】・杪⑥,【莫召反】小⑦也. 自關而西秦晉之郊梁益之閒, 凡物小者謂之私; 小或曰纖, 繒白[104]之細者謂之纖. 東齊言布帛之細者曰綾⑧,【音凌】秦晉曰靡⑨.【靡靡[105]細好也】凡草生而初達謂之葆.【鋒萌始出】穉, 年小也. 木細枝謂之杪,【言杪梢也】江淮陳楚之內謂之蔑⑩[106],【蔑, 小貌也】青齊兗冀之閒謂之葼⑪,【馬鬉[107]】燕之北鄙朝鮮洌水之閒謂之策. 故傳曰 : 慈母之怒子也, 雖折葼笞之, 其惠存焉.【言教在其中也】

사私・책策[108]・섬纖・예葆[109]【음은 예銳다】・치穉【치稚의 옛 글자다】・묘杪

---

102 『四部叢刊』本에는 '筞'로 되어 있는데, 華學誠은 '策'로 고쳐야 한다고 했다.
103 『四部叢刊』本에는 '銳'로 되어 있으며, 華學誠은 '銳'과 '銳'는 같다고 했다.
104 『四部叢刊』本에는 '帛'이라고 되어 있는데 戴震은 '白'으로 고쳤다.
105 『四部叢刊』本에는 '靡細好也'라고 되어 있는데, 戴震은 이를 '靡靡'라고 고쳤다. 盧文弨는 戴震이 틀렸다고 했고, 華學誠은 戴震이 옳다고 했다.
106 『四部叢刊』本에는 '篾'라고 되어 있는데, 戴震은 '蔑'로 고쳤다. 盧文弨와 錢繹은 戴震의 설이 옳다고 했으며, 華學誠은 '篾', '蔑', '懱'은 통한다고 했다.
107 『四部叢刊』本에는 '鬉'로 썼다. 戴震은 '馬鬉'은 '音은 馬鬉의 鬉이다'라고 해야 한다고 했다.
108 錢繹은 策(채찍)은 朿(가시)이며, 朿는 『說文解字』에 '나무 가시'라고 했다. 華學誠은 朿가 '작고 뾰족하다'의 의미라고 했다.
109 王念孫은 葆를 銳(날카롭다)라고 풀이했는데 무기의 끝부분을 銳, 풀이 처음 돋아나는 것을 葆라고 한다고 했다.

【음은 막소반莫召反이다】는 작다(소小)의 뜻이다. 함곡관으로부터 서쪽 진秦 진晉의 교외, 양梁 익益에 걸친 지역에서는 물건이 작은 것을 사私라고 한다. 작다(소小)는 혹 섬纖이라고도 하며, 증백繒白(비단)이 가는 것을 섬纖이라고 한다. 동제東齊에서는 포백布帛(비단)이 가는 것을 릉綾이라고 하며,【음은 릉凌이다】 진秦 진晉에서는 미䊳라고 한다.【미미䊳䊳는 가늘고 예쁜 것을 말한다】 풀이 처음으로 올라오는 것을 예葰라고 한다.【싹이 처음 올라오는 것이다】 치穉는 나이가 어린 것을 말한다. 나무의 가는 가지를 묘杪라고 하며,【나뭇가지 끝을 말한다】 강회江淮 진陳 초楚 지역 안에서는 멸蔑이라고 하며,【멸蔑은 작은 모양이다】 청靑 제齊 연兗 기冀에 걸친 지역에서는 종葼【음은 마종馬鬉의 종鬉이다】라고 하고, 연燕의 북쪽 마을과 조선朝鮮 열수洌水에 걸친 지역에서는 책策이라고 한다. 예로부터 전해오는 말에 "자비로운 어머니가 노하여 회초리를 꺾어 아들의 종아리를 치더라도 그 회초리 안에는 어머니의 은혜가 있다"고 했다.【그 안에 가르침이 있음을 말한다】

방언소증

案'纖'亦作'孅'. 司馬相如「上林賦」: "嫵媚孅弱.[110]" 李善「注」引『方言』: "自關而西凡物小謂之孅." 「長門賦」: "觀夫靡靡而無窮.[111]" 王延壽「魯靈光殿賦」: "何宏麗之靡靡.[112]" 注皆云: "郭璞『方言・注』曰, 靡靡, 細好也." 今『方言』各本「注」內脫一'靡'字, 據此所引訂補. 『爾雅・釋言』: "幼・鞠, 稚也." 「疏」引『方言』: "稺, 年小也." '稺', 唐『石經』作

110 『文選・賦丁・上林賦』: "柔橈嫚嫚, 嫵媚孅弱."

111 『文選・賦辛・長門賦』: "下蘭臺而周覽兮, 步從容于深宮. 正殿塊以造天兮, 郁並起而穹崇. 間徙倚于東廂兮, 觀夫靡靡而無窮."

112 『文選・賦己・魯靈光殿賦』: "周行數里, 仰不見日. 何宏麗之靡靡, 咨用力之妙勤. 非夫通神之俊才, 誰能剋成乎此勳?"

'稚'. 潘岳「閒居賦」: "兒童稚齒.[113]" 「注」引『方言』: "稚, 小也." '稚'字見『方言·注』. 左思「吳都賦」: "鬱兮菸茂.[114]" 劉逵「注」引『方言』: "凡草生而初達謂之菸." 「周語」: "鄭未失周典, 王而蔑之.[115]" 韋昭「注」云 : "蔑, 小也." 馬融「長笛賦」: "跋蔑縷.[116]" 「注」引『方言』: "蔑, 小也." 當亦是. 『方言·注』『廣雅』: "纖·懱·私·策·葼·菸·杪, 小也.[117]" 義本此. '蔑''懱', 古通用. 「禹貢」: "徐州厥篚玄纖縞[118], 豫州厥篚纖纊[119]." 『史記·夏本紀』裴駰『集解』引鄭「注」云 : "纖, 細也. 祭服之材尚細." 顏師古注『漢書·地理志』云 : "纖, 細繒也." 與『方言』合. 『說文』: "東齊謂布帛之細曰綾[120], 青齊沇冀謂木細枝曰葼.[121]" 「注」內'馬鬣'當作'音馬鬣之鬣'. 左思「魏都賦」: "弱葼係實.[122]" 劉逵「注」云 : "葼, 木之細枝者也. 揚雄『方言』曰, 青齊兗豫之閒謂之葼. 故傳曰, 慈母怒子折葼而笞之, 其惠存焉." '沇'俗通作'兗'. 此所引'冀'訛作'豫'. 左思「招隱詩」: "杖策招隱士.[123]" 李善「注」引『方言』: "木細枝曰策."

---

113 『文選·賦辛·閒居賦』: "昆弟班白, 兒童稚齒. 稱萬壽以獻觴, 咸一懼而一喜. 壽觴舉, 慈顏和."

114 『文選·賦丙·吳都賦』: "鬱兮菸茂, 曄兮菲菲. 光色炫晃, 芬馥肸蠁."

115 『國語·周語』: "狄, 豺狼之德也, 鄭未失周典, 王而蔑之, 是不明賢也."

116 『文選·賦壬·長笛賦』: "蹉纖根, 跋蔑縷."

117 『廣雅·釋詁』: "嫛·笙·揫·摻·𪏭·稗·細·纖·微·纱·麽·懱·私·莱·葼·㣤·菸·杪·肖·尐·區·眇·鄙, 小也."

118 『尙書·禹貢』에는 "徐州厥篚玄纖縞 : 海·岱及惟徐州 : 淮·沂其乂, 蒙·羽其藝 : 大野既豬, 東原厎平. 厥土赤埴墳. 草木漸包. 厥田惟上中, 厥賦中中. 厥貢惟土五色, 羽畎夏翟, 嶧陽孤桐, 泗濱浮磬, 淮夷蠙珠暨魚; 厥篚玄纖縞. 浮于淮·泗, 達于菏"라고 되어 있다.

119 『尙書·禹貢』에는 "豫州厥篚纖纊 : 荊·河惟豫州 : 伊·洛·瀍·澗既入于河, 滎波既豬, 導菏澤, 被孟豬. 厥土惟壤, 下土墳壚. 厥田惟中上, 厥賦錯上中. 厥貢漆·枲·絺·紵, 厥篚纖纊, 錫貢磬錯. 浮于洛, 達于河"라고 되어 있다.

120 『說文解字』 糸部 : "綾, 東齊謂布帛之細曰綾. 從糸夌聲."

121 『說文解字』 艸部 : "葼, 青齊沇冀謂木細枝曰葼. 從艸㚇聲."

122 『文選·賦丙·魏都賦』: "弱葼係實, 輕葉振芳."

123 『文選·詩乙·招隱詩』: "杖策招隱士, 荒塗橫古今."

'섬纖'은 '섬孅'으로 쓰기도 한다. 사마상여의 「상림부」에 "어여쁜 몸매가 가늘고 여리다"란 구절이 있는데, 이선은 「주」에서 『방언』을 인용하여 "함곡관으로부터 서쪽으로 가면 물건이 작은 것을 섬纖(가늘다, 작다)이라고 한다"고 했다. 「장문부」에 "그 화려한 풍경을 끝없이 바라본다"라는 구절이 있고, 왕연수의 「노령광전부」에 "어찌나 웅장하고 섬세한지"라는 구절이 있는데, 「주」에서는 모두 곽박의 『방언·주』를 인용하여 "미미靡靡는 여리고 예쁘다의 뜻"이라고 했다. 오늘날(대진戴震 당시) 각 판본의 『방언·주』에는 '미靡'자가 빠졌다. 여기서는 이 글자를 보충하여 인용하였다. 『이아·석언』에 "유幼, 국鞠은 어리다(치稺)의 뜻"이라고 했다. 「소」에서는 『방언』의 "치稺는 나이가 어린 것을 말한다"라는 구절을 인용하였다. '치稺'는 당나라 석경에는 '치稚'라고 되어 있다. 반악 「한거부」에 "아이들은 아직도 철없이 어리다네"라는 구절이 있는데, 「주」에서는 『방언』을 인용하여 "치稚는 어리다, 작다(소小)의 뜻"이라고 했는데, '치稚'는 『방언·주』에 나온다. 좌사의 「오도부」에 "돋아나는 초목은 무성하고"라는 구절이 있는데, 유규의 「주」에서는 『방언』을 인용하여 "무릇 풀이 처음 돋아나기 시작하는 것을 예蓺라고 한다"라고 했다. 『국어·주어』에 "정나라는 줄곧 주나라의 법제를 준수하여, 왕이 그를 멸시하니"라는 구절이 있는데, 위소의 「주」에서는 "멸蔑은 작다(소小)의 뜻"이라고 했다. 마융의 「장적부」에 "손으로는 가닥가닥 가는 줄기를 뽑으며"라는 구절이 있는데, 「주」에서는 『방언』을 인용하여 "멸蔑은 작다(소小)의 뜻이다"라고 했는데, 바로 여기에 해당한다. 『방언·주』와 『광아』에 "섬纖·멸懱·사私·책策·종葼·예蓺·묘杪는 작다(소小)의 의미다"라고 했는데, 의미가 여기에서 근거하였다. '멸蔑'과 '멸懱'은 옛날에는 통용되었다. 『상서·우공』에 "서주徐州는 광주리에 담아서 바치는 폐백은 검은 비단과 섬纖과 호縞다", "예주豫州는 광주리에 담아서 바치는 폐백은 가는 솜이니"라는 구절이 있는데, 『사기·하본기』 배인 『사기집해』에서는 정현의 「주」를 인용하여 "섬纖은 가늘다(세細)의 뜻이다. 제복祭服의 재료로는 가는 것을 좋아한다"고 했다. 『한서 · 지리지』 안사고의 「주」에서 "섬纖은 가는 비단(세증細繒)"이라고 하여, 『방언』과 일치한다. 『설문해자』에 "동제東齊에서는 섬유 중 가는 것을 릉綾이라고 한다. 청青제齊 연沇 기冀 지역에서는 나무의 가는 가지를 종葼이라고 한다"고 했다. 곽박 「주」의 '마종馬鬉'은 '음은 마종馬鬉의 종鬉이다'라고 해야 한다. 좌사의 「위도부」에 "가늘고 연약한 나뭇가지에 풍성하게 과일이 열리고"라는 구절이 있는데, 유규의 「주」에서는 "종葼은 나무의 가는 가지다. 양웅 『방언』에 청青 제齊 연兗 예豫 지역에서 종葼이라고 한다고 했다. 예로부터 전해오는 말에 자비로운 어머니가 노하여 회초리를 꺾어 아들의 종아리를 치더라도 그 회초리 안에는 어머니의 은혜가 있다는 말이 있다"고 했다. '연沇'은 일반적으로 '연兗'으로 쓴다. 이 인용문에서는 '기冀'를 '예豫'로 잘못 썼다. 좌사의 「초은시」에 "나무지팡이를 짚고 은둔한 선비를 찾아가는데"라는 구절이 있는데, 이선의 「주」에서는 『방언』을 인용해 "나무의 가는 가지를 책策이라고 한다"고 했다.

역해

① 私[사] : 작다. 미천하다. 함곡관으로부터 서쪽 秦晉의 교외, 梁益之閒에서 무릇 물건이 작은 것을 말함.
② 策[책] : 작다. 작은 나뭇가지. 燕의 北鄙, 朝鮮冽水之閒 어휘.
③ 纖[섬] : 가늘다. 작다. 고운비단. 가는 무늬가 있는 비단. 작다(小)를 纖이라고도 함. 또 繒白이 가는 것을 纖이라고 함.
④ 莅[예] : 풀이 처음 돋아나는 모양. 풀이 자라 처음 싹이 올라오는 것을 말함. 곽박 「주」에 발음은 銳이라고 했는데, 이에 근거한 상고음은

[*ruadh]이다.

⑤ 稺[치] : 어린 벼. 稚와 同字. 어리다. 稺는 나이가 어림을 말함.

⑥ 杪[묘] : 끝. 나무 끝. 작다. 가늘다. 사물이나 시간 등의 끝. 나무 가지가 가는 것을 말함. 곽박「주」에 발음은 莫召反이라고 했는데, 이에 근거한 상고음은 [*mjagwh]이다.

⑦ 小[소] : 작다. 小는 私, 策, 纖, 葰, 稺, 杪의 풀이어휘.

⑧ 綾[릉] : 얇고 가는 비단. 무늬가 있는 비단. 東齊에서 布帛이 가는 것을 綾이라고 함. 곽박「주」에 발음은 淩이라고 했는데, 이에 근거한 상고음은 [*ljəŋ]이다.

⑨ 䕷[미] : 세밀하다. 정교하다. 秦晉 어휘.

⑩ 篾[멸] : 대나무를 얇게 쪼개 가늘게 만든 대 껍질. 蔑과 통용. 작다. 경시하다. 江淮陳楚지역 어휘.

⑪ 葼[종] : 나무의 가는 가지. 가늘다. 青齊兗冀之間 어휘.

방언 9

殗【於怯反】殜①,【音葉】 微②也. 宋衛之間曰殗. 自關而西秦晉之間凡病而不甚曰殗殜.【病半臥半起也】

업殗【음은 어겁반於怯反이다】엽殜【음은 엽葉이다】은 쇠하다, 미약하다(미微)의 뜻이다. 송宋 위衛에 걸친 지역에서는 업殗이라고 한다. 함곡관으로부터 서쪽 진秦 진晉에 걸친 지역에서는 병이 들었지만 심하지 않은 것을 업엽殗殜이라고 한다.【병이 나서 반은 누워있고 반은 일어나 있는 것을 말한다】

방언소증

案『廣雅』: "殜殗, 病也.[124]" 義本此. 『廣韻』: "殗殜, 不動貌.[125]" '殜' '殜'同.

『광아』에 "엽업殜殗은 병이 나다(병病)의 뜻"이라고 했는데, 그 의미는 여기에서 근거하였다. 『광운』에 "업엽殗殜은 움직이지 않는 모양"이라고 했다. '엽殜'과 '엽殜'은 같다.

역해

① 殗殜[업엽] : 앓다. 병들다. 가벼운 병. 시들시들 앓다. 宋衛之間에서 殗이라고 함. 함곡관으로부터 서쪽 秦晉之間에서는 병이 심하지 않은 것을 殗殜이라고 함. 곽박 「주」에 殗의 발음은 於怯反, 殜의 발음은 葉이라고 했는데, 이에 근거한 상고음은 각각 [*ʔjap], [*rap]이다.
② 微[미] : 쇠하다. 미약하다. 微는 殗殜의 풀이어휘.

방언 10

臺① · 敵②, 匹[126]③也.【一作疋也[127]】 東齊海岱之間曰臺. 自關而

---

124 『廣雅 · 釋詁』: "𣨼 · 殰 · 殰 · 㱚 · 㱝 · 殟 · 殜 · 殗 · 痨 · 疥 · 瘕 · 梗 · 邛 · 暱 · 殇 · 殘 · 㾉 · 瘕 · 瘁 · 痗 · 瘻 · 疛 · 疝 · 齵 · 瘌 · 瞖 · 瘍 · 瘸 · 痳 · 瘋 · 痿 · 癲 · 痔 · 瘀 · 瘵 · 疠 · 痾 · 疨 · 奸 · 㿉 · 㽷 · 瘤 · 痒 · 軌 · 疢 · 痕, 病也."

125 『廣韻』 去聲 : "殗殜, 不動皃."

126 『四部叢刊』本에는 '延'이라고 되어 있으나, 戴震은 '匹'로 고쳤으며, 이는 '匹'

西秦晉之閒物力同者謂之臺敵[128].

대臺·적敵은 필적하다(필匹)의 뜻이다.【필疋이라고도 쓴다】 동제東齊 해대海岱 지역에서는 대臺라고 한다. 함곡관으로부터 서쪽 진秦 진晉 지역에서는 사물의 힘이 같아 팽팽히 맞서는 것을 대적臺敵이라고 한다.

방언소증

案'匹'各本譌作'延'. '匹'俗作'疋', 遂譌而爲'延'. 「注」內'疋'各本譌作'迮', 今訂正. 『爾雅·釋詁』: "敵, 匹也[129]", "當也.[130]" 『廣雅』: "敵·儓, 當也[131]", "匹·臺·敵, 輩也.[132]" 義皆相因. '臺'"儓', 蓋通用.

'필匹'을 각 판본에서는 '연延'으로 잘못 썼다. '필匹'은 속체로 쓸 때 '필疋'로 쓰며, 이는 잘못하면 '연延'으로 착각하게 된다. 곽박 「주」의

을 속체로 '疋'로 쓰기 때문에 생긴 오류라고 했다. 周祖謨, 華學誠은 戴震을 따랐다.

127 『四部叢刊』本에는 '迮'로 되어 있는데, 戴震은 이를 '疋'로 고치고, '也'를 더했다. 그러나 周祖謨는 '迮'은 '沚(匹의 俗字)'의 誤字이며, 戴震이 고친 '一作疋也'도 郭璞 「注」의 원래 모습이 아니라고 했다. 華學誠도 周祖謨의 주장이 옳다고 했다.

128 盧文弨는 '臺'字에서 끊어 읽어 다음 조항인 "耦也"와 「注」의 "耦亦匹, 互見其義耳"란 구절을 "敵"자 다음으로 옮기고, "耦也"와 「注」의 옛날 판본이 모두 틀렸다고 했다. 劉台拱과 錢繹은 盧文弨가 틀렸다고 보았다. 華學誠은 盧文弨가 고친 것은 확실히 잘못되었지만, '臺敵'이 연이어 있음으로 해서 해석이 어려운데 여기에는 분명히 오류가 있을 것이라는 관점에서 盧文弨가 臺와 敵 두 글자를 분리시킨 것은 상당히 의미가 있다고 했다.

129 『爾雅·釋詁』: "仇, 讎, 敵, 妃, 知, 儀, 匹也."

130 『爾雅·釋詁』: "昌·敵·彊·應·丁, 當也."

131 『廣雅·釋詁』: "擯·敵·匽·㒳·衡·稽·儓·配·亢·對·貞, 當也."

132 『廣雅·釋詁』: "匹, 臺, 敵, 輩也."

'필疋'을 각 판본에서 '책迮'으로 잘못 썼는데, 지금 그것을 바로잡는다. 『이아·석고』에 "적敵은 필적하다(필匹)의 뜻이다", "대적하다(당當)의 뜻이다"라고 했다. 『광아』에 "적敵·대儓는 대적하다(당當)의 뜻이다", "필匹·대臺·적敵은 무리(배輩)의 뜻이다"라고 하였다. 의미가 모두 서로 관련이 있으며, '대臺'와 '대儓'는 아마도 통용되었을 것이다.

역해

① 臺[대] : 적합한 해석 없음.(물건을 얹는 대, 높고 평평한 곳) 東齊海岱之閒에서 臺라고 함.

② 臺敵[대적] : 적수. 상대방. 대등하다. 맞서다. 함곡관으로부터 서쪽 秦晉之閒에서 사물의 힘이 서로 동등한 것을 臺敵이라고 함.

③ 匹[필] : 필적하다. 匹은 臺, 敵의 풀이어휘.

방언 11

抱【音赴[133]】嬎①,【孚萬反[134]. 一作嬔[135]】耦②也.【耦亦疋[136], 互[137]見其義耳】

133 『四部叢刊』本에는 '音赴'가 '互見其義耳' 뒤에 있다. 戴震은 '音赴'가 '抱'의 음이라고 했으며, 劉台拱과 錢繹은 戴震의 설을 따랐지만, 盧文弨와 周祖謨는 '音赴'가 '嬎'의 음이라고 했다.

134 『四部叢刊』本에는 '追萬反'으로 되어 있는데, 戴震은 이를 '孚萬反'으로 고쳤으며, 盧文弨, 錢繹은 戴震의 설을 따랐다. 그러나 王念孫과 周祖謨는 '匹萬反'으로 고쳤고, 華學誠은 '匹萬反'이라는 견해를 따랐다.

135 周祖謨는 이 세 글자를 책을 교정한 사람이 첨가한 것이라고 했다. 華學誠은 周祖謨의 견해에 따라 삭제해야 한다고 주장했다.

136 『四部叢刊』本에는 '迮'라고 되어 있으나, 戴震은 '疋'로 고쳤으며, 盧文弨와 錢繹은 '匹'이라고 했다. 華學誠은 '匹'이 옳다고 했다.

137 『四部叢刊』本에는 '乑'로 되어 있는데, 華學誠은 '乑'는 '互'의 俗字라고 했다.

荊吳江湖之閒曰抱嬔[138]，宋潁之閒或曰嬔.[139]

포반抱嬔[140]【음은 부만반孚萬反이다. 또 반嬎으로도 쓴다】은 짝(우耦)의 뜻이다.【우耦는 또 책迮이라도 하며, 서로 같은 의미를 나타낸다. 음이 부赴다】 형荊 오吳 강호江湖에 걸친 지역에서는 포반抱嬎이라 하고, 송宋 영潁에 걸친 지역에서는 찬嬔이라고도 한다.

방언소증

案後卷八內"北燕朝鮮洌水之閒謂伏雞曰抱."[141] 『說文』: "嬎, 生子齊均也.[142]" 「注」內'孚萬反', 各本孚訛作'追', 從曹毅之本. '疋'各本亦訛作'迮', 今訂正.

뒤의 제8권에 "북연北燕 조선朝鮮 열수洌水에 걸친 지역에서 닭이 엎드려 알을 품고 있는 것(복계伏雞)을 포抱라고 한다"고 했다. 『설문해자』에 "반嬎은 똑같은 아이를 낳다"라고 했다. 「주」에 '음은 부만반孚萬反'이라고 되어 있는데, 각 판본은 '부孚'를 잘못하여 '추追'자로 썼다. 마땅히 조의지 판본에 따라야 한다. 또 '필疋'자를 '책迮'으로 잘못 쓰기도 하였는데, 지금 그것을 바로 잡는다.

138 『四部叢刊』本에는 '嬔'로 되어 있다.

139 華學誠 책은 11~12항목이 하나의 항목으로 되어 있다.

140 章炳麟은 오늘날 淮南에서는 닭이 알을 품는 것을 抱라고 하고 양자강 남쪽부터 절강에 이르는 지역에서는 닭이 알을 품는 것을 孚라고 하는데, 닭이 알을 품으려면 반드시 닭과 알이 짝을 이루어야 하기 때문에 '짝'이라는 의미가 생겼으며, 두 가지 혹은 그 이상의 물건이 함께 붙어있는 것을 江蘇 常州말로 嬔이라고 한다고 했다.

141 『方言』 제8권의 4번 항목을 참조할 것.

142 『說文解字』 女部: "嬔, 生子齊均也. 從女從生, 免聲."

역해

① 抱嬔[포반] : 抱는 품다. 荊吳江湖之閒에서는 抱嬔이라고 함. 宋潁之閒에서는 嬔이라고도 함. 곽박 「주」에 抱의 발음은 赴이며, 嬔의 발음은 孚萬反이라고 했는데, 이에 근거한 상고음은 각각 [*phjugh], [*phjanh]이다.

② 耦[우] : 짝. 耦는 抱嬔의 풀이어휘.

방언 12[143]

倚①【於寄反[144]】·踦②【郤奇反[145]】, 奇③也.【奇耦[146]】自關而西秦晉之閒凡全物而體不具謂之倚, 梁楚之閒謂之踦, 雍梁之西郊凡嘼支體不具者謂之踦.

의倚【음은 어기반於寄反이다】· 기踦[147]【음은 각기반郤奇反이다】는 한 쪽(기奇)을 뜻한다.【짝의 한 쪽이다】 함곡관으로부터 서쪽 진秦 진晉에 걸친 지역에서는 사물이 전체가 갖추어지지 않은 것을 의倚라고 하고, 양梁 초楚에 걸친 지역에서는 기踦라고 하며, 옹雍 량梁의 서쪽 교외에서는 짐승(축嘼)이 지체불구인 것을 기踦라고 한다.

---

143 『四部叢刊』本에는 '방언 11'과 '방언 12'가 합해져 있다.
144 『四部叢刊』本에는 '丘寄反'으로 되어 있으나, 戴震은 '於寄反'이라고 고쳤으며, 盧文弨와 錢繹은 戴震의 설을 따랐지만, 華學誠과 周祖謨는 '丘寄反'이 맞다고 했다.
145 『四部叢刊』本에는 '郄奇反'으로 되어 있으나, 戴震은 '郄'을 '郤'으로 고쳤다. 周祖謨와 華學誠은 戴震의 설을 따랐다.
146 『四部叢刊』本에는 '偶'로 되어 있으나, 戴震은 '耦'로 고쳤다.
147 段玉裁는 의미가 파생되어 한 쌍인 사물의 한쪽을 모두 踦라고 한다고 했다.

案『荀子・脩身篇』: "倚魁之行, 非不難也.[148]" 楊倞「注」云: "倚, 奇也. 奇讀爲奇耦之奇. 『方言』: 秦晉之閒凡物體全而不具謂之倚. 倚魁謂偏倚狂怪行." 「儒效篇」: "倚物怪變.[149]" 注云: "倚, 奇也." 『莊子・天下篇』: "南方有倚人焉.[150]" 『釋文』云: "本或畸." 「魯語」: "踦跂畢行, 無有處人.[151]" 韋昭「注」云: "踦跂, 跰蹇也." 『春秋』僖公三十三年『公羊傳』: "匹馬隻輪無反者.[152]" 何休「注」云: "隻, 踦也. 『說文』踦, 一足也.[153] 畐, 許救反."

『순자・수신편』에 "독특하고 속세에 영합하지 않는 행동을 하는 것이 결코 어렵지 않은 것이 아니다"라는 구절이 있는데, 양경의 「주」에 "의倚는 기이하다(기奇)의 뜻이다. 기奇는 기우奇耦의 기奇로 읽는다. 『방언』에 사물이 전체가 갖추어지지 않은 것을 의倚라고 한다고 했는데, 의괴倚魁는 기괴하고 이상한 행동을 말한다"고 했다. 「유효편」에 "기이한 사물, 괴이한 변화"라는 구절이 있는데, 「주」에 "의倚는 기이하다(기奇)의 뜻"이라고 했다. 『장자・천하편』에 "남쪽에 의인倚人이 있었다"는 말이 있는데, 『경전석문』에 "본래 기畸라고도 한다"고 했다. 『국어・노어』에 "절름발이까지도 모두 군대에 징집을 하여, 나라 전체가 모두 비고 남아 있는 사람이 없었다"는 구절이 있는

148 『荀子・修身篇』: "倚魁之行, 非不難也, 然而君子不行, 止之也.

149 『荀子・儒效篇』: "苟仁義之類也, 雖在鳥獸之中, 若別白黑; 倚物怪變, 所未嘗聞也, 所未嘗見也."

150 『莊子・天下篇』: "南方有倚人焉, 曰黃繚, 問天地所以不墜不陷"

151 『國語・魯語』: "我先君襄公不敢寧處, 使叔孫豹悉帥敝賦, 踦跂畢行, 無有處人."

152 『春秋公羊傳』 僖公 三十三年: "然而晉人與姜戎要之殽而擊之, 匹馬隻輪無反者."

153 『說文解字』 足部: "踦, 一足也. 從足奇聲."

데, 위소의 「주」에서는 "기기踦跂는 기우뚱거리며 가다(반건跰蹇)의 뜻"이라고 했다. 『춘추』 희공 33년 『공양전』에 "진나라 군대의 말 한 필, 차바퀴 하나도 다시는 진나라에 돌아가지 못할 것이다"라는 말이 있는데, 하휴의 「주」에 "척隻은 절름발이(기踦)의 뜻이다. 『설문해자』에서 기踦는 한쪽다리(일족一足)의 뜻이라고 했으며, 축罶의 음은 허구반許救反이다"라고 했다.

역해

① 倚[의] : 의지하다. 치우치다. 이상해서 어울리지 못하다. 단독으로. 함곡관으로부터 서쪽 秦晉之閒에서 사물의 몸체가 온전히 갖추어지지 않은 것을 倚라고 함. 곽박 「주」에 발음은 於寄反이라고 했는데, 이에 근거한 상고음은 [*?jiarh]이다.

② 踦[기] : 쌍으로 된 물건의 한 쪽. 절뚝발이. 짝짝이. 梁楚之閒에서 踦라고 함. 雍梁之西郊에서는 무릇 짐승이 지체불구인 것을 踦라고 함. 곽박 「주」에 발음은 卻奇反이라고 했는데, 이에 근거한 상고음은 [*kjiar, *khjiar]이다.

③ 奇[기] : 기이하다. 한 쪽. 奇는 倚, 踦의 풀이어휘.

방언 13

逴[①]【勑略反】·獡[②]【音鑠】·透[③],【式六反】 驚[④]也. 自關而西秦晉之閒凡蹇者或謂之逴,【行略逴也】 體而偏長短亦謂之逴. 宋衛南楚凡相驚曰獡, 或曰透.【皆驚貌也】

탁逴【음은 칙락반敕略反이다】・삭獡【음은 삭鑠이다】・숙透은【음은 식육반式六反이다】 놀라다(경驚)의 뜻이다. 함곡관으로부터 서쪽 진秦 진晉에 걸친 지역에서는 절름발이를 혹은 탁逴이라 하며,【약간 절며 걷는 걸음걸이다】 몸체의 길이가 같지 않은 것을 탁逴이라 한다. 송宋 위衛 남초南楚에서는 서로 놀라는 것을 삭獡이라 하고, 혹은 숙透이라고도 한다.【모두 놀라는 모습이다】

방언소증

案『說文』:"逴, 蹇也.[154]", "南楚謂相驚曰獡."[155] 左思「吳都賦」:"驚透沸亂.[156]" 劉逵「注」引『方言』:"透, 驚也." 『廣雅』:"逴・獡・透, 驚也.[157]" 曹憲『音釋』云:"透, 音叔." 世人以此爲跳透字, 他候反, 未是矣.

『설문해자』에 "탁逴은 멈추다(건蹇)의 뜻이다." 또 "남초南楚에서 서로 놀라는 것을 삭獡이라고 한다"고 했다. 좌사의 「오도부」에 "놀라서 마음이 초조해지고"라는 말이 있는데, 유규의 「주」에서 『방언』을 인용하여 "숙透은 놀라다(경驚)의 뜻"이라고 해석했다. 『광아』에 "탁逴・삭獡・숙透은 모두 놀라다(경驚)의 뜻"이라고 했다. 조헌은 『광아음석』에서 "숙透의 발음은 숙叔"이라고 했다. 사람들은 숙透을 '뛰어 도망가다'라는 의미로 여겨, 그 발음을 '타후반他候反'이라고 했지만, 그렇지 않다.

154 『說文解字』 辵部:"逴, 遠也. 從辵卓聲. 一曰蹇也. 讀若棹苕之棹."
155 『說文解字』 犬部:"獡, 犬獡獡不附人也. 從犬舄聲. 南楚謂相驚曰獡. 讀若愬."
156 『文選・賦丙・吳都賦』:"驚透沸亂, 牢落翬散."
157 『廣雅・釋詁』:"聏・愯・瘲・愕・逴・獡・忓・怛・透・趯・駭・憚, 驚也."

역해

① 逴[탁] : 뛰어넘다. 놀라다. 함곡관으로부터 서쪽 秦晉之閒에서 무릇 절름발이를 逴이라고도 하며, 몸체의 길이가 같지 않은 것도 逴이라고 함. 곽박 「주」에 약간 절며 걷는 걸음걸이를 逴이라고 하며, 발음은 勑略反이라고 했는데, 이에 근거한 상고음은 [*thrjakw]이다.
② 獡[삭] : 서로 놀라는 모양. 宋衛, 南楚에서는 무릇 서로 놀라는 것을 獡이라고 함. 곽박 「주」에 놀라는 모습이며 발음은 鑠이라고 했는데, 이에 근거한 상고음은 [*hrjakw]이다.
③ 透[숙] : 놀라는 모양. 근심스런 모양. 宋衛, 南楚에서는 무릇 서로 놀라는 것을 獡이라고 하며 透이라고도 함. 곽박 「주」에 놀라는 모습이며 발음은 式六反이라고 했는데, 이에 근거한 상고음은 [*hrjəkw]이다.
④ 驚[경] : 놀라다. 驚은 逴, 獡, 透의 풀이어휘.

방언 14

儀①·狢②, 來③也. 陳潁之閒曰儀, 自關而東周鄭之郊齊魯之閒或謂之狢, 或曰懷④[158].

의儀[159]·격狢은 오다(래來)의 뜻이다. 진陳 영潁에 걸친 지역에서는 의儀라고 하며, 함곡관으로부터 동쪽 주周 정鄭의 교외, 제齊 로魯에 걸

158 『四部叢刊』本에는 '或謂狢曰懷'(혹 狢를 懷라고도 한다)라고 되어 있으나, 戴震은 '或謂之狢, 或曰懷'로 고쳤다. 盧文弨는 '曰狢, 或曰懷'라고 고쳤으며, 華學誠은 여기에 탈자가 있음이 분명한데 어떻게 수정해야 할지 모르겠다고 했다.

159 吳予天은 儀는 假의 轉音이라고 했다.(『說文解字』에 假는 '至(오다)'라고 풀이했다)

친 지역에서는 혹은 격佫이라고 하고, 혹은 회懷라고도 한다.

방언소증

案'格''佫', 古通用. 『爾雅・釋言』: "格・懷, 來也.[160]" 『詩・周頌』: "懷柔百神.[161]" 「毛傳」: "懷, 來也." 「周語」: "民神怨痛, 無所依懷.[162]" 韋昭「注」云: "懷, 歸也". 義亦相因. 儀者儀之而來. 「周語」: "丹朱馮身以儀之.[163]" '儀'卽來歸之義. '格'字義兼往來, 往而至乎彼曰格, 來而至乎此亦曰格. 誠敬感通於神明而神明來格, 德禮貫通於民心而民咸格化, 心思貫徹於事物而事盡貫徹, 皆合往來爲義, 故其本文從彳. '格''感''貫', 一聲之轉, 故義亦通.

'격格'과 '격佫'은 옛날에는 통용되었다. 『이아・석언』에 "격格과 회懷는 오다(래來)의 뜻"이라고 했다. 『시경・주송』에 "여러 신들을 달래고 회유하여"란 구절이 있는데, 「모전」에 "회懷는 오다(래來)의 뜻"이라고 했다. 『국어・주어』에 "백성과 신령이 모두 원통해하며 의탁하여 돌아갈 곳이 없어진다"란 구절이 있는데, 위소의 「주」에 "회懷는 돌아가다(귀歸)의 뜻"이라고 했다. 의미가 또한 서로 관련되어 있다. 의儀라는 것은 '예의를 갖추어 오다'의 의미다. 『국어・주어』에 "붉은 단주로 몸을 치장하고[164] 그에게 의탁해 와서"란 구절이 있는데, '의儀'라는 것은 바로 '의탁해 오다'라는 뜻이다. '격格'은 가는 것과 오는 것을 모

160 『爾雅・釋言』: "格, 懷, 來也."

161 『詩經・周訟・時邁』: "懷柔百神, 及河喬嶽, 允王維后."

162 『國語・周語』: "民神怨痛, 無所依懷, 故神亦往焉, 觀其苛慝而降之禍."

163 『國語・周語』: "丹朱馮身以儀之, 生穆王焉."

164 周 昭王이 房國에서 데려온 아내를 房后라고 불렀는데, 이는 房后가 시집올 때를 말하는 것이다.

두 가리킨다. 가서 그쪽에 이르는 것을 '격格'이라고 하고, 와서 이쪽에 이르는 것 역시 '격格'이라고 한다. 실로 공경을 다하여 신명神明을 감동시키면 신명이 이르고, 도덕과 예의로 민심을 관통하면 백성이 모두 따라 온다. 사물에 마음을 관철시키면 일이 모두 다 뜻대로 된다. 이것은 모두 왕래의 의미와 부합된다. 그래서 글자가 '척彳'으로 이루어졌다. '격格'과 '감感'과 '관貫'은 일성지전一聲之轉이며, 뜻도 서로 통한다.

역해

① 儀[의] : 오다. 陳潁之閒에서 儀라고 함.
② 佫[격] : 오다. 이르다. 오르다. 格의 古字. 함곡관으로부터 동쪽 周鄭之郊, 齊魯之閒에서 佫이라고도 함.
③ 來[래] : 오다. 來는 儀, 佫의 풀이어휘.
④ 懷[회] : 불러오다. 함곡관으로부터 동쪽 周鄭之郊, 齊魯之閒에서 佫이라고도 하고 懷라고도 함.

방언 15

貀①【音昵[165]】·敎②,【音汝】 黏③也. 齊魯青徐自關而東或曰貀,【音[166]黏貀也】 或曰敎.

---

165 『四部叢刊』本에는 없으나, 戴震은 '音昵'를 보충하였으며, 盧文弨는 戴震의 설을 따랐다. 錢繹은 '音泥'라고 했고, 劉台拱은 '音日'이라고 했으며, 周祖謨는 劉台拱의 설이 옳다고 했다.

166 『四部叢刊』本에는 '言'으로 되어 있으나, 戴震은 '音'이라고 고쳤다.

닐䵒【음은 닐昵이다】·여𪏖【음은 여汝다】는 붙다(점(념)黏)의 뜻이다. 제齊로魯 청靑 서徐 지역, 함곡관으로부터 동쪽 지역에서는 혹 닐䵒【음은 점닐黏䵒의 닐䵒이다】이라고도 하고, 혹 여𪏖라고도 한다.

방언소증

案『爾雅·釋言』: "䵒, 膠也.[167]" 「疏」引『方言』此條文並同. '䵒'亦作'䵑'. 『說文』云: "黏也.[168]" 『廣雅』: "𪏖·䵑, 黏也.[169]" 義本此.

『이아·석언』에 "닐䵒은 끈끈하다(교膠)의 뜻"이라고 했다. 「소」에서 『방언』의 이 구절을 인용하였는데, 문장은 이 조항과 동일하며 '닐䵒' 자를 '닐䵑'자로 썼다. 『설문해자』에는 "찰지다(점(념)黏)의 뜻"이라고 했다. 『광아』에 "여𪏖·닐䵑은 모두 찰지다(점(념)黏)의 뜻"이라고 했는데, 그 의미는 여기에서 근거하였다.

역해

① 䵒[닐]: 붙다. 찰지다. 아교. 齊魯靑徐, 함곡관으로부터 동쪽에서 䵒이라고도 함. 곽박 「주」에 발음은 昵이라고 했는데, 이에 근거한 상고음은 [*nrjit]이다.
② 𪏖[여]: 찰지다. 齊魯靑徐, 함곡관으로부터 동쪽에서 䵒이라고도 하고 𪏖라고도 함. 곽박 「주」에 발음은 汝이라고 했는데, 이에 근거한 상고

167 『爾雅·釋言』: "䵒, 膠也."
168 『說文解字』 黍部: "黏, 黏也. 從黍古聲. 粘, 黏或從米."
169 『廣雅·釋詁』: "𪎲·𪏆·𪏖·黐·䵑, 黏也."

음은 [*njagx]이다.

③ 黏[점(념)] : 붙다. 黏은 翻, 黐의 풀이어휘.

방언 16[170]

餬①【音胡】·託②·庇③【庇蔭[171]】·寓④·媵⑤,【音孕】寄⑥也. 齊衛宋魯陳晉汝潁荊州江淮之閒曰庇, 或曰寓. 寄食爲餬,【傳曰 : 餬其口[172]於四方是也】凡寄爲託, 寄物爲媵.

호餬【음은 호胡다】·탁託·비庇【비호하다】·우寓·잉媵【음은 잉孕이다】은 의지하다(기寄)의 뜻이다. 제齊 위衛 송宋 로魯 진陳 진晉 여汝 영潁 형주荊州 강회江淮에 걸친 지역에서는 비庇라고 하며, 혹은 우寓라고도 한다. 의탁해서 먹고 지내는 것을 호餬【전傳에는 "사방에서 의탁해 먹고 지내는 것"이라고 했다】라고 하며, 맡기는 것을 탁託이라고 하고, 물건을 맡기는 것을 잉媵이라고 한다.

방언소증

案『爾雅·釋言』: "媵·將, 送也.[173]" 『釋文』引『方言』: "媵, 送也." '媵'·'媵'同. 『說文』: "餬, 寄食也.[174]" 『廣雅』: "媵·庇·寓·餬·侂, 寄

170 『四部叢刊』本에는 '방언 15~16'이 하나의 항목으로 되어 있다.
171 戴震은 郭璞 「注」의 '庇蔭'은 '音庇蔭之庇'이라고 했다.
172 『四部叢刊』本에는 '餬予口'라고 되어 있으나, 戴震은 '餬其口'로 고쳤다. 그러나 華學誠은 『四部叢刊』本의 '餬予口'를 따랐다.
173 『爾雅·釋言』: "媵, 將, 送也."
174 『說文解字』 食部 : "餬, 寄食也. 從食胡聲."

也.[175]" 義本此. '託''侂', 古通用. 「注」內'庇蔭'當作'音庇蔭之庇'. '餬其口'各本訛作'餬予口', 今據『左傳』改.

『이아・석언』에서 "잉賸・장將은 모두 보내다(송送)의 뜻"이라고 했다. 『경전석문』에는 『방언』을 인용하여 "잉賸은 보내다(송送)의 뜻"이라고 했다. '잉賸'과 '잉媵'은 같다. 『설문해자』에 "호餬는 빌붙어 먹다(기식寄食)의 뜻"이라고 했다. 『광아』에 "잉媵・비庇・우寓・호餬・탁侂은 붙이다, 의탁하다, 위탁하다(기寄)의 뜻"이라고 했는데, 그 의미는 여기에서 근거하였다. '탁託'과 '탁侂'은 옛날에 통용되었다. 곽박 「주」의 '비음庇蔭'은 '음은 비음庇蔭의 비庇'라고 해야 한다. '호기구餬其口'를 각 판본에서 '호여구餬予口'라고 잘못 썼다. 『좌전』에 근거하여 지금 바로잡는다.

역해

① 餬[호] : 바르다. 붙이다. 남의 집에 식객으로 붙어살다. 의탁해서 먹고 지내는 것을 餬라고 함. 곽박 「주」에 발음은 胡이라고 했는데, 이에 근거한 상고음은 [*gag]이다.
② 託[탁] : 부탁하다. 붙다. 붙이다. 의지하다. 무릇 의지하는 것을 託이라고 함.
③ 庇[비] : 덮다. 보호하다. 그늘. 의탁하다. 齊衛宋魯陳晉汝潁荊州江淮之間에서 庇라고 함. 곽박 「주」에 발음은 庇蔭의 庇이라고 했는데, 이에 근거한 상고음은 [*pjidh]이다.
④ 寓[우] : 의탁하다. 남에게 의지하여 살다. 붙어살다. 齊衛宋魯陳晉汝

175 『廣雅・釋言』: "媵, 託也. 說見卷三, 賸, 侂, 寄也. 下. 侂與託同." 『廣雅・釋詁』: "賸, 庇, 寓, 羈, 餬, 侂, 寄也."

潁荊州江淮之閒에서 庇라고 하며 寓라고도 함.

⑤ 媵[잉] : 부치다. 맡기다. 혼수나 몸종을 딸려서 시집보내다. 媵과 같음. 물건을 의탁하는 것을 媵이라고 함. 곽박 「주」에 발음은 孕이라고 했는데, 이에 근거한 상고음은 [*rə ŋ h]이다.

⑥ 寄[기] : 의지하다. 寄는 餬, 託, 庇, 寓, 媵의 풀이어휘.

방언 17

逞① · 苦② · 了③, 快④也. 自山而東或曰逞, 楚曰苦,【苦而爲快者, 猶以臭爲香, 治爲亂, 徂[176]爲存; 此訓義之反覆用之是也】 秦曰了.【今江東人呼快爲愃. 相緣反】

령(정)逞[177] · 고苦[178] · 료了[179]는 기쁘다(쾌快)의 뜻이다. 산으로부터 동쪽 지역에서는 간혹 령(정)逞이라고 하며, 초楚에서는 고苦【고생을 기쁘게 여기는 것은 악취를 향기롭다고 생각하고 어지러운 난국을 치세라고 생각하며 가고 없는 것을 존재한다고 여기는 것과 같다. 이것은 반대 의미를 이용한 해석이다】라고 하며, 진秦에서는 료了【오늘날(곽박 당시) 강동 사람은 쾌快(기쁘다)를 선愃(기쁘다)이라고 한다. 음은 상연반相緣反이다】라고 한다.

---

176 『四部叢刊』本에는 '但'으로 되어 있으나, 戴震은 글자의 형태가 비슷해서 생긴 오류이며 마땅히 '徂'로 고쳐야 한다고 했다.

177 華學誠은 逞(굳세다)을 快(쾌하다)로 해석하였는데 이는 '기분이 좋다'는 뜻이라고 했다.

178 郝懿行은 開, 快, 苦는 모두 聲轉에 의한 의미해석이라고 했다. 朱駿聲도 苦와 快는 一聲之轉이며 의미가 아니라 음으로 해석한 것이라고 했다.

179 丁惟汾은 了는 憭의 異體며 了와 憭는 모두 樂의 同聲假借字라고 했다.

방언소증

案『春秋』桓公六年『左傳』: "今民餒而君逞欲.[180]" 杜預「注」云: "逞, 快也." 『廣雅』: "逞・苦, 快也.[181]" 義本此.

『춘추』 환공 6년 『좌전』에 "지금 백성은 굶주리고 있는데 군주는 방종하여 사욕을 채우고자 한다"라는 구절이 있는데, 두예의 「주」에 "령(정)逞은 기분이 좋다(쾌快)의 뜻"이라고 했다. 『광아』에 "령(정)逞・고苦는 기쁘다(쾌快)의 뜻"이라고 했는데, 의미가 여기에서 근거하였다.

역해

① 逞[령(정)] : 즐겁다. 만족하다. 느긋하고 기분이 좋다. 왕성하다. 산으로부터 동쪽 지역에서 逞이라고도 함.

② 苦[고] : 즐겁다. 기쁘다. 楚에서는 苦라고 함.

③ 了[료] : 기쁘다. 즐겁다. 상쾌하다. 秦에서는 了라고 함. 곽박 「주」에 당시의 江東人들은 빠르다(快)를 愃이라고 했으며 발음은 相緣反이라고 했다.

④ 快[쾌] : 기쁘다. 快는 逞, 苦, 了의 풀이어휘.

---

180 『春秋』 桓公六年 『左傳』: "所謂道, 忠於民而信於神也. 上思利民, 忠也; 祝史正辭, 信也. 今民餒而君逞欲, 祝史矯擧以祭, 臣不知其可也."

181 『廣雅・釋詁』: "逞・苦・憭・曉・恔, 快也."

방언 18

拇①·慝②·赧③[182], 愧④也. 晉曰挴, 或曰慝. 秦晉之間凡愧而見上謂之赧,【小爾雅[183]曰 : 面赤愧曰赧】 梁宋曰慝.【敕[184]慝, 亦慙貌也. 音匿】

매挴[185]·닉慝·난赧은 부끄럽다(괴愧)의 뜻이다. 진晉에서는 매挴라고 하고, 닉慝이라고도 한다. 진秦 진晉에 걸친 지역에서는 윗사람을 만나기 부끄러워하는 것을 난赧【『소이아』에 "부끄러워 얼굴이 붉어지는 것을 난赧이라고 한다"고 했다】이라고 하며, 양梁 송宋에서는 닉慝【칙닉敕慝 역시 부끄러워하는 모습을 말한다. 음은 닉匿이다】이라고 한다.

방언소증

案趙岐注『孟子』云 : "赧赧然, 面赤心不正之貌也." 『說文』 : "赧, 面慙赤也.[186]" 『爾雅·釋言』 : "愧, 慙也.[187]" 「疏」全引『方言』此條文竝同. 『玉篇』引『方言』 : "梁宋之閒謂媿曰慝.[188]" '愧''媿', 古通用. 『廣雅』 : "挴·赧·慝, 慙也.[189]" 義本此.

---

182 『四部叢刊』本에는 모두 '赧'로 되어 있으나, 戴震은 '赧'로 고쳤다.
183 『四部叢刊』本에는 '小雅'라고 되어 있는데, 戴震은 '爾'자를 첨가해서 '小爾雅'로 고쳤다.
184 『四部叢刊』本에는 '勑'로 되어 있다.
185 華學誠은 挴(탐하다)는 덮어 가리다의 뜻인데 부끄러울 때 항상 얼굴을 가리기 때문에 부끄럽다는 의미가 되었다고 했다.
186 『說文解字』 赤部 : "赧, 面慙赤也. 從赤𠬝聲. 周失天下於赧王."
187 『爾雅·釋言』 : "聘, 問也. 愧, 慙也. 殛, 誅也. 克, 能也. 翌, 明也."
188 『玉篇』 心部 : "慝, 女力切. 媿也. 『方言』曰 : 梁宋之閒謂媿曰慝."
189 『廣雅·釋詁』 : "挴·赧·怍·倎·䩄·眲·瞢·慝·䀝怩·䁤咨·恧, 慙也."

조기가 『맹자』를 주해하면서 말하기를 "난난연赧赧然이란 얼굴이 붉어지고 마음이 정상적이지 못한 모습"이라고 했다. 『설문해자』에 "난赧은 부끄러워 얼굴이 붉어지다"라고 했다. 『이아·석언』에 "괴愧는 부끄러워하다(참慙)의 뜻"이라고 했다. 「소」에서는 『방언』의 이 조항을 전부 인용하였는데 내용이 동일하다. 『옥편』에서는 『방언』을 인용하여 "양梁 송宋에 걸친 지역에서는 괴媿를 닉慝이라고 한다"고 했다. '괴愧'와 '괴媿'는 옛날에 통용되었다. 『광아』에 "매挴·난赧·닉慝은 부끄러워하다(참慙)의 뜻"이라고 했는데, 그 의미는 여기에서 근거하였다.

역해

① 挴[매] : 탐하다. 덮어 가리다. 부끄러워하다. 晉에서는 挴라고 함.
② 慝[닉] : 부끄럽다. 부끄러워하다. 晉에서는 挴라고 하며 慝이라고도 함. 梁宋에서는 慝이라고 함. 곽박 「주」에 발음은 匿이라고 했는데, 이에 근거한 상고음은 [*nrjək]이다.
③ 赧[난] : 얼굴을 붉히다. 부끄러워하다. 무안해하다. 秦晉之間에서 윗사람을 만나기 부끄러워하는 것을 赧이라고 함.
④ 愧[괴] : 부끄러워하다. 愧는 挴, 慝, 赧의 풀이어휘.

방언 19

叨①【託高反】·惏②【洛含反】, 殘③也. 陳楚曰惏.

도叨【음은 탁고반託高反이다】·람惏【음은 낙함반洛含反이다】은 탐하다(잔殘)의 뜻이다. 진陳 초楚에서는 람惏이라고 한다.

방언소증

案『後漢書·黨錮列傳』: "以貪叨誅死.[190]" 「注」引『方言』: "叨, 殘也."

『후한서·당고열전』에 "재산을 탐하고 이익에 눈이 어둡기 때문에 죽임을 당한다"라는 구절이 있는데, 「주」에서 『방언』을 인용하여 "도叨는 탐하다(잔殘)의 뜻"이라고 하였다.

역해

① 叨[도]: 탐내다. 饕와 同字. 곽박 「주」에 발음은 託高反이라고 했는데, 이에 근거한 상고음은 [*thagw]이다.
② 惏[람]: 탐하다. 陳楚에서 惏이라고 함. 곽박 「주」에 발음은 洛含反이라고 했는데, 이에 근거한 상고음은 [*ləm]이다.
③ 殘[잔]: 탐하다. 해치다. 殘은 叨, 惏의 풀이어휘.

방언 20

憑①[191]·齘②[192]·苛③, 怒④也. 楚曰憑,【憑, 恚盛貌. 『楚詞』曰: 康回

---

190 『後漢書·黨錮列傳』: "父豫, 爲南郡太守, 以貪叨誅死."
191 『四部叢刊』本에는 모두 '憑'으로 되어 있으나, 『方言疏證』본에는 '凴'으로 되어 있다. 華學誠은 憑과 凴이 古今字라고 했다.

憑怒】 小怒曰齘,【言噤齘也】 陳謂之苛.【相苛責也】

빙憑・계齘[193]・가苛는 성내다(노怒)의 뜻이다. 초楚에서는 빙憑이라고 하며,【빙憑은 몹시 화내는 모양이다. 초사楚詞에 "강회康回가 크게 노하며"라고 했다】 조금 화내는 것을 계齘라고 한다.【이를 갈다(금계噤齘)를 말한다】 진陳에서는 가苛【서로 가혹하게 책망하는 것이다】라고 한다.

방언소증

案「離騷」: "喟凴心而歷茲.[194]" 洪興祖『補注』引『方言』: "凴, 怒也." '齘'各本訛作'齘', 「注」內同, 今訂正. 『說文』: "齘, 齒相切也.[195]" 『玉篇』云: "噤齘, 切齒怒也.[196]" 噤齘, 『廣韻』作'顆齘'[197]. 『廣雅』: "凴・齘・苛, 怒也.[198]" 義本此.

『초사・이소』에 "아, 화나는 마음 탄식하며 이 세상 두루 다니며"란 말이 있는데, 홍흥조의 『초사보주』에서는 『방언』을 인용하여 "빙凴은 성내다(노怒)의 뜻"이라고 했다. '계齘'는 각 판본에서 '계齘'로 잘못 썼으며, 곽박의 「주」에서도 이와 같다. 지금 그것을 바로잡는다. 『설

192 『四部叢刊』本에는 모두 '齘'로 되어 있으나, 戴震은 '齘'이라고 했다.

193 錢繹은 윗니와 아랫니를 가는 것을 齒齘라고 하며, 원망할 때 이를 간다고 하기 때문에 齘는 '성내다'의 뜻이 있다고 했다.

194 『楚辭・離騷』: "依前聖以節中兮, 喟凴心而歷茲; 濟沅湘以南征兮, 就重華而陳詞"

195 『說文解字』 齒部: "齘, 齒相切也. 從齒介聲."

196 『玉篇』 齒部: 齘, 何介切. 噤齘. 切齒怒也.

197 『廣韻』 去聲: "齘, 顆齘, 切齒怒顆."

198 『廣雅・釋詁』: "凴・齘・苛・嫛・嫛・盈・慼・憚・忿・慍・讀・怫・漢・赫・顆・悖・恚・佷・婇・忮・訮・訶・㹰・嘅・諸・詵・訶・哩・喤・譴・讀, 怒也."

문해자』에 "계齘는 이빨을 갈다"라고 했다. 『옥편』에 "금계噤齘는 이를 갈며 성내는 것을 말한다"고 했다. '금계噤齘'는 『광운』에서 '금계顜齘'라고 썼다. 『광아』에 "빙凴 · 계齘 · 가苛는 성내다(노怒)의 뜻"이라고 하였는데 그 의미는 여기에서 근거하였다.

역해

① 凴[빙] : 번민하다. 고뇌하다. 분노하다. 楚에서 凴이라고 함. 곽박 「주」에 凴은 몹시 화내는 모양(恚盛貌)이라고 했다.
② 齘[계] : 이를 갈다. 근심하다. 일반적으로 개(忦)로 쓴다. 조금 화내는 것(小怒)을 齘라고 함. 곽박 「주」에 이를 갈다(噤齘)를 말한다고 했다.
③ 苛[가] : 訶(꾸짖다)의 의미. 陳에서는 苛라고 함. 곽박 「주」에 서로 가혹하게 책망하는 것(相苛責)이라고 했다.
④ 怒[노] : 성내다. 怒는 凴, 齘, 苛의 풀이어휘.

방언 21

憡①[199] · 刺②, 痛③也.【憯[200]憡, 小痛也. 音策】自關而西秦晉之閒或曰憡.

---

199 이 조항의 '憡'은 『四部叢刊』本에는 모두 '㥽'로 되어 있다. 郭璞 「注」의 '音策'의 '策'도 '筞'으로 되어 있다. 華學誠은 '㥽'은 '憡'으로, '筞'은 '策'으로 써야 한다고 했다.

200 『四部叢刊』本에는 '㦝'으로 되어 있으나, 戴震은 '憯'으로 고쳤다. 錢繹은 戴震의 주장을 따랐다. 그러나 華學誠은 戴震의 설이 수정이 근거가 부족하며 원래의 판본대로 '㦝'이라고 했다.

책慄・랄剌은 아프다(통痛)의 뜻이다.【참책憯慄은 조금 아프다는 뜻이다. 음은 책策이다】 함곡관으로부터 서쪽 진秦 진晉에 걸친 지역에서는 혹 책慄이라고도 한다.

방언소증

案『玉篇』: "慄, 小痛也.[201]" '剌'亦作'瘌'. 『廣雅』: "慄・瘌, 痛也.[202]" 義本此.

『옥편』에 "책慄은 조금 아프다(소통小痛)의 뜻"이라고 했다. '랄剌'은 또 '랄瘌'자로도 쓴다. 『광아』에 "책慄과 랄瘌은 아프다(통痛)의 뜻"이라고 했는데, 그 의미는 여기서 근거하였다.

역해

① 慄[책] : 약간 아프다. 함곡관으로부터 서쪽 秦晉之間에서는 慄이라고도 함. 곽박 「주」에 발음은 策이라고 했는데, 이에 근거한 상고음은 [*tshrik]이다.
② 剌[랄] : 瘌(앓다)의 뜻.
③ 痛[통] : 아프다. 痛은 慄, 剌의 풀이어휘.

---

201 『玉篇』 心部 : "慄, 楚革切. 小痛也."
202 『廣雅・釋詁』: "憯・恫・恂・怛・哀・傷・痨・荼・毒・憯・蛆・慄・瘌・蘵・疼・愳・悲・愍・殷・惄・痠・讟・桐, 痛也."

방언 22

撟捎①, 選②也.【此妙擇積聚者也. 矯騷兩音】 自關而西秦晉之閒凡取物之上[203]謂之撟捎.

교소撟捎는 선택하다(선選)의 뜻이다.【이는 모여 있는 물건에서 심혈을 기울여 고르다는 뜻이다. 이 두 글자의 음은 교소矯騷다】 함곡관으로부터 서쪽 진秦 진晉에 걸친 지역에서는 물건을 아주 잘 고르는 것을 교소撟捎라고 한다.

방언소증

案『說文』云 : "自關以西凡取物之上者爲撟捎.[204]" 『廣雅』: "撟捎, 選擇也.[205]" 皆本此.

『설문해자』에 "함곡관으로부터 서쪽 지역에서는 물건을 잘 고르는 것을 교소撟捎라고 한다"고 했다. 또 『광아』에 "교소撟捎는 선택하다(선택選擇)의 뜻"이라고 했는데, 모두 여기에서 근거하였다.

역해

① 撟捎[교소] : 선택해서 취하다. 함곡관으로부터 서쪽 秦晉之閒에서 무

---

203 周祖謨는 '上'자 뒤에 '者'가 빠졌으므로 보충해야 한다고 했다.
204 『說文解字』 手部 : "捎, 自關巳西, 凡取物之上者爲撟捎. 從手肖聲."
205 『廣雅·釋詁』 : "揑·掄·撟·捎·擌·虡·挟·揀·選, 擇也."

릇 물건을 아주 잘 고르는 것을 撟捎라고 함. 곽박 「주」에 撟의 발음은 矯, 捎의 발음은 騷라고 했는데, 이에 근거한 상고음은 각각 [*kjagwx], [*səgw]이다.

② 選[선] : 선택하다. 選은 撟捎의 풀이어휘.

방언 23

撊①【呼旱反】・梗②【魚鯁[206]】・爽③, 猛④也. 晉魏之閒曰撊.【傳[207]曰 : 撊然登埤】韓趙之閒曰梗, 齊晉曰爽.

한撊[208]【음은 호한반呼旱反이다】・경梗[209]【음은 어경魚鯁의 경鯁이다】・상爽은 용맹하다(맹猛)의 뜻이다. 진晉 위魏에 걸친 지역에서는 한撊라고 한다.【『춘추좌전』에 "갑자기 성곽의 벽에 올라"라고 했다】 한韓 조趙에 걸친 지역에서는 경梗이라고 하고, 제齊 진晉에서는 상爽이라고 한다.

방언소증

案『春秋』昭公十八年『左傳』: "今執事撊然授兵登埤.[210]" 服虔「注」: "撊然, 猛貌也." 「疏」引『方言』云 : "撊, 猛也. 晉魏之閒曰撊." 『荀子・

---

206 戴震은 郭璞 「注」의 '魚鯁'이 '音魚鯁之鯁'이라고 했다.

207 여기서 말하는 傳은 『春秋左傳』 昭公 18년을 말한다.

208 華學誠은 撊은 悍과 발음이 같고 뜻이 비슷한데 『說文解字』에서는 悍을 '勇(사납다)'이라고 풀이했다고 했다.

209 王念孫은 梗은 剛(굳세다)의 뜻이라고 했다.

210 『春秋左傳』 昭公 十八年 : "今執事撊然授兵登埤, 將以誰罪? 邊人恐懼, 不敢不告."

榮辱篇』: "陋者俄且僩也.[211]" 楊倞「注」云 : "僩與撊同, 猛也." 『方言』: "晋魏之閒謂猛爲撊." 『詩』曰 : "瑟兮僩兮.[212]" 『廣雅』: "撊·梗·爽, 猛也.[213]" 義本此. 「注」內'魚鯁'當作'音魚鯁之鯁'.

『춘추』 소공 18년 『좌전』에 "지금 일을 집행하는데 갑자기 병기를 나누어 주면서 용맹스럽게 성곽의 나지막한 벽에 올라"라는 구절이 있는데, 복건의 「주」에서는 "한연撊然은 용맹한 모습"이라고 했다. 「소」에서는 『방언』을 인용하여 "한撊은 용맹하다(맹猛)의 뜻이다. 진晋위魏 지역에서는 한撊이라고 한다"고 했다. 『순자·영욕편』에 "편협한 사람도 갑자기 용맹스러워진다"라는 구절이 있는데, 양경의 「주」에는 "한僩은 한撊과 같다. 모두 용맹하다(맹猛)의 뜻이다. 『방언』에 진晋위魏 지역에서는 용맹하다(맹猛)를 한撊이라고 한다고 했다"고 했다. 『시경』에 "치밀하고 용맹하며"라는 구절이 있다. 『광아』에 "한撊·경梗·상爽은 용맹하다(맹猛)의 뜻"이라고 했는데, 의미가 여기에서 근거하였다. 곽박 「주」의 '어경魚鯁'은 '음은 어경魚鯁의 경鯁이다'라고 해야 한다.

역해

① 撊[한 : 사납다. 성내다. 화내다. 晋魏之閒에서 撊이라고 함. 곽박 「주」에 발음은 呼旱反이라고 했는데, 이에 근거한 상고음은 [*ganx]이다.

② 梗[경] : 가시가 있는 나무. 강경하다. 사납다. 韓趙之閒에서 梗이라고

211 『荀子·榮辱篇』: "告之, 示之, 靡之, 儇之, 鈆之, 重之, 則夫塞者俄且通也, 陋者俄且僩也, 愚者俄且知也."

212 『詩經·衛風·淇奧』: "如琢如磨, 瑟兮僩兮, 赫兮咺兮, 有匪君子, 終不可諼兮."

213 『廣雅·釋詁』: "撊·梗·爽, 猛也."

함. 곽박「주」에 발음은 魚鯁의 鯁이라고 했는데, 이에 근거한 상고음은 [*kraŋx]이다.

③ 爽[상] : 남보다 뛰어나 용맹스럽다. 齊晉에서 爽이라고 함.

④ 猛[맹] : 용맹하다. 猛은 撊, 梗, 爽의 풀이어휘.

방언 24

瞯①【音閑】·睇②【音悌】·睎③·略④【音略】, 眄⑤也. 陳楚之閒南楚之外曰睇, 東齊青徐之閒曰睎, 吳揚江淮之閒或曰瞯, 或曰略, 自關而西秦晉之閒曰眄.

한(간)瞯【음은 한閑이다】·제睇【음은 제悌다】·희睎·락(략)略[214]【음은 략略이다】은 곁눈질하다(면眄)의 뜻이다. 진陳 초楚에 걸친 지역과 남초南楚의 밖에서는 제睇라고 하고, 동제東齊 청青 서徐에 걸친 지역에서는 희睎라고 하며, 오吳 양揚 강회江淮에 걸친 지역에서는 한(간)瞯이라고 하고, 락(략)略이라고도 한다. 함곡관으로부터 서쪽 진秦 진晉에 걸친 지역에서는 면眄이라고 한다.

방언소증

案「夏小正」: "來降燕, 乃睇." 說曰 : "睇者, 眄也. 眄者, 視可爲室者也.[215]" 『廣韻』'略'字引『方言』云 : "視也.[216]" 『說文』: "略, 眄也.[217]",

214 華學誠은 곁눈질하거나 몰래 보는 것은 略(곁눈질하다)이라고 하는데 지금도 吳 지역 방언에서 사용되고 있다고 했다.

215 『大戴禮記·夏小正』의 원문은 "來降燕. 乃睇燕乙也. 降者, 下也. 言來者何

"眄, 衺視也. 秦語.[218]" 南楚謂眄曰睇, 海岱之閒曰睎, 江淮之閒曰瞯. 『廣雅』: "睎·略·眄·睇, 視也.[219]" 皆本此.

『대대례기·하소정』에 "와서 내려앉은 제비는 눈을 돌려 바라본다"고 했으며, 그리고 또 말하기를 "제睇는 눈을 돌려 바라보다는 뜻이다. 눈을 돌려 바라보는 것은 집을 지을 만한 것을 보는 것"이라고 했다. 『광운』의 '락(략)略'자에서는 『방언』을 인용하여 "보다(시視)의 뜻"이라고 했다. 『설문해자』에 "락(략)略은 곁눈질하다(면眄)의 뜻"이라고 했다. "면眄은 곁눈질하다(사시衺視)의 뜻이다. 진秦 지역의 말"이라고 했다. 남초南楚에서는 면眄을 제睇라고 하며, 해대海岱에 걸친 지역에서는 희睎라고 하고, 강회江淮에 걸친 지역에서는 한(간)瞯이라고 한다"고 했다. 『광아』에 "희睎·락(략)略·면眄·제睇는 보다(시視)의 뜻"이라고 하였는데, 모두 여기에서 근거하였다.

역해

① 瞯[한(간)]: 엿보다. 몰래 들여다보다. 곁눈질하다. 吳揚江淮之閒에서 瞯이라고도 함. 곽박 「주」에 발음은 閑이라고 했는데, 이에 근거한 상고음은 [*grian]이다.

② 睇[제]: 흘끗 보다. 한눈팔다. 바라보다. 陳楚之閒, 南楚之外에서 睇

也?莫能見其始出也, 故曰'來降'. 言'乃睇'何也? 睇者, 眄也. 眄者, 視可爲室者也"라고 되어 있다.

216 『廣韻』入聲: "略, 『說文』曰: 眄也. 『方言』云: 視也."

217 『說文解字』目部: "略, 眄也. 從目各聲."

218 『說文解字』目部: "眄, 目偏合也. 一曰衺視也. 秦語. 從目丏聲."

219 『廣雅·釋詁』: "題·睎·望·目·略·覩·際·窺·䀹·覰·睍·闞·盻·觀·窺·覵·脈·覞·晚·覥·覗·看·睩·覿·睥·睨·睞·瞰·睇·睋·眡·鳴·矕·瞜·睕·矎·睃·眘·䀣·占·省·靚·睷·診·覛, 視也."

라고 함. 발음은 悌이라고 했는데, 이에 근거한 상고음은 [*didx, *didh]이다.

③ 睎[희] : 바라보다. 흘끗 보다. 사람을 똑바로 보지 않는 것. 東齊青徐之閒에서 睎라고 함.

④ 睩[락(략)] : 곁눈질하다. 吳揚江淮之閒에서 瞷이라고도 하며 睩이라고도 함. 곽박 「주」에 발음은 略이라고 했는데, 이에 근거한 상고음은 [*ljak]이다.

⑤ 眄[면] : 곁눈질하다. 함곡관으로부터 서쪽 秦晉之閒에서 眄이라고 함. 眄은 瞷, 睇, 睎, 睩의 풀이어휘.

방언 25

餼①【消息[220]】·喙②【口喙[221]】·呬③【許四反】, 息④也. 周鄭宋沛之閒曰餼, 自關而西秦晉之閒或曰喙, 或曰餼, 東齊曰呬.

식餼[222]【소식이다】·훼喙[223]【부리, 입이다】·희呬【음은 허사반許四反이다】는 숨쉬다(식息)의 뜻이다. 주周 정鄭 송宋 패沛에 걸친 지역에서는 식餼이라고 하고, 함곡관으로부터 서쪽 진秦 진晉에 걸친 지역에서는 훼喙라고도 하고, 식餼이라고도 하며, 동제東齊에서는 희呬라고 한다.

---

220 戴震은 '消息'가 '音消息之息'라고 했다.

221 戴震은 '口喙'가 '音口喙之喙'라고 했다.

222 吳予天은 餼이 『說文解字』에 수록되지 않았는데 이는 아마도 餼이 俗字이기 때문일 것이라고 했다. 息과 息의 소리 食이 합성되어 餼이 되었을 것이라고 했다. 그러나 丁惟汾은 息은 餼의 초기 글자로 '숨이 가쁘다'는 뜻이라고 했다.

223 王念孫은 喙는 숨을 쉬는 모습이며 몸이 아파서 숨이 가쁜 것도 喙라고 하고, 무서워서 숨이 차는 것도 喙라고 한다고 했다.

방언소증

案『說文』云 : "東夷謂息爲呬. 『詩』曰 : 犬夷呬矣.[224]" 今『詩』作"混夷駾矣[225]." 呬, 『爾雅 · 釋詁』亦云 : "息也.[226]" 郭「注」云 : "今東齊呼息爲呬也." 「疏」全引『方言』此條文並同. 『廣雅』: "喙, 息也.[227]" 義本此. 「注」內'消息', '口喙'當作'音消息之息', '音口喙之喙.'

『설문해자』에 "동이는 식息(숨쉬다)을 희呬라고 한다. 『시경』에 견이희의犬夷呬矣(오랑캐들이 도망하여 숨만 쉴 뿐이로다)라는 구절이 있다"고 했는데, 지금의 『시경』에는 "혼이태의混夷駾矣"라고 되어 있다. 희呬는 『이아 · 석고』에서도 "숨쉬다(식息)의 뜻"이라고 했는데, 곽박 「주」에는 "오늘날 동제東齊에서는 식息을 희呬라고 한다"고 했다. 「소」에서는 『방언』의 이 조항을 전부 인용하였는데, 문장이 동일하다. 『광아』에 "훼喙는 숨쉬다(식息)의 뜻"이라고 했는데, 그 의미는 여기에서 근거하였다. 곽박 「주」의 '소식消息'과 '구훼口喙'는 '음은 소식消息의 소息다'와 '음은 구훼口喙의 훼喙다'라고 해야 한다.

역해

① 餹[식] : 숨. 먹다. 周鄭宋沛之閒에서 餹이라고 함. 함곡관으로부터 서쪽 秦晉之閒에서 喙라고도 하고 餹이라고도 함.

② 喙[훼] : 숨. 호흡. 부리. 헐떡이다. 피곤하다. 함곡관으로부터 서쪽 秦

224 『說文解字』 口部 : "呬, 東夷謂息爲呬. 從口四聲. 『詩』曰 : 犬夷呬矣."

225 『詩經 · 大雅 · 綿』: "柞棫拔矣, 行道兌矣. 混夷駾矣, 維其喙矣."

226 『爾雅 · 釋詁』: "棲遲, 憩, 休, 苦, 㱉, 齂, 呬, 息也."

227 『廣雅 · 釋詁』: "喘 · 喙 · 呫 · 氣 · 欻 · 欭 · 歌 · 奄 · 歔, 息也."

晉之閒에서 喙라고도 함.

③ 呬[희] : 숨. 숨쉬다. 쉬다. 東齊에서 呬라고 함. 곽박 「주」에 발음은 許四反이라고 했는데, 이에 근거한 상고음은 [*hjidh]이다.

④ 息[식] : 숨쉬다. 息은 餽, 喙, 呬의 풀이어휘.

방언 26

鋠①【劈歷[228]】・摫②[229]【音規】, 裁③也. 梁益之閒裁木爲器曰鋠, 裂帛爲衣曰摫. 鋠, 又斲④也.【皆析破[230]之名也】 晉趙之閒謂之鋠鋠⑤.

벽鋠【음은 벽력劈歷의 벽劈이다[231]】・규摫【음은 규規다】는 나누다, 자르다(재裁)의 뜻이다. 양梁 익益에 걸친 지역에서는 나무를 갈라 그릇으로 만드는 것을 벽鋠이라고 하고, 비단을 잘라 옷으로 만드는 것을 규摫라고 한다. 벽鋠은 또 베다, 자르다(착斲)의 뜻이다.【모두 나누고 깨트리는 것을 이르는 말이다】 진晉 조趙에 걸친 지역에서는 벽벽鋠鋠이라고 한다.

방언소증

案『漢書・藝文志』: "則苟鉤鋠析亂而已.[232]" 顔師古「注」云 : "鋠, 破

228 戴震은 '劈歷'가 '音劈歷之劈'이라고 했다.

229 『四部叢刊』本에는 '摫'라고 되어 있으나, 戴震은 摫로 썼으며, 盧文弨와 錢繹도 戴震과 같다. 華學誠은 '摫'가 '摫'의 속자이며, 郭璞 「注」의 '規'도 마찬가지로 '規'의 속자라고 했다.

230 『四部叢刊』本에는 '折破'라고 되어 있으며, 戴震은 '析破'로 고쳤다. 華學誠은 戴震을 따랐다.

231 대진의 주장에 따라 이와 같이 번역하였다.

232 『漢書・藝文志』: "則苟鉤鈲析亂而已."

也." 左思「蜀都賦」: "鋠摫兼呈.[233]" 劉逵「注」云: "揚雄『方言』, '鋠・摫, 裁也. 梁益之閒裁木爲器曰鋠, 裂帛爲衣曰摫.'" 『廣韻』引『方言』: "梁益閒裂帛爲衣曰摫.[234]" 『廣雅』: "鋠・摫, 裁也.[235]" 義本此. 「注」內'劈歷'當作'音劈歷之劈.'

『한서・예문지』에 "실제로 갈고리, 철고, 무쇠 등을 어지러이 쪼개는 것에 지나지 않는다"란 구절이 있는데, 안사고의 「주」에 "벽鋠은 나누다(파破)의 뜻"이라고 했다. 좌사의 「촉도부」에 "나무를 쪼개 그릇을 만들고 천을 잘라 옷을 만드는데 모두 세금을 거둔다"는 구절이 있는데, 유규의 「주」에서 말하기를, "양웅 『방언』에 '벽규鋠摫는 나누다, 자르다(재裁)의 뜻이다. 양梁 익益에 걸친 지역에서 나무를 갈라 그릇으로 만드는 것을 벽鋠이라고 하고, 비단을 잘라 옷으로 만드는 것을 규摫라고 한다'"고 했다. 『광운』은 『방언』을 인용하여 "양梁 익益에 걸친 지역에서는 비단을 갈라 옷으로 만드는 것을 규摫라고 한다"고 했다. 『광아』에서는 "벽규鋠摫는 마르다, 재단하다(재裁)의 뜻"이라고 했는데, 그 의미는 여기에서 근거하였다. 곽박 「주」의 '벽력劈歷'은 '음은 벽력劈歷의 벽劈이다'라고 해야 한다.

역해

① 鋠[벽]: 깨지다. 째다. 잘라 나누다. 벽釽으로도 씀. 梁益之閒에서 나무를 갈라 그릇으로 만드는 것을 鋠이라고 함. 晉趙之閒에서는 鋠鋠이라고 함.

---

233 『文選・賦乙・蜀都賦』: "藏鏹巨萬, 鋠摫兼呈."

234 『廣韻』 上平聲: "摫, 裁摫, 『方言』曰: 梁益閒裂帛爲衣曰摫."

235 『廣雅・釋詁』: "斬・割・鋠・裂・摫, 裁也."

② 摫[규] : 마르다. 재단하다. 비단을 잘라 옷으로 만드는 것을 摫라고 함. 곽박 「주」에 발음은 規이라고 했는데, 이에 근거한 상고음은 [*kwjar]이다.
③ 裁[재] : 자르다. 마르다. 裁는 鋠, 摫의 풀이어휘.
④ 斲[착] : 쪼개다. 깎아내다. 깎다. 斲은 鋠의 풀이어휘.
⑤ 鋠鋠[벽벽] : 깨다. 나누다. 晉趙之閒에서 鋠鋠이라고 함.

방언 27

鐫①, 琢②[236]也.【謂鏨鐫也. 子旋反】 晉趙謂之鐫.

전鐫[237]은 쪼개어 나누다(탁琢)의 뜻이다.【끌로 새기고 조각하는 것을 말한다. 음은 자선반子旋反이다】 진晉 조趙에서는 전鐫이라고 한다.

방언소증

案'琢'各本訛作'掾', 今訂正. 『說文』: "鐫, 琢石也.[238]"

'탁琢'을 각 판본에서 '탁掾'이라고 잘못 썼는데, 지금 그것을 바로잡는다. 『설문해자』에 "전鐫은 돌을 쪼아 다듬다(탁석琢石)의 뜻"이라고 했다.

236 『四部叢刊』本에는 '掾'로 되어 있는데, 戴震은 '琢'으로 고쳤고, 盧文弨와 周祖謨도 이에 따랐다.
237 段玉裁는 나무를 쪼개는 기구를 鐫이라고 하고 나무를 쪼개는 것이나 돌을 깨는 것 역시 鐫이라고 한다고 했다.
238 『說文解字』 金部 : "鐫, 穿木鐫也. 從金雋聲. 一曰琢石也. 讀若瀸."

역해

① 鐫[전] : 새기다. 쪼다. 끌. 鐫자로도 씀. 晉趙에서 鐫이라고 함. 곽박 「주」에 발음은 子旋反이라고 했는데, 이에 근거한 상고음은 [*tsjuan, *tsjuanh]이다.

② 琢[탁] : 쪼다. 다듬다. 琢은 鐫의 풀이어휘.

방언 28

鍇①【音楷[239]】·鐳②,【音启】堅③也. 自關而西秦晉之閒曰鍇, 吳揚江淮之閒曰鐳.

개鍇【음은 해楷다】·계鐳【음은 계启다】는 딱딱하다(견堅)의 뜻이다. 함곡관으로부터 서쪽 진秦 진晉에 걸친 지역에서는 개鍇라고 하고, 오吳 양揚 강회江淮에 걸친 지역에서는 계鐳라고 한다.

방언소증

案『廣雅』: "鍇·鐳, 鞏也.[240]" 『玉篇』'鐳[241]'·'鞏'[242]皆云: "堅也."

『광아』에 "개鍇·계鐳는 딱딱하다(견鞏)의 뜻"이라고 했다. 『옥편』의

239 『四部叢刊』本에는 '音揩'로 되어 있으나, 戴震은 '楷'로 고쳤으며, 盧文弨와 錢繹, 周祖謨가 戴震을 따랐다. 華學誠도 戴震이 옳다고 했다.

240 『廣雅·釋詁』: "鍇, 鐳, 鞏也."

241 『玉篇』 金部: "鐳, 公兮切. 堅也."

242 『玉篇』 革部: 鞏, 口閒切. 堅也.

'계鍇'자와 '견鑋'자에는 모두 "딱딱하다(견堅)의 뜻"이라고 했다.

역해

① 鍇[개] : 단단하다. 쇠. 질이 좋은 쇠. 함곡관으로부터 서쪽 秦晉之閒에서 鍇라고 함. 곽박 「주」에 발음은 楷이라고 했는데, 이에 근거한 상고음은 [*krid, *khridx]이다.

② 鐕[계] : 굳다. 단단하다. 견고하다. 吳揚江淮之閒에서 鐕라고 함. 곽박 「주」에 발음은 啓이라고 했는데, 이에 근거한 상고음은 [*khigx]이다.

③ 堅[견] : 견고하다. 딱딱하다. 堅은 鍇, 鐕의 풀이어휘.

방언 29

揄鋪①【音敷】·艦【音藍】極②·帗【音拂】縷③·葉褕[243]④【音臾】, 毳⑤也.【音脆. 皆謂物之扞蔽[244]也】荊揚江湖之閒曰揄鋪, 楚曰艦極, 陳宋鄭衛之閒謂之帗縷, 燕之北郊朝鮮洌水之閒曰葉褕.【今名短度絹[245]爲葉褕也】

유포揄鋪【음은 부敷다】·람무艦【음은 람藍이다】極·불루帗【음은 불拂이다】縷·엽유葉褕【음은 유臾다】는 연약하다(취毳)의 뜻이다.【음은 취脆다. 모두 물건의

---

243 『四部叢刊』本에는 '葉輸'라고 했는데, 戴震은 '葉褕'로 고쳤다.

244 『四部叢刊』本에는 '行蔽'로 되어 있는데, 戴震은 '扞蔽'로 고쳤으며, 盧文弨와 錢繹은 戴震을 따랐다. 劉台拱, 王念孫, 王國維는 '行敝'가 옳다고 했고, 華學誠도 '行敝'라고 했다.

245 『四部叢刊』本에는 '短度絹'라고 되어 있는데, 戴震은 '短度絹'으로 고쳤다. 盧文弨, 錢繹도 戴震이 옳다고 했다.

품질이 열등한 것을 말한다】 형荊 양揚 강호江湖에 걸친 지역에서는 유포揄鋪라고 하고, 초楚에서는 람무艦㡟라고 하며, 진陳 송宋 정鄭 위衛에 걸친 지역에서는 불루帗縷라고 하고, 연燕의 북쪽 교외, 조선朝鮮 열수洌水에 걸친 지역에서는 엽유葉褕【오늘날 짧은 비단을 엽유葉褕라고 한다】라고 한다.

방언소증

案'毳'『玉篇』云 : "罽衣.[246]" '葉褕'各本訛作'葉輸', '輸'字不得有臾音. 『玉篇』云 : "葉褕, 短度絹也.[247]" 今據以改正.

'취毳'는 『옥편』에 "모직물로 만든 옷(계의罽衣)"이라고 했다. '엽유葉褕'를 각 판본에서 '엽수葉輸'로 잘못 썼다. 그러나 '수輸'에는 유臾의 발음이 없다. 『옥편』에 "엽유葉褕는 짧은 비단"이라고 했다. 지금 이것을 근거로 바로잡는다.

역해

① 揄鋪[유포] : 튼튼하지 않은 것. 연약한 것. 荊揚江湖之閒에서 揄鋪라고 함. 곽박 「주」에 鋪의 발음은 敷이라고 했는데, 이에 근거한 상고음은 [*phjag]이다.

② 艦㡟[람무] : 약하다. 무르다. 부서지기 쉽다. 楚에서 艦㡟라고 함. 곽

246 『玉篇』 毳部 : "毳, 齒芮切. 罽衣. 又毛之細縟."

247 『玉篇』 衣部 : "褕, 余招切. 畫雞雉於王后之服. 又弋朱切. 葉褕短度絹也. 又襜褕, 直裾也."

박 「주」에 艦의 발음은 藍이라고 했는데, 이에 근거한 상고음은 [*lam]이다.

③ 帗縷[불루] : 슬갑(바지에 껴입는 무릎까지 닿는 가죽옷). 陳宋鄭衛之閒에서 帗縷라고 함. 곽박 「주」에 帗의 발음은 拂이라고 했는데, 이에 근거한 상고음은 [*phjət]이다.

④ 葉褕[엽유] : 짧은 비단. 燕之北郊朝鮮洌水之閒에서 葉褕라고 함. 곽박 「주」에 褕의 발음은 臾이라고 했는데, 이에 근거한 상고음은 [*rug]이다.

⑤ 毳[취] : 연약하다. 毳는 掄鋪, 艦極, 帗縷, 葉褕의 풀이어휘. 곽박 「주」에 발음은 脆이라고 했는데, 이에 근거한 상고음은 [*tshjuadh]이다.

방언 30

孑① · 蓋②,【昨吝反】 餘③也.【謂遺餘】 周鄭之閒曰蓋, 或曰孑. 青徐楚之閒曰孑. 自關而西秦晉之閒炊薪不盡曰蓋. 孑, 俊④也. 遵⑤, 俊也.【廣異語耳】

혈孑 · 신蓋【음은 작린반昨吝反이다】은 남다(여餘)의 뜻이다.【남는다는 것을 말한다】 주周 정鄭에 걸친 지역에서는 신蓋이라고 하고, 혈孑이라고도 한다. 청青 서徐 초楚에 걸친 지역에서는 혈孑이라고 한다. 함곡관으로부터 서쪽 진秦 진晉에 걸친 지역에서는 식량과 땔감이 다하지 않은 것을 신蓋이라고 한다. 혈孑은 준걸(준俊)의 뜻이다. 준遵은 준걸(준俊)의 뜻이다.【널리 다르게 사용되는 말이다】

案馬融「長笛賦」: "藎滯抗絕.[248]" 李善「注」云: "『方言』, 藎, 餘也." '藎'與'燼'同. 「吳語」: "安受其燼.[249]" 韋昭「注」云: "燼, 餘也." 『春秋』成公二年『左傳』: "請收合餘燼.[250]" 杜預「注」云: "燼, 火餘木." 『廣雅』: "燼, 餘也.[251]" 義本此. 『說文』: "俊, 材千人也.[252]" 『廣韻』: "智過千人曰俊.[253]" 「鄉飮酒禮」: "遵者降席.[254]" 鄭「注」云: "遵者謂此鄉之人仕至大夫者也. 今來助主人樂賓, 主人所榮而遵法者也." 「鄉射禮·注」云: "謂之遵者, 方以禮樂化民, 欲其遵法之也." '遵'之爲'俊', 或因此起義.

마융의 「장적부」에 "남은 소리는 끊길락 말락"이란 구절이 있는데, 이선의 「주」에서 말하기를, "『방언』에 '신藎은 남다(여餘)의 뜻이다'"라고 했다. '신藎'과 '신燼'은 같다. 『국어·오어』에 "우리(월나라)가 편안히 그 나머지를 수습하면"이라는 구절이 있는데, 위소의 「주」에 "신燼은 남다(여餘)의 뜻"이라고 했다. 『춘추』 성공 2년 『좌전』에 "죽지 않고 남아 있는 병사들을 모아"란 구절이 있는데, 두예의 「주」에 "신燼은 태우고 남은 나무"라고 했다. 『광아』에 "신燼은 남다(여餘)의 뜻"이라고 했다. 의미가 여기에서 근거하였다. 『설문해자』에 "준俊材는 재주가 천인千人을 뛰어넘는다"라고 했다. 『광운』에 "천 명의 지혜를 뛰어넘

248 『文選·賦壬·長笛賦』: "微風纖妙, 若存若亡. 藎滯抗絕, 中息更裝. 奄忽滅沒, 曄然復揚."
249 『國語·吳語』: "既罷弊其民, 而天奪之食, 安受其燼, 乃無有命矣."
250 『春秋左傳』 成公 二年: "唯是先君之敝器、土地不敢愛, 子又不許; 請收合餘燼, 背城借一."
251 『廣雅·釋詁』: "輸·賸·朔·䢴·燼·了·贏·莤·幓·遺, 餘也."
252 『說文解字』 人部: "俊, 材千人也. 從人夋聲."
253 『廣韻』 去聲: "儁, 智過千人曰儁. 又羌複姓有儁蒙氏."
254 『儀禮·鄉飮酒禮』: "遵者降席, 席東南面."

는 사람을 준俊이라고 한다"고 했다. 『의례·향음주례』에 "준자가 자리에서 물러 나와 남쪽을 바라보고 자리의 동편에 서 있다"란 말이 있는데, 정현의 「주」에 "존자遵者는 이 마을에 대부大夫까지 벼슬을 한 사람이다. 주인이 손님을 초대하는데 와서 도와주며, 주인이 영예롭게 생각하는 법을 준수하는 사람"이라고 했다. 『의례·향사례·주』에 "앞서 말한 존자遵者는 예절과 음악으로 백성들을 감화感化시키고 그들이 법을 지키게끔 한다"고 했다. '존遵'을 '준俊'이라고 하는 것은 이로 인해 의미가 생겼기 때문이다.

역해

① 孑[혈] : 남다. 남기다. 周鄭之閒에서 蓋이라고 하며 孑이라고도 함. 青徐楚之閒에서는 孑이라고 함.
② 蓋[신] : 나머지. 燼의 假借. 타다 남은 것. 周鄭之閒에서 蓋이라고 함. 함곡관으로부터 서쪽 秦晉之閒에서는 식량과 땔감이 다하지 않은 것을 蓋이라고 함. 곽박 「주」에 발음은 昨吝反이라고 했는데, 이에 근거한 상고음은 [*rjinh]이다.
③ 餘[여] : 남다. 餘는 孑, 蓋의 풀이어휘.
④ 俊[준] : 준걸. 뛰어난 인물. 俊은 遵의 풀이어휘. 俊은 孑의 풀이어휘.
⑤ 遵[준] : 좇다. 순종하다. 따르다.

방언 31

翿①【音濤】·幢②【徒江反】, 翳③也.【舞[255]者所以自蔽翳也】 楚曰翿, 關西關東皆曰幢.

도翿[256]【음은 도濤다】・당幢[257]【음은 도강반徒江反이다】은 깃털로 만든 깃발(예翳)의 뜻이다.【춤추는 사람이 스스로를 가리는 것을 예翳라고 한다】 초楚에서는 도翿라 하고, 관서와 관동 지역에서 모두 당幢이라고 한다.

방언소증

案'翿'『說文』作翿, 云: "翳也.[258] 所以舞也." 引『詩』, "左執翿.[259]" 鄭「箋」於「毛傳」以'翳'釋'翿', 申之曰: "翳舞者所持, 所謂羽舞也." '翿'又作'翢'. 『廣雅』: "幢謂之翢.[260]" 義本此.

'도翿'는 『설문해자』에 도翿라고 썼으며, "깃털로 만든 깃발(예翳)의 뜻이다. 가지고 춤을 추는 것이다." 『시경』을 인용하여 "왼쪽에는 깃 일산을 잡고"라고 했는데, 정현의 『모시전』에서는 '예翳'로 '도翿'를 해석하고, 더 나아가 "춤을 추는 사람이 드는 것으로, 소위 우무羽舞라는 것"이라고 했다. '도翿'는 또 '도翢'라고 쓰기도 한다. 『광아』에 "당幢은 도翢를 말한다"라고 하였는데, 그 의미는 여기에서 근거하였다.

---

255 『四部叢刊』本에는 '僊'로 되어 있다.

256 翿(깃 일산)는 고대 羽舞를 출 때나 장례식을 할 때 사용하는 旗다. 즉 羽葆幢이다.

257 李賢은 『後漢書・班固傳』의 「注」에서 幢은 배나 차 위에 치는 지붕처럼 생긴 차양인데 차양은 덮을 때 쓰는 것이어서 幢을 翳(일산)라고도 한다고 했다.

258 『說文解字』 羽部: "翿, 翳也. 所以舞也. 從羽設聲. 『詩』曰: 左執翿."

259 『詩經・王風・君子陽陽』: "君子陶陶, 左執翿."

260 『廣雅・釋器』: "幢謂之翢."

역해

① 翿[도] : 춤 출 때 쓴 물건. 깃으로 만든 일산. 楚에서는 翿라고 함. 곽박 「주」에 발음은 濤이라고 했는데, 이에 근거한 상고음은 [*dəgw]이다.
② 幢[당] : 기, 儀仗이나 군에서 지휘용으로 쓰는 기. 關西 지역과 關東 지역에서는 모두 幢이라고 함. 곽박 「주」에 발음은 徒江反이라고 했는데, 이에 근거한 상고음은 [*druŋ]이다.
③ 翳[예] : 깃으로 꾸민 일산. 임금의 수레에 쓴다. 몸 가리개. 翳은 翿, 幢의 풀이어휘.

방언 32

挖①·略②, 求③也. 秦晉之間曰挖, 就室曰挖[261], 於道曰略. 略, 強取也. 攈④【古捃字】·摭⑤【盜蹠】, 取⑥也. 此通語也.

수挖·략略은 구하다(구求)의 뜻이다. 진秦 진晉에 걸친 지역에서는 수挖라고 하는데, 집에서는 수挖라고 하고, 길에서는 략略이라고 한다. 략略은 강제로 취하다(강취強取)의 뜻이다. 군攈【군捃자의 옛 글자다】·척摭【도적盜蹠이다】은 취하다(취取)의 뜻이다. 이는 통어通語다.

방언소증

案'挖'『說文』云 : "求也.[262]" 「齊語」 : "犧牲不略, 則牛羊遂.[263]" 韋昭

261 周祖謨는 '室' 다음에 '求'자를 첨가해야 한다고 했으며 華學誠은 周祖謨의 주장에 찬성했다.

「注」云: "略, 奪也." 『春秋』成公十二年『左傳』: "略其武夫, 以爲己腹心·股肱·爪牙.[264]" 杜預「注」云: "略, 取也." 襄公四年『左傳』: "匠慶請木, 季孫曰: 略.[265]" 「注」云: "不以道取爲略." 「疏」云: "今律略人. 略, 賣人是也." 沈約「齊故安陸昭王碑文」: "小則俘民略畜.[266]" 李善「注」引『方言』: "略, 強取也." 「魯語」: "收攟而烝.[267]" 韋昭「注」: "攟, 拾也." 『史記·十二諸侯年表』: "各往往捃摭『春秋』之文以著書.[268]" 『漢書·藝文志』: "捃摭遺逸.[269]" 顏師古「注」云: "捃摭謂拾取之." 『後漢書·馮衍傳』: "捃桓·文之譎功.[270]" 「注」引『方言』: "捃, 取也." 『廣雅』: "庱·略, 求也.[271]", "摭·攟·略, 取也.[272]" 義本此. '挍''庱', 古通用.

'수挍'를 『설문해자』에서는 "구하다의 뜻"이라고 하였다. 『국어·제어』에 "무리하게 제사용 희생을 도륙하지 않으면 소와 양이 빠르게 번식한다"란 구절이 있는데, 위소의 「주」에는 "략略은 빼앗다(탈奪)의

262 『說文解字』 手部: "挍, 衆意也. 一曰求也. 從手叜聲. 『詩』曰: 束矢其挍."
263 『國語·齊語』: "無奪民時, 則百姓富; 犧牲不略, 則牛羊遂."
264 『春秋左傳』 成公 十二年: "及其亂也, 諸侯貪冒, 侵欲不忌, 爭尋常以盡其民, 略其武夫, 以爲己腹心·股肱·爪牙."
265 『春秋左傳』 襄公 四年: "匠慶請木, 季孫曰, 略, 匠慶用蒲圃之檟, 季孫不御."
266 『文選·碑文下·齊故安陸昭王碑』: "小則俘民略畜, 大則攻城剽邑."
267 『國語·魯語』: "土發而社, 助時也. 收攟而烝, 納要也."
268 『史記·十二諸侯年表』: "及如荀卿, 孟子, 公孫固, 韓非之徒, 各往往捃摭春秋之文以著書, 不同胜紀."
269 『漢書·藝文志』: "武帝時, 軍政楊僕捃摭遺逸, 猶未能備."
270 『後漢書·馮衍傳』: "美關雎之識微兮, 湣王道之將崩; 拔周唐之盛德兮, 捃桓, 文之譎功."
271 『廣雅·釋詁』: "庱·素·略·祈·譲·詷·气·匃·拊·藪·綝·請·募·柩, 求也."
272 『廣雅·釋詁』: "龕·岑·資·欿·采·掇·搴·摭·芼·集·摡·扱·捉·摘·擸·素·捞·撟·穌·賴·攄·摷·撩·揬·扭·收·斂·捕·攈·投·有·撤·挺·摻·銛·抍·攟·掩·竊·略·剝·剿·擣·捊, 取也."

뜻"이라고 했다. 『춘추』 성공 12년 『좌전』에 "무사들을 모집하여 자신의 심복과 수족으로 삼는다"란 구절이 있는데, 두예의 「주」에 "략略은 취하다(취取)의 뜻"이라고 했다. 『춘추』 양공 4년 『좌전』에 "장경匠慶이 개오동나무 목재를 요청했다. 계손이 너무 간략하다고 말했다"란 구절이 있는데, 「주」에서는 "도로서 취하지 않으면 략略이라고 한다"고 했다. 「소」에서는 "지금의 법률에 사람을 빼앗는 것이다. 사람을 빼앗아 파는 것이다"라는 구절이 있다. 심약의 「제고안육소왕비」에 "적게는 백성을 포로로 잡고 가축을 약탈하며"란 구절이 있는데, 이선의 「주」에서는 『방언』의 "략略은 강제로 취하는 것이다"라는 구절을 인용하였다. 『광아 · 석고』에 "로撈와 략略은 모두 취하다(취取)의 뜻"이라고 했다. 『국어 · 노어』에 "가을에 수확한 후, 사신社神께 드리는 제사는"이라는 구절이 있는데, 위소의 「주」에 "미攈는 줍다(습拾)의 뜻"이라고 했다. 『사기 · 십이제후연표』에 "대부분 각자 『춘추』의 글을 모아 자신의 책을 썼으며"라는 구절이 있으며, 『한서 · 예문지』에도 "잃어버린 체면을 주워 담다"라는 구절이 있는데, 안사고의 「주」에서는 "군차捃摭는 줍고 취하다(습취拾取)의 의미"라고 했다. 『후한서 · 풍연전』에 "환공과 문공의 공로를 취한다"라는 구절이 있는데, 「주」에서는 『방언』을 인용하여 "군捃은 취하다(취取)의 뜻"이라고 했다. 『광아』에 "수廋 · 략略은 구하다(구求)의 뜻"이고, "척摭 · 군攈 · 략略은 취하다(취取)의 뜻"이라고 했는데, 그 의미는 여기에서 근거하였다. '수挍'와 '수廋'는 옛날에 통용되었다.

역해

① 挍[수] : 搜와 同字. 찾다. 秦晉之閒에서 挍라고 함.

② 略[략] : 다스리다. 빼앗다. 모으다. 망라하다. 秦晉之閒에서 挍라고 하

는데, 집에서는 挨라고 하고, 길에서는 略이라고 함. 略은 강제로 취하다(強取)의 뜻이다.

③ 求[구] : 구하다. 求는 挨, 略의 풀이어휘.

④ 攈[군] : 捃의 옛 자. 줍다. 주워가지다. 捃은 通語다.

⑤ 摭[척] : 줍다. 주워 모으다. 습득하다. 곽박 「주」에 발음은 盜蹠의 蹠이라고 했는데, 이에 근거한 상고음은 [*tjiak]이다.

⑥ 取[취] : 취하다. 取는 攈, 摭의 풀이어휘.

방언 33

茫①・矜②・奄③, 遽④也.【謂遽矜也】 吳揚曰茫[273]【今北方通然也. 莫光反】, 陳潁之閒曰奄, 秦晉或曰矜或曰遽.

망茫・긍矜・엄奄은 갑자기, 황급히(거遽)의 뜻이다.【급하고 빠른 것을 말한다】 오吳 양揚에서는 망茫【지금도 북방에서는 통한다. 음은 막광반莫光反이다】이라고 하고, 진陳 영潁에 걸친 지역에서는 엄奄이라고 하며, 진秦 진晉에서는 긍矜이라고도 하고, 혹은 거遽라고도 한다.

방언소증

案馬融「長笛賦」: "奄忽滅沒.[274]" 任昉「南徐州蕭公行狀」[275] : "奄見薨

273 章炳麟(『新方言・釋言』)은 茫이 魏晉시기에는 이미 전국적으로 통행된 통어였다고 했다.

274 『文選・賦壬・長笛賦』: "奄忽滅沒, 曄然復揚."

275 任昉의 「南徐州蕭公行狀」의 원 제목은 「南徐州南蘭陵郡縣都鄉中都里蕭公年三十五行狀」이다.

落.[276]" 李善「注」皆引『方言』: "奄, 遽也." 『廣雅』: "㡃・矜, 遽也.[277]" 義本此. '茫''㡃', 古通用.

마융의 「장적부」에 "악곡이 중간에 그치고 사라졌다가"라는 구절이 있으며, 임방의 「남서주소공행상」에 "태부太傅께서 돌연 세상을 뜨셨다"라는 구절이 있는데, 이선의 「주」에서는 모두 『방언』을 인용해서 "엄奄은 황급히(거遽)의 뜻"이라고 했다. 『광아』에 "황㡃과 긍矜은 모두 황급히(거遽)의 뜻"이라고 했는데, 그 의미는 여기에서 근거하였다. '망茫'과 '황㡃'은 옛날에는 통용되었다.

역해

① 茫[망] : 황급히. 빠르다. 忙자와 통한다. 吳揚에서 茫이라고 함. 곽박 「주」에 당시 北方에서는 통한다고 했으며, 발음은 莫光反이라고 했는데, 이에 근거한 상고음은 [*maŋ]이다.
② 矜[긍] : 급격하다. 난폭하고 어긋나다. 秦晉에서는 矜이라고도 하고 遽라고도 함.
③ 奄[엄] : 문득. 갑자기. 陳潁之閒에서는 奄이라고 함.
④ 遽[거] : 황급히. 秦晉에서는 矜이라고도 하고 遽라고도 함. 遽는 茫, 矜, 奄의 풀이어휘.

276 『文選・行狀・南徐州南蘭陵郡縣都鄕中都里蕭公年三十五行狀』: "天不憖遺, 奄見薨落."

277 『廣雅・釋詁』: "叢・湊・㡃・趣・務・矜, 遽也."

방언 34

速①・逞②・搖扇③, 疾④也. 東齊海岱之閒曰速, 燕之外鄙朝鮮洌水之閒曰搖扇, 楚曰逞.

속速・령(정)逞・요선搖扇은 빠르다(질疾)의 뜻이다. 동제東齊 해대海岱에 걸친 지역에서는 속速이라 하고, 연燕의 외곽, 조선朝鮮 열수洌水에 걸친 지역에서는 요선搖扇이라고 하며, 초楚에서는 령(정)逞이라고 한다.

방언소증

案『說文』云: "楚謂疾行爲逞.[278]" 『廣雅』: "逞・搖扇, 疾也.[279]" 義本此.

『설문해자』에 "초楚에서는 빨리 가다(질행疾行)를 령(정)逞이라고 한다"고 했다. 『광아』에 "령(정)逞・요선搖扇은 빠르다(질疾)의 뜻"이라고 했는데, 그 의미는 여기에서 근거하였다.

역해

① 速[속] : 빠르다. 빨리. 東齊海岱之閒에서 速이라고 함.

278 『說文解字』 辵部: "逞, 通也. 從辵呈聲. 楚謂疾行爲逞."

279 『廣雅・釋詁』: "敏・逞・佝・儳・趨・頪・儵・倏・倢・朓・踩・躁・駛・獧・挑・搖・扇・拊・舞・勴・鞕・汩・悠・颮・赽・鶩・跋・越・齊, 疾也."

② 逞[령(정)] : 즐겁다. 쾌하다. 굳세다. 楚에서는 逞이라고 함.
③ 搖扇[요선] : 신속하다. 빠르다. 燕之外鄙朝鮮洌水之間에서는 搖扇이라고 함.
④ 疾[질] : 빠르다. 疾은 速, 逞, 搖扇의 풀이어휘.

방언 35

予①・賴②, 讎③也. 南楚之外曰賴【賴亦惡名】, 秦晉曰讎.

여予・뢰賴는 원수(수讎)의 뜻이다. 남초南楚의 밖에서는 뢰賴【뢰賴도 악명惡名이다】라고 하고, 진秦 진晉에서는 수讎라고 한다.

방언소증

案「注」內言'賴亦惡名', 蓋讀'賴'爲'厲'. '厲''賴', 古多通用. '予''與', 亦聲義通. 後卷六內"誣, 淹與也."[280] 卷十內"拏或謂之淹."[281] 「注」云 : "言誣淹也."『廣雅』: "誣・淹, 予也.[282]" 則予有誣言相加被之義. 相誣, 相惡, 皆相讎也. 故以讎釋之.

곽박 「주」의 '뢰역악명賴亦惡名'에서 '뢰賴'는 '려厲'로 읽어야 한다. '려厲'와 '뢰賴'는 옛날에는 대부분 통용되었다. '여予'와 '여與'는 음과

280 『方言』 제6권의 18번 항목을 참조할 것.
281 『方言』 제10권의 9번 항목을 참조할 것.
282 『廣雅・釋詁』: "歛・欯・匃・貸・誣・淹・授・施・裨・稟・付・載・埤・分・越・以・气・遺・予, 與也."

뜻이 모두 통한다. 뒤의 제6권에 "무誣·엄䛳은 주다(여與)의 뜻이다", 제10권에 "나拏는 혹은 엄䛳이라고도 한다"라는 구절이 있는데, 곽박의 「주」에서 "무고하게 헐뜯다(무엄誣䛳)를 말한다"고 했다. 『광아』에 "무誣·엄䛳은 주다(여予)의 뜻"이라고 했다. 따라서 '여予'에는 무고한 말을 상대방에게 가하다는 뜻이 있다. 상무相誣(서로 사실을 왜곡시켜 무고하게 말하다), 상악相惡(서로 나쁘게 말하다)은 모두 상수相讎(서로 원수로 삼다)의 뜻이다. 그래서 수讎(원수)라고 풀이하였다.

역해

① 予[여]: 원수. 적.
② 賴[뢰]: 원수. 南楚之外에서는 賴라고 함. 곽박 「주」에 賴도 역시 나쁜 명칭(惡名)이라고 했다.
③ 讎[수]: 원수. 적. 秦晉에서는 讎라고 함. 讎는 予, 賴의 풀이어휘.

방언 36

恒慨①·蔘【索含反】綏②·羞繹③【音奕】·紛毋[283]④, 言既廣又大也. 荊揚之閒凡言廣大者謂之恒慨, 東甌之閒謂之蔘綏,【東甌亦越地, 今臨海永寧是也】或謂之羞繹, 紛毋.

항개恒慨·삼수蔘【음은 색함반索含反이다】綏·수역羞繹【음은 혁奕이다】·분무紛毋는 넓고도 큰 것을 말한다. 형荊 양揚에서는 넓고 큰 것을 항개恒

283 『四部叢刊』本에는 '母'로 되어 있으나, 戴震은 '毋'로 고쳤다.

慨라고 하며, 동구東甌【동구東甌도 월越 지역이다. 지금의 임해臨海 영녕永寧이다】에서는 삼수𦶜綏라고 하며, 혹은 수역羞繹이라고도 하고, 분무紛毋라고도 한다.

방언소증

案『廣韻』: "𦶜綏, 垂貌.[284]" 餘未見他書, 皆形容盛大之辭.

『광운』에 "삼수𦶜綏는 아래로 늘어뜨린 모양"이라고 했다. 나머지는 다른 책에 보이지 않는다. 모두 성대함을 형용하는 말이다.

역해

① 恒慨[항개] : 恆의 속자. 광대함. 荊揚之閒에서 무릇 넓고도 크다고 말하는 것을 恒慨라고 함.
② 𦶜綏[삼수] : 넓고 크다. 아래로 늘어뜨린 모양. 東甌之閒에서는 𦶜綏라고 함. 곽박 「주」에 𦶜의 발음은 索含反이라고 했는데, 이에 근거한 상고음은 [*səm]이다.
③ 羞繹[수역] : 넓고도 큰 것을 말함. 東甌之閒에서 𦶜綏라고하며 羞繹라고도 함. 곽박 「주」에 繹의 발음은 奕이라고 했는데, 이에 근거한 상고음은 [*rak]이다.
④ 紛毋[분무] : 넓고도 큰 것을 말함. 東甌之閒에서 𦶜綏라고 하며 羞繹, 紛毋라고도 함.

284 『廣韻』 上平聲 : "𦶜縷, 垂皃."

방언 37

剿①【雀潦反, 又子了反】・蹶②,【音踣蹶[285]】 獪③也.【古狡狭字】 秦晉之閒曰獪, 楚謂之剿, 或曰蹶[286]; 楚鄭曰蔿④,【音指撝, 亦獪[287]聲之轉也】或曰婚⑤[288].【言黠婚也. 今建平郡人呼婚[289], 胡婚切[290]】

초剿【음은 작료반雀潦反이다. 또 다른 음은 자료반子了反이다】・궐蹶【음은 북궐踣蹶의 궐蹶이다[291]】은 교활하다(교獪)의 뜻이다.【교괴狡狭의 옛 글자다】 진秦 진晉에 걸친 지역에서는 회獪라 하고, 초楚에서는 초剿라고 하며, 또 궐蹶이라고도 한다. 초楚 정鄭에서는 화蔿【음은 지휘指撝의 휘撝다.[292] 또한 회獪의 성지전聲之轉이다】라고 하고, 또 활婚【교활하고 간교한 것을 말한다. 지금 건평군建平郡 사람은 활婚이라고 한다. 음은 호활절胡婚切이다】이라고도 한다.

방언소증

案『爾雅・釋言』: "覜, 婚也.[293]" 『釋文』云: "『方言』, 楚或謂狡獪爲

285 『四部叢刊』本에는 '音厥'이라고 되어 있으며, 또 뒤에 나오는 『方言』 원문 '或曰蹶' 다음에 郭璞 「注」 '言踣蹶'이 나온다. 戴震은 '音厥'을 '音踣蹶'로 고치고, 뒤에 나오는 '音踣蹶'을 삭제했다.

286 『四部叢刊』本에는 '言踣蹶也'가 있었으나, 戴震은 이 대목의 郭璞 「주」는 삭제하였다.

287 『四部叢刊』本에 '或'이라고 되어 있는데, 戴震은 '獪'로 고쳤다.

288 『四部叢刊』本에는 '姡'로 되어 있다. 戴震은 이를 '婚'로 고쳤지만, 華學誠은 '姡'에 교활하다의 의미가 있기 때문에 '姡'이 옳다고 했다.

289 『四部叢刊』本에는 '呼姣爲姡'이라고 되어 있으나, 戴震은 '呼婚'라고 고쳤고, 盧文弨와 華學誠은 '呼狡爲姡'라고 했다.

290 『四部叢刊』本에는 '胡刮反'으로 되어 있다.

291 戴震의 주장에 따라 이와 같이 번역하였다.

292 戴震의 주장에 따라 이와 같이 번역하였다.

293 『爾雅・釋言』: "覜, 姡也."

婚.” ‘婚’猶‘獪’也. 郭「注」: “言黠也.” ‘黠’下脫一‘婚’字. ‘蹶’‘獪’, 一聲之轉. 「注」內‘音踣蹶’三字, 各本‘音’訛作‘言’, 又訛在‘或曰蹶’之下, 前‘蹶’字下作‘音厥’, 前後重出, 今訂正. ‘音踣蹶’, ‘音指撝’當作‘音踣蹶之蹶’, ‘音指撝之撝.’

『이아・석언』에 “전覘은 간교하다(활婚)의 뜻”이라고 했는데, 『경전석문』에서 말하기를, “『방언』에 ‘초楚에서는 혹은 교회狡獪를 활婚이라고 한다’고 했다.” ‘활婚’는 ‘회獪’와 비슷하다. 곽박 「주」의 “교활하다(힐黠)를 말한다”의 ‘힐黠’자 다음에 ‘활婚’자가 빠졌다. ‘궐蹶’과 ‘회獪’는 일성지전一聲之轉이다. 곽박 「주」의 ‘음북궐音踣蹶’ 세 글자는 각 판본에서 모두 ‘음音’을 ‘언言’으로 잘못 썼다. 또 게다가 ‘혹왈궐或曰蹶’이란 말 다음에 나오는 것도 잘못되었다. 앞에 있는 ‘궐蹶’자 다음에 ‘음은 궐厥이다’가 있는데, 여기 ‘혹왈궐或曰蹶’ 뒤에 또 나오면 중복된다. 그래서 지금 그것을 바로잡는다. ‘음북궐音踣蹶’과 ‘음지휘音指撝’는 ‘음은 북궐踣蹶의 궐蹶이다’와 ‘음은 지휘指撝의 휘撝다’라고 해야 한다.

역해

① 剿[초] : 교활하다. 剿와 통함. 楚에서는 剿라고 함. 곽박 「주」에 발음은 雀潦反, 또 子了反이라고 했는데, 이에 근거한 상고음은 각각 [*tsagwx], [*tsiagwx]이다.
② 蹶[궐] : 교활하다. 楚에서는 剿라고 하며 蹶이라고도 함. 곽박 「주」에 발음은 踣蹶의 蹶이라고 했는데, 이에 근거한 상고음은 [*kwjiat, *kjuat, *gjuat]이다.
③ 獪[회] : 교활하다. 秦晉之閒에서는 獪라고 함. 獪는 剿, 蹶의 풀이어휘.
④ 蔿[화] : 교활하다. 楚鄭에서는 蔿라고 함. 곽박 「주」에 발음은 指撝의

撝이라고 했는데, 이에 근거한 상고음은 [*hwjar]이다. 사전에서는 '규' 라는 발음을 수록하였지만 곽박에 따르면 '화'로 읽어야 한다. 또 곽박은 이 글자가 獪의 성지전이라고 하였다.

⑤ 婠[활] : 교활하다. 부끄러워하다. 楚鄭에서는 蔿라고 하며 婚이라고도 함. 곽박 「주」에 당시의 建平郡 사람들은 婚이라고 하며, 발음은 胡婚切[*gruat, *guat]이다.

방언 제3권

輶軒使者絕代語釋別國方言 第三

방언 1

陳楚之間凡人嘼乳而雙產謂之釐孳①【音茲】, 秦晉之間謂之健子②【音輦】, 自關而東趙魏之間謂之孿生③.【蘇官反】 女謂之嫁子④.【言往適人】[1]

진陳과 초楚에 걸친 지역에서는 사람이나 짐승이 쌍둥이를 낳은 것을 리자釐孳【음은 자茲다】라고 한다. 진秦과 진晉에 걸친 지역에서는 련자健子【음은 련輦이다】라고 하고, 함곡관으로부터 동쪽 조趙 위魏에 걸친 지

1 "女謂之嫁子(言往適人)": 劉台拱의 『方言補校』에서 본문의 이 다섯 글자와 주해는 마땅히 다음 항목의 앞에 놓여야 한다고 말했다. 華學誠은 劉台拱의 말에 동의하는데, 다만 놓이는 위치가 다음 항목의 맨 앞이 아니라 "東齊之間"의 다음에 놓이는 것이 옳다고 보았다. 戴震은 이에 대하여 아무런 주해도 가하지 않았다.

역에서는 산(련)생孿生【음은 소관반蘇官反이다】이라고 한다. 여자의 경우 가자嫁子[2]【딸을 시집보내다. 다른 사람에게 시집가는 것을 말한다】라고 한다.[3]

방언소증

案『說文』: "孿, 一乳兩子也."[4] 亦作'嬎'. 『廣雅』: "釐孳 · 僆, 嬎也."[5], "雙 · 嬎, 二也."[6] 義本此. '釐'亦作'孷', '孳'亦作'孖'. 『玉篇』云: "孷孖, 雙生也"[7]. "雞鴨成僆"[8], 又引『文字音義』云: "江東呼畜雙產謂之僆."[9]

『설문해자』에 "산(련)孿은 한 번에 자식을 둘 낳는 것이다"라고 하였다. 산(련)孿을 련嬎이라고도 쓴다. 『광아』에 "리자釐孳 · 련僆은 쌍둥이(련嬎)의 뜻이다", "쌍雙 · 련嬎은 둘(이二)의 뜻"이라고 하였다. 의미가 여기에서 근거하였다. 리釐는 리孷라고도 쓰며, 자孳는 자孖라고도 쓴다. 『옥편』에 "리자孷孖는 쌍둥이(雙生)의 뜻이다"라고 하였다. 닭이나 오리의 쌍둥이는 련僆(쌍둥이 병아리나 오리새끼)이라고 한다. 『옥편』에서

2 『漢語大辭典』은 『方言』의 이 조목을 이용하여 딸을 嫁子라고 부른다는 설명이 있는데, 이는 이 대목이 다음의 항목으로 들어가야 하는 것임을 고려하지 않은 결과다.

3 "여자의 경우 嫁子라고 한다"는 대목만을 보면 이해가 되지 않고 어색하지만, 이 대목은 내용으로 보아 다음 항목과 연결되는 것이 분명하므로 다음 항목에서 함께 읽어야 한다. 그러나 여기에서는 戴震의 판본에 따라 이 자리에 두었다.

4 『說文解字』 子部: "孿, 一乳兩子也. 從子䜌聲."

5 『廣雅 · 釋詁』: "釐孳 · 僆 · 顛 · 匹 · 耦, 嬎也."

6 『廣雅 · 釋詁』: 雙 · 耦 · 娌 · 匹 · 嬎 · 息 · 曰 · 貳 · 棄 · 膌 · 再 · 兩, 二也.

7 『玉篇』 子部: "孷, 力辭切. 孷孖, 雙生也."

8 『玉篇』 人部: "僆, 里翦 · 力見二切. 雞鴨成僆. 『文字音義』云: 江東呼畜雙産謂之僆."

9 앞의 8번 주를 참조할 것. 『文字音義』란 『開元文字音義』를 말하며, 이 책은 이미 일실되었으나 慧琳의 『一切經音義』에 일부 보존되어 있다.

는 또 『개원문자음의開元文字音義』를 인용하여, "강동江東에서는 짐승이 낳은 쌍둥이를 련健이라고 한다"고 말했다.

역해

① 釐孶[리재] : 쌍둥이. 陳楚之間에서 사람이나 짐승이 쌍둥이를 낳은 것을 釐孶라고 함. 곽박 「주」에 孶의 발음은 玆라고 했는데, 이에 근거한 상고음은 [*tsjəg]이다.

② 健子[련재] : 쌍둥이. 秦晉之間에서는 健子라고 함. 곽박 「주」에 健의 발음은 輦이라고 했으며 이에 근거한 상고음은 [*ljanx]이다.

③ 孿生[산(련)생] : 쌍둥이. 孿生과 같은 뜻이다. 함곡관으로부터 동쪽 趙魏之間에서는 孿生이라고 함. 곽박 「주」에 孿의 발음은 蘇官反이라고 했으며 이에 근거한 상고음은 [*suan]이다.

④ 嫁子[가재] : 딸을 시집보내다. 내용으로 보아 다음 항목에 해당하는 것으로 보인다.

방언 2

東齊之間壻①謂之倩②.【言可借倩也. 今俗呼女壻爲卒便, 是也.[10]】

동제東齊에 걸친 지역에서는 서壻(사위)를 천倩이라고 한다.【빌릴 수 있

10 『四部叢刊』本에는 '卒便一作平使(졸편을 평사라고도 한다)'라는 대목이 더 있는데, 戴震은 이 대목을 없앴다. 그러나 이에 대하여 아무런 설명을 하지 않았다. 周祖謨의 『方言校箋』에서는 '卒便一作平使'라는 여섯 글자는 본래 郭璞 「注」가 아니라 校書한 사람이 붙여 놓은 것이라고 했다. 盧文弨는 "卒便의 음을 합하면 바로 倩이 되니 平使라고 한 사람이 틀렸다"고 하였다.

음을 말한다. 지금 속칭 여서女壻를 졸편卒便[11]이라고 부르는 것이 바로 이것이다】

방언소증

案'壻'各本訛作'聟', 今訂正. 『史記·倉公列傳』: "黃氏諸倩"[12]. 『集解』云: "徐廣曰, 倩者, 女壻也. 駰案, 『方言』曰: 東齊之閒, 壻謂之倩, 郭璞曰, 言可假倩也." 『說文』云: "東齊壻謂之倩."[13] 『廣雅』: "壻謂之倩"[14], 皆本此.

'서壻'를 각 판본에서는 '서聟'라고 잘못 썼는데, 지금 바르게 고쳤다. 『사기·창공열전』에 "황씨의 여러 사위들"이라는 말이 있는데, 배인裴駰의 『사기집해』에, "서광徐廣이 말하기를 천倩이란 사위의 뜻이다. 배인裴駰은 『방언』에 동제東齊에 걸친 지역에서는 사위를 천倩이라 한다고 했고, 곽박이 말하기를 임시로 빌릴 수 있음을 말한다고 했다"고 주해하였다. 『설문해자』에 "동제東齊 지역에서는 사위를 천倩이라 한다"고 하였고, 『광아』에 "사위(서壻)를 천倩이라고 한다"라고 하였으니, 모두 여기에서 근거하였다.

---

11 王念孫의 『廣雅疏證』에서 卒便은 "倩이란 壻의 聲之轉으로, 천천히 말하면 卒便이 된다"고 하였다.

12 『史記·扁鵲倉公列傳』: "宋建曰: 然, 建故有要脊痛. 往四五日, 天雨, 黃氏諸倩見建家京下方石, 卽弄之, 建亦欲效之, 效之不能起, 卽復置之. 暮, 要脊痛, 不得溺, 至今不愈."

13 『說文解字』 人部: "倩, 人字, 從人青聲. 東齊壻謂之倩."

14 『廣雅·釋親』: "壻謂之倩."

역해

① 壻[서] : 사위. 사나이. 남편. 東齊之間에서 壻를 倩이라 함.
② 倩[천] : 사위. 빌다. 倩은 壻의 풀이어휘.

방언 3

燕齊之間養馬者謂之娠①【今之溫厚也. 音振】. 官婢女廝謂之振[15].【女廝, 婦人給使者, 亦名娠】

연燕 제齊에 걸친 지역에서는 말 기르는 자를 진(신)娠[16]이라고 한다.[17]【오늘날(곽박 당시)의 온후溫厚다.[18] 음은 진振이다】 관의 여자 노비나 여자 하인(女廝)을 진振이라고 한다.【여자 하인(女廝)은 여자 급사로서, 역시 진(신)娠이

15 『四部叢刊』本에는 '娠'이라고 되어 있으나, 戴震은 '振'이라고 고쳤다.

16 華學誠은 娠에 두 가지 의미가 있다고 말한다. 첫 번째는 말 기르는 사람이고 두 번째는 官婢・女廝인데, 둘 모두 지위가 낮은 사람으로, 북방의 옛 호칭이라고 하였다.

17 錢繹은 『方言箋疏』에서 "『廣韻』의 '侲'이라는 글자에 대한 「注」에서 『字林』을 인용하여 '侲은 말 기르는 자다'라고 하였다. '侲'과 '娠'은 옛날에는 통용되는 글자였다. 『方言』의 제5에 "飤馬橐, 自關而西謂之裺囊, 或謂之裺篼, 或謂之樓篼. 燕齊之間謂之帪"이라는 조목이 있다. 그에 대한 郭璞 「注」에 "『廣雅』에는 振이라고 했는데, 글자와 음이 같다. 今本 『廣雅』에는 '帪'이라고 되어 있다. 말 기르는 자를 娠이라고 하고, 말 먹이 주는 여물 주머니를 帪이라고 하니, 그 뜻이 서로 말미암는다"라고 하였다.

18 "오늘날의 온후를 말한다(今之溫厚也)"는 말에 대하여 周祖謨의 『方言校箋』에서는 郭璞 「注」에 본래 있었던 것이 아니라 후대 사람들이 덧붙여 놓은 뜻풀이일 것이라고 보았다. 또한 周祖謨는 『萬象名義』라는 책에서 '侲'에 대해 '之仁'과 '之仞'의 두 가지 반절이 있다고 했으며, 그 주해에 "말을 기르는 도구를 또 은후라고 한다(養馬器, 又恩厚也)"는 구절이 있는 것으로 보아, 郭璞 「注」에 나오는 '溫厚' 역시 응당 말 기르는 자가 아니라 다른 뜻일 것이라고 지적했다.

라고 한다】

방언소증

案'娠'亦作'侲'. 『後漢書 · 文苑列傳』: "虜儌侲"[19], 「注」引『方言』: "侲, 養馬人也." 『玉篇』引『方言』: "燕齊之閒謂養馬者曰侲."[20] 『說文』云 : "宮婢女隸謂之娠."[21] 徐堅『初學記』引『方言』: "燕齊之閒養馬者及奴婢女厮, 皆謂之娠."

'진(신)娠'은 '진侲'이라고도 쓴다. 『후한서 · 문원열전』에 "수진을 포로로 잡았다"라는 대목이 있는데, 「주」에서 『방언』을 인용하여 "진侲은 말 기르는 사람"이라고 하였다. 『옥편』은 『방언』을 인용하여 "연燕 제齊에 걸친 지역에서는 말 기르는 자를 진侲이라고 한다"고 하였다. 『설문해자』에서 말하기를, "관노나 여자 노비를 진(신)娠이라고 한다"고 하였다. 서견의 『초학기』에서는 『방언』을 인용하여 "연燕 제齊에 걸친 지역에서 말 기르는 자 및 노비나 여자 하녀를 모두 진(신)娠이라고 한다"고 하였다.

---

19 『後漢書 · 文苑列傳』: "燒𡾋帳, 繫閼氏, 燔康居, 灰珍奇, 椎鳴鏑, 釘鹿蠡, 馳阬岸, 獲昆彌, 虜儌侲, 驅騾驢, 馭宛馬, 鞭駃騠."

20 『玉篇』人部 : "之仁, 之仞二切. 『說文』云 : '僮子也.' 『方言』云 : '燕齊之閒謂養馬者曰侲.'"

21 『說文解字』女部 : "娠, 女妊身動也. 從女辰聲. 『春秋傳』曰 : '后緡方娠.' 一曰宮婢女隸謂之娠."

역해

① 娠[진(신)] : 하녀. 여종. 말을 기르는 사람. 燕齊之間에서 말을 기르는 사람을 娠이라 함. 官의 여자노비나 하인을 娠이라 함. 곽박 「주」에 발음은 振이라고 했으며 이에 근거한 상고음은 [*tjiən]이다.

방언 4

楚東海之間亭父①謂之亭公②【亭民】. 卒③謂之弩父④【主擔幔弩導檐[22], 因名云】, 或謂之褚⑤【言衣赤也. 褚音赭】.

초楚와 동해東海에 걸친 지역에서는 행정 구역 정亭에 딸린 구실아치인 정보亭父를 정공亭公이라고 하고,[23]【정민亭民[24]을 말한다】 요역을 하는 병졸(졸卒[25])은 노부弩父[26]라고 하거나,【장식 없는 수레나 쇠노를 담당하거

22 "主擔幔弩導檐" : 이 대목에 대하여 王念孫이 『方言疏證』을 手校하면서 '檐'이라는 글자를 지우고, 대신 그 글자의 우측에 '引'이라고 적어 놓았다. 王念孫은 이 구절이 마땅히 "主擔幔弩導引"이라고 본 셈이다.

23 亭父, 亭公에 대해 王念孫은 『廣雅疏證』에서 『續漢書・百官志』에 인용된 『風俗通義』의 다음과 같은 말을 인용하였다. "한나라는 진의 제도를 따랐는데, 대체로 십리에 亭이 하나씩 있었다. 亭이란 '묵다, 머물다'라는 의미(留)로서, 대개 행려자들이 숙식을 하던 객사다. 亭吏의 옛 명칭은 '負弩'이며, 후에 亭長이라고 개칭하였으며 亭父라고도 하였다." 『漢書・高祖紀』에 있는 應劭 「注」에는 "옛날에는 亭에 두 명의 卒이 있었다. 한 사람은 亭父로서 문을 열고 닫는 일과 소제하는 일을 담당하고, 다른 한 사람은 求盜로서 도적을 쫓거나 잡는 일을 담당한다"고 되어 있다.

24 亭民의 사전적 의미는 驛亭 부근에 사는 백성이다.

25 卒은 본래 보병을 가리키는 말이었으나 후에 사병 전체에 대한 통칭으로 쓰이며 요역하는 인민을 가리키기도 한다. 춘추시대 군대의 편제로, 100명 혹은 200명이 한 졸이 되었으며, 춘추시대에는 군대에서 25명을 지휘하는 지휘관을 뜻하기도 하였다.

나 안내하는 일을 주로 담당했으므로, 이로 인하여 이름 붙인 것이다】 혹은 저褚라고 한다.【옷이 붉은 것을 말한다. 저褚의 음은 저赭다】

방언소증

案『春秋』昭公二年『左傳』: "請以印爲褚師."[27] 杜預「注」云: "褚師, 市官." 『說文』: "褚, 卒也."[28] 『廣雅』: "亭父 · 褚, 卒也."[29] 義本此.

『춘추』 소공 2년 『좌전』에 "(공손흑은) 자기 아들 인印을 저사褚師로 임명해줄 것을 청하였다"라는 구절이 있는데, 두예의 「주」에 "저사褚師란 시장을 관리하는 관원"이라고 하였다. 『설문해자』에 "저褚는 병졸(졸卒)"이라고 하였다. 『광아』에 "정보亭父 · 저褚는 병졸(졸卒)"이라고 하였는데, 그 뜻은 여기에서 근거하였다.

역해

① 亭父[정보] : 亭卒과 같은 뜻으로, 진한 시대의 행정 구역인 亭에 딸린 구실아치. 亭父는 亭公의 풀이어휘.

② 亭公[정공] : 亭父, 亭卒 등과 같은 말이다. 楚東海之間에서 亭父를 亭

---

26 弩父는 '求盜'라고도 하며 도적을 쫓거나 붙잡는 일을 담당한다. 弩는 기계를 사용하여 화살을 쏘는 활이다.

27 『春秋左傳』 昭公 2年 秋에 실린 "請以印爲褚師. 子産曰, "印也若才, 君將任之. 不才, 將朝夕從女"의 일부다. 정나라의 公孫黑이 내란을 일으켰으나 성공하지 못하고 죄를 심문 받는 대목에서 나온 말이다.

28 『說文解字』 衣部 : "褚, 卒也. 從衣者聲. 一曰製衣."

29 『廣雅 · 釋訓』: "亭父 · 㔾 · 褚, 卒也."

公이라 함.

③ 卒[졸] : 步兵. 士兵. 卒은 𢏽父, 褚의 풀이어휘.

④ 𢏽父[노부] : 亭에 속한 下隸로, 求盜라고도 함. 卒을 𢏽父라고 함.

⑤ 褚[저] : 병졸. 卒을 𢏽父라고 하거나, 또 褚라고 함. 곽박 「주」에 발음은 赭라고 했으며 이에 근거한 상고음은 [*tjiagx]이다.

방언 5

臧[1] · 甬[2]【音勇】· 侮[3] · 獲[4], 奴婢[5]賤稱也. 荊淮海岱雜齊之間【俗不純爲雜】, 罵奴曰臧, 罵婢曰獲. 齊之北鄙, 燕之北郊, 凡民男而壻婢謂之臧, 女而婦奴謂之獲, 亡奴謂之臧, 亡婢謂之獲. 皆異方罵奴婢之醜稱也. 自關而東陳魏宋楚之間保庸[6]謂之甬【保, 言可保信也】, 秦晉之間罵奴婢曰侮.【皆爲人所輕弄】

장臧 · 용甬【음은 용勇이다】· 모侮 · 획獲은 노비의 천칭이다. 형荊 회淮 해대海岱 잡제雜齊에 걸친 지역에서는【보통 불순한 것을 잡雜이라고 한다】 남자 종을 욕하여 부를 때 장臧이라고 하고, 여자 종을 욕하여 부를 때 획獲이라고 한다. 제齊의 북비北鄙와 연燕의 북교北郊에서는 보통 남자로 비婢에게 장가간 사람을 장臧이라 하고, 여자로 노奴에게 시집간 사람을 획獲이라고 한다. 또 노奴를 경멸하여 장臧이라고 하고, 비婢를 경멸하여 획獲이라고 한다. 모두 각각 다른 지역에서 노비를 욕하여 천하게 부르는 칭호다. 함곡관으로부터 동쪽의 진陳 위魏 송宋 초楚에 걸친 지역에서는 보용保庸을 용甬이라고 한다.【보保는 믿음을 지킬 수 있다는 뜻이다】 진秦 진晉에 걸친 지역에서는 노비를 욕하여 모侮라고 부른다.【사람들에게 경멸당한다는 뜻이다】

案『後漢書・何敞傳』: "然臧獲之謀."[30] 「注」引『方言』: "臧獲, 奴婢賤稱也." 『荀子・王霸篇』則"雖臧獲"[31], 楊倞「注」云: "臧獲, 奴婢也. 『方言』謂荆淮海岱之閒, 罵奴曰臧, 罵婢曰獲. 燕齊亡奴謂之臧, 亡婢謂之獲. 或曰取貨謂之臧, 擒得謂之獲. 皆謂有罪爲奴婢者. 故『周禮』云: 其奴男子入于罪隸, 女子入于舂稾." 『史記・魯仲連列傳』: "臧獲且羞與之同名矣."[32] 裴駰『集解』引『方言』: "荆淮海岱燕齊之閒罵奴曰臧, 罵婢曰獲." 燕齊卽雜齊之訛. 『廣韻』引『方言』作"荆淮海岱淮濟之閒."[33] '雜齊''淮濟'字形相近而訛. 各本'壻'訛作'聟'. 『漢書・司馬遷傳』: "且夫臧獲婢妾猶能引決."[34] 「注」引應劭曰, "揚雄『方言』云: 海岱之閒罵奴曰臧罵婢曰獲. 燕之北郊民而聟婢謂之臧, 女而婦奴謂之獲." 聟字亦轉寫之訛. 徐堅『初學記』引『方言』此條, 作壻, 今據以訂正. 「司馬相如列傳」: "與保庸雜作."[35] 『集解』引『方言』: "保庸調之南方, 奴婢賤稱也." '調'乃'謂'字訛舛. '南方'二字乃'甬'字訛舛. '甬'作'勇'遂離而爲'南方', 亦校書者妄以意改也. 賈誼「過秦論」: "材能不及中庸."[36] 李善「注」引『方言』: "庸, 賤稱也." 『廣雅』: "甬・保・庸, 使也."[37] "侮・獲, 婢也."[38]

---

30 『後漢書・朱樂何列傳』: "然臧獲之謀, 上安主父, 下存主母, 猶不免於嚴怒."

31 『荀子・王霸篇』: "如是, 則雖臧獲, 不肯與天子易埶業."

32 『史記・魯仲連鄒陽列傳』: "鄕使管子幽囚而不出, 身死而不反於齊, 則亦名不免爲辱人賤行矣。臧獲且 羞與之同名矣, 況世俗乎!"

33 『廣韻』 入聲: "獲, 得也. 又藏獲. 『方言』云: 荊淮海岱淮濟之間罵奴曰臧, 罵婢曰獲. 亦姓. 宋大夫尹獲之後."

34 『漢書・司馬遷傳』: "且夫臧獲婢妾猶能引決, 況若僕之不得已乎!"

35 『史記・司馬相如列傳』: "相如身自著犢鼻褌, 與保庸雜作, 滌器於市中."

36 『文選・論一・過秦論』: "材能不及中庸, 非有仲尼墨翟之賢."

37 『廣雅・釋詁』: "厮・徒・牧・圉・侍・御・僕・從・扈・養・任・甬・辯・令・保・庸・童・役・謂・命, 使也." 戴震의 인용문에는 '保'라고 되어 있는 것이 『廣雅』에는 '保'라고 되어 있다.

『후한서 · 하창전』에 "그러나 천한 것들의 음모는"이라는 구절이 있는데, 그 주해에서는 『방언』을 인용하여 "장획臧獲은 노비를 천하게 부르는 말(賤稱)"이라고 하였다. 『순자 · 왕패편』에는 "비록 노비라 하더라도"라는 구절이 있는데, 양경의 「주」에 "장획臧獲이란 노비를 말한다. 『방언』에서는 형荊 회남淮海 대岱에 걸친 지역에서는 남자 종을 욕하여 부를 때 장臧이라고 하고, 여자 종을 욕하여 부를 때 획獲이라고 한다고 했고, 제齊와 연燕에서는 노奴를 경멸하여 장臧이라고 하고, 비婢를 경멸하여 획獲이라고 한다고 했다. 혹은 재화를 취하는 것을 장臧이라 하고, 사로잡아 얻는 것을 획獲이라고도 한다. 모두 죄가 있어서 노비가 된 자들을 말한다. 그러므로 『주례』에 이르기를, 그 노예된 자 가운데 남자는 죄례罪隷[39]가 되고, 여자는 용인舂人[40]이나 고인槀人[41]이 되게 한다[42]고 하였다"라고 기록하였다. 『사기 · 노중련열전』에 "노비들도 그와 비교되는 것을 부끄러워할 텐데"라는 구절이 있는데, 배인의 『사기집해』에서는 『방언』을 인용하여 "형荊 회淮 해대海岱 연燕 제齊에 걸친 지역에서는 남자 종을 욕하여 부를 때 장臧이라고 하고, 여자 종을 욕하여 부를 때 획獲이라고 한다"고 하였다. 여기에서 '연제燕齊'라고 한 것은 '잡제雜齊'를 잘못 쓴 것이다. 『광운』에서는 『방언』을 인용하면서 "형荊 회淮 해대海岱 회淮 제濟에 걸친 지역"이

38 『廣雅 · 釋詁』: "嬗 · 娙 · 婇 · 侮 · 獲, 婢也."

39 죄인의 가족으로 관노가 된 사람을 말한다.

40 舂人이란 『周禮 · 地官』의 '舂人'에 대한 기록에 따르면 고대의 제사나 연회 시에 쌀로 만든 음식을 준비하는 관직이라고 되어 있다. 그러나 여기에서는 관직명이 아니라 절구 찧는 일을 담당하던 여자 하인이라 생각된다.

41 槀人이란 『周禮 · 地官』의 기록에 따르면 糧草(군대가 먹을 음식이나 말을 먹일 꼴)와 술과 고기 및 弓箭(활과 화살) 등을 담당하는 관직이었으나, 여기에서는 음식이나 말 먹일 꼴, 술과 고기 등의 음식을 담당하는 여자 하인을 가리키는 말로 쓰인 것이라 생각된다.

42 『周禮 · 秋官』: "司厲, 掌盜賊之任器貨賄. 辨其物, 皆有數量, 賈而楬之, 入于司兵. 其奴, 男子入于罪隸, 女子入于舂槀. 凡有爵者與七十者與未齔者, 皆不爲奴."

라고 했는데 '잡제雜齊'와 '회제淮濟'가 자형이 서로 비슷하여 잘못된 것이다. 각 판본에서 '서壻'를 잘못하여 '서聟'라고 썼다. 『한서·사마천전』에서는 "무릇 노예나 비첩조차도 자결할 줄을 안다"라는 대목이 있는데 그 대목에 대한 주에서는 응소가 "양웅의 『방언』에서 해대海岱에 걸친 지역에서는 남자 종을 욕하여 부를 때 장臧이라 하고, 여자 종을 욕하여 부를 때 획獲이라고 한다. 연燕의 북교北郊에서는 보통 남자이면서 노비인 사람을 장臧이라 하고 여자로서 하녀인 사람을 획獲이라고 한다"고 했는데, 이 인용문에서 '서聟'라고 쓴 것은 전사할 때 생긴 오류다. 서견은 『초학기』에서 『방언』의 이 항목을 인용하였는데, '서壻'라고 썼으니, 지금 이에 의거하여 바로잡는다. 『사기·사마상여열전』에 "고용인들과 함께 잡일을 하다"라는 구절이 있는데 『사기집해』에서 『방언』을 인용하여 "보용조지남방保庸調之南方, 노비천칭야奴婢賤稱也"[43]라고 했는데 여기에서 '조調'는 '위謂'라는 글자가 잘못된 것이고, '남방南方'이라는 두 글자는 '용甬'이라는 글자가 잘못된 것이다. '용甬'을 '용勇'이라고 하여 점차 뜻이 멀어졌으며, 남방이라고 한 것 역시 교서하는 자가 멋대로 고쳐놓은 것이다. 가의의 「과진론」에 "재능은 천한 것들의 중간에도 미치지 못하고"라는 구절이 있는데, 이선의 「주」에서는 『방언』을 인용하여 "용庸은 천하게 부르는 호칭(천칭賤稱)이다"라고 하였다. 『광아』는 "용甬·보保·용庸은 부림을 당하는 사람(사使)이다", "모侮·획獲은 여자 종(비婢)이다"라고 하였다.

43 "保庸調之南方, 奴婢賤稱也"의 앞 구절은 戴震이 지적한 바와 같이 잘못된 문장이므로 해석할 수가 없다. 아마도 戴震이 보았던 『史記集解』에는 위와 같이 되어 있었던 것 같다. 『新校注本史記』에는 이미 다음과 같이 고쳐져 있다. "『方言』曰 : 保庸謂之甬, 奴婢賤稱也."

역해

① 臧[장] : 종. 노예. 노비. 荊淮海岱雜齊之間에서 남자종을 욕하여 부를 때 臧이라고 함. 齊之北鄙, 燕之北郊에서 보통 남자면서 노비인 것을 臧이라고 함. 奴를 경멸하여 臧이라고 함. 여러 지역에서 노비를 욕하여 부르는 호칭.
② 甬[용] : 품팔이하다. 傭과 통용된다. 함곡관으로부터 동쪽 陳魏宋楚之間에서 保庸을 甬이라고 함. 곽박 「주」에 발음은 勇이라고 했으며 이에 근거한 상고음은 [*ruŋx]이다.
③ 侮[모] : 노비를 얕잡아 부르는 말. 秦晉之間에서 奴婢를 욕하여 侮라고 함.
④ 獲[획] : 포로를 잡거나 전리품을 노획하다. 포로 혹은 전리품. 노비의 자식. 荊淮海岱雜齊之間에서 婢를 욕하여 獲이라고 함. 齊之北鄙, 燕之北郊에서 여자 노비를 獲이라고 함. 婢를 경멸하여 獲이라고 함. 모두 여러 지역에서 奴婢를 부르는 호칭이다.
⑤ 奴婢[노비] : 노비. 奴婢는 臧, 甬, 侮, 獲의 풀이어휘.
⑥ 保庸[보용] : 품팔이꾼. 傭과 통용된다. 保庸은 甬의 풀이어휘.

방언 6

蔿①【音花】・譌②【訛言】・譁③【五瓜反, 皆化聲之轉也】・涅④, 化⑤也. 燕朝鮮洌水之間曰涅, 或曰譁. 雞伏卵而未孚【音赴】, 始化之時謂之涅.

화蔿【음은 화花다】・와譌【음은 와언訛言의 와訛[44]다】・와譁【음은 오과반五瓜反이다. 모두 화化의 성지전化聲之轉이다】・열涅은 변화하다. 변화시키다(화化)의 뜻이다. 연燕과 조선朝鮮 열수洌水에 걸친 지역에서는 열涅이라고 하거나, 혹은 와譁라고 한다. 닭이 엎드려 알을 품는데 아직 부화되지 않다가【부孚의 음은 부赴다】 처음 부화되기 시작할 때는 열涅이라고 한다.

방언소증

案'譌''訛', 古通用. 『爾雅・釋言』: "訛, 化也."[45] 亦作'吪'. 『詩・豳風』: "四國是吪"[46]. 『毛傳』: "吪, 化也." 「注」內'訛言', 當作'音訛言之訛'. 『說文』: "涅黑土在水中也."[47] 『論語』: "涅而不緇."[48] 「注」引孔安國云: "涅, 可以染皂". 是涅取染化之義. 『廣雅』: "譁・蔿・涅, 匕也."[49] 義本此. '匕', 古'化'字.

'와譌'와 '와訛'는 옛날에는 통용되었다. 『이아・석언』에 "와訛는 변화하다(화化)의 뜻이다"라고 하였다. 또 '와吪'라고도 쓴다. 『시경・빈풍』에 "온 세상을 교화시키셨으니"라는 구절이 있는데, 『모전』은 "와吪는 변화하다(화化)의 뜻이다"라고 하였다. 곽박 「주」에 있는 '와언訛言'은 마땅히 '음은 와언訛言의 와訛다'라고 해야 한다. 『설문해자』에 "열涅은 검은 흙이 물 안에 있는 것이다"라고 하였다. 『논어』에 "검게 물들여도 검어지지 않는다면"이라는 구절이 있는데, 그 「주」에서 공안국의 말을 인용하여, "열涅은 검은 비단을 물들일 수 있다는 뜻이다"라고 하였으니,

---

44 본래는 "訛言"이라고만 되어 있었으나, 戴震의 견해에 따라 이같이 옮겼다.
45 『爾雅・釋言』: "訛, 化也."
46 『詩經・豳風・破斧』의 한 구절이다.
47 『說文解字』 水部: "涅, 黑土在水中也. 從水從土, 日聲."
48 『論語・陽貨篇』: "不曰堅乎, 磨而不磷, 不曰白乎, 涅而不緇. 吾豈匏瓜也哉? 焉能繫而不食?"
49 『廣雅・釋詁』: "訇・質・流・奄・譁・蔿・涅・仙・卦・變, 匕也."

이 열涅은 물들인다는 의미를 취한 것이다. 『광아』에 "와譁·화蔿·열涅은 변화하다, 되다(비匕)의 뜻이다"라고 하였는데, 그 의미는 여기에서 근거하였다. '비匕'는 '화化'의 옛날 글자다.

역해

① 蔿[화] : 변화하다. 곽박 「주」에 발음이 花이라고 했으며 이에 근거한 상고음은 [*hŋwrag]이다.
② 譌[와] : 변화하다. 곽박 「주」에 발음이 訛言의 訛이라고 했으며 이에 근거한 상고음은 [*ŋwar]이다.
③ 譁[와] : 변화하다. 燕朝鮮洌水之間에서 涅이라고 하거나, 또는 譁라고 함. 곽박 「주」에서 발음이 五瓜反이라고 했으며 이에 근거한 상고음은 [*ŋwrag]이다.
④ 涅[열] : 바뀌다. 변화하다. 부화하다. 燕朝鮮洌水之間에서 涅이라고 함.
⑤ 化[화] : 변화하다. 化는 蔿, 譌, 譁, 涅의 풀이어휘.

방언 7

斟①·協②·汁③也.【謂和協也. 或曰瀋[50]汁, 所未能詳】北燕朝鮮洌水之間曰斟, 自關而東曰協, 關西曰汁.

짐斟·협協은 화합하다, 잘 어울리다(흡汁)의 뜻이다.【화합하고 협력한다는 뜻이다. 혹은 반즙潘汁이라고도 하는데, 상세한 것은 알 수 없다】 북연北燕과

50 『四部叢刊』本에는 '瀋'이라고 되어 있으나, 戴震은 '瀋'으로 고쳤다.

조선朝鮮 열수洌水에 걸친 지역에서는 짐斟이라고 하고, 함곡관으로부터 동쪽에서는 협協이라고 하며, 관서關西에서는 즙汁이라고 한다.

방언소증

案'協''汁', 古多無別. 『周禮·太史』: "讀禮書而協事."[51] 故書'協'作'叶'. 杜子春云, '叶', '協'也. 書亦或爲'協', 或爲'汁'.[52] 「鄕士」, "汁日"[53], 鄭「注」云: "汁, 合也. 和也. 和合支幹善日." 『釋文』: "汁音協, 本亦作協." 「大行人」, "協辭命."[54] "故書作叶詞命. 鄭司農云: '叶當爲汁.'"[55] 『釋文』: "叶, 音協", "汁, 之十反. 叶也. 又音協." 張衡「西京賦」: "五緯相汁以旅於東井."[56] 李善「注」引『方言』: "汁, 叶也. 之十反." 「注」內'瀋汁'各本訛作'潘汁', 今訂正. 劉熙『釋名』云: "宋魯人皆謂汁爲瀋." 『史記·張儀列傳』: "廚人進斟."[57] 司馬貞『索隱』云: "斟謂羹汁, 故名

---

51 『周禮·春官·大史』: "大祭祀與執事卜日. 戒及宿之日與羣執事讀禮書而協事."

52 "故書'協'作'叶'. 杜子春云, '叶', '協'也. 書亦或爲'協', 或爲'汁'." 이 구절은 위의 인용문에 대한 주해 내용의 일부다.

53 『周禮·秋官·鄕士』에 '協日'이라는 구절이 있다. "獄訟成士師受中, 協日. 刑殺."

54 『周禮·秋官·大行人』: "三歲徧覜, 五歲徧省, 七歲屬象胥, 諭言語, 協辭命."

55 『周禮·秋官·大行人』의 윗 밑줄 친 구절에 대한 「注」의 내용이다. 다만 '정사농이 말하기를(鄭司農云)'이라는 구절 안에 생략된 부분이 있다. 그 대목을 생략 없이 옮기면 다음과 같다. "故書作叶詞命. 鄭司農云, 象胥, 譯官也. 叶當爲汁, 詞當爲辭, 書或爲叶辭命." 이 가운데 밑줄 친 부분만 인용한 것이다.

56 『文選·賦甲·西京賦』: "五緯相汁以旅於東井." 五緯란 歲星, 熒星, 太白, 辰星, 塡星을 말한다. 東井이란 井宿로, 28수의 하나이며, 秦의 分野에 해당된다. 五星이 東井에 모였다는 것은 劉邦이 秦을 멸망시키고 천하를 평정하는 상징적 符瑞라고 이해되었다고 한다.

57 『史記·張儀列傳』: "於是酒酣樂, 進熱啜, 廚人進斟, 因反斗以擊代王, 殺之, 王腦塗地."

汁爲斟."[58]

'협協'과 '즙汁'은 옛날에는 대체로 구별이 없었다. 『주례·춘관·태사』에 "예서를 읽고 함께 일한다"는 말이 있는데, (이에 대한 정현의 「주」에) "고서故書에 협協을 협叶이라고 했는데, 두자춘은 '협叶을 협協'이라고 했다. 이 글자는 '협協'으로도 쓰고, '즙汁'으로도 쓴다"고 하였다. 『주례·추관·향사鄕士』에 "간지干支가 서로 화합하고 어울리는 날(汁日)"이라는 구절이 있는데, 정현의 「주」에 "즙汁은 합하다(합合)의 뜻이며, 화합하다(화和)의 뜻이다. 천간과 지지를 화합하여 좋은 날"이라고 하였다.[59] 『경전석문』에 "즙汁의 음은 협協이며, 본래 협協이라고 쓰기도 한다"고 하였다. 『주례·추관』에 "대행인은 사명을 서로 조화시킨다"는 말이 있는데, 정현의 「주」에 "고서故書에서는 '협사명叶詞命'이라고 썼다"고 하였다. 정현의 「주」에서 이어 말하기를, "정사농鄭司農, 즉 정중鄭衆은 '협叶은 마땅히 즙汁이 되어야 한다'"라고 하였다.[60] 『경전석문』에 "협叶은 음이 협協이다", "즙汁은 지십반之十反이며, 협叶이다. 또 다른 음은 협協"이라고 하였다. 장형의 「서경부」에 "오성五星이 조화로이 동정東井에 모여 늘어서고"라는 구절이 있는데, 이선의 「주」에서는 『방언』을 인용하여 "즙汁은 협叶이다. 지십반之十反이다"라고 하였다. 곽박 「주」 안에 '심한瀋汗'은 각 판본이 모두 '반즙潘汁'이라고 잘못 기록하였는데, 지금 바로잡는다. 유희의 『석명』에 말하기를, "송宋과 노魯 사람들은 모두 즙汁을 심瀋이라고 한다"라고 하였다. 『사기·장의열전』에 "요리사가 국물을 따르다"라는 구절이 있는데, 사마정은

58 『史記索隱』의 문장은 다음과 같다. "斟謂羹勺, 故因名羹曰斟."

59 十三經注疏本의 『周禮』에는 '汁日'이 아니라 '協日'이라고 되어 있다.

60 司馬貞의 주해는 "廚人進斟"이라는 구절의 앞 구절인 "卽酒酣樂, 進熱啜"에 대한 것으로 그 전문은 다음과 같다. "音昌悅反. 按:謂熱而啜之, 是羹也. 於下云'廚人進斟', 斟謂羹勺, 故因名羹曰 斟. 左氏'羊羹不斟', 是也." 戴震은 기억에 의존하여 인용하면서 오류를 범했던 것으로 보인다.

『사기색은』에서 "짐斟은 국의 국물이다. 그러므로 즙汁을 짐斟이라고 말했다"고 하였다.

역해

① 斟[짐] : 어울리다. 北燕朝鮮洌水之間에서 斟이라고 함.
② 協[협] : 조정하다. 조화시키다. 잘 어울리다. 화동하다. 화합하다. 함곡관으로부터 동쪽에서 協이라고 함.
③ 汁[즙] : 잘 어울리다. 조화롭다. 함곡관으로부터 서쪽에서는 汁이라고 함. 汁은 斟, 協의 풀이어휘.

방언 8

蘇①・芥②, 草③也.【『漢書』曰, "樵蘇而爨."[61] 蘇猶蘆, 語轉也】江淮南楚之間曰蘇, 自關而西或曰草, 或曰芥.【或言菜也】南楚江湘之間謂之莽[62]④.【嫫母反.[63]】

소蘇・개芥는 풀, 작은 풀(초草)의 뜻이다.【『한서』에 "땔나무를 하고 풀을

61 『漢書・韓彭英盧吳傳』에 "땔나무를 하고 풀을 베어야 밥을 지을 수 있게 된다(樵蘇後爨)"는 말이 있으며, 이는 『史記・淮陰侯列傳』에도 똑같은 형태로 나온다. 戴震은 '後'를 '而'라고 한 것이다.

62 『四部叢刊』本에는 '芥'라고 되어 있으나, 戴震은 '莽'으로 고쳤다.

63 『四部叢刊』本에는 '嫫母'라고 되어 있던 것을 戴震은 '反'자가 빠진 것이라고 여겨 이같이 고쳤다. 그러나 盧文弨는 "음은 嫫母의 嫫다"라고 되어야 한다고 하며, 戴震이 '反'자를 잘못 집어넣은 것이라고 하였다. 劉台拱과 王念孫 역시 盧文弨와 같은 의견이다. 따라서 戴震이 증거로 제시했던 『方言』 제10의 "莽은 嫫母反이다"에서도 역시 反이 잘못 들어간 것이라고 보았다.

베어야 밥을 지을 수 있게 된다"라는 구절이 있다. 소蘇는 노蘆와 같으며, 어전語轉이다】 강회江淮 남초南楚에 걸친 지역에서는 소蘇라고 하고, 함곡관으로부터 서쪽의 지역에서는 초草라고 하거나, 혹은 개芥라고 하며,【혹은 채菜라고도 한다】 남초南楚와 강수江水와 상수湘水에 걸친 지역에서는 무(망)莽이라고 한다.【음은 모모반嫫母反이다】

방언소증

案『莊子·天運篇』: "蘇者取而爨之."[64] 『釋文』: "李云[65]: '蘇, 草也.' 『方言』: '江淮南楚之間謂之蘇'."[66] 『春秋』哀公元年, 『左傳』: "以民爲土芥."[67] 杜預「注」云: "芥, 草也." '謂之莽'各本訛作'謂之芥'. 「注」內'嫫母反', 脫'反'字. 張衡「西京賦」: "赴長莽"[68], 薛綜「注」引『方言』曰: "草, 南楚之間謂之莽." 後卷十內"莽, 嫫母反."[69] 可證此條訛脫, 今訂正. 『廣雅』: "蘇·芥·莽, 草也."[70] 義本此.

『장자·천운편』에 "벌초하는 자가 주워다 불을 땐다"는 구절이 있

64 『莊子·天運篇』: "及其已陳也, 行者踐其首脊, 蘇者取而爨之而已."

65 '李云'이라고 한 李는 바로 李頤를 말한다. 『장자』에 관한 『集解』 30편을 남겼다고 하며, 字는 景眞이고, 潁川 襄城 사람이었다. 晉의 丞相參軍이었으며 自號는 玄道子다. 혹자는 『集解』가 35편이었다고도 하며, 「爲音」 1이 있다고도 한다.

66 『經典釋文』의 해당 부분에는 "李云, 蘇草也. 取草者, 得以炊也. 案『方言』云, 江淮南楚之間謂之蘇"라고 되어 있으니 중간에 조금 생략된 부분이 있고 '云'이 빠져 있다.

67 『春秋左傳』 哀公 元年: "臣聞, 國之興也, 視民如傷, 是其福也; 其亡也, 以民爲土芥, 是其禍也."

68 『文選·賦甲·西京賦』: "燎京薪, 駴雷鼓. 縱獵徒, 赴長莽."

69 『方言』 제10권의 39번 항목을 참조할 것.

70 『廣雅·釋草』: "蘇·茉·芥·莽·蘆·毛, 草也."

는데, 『경전석문』에 "이씨가 말하기를, '소蘇는 풀(초草)이다.' 『방언』에 '강회江淮 남초南楚에 걸친 지역에서는 소蘇라고 한다'"고 하였다. 『춘추』 애공哀公 원년 『좌전』에 "백성을 흙덩이나 풀과 같이 여기다"라는 구절이 있는데, 두예의 「주」에서, "개芥는 풀(초草)"이라고 하였다. '위지무(망)謂之莽'를 각 판본에서 '위지개謂之芥'라고 잘못 썼다. 「주」의 '모모반嫫母反'에서는 본래 '반反'이라는 글자가 빠져 있었다. 장형의 「서경부」에 "깊이 우거진 숲으로 가서(赴長莽)"라는 구절이 있는데, 설종의 「주」에서는 『방언』을 인용하여 말하기를, "풀(초草)은 남초南楚에 걸친 지역에서는 무(망)莽라고 한다"고 했다. 뒤의 제10번 항목에 "무(망)莽는 모모반嫫母反"[71]이라고 하였으니, 이 조항에 탈자가 있음이 확실하여 지금 그것을 바르게 고친다. 『광아』에 "소蘇·개芥·무(망)莽는 풀(초草)"이라고 하였는데, 그 의미는 여기에서 근거하였다.

역해

① 蘇[소] : 차조기. 野蘇. 江淮南楚之間에서 蘇라고 함.
② 芥[개] : 작은 풀. 함곡관으로부터 서쪽에서는 草라고 하거나 芥라고 함.
③ 草[초] : 풀. 함곡관으로부터 서쪽에서 草라고 하거나 芥라고 함. 草는 蘇, 芥의 풀이어휘.
④ 莽[무(망)] : 풀, 풀숲. 풀더미. 무성하다. 매우 많다. 南楚江湘之間에서 莽이라고 함. 곽박 「주」에서 발음이 嫫母反이라고 했으며 이에 근거한 상고음은 [*məgx]이다.

---

71 『方言』의 제10권에 "㠁·莽, 草也. 東越揚州之間曰㠁, 南楚曰莽"라는 조항이 있는데, 이 가운데 '莽'에 대하여 郭璞이 "嫫母反"이라고 주해를 하였다.

방언 9[72]

蘇①亦荏②也.【荏屬也. 『爾雅』曰：“蘇, 桂荏也.”[73]】 關之東西或謂之蘇, 或謂之荏. 周鄭之間謂之公蕡③.【音翡翠. 今江東人呼荏爲菩, 音魚】 沅湘之南或謂之䕢④.【今長沙人呼野蘇爲䕢, 音車轄. 沅, 水名, 在武陵】 其小者謂之蘸葇⑤.【堇葇也. 亦蘇之種類, 因名云】

소蘇는 또한 들깨(임荏)의 뜻이다.【들깨류에 속한다. 『이아』에 “소蘇는 계임桂荏이다”라고 했다】 함곡관의 동서 지역에서는 혹은 소蘇라고 하거나, 혹은 임荏이라고 한다. 주周와 정鄭에 걸친 지역에서는 공비公蕡라고 한다.【음은 비취翡翠다. 지금(곽박 당시) 강동江東 사람들은 임荏을 오菩라고 하는데, 음은 어魚다】 원沅 상湘의 남쪽에서 혹은 할䕢이라고 하는데,【지금(곽박 당시) 장사長沙 사람들은 야소野蘇를 할䕢이라고 한다. 음은 거할車轄이다. 원沅은 물이름이며, 무릉武陵에 있다】 작은 것은 양유蘸葇라고 부른다.【근유堇葇를 말한다. 또한 소蘇의 일종이므로 이렇게 부른다】

방언소증

『爾雅・釋草』：“蘇, 桂荏.” 郭「注」云：“蘇, 荏[74]類. 故名桂荏.” 徐鍇『說文繫傳』云：“荏, 白蘇也. 桂荏, 紫蘇也.”[75] 『後漢書・馬融傳』：

---

72 9번이라고 하여 이 조목을 8번 항목과 가른 것은 戴震의 견해에 따른 것이다. 盧文弨와 錢繹은 戴震의 견해에 따르지 않았으나, 劉台拱의 『方言補校』는 戴震의 견해가 옳다고 하였다.

73 『爾雅・釋草』：“蘇, 桂荏.”

74 『爾雅注疏』에는 “蘇, 桂類”라고 되어 있다. 아마도 戴震이 암기에 의존하여 인용하면서 생긴 오류이리라 생각된다.

75 『說文繫傳』 艸部：“臣鍇按, 荏, 白蘇也. 桂荏, 紫蘇也. 而沈反.” 참고로 『說文解字』에는 다음의 두 조항이 있다. 『說文解字』 艸部：“荏, 桂荏, 蘇. 從艸任

"桂荏・鳧葵."[76] 「注」引『方言』: "蘇, 亦荏也." 『玉篇』云: "長沙人呼野蘇爲蓄."[77], "香葇菜, 蘇類也."[78] '蘸'亦作'穰'. 『廣雅』: "公蕡・蘸葇・葡・蓄・荏, 蘇也."[79] 本此.

『이아・석초』에 "소蘇는 차조기(계임桂荏)의 뜻이다"라는 구절이 있는데, 이에 대한 곽박 「주」에 "소蘇는 들깨류(임류荏類)다. 그러므로 계임桂荏이라는 이름이 붙었다"고 하였다. 서개徐鍇의 『설문해자계전』에 "임荏은 흰 빛의 차조기(백소白蘇)다. 계임桂荏은 자줏빛의 차조기(자소紫蘇)다"라고 하였다. 『후한서・마융전』에 "계임桂荏・부규鳧葵"라는 구절이 있는데, 「주」에서는 『방언』을 인용하여 "소蘇 역시 들깨(임荏)다"라고 하였다. 『옥편』에서 말하기를 "장사長沙 사람들은 차조기(야소野蘇)를 할蓄이라고 한다", "(유葇는) 향유채香葇菜로, 차조기류(소류蘇類)"라고 하였다. '양蘸'은 또한 '양穰'이라고도 쓴다. 『광아』에 "공비公蕡・양유蘸葇・녕葡・할蓄・임荏은 차조기(소蘇)다"라고 하였으니, 이에 근거를 둔 것이다.

역해

① 蘇[소]: 차조기. 野蘇. 함곡관의 동쪽과 서쪽에서 蘇라고 하거나, 荏이라고 함.

② 荏[임]: 차조기. 들깨. 荏은 蘇의 풀이어휘.

聲." 『說文解字』 艸部: "蘇, 桂荏也. 從艸穌聲."

76 『後漢書・馬融列傳』: "其土毛則推牧薦草, 芳茹甘荼, 茈萁・芸蒩, 昌本・深蒲, 芝茝・菫・荁, 蘘荷・芋渠, 桂荏・鳧葵, 格・韮・菹・于."

77 『玉篇』 艸部: "蓄, 胡利切. 長沙人呼野蘇爲蓄."

78 『玉篇』 艸部: "葇, 汝游切. 香葇菜蘇類也."

79 『廣雅・釋草』: "公・蕡・蘸・葇・葡・蓄・荏, 蘇也."

③ 公蕡[공비] : 蕡는 열매가 많은 모양. 삼. 대마. 삼씨. 周鄭之間에서 公蕡이라고 함. 곽박 「주」에서 발음은 翡翠의 翡[*bjədh]라고 했으며, 당시 江東人들은 荏을 菩라고 했으며, 발음은 魚다.

④ 蓍[할] : 차조기. 野蘇. 沅湘之南에서 蓍이라고 함. 곽박 「주」에서 발음은 車轄의 轄이라고 했으며 이에 근거한 상고음은 [*khadh]이다.(참조: 곽박 당시에 長沙人들은 野蘇를 蓍이라고 함)

⑤ 蘸菜[양유] : 향유. 노야기. 蘸에도 香薷라는 뜻이 있다. 그 가운데 작은 것을 蘸菜라고 함.

방언 10

豐①【舊音蜂. 今江東音嵩, 字作菘也】・蕘②【鈴鐃】, 蕪菁③也. 陳楚之郊謂之豐, 魯齊之郊謂之蕘, 關之東西謂之蕪菁, 趙魏之郊謂之大芥④, 其小者謂之辛芥⑤, 或謂之幽芥⑥, 其紫華者謂之蘆菔⑦.【今江東名爲溫菘, 實如小豆. 羅匐二音】東魯謂之菈蘧⑧.【洛荅大合兩反】

풍豐【옛음은 봉蜂이다. 지금(곽박 당시) 강동江東의 음은 숭嵩이다. 글자는 숭菘이라고 쓴다】・요蕘【음은 영요鈴鐃의 요鐃[80]다】는 순무(무청蕪菁)를 뜻한다. 진陳초楚의 교외에서는 풍豐이라고 하고, 노魯 제齊의 교외에서는 요蕘라고 하며, 함곡관의 동서 지역에서는 무청蕪菁이라고 하고, 조趙 위魏의 교외에서는 대개大芥라고 한다. 작은 것을 신개辛芥라고 하거나, 혹은 유개幽芥라고 하며, 자줏빛으로 꽃이 핀 것을 노복蘆菔이라고 한다.【지금(곽박 당시) 강동江東에서는 온숭溫菘이라 부르는데, 열매는 작은 콩과 같다. 음은 나복羅匐이다】 동로東魯에서는 납답菈蘧[81]이라고 한다.【이 두 글자의 음은 낙답

80 본래는 "鈴鐃"라고만 되어 있었으나, 戴震의 견해에 따라 이같이 옮겼다.
81 '菈蘧'에서 '蘧'은 『漢語大詞典』과 『漢韓大辭典』에 나오지 않는다. 우선은 독

반洛荅反, 대합반大合反이다】

방언소증

案'蘴'亦作'葑'. 『詩·邶風』: "采葑采菲"[82], 『毛傳』: "葑, 須也." 「疏」引『方言』此條, '關之東西'作'關西', 趙魏之郊, '郊'訛作'部'. 『爾雅·釋草』: "須, 葑蓯."[83] 「疏」卽錄『詩·疏』, 故亦同誤. 鄭注「坊記」云: "葑, 蔓菁也. 陳宋之閒謂之葑." 陸璣『草木疏』[84]云: "幽州人或謂之芥." 「釋草」又曰: "葖, 蘆萉."[85] 郭璞「注」云: "萉宜爲菔. 蘆菔, 蕪菁屬. 紫花大根俗呼雹葖." 「疏」云, "紫花菘也. 俗呼温菘." 『說文』云: "蘆菔, 似蕪菁. 實如小尗者."[86] 『玉篇』引『方言』: "蘴, 江東呼菘. 蕪菁也."[87] 蓋雜取「注」文言之. 又引『方言』: "東魯人呼蘆菔爲菈遝子[88]." 『廣韻』: "菈遝, 秦人呼蘿蔔."[89] 『廣雅』: "蘴·蕘, 蕪精也."[90], "菈遝, 蘆菔也."[91] 皆本此. 「注」內'鈴鐃', 當作'音鈴鐃之鐃'.

'풍蘴'은 '봉葑'이라고도 쓴다. 『시경·패풍』에 "순무나 무를 캐다"라

음을 '답'이라고 하였다.

82 『詩經·邶風·谷風』: "采葑采菲, 無以下體. 德音莫違, 及爾同死."

83 『爾雅·釋草』: "須, 葑蓯." 참고로 덧붙이자면, 같은 「釋草」에 "須, 葑蓯"라는 항목도 있다.

84 이 책의 원명은 『毛詩草木鳥獸蟲魚疏』다.

85 『爾雅·釋草』: "葖, 蘆萉."

86 『說文解字』 艸部: "菔, 蘆菔. 似蕪菁, 實如小尗者. 從艸服聲."

87 『玉篇』 艸部: "思雄切. 『方言』云, '豐, 江東曰菘, 蕪菁也.'"

88 본문에는 '子'라는 글자가 없다.

89 『廣韻』 入聲: "菈遝, 秦人呼蘿蔔."

90 『廣雅·釋草』: "蘴·蕘, 蕪菁也." 戴震은 "蘴·蕘, 蕪精也"라고 기록하였는데, '精'은 '菁'의 오류가 아닌가 의심된다.

91 『廣雅·釋草』: "菈遝, 蘆菔也."

는 구절이 있는데, 『모전』에 "봉葑은 수須다"라고 하였다. 「소」에서는 『방언』의 이 조항을 인용하였는데, '관지동서關之東西'를 '관서關西'라고 썼고, 조위지교趙魏之郊의 '교郊'를 '부部'라고 잘못 썼다. 『이아·석초』에 "수須는 손무蕵蕪다"라는 구절이 있는데, 「소」에서는 『시경』의 「소」를 기록하였으므로 같은 오류를 범했다. 정현은 『예기·방기』의 주해에서 "봉葑은 만청蔓菁이다. 진陳 송宋에 걸친 지역에서는 봉葑이라고 한다"고 하였다. 육기의 『모시초목조수충어소』에 말하기를, "유주 사람들은 혹은 개芥라고도 한다"고 하였다. 『이아·석초』에서는 또 "돌葖은 노비蘆葩다"라고 하였고, 곽박 「주」에, "비葩는 마땅히 복菔이 되어야 한다. 노복蘆菔은 무청蕪菁의 종류이며, 자줏빛 꽃에 큰 뿌리가 있는 것을 일반적으로는 박돌雹葖이라고 한다"고 말했다. 「소」에 말하기를 "자줏빛 꽃이 피는 것은 숭菘이라고 하며, 일반적으로는 온숭温菘이라고 부른다"고 하였다. 『설문해자』에, "노복蘆菔은 만청蕪菁과 비슷하다. 열매는 작은 콩과 같다"고 하였다. 『옥편』은 『방언』을 인용하여 "풍豐은 강동江東에서는 숭菘이라고 부르니, 무청蕪菁이다"라고 하였는데, 『방언』의 원문과 「주」를 섞어서 말한 것이다. 또 『방언』을 인용하여 "동로東魯 사람들은 노복蘆菔(순무)을 납답자菈遝子라고 한다"고 하였다. 『광운』에 "납답菈遝(순무)을 진秦 사람들은 노복蘿蔔이라고 한다"고 하였으며, 『광아』에 "풍豐·요蕘는 순무(무정蕪精)다", "납답菈遝은 순무(노복蘆菔)다"라고 하였는데, 모두 여기에서 근거하였다. 곽박 「주」 안에 있는 '영요鈴鐃'는 마땅히 '음은 영요鈴鐃의 요鐃'라고 해야 한다.

역해

① 豐[풍]: 순무(봉(葑)으로도 쓴다). 배추. 陳楚之郊에서 豐라고 함. 곽박은 이 글자의 옛 발음이 蜂이라고 했는데 이에 근거한 상고음은

[*buŋ, *phjuŋ]이며, 또 곽박 당시 江東音은 嵩이라고 했는데 이에 근거한 상고음은 [*sjəŋw]이다. 곽박은 이 글자를 菘으로 쓴다고 함.

② 蕘[요]: 순무. 魯齊之郊에서 蕘라고 함. 곽박「주」에서 발음은 鈴鐃의 鐃이라고 했으며 이에 근거한 상고음은 [*nragw]이다.

③ 蕪菁[무청]: 순무. 蔓菁이라고도 함. 함곡관의 동쪽과 서쪽에서 蕪菁이라고 함. 蕪菁은 豐, 蕘의 풀이어휘.

④ 大芥[대개]: 무의 별칭. 趙魏之郊에서는 大芥라고 함.

⑤ 辛芥[신개]: 채소 이름. 작은 무. 그 가운데 작은 것을 辛芥라고 함.

⑥ 幽芥[유개]: 순무. 幽芥라고도 함.

⑦ 蘆菔[노복]: 무. 其紫華者謂之蘆菔. 곽박「주」에서 발음은 羅, 匐이라고 했으며 이에 근거한 상고음은 [*lar], [*bək, *bjək]이다. 곽박 당시에 江東 지역에 溫菘라는 것이 있는데 그 열매는 작은 콩만 함.

⑧ 菈遝[랍답]: 무. 東魯에서 菈遝이라고 함. 곽박「주」에서 발음은 각각 洛荅反, 大合反이라고 했으며 이에 근거한 상고음은 [*ləp], [*dəp]이다.

방언 11

茷[92]① · 芡②【音儉】, 雞頭③也. 北燕謂之茷【今江東亦名茷耳】, 青徐淮泗之間謂之芡. 南楚江湘之間謂之雞頭, 或謂之鴈頭④, 或謂之烏頭⑤.【狀似烏頭, 故轉以名之】

역茷 · 검芡【음은 검儉이다】은 가시연(계두雞頭)의 뜻이다. 북연北燕에서는 역茷이라고 하고,【지금(곽박 당시) 강동江東에서도 역시 역이茷耳라고 한다】 청青서徐 회淮 사泗에 걸친 지역에서는 검芡이라고 한다. 남초南楚와 강수江水

92 『四部叢刊』本에는 모두 '葰'로 되어 있으나, 戴震은 모두 '茷'로 고쳤다.

와 상수湘水에 걸친 지역에서는 계두雞頭라고 하거나, 혹은 안두鴈頭라고 하거나, 혹은 오두烏頭라고 한다.【생긴 모습이 오두烏頭와 비슷하므로 그렇게 전해져서 부르게 되었다】

방언소증

案'葰'各本多訛作'葰', 曹毅之本[93]不誤. 『廣雅』: "葰芡, 雞頭也."[94] 本此. 曹憲『音釋』[95]: "葰, 悅欒反." 『玉篇』引『方言』: "葰·芡, 雞頭也. 北燕謂之葰."[96] 『廣韻』引『方言』: "南楚謂之雞頭, 北燕謂之葰. 青徐淮泗之閒謂之芡."[97] 『周禮·籩人』: "加豆之實, 蔆芡㮚脯."[98] 鄭「注」: "芡, 雞頭也." 「疏」云: "今人或謂之鴈頭."

'역葰'은 각 판본에 대체로 '준葰'으로 잘못 되어 있으나 조의지의 판본은 틀리지 않았다. 『광아』에 "역葰·검芡은 가시연(계두雞頭)이다"라고 한 것은 여기에서 근거하였다. 조헌의 『광아음석』에서는 "역葰은 음이 열예반悅欒反"이라고 하였다. 『옥편』은 『방언』을 인용하여 "역葰·검芡은 가시연이다. 북연北燕에서는 역葰이라고 한다"고 하였다. 『광운』은 『방언』을 인용하여 "남초南楚에서는 계두雞頭라고 하고, 북연北燕에서 역

93 華學誠에 따르면, 戴震, 盧文弨 등 청대학자들이 말하는 宋代 曹毅之의 판본은 사실상 正德己巳鈔宋本으로, 宋刻本이 아니라고 한다.

94 『廣雅·釋草』: "葰·芡, 雞頭也."

95 隋代의 秘書學士였던 曹憲이 『廣雅』에 대하여 『音釋』을 지었는데, 隋 煬帝를 피휘하여 『博雅』라고 이름을 바꾸었다. 따라서 지금까지도 두 가지 명칭으로 불리는데, 실은 하나의 책이다.

96 『玉篇』 艸部: "弋箠切. 『方言』云: 芡雞頭也. 北燕謂之葰."

97 『廣韻』 上聲: "芡, 『說文』云: 鷄頭也. 『方言』曰: 南楚謂之鷄頭, 北燕謂之葰, 青徐淮泗之間謂之芡."

98 『周禮·天官·籩人』의 문장은 "加籩之實, 蔆·芡·栗·脯"인데, 戴震이 기억에 의존하여 인용하면서 생긴 오류일 것이다.

葰이라고 하며, 청青 서徐 회淮 사泗에 걸친 지역에서는 검芡이라고 한다"고 하였다. 『주례·천관·변인』에 "변籩에 채워 올리는 과일은 마름, 가시연밥, 밤, 포 등을 더하여 준다"[99]는 구절이 있는데, 정현의 「주」에 "검芡은 가시연(계두雞頭)"이라고 하였고, 「소」에서 말하기를 "요즘 사람들은 혹은 안두鴈頭(가시연)라고도 한다"고 하였다.

역해

① 葰[역]: 가시연. 수련과의 다년초. 北燕에서 葰이라고 함. 곽박 당시에 江東에서도 葰라고 함.

② 芡[검]: 가시연. 靑徐淮泗之間에서 芡라고 함. 곽박 「주」에서 발음은 儉이라고 했으며 이에 근거한 상고음은 [*gjiamx]이다.

③ 鷄頭[계두]: 가시연을 이르는 말. 南楚江湘之間에서 雞頭라고 함. 雞頭는 葰, 芡의 풀이어휘.

④ 鴈頭[안두]: 가시연을 이르는 말. 南楚江湘之間에서 雞頭라고 하거나, 鴈頭라고 하거나, 烏頭라고 함.

⑤ 烏頭[오두]: 가시연을 이르는 말. 南楚江湘之間에서 雞頭라고 하거나, 鴈頭라고 하거나, 烏頭라고 함.

---

99 『周禮·天官·籩人』에는 "加籩之實, 蔆芡栗脯, 蔆芡栗脯"라고 되어 있다. '蔆芡'은 '菱芡'과 같다. 菱芡은 마름과 가시연밥이다. 戴震은 "加籩"이라고 해야 할 것을 "加豆"라고 잘못 인용했다. 따라서 글자를 고쳐서 위와 같이 옮겼다. "加豆之實"이라는 용어는 『周禮·天官·醢人』에 나온다.

방언 12

凡草木刺人，北燕朝鮮之間謂之茦①【『爾雅』曰, "茦, 刺也."[100]】, 或謂之壯②.【今淮南人亦呼壯. 壯, 傷也. 『山海經』謂刺爲傷也.[101]】 自關而東或謂之梗③【今之[102]梗榆】, 或謂之劌④.【劌者傷割人名, 音鱥魚也】 自關而西謂之刺⑤. 江湘之間謂之棘⑥.【楚詞曰 : 曾枝剡棘[103]. 亦通語耳. 音己力反】

무릇 초목이 사람을 찌르는 것, 즉 가시를 북연北燕과 조선朝鮮에 걸친 지역에서는 자茦라고 하거나,【『이아』에 말하기를, "책茦은 가시(자刺)다"라고 했다】 혹은 장壯[104]이라고도 한다.【지금(곽박 당시) 회남淮南 사람들도 장壯이라고 한다. 장壯은 다치게 하다(상傷)의 뜻이다. 『산해경』에서 "자刺를 상傷이라고 한다"고 했다】 함곡관으로부터 동쪽에서 혹은 경梗【지금(곽박 당시)은 경유梗榆라고도 한다】이라고 하거나, 혹은 귀劌라고 한다.【귀자劌者란 사람을 상해하고 가르는 사람을 부르는 말로, 귀劌의 음은 궤어鱥魚의 궤鱥다】 함곡관으로부터 서쪽에서는 자刺라고 한다. 강수江水와 상수湘水에 걸친 지역에서는 극棘이라고 한다.【『초사』에 "겹겹의 가지에 날카로운 가시를 달고서(曾枝剡棘)"라는 구절이 있는데, 이 역시 통어通語다. 음은 기력반己力反이다】

---

100 『爾雅・釋艸』: "茦, 刺."

101 『山海經・中山經』: "方莖而蒼傷." 郭璞이 위와 같이 말한 것은 바로 이 구절을 가리킨다.

102 『四部叢刊』本에는 '云'이라고 되어 있으나, 戴震은 '之'로 고쳤다.

103 『楚辭・橘頌』: "曾枝剡棘, 圓果摶兮. 青黃雜糅, 文章爛兮."

104 華學誠은 壯, 創, 戕의 세 글자가 모두 음이 서로 비슷하고 뜻이 통한다고 하였다.

案'茦'各本訛作'策', 今訂正. 『爾雅 · 釋草』: "茦, 刺"[105], 「注」云: "草刺針也." 關西謂之刺, 燕北朝鮮之閒曰茦, 見『方言』. 「疏」全引『方言』此條, 文竝同. 『釋文』引『方言』: "凡草木而刺人者, 北燕朝鮮之閒謂之茦", "關西呼茦壯爲莿."[106] 『說文』'茦''莿'二字轉注.[107] 徐鍇『繫傳』云: "此爲草木之莿, 刺爲斫刺之刺." 『廣雅』: "梗 · 劌 · 棘 · 策 · 刺 · 壯, 箴也."[108] 古通用'刺', 不必如徐鍇所辨別. 張衡「西京賦」: "梗林爲之靡拉."[109] 李善「注」引『方言』: "凡草木刺人爲梗." 「聘義」: "廉而不劌."[110] 鄭「注」云: "劌, 傷也." 『釋文』: "九衛反." 引『字林』: "劌, 利傷也."[111] 『楚辭 · 橘頌』: "曾枝圓棘."[112] 洪興祖『補注』引『方言』: "凡草木刺人. 江湘之閒謂之棘."

'자茦'는 각 판본에 '책策'으로 잘못 되어 있는데, 지금 바로잡는다. 『이아 · 석초』에 "자茦는 찌르다(자刺)의 뜻"이라고 하였다. 곽박 「주」에 "풀이 찌르는 것이다. 관서關西에서는 자刺라고 하고, 연燕의 북쪽과 조

105 『爾雅 · 釋艸』: "茦, 刺."

106 『經典釋文』에서 이 대목은 '자莿'라는 항목이 아니라 '刺'라는 항목 아래 있는 구절이다. 戴震은 같은 항목에 있는 말로 여기고 병렬하여 인용하였던 것으로 보인다.

107 『說文解字』 艸部: "茦, 莿也. 從艸朿聲." 『說文解字』 艸部: "莿. 茦也. 從艸刺聲."

108 『廣雅 · 釋詁』: "梗 · 劌 · 棘 · 傷 · 茦 · 刺 · 壯, 箴也."

109 『文選 · 賦甲 · 西京賦』: "梗林爲之靡拉, 樸叢爲之摧殘."

110 『禮記 · 聘義』: "溫潤而澤, 仁也. 縝密以栗, 知也. 廉而不劌, 義也."

111 『經典釋文』에는 '不劌'라는 항목의 아래 "九衛反. 傷也. 『字林』云: '利傷也.' 又音己芮反"이라고 되어 있다.

112 戴震은 郭璞의 「주」에 인용되어 있는 『楚辭 · 橘頌』의 구절을 반복하려 했는데, "曾枝剡棘"을 실수로 "曾枝圓棘"이라고 했던 것으로 보인다. 따라서 역자는 고쳐서 번역하였다.

선朝鮮에 걸친 지역에서는 자茦라고 한다. 『방언』에 보인다"고 하였다. 「소」에서는 『방언』의 이 조항의 문장을 인용하였는데 모두 동일하다. 『경전석문』에서는 『방언』을 인용하여 "무릇 풀이나 나무의 사람을 찌르는 부분, 즉 가시로, 북연北燕과 조선朝鮮에 걸친 지역에서는 자茦라고 한다"고 하였다. 또 "관서關西에서는 자茦·장壯을 자莿(가시)라고 한다"고 하였다. 『설문해자』에 "자茦와 자莿 두 글자는 전주轉注"라고 하였다. 서개의 『설문해자계전』에 "자莿는 초목이 찌르는 것이고, 자刺는 도끼나 칼이 찌르는 것"이라고 하였다. 『광아』에 "경梗·귀劌·극棘·상傷·자茦·자刺·장壯은 바늘, 침, 가시(잠箴)의 뜻"이라고 하였다. 옛날에는 '자刺'로써 통용되었으니, 서개와 같이 구별할 필요는 없다. 장형의 「서경부」에 "가시나무는 바람에 이리저리 휩쓸리고"라는 구절이 있는데, 이선의 「주」에서 『방언』을 인용하여 "무릇 풀이나 나무가 사람을 찌르는 것을 경梗(가시)이라고 한다"고 말했다. 『예기·빙의편』에 "모나지만 다치지 않는다(廉而不劌)"라는 구절이 있는데; 정현의 「주」에 "귀劌는 다치다(상傷)의 뜻"이라고 하였다. 『경전석문』에서는 "(귀劌의 음은) 구위반九衛反"이라고 하였으며, 『자림』을 인용하여 "귀劌는 날카로운 상처"라고 하였다. 『초사·귤송』에 "겹겹의 가지에 날카로운 가시를 달고서"라는 구절이 있는데, 홍흥조의 『초사보주』에서 『방언』을 인용하여 "무릇 풀이나 나무가 사람을 찌르는 것(가시)을 강수江水와 상수湘水에 걸친 지역에서는 극棘이라고 한다"고 했다.

역해

① 茦[재]: 풀의 가시. 莿로도 씀. 풀이나 나무가 사람을 찌르다. 北燕朝鮮之間에서 茦라고 함.

② 壯[장]: 상하다. 해치다. 戕과 통용. 北燕朝鮮之間에서 茦이라고 하거

나, 壯이라고 함. 곽박 당시에 淮南人들도 壯이라고 함.

③ 梗[경] : 초목의 가지나 줄기, 뿌리. 초목이 사람이나 동물 등을 찌르다. 함곡관으로부터 동쪽에서 梗이라고 함. 곽박 당시에는 梗楡라고 함.

④ 劌[귀] : 베이거나 찔리거나 하여 다치다. 함곡관으로부터 동쪽에서 梗이라고 하거나, 劌라고도 함. 곽박 「주」에서 발음은 鱥魚의 鱥이라고 했으며 이에 근거한 상고음은 [*kwjiadh]이다.

⑤ 刺[자] : 찌르다. 함곡관으로부터 서쪽에서 刺라고 함.

⑥ 棘[극] : 찌르다. 가시가 달린 초목. 江湘之間에서 棘이라고 함. 곽박 「주」에서 발음은 己力反[*kjək]이라고 했는데, 棘의 상고음은 [*kjək]이다.

방언 13

凡飮藥傅藥而毒, 南楚之外謂之瘌①【乖瘌】, 北燕朝鮮之間謂之癆②【癆瘌皆辛螫也. 音聊】, 東齊海岱之間謂之瞑[113]③, 或謂之眩④.【瞑眩亦今通語耳】 自關而西謂之毒⑤. 瘌, 痛⑥也.

무릇 마시는 약이나 바르는 약에 독이 있는 것을 남초南楚의 외부에서는 랄瘌【괴랄乖瘌이다】이라고 하고, 북연北燕 조선朝鮮에 걸친 지역에서는 로癆【로癆와 랄瘌은 모두 독충이 쏘다(신석辛螫)의 뜻이다. 음은 료聊다】 동제東齊 해대海岱에 걸친 지역에서는 면眠이라고 하거나, 혹은 현眩【명현瞑眩은 역시 지금의 통어通語다】이라고 한다.[114] 함곡관으로부터 서쪽에서는 독毒이라고 한다. 랄瘌은 아프다(통痛)의 뜻이다.

---

113 각 판본에는 '眠'으로 되어 있으나, 戴震은 '瞑'으로 고쳤다.

114 참고로, 瞑眩이라는 단어는 약물 반응으로 정신이 흐릿하다는 뜻이다.

방언소증

案『說文』: "楚人謂藥毒曰痛瘌."[115], "朝鮮謂藥毒曰癆."[116] '瞑'各本訛作'眠', 曹毅之本不誤. 『孟子』引『書』曰: "若藥不瞑眩."[117] 趙岐「注」云: "藥攻人疾先使瞑眩憒亂." 『尚書・疏』引『方言』: "凡飮藥而毒, 東齊海岱閒或謂之瞑, 或謂之眩." 『廣雅』: "癆・毒・瘌, 痛也."[118] 義本此.

『설문해자』에 "초나라 사람은 약물의 독성을 통랄痛瘌이라고 한다", "조선朝鮮에서는 약물의 독성을 로癆라고 한다"고 하였다. '명瞑'을 각 판본에서는 '면眠'이라고 잘못 썼다. 조의지曹毅之의 판본만 틀리지 않았다. 『맹자』는 『서경』의 "만약 약을 먹어도 아무런 반응이 없다면"이라는 구절을 인용하였는데, 조기의 「주」에서 말하기를 "약이 사람의 병질을 다스림에 먼저 아찔하고 어지럽게 한다"고 하였다. 『상서・소』에서는 『방언』을 인용하여 "무릇 마시는 약이 독이 있는 경우, 동제東齊 해대海岱에 걸친 지역에서 혹은 명瞑이라고 하거나, 혹은 현眩이라고 한다"고 하였다. 『광아』에 "로癆・독毒・랄瘌은 아프다(통痛)의 뜻"이라는 구절이 있는데, 그 의미는 여기에서 근거하였다.

역해

① 瘌[랄]: 독하다. 아프다. 상하다. 南楚之外에서 瘌라고 함.

---

115 『說文解字』 疒部: "瘌, 楚人謂藥毒曰痛瘌. 從疒剌聲."

116 『說文解字』 疒部: "癆, 朝鮮謂藥毒曰癆. 從疒勞聲."

117 『孟子・滕文公(上)』: "『書』曰, '若藥不瞑眩, 厥疾不瘳.'"

118 『廣雅・釋詁』: "憯・恫・灼・怛・哀・慯・癆・荼・毒・憯・蛆・㦬・瘌・蓺・疼・悲・悲・愍・殷・惄・痠・讟・桐, 痛也."

② 癆[로] : 약물에 중독되다. 아프다. 北燕朝鮮之間에서 癆라고 함. 곽박 「주」에서 발음은 聊이라고 했는데 이에 근거한 상고음은 [*liəgw]이다.
③ 瞑[명] : 약물 반응으로 정신이 흐릿하다. 東齊海岱之間에서 瞑이라고 함.
④ 眩[현] : 어지럽다. 현기증 나다. 東齊海岱之間에서 瞑이라고 하거나, 眩이라고 함. 곽박은 瞑眩이 당시의 通語라고 함.
⑤ 毒[독] : 해독을 끼치다. 해치다. 격렬하다. 맹렬하다. 함곡관으로부터 서쪽에서 毒이라고 함.
⑥ 痛[통] : 아프다. 痛은 瘌의 풀이어휘.

방언 14

逞①·曉②·恔③·苦④, 快⑤也.【恔[119]卽狡, 狡戲亦快事也】 自關而東或曰曉, 或曰逞. 江淮陳楚之間曰逞, 宋鄭周洛韓魏之間曰苦, 東齊海岱之間曰恔, 自關而西曰快.

령(정)逞·효曉·교恔·고苦는 즐겁다(쾌快)의 뜻이다.【교恔는 바로 교狡인데, 교희狡戲도 또한 즐거운 일이다】 함곡관으로부터 동쪽에서는 효曉라고 하거나, 혹은 령(정)逞이라고 한다. 강회江淮 진陳 초楚에 걸친 지역에서는 령(정)逞이라고 하고, 송宋 정鄭 주周 낙洛 한韓 위魏에 걸친 지역에서는 고苦라고 하며, 동제東齊 해대海岱에 걸친 지역에서는 교恔라고 하고, 함곡관으로부터 서쪽에서는 쾌快라고 한다.

119 『四部叢刊』本에는 '快'로 되어 있으나, 戴震은 '恔'로 고쳤다.

방언소증

案前卷二內, "逞・苦・了, 快也."[120] '曉'與'了', 義蓋相因. 『孟子』: "於人心, 獨無恔乎."[121] 趙岐「注」云: "恔, 快也." 『廣雅』: "逞・苦・曉・恔, 快也."[122] 義本此.

앞의 제2권에 "령(정)逞・고苦・료了는 즐겁다(쾌快)의 뜻이다"라는 항목이 있는데, 효曉와 료了는 의미가 대개 서로 중복된다. 『맹자』에 "사람의 마음에 쾌하지 아니하겠는가!"라는 구절이 있는데, 조기의 「주」에 "교恔는 즐겁다(쾌快)의 뜻"이라고 하였다. 『광아』에 "령(정)逞・고苦・효曉・교恔는 즐겁다(쾌快)의 뜻"이라고 하였는데, 그 의미는 여기에서 근거하였다.

역해

① 逞[령(정)] : 만족스럽다. 마음이 유쾌하다. 함곡관으로부터 동쪽에서 曉라고 하거나, 逞이라고 함. 江淮陳楚之間에서 逞이라고 함.
② 曉[효] : 통쾌하다. 함곡관으로부터 동쪽에서 曉라고 하거나, 逞이라고 함.
③ 恔[교] : 즐겁다. 만족스럽다. 東齊海岱之間에서 恔라고 함.
④ 苦[고] : 즐겁다. 宋鄭周洛韓魏之間에서 苦라고 함.
⑤ 快[쾌] : 쾌하다. 통쾌하다. 함곡관으로부터 서쪽에서 快라고 함. 快는 逞, 曉, 恔, 苦의 풀이어휘.

120 『方言』의 제2권에 있는 "逞・苦・了, 快也. 自山而東或曰逞, 楚曰苦, 秦曰了"라는 항목을 가리킨다.

121 『孟子・公孫丑(下)』: "且比化者, 無使土親膚, 於人心, 獨無恔乎."

122 『廣雅・釋詁』: "逞・苦・憭・曉・恔, 快也."

방언 15

膠①·譎②, 詐③也. 涼州西南之間曰膠, 自關而東西或曰譎, 或曰膠.【汝南人呼欺爲讉訰, 他回反.[123] 亦曰詒, 音殆】詐, 通語也.

교膠·휼譎은 속이다(사詐)의 뜻이다. 양주涼州의 서남쪽에 걸친 지역에서는 교膠라고 하고, 함곡관으로부터 동쪽과 서쪽 지역에서는 휼譎이라고 하거나, 혹은 교膠라고 한다.【여남汝南 사람들은 속이다(기欺)를 퇴讉라고 한다. 음은 탁회반託回反이다.[124] 또 태詒라고도 하는데, 음은 태殆다】사詐는 통어通語다.

방언소증

案『說文』云: "梁益曰謬欺, 天下曰譎."[125] 郭璞『爾雅·序』曰: "竝多紛謬." 『釋文』引『方言』: "謬, 詐也." 『廣雅』: "謬·譎·詐·膠, 欺也."[126] '謬'與'膠'兩見, 今『方言』無"謬, 詐也."之語. 或此條, 脱一'謬'字. 『爾雅·釋詁』: "詐. 僞也."[127] 「疏」全引『方言』此條, 文並同. 『列子·黃帝篇』: "旣而狎侮欺詒."[128] 張湛「注」引『方言』: "相欺亦曰詒." 似即

---

123 『四部叢刊』本에는 '讉, 訰回反'으로 되어 있으나, 戴震은 '讉訰, 他回反'으로 고쳤다. 그러나 盧文弨는 '讉, 託回反'이라고 고쳤고, 錢繹과 吳承仕, 華學誠이 이에 동의했다.

124 華學誠의 수정에 따라 번역했다.

125 『說文解字』 言部: "譎, 權詐也. 益梁曰謬欺, 天下曰譎. 從言矞聲."

126 『廣雅·釋詁』: "訋·謎·詒·諼·謬·遁·嘐·屎·愲·怹·謾·譠·猶·譎·詐·僞·謏·膠·誣·詿·詑·調·突·虞, 欺也."

127 『爾雅·釋詁』: "載·謨·食·詐, 僞也."

128 『列子·黃帝篇』: "顧見商丘開年老力弱, 面目黎黑, 衣冠不檢, 莫不眲之. 旣而狎侮欺詒."

此條「注」文.

『설문해자』에 “양梁 익益에서는 교기謬欺라고 하고, 다른 곳에서는 모두 휼譎이라고 한다”고 하였다. 곽박의 『이아 · 서』에 “모두 어지럽고 잘못된 것이 많다”는 구절이 있는데, 『경전석문』에서는 『방언』을 인용하여 “류謬는 속이다(사詐)의 뜻”이라고 하였다. 『광아』에 “류謬 · 휼譎 · 사詐 · 교膠는 속이다(기欺)의 뜻이다”라는 구절이 있는데, 류謬와 교膠 두 글자는 보이지만, 지금의 『방언』에 “류謬는 속이다(사詐)의 뜻이다”라는 말은 없다. 어쩌면 이 조항에서 류謬라는 글자가 탈락된 것일지도 모른다. 『이아 · 석고』에 “사詐는 거짓되다(위僞)의 뜻이다”라는 말이 있는데, 「소」에서는 『방언』의 이 조항을 전부 인용하였으며 문장이 완전히 같다. 『열자 · 황제편』에 “그리하여 업신여기고 놀렸다”는 구절이 있는데, 장담의 「주」에서 『방언』을 인용하여 “서로 속이는 것을 또한 태詒라고 말한다”고 하였다. 아마도 이 조항의 곽박 「주」의 문장인 것 같다.

역해

① 膠[교] : 속이다. 涼州西南之間에서 膠라고 함. 함곡관의 동서 지역에서 譎이라고 하거나, 膠라고 함.
② 譎[휼] : 속이다. 거짓말하다. 함곡관의 동서 지역에서 譎이라고 하거나, 膠라고 함. 곽박 당시에 汝南人들은 欺를 讉이라고 함. 곽박 「주」에서 발음은 託回反이라고 했는데 이에 근거한 상고음은 [*thuəd]이다.
③ 詐[사] : 속이다. 거짓으로 ~인체 하다. 가정하다. 詐는 通語. 詐는 膠, 譎의 풀이어휘.

방언 16

揠①·擢②·拂③·戎④, 拔⑤也.【今呼拔草心爲揠, 烏拔反】自關而西或曰拔, 或曰擢.自關而東, 江淮南楚之間或曰戎. 東齊海岱之間曰揠.

알揠·탁擢·불拂·융戎은 뽑다(발拔)의 뜻이다.【오늘날(곽박 당시) 풀뿌리를 뽑는 것을 알揠이라고 한다. 음은 오발반烏拔反이다】함곡관으로부터 서쪽에서는 발拔이라고도 하고, 탁擢이라고도 한다. 함곡관으로부터 동쪽의 강회江淮 남초南楚에 걸친 지역에서는 융戎이라고도 한다. 동제東齊 해대海岱에 걸친 지역에서는 알揠이라고 한다.

방언소증

案『孟子』: "宋人有閔其苗之不長而揠之者."[129] 趙岐「注」云: "揠挺拔之. 欲亟長也." 潘岳「爲賈謐作贈陸機詩」: "擢應嘉舉."[130] 李善「注」引『方言』: "擢, 拔也." 『廣雅』: "揠·擢·拂·戎, 拔也."[131] 義本此.

『맹자』에 "송나라 사람이 그 싹이 빨리 자라지 않는 것을 조바심하여 싹을 뽑은 이가 있었다"는 구절이 있는데, 조기의 「주」에 말하기를, "알揠이란 그것을 뽑아내는 것이니 빨리 자라게 하려는 것"이라고 하였다. 반악의 「위가밀작증육기시」에 "발탁되어 훌륭한 직책을 받고"라는 구절이 있는데, 이선의 「주」에서 『방언』을 인용하여 "탁擢

129 『孟子·公孫丑(上)』: "宋人有閔其苗之不長而揠之者, 芒芒然歸."
130 『文選·詩丙·爲賈謐作贈陸機』: "擢應嘉擧, 自國而遷."
131 『廣雅·釋詁』: "搴·夭·抽·抒·揠·擢·拂·戎·扒, 拔也."

은 뽑다(발拔)의 뜻"이라고 하였다. 『광아』에 "알揠·탁擢·불拂·융戎은 뽑다(발拔)의 뜻"이라고 하였는데, 그 의미는 여기에서 근거하였다.

역해

① 揠[알] : 뽑다. 東齊海岱之間에서 揠라고 함.
② 擢[탁] : 뽑다. 함곡관으로부터 서쪽 지역에서 拔이라고 하거나, 擢라고 함.
③ 拂[불] : 뽑다. 빼다.
④ 戎[융] : 뽑아버리다. 제거하다. 함곡관으로부터 동쪽 江淮南楚之間에서 戎이라고도 함.
⑤ 拔[발] : 뽑다. 함곡관으로부터 서쪽 지역에서 拔이라고 하거나, 擢라고 함. 拔은 揠, 擢, 拂, 戎의 풀이어휘. 곽박 당시에는 揠이라고 함. 곽박 「주」에 발음은 烏拔反이라고 했는데 이에 근거한 상고음은 [*ʔriat]이다.

방언 17

慰①·廛②·度③, 凥④也.【『周官』云: "夫一廛"[132], 宅也. 音纏約】江淮青徐之間曰慰, 東齊海岱之間或曰廛, 或曰踐⑤.

---

132 『周禮·地官·遂人』: "辨其野之土上地中地下地, 以頒田里. 上地夫一廛, 田百畝, 萊五十畝, 餘夫亦如之. 中地夫一廛, 田百畝, 萊百畝, 餘夫亦如之, 下地夫一廛, 田百畝, 萊二百畝, 餘夫亦如之." 이 대목에서 '夫一廛'이란 '한 집마다 일전의 집터'를 준다는 뜻이다.

위慰·전廛·택度은 살다(거凥)의 뜻이다.【『주관』에 "한 집마다 일전一廛의 집터"라고 했는데, 집터(택宅)를 말한다. 음은 전악纏約이다】 강회江淮 청주青州 서주徐州에 걸친 지역에서는 위慰라고 하고, 동제東齊 해대海岱에 걸친 지역에서는 혹은 전廛이라고 하거나, 혹은 천踐[133]이라고 한다.

방언소증

案『廣雅』: "慰·廛, 凥也."[134] 義本此. 『文選·雜詩』: "宴慰及私辰."[135] 李善「注」引『方言』: "慰, 居也." '凥''居', 古通用. 『周禮·遂人』: "夫一廛."[136] 「注」云: "廛, 居也. 城邑之居." 古音宅, 讀如度. 故'宅''度'古多通. 『詩·大雅』: "宅是鎬京."[137] 「坊記」引作"度是鎬京."[138] 『周禮·縫人·注』引『書』'度西', 今『書』作'宅西'.[139] 他如『史記·五帝本紀』: "五流有度. 五度三居."[140] 「夏本紀」: "三危既度."[141] 『論

133 錢繹의 『方言箋疏』에서 廛과 踐은 옛날에는 같은 소리였다고 하였으며, 華學誠 역시 廛이 踐으로 音轉된 것이라고 보았다.

134 『廣雅·釋詁』: "里·㝴·閭·衖·甿·閈·圹·宇·慰·廛·枉·於·處·所·邸·墟·宙·郤·聚·落, 凥也."

135 『文選·詩己·翫月城西門解中一首』: "休澣自公日, 宴慰及私辰."

136 『周禮·地官·遂人』: "上地夫一廛, 田百畝, 萊五十畝, 餘夫亦如之. 中地夫一廛, 田百畝, 萊百畝, 餘夫亦如之. 下地夫一廛, 田百畝, 萊二百畝, 餘夫亦如之."

137 『詩經·大雅·文王之什·文王有聲』: "考卜維王, 宅是鎬京. 維龜正之, 武王成之. 武王烝哉."

138 『禮記·坊記』: "子云, "善則稱人, 過則稱己, 則民讓善. 詩云: 考卜惟王, 度是鎬京. 惟龜正之, 武王成之."

139 『書經·虞書·堯典』: "分命和仲, 宅西, 曰昧谷, 寅餞納日, 平秩西成, 宵中星虛, 以殷仲秋, 厥民夷, 鳥獸毛毨."

140 『史記·五帝本紀』: "舜曰, '皋陶, 蠻夷猾夏, 寇賊姦軌, 汝作士, 五刑有服, 五服三就, 五流有度, 五度三居, 維明能信.'"

141 『史記·夏本紀』: "三危既度, 三苗大序."

衡』引『詩』: "此維與度."[142]之類. 『漢書 · 注』臣瓚云: "案古文宅, 度同."[143] 是也.

『광아』에 "위尉 · 전廛은 살다, 거주하다(거凥)의 뜻"이라고 하였으니 그 의미는 여기에서 근거하였다. 『문선 · 잡시』에 "한가로이 거하며 혼자 일에 빠져들고 있네"라는 구절이 있는데, 이선의 「주」에서 『방언』을 인용하여 "위尉는 살다(거居)의 뜻"이라고 하였다. '거凥'와 '거居'는 옛날에는 통용되었다. 『주례 · 수인』에 "한 집마다 일전의 집터"라는 구절이 있는데, 「주」에서 "전廛은 살다(거居)의 뜻이다. 성읍城邑에서 사람이 사는 곳(거居)이라는 뜻"이라고 했다. '택宅'은 고음古音에서 '택度'과 같이 읽는다. 그래서 '택宅'과 '택度'은 옛날에는 많이 통했다. 『시경 · 대아』에 "이 호경鎬京으로 옮겨와 사시네(宅是鎬京)"라는 구절이 있으며, 『예기 · 방기』에서는 이를 인용하기를 이 호경鎬京으로 옮겨와 사시네(度是鎬京)"라고 하였다. 『주례 · 봉인 · 주』에서는 『서경』을 인용하여 '택서度西(서쪽 땅에 살게 하다)'라고 하였는데, 지금의 『서경』에는 '택서宅西(서쪽 땅에 살게 하다)'라고 되어 있다. 그밖에도 예를 들면, 『사기 · 오제본기』에 "오형五刑의 형량을 낮추어 유배형으로 할 것은 각각 차등을 두되, 그 차등은 다시 삼거三居[144]로 나눌 것이다(五流有度, 五度三居)"라는 말이 있다. 또 『사기 · 하본기』에 "삼위三危[145]도 이미 거주하도록 개발되어"라는 말이 있으며, 『논형』에서는 『시경』을 인용하

142 『詩經 · 大雅 · 文王之什 · 皇矣』: "乃眷西顧, 此維與宅." 『論衡 · 初稟』에 "『詩』曰: '乃眷西顧, 此惟予度'"라는 구절이 있다. 戴震은 『詩經』에 '宅'이 『論衡』에서 '度'이라는 글자로 인용되어 있음을 지적하고 있는 것이다.

143 『漢書 · 韋賢傳』: "我既此登, 望我舊階, 先后玆度, 漣漣孔懷." 이 대목에 대한 臣瓚의 주해다.

144 三居란 세 군데의 유배 지역이다. 大罪는 郊外에서, 그 다음의 죄는 市中에서 집행하고, 천자의 동족 중에 죄를 범한 자는 甸師氏라는 기구에서 은밀히 집행하는 것을 말한다.(정범진 외역, 『史記本紀』, 23면 참조)

145 三危는 三危山을 말하며, 지금의 甘肅省 敦煌縣에 있다.

여 "여기에 함께 머무시게 되었네"라고 한 것과 같은 예들이 있다. 『한서 · 위현전』의 「주」에 신찬이 말하기를, "고문에서는 택宅과 택度이 같았다"고 했으니 그의 말이 옳다.

역해

① 慰[위] : 정착하여 살다. 머물러 살다. 江淮青徐之間에서 慰라고 함.
② 廛[전] : 城 안에서 평민 한 가구가 차지하는 垈地. 성 안에 있는 평민의 집. 東齊海岱之間에서 度이라고 하거나, 廛이라고 하거나, 踐이라고 함.
③ 度[택] : 자리 잡다. 어떤 지위나 자리에 처하다. 東齊海岱之間에서 度이라고 하거나, 廛이라고 하거나, 踐이라고 함.
④ 凥[거] : 살다. 거주하다. 凥는 慰, 廛, 度의 풀이어휘.
⑤ 踐[천] : 지키다. 부임하다. 어떤 지위에 오르다. 東齊海岱之間에서 度이라고 하거나, 廛이라고 하거나, 踐이라고 함.

방언 18

萃① · 雜②, 集③也. 東齊曰聚[146]④.

---

146 『四部叢刊』本에는 '聖'이라고 되어 있던 것을 戴震이 '聚'로 고쳤다. 마땅히 이같이 고쳐야 하는 이유로는 첫째, 玄應의 『衆經音義』에서 『方言』을 인용하여 "東齊 海岱에 걸친 지역에서는 萃(모이다)를 聚라고 한다"고 하였으며, 둘째, 慧琳의 『一切經音義』에서 『方言』을 인용하여, "東齊 지역에서는 萃(모이다)를 聚라고 한다"고 하였기 때문에 이 글자는 '聖'이 아니라 '聚'가 되어야 한다고 周祖謨의 『方言校箋』에서 지적하였다. 華學誠은 萃, 雜, 集, 聚는 음이 비슷하고 뜻도 같다고 하였다.

췌萃·잡雜은 모으다, 모이다(집集)의 뜻이다. 동제東齊에서는 취聚라고 한다.

방언소증

案『詩·陳風』: "有鴞萃止."[147] 『毛傳』: "萃, 集也." 「鄭語」: "先王以土與金木水火雜, 以成百物."[148] 韋昭「注」云: "雜, 合也." 『廣雅』: "萃·雜·集, 聚也."[149] 義本此.

『시경·진풍』에 "올빼미가 모여들었네"라는 구절이 있는데, 『모전』에 "췌萃는 모이다(집集)의 뜻"이라고 하였다. 『국어·정어』에 "선왕은 토土와 금목수화金木水火를 합하여 만물을 생성했던 것입니다"라는 구절이 있는데, 위소의 「주」에서 "잡雜은 합하다(합合)의 뜻"이라고 하였다. 『광아』에 "췌萃·잡雜·집集은 모이다(취聚)의 뜻"이라고 하였는데, 그 의미는 여기에서 근거하였다.

역해

① 萃[췌] : 모이다. 풀이 모이는 모양.

---

147 『詩經·陳風·墓門』: "墓門有梅, 有鴞萃止. 夫也不良, 歌以訊之. 訊予不顧, 顚倒思予."

148 『國語·鄭語』: "故先王以土與金木水火雜, 以成百物. 是以和五味以調口, 剛四支以衛體."

149 『廣雅·釋詁』: "薅·槃·蕁·萃·櫕·嵏·雋·灂·叢·蓄·都·薄·薀·崇·灌·雜·茨·贊·榛·林·屯·集·宗·族·洿·緦·翕·葉·輪·會·積, 聚也."

② 雜[잡] : 만나다. 만나게 하다. 섞다. 뒤섞이다.

③ 集[집] : 모이다. 集은 萃, 雜의 풀이어휘.

④ 聚[취] : 모이다. 모으다. 모여들다. 무리.

방언 19

迨①, 遝②, 及③也. 東齊曰迨【音殆】, 關之東西曰遝, 或曰及.

태迨 · 답遝은 이르다(급及)의 뜻이다. 동제東齊에서는 태迨라고 하고,【음은 태殆다】 함곡관의 동서 지역에서는 답遝이라고 하거나, 혹은 급及이라고 한다.

방언소증

案『爾雅 · 釋言』: "迨, 及也."[150] 郭「注」云 : "東齊曰迨. 又逮遝也." 「注」云 : "今荆楚人皆曰遝." 『玉篇』云 : "迨遝, 行相及也."[151]

『이아 · 석언』에 "태迨는 이르다(급及)의 뜻"이라고 하였는데, 곽박 「주」에 "동제東齊에서는 태迨라고 한다"고 하였다. 『이아 · 석언』에 또 "미치다, 따라가다(태답逮遝)의 뜻"이라는 구절이 있는데, 곽박의 「주」에서 "요사이(곽박 당시) 형荆 초楚 사람들은 모두 (어디에 이르는 것을) 답遝이라고 한다"고 하였다. 『옥편』에 "합답迨遝은 길을 가는데 서로 따라가서 이르는 것"이라고 하였다.

150 『爾雅 · 釋言』: "迨, 及也." 『爾雅 · 釋言』: "冥, 幼也."
151 『玉篇』 辵部 : "迨, 胡荅切. 迨遝, 行相及."

역해

① 迨[태] : 이르다. 미치다. 東齊에서 迨라고 함. 곽박 「주」에 발음이 殆이라고 했으며 이에 근거한 상고음은 [*dəgx]이다.
② 遝[답] : 이르다. 미치다. 함곡관의 東西지역에서 遝이라고 하거나, 及이라고 함.
③ 及[급] : 미치다. 이르다. 함곡관의 東西지역에서 遝이라고 하거나, 及이라고 함. 及은 迨, 遝의 풀이어휘.

방언 20

荄①·杜②, 根③也.【今俗名韭根爲荄, 音陔】東齊曰杜,【『詩』曰 : "徹彼桑杜."[152] 是也】或曰芨.④【音撥】

해荄·두杜는 뿌리(근根)의 뜻이다.【요즘(곽박 당시) 속칭 풀뿌리(구근韭根)를 해荄라고 하는데, 음은 해陔다】동제東齊에서는 두杜라고 하거나,【『시경』에 "뽕나무 뿌리를 가져다가"라고 하였는데, 바로 이것이다】혹은 발芨이라고 한다.【음은 발撥이다】

방언소증

案『爾雅·釋草』: "荄, 根."[153] 郭「注」云 : "俗呼韭根爲荄." 潘岳「懷

---

152 『詩經·豳風·鴟鴞』: "迨天之未陰雨, 徹彼桑土, 綢繆牖戶. 今女下民, 或敢侮予." 이 구절에는 桑杜가 아니라 桑土로 되어 있다. 이에 대해서는 戴震의 『方言疏證』을 참조할 것.

舊賦」: "陳荄被于堂除."[154], 「悼亡詩」: "枯荄帶墳隅."[155] 李善「注」兩引『方言』: "荄, 根也." 『詩·豳風』: "徹彼桑土."[156] 『釋文』云: "『韓詩』作'杜', 『方言』: 東齊謂根曰杜."[157] 『說文』云: "茇, 艸根也. 春艸根枯, 引之而發土爲撥, 故謂之茇."[158]

『이아·석초』에 "해荄는 풀뿌리(근根)의 뜻"이라는 구절이 있는데, 곽박 「주」에 "속칭 구근韭根을 해荄라고 한다"고 하였다. 반악의 「회구부」에 "잡초 뿌리들은 당의 계단을 뒤덮고"라는 구절이 있으며, 「도망시」에 "말라버린 풀뿌리는 무덤의 귀퉁이를 두르고 있네"라는 구절이 있는데, 이선의 「주」에서는 두 군데 모두 『방언』을 인용하여 "해荄는 뿌리(근根)의 뜻"이라고 하였다. 『시경·빈풍』에 "뽕나무 뿌리를 가져다가"라는 구절이 있는데, 『경전석문』에서 말하기를, "『한시』에는 '두杜'라고 되어있는데 의미는 같다.[159] 『방언』에서는 동제東齊에서 뿌리를 두杜라고 한다"고 했다. 『설문해자』에 "발茇은 풀뿌리다. 봄에는 풀뿌리가 마르게 되므로, 이를 끌어당겨 흙을 북돋는 것을 발撥이라고 한다. 그래서 풀뿌리를 발茇이라고 한다"고 하였다.

---

153 『爾雅·釋艸』: "荄, 根."

154 『文選·賦辛·懷舊賦』: "空館闃其無人, 陳荄被于堂除, 舊圃化而爲薪, 步庭廡以徘徊."

155 『文選·詩丙賦·悼亡詩三首』: "徙倚步踟躕, 落葉委埏側, 枯荄帶墳隅, 孤魂獨焭焭, 安知靈與無."

156 『詩經·豳風·鴟鴞』: "迨天之未陰雨, 徹彼桑土, 綢繆牖戶. 今女下民, 或敢侮予."

157 『經典釋文』의 이 대목은 조금 차이가 있으니 다음과 같다. "『韓詩』作杜, 義同. 『方言』云: '東齊謂根曰杜.'"

158 『說文解字』 艸部: "茇, 艸根也. 從艸犮聲. 春艸根枯, 引之而發土爲撥, 故謂之茇. 一曰艸之白華爲茇."

159 『經典釋文』에 따라 번역하였다.

역해

① 荄[해] : 풀뿌리.

② 杜[두] : 뿌리. 東齊에서 杜라고 함.

③ 根[근] : 뿌리. 根은 荄, 杜의 풀이어휘. 곽박 당시에는 부추의 뿌리를 속칭 荄라고 함. 곽박 「주」에 발음은 陔이라고 했으며 이에 근거한 상고음은 [*kəg]이다.

④ 茇[발] : 풀뿌리. 東齊에서 杜라고 하거나, 茇이라고 함. 곽박 「주」에 발음이 撥이라고 했으며 이에 근거한 상고음은 [*pat]이다.

방언 21

班① · 徹②, 列③也. 北燕曰班, 東齊曰徹.

반班 · 철徹은 순서에 따라 나열하다(열列)의 뜻이다. 북연北燕에서는 반班이라고 하고, 동제東齊에서는 철徹이라고 한다.

방언소증

案趙岐注『孟子』'班爵祿'[160]云 : "班, 列也." 『春秋』昭公二年, 『左傳』: "送從逆班."[161] 杜預「注」云 : "班, 列也." 任昉「奏彈曹景宗」曰 : "榮高列侯."[162] 李善「注」引『方言』: "列, 班也." 所引卽此文. 『詩 · 大雅』:

160 『孟子 · 萬章(下)』: "北宮錡問曰 周室班爵祿也 如之何?"

161 『春秋左傳』昭公 二年 : "少姜爲之請, 曰 : '送從逆班. 畏大國也, 猶有所易, 是以亂作.'"

"王命召伯, 徹申伯土田."[163] 『毛傳』: "徹, 治也." 鄭「箋」云: "治者, 正其井牧, 定其賦稅." 亦於班列之義爲近. 『廣雅』: "列・班, 布也."[164]

『맹자』의 '벼슬의 계급과 봉급의 액수를 서열화하다'라는 구절에 대하여 조기가 주해하기를 "반班은 순서에 따라 나열하다(열列)의 뜻"이라고 하였다. 『춘추』 소공 2년 『좌전』에 "시집가는 데 따라가는 사람은 맞이하러 온 사람의 신분에 맞게 하는 것이다"라는 구절이 있는데, 두예의 「주」에 "반班은 순서에 따라 나열하다(열列)의 뜻"이라고 하였다. 임방의 「주탄조경종」에 "영예는 열후보다도 높다"라는 구절이 있는데, 이선의 「주」에서 『방언』을 인용하여 "열列은 순서에 따라 나열하다(반班)의 뜻"이라고 하였는데, 인용한 것이 바로 이 문장이다. 『시경・대아』에 "왕께서는 소백에게 명하시어 신백의 땅과 밭의 부세를 정하게 하시고"라는 구절이 있는데, 『모전』에 "철徹은 다스리다(치治)의 뜻"이라고 하였고, 정현의 『모시전』에서는, "다스린다는 것은 토질에 따라 정전井田과 목축지를 나누고 부세를 결정하는 것이다"라고 하였으니 역시 "반班은 순서에 따라 나열하다(열列)의 뜻"에 가깝다. 『광아』에 "열列・반班은 펴다, 펼치다(포布)의 뜻"이라고 하였다.

역해

① 班[반]: 등급을 나누다. 차례를 정하다. 北燕에서 班이라고 함.
② 徹[철]: 배열하다. 정렬하다. 東齊에서 徹이라고 함.

---

162 『文選・彈事・奏彈曹景宗』: "賞茂通侯, 榮高列將, 負檐裁弛, 鍾鼎遽列, 和戎莫效, 二八已陳."

163 『詩經・大雅・蕩之什・崧高』: "王命召伯, 定申伯之宅. 登是南邦, 世執其功."

164 『廣雅・釋詁』: "鋪・敞・巖・拵・嗽・列・播・莫・班・賦, 布也."

③ 列[열] : 나열하다. 列은 班, 徹의 풀이어휘.

방언 22

瘼①【音莫】・瘦②,【謂勞復也】 病③也. 東齊海岱之間曰瘼, 或曰瘦[165]. 秦曰溓④.【音閻, 或譖】

막瘼【음은 막莫이다】・복瘦은 병이 나다(병病)의 뜻이다.【노복勞復[166]을 말한다】 동제東齊와 해대海岱에 걸친 지역에서는 막瘼이라고 하거나, 혹은 복瘦이라고 하며, 진秦에서는 심瘎【음은 염閻, 혹은 담湛이다】[167]이라고 한다.

방언소증

案『詩・小雅』: "亂離瘼矣."[168] 『毛傳』: "瘼, 病也." 『爾雅』: "瘼, 病也."[169] 郭「注」云 : "東齊曰瘼, 瘦亦作瘦." 『玉篇』: "瘦再病也."[170] 『廣韻』: "瘎, 腹内故病."[171] 『廣雅』: "瘦. 瘎也."[172]

---

165 『四部叢刊』本에는 '瘼或曰瘦'이라고 되어 있으나, 戴震은 '曰瘼, 或曰瘦'로 고쳤다.

166 勞復이란 중병이 완쾌되기 전에 과로하여 다시 도진 병을 일컫는 말이다.

167 『四部叢刊』本에는 '瘎.(音閻, 或湛)'이라고 되어 있으나, 戴震은 '湛.(音閻, 或譖)'이라고 했지만, 華學誠은 원문을 고칠 필요가 없다고 했다. 華學誠의 설을 따라 번역하였다.

168 『詩經・小雅・谷風之什・四月』: "秋日淒淒, 百卉具腓. 亂離瘼矣, 爰其適歸."

169 『爾雅・釋詁』: "痡・瘏・虺頹・玄黃・劬勞・咎・顇・瘽・瘉・鰥・斁・瘨・癵・痙・痒・疷・疵・閔・逐・疚・痗・瘥・痱・擅・瘵・瘼・癠, 病也."

170 『玉篇』疒部 : "瘦, 扶又切. 勞也. 再病也. 亦作復."

171 『廣韻』下平聲 : "瘎, 腹内故病."

172 『廣雅・釋言』: "瘦, 瘎也."

『시경·소아』에 "난리통에 병이 들었으니"라는 구절이 있는데, 『모전』에 "막瘼은 병病의 뜻"이라고 하였다. 『이아』에서도 "막瘼은 병病의 뜻"이라고 하였고, 곽박의 「주」에 말하기를, "동제東齊에서는 막瘼이라고 한다"고 하였다. 복瘕은 또한 복瘦이라고도 쓴다. 『옥편』에 "복瘕은 다시 병에 걸리는 것이다"라고 하였고, 『광운』에 "복瘥은 배에 생긴 오랜 병을 말한다"고 하였으며, 『광아』에 "복瘕은 뱃속의 고질병(심瘥)"이라고 하였다.

역해

① 瘼[막] : 병. 질병. 고통. 東齊海岱之間에서 瘼이라고 함. 곽박 「주」에 발음이 莫이라고 했으며 이에 근거한 상고음은 [*mak]이다.

② 瘕[복] : 병이 재발하다. 東齊海岱之間에서 瘼이라고 하거나, 瘕이라고 함.

③ 病[병] : 병. 病은 瘼, 瘕의 풀이어휘.

④ 瘥[심] : 병이 나다. 병이 재발하다. 복통. 배앓이. 秦에서 瘥이라고 함. 곽박 「주」에 발음은 闇 또는 湛이라고 했는데, 이에 근거한 상고음은 [*ram] 또는 [*təm]이다.

방언 23

掩① · 醜② · 掍③【衮衣】· 綷④【作憒反】, 同⑤也. 江淮南楚之間曰掩. 宋衛之間曰綷, 或曰掍. 東齊曰醜.

엄掩 · 추醜 · 혼掍【음은 곤의衮衣의 곤衮[173]이다】· 졸綷【음은 작궤반作憒反이다]은 같다, 같게 하다, 모두(동同)의 뜻이다. 강회江淮 남초南楚에 걸친 지역에서는 엄掩이라고 한다. 송宋 위衛에 걸친 지역에서는 졸綷이라고 하거나, 혹은 혼掍이라고 하며, 동제東齊에서는 추醜라고 한다.

방언소증

案'掩''奄', 古通用. 『詩·周頌』: "奄有四方."[174] 『毛傳』: "奄, 同也." 醜訓類, 類亦同也. 『孟子』: "今天下地醜德齊, 莫能相尙."[175] 趙岐「注」云: "醜, 類也. 言今天下之人君土地相類." 以『方言』證之, 於義尤明. 班固「西都賦」: "掍建章而連外屬."[176], 王褒「洞簫賦」: "掍其會合."[177] 李善「注」兩引『方言』"掍, 同也." 「注」內'袞衣', 當作'音袞衣之袞'. 『玉篇』: "綷, 周也."[178] 『類篇』: "綷, 周也. 宋衛語." 周卽同之訛. 『說文』作"辭, 會五采繒色."[179] 亦於同之義爲近. 『廣雅』: "掍·粹·醜, 同也."[180] '粹'當作'綷'.

'엄掩'과 '엄奄'은 옛날에는 통용되었다. 『시경·주송』에 "온 세상을 모두 다스리시니"라는 구절이 있는데, 『모전』에서 "엄奄은 같다(동同)의 뜻"이라고 하였다.[181] 추醜의 뜻은 류類이니, 류類 역시 같다(동同)의

173 본래는 "袞衣"라고만 되어 있었으나, 戴震의 견해에 따라 이같이 옮겼다.

174 『詩經·周頌·淸廟之什·執競』: "載錫之光, 受祿無喪, 奄有四方."

175 『孟子·公孫丑(下)』: "今天下地醜德齊, 莫能相尙, 無他, 好臣其所敎而不好臣其所受敎."

176 『文選·賦甲·西都賦』: "掍建章而連外屬, 設璧門之鳳闕." 수레 길이 건장궁의 성내에 들어가서 특별한 길이 따로 있었던 것은 아니라는 것을 '掍'이라는 단어로 표현했으리라 생각된다.

177 『文選·賦壬·洞簫賦』: "帶以象牙, 掍其會合."

178 『玉篇』糸部: "綷, 子內切. 周也."

179 『說文解字』黹部: "辭, 會五采繒色. 從黹, 綷省聲."

180 『廣雅·釋詁』: "掍·粹·兼·幷·集·合·稽·醜·共, 同也."

뜻이다. 『맹자』에 "오늘날 천하가 지위가 같고 덕이 가지런하여 능히 서로 뛰어남이 없다"라는 구절이 있는데, 조기 「주」에 "추醜는 같다(류類)의 뜻이다. 오늘날 천하의 인군들이 소유한 토지가 서로 비슷하다"라고 하였다. 『방언』으로써 논증을 하면 의미가 더욱 분명하다. 반고의 「서도부」에 "건장궁에 (섞여)들어가 있으며 바깥으로 이어져 있다"는 구절이 있으며, 왕포의 「동소부」에 "이은 자리를 (꼭 맞게) 똑같게 했다"는 구절이 있는데, 이선의 「주」에서 두 곳 모두 『방언』을 인용하여 "혼掍은 같게 하다(동同)의 뜻"이라고 하였다. 곽박의 「주」에 '곤의衮衣'라고 되어 있는 부분은 마땅히 '음은 곤의衮衣의 곤衮'이라고 해야 할 것이다. 『옥편』에 "졸綷은 주周다"라고 되어 있으며, 『유편』에 "졸綷은 주周다. 송宋과 위衛의 말이다"라고 되어 있는데, '주周'는 '동同'을 잘못 쓴 것이다. 『설문해자』에 "수䊩[182]는 다섯 가지 색의 비단실을 모아 만든 것이다"라고 되어 있는데, 이 역시 같다(동同)라는 의미에 가깝다. 『광아』에 "혼掍·수粹·추醜는 같다(동同)의 뜻"이라고 되어 있는데, '수粹'는 마땅히 '졸綷'이라고 써야 한다.

역해

① 掩[엄] : 모두. 두루. 同과 같다. 江淮南楚之間에서 掩이라고 함.

② 醜[추] : 모두(衆). 東齊에서 醜라고 함.

③ 掍[혼] : 한데 합치다. 같게 하다. 宋衛之間에서 綷라고 하거나, 掍이라고 함. 곽박 「주」에 발음은 衮衣의 衮이라고 했는데, 이에 근거한 상

181 "奄有四方"의 '奄'을 '同(같다)'라고 하여 축자적으로 풀이하자면 "사방을 모두 다 가졌다"라는 뜻이 된다. 결국 '성왕과 강왕이 사방을 모두 가졌다'는 말은 '온 세상을 두루 다스렸다'는 의미가 되므로 위와 같이 해석하였다.

182 '䊩'라는 글자는 『漢語大詞典』에 보이지 않는다. 우선 그 독음을 '수'라고 했다.

고음은 [*kwənx]이다.

④ 綷[졸] : 같다. 宋衛之間에서 綷라고 함. 곽박 「주」에 발음은 作憒反이라고 했는데, 이에 근거한 상고음은 [*tsədh]이다.

⑤ 同[동] : 같다. 同은 掩, 醜, 捉, 綷의 풀이어휘.

방언 24

裕① · 猷②, 道③也. 東[183]齊曰裕, 或曰猷.

유裕 · 유猷는 길, 방법, 계략(도道)의 뜻이다. 동제東齊에서는 유裕라고 하거나, 혹은 유猷라고 한다.[184]

방언소증

案「坊記」引『書』: "爾有嘉謀嘉猷."[185] 鄭「注」云 : "猷, 道也." '猷''繇', 古通用. 『爾雅 · 釋詁』: "繇, 道也."[186] 『廣雅』: "裕, 道也."[187] '裕''猷', 亦一聲之轉.

『예기 · 방기』에서 『서경』을 인용하여 "그대는 좋은 계획과 좋은 방법이 있다"라고 한 구절이 있는데, 정현의 「주」에 "유猷는 방법(도道)

---

183 『四部叢刊』本에는 '東'이 없으나, 戴震은 '東'을 보충하였다.

184 猷裕는 道, 즉, 나라를 다스리는 방도라는 뜻이다.

185 『禮記 · 坊記』에 "君陳曰"이라고 되어 있다. 즉 『書經 · 周書』의 「君陳」편에서 인용한 것이다.

186 『爾雅 · 釋詁』: "迪 · 繇 · 訓, 道也."

187 『廣雅 · 釋詁』: "材 · 寶 · 綸 · 理 · 魯 · 牖 · 命 · 裕, 道也."

의 뜻"이라고 하였다. '유猷'와 '요繇'는 옛날에는 통용되었다. 『이아·석고』에 "요繇는 방법(도道)의 뜻"이라고 하였다. 『광아』에 "유裕는 방법(도道)의 뜻"이라고 하였다. '유裕'와 '유猷' 역시 일성지전一聲之轉이다.

역해

① 裕[유]: 길. 방법. 계략. 東齊에서 裕라고 하거나, 猷라고 함.
② 猷[유]: 꾀. 계획. 도. 법칙. 東齊에서 裕라고 하거나, 猷라고 함.
③ 道[도]: 방법. 길. 道는 裕, 猷의 풀이어휘.

방언 25

虔①·散②, 殺③也. 東齊曰散, 青徐淮楚之間曰虔.

건虔·산散은 죽이다(살殺)의 뜻이다. 동제東齊에서는 산散이라고 하고, 청青 서徐 회淮 초楚에 걸친 지역에서는 건虔이라고 한다.

방언소증

案虔訓殺, 已見前卷一內.[188]

건虔을 죽이다(살殺)의 의미로 풀이한 것은 이미 앞(제1)에 나온다.[189]

---

188 『方言』 제1권의 16번 항목을 참조할 것.
189 『方言』 제1권의 16번 항목인 "虔·劉·慘·惏, 殺也. 秦晉宋衛之間謂殺曰劉,

역해

① 虔[건] : 살육하다. 탈취하다. 재단하다. 베다(砍伐). 青徐淮楚之間에서 虔이라고 함.
② 散[산] : 줄이다. 감쇄하다. 죽이다. 東齊에서 散이라고 함.
③ 殺[살] : 죽이다. 殺은 虔, 散의 풀이어휘.

방언 26

氾①【音汎】・浼②【音漫】・潤③【湯潤】・④洼【烏蛙反】, 洿⑤也.【皆洿池也】自關而東或曰洼, 或曰氾. 東齊海岱之間或曰浼, 或曰潤.【荊州呼潢也】

범氾【음은 범汎이다】・매浼【음은 만漫[190]이다】・염潤【음은 탕염湯潤의 염潤[191]이다】・와洼【음은 오와반烏蛙反이다】는 웅덩이(오洿)의 뜻이다.【모두 연못, 흐르지

晉之北鄙亦曰劉. 秦晉之北鄙・燕之北郊・翟縣之郊, 謂賊爲虔. 晉魏河內之北謂惏曰殘, 楚謂之貪, 南楚江湘之間謂之歁"을 말한다. 戴震은 본래 '惏'으로 되어 있던 것을 '惏'으로 고치고, 『方言疏證』에 보이는 바와 같이 『說文解字』와 『經典釋文』 및 『左傳』과 그 「疏」에 인용된 문장을 근거로 들었다. 王念孫은 『方言疏證』의 手校本에서 "河內之北謂惏曰殘"이라는 『方言』 구절이 "河內之北謂殘曰惏"이라고 되어야 한다고 말했다. 王念孫은 다음과 같은 이유를 들었다. 즉, '賊'과 '殘'은 의미가 서로 연관이 있으므로, "秦晉의 북쪽 변두리와 燕의 北郊, 翟縣의 교외에서는 해치는 것(賊)을 虔이라고 하고, 晉魏河內의 북쪽에서는 殘을 惏이라고 한다"고 말하는 것이고, 또 '殘'과 '貪'은 의미상 서로 관련이 있으므로 그 다음에 '貪'을 언급했다는 것이다. 華學誠은 王念孫의 의견이 옳다고 하며 마땅히 "河內之北謂殘曰惏"이라고 고쳐야 한다고 지적했다.

190 浼는 중고음은 [明賄合一上]이지만 상고음은 漫과 같은 明성모, 元운부에 속했다.

191 본래는 "湯潤"이라고만 되어 있었으나, 戴震의 견해에 따라 이같이 옮겼다.

않고 고인물(오지洿池)을 말한다】 함곡관으로부터 동쪽에서는 와洼라고 하거나, 혹은 범氾이라고 한다. 동제東齊 해대海岱에 걸친 지역에서는 매浼라고 하거나, 혹은 염灂【형주荊州에서는 황潢이라고 한다】이라고 한다.

방언소증

案'洿''汙', 古通用. 『說文』: "洿, 濁水不流也. 一曰窳下也."[192], "汚, 薉也. 一曰小池爲汙."[193], "浼, 汚也. 『詩』曰 : 河水浼浼.[194] 『孟子』曰 : 汝安能浼我."[195], "海岱之閒謂相汚曰灂."[196], "洼, 深池也."[197], "潢, 積水池."[198] 孫奭『孟子音義』引『方言』: "東齊之閒謂汚曰浼." 郭「注」以爲皆洿池之名. 『廣雅』: "氾・醃・洼・染・灂・濩・辱・點, 汚也."[199] 蓋皆取薉汚義. '浼''醃', 古通用. 「注」內'湯灂', 當作'音湯爓之爓.'

'오洿'와 '오汙'는 옛날에는 통용되었다. 『설문해자』에 "오洿는 탁한 물이 흐르지 않는 것을 말한다. 유하窳下라고도 한다"고 하였다. 또 『설문해자』에서 "오汚는 썩은 냄새(예薉)의 뜻이다. 작은 못을 오汙라고

192 『說文解字』 水部 : "洿, 濁水不流也. 一曰窳下也. 從水夸聲."
193 『說文解字』 水部 : "汙, 薉也. 一曰小池爲汙. 一曰涂也. 從水于聲."
194 『詩經・邶風・新臺』: "新臺有洒, 河水浼浼. 燕婉之求, 籧篨不殄." 『毛詩傳』에서는 '浼'를 '더럽다'고 풀이하지 않고, 물이 땅과 거의 같은 높이로 평평하다("浼浼, 平地也")는 의미로 풀이하였다. 그러나 일반적으로는 浼浼는 물이 가득히 흐르는 모양을 형용하는 말이다.
195 『說文解字』 水部 : "浼, 汙也. 從水免聲. 『詩』曰 : '河水浼浼.' 『孟子』曰 : '汝安能浼我.'"라는 구절이 있는데, 이는 『孟子・公孫丑(上)』의 "爾焉能浼我哉."를 가리키는 것으로 보인다.
196 『說文解字』 水部 : "灂, 海岱之閒謂相汙曰灂. 從水閻聲."
197 『說文解字』 水部 : "洼, 深池也. 從水圭聲."
198 『說文解字』 水部 : "潢, 積水池. 從水黃聲."
199 『廣雅・釋詁』: "氾・醃・洼・染・灂・濩・辱・點, 汚也."

도 한다"고 하였고, 또 "매浼는 더럽다(오汚)의 뜻이다. 『시경』에 '황하물은 더럽다'라고 하였으며, 『맹자』에 '네가 어찌 나를 더럽힐 수 있겠는가!'라고 하였다"고 되어 있다. 또 "해대海岱에 걸친 지역에서는 서로 더럽히는 것을 염潤이라고 한다"라고 되어 있다. 또 "와洼는 깊은 연못(深池)을 말한다"라고 되어 있으며, 또 "황潢은 물이 고인 연못이다"라고 되어 있다. 손석孫奭의 『맹자음의』에서는 『방언』을 인용하여 "동제東齊에 걸친 지역에서는 더럽다(오汚)를 매浼라고 한다"고 하였다. 곽박의 「주」에서는 모두 오지洿池(연못, 흐르지 않고 고인물)의 이름이라고 하였다. 『광아』에 "범氾·면浼[200]·와洼·염染·염潤·호濩·욕辱·점點은 더럽다, 더럽히다(오汚)의 뜻"이라고 하였으니, 대체로 더럽다(薉汚)는 뜻을 취한 것이다. '매浼'와 '면浼'은 옛날에는 통했다. 곽박의 「주」에 있는 '탕염湯潤'은 마땅히 '음은 탕염湯爓의 염爓이다'라고 해야 한다.

역해

① 氾[범] : 물 이름. 함곡관으로부터 동쪽지역에서 洼라고 하거나, 氾이라고 함. 곽박 「주」에 발음은 汎이라고 했는데, 이에 근거한 상고음은 [*phjamh]이다.

② 浼[매] : 더럽히다. 모욕당하다. 물이 천천히 흐르는 모양. 東齊海岱之間에서 浼이라고 하거나, 潤이라고 함. 곽박 「주」에 발음은 漫이라고 했는데, 이에 근거한 상고음은 [*muanh]이다.

③ 潤[염] : 더럽히다. 東齊海岱之間에서 浼라고 하거나, 潤라고 함. 곽박 「주」에 발음은 湯潤의 潤이라고 했는데, 이에 근거한 상고음은 [*ram]

200 '浼'이란 글자는 『漢語大詞典』에 나오지 않는다. 우선은 독음을 '면'이라 하였다.

이다.

④ 洼[와] : 깊은 못. 웅덩이. 함곡관으로부터 동쪽지역에서 洼라고 하거나, 氾이라고 함. 곽박 「주」에 발음은 烏蛙反이라고 했는데, 이에 근거한 상고음은 [*?rig, *?wrag]이다.

⑤ 洿[오] : 연못. 고인 물. 더럽다. 더럽히다. 洿는 氾, 浼, 潤, 洼의 풀이 어휘.

방언 27

庸①・恣②・比③【比次】・侹④【挺[201]直】・更⑤・佚⑥【蹉跌】, 代⑦也. 齊曰佚, 江淮陳楚之間曰侹, 餘四方之通語也.【今俗亦名更代作爲恣作也】

용庸・자恣・비比【음은 비차比次의 비比[202]다】・정侹【음은 정직挺直의 정挺[203]이다】・경(갱)更・질佚【음은 차질蹉跌의 질跌[204]이다】은 대신하다(代)의 뜻이다. 제齊에서는 일佚이라고 하고, 강회江淮 진陳 초楚에 걸친 지역에서는 정侹이라고 한다. 여餘는 사방의 통어通語다.【오늘날의(곽박 당시) 속칭 역시 경(갱)대更代를 자작恣作이라고 한다】

201 『四部叢刊』本에는 '侹'으로 되어 있으나, 戴震은 '挺'으로 고쳤다.
202 본래는 "比次"라고만 되어 있었으나, 戴震의 견해에 따라 이같이 옮겼다.
203 본래는 "挺直"이라고만 되어 있었으나, 戴震의 견해에 따라 이같이 옮겼다.
204 본래는 "蹉跌"이라고만 되어 있었으나, 戴震의 견해에 따라 이같이 옮겼다.

案'庸''傭', 古通用. '恣'當作'佽'. 『說文』: "佽, 遞也."[205], "遞, 更易也."[206], "侹, 代也."[207], "代, 更也."[208] '佚''迭', 古亦通. 『春秋』文公十一年, 『穀梁傳』: "兄弟三人佚害中國."[209] 范寧「注」云: "佚猶更也." 班固「西都賦」: "更盛迭貴."[210] 李善「注」引『方言』: "迭. 代也." 『廣雅』: "庸・比・侹・佽・更・迭, 代也."[211] 義本此. 「注」內'比次''挺直''蹉跌', 當作'音比次之比', '音挺直之挺', '音蹉跌之跌'.

'용庸'과 '용傭'은 옛날에는 통용되었다. 자恣는 마땅히 차佽(차례에 따라 가지런하다. 나란하다)라고 해야 한다. 『설문해자』에 "차佽는 갈마들다. 번갈아(체遞)의 뜻이다", "체遞는 재차 바뀌다(갱역更易)의 뜻이다", "정侹은 대신하다(대代)의 뜻이다", "대代는 바꾸다(경更)의 뜻"이라고 하였다. '질佚'과 '질迭'은 옛날에는 역시 통했다. 『춘추』 문공 11년 『곡량전』에 "형제 세 사람이 번갈아 중국의 제후를 교란하였다"라는 대목이 있는데, 범녕의 「주」에 "질佚은 경(갱)更(고치다)과 같다"고 하였다. 반고의 「서도부」에 "차례로 영화롭고 귀해진다"라는 대목이 있는데, 이선의 「주」에서 『방언』을 인용하여 "질迭은 대신하다(대代)의 뜻"이라고 하였다. 『광아』에 "용庸・비比・정侹・차佽・경(갱)更・질迭은 대신하다(대代)

205 『說文解字』 人部: "佽, 便利也. 從人次聲. 『詩』曰: '決拾旣佽.' 一曰遞也."

206 『說文解字』 辵部: "遞, 更易也. 從辵虒聲."

207 『說文解字』 人部: "侹, 長皃. 一曰箸地. 一曰代也. 從人廷聲."

208 『說文解字』 人部: "代, 更也. 從人弋聲."

209 『春秋穀梁傳』 文公 十一年: "傳曰, 長狄也, 弟兄三人, 佚害中國, 瓦石不能害, 叔孫得臣, 最善射者也,"

210 『文選・賦甲・西都賦』: "後宮之號, 十有四位. 窈窕繁華, 更盛迭貴. 處乎斯列者, 蓋以百數." 후궁의 호칭이 14개의 계위로 나뉘어 있는데, 모두 아름답고 화려하다는 말 뒤에 "차례로 영화롭고 귀해진다(更盛迭貴)"는 말이 나온 것이다.

211 『廣雅・釋詁』: "庸・比・侹・佽・更・跲・遞・迭, 代也."

의 뜻"이라고 하였는데, 그 의미는 여기에서 근거하였다. 곽박의 「주」 안에 '비차比次'니 '정직挺直'이니 '차질蹉跌'이니 한 것은 마땅히 '음은 비차比次의 비比다', '음은 정직挺直의 정挺이다', '음은 차질蹉跌의 질跌이다'라고 해야 한다.

역해

① 庸[용] : 대체하다. 四方之通語.

② 恣[자] : 경질하다. 교체하다. 佽와 통용된다. 四方之通語.

③ 比[비] : 대신하다. 四方之通語. 곽박 「주」에 발음은 比次의 比이라고 했는데, 이에 근거한 상고음은 [*pjidx]이다.

④ 侹[정] : 대신하다. 江淮陳楚之間에서 侹이라고 함. 곽박 「주」에 발음은 挺直의 挺이라고 했는데, 이에 근거한 상고음은 [*diŋ]이다.

⑤ 更[경(갱)] : 대신하다. 대체하다. 四方之通語.

⑥ 佚[질] : 대신하다. 교체하다. 迭과 통용된다. 齊에서 佚이라고 함. 곽박 「주」에 발음은 蹉跌의 跌이라고 했는데, 이에 근거한 상고음은 [*dit]이다.

⑦ 代[대] : 대신하다. 代는 庸, 恣, 比, 侹, 更, 佚의 풀이어휘.

방언 28

氓①, 民②也.【民之總[212]名. 音萌】

---

212 『四部叢刊』本에는 '摠'으로 되어 있으나, 戴震은 '總'으로 고쳤다.

맹氓은 민民이다.【백성들의 총칭임. 음은 맹萌이다.】

방언소증

案'氓'亦作'甿'. 『詩・衛風』: "氓之蚩蚩."[213] 『毛傳』: "氓, 民也." 『周禮・遂人』: "以下劑致甿."[214] 鄭「注」云: "變民言甿異外内也. 甿猶懵懵無知貌也. 亦借用萌." 『漢書・霍去病傳』: "及厥衆萌."[215] 顏師古『注』云: "萌字與甿同."

'맹氓'은 '맹甿'이라고도 쓴다. 『시경・위풍』에 "어수룩한 한 남자가"라는 구절이 있는데, 『모전』에서는 "망氓은 백성(민民)의 뜻"이라고 하였다. 『주례・수인』에 "말단부터 잘라서 백성을 모은다"라는 구절이 있는데, 정현의 「주」에 말하기를 "백성(民)을 맹甿이라고 달리 말하는 것은 중국의 외부와 내부를 차별화하기 때문이다. 맹甿은 몽몽懵懵, 즉 모호하고 불분명한 것이니 무지한 모습"이라고 하였다. '맹甿'은 또 '맹萌'으로 차용되어 쓰인다. 『한서・곽거병전』에 "(서역왕, 혼야왕) 및 그 무리의 백성들"이라는 구절이 있는데, 안사고의 「주」에서 말하기를 "맹萌이라는 글자는 맹甿과 같다"고 하였다.

역해

① 氓[맹] : 백성. 곽박 「주」에 발음은 萌이라고 했는데, 이에 근거한 상고

213 『詩經・衛風・氓』: "氓之蚩蚩, 抱布貿絲. 匪來貿絲, 來卽我謀."
214 『周禮・地官・遂人』: "凡治野, 以下劑致甿."
215 『漢書・衛青霍去病傳』: "西域王渾邪王及厥衆萌, 咸奔於率."

음은 [*mraŋ]이다.
② 民[민] : 백성. 民은 氓의 풀이어휘.

방언 29

杋[216]①,【音舊】 仇②也.【謂怨仇也】

구杋【음은 구舊다】는 원수 삼다(구仇)의 뜻이다.【원수 삼다를 말한다】

방언소증

案'杋'『集韻』作'朹', 引『方言』: "朹, 仇也." 杋從木九聲, 仇從人九聲, '朹'字不合六書, 應卽'杋'之訛. 『類篇』收入九部, 蓋以爲從九求聲, 於義無取.

'구杋'는 『집운』에서는 '구朹'라고 했으며, 『방언』을 인용하여 "구朹는 원수(구仇)의 뜻"이라고 하였다. 구杋는 목木 형부와 구九 성부로 이

216 王念孫은 『方言疏證』을 手校하면서 '杋'를 '朹'로 고치고서, 그 위에 "朹자는 揚雄의 『太玄經』에 있는 글자다"라고 썼다. 錢繹은 『方言箋疏』에서 朹, 仇, 逑 라는 세 글자는 옛날에는 서로 통용된 것이라고 하면서, 이 조항의 '杋'는 이 글자를 가차하여 朹를 쓴 것이거나 혹은 본래 朹라고 썼는데 후에 획을 빠뜨려 杋라고 쓰게 된 것일 가능성이 있다고 했다. 華學誠은 朹란 杋의 或體로서, 옛 서적에 朹라는 형태의 글자가 있다고 해도 근거로 삼기에 충분치 못하다고 하였다. 또한 華學誠은 본래 『方言』은 字書가 아니고, 異體字로서 서로 풀이하여 항목을 세우는 것은 고금의 方俗語詞를 풀이하는 것과 부합되지 않는다고 지적했다. 杋는 아마도 방언의 음을 기록한 글자이며. 揚雄은 통어로써 방언의 어휘를 풀이한 것이리라 생각된다고 하였다.

루어졌으며, 구仇는 인人 형부와 구九 성부로 이루어졌다. '구𠙁'라는 글자는 육서에 부합하지 않으니 아마도 '구杌'의 오류일 것이다. 『유편』에는 구부九部에 수록되었는데, 아마도 구九 형부와 구求 성부로 보았으며 의미에서는 취한 바가 없다.

역해

① 杌[구] : 원수 삼다. 곽박 「주」에 발음은 舊이라고 했는데, 이에 근거한 상고음은 [*gwjəgh]이다.
② 仇[구] : 원수. 짝. 仇는 杌의 풀이어휘.

방언 30

寓①, 寄②也.

우寓는 붙다, 붙어살다, 붙이다(기寄)의 뜻이다.

방언소증

案寓訓寄, 已見前卷二內.[217]

우寓의 뜻은 붙다, 붙어살다, 붙이다(기寄)로, 이미 앞의 제2권에 있다.[218]

---

217 『方言』 제2권 16번 항목을 참조할 것.
218 『方言』 제2권의 14번 항목을 말한다. "䵒·暱·黏, 黏也. 齊魯靑徐自關而東

역해

① 寓[우] : 붙다. 얹혀살다. 붙어살다.
② 寄[기] : 붙다. 붙어살다. 붙이다. 寄는 寓의 풀이어휘.

방언 31

露①, 敗②也.

로露는 해치다, 손상시키다(패敗)의 뜻이다.

방언소증

案露, 見也. 『春秋』昭公元年『左傳』: "勿使有所壅閉湫底以露其體."[219] 「注」: "露, 羸也." 『易』: "羸其瓶." 「注」: "羸, 敗也." 故有敗露之語.

로露는 드러내다(현見)의 뜻이다. 『춘추』 소공 원년의 『좌전』에 "체내에 막히고 처짐이 있음으로 인해서 몸을 상하게 하지 마십시오"[220]라는 구절이 있는데, 「주」에서 "로露는 약하게 하다(리羸)의 뜻"이라고 하였다. 『주역』에 "그 두레박을 깨뜨리다"[221]라는 말이 있는데,

---

或曰䵒, 或曰黏. 餬·託·庇·寓·媵, 寄也. 齊衛宋魯陳晉汝潁荊州江淮之間曰庇, 或曰寓. 寄食爲餬, 凡寄爲託, 寄物爲媵."

219 『春秋左傳』 昭公 元年 : "於是乎節宣其氣, 勿使有所壅閉湫底以露其體, 玆心不爽, 而昏亂百度."

220 바로 위의 주해의 문장에서 절취한 인용문이므로 부정사를 인용문이 나온 곳까지만 걸어서 번역하였다.

「주」[222]에 "리羸는 상하게 하다(패敗)의 뜻"이라고 하였다. 그래서 패로 敗露(은폐한 일이 발각된다)라는 말이 있다.

역해

① 露[로] : 드러내다. 손상시키다.
② 敗[패] : 해치다. 손상시키다. 敗는 露의 풀이어휘.

방언 32

別①, 治②也.

별別은 다스리다(치治)의 뜻이다.

방언소증

案辨別不淆紊, 故爲治之義.

섞여서 어지러운 것을 가리고 나누니, 그로 인하여 다스린다는 뜻이 되는 것이다.

---

221 『周易』 井卦 : "井, 改邑不改井, 无喪无得, 往來井井, 汔至亦未繘井, 羸其瓶, 凶."

222 戴震이 「注」라고 하여 인용한 것은 朱熹의 『周易本義』에 나온 내용을 말한다. 『周易程傳』에서도 역시 "羸는 병을 깨드려 잃어버리는 것이니 그 용도가 상실되리라(羸, 敗其瓶而失之, 其用, 喪矣)"라고 풀이하였다.

역해

① 別[별] : 나누다. 구별하다.

② 治[치] : 다스리다. 治는 別의 풀이어휘.

방언 33

根①, 法②也.【救傾之法】

정根은 본받다, 법을 지키다(법法)의 뜻이다.【기울어진 것을 바로잡아주는 법法을 말한다】

방언소증

案『說文』: "根, 杖也. 一曰法也."[223] 與郭「注」救傾意合. 『廣雅』: "根, 法也."[224] 義本此. 又'根''党', 古通用. 「考工記」: "弓人, 維角党之."[225] 鄭「注」: "党讀如党歫之党." 「疏」云 : "党歫取其正也." 『釋文』: "党, 直庚反."

『설문해자』에 "정根은 지팡이, 지팡이를 짚다(장杖)의 뜻이다. 또는 법을 지키다, 본받다(법法)의 뜻"이라고 하였으니, 곽박의 「주」에 말한

---

223 『說文解字』 木部 : "根, 杖也. 從木長聲. 一曰法也."

224 『廣雅 · 釋詁』: "閑 · 埻 · 楷 · 模 · 品 · 式 · 祖 · 根 · 肖 · 容 · 拱 · 捄 · 術 · 臬 · 井 · 括 · 鳫 · 類 · 棱 · 略, 瀳也." 이 조항의 '瀳'은 '法'과 같은 글자다.

225 『周禮 · 冬官考工記』: "弓人, 維體防之, 引之中參. 維角党之, 欲宛而無負弦."

"경사진 것을 구하여 바로잡다(구경救傾)"의 뜻과 통한다. 『광아』에 "정棖은 본받다(법法)의 뜻"이라고 하였으니 그 뜻은 여기에서 근거하였다. 또 '정棖'과 '쟁堂'은 옛날에는 통용되었다. 『주례·고공기·궁인』에 "뿔을 바로잡다"라는 구절이 있는데, 정현의 「주」에서 "쟁堂은 쟁거堂距의 쟁堂과 같이 읽는다"라고 하였고, 「소」에서는 "쟁堂은 막아서 그 올바른 것을 취하는 것"이라고 하였다. 『경전석문』에 "쟁堂의 음은 직갱반直庚反이다"라고 하였다.

역해

① 棖[정] : 받쳐주다. 떠받치다. 지주支柱.
② 法[법] : 본받다. 법을 지키다. 法은 棖의 풀이어휘.

방언 34

讁①, 怒②也.【相責怒也. 音賾[226]】

적讁은 꾸짖다(노怒)의 뜻이다.【서로 책하여 꾸짖는 것을 말한다. 음은 색賾이다】

방언소증

案『春秋』桓公十八年『左傳』: "公讁之." 『釋文』云 : "讁, 責也." 即此

226 『四部叢刊』本에는 '蹟'으로 되어 있으나 戴震은 '賾'으로 고쳤다.

「注」責怒之義.

『춘추』 환공 18년 『좌전』에 "공公이 그 일을 꾸짖다"라는 구절이 있는데, 『경전석문』에서는 "적讁은 꾸짖다(책責)의 뜻"이라고 하였으니, 바로 이 곽박의 「주」에서 말하는 꾸짖다(책노責怒)라는 뜻이다.

역해

① 讁[적] : 꾸짖다. 견책하다. 곽박 「주」에 발음은 賾이라고 했는데, 이에 근거한 상고음은 [*dzrik]이다.
② 怒[노] : 노하다. 怒는 讁의 풀이어휘.

방언 35

閒①, 非②也.

간閒은 비난하다(비非)의 뜻이다.

방언소증

案『孟子』: "政不足與閒也."[227] 趙岐「注」云 : "閒, 非也."

---

227 『孟子 · 離婁(上)』: "孟子曰, 人不足與適也, 政不足間也."

『맹자』에 “정사는 그르게 여기지 아니할 것이다”라는 대목이 있는데, 조기의 「주」에 “간閒은 비난하다(비非)의 뜻”이라고 하였다.

역해

① 間[간] : 헐뜯다. 엿보다. 염탐하다. 이간질하다.
② 非[비] : 비난하다. 非는 閒의 풀이어휘.

방언 36

格①, 正②也.

격格은 바로잡다(정正)의 뜻이다.

방언소증

案『孟子』: “惟大人爲能格君心之非.”[228] 趙岐「注」云 : “格, 正也.”

『맹자』에 “오직 대인이라야 능히 임금의 마음이 그릇됨을 바로잡을 것이다”라는 대목이 있는데, 조기의 「주」에 “격格은 바로잡다(정正)의 뜻”이라고 하였다.

---

228 『孟子 · 離婁(上)』: “惟大人爲能格君心之非, 君仁莫不仁, 君義莫不義, 君正莫不正, 一正君而國正矣.”

역해

① 格[격] : 바로잡다.

② 正[정] : 바르다. 바로잡다. 正은 格의 풀이어휘.

방언 37

䮭①, 數②也.【偶物爲麗[229], 故云數也】

례䮭는 수, 수를 세다(수數)의 뜻이다.【물건을 짝을 려麗라고 한다.[230] 그러므로 수數라고 한다】

방언소증

案『說文』『廣雅』竝云 : "䮭, 數也."[231] 亦通作'麗'. 『詩・大雅』: "其麗不億."[232] 『毛傳』: "麗, 數也."

『설문해자』와 『광아』에 모두 "례䮭는 수, 수를 세다(수數)의 뜻"이라

229 『四部叢刊』本에는 '灑'라고 되어 있으나, 戴震은 '麗'로 고쳤다.

230 段玉裁는 『說文解字』의 "䮭, 數也. 從攴麗聲"라는 대목에 대하여 "䮭가 正字이고, 麗는 假借字다. 麗로 이루어진 것은, 麗가 둘씩 짝짓는다는 뜻이 있기 때문이다. 둘씩 짝을 지으면서 수를 센다는 뜻이다"라고 하였다. 華學誠은 郭璞의 「注」에서 말하는 "물건을 짝짓는 것을 麗라고 한다(偶物爲麗)"는 말이 곧 段玉裁가 말하는 "둘씩 짝을 지으면서 수를 센다"는 뜻이라고 말한다.

231 『說文解字』 攴部 : "䮭, 數也. 從攴麗聲." 『廣雅・釋詁』: "䮭・紽・拪・閱, 數也."

232 『詩經・大雅・文王之什・文王』: "商之孫子, 其麗不億. 上帝旣命, 侯于周服."

고 하였으며, 또한 려麗와도 통한다. 『시경·대아』에 "그 수는 헤아릴 수 없었다"라는 구절이 있는데, 『모전』에서 "려麗는 수(수數)의 뜻"이라고 하였다.

역해

① 𪗋[례] : 수를 세다.
② 數[수] : 수. 수를 세다. 數는 𪗋의 풀이어휘.

방언 38

軫①, 戾②也.【相乖[233]戾也. 江東音善.[234]】

진軫은 어긋나다(려戾)의 뜻이다.【서로 어그러지는 것을 말한다. 강동江東 지역의 음은 선善이다】

방언소증

案'軫'亦作'抮', '戾'亦作'盭'. 『廣雅』: "抮·盭, 俏也."[235] 王融「永明九年策秀才文」: "紛諍空軫."[236], 李善「注」引『方言』曰: "軫謂相乖戾也."

---

233 『四部叢刊』本에는 '了'로 되어 있으나, 戴震은 '乖'로 고쳤다.
234 『玉篇殘卷』의 '軫'이라는 글자에 대한 설명에서 "江東呼爲善"이라고 인용했다.
235 『廣雅·釋詁』: "抮·盭·菲·違·舛·邅·僪, 俏也."
236 『文選·文·永明九年策秀才文五首』: "紛爭空軫, 疑論無歸."

卽此條「注」文. 蓋脫一'注'字. 『方言』各本'乖'訛作'了', 今訂正.

'진軫'은 또 '진抮'이라고도 쓰고, '려戾'도 역시 '려盭'라고도 쓴다. 『광아』에 "진抮 · 려盭은 어긋나다(배偝)의 뜻"이라고 하였다. 왕융의 「영명구년책수재문」에 "쟁론은 쓸데없이 서로 엇갈리고"라는 구절이 있다. 이선의 「주」에서는 『방언』을 인용하여 말하기를, "진軫은 서로 어그러져 맞지 않음을 말한다"고 하였는데, 이는 바로 곽박 「주」의 문장이니, '주注'라는 한 글자가 탈락되었을 것이다.[237] 『방언』의 각 판본은 괴乖를 료了로 잘못 썼는데, 지금 바로잡는다.[238]

역해

① 軫[진] : 서로 어긋나다. 괴리되다. 곽박 「주」에 강동지역의 발음은 善이라고 했는데, 이에 근거한 상고음은 [*djanx]이다.
② 戾[려] : 굽다. 어긋나다. 어그러지다. 戾는 軫의 풀이어휘.

방언 39

屑①, 潔②也.【謂潔淸也. 音薛】

237 李善이 인용한 문장이 "軫謂相乖戾也"라고 되어 있으므로 戴震은 郭璞 「注」가 본래 "謂相乖戾也"라고 되어 있어야 한다고 여겨서 이같이 말한 것이다.

238 盧文弨는 『重校方言』에서 戴震의 견해와는 다른 의견을 개진하였다. 戴震이 郭璞 「注」의 "相了戾也"를 "相乖戾也"로 고친 근거인 『文選』의 李善 「注」의 "乖戾"가 틀린 것이라고 하였다. 了에는 본래 繆曲(굽다)이라는 뜻이 있으므로 "了戾"라는 말이 '紾(비틀어지다)'라는 뜻과 더 부합된다는 것이다. 華學誠도 盧文弨의 견해가 맞다고 여기며, 戴震이 잘못 고친 것이라고 여긴다.

설屑[239]은 깨끗하다(결潔)의 뜻이다.【깨끗하다(결청潔清)는 것을 말한다. 음은 설薛이다】

방언소증

案『廣雅』"屑, 潔也."[240] 義本此. 『詩・邶風』: "不我屑以."[241] 「鄘風」: "不屑髢也."[242]. 『毛傳』竝云: "屑, 絜也." '潔''絜', 古通用.

『광아』에 "설屑은 깨끗하다(결潔)의 뜻"이라는 구절이 있는데 그 뜻은 여기에서 근거하였다. 『시경・패풍』에 "나를 거들떠보지도 않네"라는 구절이 있으며, 『시경・용풍』에 "가발이 필요 없네"라는 구절이 있는데, 『모전』에서 모두 "설屑은 혈絜이다"라고 하였는데,[243] '결潔'과 '혈絜'은 옛날에는 통용되었다.

역해

① 屑[설]: 결백하다. 곽박 「주」에 발음은 薛이라고 했는데, 이에 근거한

239 華學誠은 屑을 潔(깨끗하다)이라고 풀이한 것은 假借하여 쓴 단어일 것이라고 보며, 그 자세한 문헌적 근거는 알 수 없다고 하였다.

240 『廣雅・釋詁』: "屑・姘・圭, 潔也."

241 『詩經・邶風・谷風』: "宴爾新昏, 不我屑以. 毋逝我梁, 毋發我笱."

242 『詩經・鄘風・君子偕老』: "鬒髮如雲, 不屑髢也."

243 戴震은 屑이 潔(깨끗하다)이라는 뜻을 가진 문헌적 증거로 『詩經』의 두 시구를 들고 있는데, 이 두 시구에서 屑은 모두 부정사(不)와 결합되어 있고, 일반적으로 '不屑'은 '경시하다' 혹은 '개의치 않다'는 의미로 사용된다. 따라서 『方言疏證』의 문장은 『方言』의 이 조목의 내용과 부합되지 않는다고 생각된다.

상고음은 [*sjat]이다.

② 潔[결] : 깨끗하다. 潔은 屑의 풀이어휘.

방언 40

諄①【章順反】, 罪②也.【謂罪惡也】

순諄[244]【음은 장순반章順反이다】은 죄(죄罪)의 뜻이다.【죄악罪惡을 말한다】

방언소증

案『廣雅』"諄, 辠也."[245] 義本此.

『광아』에 "순諄은 허물(죄辠)의 뜻"이라고 하였으니, 그 의미는 여기에서 근거하였다.

---

244 華學誠은 『集韻』 諄韻에 "諄은 옛날에는 諄이라고 썼다"고 한 것과 『廣雅·釋詁』에 "諄은 죄辠다"라고 한 대목을 들었다. 또한 盧文弨의 『重校方言』에, "諄은 바로 諄이라는 글자로서, 章倫反이다. 또한 죄악이라는 의미는 보이지 않는다. 아마도 諄이라는 글자는 『孟子』의 '무릇 백성이 죽이지 않는 자가 없다(凡民罔不譈)'(『孟子·萬章(下)』에서 『書經·康誥』의 "殺越人于貨, 暋不畏死, 罔弗憝"라는 구절을 인용한 대목에 보인다. 趙岐의 「注」에서는 "譈는 殺(죽이다)이다"라고 하였으나, 朱熹의 『四書章句』에서는 "譈는 怨(원망하다)이다"라고 하였다)라는 구절에 나오는 '譈'의 省形으로, '憝'와 마찬가지로 徒對反이 아닐까 의심된다"고 하였다.

245 『廣雅·釋詁』: "畏·諄·訧·槩·甝·戮, 辠也." 戴震이 보았던 明刻本 『廣雅』에는 이 구절의 '諄'이 '諄'으로 되어 있었던 것으로 짐작된다.

역해

① 諄[순] : 諄의 古字로 忠誠이라는 뜻을 가졌으나, '죄'의 뜻은 없다. 곽박「주」에 발음은 章順反이라고 했는데, 이에 근거한 상고음은 [*tjənh]이다.
② 罪[죄] : 죄. 罪는 諄의 풀이어휘.

방언 41

俚①【音吏】, 聊②也.【謂苟且也】

리俚【음은 리吏다】는 의지하다(료聊)의 뜻이다.[246]【구차하다는 것을 말한다[247]】

방언소증

案『漢書・季布欒布田叔傳・贊』曰 : "其畫無俚之至耳."[248] 「注」: "晉灼曰 : 揚雄『方言』 俚, 聊也." 『說文』『廣雅』竝云 : "俚, 聊也."[249] 義本此.

---

246 華學誠은 俚, 聊, 賴가 모두 一聲之轉이며, 뜻은 '의뢰하다' 혹은 '의탁하다'라고 하였다.

247 華學誠은 郭璞「注」에서 말하는 '구차하다'라는 말에 대하여, 아마도 晉 나라 때에 이런 의미가 있었을 것으로 짐작하지만, 문헌상 자세히 밝힐 수가 없다고 지적한다.

248 『漢書・季布欒布田叔傳』: "夫婢妾賤人, 感槩而自殺, 非能勇也, 其畫無俚之至耳."

249 『說文解字』 人部 : "俚, 聊也. 從人里聲." 『廣雅・釋言』: "俚, 聊也."

『한서 · 계포난포전숙전』의 찬贊에, "그 계획이 의지할 바가 없는 것의 결과다"[250]라는 말이 있는데, 「주」에서 진작이 "양웅의 『방언』에 리俚는 의지하다(료聊)의 뜻"이라고 했다. 『설문해자』와 『광아』는 모두 "리俚는 의지하다(료聊)의 뜻"이라고 했으니 그 뜻은 여기에서 근거하였다.

역해

① 俚[리] : 의뢰하다. 의탁하다. 곽박 「주」에 발음은 吏이라고 했는데, 이에 근거한 상고음은 [*ljəgh]이다.
② 聊[료] : 의지하다. 힘입다. 聊는 俚의 풀이어휘.

방언 42

梱[251]①,【恪本反】 就②也.【梱梱, 成就貌】

곤梱【음은 각본반恪本反이다】은 이루다(취就)의 뜻이다.【곤곤梱梱은 성취한 모습이다】

---

250 이 말의 앞뒤 문맥은 다음과 같다. "현명한 사람은 진실로 자신의 죽음을 귀중하게 여긴다. 저 비첩과 천한 사람이 분개하여 자살하는 것은 진정한 용기라고 볼 수 없다. 그 계획에 의지할 바가 없는 것의 결과다." 즉 그 계획에 전혀 의뢰할 만한 바가 없었기 때문에 이르게 되는 결과로서 자살하는 것이라는 뜻이다.
251 『四部叢刊』本에는 모두 '梱'로 되어 있으나, 戴震은 모두 '梱'로 고쳤다.

방언소증

案'稇'各本訛作'梱',「注」內同, 今訂正.『說文』: "稇, 絭束了."[252]『玉篇』『廣韻』竝云 : "成熟."[253], 與郭「注」'成就貌'合. 梱, 乃門橛, 於義無取.

'곤稇'은 각 판본에는 '곤梱'이라고 잘못 되어 있다. 곽박의 「주」도 마찬가지다. 지금 바르게 고친다.『설문해자』에 "곤稇은 줄로 묶는 것"이라고 하였다.『옥편』과『광운』모두 "성숙하다(成熟)의 뜻"이라고 하였으니 곽박 「주」의 '성취한 모습'이라는 말과 부합된다. 곤梱은 문지방을 말하니 의미에서는 취하지 않았다.

역해

① 稇[곤] : 묶다. 다발로 묶다. 곽박 「주」에 발음은 恪本反이라고 했는데, 이에 근거한 상고음은 [*khənx]이다.
② 就[취] : 성취하다. 就는 稇의 풀이어휘.

방언 43

笠①【音立】, 圂②也.【謂蘭圂也】

립笠【음은 립立이다】은 울타리(환圂)의 뜻이다.【출입을 차단하는 우리를 말한다】

---

252 『說文解字』禾部 : "稇, 絭束也. 從禾困聲."
253 『玉篇』禾部 : "稇, 口本切. 成熟."『廣韻』上聲 : "稇, 成熟又縛衣也."

방언소증

案『孟子』: “旣入其苙”[254], 趙岐「注」云 : “苙, 蘭也.” ‘蘭’‘闌’, 古通用. 『漢書 · 王莽傳』: “與牛馬同蘭”[255], 顔師古「注」云 : “蘭謂遮蘭之, 若牛馬蘭圈也.”

『맹자』에 “이미 그 울타리에 들어오다(旣入其苙)”라는 말이 있는데, 조기 「주」에 말하기를 “립苙은 난蘭이다”라고 하였으니, ‘난蘭’과 ‘난闌’은 옛날에는 통용되었다. 『한서 · 왕망전』에 “소나 말과 같은 우리 안에 있다”라는 구절이 있는데, 안사고의 「주」에 “난蘭은 가로막아 울타리를 친 것이니, 소와 말의 우리와 같은 것”이라고 하였다.

역해

① 苙[립] : 짐승우리. 곽박 「주」에서 발음이 立이라고 했는데, 이에 근거한 상고음은 [*ljəp]이다.

② 圂[혼] : 돼지우리.(그림자료 3-43 참조) 圂은 苙의 풀이어휘.

방언 44

廋①【音搜, 索也】, 隱②也.【謂隱匿也】

수廋【음은 수搜다. 감추어진 것을 찾는 것이다】는 숨기다(은隱)의 뜻이다.【숨

254 『孟子 · 盡心(下)』: “今之與楊墨辯者, 如追放豚, 旣入其苙, 又從而招之.”
255 『漢書 · 王莽傳』: “又置奴婢之市, 與牛馬同蘭, 制於民臣, 顓斷其命.”

겨 은닉하는 것을 말한다】

방언소증

案'廋'本作'廀'. 『廣雅』: "廀, 隱也."[256] 義本此. 「晉語」: "有秦客廋辭於朝"[257], 韋昭「注」云: "廀, 隱也. 謂以隱伏譎詭之言問於朝. 東方朔曰, 非敢試之, 乃與爲隱耳."[258], 是也.

'수廋'는 본래 '수廀'라고 쓴다. 『광아』에 "수廀는 숨기다(은隱)의 뜻"이라고 하였는데 그 뜻은 여기에서 근거하였다. 『국어·진어』에 "진나라에서 온 사자가 조당에서 수수께끼를 냈다"는 구절이 있는데, 위소의 「주」에서 말하기를, "수廀는 숨기다(은隱)의 뜻이다. 숨기거나 속이는 말로 조당에서 물었다는 뜻이다. 동방삭이 말하기를, 감히 그를 욕보이는 것이 아니라 다만 그에게 수수께끼를 낸 것일 뿐이라고 하였다"[259]고 했으니 바로 이것이다.

역해

① 廋[수]: 숨기다. 곽박 「주」에 발음은 搜이라고 했는데, 이에 근거한 상고음은 [*srjəgw]이다.

---

256 『廣雅·釋詁』: "廀·蔽·潛·匿·恩·遁, 隱也."

257 『國語·晉語』: "對曰: '有秦客庾辭於朝, 大夫莫之能對也, 吾知三焉.'"

258 韋昭의 「注」에는 "廀, 隱也. 謂以隱伏譎詭之言問於朝也. 東方朔曰, 非敢詆之, 與爲隱耳"라고 되어 있다.

259 『漢書·東方朔傳』에는 對曰, "臣非敢詆之, 乃與爲隱耳"이라고 되어 있다. 戴震은 "非敢試之"라고 했지만 "非敢詆之"가 맞다.

② 隱[은] : 숨기다. 隱은 廋의 풀이어휘.

방언 45

銛[①],【音忝】 取[②]也.【謂挑取也[260]】

섬銛은 취하다, 잡다(취取)의 뜻이다.【몸을 굽혀 물건을 취하는 것을 말한다. 음은 첨忝이다】

방언소증

案『廣雅』: "銛, 取也."[261] 義本此. 趙岐注『孟子』'以言餂之'[262]云: "餂, 取也." 孫奭『音義』: "丁曰[263], 字書及諸書竝無此餂字. 郭璞『方言·注』云: 音忝, 謂挑取物也. 其字從金今, 此字從食, 與『方言』不同, 蓋傳寫誤也."

---

260 『四部叢刊』本에는 '物'이라고 되어 있으나, 戴震은 '也'라고 했다.

261 『廣雅·釋詁』: "龝·岑·資·欿·采·掇·搴·摭·芼·集·摡·扱·扼·摘·攈·素·撈·撟·穌·賴·攎·撡·撩·挨·担·收·斂·捕·㨖·投·有·撤·挻·摻·銛·抍·攟·掩·竊·略·剝·劅·捋·捊, 取也."

262 『孟子·盡心(下)』: "士未可以言而言, 是以言餂之也. 可以言而不言, 是以不言餂之也. 是皆穿踰之類也."

263 孫奭의 『孟子音義』에는 '餂之'라는 항목 아래 다음과 같이 되어 있다. "丁曰, 注云餂取也. 今案字書及諸書並無此餂字, 郭璞方言注云, 音忝, 謂挑取物也. 其字從金今此字從食與方言不同, 蓋傳寫誤也. 學者宜詳本亦作鮎, 奴兼切." 여기에서 '丁曰'이라고 한 것은 당나라 丁公著가 『孟子丁氏手音』에서 말한 것을 가리킨다. 馬國翰의 『玉函山房輯佚書』 제5책에 실려 있는 『孟子丁氏手音』을 보면 孫奭의 인용문 가운데 '丁曰'을 뺀 나머지가 모두 丁公著의 말이었음을 알 수 있다.

『광아』에 "섬銛은 취하다(취取)의 뜻"이라고 하였으니 그 뜻은 여기에서 근거하였다. 조기는 『맹자』의 '말로써 더듬어 취할 것이다'라는 구절에 대하여 주해하기를, "첨銛은 취하다(취取)의 뜻"이라고 하였다. 손석의 『맹자음의』에서 "정丁씨가 말하기를, 자서字書 및 여러 서적에 이 첨銛이라는 글자가 없다. 곽박의 『방언・주』에 말하기를, 음은 첨忝이고, 몸을 굽혀 물건을 취하는 것이라고 하였다. 그 글자(『맹자』에 나오는 첨銛이라는 글자)의 부수는 금金인데, 지금 이 글자의 부수는 식食이니, 『방언』의 글자와는 다르다. 아마도 전사하는 과정에서 잘못하여 생긴 오류일 것"이라고 하였다.

역해

① 銛[섬] : 잡아서 취하다. 본래 쟁기, 작살 등의 뜻이 있으므로 '취하다'라는 의미로 인신된 것이라 추측된다. 곽박 「주」에 발음은 忝이라고 했는데, 이에 근거한 상고음은 [*thiəmx]이다.
② 取[취] : 취하다. 取는 銛의 풀이어휘.

방언 46

棖①, 隨② 也.【棖柱令相隨也.[264]】

---

264 華學誠은 이 조항에 대한 戴震의 이해가 郭璞 「注」에 얽매어 있을 뿐 신뢰하기 어렵다는 입장이며, "棖柱令相隨也"라는 郭璞의 설명은 억설일 뿐이라고 지적하였다. 『說文解字』에서 隨라는 글자와 從이라는 글자에 대해서는 다음과 같이 되어 있다. 『說文解字』 辵部 : "隨, 從也. 從辵, 𢔶省聲." 『說文解字』 從部 : "從, 隨行也. 從辵從, 從亦聲." 따라서 '隨'라는 글자가 가진 인신된 의미들은 '從'과 관련이 있는 것으로서, '支柱'니 '法令'이니 하는 것과는 무관

정棖[265]은 따르다, 어우러져 조화를 이루다(수隨)의 뜻이다.【문설주와 기둥이 서로 잘 맞도록 한다는 뜻이다】[266]

방언소증[267]

案'棖''樘', 古亦通用. 樘, 丑庚反. 『說文』"樘, 衺柱也."[268] 徐鉉云 : "今俗別作撑", 非是. 古多通用'党'. 王延壽「魯靈光殿賦」: "枝党杈枒而斜據."[269] 張載「注」云 : "党或作棖字."[270]

'정棖'과 '탱樘'은 옛날에는 역시 통용되었다. 탱樘의 음은 축경반丑庚反이다. 『설문해자』에 "탱樘은 기울어진 기둥(衺柱)"이라고 하였다. 서현은

하다는 것이다. 따라서 華學誠은 '棖'이 어떻게 '隨'라고 풀이되는지에 대해서는 의문이 남는다고 말한다.

265 華學誠은 棖이 隨(따르다)라고 풀이되는 것에 대하여 근거가 없으므로 미해결 상태로 두고자 한다.

266 이 구절의 뜻은 아마도 棖과 柱가 서로 잘 맞도록 한다는 것이라 생각된다. 『蘇悉地羯羅經略疏』의 제7에 실린 「成諸物相品 第29」에 棖이라는 글자를 설명하면서 "郭璞曰, 門兩旁木也. 又曰, 棖柱兩相隨也"라고 했다. 이 중에 "門兩旁木"이란 『爾雅·釋宮』의 "棖謂謂之楔"에 대하여 郭璞 「注」에 "門兩旁木"이라고 한 것을 말하고, "棖柱兩相隨也"는 바로 이 『方言』의 주해를 가리키는 것이라 생각된다. 다만 "棖柱令相隨也"가 "棖柱兩相隨也"로 되어 있다. 따라서 이 주해 문장이 棖과 柱가 서로 잘 맞아 어우러진다는 뜻이라고 짐작하는 것이다.

267 이 조항에 대한 『方言疏證』의 내용은 잘 부합되지 않는 듯하다. 『方言』 원문에서는 棖을 隨(따르다) 즉, 서로 따르듯 잘 맞고 조화를 이룬다는 의미로 쓰인다고 풀이하고 있는데, 『方言疏證』에서는 주로 문설주, 혹은 버티다, 지탱해주다 등의 의미를 가진 예문을 들고 있기 때문이다.

268 『說文解字』 木部 : "樘, 衺柱也. 從木堂聲."

269 『文選·賦己·魯靈光殿賦』 여기에 실린 구절에는 党이 掌으로 되어 있다.

270 『文選』의 주해에 실린 이 구절은 다음과 같다. "掌或作棖字." 즉, 党이 掌으로 되어 있다.

"지금(서현 당시)의 속자俗字로 달리 탱撑이라고도 쓴다"고 했지만, 옳지 않다. 옛날에는 대체로 '쟁牚(버티다)'과 통용되었다. 왕연수의 「노영광전부」에 "들보의 버팀목들은 길고 짧은 것이 서로 기대어 떠받치고 있네"라는 구절이 있는데, 장재의 「주」에 "쟁牚은 정棖(문설주)으로도 쓴다"고 하였다.

역해

① 棖[정] : 따르다.
② 隨[수] : 따르다. 隨는 棖의 풀이어휘.

방언 47

儓①【音臺】, 菔②【音僰】, 農夫之醜稱也. 南楚凡罵庸賤謂之田儓③. 【佅儓駑鈍貌. 或曰僕臣儓, 亦至賤之號也】 或謂之菔【菔丁健貌也. 『廣雅』以爲奴, 字作僰音同】, 或謂之辟④. 辟, 商人醜稱也.【辟辟[271], 便黠貌也. 音擘】

대儓【음은 대臺다】, 복菔【음은 복僰이다】은 농부를 함부로 부르는 호칭(추칭醜稱)이다. 남초南楚에서는 대개 고용된 하인을 욕할 때 전대田儓라고 하거나,【남대佅儓는 노둔한 모습이다. 혹은 종복인 아랫사람을 대儓라고 하니, 역시 지극히 천하게 부르는 칭호다】 혹은 복菔이라고 하거나,【복菔은 건장한 모습이다. 『광아』에서는 노奴라고 하였고 글자는 복僰으로 썼으며 음은 같다】 혹은 벽辟[272]이라고 한다. 벽辟은 상인에 대한 거친 칭호다.【벽벽辟辟은 교활한 모

271 『四部叢刊』本에는 '僻僻'이라고 되어 있으나 戴震은 '辟辟'라고 했다.
272 華學誠에 따르면, 옛 사람들은 상인이 재물이나 이익을 추구하는 것이 바르

습을 말한다. 음은 벽擘이다】

방언소증

案'儓'亦作'嬯'. 『說文』云 : "遲鈍也."[273] 『玉篇』: "䈏, 農夫之賤稱也. 南楚罵賤謂之䈏."[274] 『廣雅』: "儓·䈏, 醜也."[275] 皆本此. 『廣韻』: "僰, 丁壯貌. 亦醜也."[276]

'대儓'는 또 '대嬯'라고도 쓰는데, 『설문해자』에 "대嬯는 느리고 둔한 것(遲鈍)"이라고 하였다.[277] 『옥편』에 "복䈏은 농부를 천하게 부르는 호칭(천칭賤稱)이다. 남초南楚에서는 천하다고 욕할 때 복䈏이라고 한다"고 하였다. 『광아』에 "대儓·복䈏은 추하다(추醜)의 뜻"이라고 하였으니 대체로 여기에서 근거하였다. 『광운』에 "복僰은 씩씩하고 건장한 모습이며, 역시 추하다는 뜻"이라고 하였다.

역해

① 儓[대] : 가장 하급의 종(노비)을 지칭하는 말. 농민을 얕잡아 부르는 말. 곽박 「주」에 발음은 臺이라고 했는데, 이에 근거한 상고음은 [*thəg]

지 못하다고 여겼으므로 이러한 醜稱을 썼던 것이라 한다.

273 『說文解字』 女部 : "嬯, 遲鈍也. 從女臺聲. 闒嬯亦如之."

274 『玉篇』 襾部 : "䈏, 蒲北切. 農夫之賤稱也. 南楚罵賤謂之䈏."

275 『廣雅·釋詁』 : "仳倠·娸·婄·儓·䈏·頪·頯·嗚·臞·㬦·𪏆·䫌·䫜, 醜也."

276 『廣韻』 入聲 : "僰, 道縣在犍爲, 又丁壯皃, 亦醜也. 亦作䈏, 又符逼切."

277 『說文解字』 女部 : "嬯, 遲鈍也. 從女臺聲. 闒嬯亦如之."

이다.

② 䍐[복] : 초나라에서 농부를 얕잡아 이르던 말. 南楚에서 庸賤함을 욕하여 田儓라고 하거나, 䍐이라고 함. 곽박 「주」에 僰자로도 쓰며 발음은 僰과 같다고 했는데, 이에 근거한 상고음은 [*bək]이다.

③ 田儓[전대] : 하인을 천하게 부르는 칭호. 南楚에서 庸賤함을 욕하여 田儓라고 함.

④ 辟[벽] : 상인에 대한 거친 칭호. 南楚에서 庸賤함을 욕하여 田儓라고 하거나, 䍐이라고 하거나, 辟이라고 함. 곽박 「주」에 발음은 擘이라고 했는데, 이에 근거한 상고음은 [*prik]이다.

방언 48

庸①謂之倯②, 轉語也.【倯猶保倯也. 今隴右人名孏爲倯, 相容反】

게으르다(용庸)를 송倯이라고 하며, 전어轉語다.【송倯은 보송保倯[278]과 같다. 지금(곽박 당시) 농우隴右 사람들은 란孏을 송倯이라고 한다. 음은 상용반相容反이다】

방언소증

案『玉篇』引『方言』此條,[279] 文竝同. '孏'卽古'嬾'字, 亦作'爛'.

『옥편』에서 『방언』의 이 조항의 문장 모두를 똑같이 인용했다. '란孏'은 바로 옛날의 '란嬾'이라는 글자로서, '란爛'이라고도 쓴다.

---

278 保倯은 保庸과 같다. 품팔이꾼이라는 뜻이다.

279 『玉篇』 人部 : "倯, 蘇容切. 『方言』云, 庸謂之倯. 轉語也."

역해

① 慵[용]: 게으르다. 태만하다. 후에는 傭으로 썼다. 慵은 愡의 풀이어휘.
② 愡[송]: 게으르다. 태만하다. 愡은 保愡과 같음. 곽박 「주」에 발음은 相容反이라고 했는데, 이에 근거한 상고음은 [*skju ŋ]이다. 곽박 당시에 隴右사람들은 嬾을 愡이라고 함.

방언 49

褸裂①【褸, 音縷】·須捷②·挾斯③, 敗④也. 南楚凡人貧衣被醜敝謂之須捷.【須捷, 狎翣也】或謂之褸裂,【裂, 衣壞貌】或謂之艦褸⑤. 故『左傳』曰: "蓽路襤褸, 以啟山林"[280],【蓽路, 柴車】殆謂此也. 或謂之挾斯.【挾斯, 猶挾變也】器物敝亦謂之挾斯.

누열褸裂·수첩須捷·협시挾斯는 낡아서 해어지다(패敗)의 뜻이다. 남초南楚에서 일반적으로 사람들이 빈궁하여 의복이 추하고 낡은 것을 가리켜 수첩須捷【수첩須捷은 압삽狎翣이다】이라고 하거나, 혹은 누열褸裂【열裂은 의복이 낡아 해진 모습을 말한다. 음은 루縷다】이라고 하거나, 혹은 남루襤褸라고 한다. 그러므로 『좌전』에서 "잡목과 대로 만든 수레를 타고 남루한 옷을 입고서 산림을 개척했다"[281]【필로蓽路는 땔나무로 만든 수레(柴車)다】고 했으니, 대개 이를 말한다. 혹은 이를 협사挾斯【협사挾斯는 협변挾變과 같다】라고도 한다. 기물이 낡아 해지는 것 역시 협사挾斯라고 한다.

---

280 『春秋左傳』 宣公 十二年: "訓之以若敖、蚡冒篳路藍縷, 以啓山林. 箴之曰, '民生在勤, 勤則不匱.'"

281 '襤褸篳路'란 이로부터 유래한 것이다. 즉, 남루한 옷을 입고 땔나무 수레를 몰아 산림을 개발한다는 뜻으로, 어떤 일을 시작하는 사람의 고생스러움을 형용하는 말이다.

案『爾雅・釋詁』: "際・接・翜, 捷也."[282] 郭「注」云: "捷謂相接續也." 則須捷蓋俟補綴之意. 「釋言」: "斯, 離也."[283] 挾斯應是接會其綻裂者. '挾'亦作'俠'. 『廣雅』: "俠斯, 敗也."[284] '襤褸'今『左傳』作'藍縷'. 服虔「注」云, "言其縷破藍藍然." 「疏」引『方言』: "楚謂凡人貧衣破醜敝爲藍縷." '衣破'卽'衣被'之訛. '启''啓', 古通用.

『이아・석고』에 "제際・접接・삽翜은 잇다, 이어 연결하다(첩捷)의 뜻"이라는 말이 있는데, 곽박의 「주」에 "첩捷은 서로 접하여 이어지는 것을 말한다"고 하였으니, 수첩須捷은 아마도 깁고 꿰매야만 한다는 뜻이라고 생각된다. 『이아・석언』에 "사斯는 떨어지다(리離다)의 뜻"이라고 하였다. 협사挾斯는 마땅히 그 터져 벌어진 곳을 이어주는 것으로, '협挾'은 또한 '협俠'으로도 쓴다. 『광아』에 "협사俠斯는 낡아서 해어지다(패敗)의 뜻"이라고 하였다. '남루襤褸'는 현 『좌전』에서는 '남루藍縷'라고 되어 있다. 복건의 「주」에 말하기를, "명주가 해져서 누더기같이 된 것을 말한다. 「소」에서는 『방언』을 인용하여 "초楚에서는 일반적으로 사람이 가난하여 의복이 낡아 해진 것을 남루藍縷라고 한다"고 하였는데, 여기에서 '의파衣破'는 '의피衣被'를 잘못 쓴 것이다. '계启'와 '계啓'는 옛날에는 통용되었다.

282 『爾雅・釋詁』: "際・接・翜, 捷也."
283 『爾雅・釋言』: "斯・誃, 離也."
284 『廣雅・釋詁』: "胺・鮾・曆・伐・黲・黴・露・漫・淹・穲・殃・在・殕・腐・殇・俐・俠斯・殜・爽, 敗也."

역해

① 褸裂[루렬] : 옷이 해져서 너덜너덜한 모양. 南楚에서 사람들이 가난하여 의복이 낡고 추한 것을 또 褸裂이라고도 함. 곽박 「주」에 褸의 발음은 縷이라고 했는데, 이에 근거한 상고음은 [*ljugx]이다.
② 須捷[수첩] : 의복이 낡고 해어지다. 南楚에서 사람들이 가난하여 의복이 낡고 추한 것을 須捷이라고 함.
③ 挾斯[협사] : 의복, 기물이 닳고 해지다. 기물이 낡은 것은 挾斯라고 함. 곽박은 挾斯가 挾變과 같다고 함.
④ 敗[패] : 낡아서 해어지다. 敗는 褸裂, 須捷, 挾斯의 풀이어휘.
⑤ 襤褸[람루] : 옷이 낡아서 너덜너덜한 상태를 형용하는 말. 南楚에서 사람들이 가난하여 의복이 낡고 추한 것을 또 襤褸라고도 함.

방언 50

撲①【打撲】· 鋌②【音挺】· 澌③, 盡④也. 南楚凡物盡生者曰撲生. 【今種物皆生云撲地生也】 物空盡者曰鋌. 鋌, 賜⑤也.【亦中國之通語也】 鋌 · 賜 · 撲 · 澌,[285] 皆盡也. 鋌, 空⑥也. 語之轉也.

박撲【음은 타박打撲(때리다, 구타하다)의 박撲[286]이다】· 정鋌【음은 정挺이다】· 시澌는 다하다(진盡)의 뜻이다. 남초南楚에서는 무릇 사물이 모두 다 살아나는 것을 박생撲生이라고 한다.【지금(곽박 당시) 식물을 심어 다 살면 '박지생撲地生'[287]이라고 한다】 어떤 것이 완전히 다하여 비게 되는 것을 정鋌

285 『四部叢刊』本에는 '連此撲澌'로 되어 있으나, 戴震은 '鋌 · 賜 · 撲 · 澌'로 고쳤고 華學誠은 '撲'를 '樸'로 고쳐야 한다고 했다.
286 본래는 "打撲"이라고만 되어 있었으나, 戴震의 견해에 따라 이같이 옮겼다.

이라고 한다. 정鋌은 다하다(사賜)의 뜻이다.【이 또한 중국의 통어다】 정鋌·사賜·박撲·사澌는 모두 다하다(진盡)의 뜻이다. 정鋌은 비다(공空)의 뜻이며, 어지전語之轉이다.

방언소증

案'撲'亦作'撲', 本作'穙'. 『廣韻』: "穙, 草生概也."[288] 「注」內'打撲'當作'音打撲之撲.' 鮑昭「蕪城賦」: "廛閈撲地, 歌吹沸天."[289] 李善「注」引『方言』: "撲, 盡也." 又引郭璞「注」作'撲地出', 餘竝同.[290] 『說文』: "澌, 水索也."[291] 『玉篇』云: "澌音賜水盡也."[292] 蓋'澌''賜'同音, 故賜亦爲盡. 『廣韻』: "澌亦作儩."[293] '鋌·賜·撲·澌'諸刻訛作連此'撲''澌'. 潘岳「西征賦」: "若循環之無賜."[294] 李善「注」引『方言』: "賜, 盡也." '鋌''罜'同音. 『廣雅』: "澌·鋌, 盡也."[295], "罜, 空也."[296] 義皆本此.

---

287 戴震의 『方言疏證』에도 언급했듯이, 『文選』의 李善 「注」에는 '撲地生'이 아니라 '撲地出'이라고 인용되어 있다. 撲地는 '도처에', '곳곳마다'라는 뜻이다.

288 『廣韻』 入聲: "穙, 草生概也."

289 『文選·賦已·蕪城賦』: "廛閈撲地, 歌吹沸天. 孳貨鹽田, 鏟利銅山."

290 李善 「注」의 전문은 다음과 같다. "鄭玄周禮注曰: 廛, 民居區域之稱. 說文曰: 閈, 閭也. 方言曰: 撲, 盡也. 郭璞曰: 今種物皆生, 云撲地出也." 郭璞의 「注」에는 '撲地生'이라고 되어 있는데 李善 「注」에서는 이를 '撲地出'이라고 하였으며, 戴震은 이를 그대로 인용하였다.

291 『說文解字』 水部: "澌, 水索也. 從水斯聲."

292 『玉篇』 水部: "息咨切. 水名. 又音賜, 水盡."

293 『廣韻』 去聲: "澌, 盡也. 『禮注』云: 死之言澌也." 이 항목의 뒤에 '𣩠'와 '儩'라는 글자 둘에 대하여 "上同"이라고 하여, 모두 '澌'와 같다는 설명이 되어 있다. 따라서 戴震이 이같이 말한 것이다.

294 『文選·賦戊·西征賦』: "超長懷以遐念, 若循環之無賜."

295 『廣雅·釋詁』: "殫·索·旣·滲·瀸·涸·急·汽·焈·湫·澌·湆·釂·殲·蕉·寫·訾·㾜·鋌·央, 盡也."

296 『廣雅·釋詁』: "闃·霝·罜·罣·窔·窶·繆·豁·㘅·邱·窾·廓·虛·甹·㝩·科, 空也."

'박撲'은 '박撲'이라고도 쓰며, 본래는 '복穙'이라고 쓴다. 『광운』에 "복穙은 풀이 빽빽이 난 것"이라고 하였다. 곽박의 「주」에 '타박打撲'이라고 되어 있는 것은 마땅히 '음은 타박打撲(때리다. 구타하다)의 박撲'이라고 해야 한다. 포소의 「무성부」에 "주택과 이문里門이 온 땅을 뒤덮고, 노래와 피리 소리는 하늘에 닿을 정도였네"라는 구절이 있는데, 이선의 「주」에서는 『방언』을 인용하여 "박撲은 다하다(진盡)의 뜻"이라고 하였으며, 또 곽박의 「주」를 인용하여 '박지출撲地出(도처에서 살아난다)'이라고 하였고, 그 나머지는 모두 같다.[297] 『설문해자』에 "시澌는 물이 다하여 없어지다의 뜻이다"라고 하였다. 『옥편』에서 말하기를, "시澌의 음은 사賜이고, 물이 다하여 없어지다의 뜻이다"라고 하였다. 아마도 '시澌'와 '사賜'는 같은 음이기 때문에 '사賜'도 다하다(진盡)의 뜻이 되는 것 같다. 『광운』에 "시澌는 또한 사儩라고도 쓴다"고 하였다. '정鋌·사賜·박撲·시澌'라는 구절을 다른 여러 판각본에서는 이것을 연이어 '박시撲澌'라고 잘못 썼다. 반악의 「서정부」에 "생각은 돌고 도는 듯 끝나지 않네"라는 구절이 있는데, 이선의 「주」에서는 『방언』을 인용하여 "사賜는 다하다, 다하여 없어지다(진盡)의 뜻이다"라고 하였다. '정鋌'과 '정罡'은 같은 음이다. 『광아』에 "시澌·정鋌은 다하다. 다하여 없어지다(진盡)의 뜻이다", "정罡은 다하다, 다하여 비게 되다(공空)의 뜻이다"라고 하였으니 그 뜻은 여기에서 근거하였다.

역해

① 撲[박]: 박撲은 박撲과 같다. 南楚에서 사물이 모두 사는 것을 撲生이라고 함. 곽박 당시에는 어떤 것을 심어 모두 사는 것을 撲地生이라고

297 李善「注」는 다음과 같다. "鄭玄『周禮·注』曰: 廛, 民居區域之稱. 『說文』曰: 閈, 閭也. 『方言』曰: 撲, 盡也. 郭璞曰, 今種物皆生, 云撲地出也."

함. 곽박 「주」에 발음은 打撲의 撲이라고 했는데, 이에 근거한 상고음은 [*phuk, bruk]이다.

② 鋌[정] : 없어지다. 비다. 사물이 다 빈 것을 鋌이라고 함. 鋌은 賜의 뜻. 곽박은 이것이 中國의 通語라고 함. 鋌,은 空의 뜻. 곽박 「주」에 발음은 挺이라고 했는데, 이에 근거한 상고음은 [*diŋ]이다.

③ 澌[시] : 다하다. 없어지다.

④ 盡[진] : 다하다. 盡은 撲, 鋌, 澌의 풀이어휘.

⑤ 賜[사] : 다하다. 賜는 鋌의 풀이어휘.

⑥ 空[공] : 비다. 空은 鋌의 풀이어휘.

방언 51

撲① · 翕② · 葉③, 聚④ 也.【撲屬蘩相著貌】 楚謂之撲, 或謂之翕. 葉, 楚通語也.

박撲 · 흡翕 · 엽葉은 모이다, 모여 있다(취聚)의 뜻이다.【박撲은 연이어져 있는 잔풀들이 서로 붙어 있는 모습을 말한다】 초楚에서는 박撲이라고 하거나, 혹은 흡翕이라고 한다. 엽葉은 초楚의 통어通語다.

방언소증

案『廣雅』: "翕 · 葉, 聚也."[298] 義本此. '撲屬', 「考工記」作"樸屬."[299]

298 『廣雅 · 釋詁』: "蓴 · 桀 · 蕁 · 萃 · 欑 · 叟 · 巂 · 濼 · 叢 · 蓄 · 都 · 薄 · 薀 · 崇 · 灌 · 雜 · 茓 · 贅 · 榛 · 林 · 屯 · 集 · 宗 · 族 · 洿 · 緫 · 翕 · 葉 · 輪 · 會 · 積, 聚也."

鄭「注」云 : "樸屬猶附著." 『詩 · 大雅』 : "芃芃棫樸."[300] 鄭「箋」云 : "相樸屬而生." '蘩'刻本皆訛作'葉'. 據『永樂大典』本作'蘩', 卽'叢'字. 『爾雅 · 釋木』 : "樸, 枹者."[301] 郭「注」云 : "樸屬叢生者爲枹."

『광아』에 "흡翕, 엽葉은 모이다, 모여 있다(취聚)의 뜻이다"라고 하였는데 그 뜻은 여기에서 근거하였다. '박촉撲屬'은 『주례 · 고공기』에서 '박촉樸屬'(부착한 부분이 견고하다)이라고 하였으며, 정현의 「주」에 말하기를, "박촉樸屬은 부착되어 있다는 뜻과 같다"고 하였다. 『시경 · 대아』에 "덥수룩하게 이어진 떡갈나무여"라는 대목이 있는데, 정현의 『모시전』에서 말하기를, "서로 연이어져 잔풀이 난 것이다"라고 하였다. 여러 판각본에 모두 엽葉이라고 잘못 되어 있다. 『영락대전』본에 의하면, '총蘩'을 '총叢'이라는 글자로 썼다. 『이아 · 석목』에 "박樸은 떡갈나무(포枹)다"라는 구절이 있는데, 이에 대한 곽박의 「주」에 말하기를, "박樸은 뭉쳐나는 식물(총생叢生)에 속하는 것으로 떡갈나무다"라고 하였다.

역해

① 撲[박] : 撲은 撲(치다, 때리다)과 같다. 楚에서 撲이라고 함.
② 翕[흡] : 어우러져 한데 모이다. 모으다. 거두어들이다. 화합하다. 楚에서 또 翕라고도 함.
③ 葉[엽] : 모이다. 모이다. 葉은 楚의 通語.
④ 聚[취] : 모이다. 聚는 撲, 翕, 葉의 풀이어휘.

---

299 『周禮 · 冬官考工記』 : "凡察車之道, 欲其樸屬而微至, 不樸屬."
300 『詩經 · 大雅 · 文王之什 · 棫樸』 : "芃芃棫樸, 薪之槱之. 濟濟辟王, 左右趣之."
301 『爾雅 · 釋木』 : "樸枹者."

방언 52

斟①, 益②也.【言斟酌益之】 南楚凡相益而又少謂之不斟③. 凡病少愈而加劇亦謂之不斟, 或謂之何斟④.【言雖小[302]損無所益也】

짐斟은 더하다(익益)의 뜻이다.【짐작斟酌(잔에 술을 따르다)이란 거기에 보탠다는 것을 말한다】 남초南楚지역에서는 무릇 서로 보탬이 되었지만 더 적어지는 것을 부짐不斟이라고 한다. 무릇 병이 조금 나았다가 더 심해지는 것을 부짐不斟이라고 하거나, 혹은 하짐何斟이라고 한다.【비록 조금 손실이 있지만 보탬은 없음을 말한다】

방언소증

案『廣雅』『廣韻』竝云 : "斟, 益也."[303] 義本此.

『광아』와 『광운』에서 모두 "짐斟은 보태다(익益)의 뜻"이라고 하였는데, 그 의미는 여기에서 근거하였다.

302 福山 王氏 天壤閣 刊景宋本, 吳琯『古今逸史』本, 程榮『漢魏叢書』本, 胡文煥『格致叢書』本, 明 李珏 刻本, 明 佚名 刻本에 모두 '少'라고 되어 있다.

303 『廣雅·釋詁』: "賆·貤·附·助·坿·埤·隋·貱·賢·賭·饒·羸·賜·貳·斟·酌·斛·潤·沾·潼, 益也." 『廣韻』 下平聲 : "斟, 酌也 益也. 又姓. 『國語』云 : 祝融之後侯伯八姓斟姓無後. 賈逵「注」云 : 斟姓是曹姓之後. 又漢複姓有斟弋氏, 出『史記』."

역해

① 斟[짐] : 수익이 늘거나 병세가 호전되다. 南楚에서 서로 보탬이 되었지만 더 적어지는 것을 不斟이라고 함.
② 益[익] : 더하다. 益은 斟의 풀이어휘.
③ 不斟[불짐] : 병이 좀 나아졌다가 더 심해지다. 南楚에서 서로 보탬이 되었지만 더 적어지는 것을 不斟이라고 함.
④ 何斟[하짐] : 병이 위중해지다. 南楚에서 병이 조금 나았다가 더해지는 것을 또 何斟이라고도 함.

방언 53

差①・間②・知③, 愈④也. 南楚病愈者謂之差, 或謂之間,【言有間隙】或謂之知. 知, 通語也. 或謂之慧⑤, 或謂之憭⑥,【慧憭皆意精明】或謂之瘳⑦, 或謂之蠲⑧,【蠲亦除也. 音涓, 又一圭反】或謂之除⑨.

차差・간間・지知는 낫다(유愈)의 뜻이다. 남초南楚 지역에서는 병이 낫는 것을 차差라고 하거나, 혹은 간間이라고 하거나,【차이가 있음을 말한다】 혹은 지知라고 한다. 지知는 통어通語다. 혹은 혜慧라고 하거나, 혹은 료憭라고 하거나,【혜慧와 료憭는 모두 총명하다는 뜻이다】 혹은 추瘳라고 하거나, 혹은 견蠲이라고 하거나,【견蠲은 또한 없애다(제除)의 뜻이다. 음은 연涓이다. 또 다른 음은 규圭다】 혹은 제除라고 한다.

案'愈'亦作'瘉'. 『漢書·藝文志』: "目瘉爲劇."[304] 顔師古「注」云: "瘉讀與愈同愈差也." 孔安國注『論語』'少閒'[305]云: "少差曰少閒."[306] 『廣雅』: "知·瘥·蠲·除·慧·閒·瘳, 愈也."[307] 義本此. '差''瘥'古通用. 傳亮「爲宋公修楚元王墓教」: "可蠲復近墓五家"[308], 李善「注」云: "郭璞『方言·注』云, 蠲, 除也."

'유愈'는 또 '유瘉'라고도 쓴다. 『한서·예문지』에 "유瘉를 극劇이라고 한다"는 구절이 있는데, 안사고의 「주」에 "유瘉의 독음은 유愈와 같다. 유愈는 차도가 있는 것이다"라고 하였다. 공안국은 『논어』의 '소간少閒'에 대한 주해에서 말하기를, "조금 나은 것을 간閒이라고 한다"고 하였다. 『광아』에 "지知·채瘥·견蠲·제除·혜慧·간閒·추瘳는 낫다(유愈)의 뜻이다"라고 하였으니, 뜻은 여기에서 근거하였다. '차差'와 '채瘥'는 옛날에는 통용되었다. 부량의 「위송공수초원왕묘교」에 "묘에서 가까운 다섯 집은 조세 등을 면제해주고"라는 구절이 있는데, 이선의 「주」에 말하기를, "곽박의 『방언·주』에서 견蠲은 없애다(제除)의 뜻이라고 한다"고 했다.

---

304 目는 以와 같다. 이는 『漢書·藝文志』의 醫經에 대한 총론에 나오는 구절이다.

305 『論語』에는 '少閒'이라는 구절이 없다. 戴震은 『論語·子罕篇』의 다음 문장의 주해를 염두에 둔 것이다. "子疾病, 子路使門人爲臣. 病閒, 曰, '久矣哉, 由之行詐也! 無臣而爲有臣. 吾誰欺? 欺天乎! 且予與其死於臣之手也, 無寧死於二三子之手乎! 且予縱不得大葬, 予死於道路乎?" 즉, "病間"의 "間"이라는 말에 대한 것이다. 閒과 間은 통용되는 글자다. 여기에서는 고쳐서 번역한다.

306 孔安國의 주해에는 "少差曰間"이라고 되어 있다. 따라서 고쳐서 번역한다.

307 『廣雅·釋詁』: "爲·已·知·瘥·蠲·除·慧·閒·瘳·痊, 瘉也." 愈와 瘉는 서로 통하는 글자다.

308 『文選·教·爲宋公修楚元王墓教』: "可蠲復近墓五家, 長給灑掃. 便可施行."

역해

① 差[채] : 병이 낫다. 후에는 차瘥로 썼다. 南楚에서 병이 나은 것을 差라고 함.

② 閒[간] : 병이 낫다. 南楚에서 병이 나은 것을 또 閒이라고도 함.

③ 知[지] : 병이 낫다. 南楚에서 병이 나은 것을 또 知라고도 함. 知는 通語.

④ 愈[유] : 병이 낫다. 愈는 差, 閒, 知의 풀이어휘.

⑤ 慧[혜] : 한의학 용어로서 '정신이 맑고 상쾌하다'라는 뜻이 있다. 南楚에서 병이 나은 것을 또 慧라고도 함.

⑥ 憭[료] : 병이 낫다. 南楚에서 병이 나은 것을 또 憭라고도 함.

⑦ 瘳[추] : 병이 낫다. 南楚에서 병이 나은 것을 또 瘳라고도 함.

⑧ 蠲[견] : 병이 낫다. 제거하다. 南楚에서 병이 나은 것을 또 蠲라고도 함. 곽박 「주」에 발음은 涓이라고 했는데, 이에 근거한 상고음은 [*kin]이다.

⑨ 除[제] : 치병하다. 병을 다스리다. '제거하다. 없애다'라는 기본적인 의미에서 '병이나 통증을 없애다'라는 의미로 쓰인 것이라 생각된다. 南楚에서 병이 나은 것을 또 除라고도 함.

방언 제4권

輶軒使者絕代語釋別國方言 第四

방언 1

襌衣①, 江淮南楚之間謂之褋②,【楚辭曰: 遺余褋兮澧浦.[1] 音簡牒】 關之東西謂之襌衣. 有褎者,【前施褎囊也. 房報反】 趙魏之間謂之袏衣③; 無褎者謂之裎衣④,【音逞】 古謂之深衣⑤.【制見『禮記』】

홑옷(단의襌衣)[2]은 강회江淮 남초南楚에 걸친 지역에서는 접褋이라 하고,【초사楚辭에 "내 홑옷을 풍수빈澧水濱 물가에서 보내 준다"라고 했다. 음은 간접簡牒이다】 함곡관의 동서 지역에서는 단의襌衣라고 한다. 주머니(포褎)가 있는 것을【앞에 주머니를 붙인 것이다. 음은 방보반房報反이다】 조趙 위魏에 걸

1 『楚辭 · 九歌』: "捐余袂兮江中, 遺余褋兮澧浦."

2 『釋名 · 釋衣服』편에 (옷에) 안이 있으면 複이라 하고 안이 없으면 襌이라고 한다고 했다.

친 지역에서는 좌의袏衣라고 하며, 주머니(포褎)가 없는 것은 정의裎衣[3] 라고 한다.【음은 령逞이다】 옛날에는 심의深衣[4]라고 했다.【이러한 예제에 관한 것은 『예기』에 보인다】

방언소증

案『漢書・江充傳』: "充衣紗縠[5]襌衣, 曲裾[6]後垂交輸[7]."[8] 顔師古「注」云: "襌衣, 制若今之朝服中襌也. 如淳曰: 交輸, 割正幅, 使一頭狹若燕尾, 垂之兩旁, 見於後. 是『禮・深衣』續衽鉤邊." 『後漢書・馬援傳』: "更爲援制都布單衣.[9]" 「注」引『方言』: "襌衣, 江淮南楚之閒謂之褋; 關之東西謂之襌衣." '襌'·'單', 古通用. 『禮記・深衣篇』鄭『目錄』云: "深衣, 連衣裳而純之以采者, 有表則謂之中衣.[10]" 劉熙『釋名』云: "襌

3 錢繹은 (裎衣가) 바로 對衿(중국식 윗옷의 두 섶이 겹치지 않고 가운데에서 단추로 채우게 되어 있는 것)이며, 우측 옷섶이 없는 것이라고 했다.

4 深衣는 턱 아래부터 裳末까지 衣과 裳이 연결된 옷인데 다른 幅으로 衽을 만들지 않고 단지 두 옷깃을 대서 연속하였으므로 '續衽'이라 하며, 이렇게 되면 두 옷깃을 가릴 수 없으므로 단추(結紐)로 묶어서 안 벌어지게 하기 때문에 '鉤邊'이라고 함.(규장각, 한국학연구원 자료에서 인용함)

5 가볍고 얇기로 이름나 귀중한 옷감으로 여긴다.

6 심의는 옷깃을 두루는 방식에 따라 直裾와 曲裾 두 가지가 있다. 曲裾 深衣는 뒤쪽의 옷깃을 길게 연이어 삼각형 옷깃이 등 뒤에서 돌려 앞섶까지 이른 후 허리에서 띠로 매게 되어 있다.(『禮記・深衣』 참조)

7 고대 의복의 일종으로 천 전체를 반으로 나누어 옷 뒤에서 양쪽으로 늘어뜨린 제비꼬리 모양이다. 顔師古는 「注」에서 如淳이 말했듯이 交輸는 正幅을 자른 것으로 제비꼬리처럼 양쪽으로 늘어뜨린 것이라고 했다.(뒤에 나오는 『禮記・深衣』의 "續衽鉤邊"을 참조)

8 『漢書・江充傳』: "充衣紗縠襌衣, 曲裾後垂交輸."

9 『後漢書・馬援列傳』: "更爲援制都布單衣, 交讓冠, 會百官於宗廟中, 立舊交之位."

10 『禮記・深衣篇』案鄭『目錄』云: "名曰『深衣』者, …… 深衣, 連衣裳而純之以采者. 素純曰長衣, 有表則謂之中衣."

衣, 言無裏也." '褋'亦作'褋'. 『說文』云: "南楚謂禪衣曰褋.[11]" 『廣雅』: "褋, 禪衣也."[12] '褏'亦作'袍'. 『春秋』哀公十四年『公羊傳』: "反袂拭面涕沾袍.[13]" 何休「注」云: "袍, 衣前襟也." '袪'[14]'裎'[15], 『廣韻』皆云: "禪衣." 史游『急就篇』: "禪衣蔽郄布母縛.[16]" 顔師古「注」云: "禪衣似深衣而褒大."

『한서·강충전』에 "강충은 비단으로 만든 홑옷을 입었는데, 옷이 여인들의 옷과 비슷하였다"라는 구절이 있는데, 안사고의 「주」에 "홑옷(단의禪衣)은 오늘날 조복朝服의 중의中衣와 비슷하다. 여순이 말한 것처럼 교수交輸는 한쪽의 천을 대각선으로 자르고 다른 한쪽은 제비 꼬리처럼 만들어 양측에 늘어뜨려 뒤에서 보이게 한 것이다. 바로 『예기·심의』에서 말한 옷깃을 길게 늘어뜨려 붙인 모양이다"라고 했다. 『후한서·마원전』에 "그밖에도 공손술은 마원을 위해 도포로 홑옷을 만들어 주고"라는 구절이 있는데, 「주」에서는 『방언』을 인용하여 "강회江淮 남초南楚 지역에서는 홑옷(단의禪衣)을 접褋이라고 하고, 함곡관의 동서 지역에서는 단의禪衣라고 한다"고 했다. '단禪'과 '단單'은 옛날에는 통용되었다. 『예기·심의편』에 "정현鄭玄의 『삼례목록』에 심의深衣는 상하가 연결되었고 테두리는 무늬로 장식한 옷이다. 겉이 있으면 중의中衣라고 한다"[17]라고 했다. 유희의 『석명』에 "단의禪衣는

11 『說文解字』 衣部: "褋, 南楚謂禪衣曰褋. 從衣枼聲."

12 『廣雅·釋器』: "覆袶·褣·褋, 禪衣也."

13 『春秋·公羊傳』 哀公十四年: "孔子曰: 孰爲來哉! 孰爲來哉! 反袂拭面涕沾袍."

14 『廣韻』 去聲: "袪, 禪衣."

15 『廣韻』 上聲: "裎, 禪衣."

16 『急就篇』: "禪衣蔽郄布母縛."

17 『禮記正義·深衣』에 "案鄭『目錄』云: 名曰『深衣』者, 以其記深衣之制也. 深衣, 連衣裳而純之以采者. 素純曰長衣, 有表則謂之中衣. 大夫以上祭服之中衣用素.(鄭玄의 『三禮目錄』에 따르면 명칭을 深衣라고 한 것은 그 深衣 만드는 것을 기록하고자 함이다. 深衣는 상의와 하의가 붙어있으며 단색이다. 흰

안이 없는 옷을 말한다"고 했다. '접褋'은 '접襍'으로 쓰기도 한다. 『설문해자』에 "남초南楚에서 홑옷(단의禪衣)을 접褋이라 한다"고 했다. 『광아』에 "접褋은 홑옷(단의禪衣)"이라고 했다. '포褎'는 '포袍'로 쓰기도 한다. 『춘추』 애공 14년 『공양전』에 "옷소매를 뒤집어 얼굴을 닦는데 눈물이 옷 앞섶을 적셨다"라는 구절이 있는데, 하휴의 「주」에 "포袍는 옷의 앞섶"이라고 했다. '좌袏'와 '정裎'은 『광운』에 모두 "홑옷(단의禪衣)"이라고 했다. 사유의 『급취편』에 "단의禪衣(홑옷), 폐슬蔽膝, 포모준布母縛(고대의 앞치마 비슷한 짧은 옷)[18]"이라는 구절이 있는데, 안사고의 「주」에는 "단의禪衣는 심의深衣와 비슷하지만 넓은 옷"이라고 했다.

역해

① 禪衣[단의] : 홑옷. 單衣라고도 함. 함곡관의 東西지역에서 禪衣라고 함.

② 褋[접] : 홑옷. 江淮南楚之間에서 褋이라고 함. 곽박 「주」에서 발음은 簡牒의 牒이라고 했는데, 이에 근거한 상고음은 [*diap]이다.

③ 裎衣[정의] : 홑옷. 깃이 없는 홑옷. 앞에 주머니가 달리지 않은 옷. 주머니가 없는 것을 趙魏之間에서 裎衣라고 함. 곽박 「주」에 발음은 逞이라고 했는데, 이에 근거한 상고음은 [*thrjiŋx]이다.

④ 袏衣[좌의] : 홑옷. 주머니가 달린 옷. 주머니가 있는 것을 趙魏之間에서 袏衣라고 함.

⑤ 深衣[심의] : 위아래가 연결되어 있는 겉에 입는 옷으로 오늘날의 長袍와 비슷하다.(그림자료 4-1 참조) 고대에는 深衣라고 함.

단색을 長衣라고 하고 겉이 있으면 中衣라고 한다. 大夫는 祭服으로 흰색의 中衣를 입는다)"라고 되어 있다.

18 『急就篇』: "禪衣蔽膝布母縛"의 顔師古 「注」에서는 "布母縛이라는 것이 蔵貉 여자들이 입는 행주치마 같은 것으로 베로 만들었다"고 했다.

방언 2

襜褕①, 江淮南楚謂之㠉裕②,【㠉, 裳凶反】 自關而西謂之襜褕, 其短者謂之裋褕③.【裋, 音豎】 以布而無緣, 敝而紩之, 謂之襤褸④. 自關而西謂之統裾⑤,【俗名裾掖. 音倔】 其敝者謂之緻⑥.【緻, 縫納敝, 故名之也. 丁履反】

첨유襜褕【곧은 옷깃의 홑옷】는 강회江淮 남초南楚 지역에서는 충용㠉裕이라고 하며,【충㠉은 음이 상흉반裳凶反이다】 함곡관으로부터 서쪽 지역에서는 첨유襜褕라고 한다. 그 중에 짧은 것은 수유裋褕라고 한다.【수裋는 음이 수豎다】 베로 만들었으며 옷단이 없고, 낡아서 허름한 옷을 람루襤褸라고 한다. 함곡관으로부터 서쪽 지역에서는 충굴統裾이라고 부르는데,【속명은 글액裾掖이다. 음은 굴倔이다】 낡은 것은 치緻라고 한다.【치緻는 떨어진 옷을 기우다의 뜻이며, 그래서 생긴 명칭이다. 음은 정리반丁履反이다】

방언소증

案『漢書・雋不疑傳』: "衣黃襜褕.[19]" 顔師古「注」云: "襜褕, 直裾襌衣." '㠉裕'亦作'童容'. 任昉「奏彈劉整」曰: "何其不能折契鍾庾, 而襜帷交質.[20]" 李善「注」云: "『方言』, 江淮謂襜褕爲童容." 『荀子・大略篇』: "衣則豎褐不完.[21]" 楊倞「注」云: "豎褐, 僮豎之褐, 亦短褐也." 『史記・秦始皇本紀』: "夫寒者利裋褐.[22]" 裴駰『集解』: "徐廣曰, 一作短,

19 『漢書・雋不疑傳』: "始元五年, 有一男子乘黃犢車, 建黃旐, 衣黃襜褕, 著黃冒."
20 『文選・彈事・奏彈劉整』: "昔人睦親, 衣無常主; 整之撫姪, 食有故人. 何其不能折契鍾庾, 而襜帷交質."
21 『荀子・大略篇』: "古之賢人, 賤爲布衣, 貧爲匹夫, 食則饘粥不足, 衣則豎褐不完."

小襦也.” 司馬貞『索隱』云 : “蓋謂褐布豎裁爲勞役之衣, 短而且狹, 故謂之短褐, 亦曰豎褐.” 『漢書 · 貢禹傳』: “裋褐不完.[23]” 顔「注」云 : “裋者, 謂僮豎所著布長襦也.” 『後漢書 · 張衡傳』: “士或解裋褐而襲黼黻.[24]” 「注」云 : “『方言』, 自關而西謂之襜褕. 短者謂之裋也.” 「光武帝紀」: “皆冠幘, 而服婦人衣, 諸于繡䘿.[25]” 「注」云 : “前書『音義』曰 : 諸于, 大掖衣也. 如婦人之袿衣. 字書無‘䘿’字. 『續漢書』作裾, 竝音其物反. 揚雄『方言』曰 : 襜褕, 其短者, 自關而西謂之統裾. 郭璞「注」云, 俗名裾掖. 據此則是諸于上加繡裾, 如今之半臂也.” 『說文』云 : “直裾謂之襜褕[26]”, “裋, 豎使布長襦.[27]” 『小爾雅』云 : “襜褕謂之童容[28]. 布褐而紩之謂之藍縷.[29]” 『急就篇』: “襜褕袷複褶袴褌.[30]” 顔師古「注」云 : “襜褕, 直裾禪衣也.”

『한서 · 준불의전』에 “노란 짧은 홑옷을 입고”라는 구절이 있는데, 안사고의 「주」에 “첨유襜褕는 곧은 옷깃(직거直裾)의 홑옷(단의)”이라고 했다. ‘충용襑褣’은 ‘동용童容’으로 쓰기도 한다. 임방의 「주탄유정」에 “어찌 빌려준 채권을 찢어버릴 수 없단 말인가? 어찌 수레의 휘장을 저당해서라도 양식을 구할 수 없단 말인가?”라는 구절이 있는데, 이선의 「주」에 “『방언』에는 강회江淮 지역에서는 곧은 옷깃의 홑옷(첨유襜褕)을 동용童容이라고 한다”고 했다. 『순자 · 대략편』에 “입는 것은

22 『史記 · 秦始皇本紀』: “夫寒者利裋褐而飢者甘糟糠”
23 『漢書 · 貢禹傳』: “妻子糠豆不贍, 裋褐不完.”
24 『後漢書 · 張衡傳』: “士或解裋褐而襲黼黻, 或委臿築而據文軒者.”
25 『後漢書 · 光武帝紀』: “見諸將過, 皆冠幘, 而服婦人衣, 諸于繡䘿, 莫不笑之, 或有畏而走者.”
26 『說文解字』 衣部 : “褕, 翟, 羽飾衣. 從衣俞聲. 一曰直裾謂之襜褕.”
27 『說文解字』 衣部 : “裋, 豎使布長襦. 從衣豆聲.”
28 『小爾雅 · 廣服』: “襜褕謂之童容.”
29 『小爾雅 · 廣服』: “布褐而紩之謂之藍縷.”
30 『急就篇』: “襜褕袷複褶袴褌.”

낡은 수갈豎褐도 온전하지 못했다"라는 구절이 있는데, 양경의 「주」에 "수갈豎褐은 성인이 아닌 어린 하인(동수僮豎)들의 베옷이며, 또 짧은 베옷(단갈短褐)"이라고 했다. 『사기 · 진시황본기』에 "추위에 떠는 사람은 수갈裋褐만으로도 따뜻함을 느끼고"라는 구절이 있는데, 배인은 『사기집해』에서 "서광은 수裋는 단短으로 쓰기도 한다. 수갈裋褐은 작은 저고리(소유小襦)를 말한다"고 했다. 사마정은 『색은』에서 "거친 베 혹은 천(갈포褐布)은 작게 지으면 노역을 하는 사람의 옷이 된다. 짧고 좁기 때문에 단갈短褐이라고 부르며, 수갈豎褐이라고 부르기도 한다"고 했다. 『한서 · 공우전』에 "짧은 저고리마저도 낡고 허름하다"라고 했는데, 안사고의 「주」에 "수裋는 어린 하인(동수僮豎)들이 입는 천으로 만든 긴 저고리"라고 했다. 『후한서 · 장형전』에 "선비는 간혹 짧은 저고리 수갈을 벗고 수놓은 화려한 옷을 입으며"라고 했는데, 「주」에서는 "『방언』에는 함곡관으로부터 서쪽 지역에서는 수갈裋褐을 첨유襜褕라고 하며, 짧은 것을 수裋라고 한다"고 했다. 『후한서 · 광무제기』에 "모두 두건(책幘)을 썼고 부인들의 옷을 입었으며 자수를 놓은 짧은 반팔을 걸치고 있었다"라는 구절이 있는데, 「주」에서는 "앞의 책(『사기』를 말함) 『음의』에 제우諸于는 대액의大掖衣이며, 여자들의 규의袿衣와 비슷하다고 했다. 자서字書에 '굴𧝓'字가 없기 때문에 『속한서』에서 '굴褔'로 썼으며, 음音은 '기물반其物反'이라고 했다. 양웅 『방언』에 첨유襜褕 중 짧은 것은 함곡관으로부터 서쪽 지역에서 충굴䘪褔이라고 한다고 했다. 곽박의 「주」에 '속명은 굴액褔掖'이라고 했다. 이런 것들을 근거로 대액의大掖衣 위에 수굴繡褔을 더 입는 것으로, 수굴繡褔은 오늘날의 반팔과 비슷하다"고 했다. 『설문해자』에 "곧은 옷깃(직거直裾)을 첨유襜褕라고 한다." 또 "수裋는 미성년 하인이 입는 베로 된 긴 저고리다"라고 했다. 『소이아』에 "첨유襜褕는 동용童容이라고 한다." 또 "거친 베로 만들었으며 기운 것을 람루藍縷라고 한다"고 했다. 『급취편』에 "첨유襜褕(곧은 옷깃의 홑옷), 겹袷(겹옷), 복複(아이 옷), 습褶(옷 위에 걸치는 옷으로 포袍와 비슷하지만 좀 짧고 소매는 넓다), 고곤袴褌(바지 속옷)이다"라는 구절이 있는데, 안사고의 「주」에 "첨유襜褕는 곧은 옷깃의 홑옷이다"라고 했다.

역해

① 襜褕[첨유] : 곧은 옷깃의 홑옷으로 고대에 남녀 공용.(그림자료 4-2 참조) 함곡관으로부터 서쪽지역에서 襜褕라고 함.

② 褈褣[충용] : 褈褣이라고도 씀. 襜褕의 별칭. 풍신한 홑적삼. 江淮南楚에서는 褈褣이라고 함. 곽박 「주」에서 褈의 발음은 裳凶反이라고 했는데, 이에 근거한 상고음은 [*dju ŋ]이다.

③ 裋褕[수유] : 襜褕 중 짧고 작은 것. 그 중 짧은 것은 裋褕라고 함. 곽박 「주」에서 裋의 발음은 豎이라고 했는데, 이에 근거한 상고음은 [djugx]이다.

④ 襤褸[람루] : 가선을 대지 않은 낡고 해진 홑옷. 천으로 만들었으며 옷단이 낡아서 허름한 것을 襤褸라고 함.

⑤ 裗褔[충굴] : 옷단이 없는 짧은 옷. 첨유 중 길이가 짧은 것. 함곡관으로부터 서쪽 지역에서는 裗褔이라고 함. 곽박 「주」에 褸의 발음은 倔이라고 했는데, 이에 근거한 상고음은 [*gwjət]이다. 곽박 당시에 俗稱으로 褔掖이라고 함.

⑥ 緻[치] : 꿰매다. 깁다. 그 가운데 낡은 것을 緻라고 함. 곽박 「주」에 緻의 발음은 丁履反이라고 했는데, 이에 근거한 상고음은 [*trjidx]이다.

방언 3

汗襦①,【廣雅作褕】 江淮南楚之間謂之襘②.【音甑】 自關而西或謂之衹裯③.【衹. 音止. 裯, 丁牢反. 亦呼爲掩汗④也】 自關而東謂之甲襦⑤. 陳魏宋楚之間謂之襜襦⑥, 或謂之襌襦⑦.【今或呼衫爲襌[31]襦】

땀받이 적삼(한유汗襦)[32]【『광아』에서는 유褕로 썼다】은 강회江淮 남초南楚에 걸친 지역에서 증襘【음은 증甑이다】이라고 한다. 함곡관으로부터 서쪽 지역에서는 혹은 저도衹裯【저衹의 음은 지止다. 도裯는 정뢰반丁牢反이다. 저도衹裯는 엄한掩汗이라고도 한다】라고도 한다. 함곡관으로부터 동쪽 지역에서는 갑유甲襦라고 한다. 진陳 위魏 송宋 초楚에 걸친 지역에서는 첨유襜襦라고 하거나 혹은 단유襌襦【지금 간혹 삼衫을 단유襌襦라고 한다】라고 한다.

방언소증

案宋玉「九辯」: "被荷裯之晏晏兮.[33]" 王逸「注」云: "裯, 衹裯也." 洪興祖『補注』引『方言』: "汗襦, 自關西謂之衹裯." 『後漢書・羊續傳』: "其資藏惟有布衾, 敝衹裯, 鹽麥數斛而已.[34]" 『說文』云: "衹裯, 短衣.[35]" 劉熙『釋名』云: "荊州謂襌衣曰布襹, 亦曰襜襦. 單襦如襦而無絮也." 『玉篇』云: "襘, 汗襦也.[36]" 徐堅『初學記』引『方言』: "陳魏宋楚

---

31 『四部叢刊』本에는 '單'이라고 되어 있다.

32 華學誠은 汗襦가 땀받이와 비슷한 옷으로 고대에는 中衣, 中單이라고 불렀으며 후에는 汗衫으로 통칭되었다고 했다.

33 『文選・騷下・九辯』: "被荷裯之晏晏兮, 然潢洋而不可帶."

34 『後漢書・羊續傳』: "其資藏惟有布衾, 敝衹裯, 鹽麥數斛而已."

35 『說文解字』 衣部: "衹, 衹裯, 短衣. 從衣氏聲."

36 『玉篇』 衣部: "襘, 子孕切. 汗襦也."

之閒謂之襜，或謂之單襦.” 改‘禪’爲‘單’，脫一‘襦’字.『廣雅』: “褈裕·衹裯，襜褕也.[37]”

송옥의 「구변」에 “연잎 적삼 입어서 아름다워도”라는 구절이 있는데, 왕일의 「주」에 “도裯는 적삼(저衹)”이라고 했다. 홍흥조의 『초사보주』에서는 『방언』을 인용하여 “땀을 배게 하는 적삼(한유汗襦)은 함곡관으로부터 서쪽 지역에서는 저도衹裯라고 한다”고 했다. 『후한서·양속전』에 “그가 가지고 있는 재산은 오직 베로 만든 이불과 낡은 짧은 적삼, 그리고 소금(鹽)과 보리 몇 휘(곡斛)[38]가 전부다”라고 했다. 『설문해자』에 “저도衹裯는 짧은 옷(단의短衣)”이라고 했다. 유희 『석명』에 “형주 지역에서 홑옷(단의禪衣)을 포속布襡이라고도 하고, 첨유襜襦라고도 한다. 단유單襦는 유襦지만 솜이 없는 것”이라고 했다. 『옥편』에 “증한䙢汗은 속옷(유襦)”이라고 했다. 서견의 『초학기』에서는 『방언』의 “진陳 위魏 송宋 초楚에 걸친 지역에서는 한유汗襦를 첨襜이라고 하고, 혹은 단유單襦라고 한다”라는 구절을 인용하였는데, ‘단禪’을 ‘단單’으로 고쳤으며, 또 ‘유襦’자가 한 글자 빠졌다. 『광아』에 “충용褈裕과 저도衹裯는 모두 속옷(첨유襜褕)”이라고 했다.

역해

① 汗襦[한유] : 땀받이 짧은 옷. 汗襦는 䙢, 衹裯, 掩汗, 甲襦, 襜襦의 풀이어휘.

② 䙢[증] : 짧은 속적삼. 江淮南楚之間에서 䙢이라고 함. 곽박 「주」에서 발음은 甑이라고 했는데, 이에 근거한 상고음은 [*tsjə ŋ h]이다.

---

37 『廣雅·釋器』: “褈裕·衹裯，襜褕也.”

38 斛은 곡식 열 말의 용량이다.

③ 衹裯[저도] : 속적삼. 땀받이로 입는 윗옷. 함곡관으로부터 서쪽 지역에서 衹裯라고도 함. 곽박 「주」에 발음은 각각 止, 丁牢反이라고 했는데, 이에 근거한 상고음은 [*tjəgx], [*təgw]이다.

④ 掩汗[엄한] : 錢繹은 '汗衣'의 의미로, 몸에 밀착되어 땀과 때를 받는 옷이라고 함.

⑤ 甲襦[갑유] : 땀에 젖는 것을 막기 위한 옷. 함곡관으로부터 동쪽 지역에서 甲襦라고 함.

⑥ 襜襦[첨유] : 속옷. 내의의 의미로 쓰임. 陳魏宋楚之間에서는 襜襦라고 함.

⑦ 襌襦[단유] : 여기서는 속옷으로 입는 셔츠와 비슷한 옷이라는 의미로 쓰임. 陳魏宋楚之間에서 또 襌襦라고도 함. 곽박 당시에는 衫을 또 襌襦라고도 함.

방언 4

帬①, 陳魏之間謂之帔②,【音披】 自關而東或謂之襬③.【音碑. 今關西語然也】

치마(군帬)[39]는 진陳 위魏에 걸친 지역에서는 피帔[40]【음은 피披다】라고 한다. 함곡관으로부터 동쪽 지역에서 혹은 피襬【음은 비碑다. 지금도 관서 지역에서는 여전히 이렇게 말한다】라고 하기도 한다.

---

39 王念孫은 『說文解字』에서는 '아래옷'이라고 풀이하였으며, 『釋名』에서는 '군群(무리. 떼 지어 모이다)'이며, '여러 폭을 연결한 것'이라고 풀이하였다고 했다.

40 顔師古는 裙이 바로 裳(고대에서 윗도리는 衣, 아래옷은 裳이라고 했다)을 말하며, 帔라고도 하고 피라고도 한다고 했다.

방언소증

案『說文』云:“帬, 下裳也.[41]”, “帔, 弘農謂帬帔也.[42]” 『廣雅』: “帔, 帬也.[43]” 『玉篇』云: “䙛, 關東人呼帬也.[44]” 徐堅『初學記』引『方言』: “陳魏之閒謂帬爲帔.”

『설문해자』에 “군帬은 아래옷, 치마다.” 또 “피帔를 홍농弘農에서는[45] 군피帬帔라고 한다.” 『광아』에 “피帔는 치마(군帬)”라고 했다. 『옥편』에 “치마(피䙛)를 관동 사람들은 군帬이라고 한다”고 했다. 서견 『초학기』에서는 『방언』을 인용하여 “진陳 위魏 지역에서는 치마(군帬)를 피帔라고 한다”고 했다.

역해

① 帬[군]: 裙의 옛 글자. 치마. 속옷.(그림자료 4-4 참조) 帬은 帔, 䙛의 풀이어휘.

② 帔[피]: 치마. 陳魏之間에서 帔라고 함. 곽박 「주」에 발음은 披이라고 했는데, 이에 근거한 상고음은 [*phjiar]이다.

③ 䙛[피]: 치마. 함곡관으로부터 동쪽 지역에서는 또 䙛라고도 함. 곽박 「주」에 발음은 碑이라고 했는데, 이에 근거한 상고음은 [*pjig]이다. 곽박 당시에는 關西語임.

---

41 『說文解字』 巾部: “裙, 下裳也. 從巾君聲. 裠, 裙或從衣.”

42 『說文解字』 巾部: “帔, 弘農謂裙帔也. 從巾皮聲.”

43 『廣雅・釋器』: “繞領・帔, 裙也.”

44 『玉篇』 衣部: 䙛, 彼皮切. 關東人呼裙也.

45 弘農은 漢代부터 北宋시기에 걸쳐 설치되었던 縣의 이름으로 지금의 河南省 靈寶市 동북쪽 황하 연안에 위치하고 있다.

방언 5[46]

蔽厀①, 江淮之間謂之褘②,【音葦[47], 或暉】 或謂之祓③.【音沸[48]】 魏宋南楚之間謂之大巾④, 自關東西謂之蔽厀[49], 齊魯之郊謂之袡⑤.【昌詹反】[50]

폐슬蔽厀은 강회江淮에 걸친 지역에서 위褘【음은 위葦다. 혹은 휘暉라고 한다】라고 하거나, 혹은 발祓【음은 비沸다】이라고 한다. 위魏 송宋 남초南楚에 걸친 지역에서는 대건大巾이라고 하고, 함곡관으로부터 동서 지역에서는 폐슬蔽厀이라고 하며, 제齊 로魯 지역의 교외에서는 첨袡【음은 창첨반昌詹反[51]이다】이라고 한다.

방언소증

案'褘', '祓', 『說文』竝云: "蔽厀.[52]" 『釋名』云: "韠, 所以蔽厀前也. 齊人謂之巨巾, 又曰跪襜." 『廣雅』: "大巾・褘・袡・祓, 蔽厀也.[53]" 本此. 『爾雅・釋器』: "衣蔽前謂之襜." 郭「注」云: "今蔽厀也." 『釋文』云: "襜本或作襜. 『方言』作袡." 「疏」全引『方言』此條文竝同. 末句誤連下

46 『四部叢刊』本에는 '방언 5, 6, 7'이 합해져 있다.
47 『四部叢刊』本에는 '韋'라고 되어 있으나, 戴震은 '葦'로 고쳤다.
48 『爾雅』 邢昺 「疏」에 음이 '弗'이라고 했다. 盧文弨는 李文授 판본에 "음은 撥"이라고 되어 있다고 했다. 周祖謨는 『廣雅・釋器』에 曹憲 音이 '不勿反'인데, 이것은 '弗'과 같은 음이라고 했다.
49 『四部叢刊』本에는 '厀'라고 되어 있다.
50 『四部叢刊』本에는 5번 항목에서 7번 항목까지가 한 항목으로 되어 있다.
51 袡은 한자음에서는 '염'이지만 郭璞 「注」에 독음이 昌詹反이므로 '첨'이라고 읽어야 한다.
52 『說文解字』 衣部: "褘, 蔽厀也. 從衣韋聲. 『周禮』 曰: 王后之服褘衣. 謂畫袍."
53 『廣雅・釋器』: "大巾・褘・袡・襜・祓, 蔽厀也. 韍謂之縪."

文'襦'字引之. 『小爾雅』: "蔽厀謂之袡."

『설문해자』에서는 '위禕'와 '발祓'에 대해 모두 "무릎을 보호하기 위해 옷 앞에 두르는 수건, 또는 옷(폐슬蔽厀)"이라고 했다. 『석명』에 "필韠은 무릎 앞부분을 가리는 데 사용하는 것이다. 제나라 사람은 거건巨巾이라고 하며, 또 궤첨跪襜이라고도 한다"고 했다. 『광아』에 "대건大巾·염褘·첨袡·발祓은 모두 무릎을 보호하기 위해 옷 앞에 두르는 수건, 또는 옷(폐슬蔽厀)"이라고 했다. 여기에서 근거하였다. 『이아·석기』에 "옷 중에 앞을 가리는 것을 첨襜이라고 한다"고 했으며, 곽박의 「주」에 "지금의 폐슬蔽厀을 말한다"고 했다. 『경전석문』에 "첨襜은 원래 첨裧으로 쓰기도 한다. 『방언』에서는 첨袡으로 썼다"고 했다. 「소」에서는 『방언』의 이 조항을 전부 인용했으며, 문장은 동일하다. 그러나 마지막 구절에서 잘못하여 다음 문장의 '유襦'자와 연결하여 이것도 인용했다. 『소이아』에 "무릎을 보호하기 위해 옷 앞에 두르는 수건, 또는 옷(폐슬蔽厀)을 첨袡이라고 한다"고 했다.

역해

① 蔽厀[폐슬]: 일반적으로 蔽膝이라고도 씀. 무릎을 보호하기 위해 옷 앞에 두르는 수건. 蔽厀은 褘, 祓, 大巾, 袡의 풀이어휘. 함곡관으로부터 동서지역에서 蔽厀이라고 함.
② 褘[휘]: 조복을 입을 때 무릎을 가리는 천. 蔽膝. 江淮之間에서 褘라고 함. 곽박 「주」에 발음은 葦, 또 暉라고 했는데, 이에 근거한 상고음은 [*gwjədx], [*hwjəd]이다.
③ 祓[발]: 蔽膝. 江淮之間에서 또 祓이라고도 함. 곽박 「주」에 발음은 沸이라고 했는데, 이에 근거한 상고음은 [*pjədh]이다.

④ 大巾[대건] : 큰 수건. 魏宋南楚之間에서 大巾이라고 함.

⑤ 袡[첨] : 옷섶. 활옷이라는 의미지만, 여기서는 폐슬의 의미로 쓰임. 齊魯之郊에서 袡이라고 함. 곽박 「주」에 발음은 昌詹反이라고 했는데, 이에 근거한 상고음은 [*tjjam]이다.

방언 6

襦①,【字亦作褕[54], 又襦無右也[55]】 西南蜀[56]漢謂之曲領②, 或謂之襦.

저고리(유襦)[57]【글자는 유褕로 쓰기도 한다. 또 유襦는 오른쪽이 없다】는 서남西南 촉한蜀漢 지역에서는 곡령曲領이라고 하며, 혹은 유襦라고도 한다.

방언소증

案『說文』: "襦, 短衣也. 一曰㬌衣.[58]" 『釋名』云 : "襦, 耎也. 言温耎也", "曲領在内, 以中襟領[59], 上横壅頸, 其狀曲也", "反閉, 襦之小者也. 卻向著之, 領【含於項】, 反於背後閉其襟也." 「注」内 '又襦無右也'

54 華學誠은 '褕'을 戴震이 '褕'로 수정한 것이 옳다고 했다.

55 戴震은 이 구절을 『釋名』의 "가운데 옷깃으로 위에서 목을 감싸 가로지르게 하는 것이다. 오른쪽에는 曲裾(굽은 옷깃)가 없기 때문에 오른쪽이 없다"고 했다.

56 『四部叢刊』本에는 '屬'으로 되어 있으나, 戴震은 '蜀'으로 고쳤고, 周祖謨와 華學誠은 戴震이 옳다고 했다.

57 段玉裁는 襦가 지금의 짧은 웃옷이고 袍는 지금의 긴 웃옷이라고 했다.

58 『說文解字』 衣部 : "襦, 短衣也. 從衣需聲. 一曰㬌衣."

59 이 구절은 원래 戴震의 『疏證』본에는 '以中襟領'이라고 되어 있으나, 華學誠은 이를 '(所)以(禁)中(衣)襟領'으로 보완하였다.

卽『釋名』所謂'以中襟之領使上橫壅頸者. 右無曲裾, 故曰無右.' 『急就篇』: "袍襦表裏曲領帬.[60]" 顔師古「注」云: "長衣曰袍, 下至足跗; 短衣曰襦, 自厀以上." 後卷五内"西南蜀漢之郊"[61], 此條或改'蜀'爲'屬'者非.

『설문해자』에 "유襦는 짧은 옷(단의短衣)이며, 또 난의㬮衣라고도 한다"고 했다. 『석명』에 "유襦는 부드럽다(연奕)이다. 따뜻하고 부드럽다(온연溫奕)는 뜻이다", "곡령曲領은 안쪽에 있으며, 옷깃으로 막아 위로는 목덜미를 감싸 가로지르며 그 모양이 굽었다", "뒤집어서 막으면 작은 유襦(저고리)가 된다. 그것을 드러내면 옷깃이 목에 포함되며, 등 뒤에서 뒤집으면 그 옷깃을 막는다"고 했다. 「주」의 '우유무우야又襦無右也'라는 말은 바로 『석명』에서 "가운데 옷깃으로 위에서 목을 감싸 가로지르게 하는 것으로, 오른쪽에는 굽은 옷깃(곡거曲裾)이 없기 때문에 오른쪽이 없다(무우無右)라고 했다."를 말한다. 『급취편』에 "포袍(긴 저고리), 유襦(무릎 위에 오는 짧은 저고리), 표리表裏(옷의 안과 바깥), 곡령曲領(둥근 깃), 군帬(치마)"이라는 구절이 있는데, 안사고의 「주」에는 "긴 저고리를 포袍라고 하며 길이가 발목까지 드리운다. 짧은 저고리는 유襦라고 하는데 무릎 위까지 온다"고 했다. 뒤의 제5권에 '서남촉한지교西南蜀漢之郊'란 말의 '촉蜀'을 '속屬'으로 고치는 경우도 있는데, 이는 잘못되었다.

역해

① 襦[유]: 저고리. 길이가 무릎 위까지 오는 저고리. 襦는 曲領, 襦의 풀이어휘.

---

60 『急就篇』: "袍襦表裏曲領裙, 襜褕袷複褶袴褌."
61 『方言』 제5권의 36번 항목을 참조할 것.

② 曲領[곡령] : 둥근 옷깃. 옷깃이 둥근 외투. 西南蜀漢에서 曲領이라고 함.

방언 7

襌①, 陳楚江淮之間謂之䙕②.【錯勇反[62]】

잠방이(곤襌)[63]는 진陳 초楚 강회江淮에 걸친 지역에서 종䙕【음은 착용반錯勇反이다】이라고 한다.

방언소증

案『史記·司馬相如列傳』: "相如自著犢鼻褌.[64]" 裴駰『集解』: "韋昭曰 : 今三尺布作, 形如犢鼻矣." 『釋名』云 : "褌, 貫兩腳, 上繫腰中也." '褌'亦作'幝'. '䙕', 『說文』作'幒', 又作'帪'[65]. 『廣雅』作'衳', 竝云 : "幝也.[66]" 顏師古注『急就篇』云 : "袴, 合襠謂之褌, 最親身者也.[67]"

『사기·사마상여열전』에 "상여는 스스로 독비곤犢鼻褌을 입는다"는

62 曹毅之와 盧文弨는 息勇反이라고 했고, 劉台拱은 錯勇反이라고 했다. 周祖謨는 『廣雅·釋器』에 "襣·衳·𧝑는 모두 幝을 말한다"고 했고 또 "衳이라고 쓴다"고 했다. 曹憲의 음은 七勇反인데, 이는 郭璞의 錯勇反과 일치한다고 했다. 華學誠은 郭璞의 견해를 따랐다.

63 段玉裁는 고대의 袴는 지금의 덧바지이며 고대의 褌은 사타구니 부분이 봉합된 바지라고 했다.

64 『史記·司馬相如列傳』: "相如自著犢鼻褌, 與庸保雜作, 滌器于市中."

65 『說文解字』 巾部 : "幒, 幝也. 從巾悤聲. 一曰帗. 帪, 幒或從松."

66 『廣雅·釋器』: "襣·衳·𧝑, 幝也."

67 『急就篇』의 顏師古 「注」에는 "袴, 脛衣也. 合襠謂之褌, 最親身者也"라고 되어 있다.

구절이 있는데, 배인의 『사기집해』에는 "위소가 말하기를 오늘날은 세 척의 천으로 만들며, 모양이 송아지 코처럼 생겼다"고 했다. 『석명』에 "곤褌은 두 다리를 다 통과시켜 허리에 매는 것이다"라고 했다. '곤褌(잠방이)'은 '곤幝'으로 쓰기도 한다. '종裕'은 『설문해자』에 '종幒'으로 썼으며, 또 '종㣚'으로 쓰기도 한다. 『광아』에는 '종衳'이라고 썼으며, 모두 다 "잠방이(곤幝)다"라고 했다. 안사고는 『급취편』을 주해하면서 말하기를 "고袴(바지)는 사타구니 부분이 합쳐져 있으면 곤褌이라고 한다. 가장 몸에 밀접한 옷"이라고 했다.

역해

① 褌[곤] : 裩과 同字. 가랑이가 짧은 홑바지. 잠방이.(그림자료 4-7 참조) 褌은 䘣의 풀이어휘.

② 䘣[종] : 잠방이. 陳楚江淮之間에서 䘣이라고 함. 곽박 「주」에 발음은 錯勇反이라고 했는데, 이에 근거한 상고음은 [*tshjuŋx]이다.

방언 8

袴①, 齊魯之間謂之襱②,【傳[68]曰 : 徵襱與襦[69]. 音蹇】 或謂之襱③.【今俗呼袴踦爲襱, 音鮦魚】 關西謂之袴.

덧바지(고袴)[70]는 제齊 로魯에 걸친 지역에서 건襱【『춘추』 소공 25년 『좌

68 『春秋左傳』 昭公 二十五年에 "公在乾侯, 徵褰與襦"라고 되어 있다.
69 『四部叢刊』本에는 '襦'라고 되어 있으며, 華學誠은 '襦'과 '襦'가 同字라고 했다.

전』에 "건襸과 유襦를 거두어들였다"라고 했다. 음은 건騫이다】이라고 하거나, 혹은 롱襱[71]【현재 고기袴踦의 속칭은 롱襱이고, 음은 동어鮦魚의 동鮦이다】이라고 한다. 관서 지역에서는 고袴라고 한다.

방언소증

案『釋名』云: "袴, 跨也. 兩股各跨别也." '袴'又作'絝'. '襸', 『左傳』作'褰'. 『說文』云: "絝, 脛衣也.[72]", "褰, 絝也.[73]", "襱, 絝踦也.[74]" 『廣雅』: "襸謂之絝.[75]"

『석명』에 "고袴(바지)는 넘어가다(과跨)의 뜻이다. 두 다리가 각기 별도로 지나간다"라고 했다. '고袴'는 또 '고絝'라고 쓰기도 한다. '건襸'은 『좌전』에서 '건褰'이라고 썼다. 『설문해자』에 "고絝는 바지다", "건褰은 바지(고絝)다", "롱襱은 바짓가랑이(고기袴踦)"라고 했다. 『광아』에 "바지(건襸)를 고絝라고 한다"고 했다.

---

70 段玉裁는 袴가 지금의 덧바지라고 했다. 錢繹은 袴가 '중간에 걸치다'의 의미에서 나왔으며 두 다리로 입는 옷을 袴, 두 다리가 타 넘어간 것을 跨, 두 다리의 중간 부분을 胯, 물건을 둘로 쪼개는 것을 刳라고 하는데, 이들은 모두 의미상 연관이 있다고 했다.

71 華學誠은 여기서 말하는 褲가 덧바지를 이르는 것이지 바지통을 말하는 것이 아니라고 했다.

72 『說文解字』 糸部: "絝, 脛衣也. 從糸夸聲."

73 『說文解字』 衣部: "褰, 絝也. 從衣寒省聲. 『春秋傳』曰: 徵褰與襦."

74 『說文解字』 衣部: "襱, 絝踦也. 從衣龍聲. 襩, 襱或從賣."

75 『廣雅・釋器』: "襸謂之絝."

역해

① 袴[고] : 좌우 양쪽 다리를 묶는 덧바지.(그림자료 4-8 참조) 袴는 襱, 襱의 풀이어휘. 함곡관으로부터 서쪽에서 袴라고 함.
② 襱[건] : 褰과 같음. 바지. 옷자락을 추어올리다. 齊魯之間에서 襱이라고 함. 곽박 「주」에 발음은 蹇이라고 했는데, 이에 근거한 상고음은 [*khjian]이다.
③ 襱[롱] : 덧바지. 바지자락. 齊魯之間에서 또 襱이라고도 함. 곽박 「주」에 발음은 鮦이라고 했는데, 이에 근거한 상고음은 [*drjəgwx]이다. 곽박 당시에는 바짓가랑이를 襱이라고 함.

방언 9

褕[①]謂之袖.[②]【襦, 襱有袖者, 因名云】

유褕(소매)는 수袖라고 한다.【유襦는 건襱에 소매가 있는 것이며, 그래서 이런 명칭이 붙었다】

방언소증

案『釋名』云 : "半袖, 其袂半, 襦而施袖也." 是襦有不施袖者. 正文當云"褕謂之半袖."「注」當云"襦之半袖者."「注」內'襱'字亦舛誤, 襱不得言袖, 當是因上條而訛.

『석명』에 "반소매(반수半袖)는 소매가 반이며, 저고리(유襦)에 소매를 댄 것"이라고 했다. 그러면 저고리(유襦)면서 소매가 없는 것도 있다는 말이다. 본문에서는 마땅히 "유褕는 반소매를 말한다"고 해야 한다. 「주」에서도 "저고리(유襦) 가운데 반소매인 것"이라고 해야 한다. 곽박 「주」의 '건褰'자 역시 틀렸다. 건褰은 소매와 아무런 상관이 없는데, 위의 항목 때문에 틀린 것 같다.

역해

① 褕[유] : 소매. 겉에 걸치는 홑옷.
② 袖[수] : 소매. 소매에 숨기다.

방언 10

祄①謂之褗②.【即衣領也. 劫偃兩音】

겁祄(옷깃)은 언褗이라고 한다.【즉 옷깃이다. 두 글자의 음은 각기 겁劫과 언偃이다】

방언소증

案'祄''袷', 古通用. 『禮記·玉藻篇』: "袷二寸.[76]" 鄭「注」云: "曲領也." 「深衣篇」: "曲袷如矩以應方.[77]" 「注」云: "袷, 交領也. 古者方領

76 『禮記·玉藻篇』: "長. 中. 繼揜尺. 袷二寸. 袪尺二寸. 緣廣寸半."
77 『禮記·深衣篇』: "制十有二幅, 以應十有二月, 袂圜以應規, 曲袷如矩以應方."

如今小兒衣領.”『廣雅』: “衱謂之襦.[78]” 本此. 『廣韻』: 衱[79] · 襦[80]竝云, “衣領.”

‘겁衱’과 ‘겁袷’[81]은 옛날에는 통용되었다. 『예기 · 옥조편』에 “굽은 옷깃은 두 치”라는 구절이 있는데, 정현의 「주」에 “굽은 옷깃”이라고 했다. 『예기 · 심의편』에 “옷깃은 굽어서 곡척과 같아 모난 데 응하고”라는 구절이 있는데, 「주」에서 “겁袷은 가슴 부분에 중첩하여 교차하는 옷깃(교령交領)이다. 고대에 사각 옷깃은 오늘날 아이들의 옷깃과 비슷하다”고 했다. 『광아』에 “겁衱(옷깃)은 언襦이라고 한다”고 했는데, 여기서 근거한 것이다. 『광운』에서 ‘겁衱’과 ‘언襦’ 두 글자에 대해서 모두 “옷깃”이라고 했다.

역해

① 衱[겁] : 옷깃. 옷자락. 옷 뒷자락. 곽박 「주」에 발음은 刧이라고 했는데, 이에 근거한 상고음은 [*kjap]이다.

② 襦[언] : 옷깃. 곽박 「주」에 발음은 偃이라고 했는데, 이에 근거한 상고음은 [*ʔjanx]이다.

78 『廣雅 · 釋器篇』: “襋 · 衱謂之襦.”

79 『廣韻』 入聲 : “衱, 『禮記 · 注』云 : 衱, 交領.”

80 『廣韻』 上聲 : “襦, 衣領.”

81 孔穎達은 袷이 朝服과 祭服의 曲領이라고 했다. 錢玄과 錢興奇은 『三禮詞典』에서 “交領은 袷이라고 하는데, 좌측 옷깃은 두 폭이고 우측 옷깃은 한 폭이다. 좌측 옷깃을 우측 옷깃의 위에 덮어 서로 교차하는 모양으로 만들었기 때문에 交領이라고 한다. 交領은 두 종류로 나눌 수 있는데 하나는 좌측 옷깃이 비낀 체 죽 내려간 것이고 다른 하나는 좌측 옷깃의 목 부분이 구부러져 사각형을 만든 것이다. 그래서 이것을 方領 혹은 曲領이라고 한다”고 했다.

방언 11

袿①謂之裾②.【衣後裾也, 或作袪. 廣雅云衣袖[82]】

규袿(옷자락)[83]는 거裾라고 한다.【옷의 뒷자락이다. 거袪로 쓰기도 한다. 『광아』에서는 "옷소매"라고 했다】

방언소증

案『後漢書·邊讓傳』: "被輕袿.[84]" 張衡「思玄賦」: "揚雜錯之袿徽.[85]" 嵇康「贈秀才入軍詩」: "微風動袿.[86]" 「注」皆引『方言』"袿謂之裾."

『후한서·변양전』에 "가벼운 옷자락을 끌면서"라고 했으며, 장형의 「사현부」에 "화려한 색깔의 옷자락이 휘날린다"고 했다. 또 혜강의 「증수재입군시」에 "부드러운 바람 불어와 옷자락을 휘감으니"라고 했는데, 「주」에서 모두 『방언』의 "규袿(옷자락)는 거裾라고 한다"는 구절을 인용하였다.

---

82 『廣雅·釋器』: "裪·襦·袿·襡·褔·褋·袻·裺·袉·袼·襃·褑·袂·衽, 袖也."

83 華學誠은 袿라는 것이 세 가지를 가리킬 수 있는데, 하나는 옷의 뒤 깃을 말하고, 두 번째는 婦人들이 입는 윗옷이며, 세 번째는 소매를 말한다고 했다. 여기서는 첫 번째 의미로 쓰였다고 했다.

84 『後漢書·邊讓傳』에는 "被輕袿, 曳華文, 羅衣飄颻, 組綺繽紛"이라고 되어 있다.(『方言』에는 "袿謂之裾"라고 했고, 『釋名』에는 "婦人上服謂之袿"라고 했다)

85 『文選·賦辛·思玄賦』: "舒妙婧之纖腰兮, 揚雜錯之袿徽."

86 『文選·詩丙·贈秀才入軍』: "微風動袿, 組帳高褰."

역해

① 袿[규] : 옷의 뒷자락. 여자의 웃옷.

② 裾[거] : 옷의 뒷자락.(그림자료 4-11 참조) 곽박은 옷의 뒷자락을 말하며 또 袪라고 한다고 했지만 『廣雅』에서는 옷소매라고 함.

방언 12

褸①謂之衽②.【衣襟也, 或曰裳際也】

루褸(옷섶)는 임衽이라고 한다.【옷섶이다. 상제裳際라고도 한다】

방언소증

案『說文』: "褸, 衽也.[87]" 『禮・玉藻篇』: "衽當旁.[88]" 鄭「注」云 : "衽謂裳幅所交裂也. 凡衽者, 或殺而下, 或殺而上. 衽屬衣, 則垂而放之. 屬裳, 則縫之以合前後, 上下相變." 「深衣篇」: "續衽.[89]" 「注」云 : "續猶屬也. 衽在裳旁者也. 屬連之, 不殊裳前後也."

『설문해자』에 "루褸는 옷섶(임衽)"이라고 했다. 『예기・옥조편』에 "옷섶을 몸 좌우에 만들고"라는 구절이 있는데, 정현의 「주」에 "임衽은 치마의 폭이 교차하는 갈라진 곳을 말한다. 임衽이라는 것은 잘라

87 『說文解字』 衣部 : "褸, 衽也. 從衣婁聲."

88 『禮記・玉藻篇』 : "深衣三袪, 縫齊倍要, 衽當旁, 袂可以回肘."

89 『禮記・深衣篇』 : "續衽鉤邊, 要縫半下."

서 하(아래)가 되거나 잘라서 상(위)이 된다. 임衽은 의衣(윗옷)에 속하면 늘어뜨려 내놓고, 상裳(아래옷)에 속하면 꿰매어 앞뒤를 합쳐 위아래가 서로 변하게 된다"라고 하였다. 『예기 · 심의편』에 "옷섶을 잇다"라는 말이 있는데, 「주」에는 "속續은 속屬과 같다. 임衽은 상裳(아래옷)의 옆에 달린 것이다. 연결하여 이으면 상裳(아래옷)의 앞뒤가 구별이 없다"고 했다.

역해

① 褸[루] : 옷섶. 곽박 「주」에 옷깃이며, 또 裳際라고도 한다고 했다.
② 衽[임] : 옷섶.

방언 13

褸①謂之緻②.【襤褸, 綴結也】

루褸(남루하다)는 치緻라고 한다.【람루襤褸는 꿰매다(철결綴結[90])라는 뜻이다】

방언소증

案'褸'褸', 古通用. 『玉篇』云 : "褸, 貧無衣醜敝也.[91]", "緻, 縫補敝衣

90 『四部叢刊』本과 『方言疏證』본에는 '綴結'라고 되어 있다. 盧文弨는 曹毅之本에 따라 '緻結'로 고쳤다. 周祖謨도 『原本玉篇』에 근거하여 '緻結'로 고치는 것이 옳다고 했다.

也.[92]"

'루褸'와 '루縷'는 옛날에는 통용되었다. 『옥편』에 "루縷는 가난해서 옷이 없으며 남루한 것을 말한다", "치緻는 낡아 해진 옷을 바느질하여 꿰맨 것이다"라고 했다.

역해

① 褸[루] : 남루하다. 해진 옷을 깁다. 곽박은 襤褸는 綴結이라고 함.
② 緻[치] : 꿰매다. 깁다.

방언 14

裯①謂之襤②.【衹裯, 敝[93]衣, 亦謂襤褸】[94] 無緣[95]之衣謂之襤.[96] 無袂之衣謂之褙③.【袂, 衣袖也, 音藝. 褙, 音慢惰】[97] 無裥之袴謂之襣④.【袴無踦者, 即今犢鼻褌[98]也, 裥亦襱, 字異耳】[99]

91 『玉篇』 糸部 : "縷, 力主切. 貧無衣醜獘也."
92 『玉篇』 糸部 : "緻, 馳二切. 密也. 縫補敝衣也."
93 『四部叢刊』本에는 '弊'라고 되어 있는데, 敝와 弊는 모두 (옷이) 해지다의 의미다.
94 『四部叢刊』本에는 뒷부분이 별도의 항목으로 분리되어 있다.
95 옷의 가장자리 장식이다.
96 『四部叢刊』本에는 뒷부분이 별도의 항목으로 분리되어 있다.
97 『四部叢刊』本에는 뒷부분이 별도의 항목으로 분리되어 있다.
98 王繼如는 「犢鼻褌續考」에서 독비곤에 대한 학설을 네 가지로 정리했다. 첫째는 송아지의 코처럼 생긴 바지, 둘째 바지통이 무릎의 犢鼻穴까지 드리우는 반바지, 셋째 사타구니가 없는 바지, 넷째 앞치마 등인데, 王繼如는 두 번째 학설을 따라 바지통이 무릎까지 드리우는 반바지라고 했다.

주裯(누더기, 가선을 대지 않은 옷)는 람襤이라고 한다.【저주祇裯와 폐의弊衣는 또한 남루(襤褸)하다를 말한다】 가장자리가 없는 옷을 람襤이라고 한다. 소매가 없는 옷을 타䙑라고 한다.【메袂는 옷소매다. 음은 예藝다. 타䙑의 음은 만타慢惰다】 아래 다리 부분이 없는 바지를 비䙄라고 한다.【고袴 가운데 기踦가 없는 것이 바로 지금의 독비곤犢鼻褌이다. 롱裥은 바로 롱襱이며, 글자가 다를 뿐이다】

방언소증

案'襤'又作'艦'. 『說文』云: "裯謂之襤褸. 襤, 無緣也.[100]", "無袂衣謂之䙑[101]." 『廣雅』: "䙄, 幝也.[102]" 皆本此.

'람襤'은 '람艦'으로 쓰기도 한다. 『설문해자』에 "주裯는 람루襤褸를 말한다. 람襤은 테두리가 없는 옷이다." 또 "소매가 없는 옷을 타䙑라고 한다"고 했다. 『광아』에 "비䙄는 쇠코잠방이, 무릎까지 오는 짧은 바지(곤幝)다"라고 했는데, 모두 여기에서 근거하였다.

역해

① 裯[주]: 떨어진 옷. 속적삼의 의미일 때 裯의 발음은 [도]임. 곽박은 祇裯는 敝衣이며, 또 襤褸라고도 한다고 함.

---

99 『四部叢刊』本에는 이 항목이 네 항목으로 나뉘어 있다.
100 『說文解字』 衣部: "襤, 裯謂之襤褸. 襤, 無緣也. 從衣監聲."
101 『說文解字』 衣部: "䙑, 無袂衣謂之䙑. 從衣, 惰省聲."
102 『廣雅・釋器』: "袑・衳・䙄, 幝也."

② 襤[람] : 가선을 대지 않은 옷. 누더기.

③ 裺[타] : 소매 없는 옷. 곽박 「주」에 발음은 慢惰의 惰이라고 했는데, 이에 근거한 상고음은 [*duarx]이다. 裺는 無袂之衣라고 했는데, 곽박은 袂는 옷소매를 뜻하며, 발음은 藝라고 했는데, 이에 근거한 상고음은 [*ŋ jiadh]이다.

④ 襣[비] : 쇠코잠방이. 농부가 일할 때 입는 무릎 위까지 올라붙은 짧은 홑바지.(그림자료 4-14 참조) 곽박은 당시의 犢鼻褌을 말한다고 함.

방언 15

褙①謂之袩②[103].【千[104]茗·丁俠兩反, 未詳其義】

초褙[105]를 첩袩이라고 한다.【두 글자의 음은 각기 천초반千茗反과 정협반丁俠反이다. 그 뜻은 자세히 모르겠다】

방언소증

案前言"褸謂之衽"[106], 後言"褸謂之袩"[107], 「注」皆以爲衣衽. 獨'褙謂之袩'云 : '未詳其義.' 『廣雅』總其辭曰 : "褙·袩[108]·衽謂之褸.[109]" 郭璞

103 『四部叢刊』本에는 '袩'로 되어 있으며, 「注」에서 이는 袩의 誤字라고 했다.
104 『四部叢刊』本과 『方言疏證』본에 모두 '千茗反'이라고 되어 있지만, 王念孫은 이를 '千茗反'으로 수정하였으며, 華學誠도 王念孫의 주장에 동의하였다. 이에 따라 '千茗反'으로 고쳤다.
105 '소'와 '초' 두 가지 음으로 읽을 수 있다.
106 『方言』 제4권 12번 항목
107 『方言』 제4권 20번 항목
108 『廣雅·釋器』: "褙謂之袩."

在張揖後, 不取其說. 或『廣雅』'褙''袩'二字, 本作'褙謂之袩', 脱'謂之'二字耳.

앞에서 "루褸는 임袵(옷깃)이라고 한다"라고 했고, 뒤에서 "루褸는 첩袩(옷깃)이라고 한다"라고 했는데, 「주」에서는 모두 옷깃(衣衽)이라고 했다. 오로지 '초褙를 첩袩(옷깃)이라고 한다'고 한 이 항목에서만 '상세한 뜻은 모르겠다'고 했다. 『광아』에는 이와 관련한 학설들을 모아서 "초褙・첩袩・임衽은 모두 옷깃(루褸)"이라고 했다. 곽박은 장읍보다 후대 사람이지만 그의 주장을 취하지 않았다. 혹자는 『광아』의 '초褙・첩袩'은 원래 '초위지첩褙謂之袩'이며, '위지謂之'라는 두 글자가 빠진 것이라고 했다.

역해

① 褙[초] : 옷깃. 곽박 「주」에 발음은 千苕反이라고 했는데, 이에 근거한 상고음은 [*tshiagw]이다.
② 袩[첩] : 옷깃. 곽박 「주」에 발음은 丁俠反이라고 했는데, 이에 근거한 상고음은 [*tiap]이다. 그러나 『漢韓大辭典』에는 '옷깃'이라는 의미로 '점'이라는 발음을 수록하였음.

방언 16

衿①謂之交②.【衣交領也】

109 『廣雅・釋器』: "衽謂之褸."

금衿(옷깃, 옷고름)을 교交라고 한다.【옷의 교령交領(옷깃)이다】

방언소증

案『爾雅』: "衣眥謂之襟.[110]" 郭「注」云: "交領." 「疏」引『方言』: "衿謂之交. '襟''衿', 古通用, 又作裣." 『玉篇』云: "交襟, 衣領也.[111]" 『詩·鄭風』: "青青子衿.[112]" 漢石經作'裣'. 「毛傳」云: "青衿, 青領也. 學子之所服也."

『이아』에 "옷의 자眥를 금襟(옷깃)이라고 한다"고 했는데, 곽박의 「주」에는 "교령交領(교차되는 옷깃)"이라고 했다. 「소」에서는 『방언』을 인용하여 "금衿은 교交(교차되는 옷깃)라고 한다"고 했다. '금襟'과 '금衿'은 옛날에는 통용되었으며, 또 '금裣'으로 쓰기도 했다. 『옥편』에 "교금交襟은 옷깃"이라고 했다. 『시경·정풍』에 "푸르고 푸른 그대 옷깃"이라는 구절이 있는데, 한나라 석경石經에서는 '금裣'자로 썼다. 「모전」에서는 "청금青衿은 푸른색 옷깃이다. 학생들이 입는 옷"이라고 했다.

역해

① 衿[금]: 옷깃. 옷고름. 곽박은 옷의 交領을 말한다고 함.

② 交[교]: 여기서는 交領이라는 의미로 쓰임.(그림자료 4-16 참조)

---

110 『爾雅·釋器』: "衣裗謂之䘸. 黼領謂之襮. 緣謂之純. 袕謂之襞. 衣眥謂之襟. 衱謂之裾. 衿謂之袸. 佩衿謂之褑. 執衽謂之袺. 扱衽謂之襭. 衣蔽前謂之襜. 婦人之褘謂之縭. 縭, 緌也. 裳削幅謂之纀."

111 『玉篇』衣部: "裣, 居吟切. 交裣衣領也."

112 『詩經·鄭風·子衿』: "青青子衿, 悠悠我心."

방언 17

裺①【央劍反[113]】謂之襦.②

암裺(턱받이)은【음은 앙검반央劍反이다】 유襦라고 한다.

방언소증

案『說文』: "褗謂之裺[114]", "褗, 福領也.[115]" 蓋以裺爲小兒次衣, 掩頸下者. 襦有曲領之名, 故'裺'亦名'襦'.

『설문해자』에 "언褗을 암裺이라고 한다." 또 "언褗은 턱받이(구령福領)"라고 했다. '암裺'은 아기의 턱받이로 목 아래를 가리어 침을 흡수하는 것이다. 유襦(저고리, 속옷, 턱받이)는 곡령曲領이라는 명칭이 있다. 그래서 '암裺'을 또 '유襦'라고도 부른다.

역해

① 裺[암]: 턱받이. 곽박 「주」에 발음은 央劍反이라고 했는데, 이에 근거한 상고음은 [*ʔjamh]이다.

---

113 『四部叢刊』本과 『方言疏證』본에 모두 '尖劍反'으로 되어 있지만, 盧文弨와 錢繹은 '於劍反'이라고 했고, 吳承仕는 '炎劍反'이라고 하였으며, 周祖謨는 '央劍反'이라고 하였으며, 華學誠은 周祖謨가 옳다고 했다. 따라서 원문의 '尖'을 '央'으로 고쳤다.

114 『說文解字』 衣部: "裺, 褗謂之裺. 從衣奄聲."

115 『說文解字』 衣部: "褗, 福領也. 從衣匽聲."

② 襦[유] : 턱받이. 저고리. 속옷.

방언 18

襜①謂之袸②.【衣掖下也】

첨襜(옷의 겨드랑이 밑)은 액袸이라고 한다.【옷의 겨드랑이다】

방언소증

案『玉篇』: "袸, 衣掖下也.[116]" 本此條「注」文.

『옥편』에 "액袸은 옷의 겨드랑이"라고 했는데, 이 조항의 곽박의 「주」를 근거로 하였다.

역해

① 襜[첨] : 옷의 겨드랑이 밑. 소매. 곽박 「주」에 옷의 겨드랑이를 말한다고 했다.
② 袸[액] : 소매. 소매의 솔기.

116 『玉篇』衣部 : "袸, 之赤切. 衣袸下也. 袖也. 又音亦."

방언 19

佩紟①【音禁】謂之裎②.【所以系玉佩帶也】

패금佩紟(옥을 매는 띠)은【음은 금禁이다】 정裎이라고 한다.【옥패玉佩를 매는 끈이다】

방언소증

案『漢書・揚雄傳』: "衿芰茄之綠衣兮.[117]" 「注」引應劭曰: "衿, 音衿系之衿. 衿, 帶也." '衿''紟', 古通用. '裎'亦作'綎'. 『說文』: "紟, 衣系也[118]", "綎, 系綬也.[119]" 『廣雅』: "佩紟謂之裎.[120]" 本此. 曹憲『音釋』: "紟, 騎禁反." 『廣韻』: "裎, 佩帶.[121]"

『한서・양웅전』에 "연 줄기 같은 초록 옷고름"이라고 했는데, 「주」에서는 응소의 말을 인용해서 "금衿은 음이 금계衿系의 금衿이다. 금衿은 띠(대帶)다." '금衿'과 '금紟'은 옛날에는 통용되었다. '정裎'(패물을 차는 끈)은 또 '정綎'으로도 쓴다. 『설문해자』에 "금紟은 옷끈이다. 정綎은 땋은 끈"이라고 했다. 『광아』에 "옥패玉佩를 차는 끈을 정裎이라고 한다"고 했다. 여기에서 근거하였다. 조헌은 『광아음석』에서 금紟의 음이 '기금반騎禁反'이라고 했다. 『광운』에 "정裎은 옥패玉佩를 차는 끈"이라고 했다.

117 『漢書・揚雄傳』: "衿芰茄之綠衣兮, 被夫容之朱裳."
118 『說文解字』 糸部: "紟, 衣系也. 從糸今聲. 絵, 籀文從金."
119 『說文解字』 糸部: "綎, 系綬也. 從糸廷聲."
120 『廣雅・釋器』: "佩紟謂之裎."
121 『廣韻』 下平聲: "裎, 佩帶."

역해

① 佩紟[패금] : 옥을 매다는 띠. 옷깃을 여미는 옷고름. 곽박 「주」에 紟의 발음은 禁[*kjiəm]이라고 했다.
② 裎[정] : 옥 등의 패물을 차는 끈.

방언 20

褸①謂之袩②.【即衣衽也】

루褸(옷깃)는 점袩이라고 한다.【바로 옷깃이다】

방언소증

案『爾雅』: "衣裗謂之祝.[122]" 郭「注」云 : "衣縷也." 「疏」云 : "『方言』, 縷謂之衽, 又謂之袩. 彼「注」云 : 卽衣衿也." '縷'與'褸', '衿'與'襟'字本通用.

『이아』에 "옷자락(의류衣裗)을 예祝[123]라고 한다"는 구절이 있는데, 곽박의 「주」에 "옷자락, 옷깃(의루衣縷)"이라고 했다. 「소」에서 말하기를 "『방언』에 루縷는 임衽이라고도 하고, 또 점袩이라고도 한다고 했는데,

122 『爾雅・釋器』: "衣裗謂之祝, 黼領謂之襮, 緣謂之純, 袕謂之裻, 衣眥謂之襟, 衱謂之裾, 衿謂之袸, 佩衿謂之褑, 執衽謂之袺, 扱衽謂之襭, 衣蔽前謂之襜, 婦人之褘謂之縭, 縭, 緌也. 裳削幅謂之纀."

123 『漢韓大辭典』에 수록한 발음은 '예'와 '열' 두 가지인데 모두 같은 의미이기 때문에 어떤 발음으로 읽어도 무방하다.

그 「주」에 이는 곧 옷깃이다"라고 했다. '루縷'와 '루褸', '금衿'과 '금襟'은 본래 통용되었다.

역해

① 褸[루] : 옷깃.
② 袩[점] : 옷깃.

방언 21

覆䘹①【作憒反】謂之禪衣②.[124] 偏禪③[125]謂之禪襦④.【即衫也】

복수覆䘹(홑옷)는【음은 작궤반作憒反이다】 단의禪衣라고 한다. 편단偏禪[126](홑저고리, 단삼)은 단유禪襦라고 한다.【즉 삼衫(단삼)이다】

방언소증

案『廣雅』: "覆䘹, 禪衣也.[127]" 『玉篇』: "䘹, 禪衣也.[128]" 皆本此.

---

124 『四部叢刊』本에서는 뒷부분을 별도의 항목으로 분리했다.
125 『四部叢刊』本에는 '偏裨'로 되어 있으나, 戴震은 '偏禪'으로 고쳤다.
126 華學誠은 偏禪이 禪襦(단삼) 중의 한 종류인데, 일반적으로 고서에서 偏衣는 좌우 색깔이 다른 옷, 偏裻은 좌우 모양이 다른 옷을 가리키는데, 여기서 偏禪의 偏이 정확히 무엇을 의미하는지는 잘 모르겠다고 했다.
127 『廣雅・釋器』: "覆䘹・褦・襍, 禪衣也."
128 『玉篇』 衣部 : 䘹, 子憒切. 禪衣也.

『광아』에 "복수覆衶는 홑옷(단의禪衣)"이라고 했고, 『옥편』에 "수衶는 홑옷(단의禪衣)"이라고 했는데, 모두 이것을 근거로 한다.

역해

① 覆衶[복수] : 여기서는 홑옷이라는 의미로 쓰임. 곽박 「주」에 衶의 발음은 作憒反이라고 했는데, 이에 근거한 상고음은 [*tsuədh]이다.

② 襌衣[단의] : 홑옷.

③ 偏襌[편단] : 단삼.

④ 襌襦[단유] : 단삼.

방언 22

礿纏①謂之禪[129]②.【今又呼爲涼衣也. 灼纏兩音】

작전礿纏(홑옷, 얇은 옷)은 단禪이라고 한다.【지금은 량의涼衣(얇은 옷)라고도 한다. 이 두 글자의 음은 각기 작灼과 전纏이다】

방언소증

案'禪'各本訛作'襌', 今訂正. 『玉篇』於'衵'字下云: "襌衣.[130]" 於'纏'字下云: "約纏謂之禪也.[131]" '約'卽'衵'之訛. 以郭「注」言"今又呼爲涼衣"

---

129 『四部叢刊』本에는 '襌'이라고 되어 있으며, 戴震은 '禪'이라고 고쳤다.

130 『玉篇』衣部: "衵, 之若切. 襌衣."

證之, 不得爲'禪', 明矣.

'단禪'자를 여러 판본에서 모두 '곤褌(바지)'으로 잘못 썼다. 지금 그것을 바로잡는다. 『옥편』에 '작袀'자 아래에 말하기를 "홑옷(단의禪衣)"이라고 했으며, '단襢'자 아래에 말하기를 "약단約襢을 단禪이라고 한다"고 했다. '약約'은 바로 '작袀'의 오류다. 곽박의 「주」에 "지금은 량의涼衣(얇은 옷)라고 한다"라는 말에 근거하면 '곤褌(바지)'이라고 할 수 없음이 확실하다.

역해

① 袀襢[작전] : 홑옷. 얇은 옷. 곽박 「주」에 발음은 灼, 纏이라고 했는데, 이에 근거한 상고음은 [*tjakw], [*drjan]이다. 곽박 당시에는 涼衣라고도 함.
② 禪[단] : 홑옷.

방언 23

袒飾[132]①謂之直衿[133]②.【婦人初嫁, 所著上衣直衿也. 袒, 音但】

단식袒飾(곧은 옷깃의 웃옷)은 직령直衿이라고 한다.【여자가 시집갈 때 입는 상의가 직령直衿(곧은 옷깃의 웃옷)이다. 단袒의 음은 단但이다】

---

131 『玉篇』 糸部 : "襢, 自連切. 約襢謂之禪也."

132 『四部叢刊』本에는 '袒飭'로 되어 있으나, 戴震은 '袒飾'이라고 했다. 華學誠은 袒飭를 袒飾으로도 쓰며, 곧은 옷깃의 긴 저고리를 말하는데 후대의 長袍와 비슷하다고 했다.

133 『四部叢刊』本에는 '衿'이라고 되어 있으나, 戴震은 '衿'의 오류라고 했다.

방언소증

案'衿'各本訛作'衿', 今訂正. 『廣雅』: "直衿謂之幱.[134]", "袓飾·褏明·襗袍·襡, 長襦也.[135]" 曹憲『音釋』: "衿, 音領", "幱, 於例反." 『玉篇』云: "宜衿, 婦人初嫁所著上衣也.[136]", "褐, 袍也." '宜'即'直'之訛. 『釋名』云: "婦人以絳作衣裳, 上下連, 四起施緣, 亦曰袍", "直領邪直而交下, 亦如丈夫袍方也." '衿''領', 古通用.

'령衿'자를 여러 판본에서 '금衿'자로 잘못 썼는데, 지금 그것을 바로잡는다. 『광아』에 "직령直衿(곧은 옷깃의 웃옷)은 개幱라고 한다", "단식袓飾·포명褏明·탁포襗袍·촉襡은 모두 긴 저고리(장유長襦)다"라고 했다. 조헌의 『광아음석』에서 "령衿의 음은 령領이다", "개幱의 음은 어례반於例反이다"라고 했다. 『옥편』에 "의령宜衿은 여자가 처음 시집갈 때 입는 저고리다." 또 "개幱는 포袍"라고 했는데, 여기서 '의宜'는 '직直'의 오류다. 『석명』에 "부인들은 진홍색 비단으로 의상을 만든다. 상하를 연결하여 끝 부분에 테두리를 장식하는데, 또 포袍라고도 한다." 또 "직령直領(곧은 옷깃의 웃옷)은 비스듬히 쭉 내려와서 아래에서 교차된다. 바로 남자들의 웃옷(포袍)이 사각인 것과 같다"고 했다. '령衿'과 '령領'은 옛날에는 통용되었다.

역해

① 袓飾[단식] : 곧은 옷깃의 웃옷. 곽박 「주」에 袓의 발음은 但이라고 했

134 『廣雅·釋器』: "直衿謂之幱."
135 『廣雅·釋器』: "袓飾·褏明·襗袍·襡, 長襦也."
136 『玉篇』衣部: "衿, 力井切. 衣衿也. 宜衿, 婦人初嫁所著上衣也."

는데, 이에 근거한 상고음은 [*dan]이다.

② 直衿[직령] : 곧은 옷깃의 웃옷. 곽박은 여인들이 처음 시집 갈 때 위에 입는 웃옷이라고 함.

방언 24

褒明①謂之袍②.【『廣雅』云 : "褒明, 長襦也."[137]】

포명褒明(남자가 입는 긴 도포)은 포袍[138]라고 한다.【『광아』에 "포명褒明은 긴 저고리(長襦)"라고 했다】

방언소증

案『釋名』云 : "袍, 丈夫著, 下至跗者."

『석명』에 "포袍(웃옷)는 남자가 입는 발목까지 드리우는 옷"이라고 했다.

역해

① 褒明[포명] : 褒明으로도 씀. 긴 저고리. 포袍라고도 함.

---

137 『廣雅・釋器』: "袒飾・褒明・襌袍・襡, 長襦也."

138 華學誠은 袍를 褻衣라고도 하는데 이는 편히 입는 옷으로 반드시 겉에 하나를 더 입어야 하는 옷이라고 했다.

② 袍[포] : 긴 저고리. 도포 따위의 옷.(그림자료 4-24 참조)

방언 25

繞衿①謂之帬②.【俗人呼接下, 江東通言下裳】

요령繞衿(치마)[139]은 군帬이라고 한다.【속인俗人들은 접하接下라고 하며, 강동 지역에서는 모두 하상下裳(아래 옷)이라고 한다】

방언소증

案'衿'各本亦訛作'衿', 今訂正. 『廣雅』: "繞領, 帬也.[140]" 本此.

'령衿'을 여러 판본에서 '금衿'으로 잘못 썼는데, 지금 그것을 바로잡는다. 『광아』에 "요령繞領은 치마(군帬)"라고 했는데, 이는 여기에서 근거하였다.

역해

① 繞衿[요령] : 치마. 곽박은 당시 속어로는 接下라고 했으며, 江東에서는 通言으로 下裳이라 한다고 함.

---

139 繞衿을 일반적으로 '치마'라고 해석하는데, 段玉裁는 衿이 領의 古字이며 繞衿은 즉 繞領을 말하며 '목에 두르는 것'이라고 풀이했다.

140 『廣雅・釋器』: "繞領・帔, 裙也."

② 帬 : 치마. 어깨걸이.(그림자료 4-4 참조)

방언 26

懸裺①【音掩】謂之緣②.【衣縫緣也】

현엄懸裺(옷의 가장자리)은【음은 엄掩이다】 연緣이라고 한다.【옷의 가장자리 장식을 말한다】

방언소증

案『玉篇』: "裺, 緣也.[141]" 『廣韻』: "裺, 衣縫緣也.[142]" 皆本此. 『禮記・玉藻篇』: "緣廣半寸.[143]" 鄭「注」云 : "飾邊也."

『옥편』에 "엄裺은 가장자리(연緣)다"라고 하였고, 『광운』에 "엄裺은 옷의 가장자리를 장식하는 것"이라고 했는데, 모두 여기에서 근거하였다. 『예기・옥조편』에 "가장자리의 넓이는 한 치 반으로 한다"라고 했는데, 정현의 「주」에 "가장자리를 장식하는 것"이라고 했다.

141 『玉篇』 衣部 : 裺, 於劒, 於檢二切. 緣也. 被也.

142 『廣韻』 上聲 : "裺, 衣縫緣也."

143 『禮記・玉藻篇』: "長, 中, 繼揜尺, 袷二寸, 袪尺二寸, 緣廣寸半."

역해

① 懸裺[현엄] : 裺은 옷의 가장자리. 곽박 「주」에 裺의 발음은 掩이라고 했는데, 이에 근거한 상고음은 [*?jiamx]이다.
② 緣[연] : 옷의 가선.

방언 27

絜襦①謂之蔽厀②.【廣異名也】

결유絜襦[144]는 폐슬蔽厀이라고 한다.【널리 쓰이는 다른 명칭이다】

방언소증

案『廣雅』: "大巾·褘·袡·襜袯, 蔽厀也.[145]" '襜'見『爾雅』, 餘竝見前. 獨遺'絜襦'之名, 蓋偶未省照耳.

『광아』에 "대건大巾·휘褘·염袡·첨발襜袯은 모두 폐슬蔽厀(무릎을 가리기 위해 옷 앞에 두르는 수건)"이라고 했는데, '첨襜'은 『이아』에 보이며, 나머지는 이 책의 앞부분에 나온다.[146] 다만 "결유絜襦"라는 명칭에 대해서는 내가 아직까지 그것에 대해 아는 바가 없다.

---

144 華學誠은 絜은 潔이며 옷을 깨끗하게 하기 위한 것에서 絜襦라는 명칭이 왔다고 했다. 더러운 것을 가려서 막기 위한 것, 즉 폐슬을 말한다고 풀이했다.
145 『廣雅·釋器』: "大巾·褘·袡·襜·袯, 蔽厀也. 韍謂之緷."
146 제4권 5번 항목.

역해

① 絜襦[결유] : 폐슬.

② 蔽厀[폐슬] : 무릎을 보호하기 위해 옷 앞에 두르는 수건 또는 옷.

방언 28

裪襹①【音橘[147]】謂之袖②.【衣褾. 江東呼裷, 音婉】

도결裪襹(소매)은【음은 귤橘이다】 수袖라고 한다.【옷의 소맷부리다. 강동 지역에서는 완裷이라고 하며, 완裷의 음은 완婉이다】

방언소증

案『廣雅』: "裪襹, 袖也.[148]" 本此. 『廣韻』云 : "襹裪, 衣袖.[149]" 亦本此而訛. 『玉篇』: "褾, 衣袂也.[150]"

『광아』에 "도결裪襹(소매)은 수袖"라고 했는데, 여기에서 근거하였다. 『광운』에 "결도襹裪는 옷소매"라고 했는데, 역시 이를 근거로 하였으

147 『四部叢刊』本에는 '襹'라고 되어 있는데 戴震이 '橘'로 고쳤고, 盧文弨와 錢繹은 戴震을 따랐다. 그러나 周祖謨는 '襹'과 '橘'이 모두 틀리며 '譎'로 써야 한다고 주장했다.

148 『廣雅 · 釋器』: "裪襹 · 袿 · 襡 · 褔 · 褋 · 裥 · 褨 · 袘 · 袼 · 褻 · 褑 · 袂 · 衽, 袖也."

149 『廣韻』 下平聲 : "裪, 襹裪, 衣袖."

150 『玉篇』 衣部 : 褾, 必了切. 衣袂也.

나 잘못된 것이다. 『옥편』에 "표褾는 옷소매"라고 했다.

역해

① 裪橘[도결] : 옷소매. 곽박 「주」에 橘의 발음은 橘이라고 했는데, 이에 근거한 상고음은 [*kwjit]이다.
② 袖[수] : 소매.

방언 29

帍裱①【方廟反】謂之被巾②.【婦人領巾也】

호표帍裱(목도리, 목수건)는【음은 방묘반方廟反이다】 피건被巾이라고 한다.【여자들의 목수건이다】

방언소증

案『廣雅』: "帍裱, 被巾也.[151]" 本此. 『玉篇』: "帍, 婦人巾."[152], "裱, 人領巾.[153]" 皆本此條「注」文而有脫誤.

『광아』에 "호표帍裱는 피건被巾(목도리, 목수건)"이라고 했는데, 이를 근

151 『廣雅 · 釋器』: "帍裱 · 被巾也."
152 『玉篇』 巾部: "帍, 乎古切. 婦人巾."
153 『玉篇』 衣部: "裱, 方廟切. 人領巾."

거로 한 것이다. 『옥편』에 "호帍는 부인婦人들의 수건이다", "표襬는 사람들의 목수건이다"라는 조항이 있는데, 모두 이 조항의 곽박의 「주」를 근거로 하였으나, 빠지고 틀린 부분이 있다.

역해

① 帍襬[호표] : 여자목도리. 곽박 「주」에 襬의 발음은 方廟反이라고 했는데, 이에 근거한 상고음은 [*pjagwh, *bjagwh]이다.
② 被巾[피건] : 목도리.

방언 30

繞緍①【音循】謂之襩裺②.【衣督脊也】

요순繞緍(등솔기)은【음은 순循이다】 독엄襩裺이라고 한다.【옷의 등을 꿰맨 솔기다】

방언소증

案'襩'亦作'裻'. 『說文』云 : "裻, 背縫.[154]" 『史記 · 佞幸傳』: "顧見其衣裻帶後穿.[155]" 又作'祷'. 『說文』云 : "衣躬縫.[156]" 古通用'督'. 『莊子 ·

154 『說文解字』 衣部 : "裻, 新衣聲. 一曰背縫. 從衣叔聲."
155 『史記 · 佞幸列傳』: "有一黃頭郎從後推之上天, 顧見其衣裻帶後穿."
156 『說文解字』 衣部 : "䙱, 衣躬縫. 從衣毒聲, 讀若督."

養生主篇』: "緣督以爲經.[157]" 皆據衣脊中縫言之. 『玉篇』[158]·『廣韻』[159], '督'加'衣'旁作'裻'. 緬, 『玉篇』云: "繞緬.[160]" 『廣韻』: "緬, 縫也.[161]"

'독䙱'은 '독裻'자로도 쓴다. 『설문해자』에 "독裻은 등의 꿰맨 솔기"라고 했다. 『사기·영행전』에 "뒤를 돌아보니 그는 허리까지 오는 날개저고리를 입고 있었고 옷끈을 등솔기에 매고 있었다"라는 구절이 있다. '독裻'자를 '독褥'자로도 쓰는데, 『설문해자』에서는 "옷 솔기"라고 했다. 옛날에는 '독督'과 통용되었다. 『장자·양생주편』에 "등솔기를 날줄로 삼는다면"[162]이라는 구절이 있는데, 모두 옷의 뒤 등 중간에 꿰맨 솔기를 말한다. 『옥편』과 『광운』에서 '독督'은 '의衣'부수를 옆에 붙여서 '독裻'자로 썼다. '순緬'은 『옥편』에서 "등솔기(요순繞緬)"라고 했다. 『광운』에는 "순緬은 꿰매다(봉縫)의 뜻"이라고 했다.

역해

① 繞緬[요순] : 등솔기. 곽박 「주」에 緬의 발음은 循이라고 했는데, 이에 근거한 상고음은 [*sdjən]이다.

② 䙱裺[독엄] : 등솔기.

---

157 『莊子·養生主』: "緣督以爲經, 可以保身, 可以全生, 可以養親."

158 『玉篇』 衣部: "䙱裻, 二同褥."

159 『廣韻』 入聲: "裻, 衣背縫也."

160 『玉篇』 糸部: "緬, 自遵切. 繞緬也."

161 『廣韻』 上平聲: "緬, 縫也."

162 의역하여 "자연스러운 중도의 길을 따르고 또 그것을 사물에 순응하는 법도로 삼는다면"이라고 옮기기도 한다.

방언 31

厲①謂之帶②.【『小爾雅』曰 : "帶之垂者爲厲."】

려厲(늘어뜨리는 띠)[163]는 대帶라고 한다.【『소이아』에 "늘어뜨리는 띠를 려厲라고 한다"】

방언소증

案『詩・小雅』: "垂帶而厲.[164]" 「毛傳」: "厲, 帶之垂者也." 『廣雅』: "厲, 帶也.[165]" 本此.

『시경・소아』에 "치렁치렁 띠를 늘어뜨렸구나"라는 구절이 있는데, 「모전」에 "려厲는 띠를 늘어뜨린 것"이라고 했다. 『광아』에 "려厲는 띠"라고 했다. 이것을 근거로 하였다.

역해

① 厲[려] : 허리띠를 아래로 늘어뜨린 모양.

163 錢繹은 몸에 매는 것이 대帶이며 아래로 드리우는 것은 厲라고 했다. 張民權(「厲無衣帶交合之義」)은 厲에는 원래 허리띠란 뜻이 없는데 허리띠와 관련된 의미는 裂의 古音通假라고 했다. 裂의 의미는 잘라낸 잡다한 천 줄에서 왔고, 이런 잘라낸 천 줄들은 장식용으로도 사용할 수 있고 허리띠로도 사용할 수 있다고 했다. 華學誠은 張民權의 견해에 동의한다.

164 『詩經・小雅・都人士之什・都人士』: "垂帶而厲, 彼君子女, 卷髮如蠆."

165 『廣雅・釋器』: "縭・紳・鞶・緄・厲・鞶, 帶也."

② 帶[대] : 띠. 띠를 두르다.

방언 32[166]

襎裷①【煩 · 冤兩音】謂之幭②.【即帊幞也. 幭, 亡別反】

번권襎裷은【이 두 글자의 음은 번煩, 원冤이다】 머리에 쓰는 두건(멸幭)을 말한다.【즉 머리에 쓰는 두건(파복帊幞[167])이다. 멸幭은 음이 망별반亡別反이다】

방언소증

案『韓非子 · 外儲說左篇』: "衛人有佐弋者, 鳥至, 因先以其裷麾之焉.[168]" 『廣韻』: "襎裷, 幭也.[169]" 本此, 『玉篇』云: "裷襎, 韤也, 幞也.[170]" 二字誤倒. '幭''韤', 古通用. 『詩 · 大雅』: "鞹鞃淺幭.[171]" 「毛傳」: "幭, 覆式也." 「疏」云: "幭字『禮記』作幦, 『周禮』作複. 字異而義同." 『廣雅』: "幭 · 帊 · 襎裷 · 帣, 幞也.[172]"

---

166 『四部叢刊』本에는 32번째, 33번째, 34번째 조항이 모두 한 항목으로서 다루어지고 있다.

167 『廣韻』에 幞은 幞頭(두건)이며, 주周 무제武帝가 만들었는데 한 폭의 천을 잘라서 네 角을 세워 머리를 덮은 데서 유래되었다고 했다.

168 『韓非子 · 外儲說左上』: "衛人有佐弋者, 鳥至, 因先以其裷麾之焉, 鳥驚而不射也."

169 『廣韻』 上平聲 : "襎, 襎裷, 幭也."

170 『玉篇』 衣部 : 襎, 扶元切. 裷襎, 韤也. 幞也.

171 『詩經 · 大雅 · 蕩之什 · 韓奕』: "鞹鞃淺幭, 鞗革金厄, 韓侯出祖, 出宿于屠."

172 『廣雅 · 釋器』: "幭 · 帊 · 襎 · 裷 · 帣, 幞也."

『한비자 · 외저설좌편』에 “위나라에 주살로 새를 잡는 관직을 맡은 이가 있었다. 새가 날아오면 그는 먼저 두건을 새에게 휘둘러”라는 구절이 있고, 『광운』에서 “번권幡䘓은 두건(멸幭)”이라고 하였는데, 여기에서 근거하였다. 『옥편』에 “번권䘓幡은 두건(말韈)이다. 두건(복幞)이다”라고 했는데, ‘번권幡䘓’이라는 두 글자가 잘못해서 ‘권번䘓幡’이라고 거꾸로 되었다. ‘멸幭’과 ‘말韈’은 옛날에는 통용되었다. 『시경 · 대아』에 “가죽 댄 수레 앞턱나무와 후피 덮개에”라는 구절이 있는데, 「모전」에 “멸幭(덮개)은 덮는 양식(복식覆式)”이라고 했다. 「소」에 “멸幭자는 『예기』에서 멱幦자로 썼으며, 『주례』에서는 멱複자로 썼다. 글자는 다르지만 의미는 같다”고 했다. 『광아』에 “멸幭 · 파帊 · 번권幡䘓 · 황㡆은 모두 두건(복幞)”이라고 했다.

역해

① 幡䘓[번권] : 두건. 기물을 닦거나 덮는데 쓰는 헝겊이나 천. 곽박 「주」에 발음은 煩, 冤이라고 했는데, 이에 근거한 상고음은 [*bjan], [*ʔjuan]이다. 곽박은 幡䘓이 帊幞, 즉 두건이라고 함.

② 幭[멸] : 두건. 덮어씌우는 것의 총칭. 곽박 「주」에 발음은 亡別反이라고 했는데, 이에 근거한 상고음은 [*mjiat]이다.

방언 33

緊袼①謂之褔②.【即小兒次衣也. 緊[173], 袼[174], 嘔三音】

---

173 『四部叢刊』本에는 ‘翳’라고 되어 있으나, 戴震은 ‘緊’라고 고쳤다.
174 『四部叢刊』本에는 ‘洛’이라고 되어 있으나, 戴震은 ‘袼’이라고 고쳤다.

예각緊袼(턱받이)은 우褔라고 한다.【즉 아기의 턱받이 옷이다. 이 세 글자의 음은 각기 예緊, 각袼, 구嘔다】

방언소증

案『說文』云: "褔, 次裹衣.[175]" 『廣雅』: "緊袼・褔, 次衣也.[176]" 此「注」及『廣雅』各本, '次'皆訛作'次', 今改正. 曹憲『音釋』: "緊, 烏雞反", "褔, 烏苟反." 『玉篇』云: "毉袼, 褔也. 卽小兒次衣也.[177]" 本之此文及「注」. '毉'與'緊'同聲, 故用之.

『설문해자』에 "우褔는 턱받이 옷(연과의次裹衣)"이라고 했다. 『광아』에 "예각緊袼과 우褔는 모두 턱받이 옷(연의次衣)"이라고 했다. 이 「주」와 『광아』여러 판본에 모두 '연次'을 '차次'로 잘못 썼다. 지금 그것을 바로잡는다. 조헌은 『광아음석』에서 "예緊는 음이 오계반烏雞反이며", "우褔는 음이 오구반烏苟反"이라고 했다. 『옥편』에 "의각毉袼은 턱받이(우褔)다. 즉 아이의 턱받이 옷"이라고 했는데, 이 조항과 이 조항의 「주」에서 근거한 것이다. '의毉'와 '예緊'는 소리가 같아서 '의毉'자로 썼다.

역해

① 緊袼[예각]: 턱받이. 곽박은 이것이 바로 어린아이의 턱받이(연의次

175 『說文解字』 衣部: "褔, 編枲衣. 從衣區聲. 一曰頭褔. 一曰次裹衣."
176 『廣雅・釋器』: "緊袼・褔, 次衣也."
177 『玉篇』 衣部: "袼, 力各切. 毉袼褔也. 卽小兒次衣也. 又古洛切. 腋不縫也."

衣)라고 함.
② 褔[우] : 턱받이.

방언 34

楚謂無緣之衣曰襤[178]①, 紩衣謂之褸[179]②, 秦謂之緻[180]③. 自關而西秦晉之間無緣之衣謂之裗褔[181]④.【嫌上說有未了, 故復分明之】

초楚지역에서 가장자리 단이 없는 옷을 람襤라고 하고, 꿰맨 옷을 루褸라고 한다. 진秦에서는 꿰맨 옷을 치緻라고 한다. 함곡관으로부터 서쪽 진秦 진晉에 걸친 지역에서 가장자리 단이 없는 옷을 충굴裗褔이라고 한다.【위 해석이 불충분하여 그것을 다시 명확히 하였다】

방언소증

案『說文』: "幱, 楚謂無緣衣也.[182]" 本此. '幱'即'襤'.

『설문해자』에 "람幱은 초楚 지역에서 가장자리 단이 없는 옷을 말한다"라고 했는데, 이는 여기에서 근거하였다. '람幱'은 바로 '람襤'이다.

---

178 『方言』 제3권의 48번 항목과 제4권의 2번 항목을 참조할 것.
179 『方言』 제3권의 48번 항목을 참조할 것.
180 『方言』 제4권의 2번 항목을 참조할 것.
181 『方言』 제4권의 2번 항목을 참조할 것.
182 『說文解字』 巾部 : "幱, 楚謂無緣衣也. 從巾監聲."

역해

① 襤[람] : 가선을 대지 않은 낡은 옷. 楚에서 가선을 대지 않은 옷을 襤이라고 함.
② 褸[루] : 남루하다. 해진 옷을 깁다.
③ 緻[치] : 꿰매다. 깁다. 秦에서는 緻라고 함.
④ 裗裾[충굴] : 가선이 없는 짧은 옷. 함곡관으로부터 서쪽 秦晉之間에서는 裗裾이라고 함.

방언 35

複襦①[183], 江湘之間謂之襹②,【音豎】 或謂之筩褹③.【今筩袖之襦也. 褹即袂字耳[184]】

겹옷(복유複襦)은 강수江水와 상수湘水에 걸친 지역에서 수襹【음은 수豎다】라고 하거나, 혹은 통예筩褹【지금의 통소매 저고리다. 예褹는 바로 메袂자다】라고 한다.

방언소증

案'襹'即'裋'. 『列子・力命篇』: "朕衣則裋褐.[185]" 張湛「注」云: "『方

183 『四部叢刊』本에는 '複襩'라고 되어 있으며, 주에서 '複襩'가 바로 '複襦'라고 했다.
184 何超(『晉書音義』)는 "襼와 袂는 같고, 모두 複襦(겹옷)의 뜻이며, 음이 藝다"라고 했다. 周祖謨는 "藝는 『萬象名義』에 牛世反이라고 되어 있는데, 袂는 彌銳反이어서 이 두 글자의 음이 다르다"고 했다.

言』, 裋, 複襦也." 潘岳「藉田賦」: "椅裳連襼.[186]" 李善「注」云: "『方言』, 複襦, 江湖之間或謂之簫襼." 郭璞「注」曰: "襼卽袂字也." '襼''褹'同. '湖'乃'湘'之訛, '簫'乃'筩'之訛. 『廣雅』: "複襦謂之襜.[187]" 本此.

'수襜'는 곧 '수裋'다. 『열자 · 역명편』에 "나는 옷은 짧은 겹옷을 입고"라는 구절이 있는데, 장담의 「주」에서는 『방언』을 인용하여 "수裋는 겹옷(복유複襦)"이라고 했다. 반악의 「자전부」에 "옷섶을 마주치며 소매를 맞대며"라는 구절이 있는데, 이선의 「주」에서 『방언』을 인용하여 "겹옷(복유複襦)을 강호江湖에서 혹은 소예簫襼라고도 한다"고 했다. 곽박의 「주」에 "예襼는 바로 메袂다"라고 하였는데, '예襼'와 '예褹'는 같다. '호湖'는 '상湘'의 오류이며, '소簫'는 '통筩'의 오류다. 『광아』에 "겹옷(복유複襦)을 수襜라고 한다"고 했는데, 여기에서 근거하였다.

역해

① 複襦[복유]: 솜을 넣은 짧은 겹저고리. 複襦는 襜, 筩褹의 풀이어휘.
② 襜[수]: 裋와 같음. 해진 겹옷. 江湘之間에서 襜라고 함. 곽박 「주」에서 발음은 豎이라고 했는데, 이에 근거한 상고음은 [*djugx]이다.
③ 筩褹[통예]: 긴소매의 짧은 저고리. 江湘之間에서 또 筩褹라고도 함. 곽박은 당시에는 긴 소매의 저고리를 말하며, 褹는 袂자라고 함.

185 『列子 · 力命』: "朕衣則裋褐, 食則粢糲, 居則蓬室, 出則徒行."
186 『文選 · 賦丁 · 藉田賦』: "躡踵側肩, 掎裳連襼."
187 『廣雅 · 釋器』: "複襦謂之襜."

방언 36

大袴謂之倒頓①,【今雹袴也】 小袴謂之校衧②.【今襟袴也. 皎了兩音】楚通語也.

큰 바지(대고大袴)는 도돈倒頓이라고 한다.【지금의 박고雹袴(바지)다】 작은 바지(소고小袴)는 교료校衧[188]라고 한다.【오늘의 료고襟袴다. 이 두 글자의 음은 교皎, 료了다】 초楚 지역의 통어다.

방언소증

案『玉篇』: "校衧, 小袴也.[189]" 顏師古注『急就篇』云: "袴大者謂之倒頓, 小者謂之校衧." 皆本此.

『옥편』에 "교료校衧는 작은 바지(소고小袴)"라고 했다. 안사고는 『급취편』에 주해를 하면서 말하기를 "바지 가운데 큰 것은 도돈倒頓이라고 하며, 작은 것은 교료校衧라고 한다"고 했는데, 모두 여기에서 근거하였다.

역해

① 倒頓[도돈] : 큰 덧바지. 중국옷의 바지 위에 입는 것으로, 무릎이나 발

188 華學誠은 덧바지 가운데 작은 것으로 주로 어부들이 많이 입는다고 했다. 丁惟汾은 이를 犢鼻褌으로 해석했는데 華學誠은 犢鼻褌은 바지통이 무릎까지 오는 반바지이며 바지 위에 입는 덧바지가 아니라고 했다.

189 『玉篇』 衣部: "校, 古鳥切. 校衧,小袴也."

목까지 이르는 방한용 의복. 큰 바지를 倒頓이라고 함. 곽박 당시에는 바지를 말함.

② 校衫[교료] : 작은 바지. 작은 바지는 校衫라고 함. 곽박 당시의 襪袴를 말함. 楚의 通語. 곽박 「주」에 발음은 皎, 了라고 했는데, 이에 근거한 상고음은 [*kiagwx], [*liagwx, *liagw]이다.

방언 37

幏①, 巾②也.【巾主覆者, 故名幏也】大巾謂之帉③.【音芬】嵩嶽之南【嵩高中岳山也. 今在河南陽城縣】陳潁之間謂之帤④,【奴豬反[190]】亦謂之幏.【江東通呼巾帉耳】

몽幏[191]은 수건(건巾)이다.【수건은 주로 덮어 쓰는 것이어서 몽幏라는 이름이 붙었다】큰 수건(大巾)은 분帉이라고 한다.【음은 분芬이다】숭악嵩嶽의 남쪽과【숭고嵩高는 중악산中岳山이다. 오늘의 하남河南성 양성현陽城縣 경내에 있다】진陳 영潁에 걸친 지역에서는 여帤【음은 여저반如豬反이다】라고 하거나 또 몽幏이라고 한다.【강동 지역에서는 수건을 모두 분帉이라고 한다】

방언소증

案『尙書大傳』: "下形墨幏." 鄭「注」云 : "幏, 巾也. 使不得冠飾以恥之也." 『說文』云 : "楚謂大巾曰帉.[192]" 『廣雅』: "帉·幏, 巾也.[193]" 『玉

190 戴震은 如豬反을 奴豬反으로 고쳤다.

191 華學誠은 幏을 『說文解字』에서는 덮는 옷이라고 했고, 『方言』에서는 큰 수건이라고 다르게 풀이하였다고 했다.

篇』: "帤, 大巾也.[194]" 皆本此.

『상서대전』에 "하형下刑에는 검은 수건을 씌운다"라고 했는데, 정현의 「주」에 "몽幏은 수건(건巾)이다. 관식冠飾을 할 수 없게 하여 그 사람에게 모욕을 주는 것이다"라고 했다. 『설문해자』에 "초楚 지역에서 큰 수건(大巾)을 분帉이라고 한다"고 했다. 또 『광아』에 "분帉 · 몽幏은 수건(건巾)"이라고 하였고, 『옥편』에 "여帤는 큰 수건(대건大巾)"이라고 했는데, 모두 여기에서 근거하였다.

역해

① 幏[몽] : 수건. 嵩嶽의 남쪽 陳潁之間에서는 또 幏이라고도 함.
② 巾[건] : 수건. 巾은 幏의 풀이어휘.
③ 帉[분] : 수건. 帉과 같음. 큰 수건을 帉이라고 함. 곽박 「주」에 발음은 芬이라고 했는데, 이에 근거한 상고음은 [*phjən]이다. 곽박 당시에 江東에서는 통칭으로 巾帉이라고 함.
④ 帤[여] : 헌 헝겊. 嵩嶽의 남쪽 陳潁之間에서는 帤이라고 함. 곽박 「주」에 발음은 奴豬反이라고 했는데, 이에 근거한 상고음은 [*nrjag]이다.

---

192 『說文解字』 巾部 : "帉, 楚謂大巾曰帉. 從巾分聲."
193 『廣雅 · 釋器』 : "帉 · 帨 · 帥 · 帨 · 幣 · 幣 · 幏 · 幣, 巾也."
194 『玉篇』 巾部 : 帤, 女於切. 大巾也. 又幣巾也.

방언 38[195]

絡頭①, 帞頭②也.【音貊】 紗繢③・䙅帶④【䙅, 羌位反】・𥿆帶⑤【𥿆, 音菜】・帑⑥【音綪, 亦千】・幓⑦,【於怯反】 幧頭⑧也. 自關而西秦晉之郊曰絡頭, 南楚江湘之間曰帞頭, 自河以北趙魏之間曰幧頭, 或謂之帑, 或謂之幓. 其偏[196]者謂之䙅帶,【今之偏疊幧頭也】 或謂之𥿆帶.【𥿆亦結也】

락두絡頭는 두건(맥두帞頭)이다.【음은 맥貊이다】 사궤紗繢[197]・귀대䙅帶【음은 羌位反이다】・채대𥿆帶【음은 채菜다】・천帑【음은 천綪 또는 천千이다】・업幓【음은 어겁반於怯反이다】은 남자의 머리를 싸는 두건(조두幧頭)의 뜻이다. 함곡관으로부터 서쪽 진秦 진晉의 교외 지역에서는 낙두絡頭라고 하고, 남초南楚와 강수江水와 상수湘水에 걸친 지역에서는 맥두帞頭라고 하며, 황하로부터 북쪽 조趙 위魏에 걸친 지역에서는 조두幧頭, 혹은 천帑, 혹은 업幓이라고 한다. 그 중에 한쪽으로 쏠린 것은 귀대䙅帶【지금의 한쪽으로 겹쳐 매는 두건이다】라고 하고, 혹은 채대𥿆帶【채𥿆도 역시 매다(결結)의 뜻이다】라고 한다.

방언소증

案『廣雅』: "帞頭・帑・䙅帶・𥿆帶・絡頭, 幧頭也.[198]", "䙅・𥿆, 髻

195 『四部叢刊』本에는 '방언 38~39'가 하나의 항목으로 되어 있다.

196 『四部叢刊』本에는 '遍'이라고 되어 있는데, 戴震은 '偏'이라고 고쳤고, 盧文弨, 王念孫, 周祖謨는 '偏'이 옳다고 했다.

197 華學誠은 紗는 엷고 가는 직물이며 繢는 주름진 직물, 또는 직물의 남은 부분을 말한다. 紗繢는 아마도 두건을 만드는 재료에서 온 명칭인 것 같다고 했다.

也.[199]" 『釋名』云 : "綃頭或曰陌頭, 言其從後橫陌而前也. 齊人謂之幓, 言幓斂髮使上從也." '綃'卽'幧', '陌'卽'帞'. 『列子·湯問篇』: "北國之人, 鞨巾而裘.[200]" 張湛「注」云 : "『方言』'偺人帕頭'是也. 帕頭, 幧頭也. 帕又作鞨, 又作帓." '偺人'二字當卽'絡頭'之訛. '帞''帕'同. 『史記·絳侯周勃世家』: "太后以冒絮提文帝.[201]" 『集解』: "應劭曰, 帞頟, 絮也. 晉灼曰, 『巴蜀異物志』謂頭上巾爲冒絮." 『索隱』引『方言』: "幏巾, 南楚之閒云帞頟也." 此連上條爲一, 應劭稱'帞頟'亦通. 『方言』作'帞頭', 引之作'帞頟'者, 或後因應劭語改而同之耳. 鄭康成注『儀禮·喪服篇』云 : "髽, 露紒也. 猶男子之括發. 斬衰括發以麻, 則髽亦用麻. 以麻者, 自項而前交於額上, 卻繞紒如著幓頭焉." 注「士喪禮」云 : "免之制未聞. 舊說以爲如冠狀, 廣一寸." 「喪服小記」曰 : "斬衰髻髮以麻, 免而以布, 此用麻布爲之, 狀如今之著幓頭矣. 自項中而前交於額上, 卻繞紒也." 『禮·注』之"幓頭", 『釋文』: 幓, 七消反. 蓋幧字轉寫之訛.

『광아』에 "맥두帞頭·천帑·귀대簂帶·채대縩帶·락두絡頭는 모두 남자의 머리를 싸는 두건(조두幧頭)이다. 귀簂와 채縩는 상투(계髻)"라고 했다. 『석명』에 "초두綃頭는 맥두陌頭라고도 한다. 뒤에서 가로질러 두건(맥陌)을 앞으로 돌리는 것을 말한다. 제 지역 사람들은 업幓이라고 하는데, 업幓(두건)으로 머리카락을 모아서 위로 올리는 것을 말한다"라고 하였다. '초綃'는 머리띠, 머리에 감는 헝겊(조幧)이며, '맥陌'은 곧 두건(帞)이다. 『열자·탕문편』에 "북쪽 지방 사람들은 두건을 쓰고 가죽옷을 입으며"라는 구절이 있는데, 장담의 「주」에서는 "『방언』의 '각인파두偺人帕頭'를 말한다. 파두帕頭는 두건(조두幧頭)이다"라고 했다. '파

198 『廣雅·釋器』: "帞頭·帑·簂帶·縩帶·絡頭, 幧頭也."
199 『廣雅·釋詁』: "髯·簂·縩·髽·鷄斯·㚢, 髻也."
200 『列子·湯問』: "北國之人, 鞨巾而裘, 中國之人, 冠冕而裳."
201 『史記·絳侯周勃世家』: "文帝朝, 太后以冒絮提文帝."

帕'는 '갈䄩'로도 쓰며, '말帓'로도 쓴다. '각인佫人'이라는 두 글자는 '락두絡頭'의 오류가 분명하다. '맥帞'과 '파帕'는 같다. 『사기 · 강후주발세가』에 "태후가 몹시 화가 나서 머리를 동이는 수건을 문제에게 집어던졌다"라는 구절이 있는데, 『사기집해』에서 "응소는 맥액帞額이 서絮라고 하였고, 진작은 『파촉이물지』에 머리위에 쓰는 수건을 모서冒絮라고 한다"고 했다. 『사기색은』에서는 『방언』을 인용해서 "몽건幏巾은 남초에 걸친 지역에서는 맥액帞額이라고 한다"고 했다. 이것은 앞의 항목과 연이어져 하나의 항목이 되었고 응소가 말한 '맥액帞額'과도 통한다. 『방언』에서 '맥두帞頭'라고 한 것을 '맥액帞額'이라고 인용한 것은 아마도 후에 응소의 말로 인해 고쳐서 같도록 한 것이다. 정현은 『의례 · 상복편』에 주해하여 말하기를, "좌髽는 상투(로계露紒)다. 남자들이 머리를 묶는 것과 비슷하다. 참최斬衰[202]에는 관을 벗고 머리를 삼으로 묶는다. 상투(좌髽)에도 역시 삼을 쓴다. 삼으로 하는 것은 목 부분에서 시작해 앞으로 가서 이마 위에서 합친다. 요계繞紒는 삼두幓頭를 씌운 것과 비슷하다"라고 하였다. 『의례 · 사상례』에 주해하여 말하기를, "면免의 모양에 대해서는 들어본 적이 없다. 옛말에 관冠의 모양처럼 생겼으며 넓이는 1촌 정도다"라고 하였다. 『예기 · 상복소기』에 "참최斬衰에는 삼으로 머리를 묶고 면免은 베로 한다. 삼베로 그것을 하면 형상이 마치 오늘날 삼두幓頭를 쓴 것과 비슷하다. 목의 중간에 시작하여 앞으로 가서 이마에서 합친 것"이라고 했다. 『예기 · 주』의 '삼두幓頭'에 대하여 『경전석문』에서 "삼幓은 음이 칠소반七消反"이라고 했다. 이는 '조幧'를 전사轉寫하면서 생긴 오류일 것이다.

202 상복에는 五服制度가 있는데, 斬衰三年(아버지를 위한 옷), 齊衰三年(어머니를 위한 옷), 大功, 小功, 緦麻가 있다. 그 중에서 斬衰는 아버지 상을 당하였을 때에 입는 상복으로, 거친 베로 짓되 아랫도리를 접어서 꿰매지 않는다. 상복을 입는 기간은 3년, 실제로는 25개월이다.

역해

① 絡頭[락두] : 고대의 머리 묶는 두건. 함곡관으로부터 서쪽 秦晉之郊에서는 絡頭라고 함.
② 帞頭[맥두] : 고대에 남자들이 머리를 묶던 두건. 帞頭는 絡頭의 풀이어휘. 南楚江湘之間에서는 帞頭라고 함. 곽박 「주」에 帞의 발음은 貊이라고 했는데, 이에 근거한 상고음은 [*mrak]이다.
③ 紗繢[사궤] : 두건.
④ 鬢帶[귀대] : 상투를 매던 끈. 그 가운데 비뚤어진 것은 鬢帶라고 함. 곽박 「주」에 鬢의 발음은 羌位反이라고 했는데, 이에 근거한 상고음은 [*khwjədh]이다.
⑤ 䰍帶[채대] : 머리를 묶고 상투를 매던 끈. 곽박 「주」에 䰍의 발음은 菜이라고 했는데, 이에 근거한 상고음은 [*tshəgh]이다.
⑥ 帑[천] : 남자가 머리를 묶을 때에 쓰는 수건. 두건. 황하 이북 趙魏之間에서는 또 帑이라고도 함. 곽박 「주」에 발음은 綪 또 千이라고 했는데, 이에 근거한 상고음은 [*tshianh], [*tshjan]이다.
⑦ 帷[업] : 두건. 머리동이. 황하 이북 趙魏之間에서는 또 帷이라고도 함. 곽박 「주」에 발음은 於怯反이라고 했는데, 이에 근거한 상고음은 [*ʔjap]이다.
⑧ 幧頭[조두] : 고대 남자들이 머리를 묶던 두건. 황하 이북 趙魏之間에서는 幧頭라고 함. 幧頭는 紗繢, 鬢帶, 䰍帶, 帑, 帷의 풀이어휘.

방언 39

覆結[①]謂之幘巾[②], 或謂之[203]承露[③], 或謂之覆䰍[④].【今結籠是也】皆趙魏之間通語也.

복결覆結(상투 위에 덮어 쓰는 위가 뚫린 두건)은 책건幘巾이라고 하거나, 혹은 승로承露이라고 하거나, 혹은 복채覆槊라고 한다.【오늘의 결롱結籠을 말한다】 모두 조趙 위魏에 걸친 지역의 통어通語다.

방언소증

案『後漢書・光武帝紀』: "皆冠幘.[204]" 「注」云: "『漢官儀』曰, 幘者, 古之卑賤不冠者之所服也. 『方言』曰, 覆髻謂之幘或謂之承露." 「劉盆子傳」: "半頭赤幘.[205]" 「注」云: "幘巾, 所以覆髻也. 『續漢書』[206]曰: 童子幘無屋, 示未成人也. 半頭幘卽空頂幘也. 其上無屋, 故以爲名. 『東宮故事』曰: 太子有空頂幘一枚. 卽半頭幘之製也." '結''髻', 古通用. 『廣雅』: "承露・幘巾, 覆結也.[207]" 本此.

『후한서・광무제기』에 "모두 머리에 두건을 썼다"라는 구절이 있는데, 「주」에 "『한관의漢官儀』에 말하기를 책幘은 고대에 비천하고 모자를 안 쓰는 사람들이 쓰는 것이라고 했다. 『방언』에서 말하기를 복계覆髻(상투 위에 덮는 두건)는 책幘이라고 하거나, 혹은 승로承露라고 한다"라고 하였다. 『후한서・우분자전』에 "뚜껑 없이 위가 터진 붉은 두건을 만들어 주었고"라는 구절이 있는데, 「주」에 "책건幘巾은 계髻(상투)를 덮는데 쓰는 것이다. 『속한서』에 뚜껑이 없는 동자책을 머리에 써서 미성년임을 나타낸다고 했다. 반두책半頭幘은 즉 뚜껑이 없는

203 『四部叢刊』本에는 '之'가 없으나, 戴震은 '之'를 보충했으며, 華學誠은 戴震이 옳다고 했다.

204 『後漢書・光武帝紀』: "見諸將過, 皆冠幘, 而服婦人衣."

205 『後漢書・劉盆子傳』: "俠卿爲制絳單衣, 半頭赤幘."

206 『後漢書』를 말한다.

207 『廣雅・釋器』: "承露・幘巾, 覆結也."

두건이다. 위에 뚜껑이 없어서 붙은 명칭이다. 또 『동궁고사』에 태자는 뚜껑이 없는 건(책幘)이 하나 있다고 했는데, 이것은 뚜껑이 없는 반두책의 형태다”라고 했다. ‘결結’과 ‘계髻’는 옛날에는 통용되었다. 『광아』에 “승로承露 · 책건幘巾은 상투 위에 덮는 두건류(복결覆結)”라고 했는데, 그 의미는 여기에서 근거하였다.

역해

① 覆結[복결] : 상투 위에 덮어 쓰는 위가 뚫린 두건. 趙魏之間의 通語.
② 幘巾[책건] : 두건. 머리띠.(그림자료 4-39 참조)
③ 承露[승로] : 幘巾. 두건. 幘巾의 용도에 따른 명칭이다. 覆結, 承露, 覆槼는 모두 趙魏之間의 通語.
④ 覆槼[복채] : 상투를 매고 그 위에 두르는 두건. 覆結, 承露, 覆槼는 모두 趙魏之間의 通語. 곽박 당시의 結籠을 말함.

방언 40

扉①【音翡】· 屨② · 麤③, 履④也. 徐兗之郊謂之扉, 自關而西謂之屨. 中有木者謂之複舄⑤, 自關而東複履⑥. 其庳者謂之鞔下⑦, 【鞔, 音婉】 禪者謂之鞮⑧,【今韋鞮也】 絲作之者謂之履, 麻作之者謂之不借⑨, 麤[208]者謂之屨[209], 東北朝鮮洌水之間謂之鞠角⑩.【鞠, 音印】 南楚江沔之間總[210]謂之麤.【沔水, 今在襄陽】 西南梁益之間或

208 『四部叢刊』本에는 ‘粗’로 되어 있지만, 戴震은 ‘粗’를 ‘麤’로 고쳤다. 그러나 周祖謨는 戴震이 고친 것은 잘못되었으며, ‘粗’가 옳다고 했다.
209 『四部叢刊』本에는 ‘屦’로 되어 있으나, 戴震은 ‘屨’로 고쳤다.

謂之屦⑪[211].【他回反, 字或作屦, 音同】 或謂之屩⑫.【下瓦反, 一音畫】 履, 其通語也. 徐土邳圻之間,【今下邳也. 圻[212], 音祁】 大麤謂之靰角.【今漆履有齒者】

비屝【음은 비翡다】·구屨·추麤는 신발(이履)이다. 서徐 연兖의 교외에서는 비屝라고 하며, 함곡관으로부터 서쪽 지역에서는 구屨라고 한다. 가운데가 나무로 된 신발을 복석複舃이라고 하며, 함곡관으로부터 동쪽 지역에서는 복리複履라고 한다. 그 낮은 신발을 완하靴下【음은 완婉이다】라고 하며, 홑 신발을 제鞮【오늘날의 가죽신(위제韋鞮)이다】라고 하고, 비단으로 만든 것을 리履라고 하며, 삼으로 만든 것을 불차不借라고 하고, 거친 것을 구屨라고 한다. 동북東北 조선朝鮮 열수洌水에 걸친 지역에서는 앙각靰角【음은 앙印이다】이라고 한다. 남초南楚 강면江沔에 걸친 지역에서는 전체적으로 추麤【면수沔水는 지금의 양양襄陽에 있다】라고 한다. 서남의 양梁 익益에 걸친 지역에서는 혹은 퇴屦【음은 타회반他回反이며, 글자는 혹은 퇴屦라고도 쓰며, 동음이다】라고도 하고, 혹은 호屩【음은 하와반下瓦反이며, 또 다른 음은 화畫다】라고도 한다. 리履는 그 통어다. 서토徐土 비기邳圻에 걸친 지역【지금의 하비下邳다. 기圻는 음이 기祁다】에서는 대추大麤를 앙각靰角【지금의 옻칠한 신으로 이가 있는 것이다】이라고 한다.

---

210 『四部叢刊』本에는 '揔'으로 되어 있으며, 戴震은 '緫'이라고 했는데, 華學誠은 '揔'과 '緫'이 같다고 했다.

211 『四部叢刊』本에는 '屦'로 되어 있으나 戴震은 '屦'로 고쳤고, 盧文弨와 錢繹, 王念孫도 '屦'라고 했다.

212 王念孫이 手校한 『方言疏證』에는 "沂, 音圻"라고 고쳤는데, 周祖謨와 華學誠은 이것이 옳다고 했다.

案『廣雅』: "屝·屨·麤·舄·𡱁·不借·鞅角·䩮, 履也.[213]", "屩, 屩也.[214]" 皆本此. 『春秋』僖公四年『左傳』: "供其資糧屝屨.[215]" 杜預「注」云: "屝, 草屨." 「疏」引『方言』: "屝·粗, 屨也. 絲作之曰履, 麻作之曰屝, 粗者謂之屨." 『周禮』: "屨人.[216]" 鄭「注」云: "複下曰舄, 禪下曰屨." 「疏」云: "下謂底. 複重底." '麤''粗'通. 『釋名』云: "齊人謂韋屨曰屝·晩下, 如舄. 不借言賤易有, 宜各自蓄之, 不假借人也. 齊人云搏腊, 搏腊猶把鮓, 麤貌也. 荊州人曰, 麤·麻·韋·草, 皆同名也. 仰角, 屐上施履之名也." '鞔''晩', '鞅''仰', 假借通用. 『說文』: "屩, 履也. 一曰靑絲頭履也. 讀若阡陌之陌.[217]" 『玉篇』云: "西南梁益謂履曰𡱁.[218]" 徐堅『初學記』引『方言』: "絲作謂之履, 麻作謂之不借." 廣韻引『方言』: "履, 自關而西謂之屨.[219]" 『急就篇』: "履舄鞜裒絨緞紃, 靸䩮卬角褐韤巾, 裳韋不借爲牧人, 屐屩絜麤羸窶貧." 顔師古「注」云: "䩮, 薄革小履也. 卬角, 形若今之木履而下有齒. 麤者, 麻枲雜履之名. 南楚江淮之閒通謂麤." '卬'卽'鞅'.

『광아』에 "비屝·구屨·추麤·석舄·퇴𡱁·불차不借·앙각鞅角·제䩮는 모두 신발(리履)이다", "호屩는 신발 앞이 올라가는 신발(교屩)"이라고 했

213 『廣雅·釋器』: "扉·屨·麤·潟·𡱁·鞨·不偕·鞅角·鞾·屣·薄平·䩮, 履也."

214 『廣雅·釋器』: "屩·屐·屣, 屩也."

215 『春秋左傳』 僖公 四年: "若出於陳鄭之間, 供其資糧屝屨, 其可也,"

216 『周禮·天官·冢宰』: "屨人, 下士二人, 府一人, 史一人, 工八人, 徒四人."(황실의 각종 의복과 신발을 관장하던 屨人은 하사 2명, 문서나 기물을 보관하는 부 1명, 문서를 작성하는 사 1명, 공인 8명, 잔심부름을 하는 도 4명을 아래에 두고 있다)이라고 되어 있다.

217 『說文解字』 糸部: "屩, 履也. 一曰靑絲頭履也. 讀若阡陌之陌. 從糸戶聲."

218 『玉篇』 履部: "𡱁, 他回切. 履也. 西南梁益謂履曰𡱁."

219 『廣韻』 去聲: "屨, 履屬, 『方言』曰: 履, 自關而西謂之屨."

는데, 모두 이것을 근거로 하였다. 『춘추』 희공 4년 『좌전』에 “(진과 정으로 하여금) 군의 식량과 신발을 제공하도록 하면”이라는 구절이 있는데, 두예의 「주」에 “비扉는 짚신(초구草屨)”이라고 했다. 「소」에서는 『방언』의 “비扉와 조粗는 모두 신발(구屨)을 말한다. 비단으로 만든 것을 리履라고 하고, 삼으로 만든 것을 비扉라고 하며, 거친 것을 구屨라고 한다”라는 구절을 인용하였다. 『주례』에 “구인屨人(황실의 각종 의례에 맞는 의복과 신발을 담당하던 사람)”이라는 말이 있는데, 정현의 「주」에 “밑창이 겹인 것을 석舃이라고 하고, 밑창이 홑겹이면 구屨라고 한다”고 했다. 「소」에 “신발 밑창은 저底라고 한다. 복複은 겹 밑창”이라고 했다. ‘추麤’와 ‘조粗’는 통한다. 『석명』에 “제齊 지역 사람들은 가죽신(위구韋屨)을 비扉라고 한다. 만하晩下는 석舃처럼 생겼다. 불차不借는 천하며 쉽게 구할 수 있기 때문에 각자가 준비하고 있어서 남에게 빌려주지 않는다는 뜻이다. 제齊 지역 사람들은 박석搏腊이라고 한다. 박석搏腊은 파자把鲊처럼 생겼으며 거친 모양이다. 형주荆州 사람들은 추麤라고 하는데, 삼으로 만든 것, 가죽으로 만든 것, 풀로 만든 것을 모두 같은 이름으로 부른다. 앙각仰角은 나막신(극屐) 위에 대는 신”이라고 했다. ‘완鞔’과 ‘만晩’, ‘앙鞅’과 ‘앙仰’은 가차假借 통용되었다. 『설문해자』에 “호屌는 신발(리履)이다. 또 일설에는 청색 실크로 신등을 만든 신발이다. 천맥阡陌의 맥陌처럼 읽는다”고 했다. 『옥편』에 “서남西南 량梁 익益 지역에서 신발(리履)을 퇴屦라고 한다”라고 하였다. 서견의 『초학기』에서는 『방언』을 인용하여 “실크로 만든 것은 리履라고 하고, 삼으로 만든 것은 불차不借라고 한다”고 했다. 『광운』에서는 『방언』을 인용하여 “함곡관으로부터 서쪽에서는 신발(리履)을 구屨라고 한다”고 했다. 『급취편』에 “복석履舃, 탑부鞜裒, 월絨, 단緞, 순紃[220]. 삽靸, 제鞮, 앙

220 顔師古 「注」에 따르면, 履舃은 밑창이 홑겹인 신발 履과 밑창이 겹인 신발 舃을 말하고, 鞜裒는 생가죽 신발을 말한다. 월絨은 채색 비단을 말하며, 緞은 신발 뒤에 붙이는 헝겊을 말하고, 紃은 신발의 장식을 통칭한다.

각卬角, 갈褐, 멸韈, 건巾[221]. 상위裳韋, 불차不借, 위목인爲牧人[222]. 극屐, 교屩, 봉䋯[223], 추麤, 이구빈羸窶貧[224]"이라는 구절이 있는데, 안사고의 「주」에 "제鞮는 얇은 가죽으로 만든 작은 신발이다. 앙각卬角은 오늘날의 나무 신발처럼 생겼지만 신발 밑에 이가 있다. 추麤는 삼으로 만든 신발의 명칭이다. 남초南楚 강회江淮에 걸친 지역에서는 통상 추麤라고 한다"라고 하였다. '앙卬'은 곧 '앙靰'이다.

역해

① 扉[비] : 짚신. 거친 신발. 삼으로 만든 신.(그림자료 4-40 참조) 徐兖之郊에서 扉라고 함. 곽박 「주」에 발음은 翡이라고 했는데, 이에 근거한 상고음은 [*bjədh]이다.

② 屨[구] : 마, 칡 따위로 엮은 신발. 거친 신.(그림자료 4-40 참조) 함곡관으로부터 서쪽에서는 屨라고 함. 거친 신을 屨라고 함.

③ 麤[추] : 신. 삼으로 만든 신.(그림자료 4-40 참조) 南楚江沔之間에서는 총칭으로 麤라고 함.

④ 履[리] : 신의 통칭으로 쓰임.(그림자료 4-40 참조) 履는 扉, 屨, 麤의 풀이어휘. 비단으로 만든 것을 履라고 함. 履는 通語.

---

221 顔師古 「注」에 따르면, 鞮은 가죽신을 말하고, 한다. 卬角은 나막신 위에 대는 신을 말하며, 褐은 삼으로 결은 버선 모양의 신을 말하고, 韈은 버선을 말하고, 巾은 발을 싸는 수건을 말한다.

222 顔師古 「注」에 따르면, 裳韋는 가죽으로 만든 치마를 말하고, 不借는 작은 신발을 말하며, 爲牧人은 비천한 복장인 불차를 신고 가죽 치마를 입는 목동들이라는 뜻이다.

223 『漢韓大辭典』에 수록된 『廣韻』음은 '봉'과 '방' 두 가지이며 같은 뜻이다.

224 顔師古 「注」에 따르면, 屐은 나막신을 말하고, 屩는 짚신을 말한다. 䋯는 둥글게 위를 덮은 신발을 말하며, 麤는 굵은 베로 만든 신발을 말하고, 羸窶貧는 힘없고 촌스러운 가난한 사람들이라는 뜻이다.

⑤ 複舄[복석] : 나무로 만든 밑창이 겹인 신.(그림자료 4-40 참조) 가운데가 나무로 된 것을 複舄이라고 함.

⑥ 複履[복리] : 즉 複舄을 말함. 함곡관으로부터 동쪽지역에서 複履라고 함.

⑦ 靴下[완하] : 신. 그 낮은 것을 靴下라고 함. 곽박 「주」에 靴의 발음은 婉이라고 했는데, 이에 근거한 상고음은 [*ʔjuanx]이다.

⑧ 鞮[제] : 가죽 신.(그림자료 4-40 참조) 홑 신발을 鞮라고 함.

⑨ 不借[불차] : 신. 천하고 흔한 신. 삼으로 만든 것을 不借라고 함.

⑩ 𩋡角[앙각] : 옛날 신의 일종. 東北朝鮮洌水之間에서는 𩋡角이라고 함. 곽박 「주」에 𩋡의 발음은 卬이라고 했는데, 이에 근거한 상고음은 [*ŋaŋ]이다. 徐土邳圻之間에서 크게 거친 신을 𩋡角이라고 함.

⑪ 𡲬[퇴] : 신. 목달이 신. 짚으로 만든 신.(그림자료 4-40 참조) 西南梁益之間에서는 𡲬라고 함. 곽박 「주」에 발음은 他回反이라고 했는데, 이에 근거한 상고음은 [*thuəd]이다. 또 𡳐로도 쓰는데 발음은 같다고 했다.

⑫ 𡱹[화] : 신. 西南梁益之間에서 또 𡱹라고도 함. 곽박 「주」에 발음은 下瓦反 또 畫라고 했는데, 이에 근거한 상고음은 [*gwragx, *gwragh] 또 [*gwrigh]이다.

방언 41

緉[①]【音兩】·緉[②]【音爽】, 絞[③]也.【謂履中絞也. 音校】 關之東西或謂之緉, 或謂之緉. 絞, 通語也.

량緉【음은 량兩이다】과 상緉【음은 상爽이다】은 모두 묶다, 꼬다(교絞)의 뜻이다.【신발을 두 가닥의 실로 엮어놓은 것이다. 음은 교校다】 함곡관의 동서 지역에서 혹은 량緉이라고도 하고, 혹은 상緉라고도 한다. 교絞는 통어通語다.

방언소증

案『詩·齊風』: "葛屨五兩, 冠緌雙止.[225]" '兩''緉', 古通用. 『說文』: "緉, 履兩枚也. 一曰絞也.[226]" 『廣雅』: "緉·緛, 絞也.[227]" 本此. 『玉篇』云: "緛, 履中絞.[228]" 本此「注」文.

『시경·제풍』에 "칡 신 다섯 켤레, 갓끈 한 쌍"이라는 구절이 있는데, '량兩'과 '량緉'은 옛날에는 통용되었다. 『설문해자』에 "량緉은 신발 두 짝이다. 또 교絞라고도 한다"고 했다. 『광아』에 "량緉과 상緛은 모두 묶다(교絞)의 뜻"이라고 했는데, 여기에서 근거하였다. 『옥편』에 "상緛은 신발의 묶음, 켤레(교絞)"라고 했는데, 이 「주」를 근거로 하였다.

역해

① 緉[양]: 고대 신을 세던 양사. 함곡관의 동서지역에서 緉이라고 함. 곽박 「주」에 발음은 兩이라고 했는데, 이에 근거한 상고음은 [*ljaŋx]이다.
② 緛[상]: (신발의) 켤레. 함곡관의 동서지역에서 또 緛이라고도 함. 곽박 「주」에 발음은 爽이라고 했는데, 이에 근거한 상고음은 [*srjaŋx]이다.
③ 絞[교]: 켤레. 꼬다. 絞는 緉, 緛의 풀이어휘. 絞는 通語. 곽박 「주」에 발음은 校이라고 했는데, 이에 근거한 상고음은 [*kragwh]이다.

---

225 『詩經·齊風·南山』: "曷又懷止, 葛屨五兩, 冠緌雙止."
226 『說文解字』 糸部: "緉, 履兩枚也. 一曰絞也. 從糸從兩, 兩亦聲."
227 『廣雅·釋器』: "緉·緛·絞也."
228 『玉篇』 糸部: 緛, 所兩切. 履中絞.

방언 42

纑①謂之縝②.【謂纑縷也. 音振】

로纑(삼실)는 진縝이라고 한다.【로루纑縷(삼실)를 말한다. 음은 진振이다】

방언소증

案『孟子』: "彼身織屨, 妻辟纑.[229]" 趙岐「注」云: "緝績其痲曰辟, 練其痲曰纑, 故曰辟纑." 『說文』: "纑, 布縷也.[230]" 『廣雅』: "縝, 纑也.[231]" 本此. 『玉篇』云: "縝, 絲纑縷也.[232]" 本此「注」文.

『맹자』에 "저 사람은 자기 손으로 신을 삼고, 부인은 실을 뽑아 천을 만들어"라는 구절이 있는데, 조기의 「주」에 "삼으로 길쌈을 하는 것을 벽辟이라고 하고, 그 삼을 로纑라고 하기 때문에 벽로辟纑라고 한다"고 했다. 『설문해자』에 "로纑는 베실 가닥"이라고 했다. 『광아』에 "진縝(삼실)은 삼실(로纑)"이라고 했는데, 여기에서 근거하였다. 『옥편』에 "진縝은 삼실 가닥(絲纑縷)"이라고 했는데, 이 「주」를 근거로 하였다.

229 『孟子 · 滕文公(下)』: "彼身織屨, 妻辟纑, 以易之也."
230 『說文解字』 糸部: "纑, 布縷也. 從糸盧聲."
231 『廣雅 · 釋器』: "縝 · 縷, 纑也."
232 『玉篇』 糸部: "縝, 丑仁, 之忍二切. 絲纑縷也."

역해

① 纑[로] : 실. 무명실. 섬유작물의 한 가지. 삼을 누이다.

② 縝[진] : 삼실. 곽박 「주」에 발음은 振이라고 했는데, 이에 근거한 상고음은 [*tjiən]이다.

방언 제5권

輶軒使者絶代語釋別國方言 第五

방언 1

鍑①,【釜屬也. 音富】 北燕朝鮮洌水之間或謂之鍑②,【音腆】 或謂之鉼③.【音餅】 江淮陳楚之間謂之錡④,【或曰三腳釜也. 音技】 或謂之鏤⑤. 吳揚之間謂之鬲⑥[1].【音歷[2]】

솥(복鍑)은【가마솥 종류로, 음은 부富다】 북연北燕 조선朝鮮 열수洌水에 걸친 지역에서는 혹은 전鍑【음은 전腆이다】이라고도 하고, 혹은 병鉼【음은 병餅이다】이라고도 한다. 강회江淮 진陳 초楚에 걸친 지역에서는 기錡【혹은 세 발 달린 솥을 말하기도 한다. 음은 기技다】라고 하며, 혹은 루鏤라고도 한다.

1 郭璞은 굽은 발이 세 개 달린 솥이라고 했으며, 錢繹은 속이 빈 세 발 달린 솥이라고 했다.

2 『四部叢刊』本에는 "曆"이라고 되어 있으나, 戴震은 '歷'이라고 했다.

오吳 양揚에 걸친 지역에서는 역鬲【음은 역歷이다】이라고 한다.

방언소증

案『詩・召南』: "維錡及釜.[3]" 「毛傳」: "錡, 釜屬, 有足曰錡." 「考工記」: "鬲實五觳, 厚半寸, 唇寸.[4]" 『爾雅・釋器』: "鼎 …… 款足者謂之鬲.[5]" 郭璞「注」云: "鼎曲脚也." 『說文』: "鍑, 釜大口者[6]". 朝鮮謂釜曰錪, 江淮之閒謂釜曰錡. 鏤, 釜也. 鬲, 鼎屬, 實五觳. 斗二升曰觳.

『시경・소남』에 "세발 가마와 가마솥에 삶지요"라는 구절이 있는데, 「모전」에 "기錡는 솥(부釜)의 한 종류며, 발이 있으면 기錡라고 한다"고 했다. 『주례・동관고공기』에 "역鬲은 다섯 곡觳의 크기이며, 두께가 반 촌寸 정도며, 입구는 한 촌"이라고 했다. 『이아・석기』에 "정鼎(솥) 가운데 발이 굽어 중간이 비어 있는 것을 역鬲이라고 한다"라는 구절이 있는데, 곽박의 「주」에서는 "정鼎은 발이 굽은 것"이라고 했다. 『설문해자』에 "복鍑(솥)은 부釜 가운데 입이 큰 것"이라고 했다. 조선에서는 부釜(솥)를 전錪이라고 하고, 강회江淮에 걸친 지역에서는 부釜를 기錡라고 한다. 루鏤는 솥(부釜)이다. 역鬲은 정鼎의 종류이며, 용량은 오곡五觳이다. 한 말 두 되가 곡觳이다.

---

3 『詩經・召南・采蘋』: "于以湘之, 維錡及釜."

4 『周禮・冬官考工記』: "鬲, 實五觳, 厚半寸, 唇寸."

5 『爾雅・釋器』: "鼎絶大謂之鼐, 圜弇上謂之鼒, 附耳外謂之釴, 款足者謂之鬲."

6 『說文解字』 金部: "鍑, 釜大口者. 從金复聲."

역해

① 鍑[복] : 솥. 아가리가 오므라진 솥.(그림자료 5-1 참조) 鍑은 錪, 鉼, 錡, 鏤, 鬲의 풀이어휘. 곽박 「주」에 발음은 富라고 했는데, 이에 근거한 상고음은 [*pjəgh]이다.

② 錪[전] : 쇠. 솥. 무겁다. 北燕朝鮮洌水間에서 錪이라고 함. 곽박 「주」에 발음은 腆이라고 했는데, 이에 근거한 상고음은 [*thiənx]이다.

③ 鉼[병] : 솥. 떡 모양으로 얇고 넓게 조각낸 금속. 瓶의 古字. 北燕朝鮮洌水間에서 또 鉼이라고도 함. 곽박 「주」에 발음은 餅이라고 했는데, 이에 근거한 상고음은 [*pjiŋx]이다.

④ 錡[기] : 세 발 솥. 江淮陳楚之間에서 錡라고 함. 곽박 「주」에 발음은 技라고 했는데, 이에 근거한 상고음은 [*gjigx]다.

⑤ 鏤[루] : 솥. 새기다. 江淮陳楚之間에서 또 鏤라고도 함.

⑥ 鬲[역] : 솥. 鼎과 비슷하며 발이 셋이며 굽었고 속이 비어 있는 그릇. (그림자료 5-1 참조) 吳揚之間에서 鬲이라고 함. 곽박 「주」에 발음은 歷이라고 했는데, 이에 근거한 상고음은 [*krik, *lik]이다.

방언 2

釜①, 自關而西或謂之釜, 或謂之鍑②【鍑亦釜之總[7]名】.

솥(부釜)은[8] 함곡관으로부터 서쪽 지역에서 혹은 부釜라고 하거나,

[7] 『四部叢刊』本에는 '揔'으로 되어 있으며, 戴震은 '總'이라고 했는데, 華學誠은 '揔'과 '總'이 같다고 했다.

[8] 華學誠은 釜는 고대의 취사도구이며, 입이 작고 밑이 둥글고 간혹 귀가 두 개 달린 것도 있다고 했다. 鬲처럼 사용하는데 그 위에 甑(시루)을 올려놓고 찌기도 하며 한나라 때 널리 사용되었다고 했다.

혹은 복鍑이라고 한다.【복鍑은 또한 부釜의 총칭이다】

방언소증

案'釜'亦作'鬴'. 『說文』云: "鬴, 鍑屬.[9]" 『春秋』隱公三年『左傳』: "筐·筥·錡·釜之器.[10]" 杜預「注」云: "有足曰錡, 無足曰釜." 『廣雅』: "鍑·鉼·鏤·鬲·錡, 鬴也.[11]" 蓋合上二條, 以'鬴'爲總名.

'부釜'는 '부鬴'라고 쓰기도 한다. 『설문해자』에 "부鬴는 복鍑(솥)의 종류"라고 했다. 『춘추』 은공 3년 『좌전』에 "광주리, 솥, 가마 같은 그릇이라도"라는 구절이 있는데, 두예의 「주」에서는 "발이 있으면 기錡라고 하고, 발이 없으면 부釜라고 한다"고 했다. 『광아』에 "전鍑·병鉼·루鏤·역鬲·기錡는 모두 부鬴(솥)"라고 했다. 위의 두 조항을 합해 '부鬴(솥)'가 총칭이다.

역해

① 釜[부]: 가마. 발 없는 큰 솥.(그림자료 5-2 참조) 함곡관으로부터 서쪽 지역에서 釜라고 함. 곽박은 鍑이 釜의 총칭이라고 함.
② 鍑[복]: 솥. 아가리가 오므라진 솥. 함곡관으로부터 서쪽 지역에서 또 鍑이라고도 함.

---

9 『說文解字』 鬲部: "鬴, 鍑屬. 從鬲甫聲. 釜, 鬴或從金父聲."
10 『春秋左傳』 隱公三年: "苟有明信, 澗溪沼沚之毛, 苹蘩薀藻之菜, 筐筥錡釜之器."
11 『廣雅·釋器』: "鍑·鉼·鈹·鏤·鬲·鍑·鑢·鏞·鍪·鬵·甗·錡·鬴·鐈·鬲·鬷, 釜也."

방언 3

甑①, 自關而東謂之甗②【音言】, 或謂之鬵③【音岑, 涼州[12]呼鉹】, 或謂之酢餾④【屋霤[13]】.

시루(증甑)[14]는 함곡관으로부터 동쪽 지역에서는 언甗[15]【음은 언言이다】이라고 하거나, 혹은 심鬵[16]【음은 잠岑이고, 양주에서는 치鉹라고 부른다】이라고 한다. 혹은 초류酢餾【음은 옥류屋霤의 류霤다[17]】라고도 한다.

방언소증

案「考工記」: "陶人爲甗, 實二鬴, 厚半寸, 脣寸. …… 甑, 實二鬴, 厚半寸, 脣寸, 七穿.[18]" 鄭「注」云: "量六斗四升曰鬴. 甗, 無底甑." 『春秋』成公二年『公羊傳』: "與我紀侯之甗.[19]" 何休「注」云: "或說, 甗, 玉

12 『四部叢刊』本에는 "梁州"라고 되어 있으나, 戴震은 "涼州"로 고쳤고, 華學誠은 戴震이 옳다고 했다.

13 戴震이 '屋霤'는 '음은 屋霤의 霤다'라고 고쳤다.

14 甑은 초기에는 도기로, 殷周시대에는 청동기로, 그 후에는 목기로 제작되는 경우가 많았다고 한다. 바닥에 공기가 통하는 작은 구멍이 있으며 鬲 혹은 鍑 위에 얹어 음식을 찌는 용도로 사용하며 箅(시루 밑에 까는 발)를 첨가해서 사용하기도 하는데 오늘날의 찜통과 같은 용도라고 한다.

15 甗은 밑에 구멍이 하나만 있는 甑(시루)인데 구멍이 크고 하나만 있기 때문에 밑이 없는 것과 유사하다.

16 고대 취사도구의 하나로 위는 찔 수 있는 시루 아래는 삶을 수 있는 솥으로 이루어졌으며 위가 크고 아래가 작다.

17 戴震에 따라 이와 같이 번역하였다.

18 『周禮・冬官考工記』: "陶人爲甗: 實二鬴, 厚半寸, 脣寸. 盆, 實二釜, 厚半寸, 脣寸. 甑, 實二鬴, 厚半寸, 脣寸, 七穿."

19 『春秋公羊傳』成公 二年: "齊侯使國佐如師, 郤克曰: 與我紀侯之甗, 反魯・衛之侵地."

甑." 『詩·檜風』: "漑之釜鬵.[20]" 『毛傳』: "鬵, 釜屬也." 『爾雅』: "鬵謂之鬵. 鬵, 鉹也.[21]" 孫炎「注」云: "關東謂甑爲鬵, 涼州謂鬵爲鉹." 「疏」引『方言』此條文並同. 『方言』各本'餾'訛作'鎦'. 今從『爾雅·疏』所引作'餾'爲正. 『說文』: "餾, 飯氣蒸也[22]." '鬵'卽'甑'. 『後漢書·孝和帝紀』: "貧人以衣履釜鬵为貲.[23]" 「注」引『方言』: "甑, 自關而東謂之鬵." 『說文』: "甗, 甑也. 一穿曰甗.[24]", "鬵, 大釜也. 一日鼎大小上下若甑曰鬵.[25]" 「注」內'涼州'各本訛作'梁州'. 『廣韻』'鉹'下引『方言』云: "涼州呼甑也.[26]" 當是此條「注」文與孫炎說同, 今據以訂正. '屋霤'當作'音屋霤之霤'.

『주례·동관고공기』에 "도공이 언甗(시루)을 만드는데 용량은 2부鬴, 두께는 반 촌寸 정도, 입은 1촌寸 정도이며, 증甑(시루)은 용량이 2부鬴, 두께가 반 촌寸 정도, 입이 1촌寸 정도, 구멍이 일곱 개 있다"는 구절이 있는데, 정현의 「주」에 "용량이 여섯 말 너 되면 부鬴라고 한다. 언甗(시루)은 바닥이 없는 증甑(시루)"이라고 했다. 『춘추』 성공 2년 『공양전』에 "기紀나라 군주의 언甗(시루)을 돌려주고"라는 구절이 있는데, 하휴의 「주」에서는 "어떤 사람은 언甗(시루)을 옥증玉甑이라고 한다"고 했

20 『詩經·匪風』: "誰能亨魚, 漑之釜鬵."
21 『爾雅·釋器』: "鬵謂之鬵鬵鉹也."
22 『說文解字』 食部: "餾, 飯气蒸也. 從食畱聲."
23 『後漢書·和帝紀』: "其上尤貧不能自給者戶口人數. 往者郡國上貧民, 以衣履釜鬵爲貲."
24 『說文解字』 瓦部: "甗, 甑也. 一曰穿也. 從瓦鬳聲, 讀若言." 『說文解字』에는 "일설에는 穿이라고 한다(一曰穿也)"라고 되어 있는데, 戴震은 "구멍이 하나 있는 것을 甗이라고 한다(一穿曰甗)"라고 인용하였다. 아마 戴震의 오류인 것 같다.
25 『說文解字』 鬲部: "鬵, 大釜也. 一曰鼎大上小下若甑曰鬵. 從鬲兓聲. 讀若岑." 戴震이 인용한 것은 '一曰鼎大小上下若甑曰鬵'이라고 하여 『說文解字』의 원문과 조금 다르다.
26 『廣韻』 上平聲: "鉹, 『方言』云: 涼州呼甑, 又音侈."

다. 『시경 · 회풍』에 "나는 그를 위해 솥을 씻을 것이다"라는 말이 있는데, 「모전」에 "심鬵은 부釜(솥)의 한 종류"라고 했다. 『이아』에 "증䰝을 심鬵이라고 한다. 심鬵은 시루(치鉹)다"라고 했다. 손염은 「주」에서 "관동 지역에서는 증甑을 심鬵이라고 하며, 양주에서는 증䰝을 치鉹라고 한다"고 했다. 「소」에서는 『방언』의 이 조항을 인용하였는데 문장이 일치한다. 『방언』의 각 판본에서 류餾(밥 뜸들이다)를 모두 류鎦(죽이다)로 잘못 썼다. 여기서는 『이아 · 소』에서 류餾라고 인용한 것을 근거로 이를 바로잡는다. 『설문해자』에 "류餾는 밥을 뜸 들이다"의 뜻이라고 했다. '증䰝'은 곧 '증甑(시루)'이다. 『후한서 · 효화제기』에 "옷과 신발, 솥과 시루를 그 집의 재산으로 계산하였으며"라는 구절이 있는데, 「주」에서는 『방언』을 인용하여 "증甑은 함곡관으로부터 동쪽 지역에서는 심鬵이라고 한다"고 했다. 『설문해자』에 "언甗은 증甑(시루)이다. 구멍이 하나 있으면 언甗이라고 한다", "심鬵은 큰 솥이다. 또 어떤 사람은 솥의 위, 아래 크기가 증甑과 비슷하면 심鬵이라고 한다"고 했다. 「주」의 '양주涼州'를 각 판본에서 '양주梁州'라고 잘못 썼다. 『광운』의 '치鉹'라는 글자에서 『방언』을 인용하여 "양주涼州에서는 삽臿이라고 부른다"고 했는데, 바로 이 조항의 주석과 손염의 주장이 같으므로, 지금 이것을 근거로 하여 양주涼州라고 바로잡는다. '옥류屋霤'는 '음은 옥류屋霤의 류霤다'라고 해야 한다.

역해

① 甑[증] : 시루.(그림자료 5-3 참조) 甑은 甗, 鬵, 酢餾의 풀이어휘.

② 甗[언] : 시루. 함곡관으로부터 동쪽 지역에서 甗이라고 함. 곽박 「주」에 발음은 言이라고 했는데, 이에 근거한 상고음은 [*ŋjan]이다.

③ 鬵[심] : 용가마. 함곡관으로부터 동쪽 지역에서 또 鬵이라고도 함. 곽

박 「주」에 발음은 젂이라고 했는데, 이에 근거한 상고음은 [*dzrjəm]이다.

④ 酢餾[조류] : 酢와 餾는 모두 익은 음식명이지만, 여기서는 음식을 익히는 도구를 酢餾라고 함. 함곡관으로부터 동쪽 지역에서 또 酢餾라고도 함.

방언 4

盂①[27]【音于】, 宋楚魏之間或謂之盌②【烏管反】. 盌謂之盂, 或謂之銚銳③.【謠音[28]】 盌謂之欙④, 盂謂之柯⑤.【轉相釋者, 廣異語也.】海岱東齊北燕之間或謂之盎⑥【音卷[29]】.

바리, 사발(우盂)[30]【음은 우于다】은 송宋 초楚 위魏에 걸친 지역에서 혹은 완盌【음은 오관반烏管反이다】이라고 한다. 완盌은 우盂라고 하고, 혹은 조예銚銳[31]【요음謠音이다】라고도 한다. 완盌(주발)을 도欙라고 하고, 우盂(주발, 바리)를 가柯【서로 풀이하는 말이 널리 다르게 사용되는 말이다】라고 한다. 해대海岱 동제東齊 북연北燕에 걸친 지역에서는 혹은 권盎【음은 권卷】이라고도 한다.

---

27 이 항목에 있는 '盂'는 모두 『四部叢刊』本에 '盂'로 되어 있다.

28 『四部叢刊』本에는 '謠語'로 되어 있으며, 戴震은 '謠音'으로 고쳤다. 劉台拱은 郭璞 「注」에서 음을 표기할 때 흔히 '音某'라고 하지 '某音'이라고 하지 않는다는 점을 들어 戴震의 수정이 틀렸다고 하였다.

29 『四部叢刊』本에는 '書卷'이라고 되어 있으나, 戴震은 '音卷'이라고 고쳤다.

30 盂는 원래 국물을 담는 그릇이지만 밥도 담을 수 있으며 사발처럼 생겼지만 좀 크다.

31 華學誠은 銚銳의 銳는 의미를 이해할 수 없으며 銚는 입이 크고 손잡이가 있는 솥 종류라고 했다. 錢繹은 盌(주발)의 아름답고 귀여운 모습을 銚銳라고 하는데 명칭이 여기서 유래되었다고 했다.

案『荀子・正論篇』:"故魯人以榶, 衛人用柯.[32]" 楊倞「注」云:"未詳. 或曰:『方言』盌謂之榶, 盂謂之柯." 今此條無'榶'字. 『廣雅』:"銚鋭・柯・櫂・盎・椀, 盂也[33]." '椀'卽'盌', 亦有'櫂'無'榶'. '盂'亦作'杅'. 『後漢書・顯宗孝明帝紀』:"杅水脯糒而已.[34]" 「注」引『方言』:"盌謂之盂." 『說文』:"盂, 飯器也.[35]", "盌, 小盂也.[36]" '盎', 『玉篇』作'𥂝', 云:"盂也.[37]" 「注」內'謠音'卽'音謠', 各本訛作'謠語', 後卷十三內'銚鋭'下亦作'謠音'[38], 皆謂"銚讀如謠"也.

『순자・정론편』에 "그래서 노나라 사람들은 당榶이라고 하고, 위나라 사람들은 가柯라고 한다"는 구절이 있는데, 양경의 「주」에서는 "자세히 모르겠다. 어떤 사람이 말하기를 『방언』에 완盌을 당榶이라고 하고, 우盂를 가柯라고 한다는 말이 있다"고 했다. 그러나 오늘날(대진戴震 당시) 판본에는 이 조항에 '당榶자'가 없다. 『광아』에 "조예銚鋭・가柯・도櫂・권盎・완椀은 모두 바리, 사발(우盂)"이라고 했다. '완椀'(주발)은 곧 '완盌'이다. 이 문장에도 역시 '도櫂'는 있지만 '당榶'은 없다. '우盂'는 또 '우杅'라고 쓰기도 한다. 『후한서・현종효명제기』에 "물 한잔 떠놓고 육포와 밥을 올릴 뿐이다"라는 구절이 있는데, 「주」에서는 『방언』을 인용하여 "완盌(주발)을 우盂라고 한다"고 했다. 『설문해자』에 "우盂는

---

32 『荀子・正論』:"故魯人以榶, 衛人用柯, 齊人用一革, 土地刑制不同者, 械用備飾不可不異也."

33 『廣雅・釋器』:"盞・槾・案・𥁕・銚鋭・柯・櫂・梋・柽・柍・盦・盎・椀, 盂也."

34 『後漢書・明帝紀』:"萬年之後, 掃地而祭, 杅水脯糒而已."

35 『說文解字』皿部:"盂, 飯器也. 從皿亐聲."

36 『說文解字』皿部:"盌, 小盂也. 從皿夗聲."

37 『玉篇』皿部:"𥂝, 丘拳切. 盂也."

38 『方言』제13권의 142번 항목을 참조할 것.

밥 먹는 그릇이다. 완盌은 작은 우盂(바리, 사발)다"라고 했다. '권盞'을 『옥편』에서는 '권𥂥'으로 썼으며, "바리, 사발(우盂)"이라고 했다. 「주」의 '요음謠音'은 '음요音謠'인데, 여러 판본에 '요어謠語'라고 잘못 되어 있다. 뒤의 제13권의 '조예銚銳' 항목에는 '요음謠音'이라고 되어 있으나, 모두 "조銚는 요謠처럼 읽는다"고 했다.

역해

① 盂[우] : 바리. 사발. 국이나 밥을 담는 그릇.(그림자료 5-4 참조) 盂는 盌, 銚銳, 櫂, 柯, 盞의 풀이어휘. 곽박 「주」에 발음은 于라고 했는데, 이에 근거한 상고음은 [*gwjag]다.

② 盌[완] : 주발. 椀이나 碗으로도 쓴다. 작은 盂다.(그림자료 5-4 참조) 宋楚魏之間에서 盌이라고 함. 곽박 「주」에 발음은 烏管反이라고 했는데, 이에 근거한 상고음은 [*ʔuanx]이다.

③ 銚銳[요예] : 냄비. 宋楚魏之間에서 또 銚銳라고도 함. 곽박 「주」에 발음은 謠라고 했는데, 이에 근거한 상고음은 [grjagw]다.

④ 櫂[도] : 대접, 주발 따위의 아가리가 넓은 그릇.

⑤ 柯[가] : 碗(주발)이나 盂(바리)와 같은 그릇. 柯는 넓고 크다.

⑥ 盞[권] : 주발. 사발. 나무를 틀어서 만든 바리. 棬과 같음. 海岱東齊北燕之間에서 盞이라고 함. 곽박 「주」에 발음은 卷이라고 했는데, 이에 근거한 상고음은 [*gwjan]이다.

방언 5

盃①【音雅】· 械②【封緘】· 盞③【酒醆】· 盌④【薄淹反】· 閜⑤【呼雅反】· 櫑⑥

【又章反[39]】・㾑⑦【音摩】, 桮⑧也. 秦晉之郊謂之盃.【所謂伯盃[40]者也】 自關而東趙魏之間曰椷, 或曰盞【最小桮也】, 或曰温. 其大者謂之閜. 吳越之間曰㯧, 齊右平原以東或謂之㾑. 桮, 其通語也.

아盃【음은 아雅다】・감椷[41]【음은 봉함封緘의 緘이다[42]】・잔盞【음은 酒醆의 醆이다[43]】・범温【음은 박엄반薄淹反이다】・하閜[44]【음은 호아반呼雅反이다】・양㯧【음은 우장반又章反이다】・마㾑【음은 마摩다】는 모두 술잔(배桮)의 뜻이다. 진秦과 진晉의 교외 지역에서 아盃라고 한다.【즉 백아伯盃를 말한다】 함곡관으로부터 동쪽 조趙 위魏에 걸친 지역에서는 감椷이라고 하거나, 혹은 잔盞이라고 하거나,【제일 작은 술잔이다】 혹은 범温이라고 한다. 그 중에서 큰 것을 하閜라고 한다. 오吳 월越에 걸친 지역에서는 양㯧이라고 하며, 제齊의 오른쪽 평원 동쪽 지역에서 혹은 마㾑라고 한다. 배桮는 통어다.

방언소증

案『廣雅』"㯧・㾑・椷・盃・閜・盞・温, 杯也.[45]" 本此. 『說文』云: "大杯爲閜.[46]" '桮''杯'同. 「注」內'封緘', '酒醆'當作'音封緘之緘', '音酒醆之醆'.

---

39 『四部叢刊』本에는 '音章'이라고 되어 있으나, 戴震은 '又章反'으로 고쳤으며, 盧文弨는 戴震의 설이 옳다고 했으며, 周祖謨는 단정을 내리지 않고 의문점으로 남겨두었다.

40 『四部叢刊』本에는 '伯雅'라고 되어 있으나, 戴震은 '伯盃'라고 고쳤다.

41 椷은 물건을 받아 담는다는 뜻이다.

42 戴震의 설에 따라 이와 같이 번역하였다.

43 戴震의 설에 따라 이와 같이 번역하였다.

44 잔 가운데 작은 것을 杯라고 하고 큰 것을 閜라고 한다.

45 『廣雅・釋器』: "㯧・㔶・㾑・椷・盃・閜・盞・温, 杯也."

46 『說文解字』門部: "閜, 大開也. 從門可聲. 大杯亦爲閜."

『광아』에 "양㮾·마䃺·감椷·아㼤·하㽹·잔盞·범䀀은 모두 잔, 술잔(배杯)의 뜻"이라고 했는데, 여기에서 근거하였다. 『설문해자』에서는 "큰 잔을 하㽹라고 한다"고 했다. '배桮'는 '배杯'와 같다. 「주」의 '봉함封椷'은 '음은 봉함封緘의 함緘이다.' 또 '주잔酒醆'은 '음은 주잔酒盞의 잔盞이다'라고 해야 한다.

역해

① 㼤[아] : 술잔. 秦晉之郊에서 㼤라고 함. 곽박 「주」에 발음은 雅라고 했는데, 이에 근거한 상고음은 [*ŋragx]다.

② 椷[감] : 잔. 술잔. 작은 잔. 상자. 담다. 함곡관으로부터 동쪽 지역 趙魏之間에서 椷이라고 함. 곽박 「주」에 발음은 封緘의 緘이라고 했는데, 이에 근거한 상고음은 [*kram]이다.

③ 盞[잔] : 잔. 얕고 작은 잔. 옥으로 만든 술잔. 등잔. 함곡관으로부터 동쪽 지역 趙魏之間에서 또 盞이라고도 함. 곽박 「주」의 발음은 酒醆의 醆이라고 했는데, 이에 근거한 상고음은 [*tsrianx, *tjanx]이다.

④ 䀀[범] : 술잔. 함곡관으로부터 동쪽 지역 趙魏之間에서 또 䀀이라고도 함. 곽박 「주」의 발음은 薄淹反이라고 했는데, 이에 근거한 상고음은 [*bram, *bjam, *bjiam, *bjamh]이다.

⑤ 㽹[하] : 큰 잔.(그림자료 5-5 참조) 그 가운데 큰 것을 㽹라고 함. 곽박 「주」에 발음은 呼雅反이라고 했는데, 이에 근거한 상고음은 [*hrarx]다.

⑥ 㮾[양] : 잔. 국그릇처럼 생긴 큰 잔을 㮾이라고 함. 吳越之間에서 㮾이라고 함. 곽박 「주」에 발음은 又章反이라고 했는데, 이에 근거한 상고음은 [*gwjaŋ]([*rjaŋ])이다.

⑦ 䃺[마] : 잔. 齊의 오른쪽 平原의 동쪽 지역에서 䃺라고 함. 곽박 「주」에 발음은 摩라고 했는데, 이에 근거한 상고음은 [*mar]이다.

⑧ 桮[배] : 일반적으로 杯라고 쓴다. 술잔. 桮는 盃, 械, 盞, 盌, 閜, 櫂, 㽋의 풀이어휘. 桮는 通語.

방언 6

䤈①【瓠勺也, 音麗】, 陳楚宋魏之間或謂之簞②, 或謂之櫼③【今江東通呼勺爲櫼, 音義】, 或謂之瓢④.

표주박(례䤈)[47]은【술을 뜰 때 사용하는 표주박이다. 음은 려麗다】 진陳 초楚 송宋 위魏에 걸친 지역에서 혹은 단簞이라고 하거나, 혹은 희櫼【오늘날 강동 지역에서는 작勺을 모두 희櫼라고 한다. 음은 희義다】라고 하거나, 혹은 표瓢라고 한다.

방언소증

案『漢書・東方朔傳』: "以蠡測海.[48]" 「注」引張晏曰 : "蠡, 瓠瓢也." 『楚辭・九歎』: "瓟䉂蠹於筐簏.[49]" 王逸「注」云 : "瓟, 瓠也. 䉂, 瓢也." 洪興祖『補注』引『方言』: "䉂, 陳楚宋魏之閒或謂之瓢." 『周禮・鬯人』: "禜門用瓢齎."[50] 鄭「注」云 : "瓢, 謂瓠蠡也. 齎讀爲齊. 取甘瓠割去柢, 以齊爲尊." '䉂''蠡', 古通用, 亦作'盠'. 『廣雅』: "盠, 瓢也.[51]" 『玉篇』云

47 䤈의 正字는 蠡이며 소라 껍데기를 말함. 소라 껍데기를 바가지로 사용했기 때문에 바가지를 蠡라고 함.

48 『漢書・東方朔傳』: "以管窺天, 以蠡測海."

49 『楚辭・九歎』: "莞芎棄於澤洲兮, 瓟䤈蠹於筐簏."

50 『周禮・鬯人』: "凡祭祀与爲壇祭社稷用大罍, 禜門用瓢齎."

51 『廣雅・釋器』: "瓠蠡・蒫・甗, 瓢也."

: "欚, 杓也. 蠡爲欚也."[52] 『廣韻』引『方言』: "蠡或謂之瓢." 又云 : "蠡, 瓠瓢也."[53], "盠, 以瓢爲飲器也."[54], "蠡, 簞也."[55]

『한서 · 동방삭전』에 "표주박으로 바다를 가늠한다"는 말이 있는데, 「주」에서는 장안張晏의 말을 인용해 "려蠡는 표주박(호표瓠瓢)"이라고 했다. 『초사 · 구탄』에 "박호瓟瓠와 리표䙰瓢 같은 표주박은 네모난 광주리, 둥근 상자에서 좀먹고 있다"는 말이 있는데, 왕일의 「주」에서는 "박瓟은 표주박(호瓠)이다. 리䙰는 표주박, 바가지(표瓢)"라고 했다. 홍흥조의 『초사보주』에서는 『방언』을 인용하여 "표주박(리䙰)은 진陳 초楚 송宋 위魏에 걸친 지역에서 표瓢라고도 한다"고 했다. 『주례 · 창인』에 "영문禜門 제사에는 표재瓢齎를 사용하며"라는 구절이 있는데, 정현의 「주」에는 "표瓢는 표주박(호려)을 말한다. 재齎는 제齊로 읽는다. 잘 익은 표주박(감호甘瓠)을 취하여 끝부분을 잘라버리고 가지런한 것을 존尊으로 만든다"고 했다. '리䙰'와 '려蠡'는 옛날에는 통용되었으며, '리盠'로도 쓴다. 『광아』에 "리盠는 표주박(표瓢)"이라고 했다. 『옥편』에 "희欚는 자루(표杓)다. 려蠡로 희欚를 만든다"고 했다. 『광운』에서는 『방언』을 인용하여 "려蠡(표주박)는 혹은 표瓢라고 말하기도 한다"라고 했고, 또 "려蠡는 호표瓠瓢(표주박)다", "리盠는 표瓢로 만든 물 마시는 그릇이다", "려蠡는 전簞이다"라고 했다.

52 『玉篇』 木部 : "欚, 虛奇切. 杓也. 蠡爲欚也."

53 『廣韻』 下平聲 : "蠡, [落戈切] 瓠瓢也. 又禮, 鹿二音."

54 『廣韻』 上平聲 : "盠, [郎奚切] 以瓢爲飲器也."

55 『廣韻』 下平聲의 蠡[落戈切]자에는 "瓠瓢也. 又禮, 鹿二音"이라고 되어 있고, 『廣韻』 上聲의 盠[盧啓切]자에 "簞也"라고 되어 있다.

역해

① 蠡[례] : 표주박. 바가지. 蠡가 正字. 蠡는 簞, 櫼, 瓢의 풀이어휘. 곽박 「주」에 발음은 麗라고 했는데, 이에 근거한 상고음은 [*liarh]다.

② 簞[단] : 대나무로 둥글게 엮어 만든 뚜껑이 달린 그릇. 원래 옷과 음식을 담던 그릇. 陳楚宋魏之間에서 簞이라고 함.

③ 櫼[희] : 표주박. 陳楚宋魏之間에서 또 櫼라고도 함. 곽박 「주」에 발음은 羲라고 했는데, 이에 근거한 상고음은 [*hŋjiar]이다. 곽박 당시에 江東에서는 櫼가 勺의 통칭.

④ 瓢[표] : 박. 표주박.(그림자료 5-6 참조) 陳楚宋魏之間에서 또 瓢라고도 함.

방언 7

案①, 陳楚宋魏之間謂之槁②, 自關東西謂之案.

책상(안案)[56]은 진陳 초楚 송宋 위魏에 걸친 지역에서는 사槁라고 하며, 함곡관으로부터 동서 지역에서는 안案이라고 한다.

56 案은 나무로 만든 상으로 원래는 밥을 먹을 때 사용하는 나무 소반을 가리킨다. 顔師古는 다리가 없으면 盤(소반)이고 다리가 있으면 案이라고 했다. 또 쉴 때 앉는 자리도 案이라고 한다. 후에는 사각형 책상을 가리키는 말로 사용되었다.

방언소증

案「考工記」: "玉人之事, 案十有二寸.[57]" 鄭「注」云: "案, 玉飾案也." 「禮器」篇「注」云: "禁如今方案. 隋長, 局足, 高三寸." 『說文』云: "案, 几屬."[58] 『廣雅』: "案謂之㯕."[59] 本此.

『주례·동관고공기』에 "옥을 다루는 사람은 안案은 높이가 한 자 두 치다"라는 구절이 있는데, 정현의 「주」에 "안案은 옥으로 장식한 상"이라고 했다. 『예기·예기편』의 「주」에는 "금禁은 오늘날 네모진 상과 비슷하다. 그 위에 식기나 그릇을 올려놓도록 되어 있으며, 다리가 있고, 높이는 3촌寸 정도"라고 했다. 『설문해자』에 "안案은 궤의 종류"라고 했다. 『광아』에 "안案을 사㯕라고 한다"고 했는데, 여기에서 근거하였다.

역해

① 案[안]: 소반. 밥상. 책상.(그림자료 5-7 참조) 함곡관으로부터 동서 지역에서 案이라고 함.

② 㯕[사]: 案의 다른 명칭. 陳楚宋魏之間에서 㯕라고 함.

---

57 『周禮·冬官考工記』에는 "玉人之事, 案十有二寸"이라고 되어 있다.

58 『說文解字』 木部: "案, 几屬. 從木安聲."

59 『廣雅·釋器』: "案謂之㯕."

방언 8

桮落①【盛桮器籠也】, 陳楚宋衛之間謂之桮落, 又謂之豆筥②; 自關東西謂之桮落.

물건을 담아두는 큰 대광주리(배락桮落)[60]【술잔을 담는 대그릇이다】는 진陳 초楚 송宋 위衛에 걸친 지역에서는 배락桮落이라고 부르고, 또 두거豆筥[61]라고도 부른다. 함곡관으로부터 동서 지역에서는 배락桮落이라고 한다.

방언소증

案『廣雅』: "豆篆, 杯落也.[62]" 本此. '篆''筥', 古通用. '杯'卽'桮'. '落''箈', 古通用. 落, 『廣雅』云: "居也.[63]" 桮落, 所以居桮. 『說文』作'簬', 云: "桮, 簬也.[64]"

『광아』에 "두거豆篆는 잔을 담아두는 그릇(배락杯落)"이라고 했는데, 여기에서 근거하였다. '거篆'와 '거筥'는 옛날에는 통용되었다. '배杯'는 즉 '배桮'이며, '락落'과 '락箈'은 옛날에는 통용되었다. 락落은 『광아』에 "거居"라고 했다. 배락桮落은 잔을 놓아두는 기구다. 『설문해자』에서는

---

60 杯(잔)를 담아두는 籠(대그릇)을 落이라고 한다.

61 豆는 나무로 만든 식기를 가리킨다. 모양은 발이 높은 소반과 비슷하며 간혹 뚜껑이 있다. 筥는 바닥이 동그랗게 생긴 대나무로 만든 밥과 음식을 담는 그릇이다.

62 『廣雅・釋器』: "箞, 豆篆, 杯落也."

63 『廣雅・釋詁』: "里尻閻衖亩閈圹宇尉廛杠於處所邱墟宙鄙聚落, 凥也."

64 『說文解字』 竹部: "簬, 桮簬也. 從竹各聲."

'락客'이라고 썼으며, 말하기를 "배桮는 락客(잔을 담아두는 대그릇)"이라고 했다.

역해

① 桮落[배락] : 술잔을 담는 대그릇. 桮는 杯와 같고, 落은 客과 같다.(그림자료 5-8 참조) 陳楚宋衛之間에서 桮落이라고 함. 함곡관으로부터 동서지역에서 桮落이라고 함.

② 豆筥[두거] : 물건을 담아두는 둥근 대광주리. 陳楚宋衛之間에서 또 豆筥라고도 함.

방언 9

箸筩①【盛朼[65]箸籫[66]也】, 陳楚宋魏之間謂之筲②【鞭鞘】, 或謂之籝③; 【漢書[67]曰 : 遺子黃金滿籝[68]. 音盈也.】 自關而西謂之桶檧④.【今俗亦通呼小籠爲桶檧, 音籠冠[69]. 檧, 蘇勇反, 或作筩】

젓가락을 담는 대나무 통(저통箸筩)은[70]【젓가락과 숟가락을 담는 대그릇이

65 '朼'는 '匕'와 같고 지금의 숟가락을 가리킨다.
66 수저를 담는 대나무 대롱이다.
67 『漢書・韋賢傳』에 "遺子黃金滿籝, 不如一經"이라는 구절이 있다.
68 『四部叢刊』本에는 '籯'로 되어 있다. 戴震은 '籝'로 썼으며, 王念孫은 '籝'와 '籯'이 같은 글자라고 했다.
69 盧文弨 『重校方言』에서는 '音籠冠'이라는 세 글자에 대해서는 아는 바가 없다고 했고, 華學誠도 이 대목에 대해서는 의문으로 남겨두고 향후의 연구를 기대한다고 했다.
70 箸는 젓가락이며, 筩은 대나무 대롱으로 箸筩은 지금의 젓가락통과 비슷하

다】 진陳 초楚 송宋 위魏에 걸친 지역에서 소筲【음은 편초鞭鞘의 초鞘다[71]】라고 하거나, 혹은 영籯라고 한다.【『한서』에 "자식에게 바구니 가득 황금을 남겨주기 보다는"이라는 구절이 있다. 음은 영盈이다】 함곡관으로부터 서쪽 지역에서는 통송桶檧【오늘날 민간에서 작은 대그릇을 대부분 통송桶檧이라고 한다. 음은 롱관籠冠이다. 송檧은 음이 소용반蘇勇反이다. 혹은 통筩이라고도 쓴다】이라고 한다.

방언소증

案『廣雅』"籯・筲・桶檧・籫, 箸筩也.[72]" '筲'亦作'箱'. 『說文』云: "宋魏謂箸筩爲揹.[73]" 『漢書・韋賢傳・注』: "如淳曰: 籯, 竹器. 受三四斗. 今陳留俗有此器." 師古曰: "許慎『說文解字』云: '籯, 笭也.[74]' 揚雄『方言』云: 陳楚宋魏之間謂筲爲籯. 然則筐籠之屬是也." 「注」內'鞭鞘'當作'音鞭鞘之鞘'.

『광아』에 "영籯・소筲・통송桶檧・찬籫은 젓가락과 숟가락을 담는 그릇(저통箸筩)"이라고 했다. '소筲'는 '소箱'로 쓰기도 한다. 『설문해자』에 "송宋 위魏 지역에서는 젓가락 담는 통(저통箸筩)을 소揹라고 한다"고 했다. 『한서・위현전・주』에 "여순이 말하기를 영籯은 대나무로 만든 그릇이다. 용량은 대략 서너 말이며, 오늘날 진陳 지역 민간에는 아직도 이 그릇이 있다"고 했다. 안사고는 "허신의 『설문해

다.

71 戴震의 설에 따라 이와 같이 번역하였다.

72 『廣雅・釋器』: "籯・筲・桶檧・籫, 箸筩也."

73 『說文解字』竹部: "箱, 陳留謂飯帚曰箱. 從竹捎聲. 一曰飯器, 容五升. 一曰宋魏謂箸筩爲箱."

74 『說文解字』竹部: "籯, 笭也. 從竹贏聲."

자』에서 영籯(바구니, 젓가락 통)은 령笭이라고 했으며, 양웅의 『방언』에서는 진陳 초楚 송宋 위魏에 걸친 지역에서 소筲를 영籯이라고 하며, 실은 대나무 바구니 같은 것이라고 했다"고 하였다. 「주」의 '편초鞭鞘'는 '음은 편초鞭鞘의 초鞘'라고 해야 한다.

역해

① 箸筩[저통] : 젓가락을 담는 대나무 통. 筩은 지금은 筒이라고 쓴다.(그림자료 5-9 참조) 箸筩은 筲, 籯, 桶檧의 풀이어휘.

② 筲[소] : 대그릇. 수저통. 젓가락 통이다. 陳楚宋衛之間에서 筲라고 함. 곽박 「주」에 발음은 鞭鞘의 鞘라고 했는데, 이에 근거한 상고음은 [*sragw, *sjagwh]다.

③ 籯[영] : 수저통. 籝으로도 쓴다. 陳楚宋衛之間에서 또 籯이라고도 함. 곽박 「주」에서 발음이 盈이라고 했는데, 이에 근거한 상고음은 [*riŋ]이다.

④ 桶檧[통송] : 수저통. 桶 모양인 작은 대그릇을 가리킨다. 함곡관으로부터 서쪽지역에서 桶檧이라고 함. 곽박 당시에는 작은 바구니를 속칭 桶이라고 함. 곽박 「주」에 檧의 발음은 蘇勇反이라고 했는데, 이에 근거한 상고음은 [*suŋx]이다.

방언 10

瓬①【音岡】·瓭②【都感反, 亦音沈】·甒③【音舞】·㽕④【音由】·甑⑤【音鄭】·甇⑥【胙江反】·甀⑦【度睡反】·瓮⑧·瓿甊⑨【瓿音部, 甊洛口反】·甖⑩【牛志反】, 甖⑪也【於庚反】. 靈桂之郊謂之瓬【今江東通呼[75]大瓮爲瓬】,

其小者謂之㼚. 周魏之間謂之甒【今江東亦呼甖爲甒子】, 秦之舊都謂之甀, 淮汝之間謂之㼜, 江湘之間謂之甇. 自關而西晉之舊都河汾之間【汾水出太原[76]經絳北西南入河】, 其大者謂之甄, 其中者謂之瓿甊. 自關而東趙魏之郊謂之瓮, 或謂之甖. 東齊海岱之間謂之甕. 甖, 其通語也.

강瓬【음은 강岡이다】·담㼚【음은 도감반都感反이다. 또 심沈이라는 음이 있다】·무甒【음은 무舞다】·요㼜【음은 유由다】·정甀【음은 정鄭이다】·장甇【음은 조강반胙江反이다】·추甄【음은 도수반度睡反이다】·옹瓮·부루瓿甊【부瓿는 음이 부部다. 루甊는 음이 락구반洛口反이다】·의甕【음은 우지반牛志反이다】는 모두 술 단지, 항아리(앵甖)의【음은 어경반於庚反이다】 뜻이다. 영계靈桂[77]의 교외 지역에서는 이것을 강瓬이라고 한다.【오늘날 강동 지역에서 큰 항아리를 모두 瓬이라고 한다】 작은 항아리는 담㼚라고 하고, 주周 위魏에 걸친 지역에서는 무甒라고 한다.【오늘날 강동 지역에서 앵甖을 무자甒子라고 부르기도 한다】 진의 옛 수도에서는 정甀이라고 하고, 회淮 여汝에 걸친 지역에서는 요㼜라고 하며, 강수江水와 상수湘水에 걸친 지역에서는 장甇라고 한다. 함곡관으로부터 서쪽에 있는 서진西晉의 옛 수도 하분河汾 지역에 걸친 지역에서는【분수汾水는 태원太原에서 나와서 강북絳北의 서남西南쪽을 통해 황하로 들어간다】 큰 것을 추甄라고 하고, 중간 크기를 부루瓿甊라고 한다. 함곡관으로부터 동쪽 조趙 위魏의 교외에서는 옹瓮이라고 하거나, 혹은 앵甖이라고 한다. 동제東齊 해대海岱에 걸친 지역에서는 의甕라고 부른다. 앵甖(술 단지, 항아리)은 통어다.

---

75 『四部叢刊』本에는 '通名'이라고 되어 있으나, 戴震은 '通呼'라고 했다.

76 『四部叢刊』本에는 '大原'이라고 되어 있지만 戴震은 '太原'이라고 고쳤다. 華學誠은 송대 판본에도 '太原'으로 되어 있다고 했다.

77 靈桂는 華學成의 의견에 따르면 靈은 零陵郡이고, 桂는 桂陽郡이다. 둘 다 漢나라 행정 구역이며 荊州에 속한다. 두 郡이 가까이 있으며 지금의 호남성 남부와 광동의 일부 지역이다.

案『廣雅』: "甇・甈・甑・瓨・㼭・瓿甊・䍃・甀・甒・瓮, 罌也.[78]" 本此. '罌'卽'甖', '甒'亦作'甒', '甀'亦作'錘'. 『說文』: "罌, 缶也.[79]", "䍃, 瓦器也.[80]", "錘, 小口罌也.[81]", "瓮, 罌也.[82]" 『玉篇』: "瓨, 大瓮.[83]" 『儀禮・旣夕篇』: "甒二, 醴酒.[84]" 鄭「注」云: "甒, 瓦器也. 古文甒皆作廡." 「禮器」: "君尊瓦甒.[85]" 「注」云: "瓦甒五斗." 「疏」云: "此瓦甒卽「燕禮」: 公尊瓦大也. 「禮圖」: 瓦大受五斗, 口徑尺, 頸高二寸. 徑尺大中, 身銳下平.[86]" 潘岳「馬汧督誄」: "寘壺鐳瓶甒以偵之.[87]" 李善「注」引『方言』: "甒, 罌也." 『周禮』"淩人, 春始治鑑."[88] 「注」云: "鑑如甀, 大口以盛冰." 「疏」云: "漢時名爲甀, 卽今之甕是也." 『爾雅』: "甌瓿謂之瓵.[89]" 郭璞「注」云: "瓿甊, 小甖. 長沙謂之瓵." 『釋文』於'瓿甊'引『方言』云: "甇也." 又云: "甖, 乙耕反, 字亦作甇." 「疏」全引『方言』此條, '甒'訛作'甗', '湘'訛作'湖', 餘並同.

『광아』에 "장甇・의甈・정甑・강瓨・담㼭・부瓿・요䍃・추甀・무甒・옹瓮은 술 단지, 항아리(앵罌)"라고 했는데, 모두 여기서 근거하였다.

---

78 『廣雅・釋器』: "甇・甈・甑・甃・瓨・㼭・瓿・甊・甀・甒・瓮・罌・甋・瓶・甂・瓺・瓿・甆・瓬・瓩・甗・甂・甎・甇・瓨・鐳・甈, 瓶也."

79 『說文解字』 缶部: "罌, 缶也. 從缶賏聲."

80 『說文解字』 缶部: "䍃, 瓦器也. 從缶肉聲."

81 『說文解字』 缶部: "錘, 小口罌也. 從缶巫聲."

82 『說文解字』 瓦部: "瓮, 罌也. 從瓦公聲."

83 『玉篇』 瓦部: "瓨, 古郎切. 甖也. 大瓮也."

84 『儀禮・旣夕禮』: "甒二, 醴酒. 冪用功布. 皆木桁, 久之."

85 『禮記・禮器』: "五獻之尊, 門外缶, 門內壺, 君尊瓦甒."

86 『禮記正義』: "按「禮圖」, 瓦大受五斗, 口徑尺, 頸高二寸, 徑尺大中, 身銳下平."

87 『文選・誄下・馬汧督誄』: "子命穴浚塹, 寘壺鐳瓶甒以偵之."

88 『周禮・天官・淩人』: "淩人掌冰, 春始治鑑."

89 『爾雅・釋器』: "甌瓿謂之瓵."

'앵罌'은 즉 '앵甖(술 단지, 항아리, 단지)'이고, '무甒'는 '무甒(술 단지)'라고 쓰기도 한다. '추甀(항아리)'는 '추𦉥'로 쓰기도 한다. 『설문해자』에 "앵罌은 장군(부缶)이다", "요䍃는 와기瓦器다", "추𦉥는 입이 작은 앵罌이다", "옹瓮(항아리, 독)은 앵罌이다"라고 했다. 『옥편』에 "강瓨은 큰 항아리"라고 했다. 『의례 · 기석편』에 "단지 두 개에 하나는 단술을 담고, 하나에는 술을 담아"라는 말이 있는데, 정현의 「주」에는 "무甒(술 단지)는 와기瓦器다. 고문古文에서 무甒는 모두 무廡로 쓴다"고 했다. 『예기 · 예기편』에 "임금의 술그릇은 와무(瓦甒)다"라는 말에 대해, 「주」에서는 "와무瓦甒는 다섯 말이다"라고 했다. 「소」에서는 "이 무甒는 바로 『의례 · 연례』에서 말한 임금님이 쓰는 주기酒器인 와대瓦大다. 「예도」에 와瓦의 용량은 다섯 말이며, 입구의 직경은 한 자고 목의 높이가 2촌寸 정도다. 지름이 한 자 정도로 큰 것 가운데 몸이 가늘지만 밑이 평평한 것"이라고 했다. 반악의 「마견독뢰」에 "병과 같은 질그릇을 쌓아놓고 사람을 시켜 질그릇에 엎드려 엿듣게 했다"라는 구절이 있는데, 이선의 「주」에서는 『방언』을 인용하여 "무甒는 앵罌(항아리)이다"라고 했다. 『주례 · 능인』에 "능인은 봄부터 감鑑(항아리처럼 입이 크고 얼음을 담아 그 가운데 음식을 보관하는 용기)을 만든다"라는 말이 있는데, 「주」에서 "감鑑은 추甀(항아리)처럼 생겼다. 입이 크고 얼음을 담을 때 사용한다"고 했다. 「소」에 "한漢 나라 때는 추甀(항아리)라고 불렀지만 오늘날의 옹甕(단지, 독)이다"라고 했다. 『이아』에 "구부甌瓿는 이瓵(작은 독)라고 한다"는 구절이 있는데, 곽박의 「주」에 "부루瓿甊는 작은 앵甖이다. 장사長沙에서 이것을 이瓵라고 한다"고 했다. 『경전석문』은 '부루'에 대해서, 『방언』을 인용하여 말하기를 "앵甇(술 단지, 항아리)이다"라고 했으며, 또 "앵甖은 음이 을경반乙耕反이고, 앵甇으로 쓰기도 한다"고 했다. 「소」에서는 『방언』의 이 조항을 전부 인용했는데, '무甒'를 '무甒'로 잘못 썼고, '상湘'을 '호湖'로 잘못 썼으며, 나머지는 모두 같다.

역해

① 甌[강] : 독. 항아리. 후에 항缸으로 씀. 큰 항아리는 甌이라고 함. 靈桂之郊에서 甌이라고 함. 곽박 당시에 江東에서 大瓮을 통칭하여 甌이라 함. 곽박 「주」에 발음은 岡이라고 했는데, 이에 근거한 상고음은 [*kaŋ]이다.

② 甔[담] : 항아리. 작은 항아리. 작은 것을 甔이라고 함. 곽박 「주」에 발음은 都感反 또 沈이라고 했는데, 이에 근거한 상고음은 [*təmx]이다.

③ 甒[무] : 주로 술을 담던 옹기. 항아리. 甒와 같음. 周魏之間에서 甒라고 함. 곽박 당시에 江東에서는 甖을 甒子라고도 함. 곽박 「주」에 발음은 舞라고 했는데 이에 근거한 상고음은 [*mjagx]다.

④ 㼨[요] : 질그릇. 옹기. 淮汝之間에서 㼨라고 함. 곽박 「주」에 발음은 由라고 했는데 이에 근거한 상고음은 [*rəgw]다.

⑤ 甈[정] : 항아리. 양병. 秦의 舊都에서 甈이라고 함. 곽박 「주」에 발음은 鄭이라고 했는데, 이에 근거한 상고음은 [*drjiŋh]이다.

⑥ 甇[장] : 항아리. 물장군. 江湘之間에서 甇이라고 함. 곽박 「주」에 발음은 胙江反이라고 했는데, 이에 근거한 상고음은 [*dzruŋ]이다.

⑦ 甀[추] : 독. 항아리. 술 단지. 지금의 甕. 함곡관으로부터 서쪽 晉의 舊都, 河汾之間에서는 그 가운데 큰 것을 甀이라고 함. 곽박 「주」에 발음은 度睡反라고 했는데, 이에 근거한 상고음은 [*djarh]다.

⑧ 瓮[옹] : 독. 항아리. 甕과 같음.(그림자료 5-10 참조) 함곡관으로부터 동쪽 趙魏之郊에서는 瓮이라고 함.

⑨ 瓿甊[부루] : 작은 항아리. 술 단지.(그림자료 5-10 참조) 중간 크기를 瓿甊라고 함. 곽박 「주」에 발음은 部, 洛口反이라고 했는데, 이에 근거한 상고음은 각각 [*bjəgx], [*lugx]다.

⑩ 甇[의] : 큰 독. 양병. 東齊海岱之間에서 甇라고 함. 곽박 「주」에 발음은 牛志反이라고 했는데, 이에 근거한 상고음은 [*ŋjəgh]다.

⑪ 甖[앵] : 작은 항아리, 큰 항아리 모두를 지칭함. 질그릇의 총칭.(그림자료 5-10 참조) 甖은 通語. 함곡관으로부터 동쪽 趙魏之郊에서는 또 甖이라고도 함. 곽박 「주」에 발음은 於庚反이라고 했는데, 이에 근거한 상고음은 [*ʔriŋ]이다.

방언 11[90]

罃①, 陳魏宋楚之間曰㼚②【音臾】, 或曰㼡③【音殊】. 燕之東北朝鮮洌水之間謂之瓺④【音暢, 亦腸[91]】. 齊之東北海岱之間謂之甔⑤[92]【所謂家無甔石之儲者也[93]. 音儋荷, 字或作儋[94]】. 周洛韓鄭之間謂之甀⑥, 或謂之罃.

앵罃(물독, 양병)은 진陳 위魏 송宋 초楚에 걸친 지역에서는 유㼚【음은 유臾다】라고 하며, 혹은 수㼡【음은 수殊다】라고도 한다. 연의 동북 조선朝鮮 열수洌水 에 걸친 지역에서는 장瓺【음은 창暢이며, 또 장腸이라고도 한다】이라고 한다. 제齊의 동북과 해대海岱에 걸친 지역에서는 담甔【소위 집에 담석甔石 만큼의 저축도 없는 사람이다. 음은 담儋이며, 하荷자는 혹은 담儋으로도 쓴다】이라고 한다. 주周 낙洛 한韓 정鄭에 걸친 지역에서는 추甀라고 하며, 혹은 앵罃이라고도 한다.

---

90 『四部叢刊』本에는 '방언 11~13'이 하나의 항목으로 되어 있다.

91 『四部叢刊』本에는 '膓'으로 되어 있으며, 華學誠은 '腸'과 '膓'은 同字라고 했다.

92 『四部叢刊』本에는 '儋'이라고 되어 있으나, 戴震은 '甔'이라고 고쳤다. 華學誠은 戴震의 수정이 옳다고 했다.

93 『四部叢刊』本에는 '所謂家無儋石之餘也'라고 되어 있으나, 戴震은 '所謂家無甔石之儲者也'로 고쳤다.

94 『四部叢刊』本에는 '音擔, 字或作甔'으로 되어 있으나, 戴震은 '音儋荷, 字或作儋'으로 고쳤다. 華學誠은 '擔・儋・甔'은 古音이 같다고 했다.

案'甖''罃'同音蓋一字.『荀子·大略篇』: "流丸止於甌臾.[95]" 楊倞「注」引『方言』: "陳魏楚宋之閒謂罃爲臾." '瓵''臾', 古通用. '宋楚'訛作'楚宋'.『列子·湯問篇』: "山名壺領, 狀若甔甀.[96]" 張湛「注」云: "甔甀謂瓦缾也." 各本'甔'作'儋'. 「注」內'甔石之儲者也'作'儋石之餘也'. 今訂正.『史記·貨殖列傳』: "醬千甔.[97]"『集解』: "徐廣曰, 大甖缶."『索隱』: "孟康曰, 甖受一石, 故云甔石." 「淮陰侯列傳」: "守儋石之祿者.[98]"『集解』: "晉灼曰, 楊雄『方言』海岱之閒名甖爲儋."『漢書』應劭「注」云: "齊人名小甖爲儋, 受二斛."『後漢書·顯宗孝明帝紀』: "生者無擔石之儲.[99]" 「注」云: "『方言』作'甔', 云罃也. 齊東北海岱之閒謂之甔. 郭璞「注」曰, 所謂家無甔石之儲者也."『廣雅』: "甔·瓶·瓵·瓺, 罃也.[100]"『說文』: "罃, 備火, 長頸缾也.[101]"

'앵甖'과 '앵罃'은 같은 음이며 아마도 동일한 글자일 것이다.『순자·대략편』에 "구르는 환은 사발에서 멈추고"라는 말이 있는데, 양경의 「주」에서는『방언』을 인용하여 "진陳 위魏 초楚 송宋에 걸친 지역에서 앵罃(물장군)을 유臾라고 한다"고 하였다. '유瓵(물장군)'와 '유臾'는 옛날에는 통용되었다. '송宋 초楚'를 '초楚 송宋'으로 잘못 썼다.『열자·탕문편』에 "산 이름 호령壺領은 모양이 항아리(담추甔甀)처럼 생겼기 때문이다"라는 말이 있는데, 장담 「주」에서는 "담추甔甀는 질그릇

95 『荀子·大略』: "語曰: 流丸止於甌臾, 流言止於知者."
96 『列子·湯問』: "當國之中有山, 山名壺領, 狀若甔甀."
97 『史記·貨殖列傳』: "通邑大都, 酤一歲千釀, 醯醬千甔, 漿千甔, 屠牛羊彘千皮."
98 『史記·淮陰侯列傳』: "夫隨廝養之役者, 失萬乘之權, 守儋石之祿者"
99 『後漢書·顯宗孝明帝紀』: "今百姓送終之制, 競爲奢靡. 生者無擔石之儲"
100 『廣雅·釋器』: "瓮·甇·甈·㼣·瓬·瓭·瓿·甊·甀·甂·瓮·甖·甔·瓶·瓵·瓺·瓻·㼜·瓬·瓾·甗·甁·㼰·罃·瓨·鐳·甈, 瓶也."
101 『說文解字』 缶部: "罃, 備火, 長頸缾也. 從缶, 熒省聲."

항아리(와병瓦缾)를 말한다”고 했다. 각 판본에서 ‘담甋’을 ‘담儋’으로 썼다. 「주」의 ‘담석지저자야甋石之儲者也’는 ‘담석지여야儋石之餘也’라고 해야 하며, 지금 그것을 바로 잡는다. 『사기 · 화식열전』에 “천 항아리의 약한 술(醬千甋)”이라는 말이 있는데, 『사기집해』에서 서광徐廣은 “큰 물병(대앵부大罌缶)”이라고 했다. 『사기색은』에 맹강孟康은 “앵罌의 용량이 1석이기 때문에 담석甋石이라고 한다”고 했다. 『사기 · 회음후열전』에 “조그마한 봉록을 지키는 것에 흡족해하면”이라는 구절이 있는데, 『사기집해』에서 “진작은 양웅의 『방언』에 해대海岱 지역에서는 앵罌을 담儋이라고 한다”고 했다. 『한서』 응소 「주」에 “제齊 나라 사람들이 작은 앵甖을 담儋이라고 한다. 용량은 2곡斛이다”라고 했다. 『후한서 · 현종효제기』에 “산 사람은 한 섬의 식량도 모아놓은 게 없는데”라고 했다. 「주」에서는 “『방언』에는 담甋이라고 썼으며, 앵罃(물독)이다. 제齊의 동북東北과 해대海岱에 걸친 지역에서는 담甋이라고 한다고 했으며, 곽박 「주」에는 즉 집에 담석甋石 만큼의 저축도 없는 사람이라고 했다”라고 하였다. 『광아』에 “담甋 · 수瓶 · 유甋 · 장瓺은 물독(앵罃)”이라고 했다. 『설문해자』에 “앵罃은 화재를 예방하기 위한 것으로, 목이 긴 물병”이라고 했다.

역해

① 罃[앵] : 물독. 양병. 방화용 물을 담아두는 물병. 罃은 甋, 瓶, 瓺, 甔, 甀의 풀이어휘. 周洛韓鄭之間에서 또 罃이라고도 함.

② 甋[유] : 물장군. 목이 긴 물병. 陳魏宋楚之間에서 甋라고 함. 곽박 「주」에 발음은 臾라고 했는데, 이에 근거한 상고음은 [*rug]다.

③ 瓶[수] : 단지. 작은 항아리. 陳魏宋楚之間에서 또 瓶라고도 함. 곽박 「주」에 발음은 殊라고 했는데, 이에 근거한 상고음은 [*trjug]다.

④ 瓺[장] : 瓶. 목이 길어서 瓺이라고 함. 燕의 東北지역, 朝鮮洌水之間에서 瓺이라고 함. 곽박 「주」에 발음은 暢 또 腸이라고 했는데, 이에 근거한 상고음은 [*thrja ŋ h], [*drja ŋ]이다.

⑤ 儋[담] : 甔과 같음. 입이 작고 몸체가 큰 옹기. 齊의 東北지역, 海岱之間에서 甔이라고 함. 곽박 「주」에 발음은 儋이라고 했는데, 이에 근거한 상고음은 [*tam]이다.

⑥ 甀[추] : 항아리. 罌, 瓮과 같은 옹기. 周洛韓鄭之間에서 甀라고 함.

방언 12

罃①謂之甀②【鼓鼙】.

물독(앵罃)을 비甀【음은 고비鼓鼙의 비鼙다[102]】라고 한다.

방언소증

案『説文』作"罌謂之甀." 『廣雅』: "甀, 罃也." 「注」内'鼓鼙'當作'音鼓鼙之鼙.'

『설문해자』에 "앵罌은 비甀라고 한다"고 되어 있다. 『광아』에 "비甀는 물독(앵罃)이다"라고 했다. 곽박 「주」의 '고비鼓鼙'는 '음은 고비鼓鼙의 비鼙다'라고 해야 한다.

---

102 戴震에 따라 번역하였다.

역해

① 罃[앵] : 물독. 양병. 방화용 물을 담아두는 물병. 罃은 甈의 풀이어휘.
② 甈[비] : 방화수 독. 질그릇. 곽박 「주」에 발음은 鼓鼙의 鼙라고 했는데, 이에 근거한 상고음은 [*big]다.

방언 13

甂[①]謂之甈[②].

물동이(옹甂)를 사甈라고 한다.

방언소증

案'甂'卽'甕', 亦作'甕'. '甈'亦作'瓺'. 『易・井卦』: "井, 九二, 甕敝漏.[103]" 『釋文』引鄭「注」云 : "停水器也." 『儀禮・既夕篇』: "甕三.[104]" 鄭「注」云 : "甕, 瓦器, 其容蓋一觳." 『說文』云 : "汲缾也." 『廣雅』: "甂・瓺, 罃也."

'옹甂'은 '옹甕'이며, '옹甕'으로 쓰기도 한다. '사甈'는 '사瓺'로 쓰기도 한다. 『주역・정괘』에 "구이九二는 동이가 깨져 새다"라는 구절이 있는데, 『경전석문』에서는 정현의 「주」를 인용하여 "물을 담아 두는 그릇"이라고 했다. 『의례・기석편』에 "독 세 개에는"이라는 구절이 있

103 『周易・井卦』: "九二, 井谷射鮒, 甕敝漏."
104 『儀禮・既夕篇』: "甕三, 醯・醢・屑, 冪用疏布."

는데, 정현의 「주」에서 "옹罋은 와기瓦器이며, 용량은 대부분 한 곡觳"이라고 했다. 『설문해자』에 "물을 긷는 물장군"이라고 했다. 『광아』에 "옹甕·사瓶는 물독(앵罃)"이라고 했다.

역해

① 甕[옹] : 罋과 같음. 독. 항아리. 甕은 甈의 풀이어휘.
② 甈[사] : 甈와 같음. 항아리 종류의 질그릇.

방언 14

缶①謂之瓿甊②【即盆也. 音偶】. 其小者謂之瓶③.

동이(부缶)[105]는 부우瓿甊라고 한다.【즉 동이를 말한다. 음은 우偶다】 작은 것은 병瓶이라고 한다.

방언소증

案『廣雅』: "瓿甊, 缶也.[106]" 本此. 『說文』云 : "缶, 瓦器, 所以盛酒漿. 秦人鼓之以節謌.[107]" 『易』: "坎, 六四, 樽酒, 簋貳, 用缶.[108]", "離, 九

105 顔師古는 缶는 盎(동이)인데 허리부분이 크고 입이 좁아지며, 盆은 바닥이 좁아지고 위로 갈수록 넓어진다고 했다. 또 질그릇 중에서 缶와 壺만 뚜껑이 있다고 했다.
106 『廣雅·釋器』: "瓿甊·罏, 缶也."
107 『說文解字』缶部 : "缶, 瓦器. 所以盛酒漿. 秦人鼓之以節謌. 象形. 凡缶之屬皆

三, 不鼓缶而歌.[109]" 又"井卦, 羸其瓶.[110]" 「禮器」: "五獻之尊, 門外缶, 門內壺. 君尊瓦甒.[111]" 又曰: "夫奧者, 老婦之祭也. 盛於盆, 尊於瓶.[112]" 鄭「注」云: "盆, 瓶, 炊器也." 「士喪禮」: "新盆, 槃, 瓶, 廢敦, 重鬲, 皆濯.[113]" 鄭「注」云: "盆以盛水, 瓶以汲水也." 『春秋』襄公九年『左傳』: "具綆缶.[114]" 杜預「注」云: "綆, 汲索. 缶, 汲器."

『광아』에 "부우瓿甌는 물장군(부缶)이다"라고 했는데, 여기에서 근거하였다. 『설문해자』에 "부缶는 와기瓦器이며, 술과 국물을 담는 것이다. 진나라 사람들이 이것을 치면서 노래의 박자를 맞춘다"고 했다. 『주역 · 감괘』에 "육사六四는 동이의 술과 궤簋 둘을 질그릇으로 사용하고"라고 했다. 『주역 · 이괘』에 "구삼九三은 질 장구를 두드려 노래하지 않으면"이라고 했다. 또 정괘 "거의 이르러도 우물에 끈을 드리우지 못한 것과 같으니"라고 했다. 『예기 · 예기편』에 "오헌五獻의 술그릇은 문 밖에는 부缶고, 문 안에는 호壺며, 임금의 술그릇은 와무瓦甒"라고 했다. 또 "그는 또 찬신爨神의 제사에 번시燔柴하였다. 대저 찬신의 제사는 노부老婦를 제사하는 것이니, 동이에 밥을 담고 병에 술을 담아 제사를 지내면 된다"고 했다. 정현의 「주」에 "분盆, 병甁은 취사도구"라고 했다. 『의례 · 사상례』에 "맑은 물로 새 동이(신분新盆), 쟁반(반槃), 병(병甁), 발이 없는 돈敦과 무거운 솥(중역重鬲)을 모두 씻는다"는 구절이 있는데, 정현의 「주」에 "분盆은 물을 담는데 쓰는 것이며, 병甁은 물을 긷는데 쓴다"고 했다. 『춘추』 양공 9년 『좌전』에 "물을

從缶."

108 『周易 · 坎卦』: "六四, 樽酒, 簋貳, 用缶, 納約自牖, 終無咎."

109 『周易 · 離卦』: "九三, 日昃之離, 不鼓缶而歌, 則大耋之嗟, 兇."

110 『周易 · 井卦』: "汔至亦未繘井, 羸其瓶."

111 『禮記 · 禮器』: "五獻之尊, 門外缶, 門內壺, 君尊瓦甒."

112 『禮記 · 禮器』: "夫奧者, 老婦之祭也, 盛於盆, 尊於瓶."

113 『儀禮 · 士喪禮』: "新盆, 槃, 瓶, 廢敦, 重鬲, 皆濯, 造於西階下."

114 『春秋左傳』 襄公九年: "火所未至, 徹小屋, 塗大屋, 陳畚挶, 具綆缶, 備水器."

긷는데 쓰는 두레박줄과 물을 길을 도구를 갖추도록 했으며"라는 말이 있는데, 두예의 「주」에 "경綆은 물을 긷는 두레박줄이고, 부缶는 물을 긷는 도구"라고 했다.

역해

① 缶[부] : 장군. 액체를 담는 질그릇. 주로 물을 길어 나를 때 쓰거나 악기로 쓴다. 缶는 瓿甌의 풀이어휘.
② 瓿甌[부우] : 단지. 동이. 옹기나 청동으로 만든 고대의 그릇. 몸체가 깊고 입과 발이 둥글다. 곽박 「주」에 甌의 발음은 偶라고 했는데, 이에 근거한 상고음은 [*ŋugx]다.
③ 瓶[병] : 물을 긷는 데 사용하는 몸체가 작은 병. 단지. 항아리. 작은 것을 瓶이라고 함.

방언 15

罃甈①謂之盎②【案『爾雅』: 甈, 康壺[115]. 而『方言』以爲盆, 未詳也. 甈, 卻[116]罽反. 盎, 烏浪反.】自關而西或謂之盆③, 或謂之盎. 其小者謂之升甌④【惡牟反, 亦音憂】.

앵계罃甈(물단지, 항아리)는 앙盎이라고 한다.【『이아』에서 "계甈는 강곤康壺"

115 『爾雅・釋器』: "康瓠謂之甈."
116 『四部叢刊』本에는 '郄'로 되어 있는데, 戴震은 '卻'으로 고쳤다. 華學誠은 戴震이 '卻'으로 고친 것은 옳으며, 盧文弨와 錢繹이 그대로 '郄'을 따른 것은 잘못이라고 했다.

이라고 했지만, 『방언』에서는 분盆(동이)이라고 했다. 이에 대해서는 잘 모르겠다. 계甈는 음이 각계반卻罽反이고, 앙盎은 음이 오랑반烏浪反이다】 함곡관으로부터 서쪽에서는 혹은 분盆이라고 하거나, 혹은 앙盎이라고 한다. 작은 것은 승구升甌라고 한다.【음은 악모반惡牟反이다. 또 우憂라는 음도 있다】

방언소증

案「考工記」: "盆實二鬴, 厚半寸, 脣寸.[117]" 『爾雅』: "盎謂之缶.[118]" 『廣雅』: "盎謂之盆.[119]"

『주례·고공기』에 "분盆은 용량이 1부鬴며, 두께는 반 촌寸 정도이고, 입이 1촌寸 정도 된다"고 했다. 『이아』에 "동이(앙盎)를 부缶라고 한다"고 했다. 『광아』에 "앙盎(동이)은 분盆이라고도 한다"고 했다.

역해

① 罃甈[앵계]: 물 단지. 항아리. 물병. 罃甈는 盎, 盆의 풀이어휘. 곽박「주」에 甈의 발음은 卻罽反이라고 했는데, 이에 근거한 상고음은 [*khjiadh]다.

② 盎[앙]: 동이. 질그릇 중에서 허리가 크고 입이 작은 것. 함곡관으로부터 서쪽 지역에서 또 盎이라고도 함.

③ 盆[분]: 동이.(그림자료 5-15 참조) 함곡관으로부터 서쪽 지역에서 盆

117 『周禮·冬官考工記』: "盆實二鬴, 厚半寸, 脣寸."
118 『爾雅·釋器』: "盎謂之缶."
119 『廣雅·釋器』: "央謂之盆."

이라고 함.

④ 升甌[승구] : 동이 중에서 작은 것. 중발 같은 질그릇. 곽박 「주」에 甌의 발음은 惡牟反, 또 憂라고 했는데, 이에 근거한 상고음은 [*ʔjug], [*ʔjəgw]다.

방언 16

甂①【音邊】, 陳魏宋楚之間謂之題②【今河北人呼小盆爲題子, 杜啟反】, 自關而西謂之甂, 其大者謂之甌③.

자배기(변甂)는【음은 변邊이다】 진陳 위魏 송宋 초楚에 걸친 지역에서는 제題라고 부른다.【오늘날 하북 사람들은 작은 동이를 제자題子라고 부른다. 음은 두계반杜啟反이다】 함곡관으로부터 서쪽에서는 변甂이라고 부르며, 그 중 큰 것을 구甌라고 부른다.

방언소증

案『後漢書·隗囂傳』: "奉盤錯鍉.[120]" 「注」云: "『字詁』, 鍉卽題, 音徒啓反. 『方言』曰, 宋楚之閒謂盎爲題." '題'乃'題'之訛. 『楚辭·九諫[121]』: "甂甌登於明堂兮.[122]" 洪興祖『補注』云: "『方言』: 自關而西, 盆盎小者曰甂也." 『說文』云: "甂, 似小瓿, 大口而卑, 用食[123]", "甌, 小盆

120 『後漢書·隗囂公孫述列傳』: "祝畢, 有司穿坎于庭, 牽馬操刀, 奉盤錯鍉."
121 戴震은 「九諫」이라고 했는데, 이는 '七'자의 오류다.
122 『楚辭·七諫·謬諫』: "甂甌登於明堂兮, 周鼎潛乎深淵."
123 『說文解字』 瓦部: "甂, 似小瓿. 大口而卑. 用食. 從瓦扁聲."

也.[124]" 『廣雅』: "題・甌, 甂也.[125]" 本此.

『후한서・외효전』에 "소반을 받치고 희생의 피를 받을 그릇을 들고서"라는 말이 있는데, 「주」에서는 "『자고』에 저鍉는 즉 제題며, 음은 도계반徒啓反이라고 했다. 『방언』에 송宋 초楚에 걸친 지역에서는 앙盎(동이)을 제題라고 한다"고 했다. '제題'는 '제題'를 잘못 쓴 것이다. 『초사・칠간[126]』에 "자배기를 가지고 명당에 오른다"는 말이 있는데, 홍흥조의 『초사보주』에서는 "『방언』에 함곡관으로부터 서쪽에서는 분盆, 앙盎 가운데 작은 것을 변甂(자배기, 질그릇의 한 가지)이라고 한다"고 했다. 『설문해자』에 "변甂은 작은 부瓿(항아리)처럼 생겼다. 입이 크고 낮으며, 음식을 먹는데 사용한다. 구甌는 작은 분盆"이라고 했다. 『광아』에 "제題・구甌는 변甂(자배기)"이라고 했는데, 여기에서 근거하였다.

역해

① 甂[변] : 자배기. 질그릇의 한 가지. 입이 크고 낮은 것. 함곡관으로부터 서쪽 지역에서 甂이라고 함. 곽박 「주」에 甂의 발음은 邊이라고 했는데, 이에 근거한 상고음은 [*pian]이다.
② 題[제] : 여기서는 자배기의 의미로 쓰임. 작은 동이. 陳魏宋楚之間에서 題라고 함. 곽박 당시에 河北사람들은 小盆을 題子라고 함. 곽박 「주」에 발음은 杜啟反이라고 했는데, 이에 근거한 상고음은 [*dig]다.
③ 甌[구] : 자배기(甂) 가운데 큰 것.(그림자료 5-16 참조) 큰 것을 甌라고 함.

---

124 『說文解字』 瓦部 : "甌, 小盆也. 從瓦區聲."
125 『廣雅・釋器』 : "題・甌, 甂也."
126 戴震이 '七諫'을 '九諫'으로 잘못 쓴 것이므로 '칠간'이라고 번역하였다.

방언 17

所以注斛[①]【盛米穀寫斛中者也】, 陳魏宋楚之間謂之篱[②]【今江東亦呼爲篱. 音巫覡】, 自關而西謂之注箕[③], 陳魏宋楚之間謂之䉂[④]【篱亦䉂屬也, 形小而高無耳】.

곡斛에 쏟아 담는 것【쌀과 곡식을 곡斛에 담는 것이다】을 진陳 위魏 송宋 초楚에 걸친 지역에서 격篱이라고 하고,【오늘날 강동 지역에서도 격篱이라고 부른다. 음은 무격巫覡의 격覡이다】 함곡관으로부터 서쪽 지역에서는 주기注箕라고 한다. 진陳 위魏 송宋 초楚에 걸친 지역에서는 라䉂라고 한다.【이 또한 광주리(라䉂)의 한 종류며, 형체가 작고 높으며 귀가 없다】

방언소증

案『廣雅』: "斛注謂之篱.[127]" 本此. 『玉篇』云: "篱, 䉂屬, 形小而高.[128]" 本此「注」文.

『광아』에 "곡주斛注는 격篱라고 한다"고 했는데, 여기에서 근거하였다. 『옥편』에 "격篱은 광주리의 한 종류며, 형체가 작고 높다"고 했는데, 이 「주」에서 근거하였다.

127 『廣雅・釋器』: "斛注謂之篱."

128 『玉篇』竹部: "篱, 呼擊切. 䉂屬, 形小而高."

역해

① 注斛[주곡] : 쌀이나 곡식을 斛(곡식을 되는 그릇의 총칭)에 담는 것을 말함. 注斛은 篇, 注箕, 籮의 풀이어휘.

② 篇[격] : 대광주리의 일종. 곡식과 쌀을 담는 광주리. 陳魏宋楚之間에서 篇라고 함. 곽박 당시에 江東에서는 篇라고도 함. 곽박 「주」에 발음은 巫覡의 覡라고 했는데, 이에 근거한 상고음은 [*gik]다.

③ 注箕[주기] : 箕는 키를 말하며,(그림자료 5-17 참조) 함곡관으로부터 서쪽 지역에서는 注箕라고 함.

④ 籮[나] : 키. 광주리. 밑은 네모지고 위는 둥근 대광주리.(그림자료 5-17 참조) 陳魏宋楚之間에서는 籮라고 함.

방언 18

炊籅①謂之縮②【漉米籅也】, 或謂之篗③,【音藪[129]】 或謂之匠④[130]【音旋, 江東呼淅籤】.

쌀을 이는 조리(취욱炊籅)는 축縮이라고 부르거나,【쌀을 거르는 조리다】 혹은 수篗라고 부르거나,【음은 수藪다】 혹은 선匠이라고 부른다.【음은 선旋이다. 강동 지역에서는 석첨淅籤이라고 부른다】

129 『四部叢刊』本에는 '籔'라고 되어 있으나, 戴震은 '藪'라고 했다.

130 『四部叢刊』本에는 '匠'로 되어 있으나, 『廣雅』에 '匠'로 되어 있으며, 王念孫은 '匴'과 '匠'은 同字라고 했다.

방언소증

案『廣雅』: "箋·匼, 籅也.[131]" 本此. '箋'卽'籔'之正體, 亦作'籔'. 『說文』云: "籅, 漉米籔也.[132]", "籔, 炊籅也.[133]" 『玉篇』云: "匼, 漉米籅也.[134]" '縮'與'籔', 一聲之轉. 「注」內'淅籤'各本訛作'浙籤', 今訂正.

『광아』에 "수箋와 선匼은 모두 조리(욱籅)"라고 했는데, 여기에서 근거하였다. '수箋'는 즉 '수籔'의 정자체이며 '수籔'자로도 쓴다. 『설문해자』에 "욱籅은 쌀을 거르는 조리(녹미수漉米籔)다", "수籔는 조리(취욱炊籅)다"라고 했다. 『옥편』에 "선匼은 쌀을 거르는 조리(녹미욱漉米籅)다"라고 했다. '축縮'과 '수籔'는 일성지전一聲之轉이다. 「주」의 '석첨淅籤'은 각 판본에서 모두 '절첨浙籤'으로 잘못 썼는데, 지금 그것을 바로잡는다.

역해

① 炊籅[취욱] : 쌀을 이는 조리. 쌀을 일은 후 옮겨 담아 물을 빼는 그릇. 炊籅은 縮, 籔, 匼의 풀이어휘.

② 縮[축] : 조리.

③ 籔[수] : 쌀을 씻는 竹器. 곽박 「주」에 발음은 藪라고 했는데, 이에 근거한 상고음은 [*sugx]다.

④ 匼[선] : 채반. 채그릇. 쌀을 거르는 조리. 곽박 당시에 江東에서는 淅籤라고 함. 곽박 「주」에 발음은 旋이라고 했는데, 이에 근거한 상고음

131 『廣雅·釋器』: "箈·籑·箋·匼, 籅也."

132 『說文解字』 竹部: "籅, 漉米籔也. 從竹奧聲."

133 『說文解字』 竹部: "籔, 炊籅也. 從竹數聲."

134 『玉篇』 竹部: "籑, 如張切. 籑籅漉米竹器也."

은 [*rjuan]이다.(참조: 淅籤[석첨]은 대나무로 만든 도구로 쌀을 씻어 거르는데 사용함)

방언 19

篝①【今薰籠也】, 陳楚宋魏之間謂之牆居②.

배롱(구篝)은【오늘날의 향기 나는 대그릇이다】 진陳 초楚 송宋 위魏에 걸친 지역에서 장거牆居라고 부른다.

방언소증

案『說文』: "篝, 客也, 可薰衣. 宋楚謂竹篝牆以居也.[135]" 『廣雅』: "篝, 籠也. 薰篝謂之牆居.[136]" 本此.

『설문해자』에 "구篝는 잔을 담아두는 대그릇(락客)이다. 옷을 향내 나게 할 수 있다. 송宋 초楚 지역에서 대나무로 된 배롱(구篝)을 장거牆居라고 부른다"고 했다. 『광아』에 "구篝는 롱籠(대그릇)이다. 훈구薰篝는 장거牆居라고 한다"고 했는데, 여기에서 근거하였다.

---

135 『說文解字』 竹部: "篝, 客也. 可熏衣. 從竹冓聲. 宋楚謂竹篝牆以居也."

136 『廣雅・釋器』: "簣・篣・筊・簝・籯・篝・笭, 籠也."

역해

① 篝[구] : 향기를 쬔 焙籠. 바구니. 篝는 牆居의 풀이어휘.

② 牆居[장거] : 옷을 담에 걸어놓고 배롱을 담 밑에 놓아 향기를 쬐게 하기 때문에 牆居라고 함. 陳楚宋魏之間에서는 牆居라고 함.

방언 20

扇①, 自關而東謂之箑②【今江東亦通名扇爲箑. 音篓】, 自關而西謂之扇.

부채(선扇)는 함곡관으로부터 동쪽 지역에서는 삽箑이라고 부른다. 【오늘날 강동 지역에서는 여전히 선扇을 삽箑이라고 한다. 음은 삽翣이다】 함곡관으로부터 서쪽 지역에서는 선扇이라고 한다.

방언소증

案『廣雅』: "箑謂之扇.[137]" 『玉篇』云 : "自關而東謂之箑, 自關而西謂之扇.[138]" 皆本此. '箑'亦作'翣'. 『春秋』襄公二十五年『左傳』: "四翣.[139]" 「疏」引『方言』: "自關而東謂扇爲翣."

137 『廣雅・釋器』: "箑謂之扇."
138 『玉篇』 竹部 : "箑, 所洽切. 扇也. 自關而東謂之箑, 自關而西謂之扇."
139 『春秋左傳』 襄公二十五年 : "丁亥, 葬諸士孫之里, 四翣, 不蹕, 下車七乘, 不以兵甲."

『광아』에 “삽箑은 선扇(부채)이라고 한다”고 했다. 『옥편』에 “함곡관으로부터 동쪽에서는 삽箑이라고 하고, 함곡관으로부터 서쪽에서는 선扇이라고 한다”고 했는데, 모두 여기에서 근거하였다. ‘삽箑’은 또 ‘삽翣’으로 쓰기도 한다. 『춘추』 양공 25년 『좌전』에 “네 개의 운삽”이라는 말이 있는데, 「소」에서는 『방언』을 인용하여 “함곡관으로부터 동쪽에서는 선扇(부채)을 삽翣이라고 한다”고 했다.

역해

① 扇[선] : 부채. 고대에 햇빛을 가리는 의장기인 단선. 扇은 箑의 풀이어휘. 함곡관으로부터 서쪽 지역에서 扇이라고 함.

② 箑[삽] : 부채. 함곡관으로부터 동쪽 지역에서는 箑이라고 함. 곽박 당시에 江東에서는 箑이 扇의 통칭. 곽박 「주」에 발음은 篓이라고 했는데, 이에 근거한 상고음은 [*sriap, srjap]이다.

방언 21

碓機①【碓梢也】, 陳魏宋楚自關而東謂之梴②【音延】. 磑③或謂之䃺④【即磨也. 錯碓反】.

방앗공이의 끝부분(대기碓機)을【방앗공이의 끝부분이다】 진陳 위魏 송宋 초楚와 함곡관으로부터 동쪽 지역에서는 천梴라고 한다.【음은 연延[140]이다】 맷돌(애磑)은 혹은 채䃺라고도 한다.【즉 맷돌이다. 음은 착대반錯碓反이다】

140 梴([徹仙開三平])과 延([余仙開三平])은 성모가 다르지만 여기서 같은 음으로 간주하였다.

방언소증

案『說文』云："碓，舂也.[141]"，"主發謂之機.[142]"，"古者雝父初作舂.[143]"，"磑，䃺也. 古者公輸班作磑.[144]" '䃺''磨'同.『玉篇』云："磋，磑也.[145]"

『설문해자』에 "대碓는 절구질하다, 찧다(용舂)의 뜻이다", "주발主發은 기機라고 한다", "옛날에 옹부雝父가 처음으로 용舂을 만들었다", "애磑는 갈다(마䃺)의 뜻이다. 옛날에 공수반公輸班[146]이 애磑(맷돌)를 만들었다"고 했다. '마䃺'는 '마磨'와 같다.『옥편』에 "채磋는 맷돌(애磑)이다"라고 했다.

역해

① 碓機[대기]: 방아. 디딜방아.(그림자료 5-21 참조) 碓機는 梴의 풀이어휘.

② 梴[천]: 디딜방아의 홈통. 또는 디딜방아에서 방앗공이의 끝부분. 陳魏宋楚와 함곡관으로부터 동쪽 지역에서 梴이라고 함. 곽박「주」에 발음은 延이라고 했는데, 이에 근거한 상고음은 [*ran]이다. 그러나 사전에 수록된 梴의 발음은 천이다.

③ 磑[애]: 맷돌.(그림자료 5-21 참조) 磑는 磋의 풀이어휘.

---

141 『說文解字』石部："碓，舂也. 從石隹聲."

142 『說文解字』木部："機，主發謂之機. 從木幾聲."

143 『說文解字』臼部："舂，擣粟也. 從廾持杵臨臼上. 午，杵省也. 古者雝父初作舂."

144 『說文解字』石部："磑，䃺也. 從石豈聲. 古者公輸班作磑."

145 『玉篇』石部："磋，且對切. 磑也."

146 公輸班은 본명이 魯班이며, 맷돌을 발명한 사람이라고 전해진다.

④ 磏[채] : 맷돌. 곽박 「주」에 발음은 錯碓反이라고 했는데, 이에 근거한 상고음은 [*tshid, *tshidh]이다.

방언 22

繘①【汲水索也. 音橘】, 自關而東周洛韓魏之間謂之綆②, 或謂之絡③【音洛】. 關西謂之繘④[147].

두레박줄(율繘)은【물을 긷는 두레박줄이다. 음은 귤橘이다】 함곡관으로부터 동쪽 주周 락洛 한韓 위魏에 걸친 지역에서는 경綆이라고 하고, 혹은 락絡이라고도 한다.【음은 락洛이다】 함곡관의 서쪽에서는 율繘이라고 한다.

방언소증

案『廣雅』: "繘・絡, 綆也.[148]" 末句各本作'謂之繘綆'. 『易・井卦』: "汔至亦未繘井, 羸其瓶.[149]" 『釋文』: "繘, 鄭云 : 綆也. 『方言』云 : 關西謂綆爲繘. 郭璞云 : 汲水索也." 『春秋』襄公九年『左傳』: "具綆缶.[150]" 「疏」引『方言』"自關而東周洛韓魏之閒謂之綆. 關西謂之繘." 所引末句, 皆無'綆'字, 今刪正.

---

147 『四部叢刊』本에는 '綆'자가 더 있으나, 戴震은 이를 삭제해야 한다고 했으며, 盧文弨와 錢繹, 華學誠은 戴震이 옳다고 했다.

148 『廣雅・釋器』: "繘・絡, 綆也."

149 『周易・井卦』: "改邑不改井, 無喪無得, 往來井井. 汔至, 亦未繘井, 羸其瓶, 凶."

150 『春秋左傳』 襄公九年 : "火所未至, 徹小屋, 塗大屋, 陳畚挶, 具綆缶, 備水器."

『광아』에 "율繘과 락絡은 두레박줄(경綆)"이라고 했다. 마지막 구는 각 판본에 "율경繘綆이라고 한다"고 되어 있다. 『주역 · 정괘』에 "거의 이르러도 우물에 끈을 드리우지 못한 것과 같으니"라는 말이 있는데, 『경전석문』에 "율繘은 정현鄭玄이 경綆(두레박줄)이라고 해석했다. 『방언』에서는 말하기를 관서 지역에서는 경綆(두레박줄)을 율繘이라고 부른다고 했다. 곽박은 말하기를 물을 긷는 줄이라고 했다"고 하였다. 『춘추』 양공 9년 『좌전』에 "물을 긷는데 쓰는 두레박줄과 물을 길을 도구를 갖추도록 했으며"라는 말이 있는데, 「소」에서는 『방언』의 "함곡관으로부터 동쪽 주周 낙洛 한韓 위魏에 걸친 지역에서는 경綆이라고 한다. 관서 지역에서는 율繘이라고 부른다"라는 구절을 인용하였다. 마지막 구를 인용한 문장에 모두 '경綆'자가 없기 때문에 여기서 삭제하여 그것을 바로잡는다.

역해

① 繘[율] : 두레박줄. 關西지역에서는 繘이라고 함. 곽박 「주」에 발음은 橘이라고 했는데, 이에 근거한 상고음은 [*kwjit]이다.
② 綆[경] : 두레박줄. 함곡관으로부터 동쪽 周洛韓魏之間에서는 綆이라고 함.
③ 絡[락] : 두레박줄. 함곡관으로부터 동쪽 周洛韓魏之間에서는 또 絡이라고도 함. 곽박 「주」에 발음은 洛이라고 했는데, 이에 근거한 상고음은 [*lak]이다.

방언 23

櫪①【養馬器也】, 梁宋齊楚北燕之間或謂之樎②【音縮】. 或謂之皁③【皁隸之名, 於此乎出】.

말구유(역櫪)는【말의 먹이를 담는 그릇이다】 양梁 송宋 제齊 초楚 북연北燕에 걸친 지역에서는 혹은 숙樎이라고 하거나,【음은 축縮】 혹은 조皁라고도 한다.【조예皁隸[151]라는 명칭이 여기에서 나왔다】

방언소증

案『後漢書·鄒陽傳』: "使不羈之士與牛驥同皁.[152]" 顔師古「注」引『方言』: "梁宋齊楚燕之閒謂歷曰皁. 皁, 音在早反." 『廣雅』: "樎·皁, 櫪也.[153]" 本此. 『玉篇』云: "樎, 櫪也. 養馬器也.[154]" 本此「注」文.

『후한서·추양전』에 "어진 자와 어질지 못한 자를 분간하지 못하고 모두 용렬한 소인배로 간주한다. 그래서 어진 선비가 그의 뛰어난 재주를 드러낼 길이 없다. 이는 마치 좋은 말을 하찮은 소들과 함께 먹이는 것과 같다"는 말이 있는데, 안사고의 「주」에는 『방언』을 인용하여 "양梁 송宋 제齊 초楚 연燕 지역에서 역歷을 조皁라고 한다. 조皁는 음이 재조반在早反"이라고 했다. 『광아』에 "숙樎, 조皁는 말구유(역櫪)"라고 했는데, 여기에서 근거하였다. 『옥편』에 "숙樎은 말구유(역櫪)다. 말

151 華學誠은 皁나 皁隸는 모두 위치가 낮고 천한 사람을 가리킨다고 했다.
152 『後漢書·鄒陽傳』: "今人主沉於諂諛之辭, 牽於帷裳之制, 使不羈之士與牛驥同皁."
153 『廣雅·釋器』: "樎·皁, 櫪也."
154 『玉篇』木部: "樎, 所六切. 櫪也. 養馬器也."

을 키우는 기구다"라고 했는데, 이 「주」에서 근거하였다.

역해

① 櫪[역] : 말구유. 말의 먹이를 담는 그릇. 마판. 櫪은 槽, 皁의 풀이어휘.
② 槽[숙] : 말구유. 梁宋齊楚北燕之間에서 槽이라고 함. 곽박 「주」에 발음은 縮이라고 했는데, 이에 근거한 상고음은 [*srjəkw]이다.
③ 皁[조] : 말구유. 梁宋齊楚北燕之間에서 또 皁라고도 함.

방언 24

飤[155]馬橐①, 自關而西謂之裺囊②,【裺, 音鶕】 或謂之裺篼③, 或謂之樓篼.④【樓, 音樓】 燕齊之間謂之帳.⑤【『廣雅』作振[156], 字音同耳】

말을 먹이는 여물 주머니 탁橐은 함곡관으로부터 서쪽에서는 암낭裺囊이라고 부르거나,【암裺은 음이 암鶕이다】 혹은 암두裺篼라고 부르거나, 혹은 누두樓篼라고 부른다.【루樓는 음이 루樓다】 연燕 제齊에 걸친 지역에서는 진帳이라고 한다.【『광아』에서는 진振이라고 썼는데, 진帳과 진振은 글자의 발음이 같다】

---

155 『四部叢刊』本에는 '飲'이라고 되어 있으나, 戴震은 '飤'로 고쳤다. 사람이나 동물에게 음식을 먹이는 것은 원래 食이라고 하지만 일반적으로 飤, 혹은 飼라고도 한다.

156 郭璞 「注」에는 "『廣雅』作振"이라고 되어 있으나, 지금의 『廣雅』에는 帳이라고 되어 있다. 왕념손은 郭璞이 본 『廣雅』 판본에는 振이라고 되어 있었을 것이라고 하였다.

방언소증

案'飤'卽古'飼'字, 各本訛作'飲', 字形相近而訛. 今『廣雅』'帳'字與『方言』同. '裺'作'幨', 云: "幨篼, 螻篼, 帳, 囊也." 本此. 『說文』: "篼, 飤馬器也.[157]" '飤'亦訛作'飲'. 『玉篇』: "篼, 飼馬器也[158]." 可據以訂正二書.

'사飤'는 즉 옛날의 '사飼자'인데, 각 판본에서 '음飲'으로 잘못 썼다. 이는 글자의 형체가 비슷해서 생긴 오류다. 오늘날 『광아』의 '진帳'자는 『방언』과 같다. '암裺'은 '암幨'이라고 쓰고 말하기를, "암두幨篼, 누두螻篼, 진帳은 주머니(낭囊)"라고 했는데, 여기에서 근거하였다. 『설문해자』에 "두篼는 말을 먹이는 그릇"이라고 했다. 여기서도 '사飤'를 '음飲'으로 잘못 썼다. 『옥편』에 "두篼는 말을 먹이는 그릇"이라고 했는데, 이것을 근거로 두 책을 바로잡는다.

역해

① 飼馬橐[사마탁]: 말 먹이 여물 주머니. 飤馬橐은 裺囊, 裺篼, 螻篼, 帳의 풀이어휘.

② 裺囊[암낭]: 여물 주머니. 함곡관으로부터 서쪽 지역에서는 裺囊이라고 함. 곽박 「주」에 裺의 발음은 鶕이라고 했는데, 이에 근거한 상고음은 [*ʔjiamx, ʔjamh]이다.

③ 裺篼[두]: 여물 주머니.(그림자료 5-24 참조) 함곡관으로부터 서쪽 지역에서 또 裺篼라고도 함.

④ 螻篼[루]: 말 먹이 여물 주머니. 함곡관으로부터 서쪽 지역에서 또 螻

157 『說文解字』 竹部: "篼, 飲馬器也. 從竹兜聲."

158 『玉篇』 竹部: "篼, 丁侯切. 飼馬器也."

篼라고도 함. 곽박 「주」에 㺏의 발음은 樓라고 했는데, 이에 근거한 상고음은 [*lug]다.

⑤ 帳[진] : 말에 먹이를 주는 자루. 燕齊之間에서 帳이라고 함. 곽박 「주」에 『廣雅』에는 振으로 되어 있으며 발음은 같다고 했는데, 이에 근거한 상고음은 [*tjiən]이다.

방언 25

鉤①【懸物者】, 宋楚陳魏之間謂之鹿觡②【或呼鹿角】, 或謂之鉤格③. 自關而西謂之鉤, 或謂之鐵④【音微】.

갈고리(구鉤)는【물건을 거는 것이다】 송宋 초楚 진陳 위魏에 걸친 지역에서 녹격鹿觡【혹은 녹각鹿角이라고도 부른다】이라고 하거나, 혹은 구격鉤格이라고 부른다. 함곡관으로부터 서쪽에서는 구鉤라고 하거나, 혹은 미鐵【음은 미微다】라고 한다.

방언소증

案『廣雅』: "鹿觡 · 鐵, 鉤也.[159]" 本此. 『廣韻』引『埤蒼』云 : "鐵, 懸物鉤.[160]"

『광아』에 "녹각鹿觡 · 미鐵는 갈고리(구鉤)"라고 했는데, 여기에서 근거하였다. 『광운』에서는 『비창』을 인용하여 "미鐵는 물건을 거는 갈

159 『廣雅 · 釋器』: "鹿觡 · 鐵 · 釣, 鉤也."
160 『廣韻』 上平聲 : "鐵, [無非切] 『埤蒼』云 : 懸物鉤."

고리"라고 했다.

역해

① 鉤[구] : 갈고랑이. 낫. 창.(그림자료 5-25 참조) 함곡관으로부터 서쪽 지역에서는 鉤라고 함.
② 鹿觡[녹격] : 물건을 거는 고리. 사슴 뿔. 宋楚陳魏之間에서는 鹿觡이라고 함.
③ 鉤格[구격] : 갈고랑이. 宋楚陳魏之間에서 또 鉤格이라고도 함.
④ 鏾[미] : 갈고리. 함곡관으로부터 서쪽 지역에서는 또 鏾라고도 함. 곽박 「주」에 발음은 微라고 했는데, 이에 근거한 상고음은 [*mjəd]다.

방언 26

臿①, 燕之東北朝鮮洌水之間謂之斛②[161],【湯料反, 此亦鍫聲轉也】宋魏之間謂之鏵③, 或謂之鍏④.【音韋】江淮南楚之間謂之臿⑤, 沅湘之間謂之畚, 趙魏之間謂之喿⑥,【字亦作鍫也】東齊謂之梩⑦.【音駭, 江東又呼鍫刃爲鐅. 普蔑反】

가래, 괭이(삽臿)는 연燕의 동북, 조선朝鮮 열수洌水에 걸친 지역에서는 조斛【음은 탕료반湯料反이다. 이것도 또한 鍫의 성전聲轉이다】라고 하며, 송宋 위魏에 걸친 지역에서는 화鏵라고 하며, 혹은 위鍏【음은 위韋다】라고도 한다. 강회江淮 남초南楚에 걸친 지역에서는 삽臿이라고 하며, 원沅 상湘

161 『四部叢刊』本에는 '斛'으로 되어 있으며 戴震은 '斛'으로 고쳤으나 華學誠은 段玉裁의 고증에 따르면 '斛'가 맞다고 했다.

에 걸친 지역에서는 분畚이라고 하고, 조趙 위魏에 걸친 지역에서는 소臬라고 한다.【글자는 초鍫로도 쓴다】 동제東齊에서는 리梩라고 한다.【음은 해駭[162]다. 강동 지역에서는 또 가래(추인鍫刃)를 별鍫라고도 한다. 음은 보멸반普蔑反이다】

방언소증

案'斛'卽'銚'. 『詩·周頌』: "庤乃錢鎛.[163]" 「毛傳」: "錢, 銚也." 『釋文』引『世本』云: "垂作銚." '鏵', 『說文』作'茉', 云: "兩刃臿也. 宋魏曰茉也. 又作釫.[164]" 『爾雅』: "斛謂之疀." 郭璞「注」云: "皆古鍬·鍤字." 今『爾雅』'斛'訛作'斞'. '鍬鍤'卽'鍫臿'. 「疏」引『方言』此條, '斛'字亦訛, 餘竝同. '梩'卽'梠'. 『說文』云: "斛從斗厎聲. 『爾雅』曰: 斛謂之疀, 古田器也.[165]", "銚, 一曰田器.[166]", "錢, 銚也. 古田器.[167]", "梠, 臿也.[168]", "鍫, 河內謂臿頭金也.[169]" 『廣雅』: "鍏·畚·梩·臬, 臿也.[170]" 本此. 『釋名』云: "鍤, 插地起土也. 或曰銷, 或曰鏵, 其板曰葉." 『廣韻』引『方言』: "臿, 宋魏之閒或謂之鍏.[171]" 『玉篇』云: "臬, 臿屬, 今作鍫.[172]"

---

162 梩(리)의 음을 駭(해)라고 한 것은 이해할 수 없다.
163 『詩經·周頌·臣工』: "命我衆人, 庤乃錢鎛, 奄觀銍刈."
164 『說文解字』 木部: "茉, 兩刃臿也. 從木; 丫, 象形. 宋魏曰茉也. 釫, 或從金從于."
165 『說文解字』 斗部: "斛, 斛旁有斛. 從斗厎聲. 一曰突也. 一曰利也. 『爾雅』曰: 斛謂之疀, 古田器也."
166 『說文解字』 金部: "銚, 溫器也. 一曰田器. 從金兆聲."
167 『說文解字』 金部: "錢, 銚也. 古田器. 從金戔聲. 『詩』曰: 庤乃錢鎛."
168 『說文解字』 木部: "梠, 臿也. 從木㠯聲. 一曰徙土紀, 齊人語也."
169 『說文解字』 金部: "鍫, 河內謂臿頭金也. 從金敝聲."
170 『廣雅·釋器』: "鍏·畚·畝·梩·臬, 臿也."
171 『廣韻』 上平聲: "鍏, [雨非切. 又許歸切 『方言』云: 宋魏呼臿也."
172 『玉篇』 臬部: "臬, 先到切. 鳥羣鳴也. 又七消切. 臿屬. 今作鍫."

'조斛'는 즉 요銚(쟁개비)다. 『시경·주송』에 "가래와 호미로 일하게 하시니"라는 말이 있는데, 『모전』에 "전錢은 요銚(쟁개비)"라고 했다. 『경전석문』에서 『세본』을 인용하여 "수垂를 요銚라고 썼다"고 했다. '화鏵'를 『설문해자』에서는 '화芣'자로 썼으며, "양면에 날이 서 있는 것은 가래(삽鍤)다. 송宋 위魏에서는 화芣라고 하고, 또 우釪라고도 쓴다"고 했다. 『이아』에 "쟁개비(조斛)를 삽疀이라고 한다"고 했다. 곽박 「주」에 "모두 고대의 초鍬, 삽鍤자"라고 했다. 오늘날의 『이아』에는 '조斛'를 '조斛'로 잘못 썼다. '초삽鍬鍤'은 즉 '초삽鍫臿'이다. 「소」에서는 『방언』의 이 조항을 인용하였는데, 역시 '조斛'자를 틀렸으며, 나머지는 모두 같다. '리梩'는 즉 '사梠(쟁기)'다. 『설문해자』에 "조斛는 두斗 형부와 조庣 성부로 이루어진 글자다. 『이아』에 쟁개비(조斛)는 삽疀이라고 한다. 옛날에 밭에서 사용하던 기구라고 했다", "요銚는 일설에 밭에 사용하는 기구다", "전錢은 쟁개비(요銚)다. 옛날에 밭에서 사용하는 기구다", "사梠는 가래다", "별鐅(보습날)은 하내河內에서는 삽두금臿頭金이라고 한다"고 했다. 『광아』에 "위韋·분·리梩·소臬는 가래(삽臿)다"라고 했는데, 여기에서 근거하였다. 『석명』에 "삽鍤(가래)은 땅을 파서 흙을 일으키는 것이다. 혹은 소銷라고 하거나, 혹은 화鏵라고 한다. 그것의 날을 엽葉이라고 한다"고 했다. 『광운』에서는 『방언』을 인용하여 "삽鍤(가래)은 송宋 위魏에 걸친 지역에서 혹은 위韋라고 한다"고 했다. 『옥편』에 "소臬는 삽鍤(가래)의 한 종류다. 오늘날은 조鏁라고 쓴다"고 했다.

역해

① 臿[삽]: 가래. 괭이. 즉 鍬를 말함.(그림자료 5-26 참조) 臿은 斛, 鏵, 韋, 畚, 臬, 梩의 풀이어휘. 江淮南楚之間에서는 臿이라고 함.

② 斛[조] : 가래. 燕의 東北, 朝鮮洌水之間에서는 斛라고 함. 곽박 「주」에 발음은 湯料反이라고 했으며, 이에 근거한 상고음은 [*thiagwh]다.

③ 鏵[화] : 가래. 쌍날 가래.(그림자료 5-26 참조) 宋魏之間에서는 鏵라고 함.

④ 鍏[위] : 보습. 宋魏之間에서 또 鍏라고도 함. 곽박 「주」에 발음은 韋라고 했는데, 이에 근거한 상고음은 [*gwjəd]다.

⑤ 畚[분] : 가래. 삽. 삼태기. 沅湘之間에서는 畚이라고 함.

⑥ 臿[소] : 鍬와 같은 글자. 가래. 趙魏之間에서는 臿라고 함.

⑦ 梩[리] : 가래. 삽 따위. 땅을 파는 도구. 東齊에서는 梩라고 함. 곽박 「주」에는 발음이 駭라고 했는데, 이에 근거한 상고음은 [*grəgx]다. 또 당시 江東에서는 鍫刃을 鏺이라 했으며(그림자료 5-26 참조), 鏺의 발음은 普蔑反이라고 했는데, 이에 근거한 상고음은 [*phiat]이다.

방언 27

杷①[173]【無齒爲朳[174]】, 宋魏之間謂之渠挐③【今江東名亦然. 諸豬反】, 或謂之渠疏④【語轉也】.

고무래(파杷)는【이가 없는 것은 팔朳(고무래)이다】 송宋 위魏에 걸친 지역에서는 거나渠挐【오늘날 강동 지역에서의 이름은 여전히 이러하다. 음은 낙저반諸豬反이다】라고 하며, 혹은 거소渠疏라고도 부른다.【어전語轉이다】

---

173 『四部叢刊』本에는 '杞'으로 되어 있으나, 戴震은 '杷'로 고쳤다. 華學誠은 '杞'이 '杷'의 오류라고 했다.

174 華學誠은 王念孫, 周祖謨의 교정에 따라 "無齒爲朳" 위에 "有齒爲杷"를 보충해야 한다고 주장했다.

案『廣雅』: "渠挐謂之杷.[175]" 本此. '渠挐'亦作'渠櫡'. 『玉篇』: "渠櫡, 杷也.[176]" 『廣韻』引『方言』: "把, 宋魏之閒謂之渠挐.[177]" '把'卽'杷'之訛. '渠'字與'渠'同音, 當卽'渠'字訛舛而成. 若『方言』『廣雅』作'渠'字, 不應郭璞, 曹憲不注其音也. 『說文』云: "杷, 收入麥器.[178]" 皆『廣韻』'捌'字引『方言』云: "無齒杷.[179]" 卽此條「注」文, 今本皆作'朳'.

『광아』에 "거나渠挐는 고무래(파杷)를 말한다"고 했는데, 여기에서 근거하였다. '거나渠挐'는 '거나渠櫡'로 쓰기도 한다. 『옥편』에 "거나渠櫡는 파杷(발고무래, 갈퀴 비슷한 농기구의 한 종류, 곡식을 끌어 모으는 농구)"라고 했다. 『광운』에서는 『방언』을 인용하여 "파把는 송宋 위魏에 걸친 지역에서 거나渠挐라고 부른다"고 했다. '파把'는 즉 '파杷'를 잘못 쓴 것이다. '거渠'자는 '거渠'자와 동음이며, '거渠'자의 오류로 인한 것이다. 만약 『방언』, 『광아』에서 '거渠'자로 썼으면, 곽박과 조헌이 음을 안 달았을 리가 없다. 『설문해자』에 "파杷는 보리를 걷는 도구"라고 했다. 『광운』의 '팔捌'자에는 『방언』을 인용하여 "이가 없는 고무래(파杷)"라고 했는데, 바로 이 조항의 주에 나온 문장이다. 오늘날 판본에 모두 '팔朳'자로 썼다.

---

175 『廣雅・釋器』: "渠挐謂之杷."
176 『玉篇』木部: 櫡, 女閭切. 渠櫡杷也.
177 『廣韻』上平聲: "渠, [强魚切] 渠挐. 『方言』云: 把, 宋魏之閒謂之渠挐."
178 『說文解字』木部: "杷, 收麥器. 從木巴聲."
179 『廣韻』入聲: "捌, [百鎋切] 『方言』云: 無齒杷."

역해

① 杷[파] : 보리를 걷는 기구. 발고무래. 갈퀴 비슷한 농구의 하나. 곡식을 끌어 모으는 농구. 써레. 큰 빗 모양으로 만들어 갈아놓은 논바닥을 고르는데 쓰는 농구. 곽박 「주」에서는 杷 가운데 이가 없는 것이 朳이라고 함. 杷는 渠挐, 渠疏의 풀이어휘.
③ 渠挐[거나] : 농기구명. 써레. 渠疏, 耙와 같다. 宋魏之間에서는 渠挐라고 함. 곽박 당시에 江東에서도 같은 어휘를 사용함. 곽박 「주」에 발음은 諸豬反이라고 했는데, 이에 근거한 상고음은 [*nrjag]다.
④ 渠疏[거소] : 농기구명. 써레. 즉 耙를 말함. 宋魏之間에서 또 渠疏라고도 함.

방언 28

僉①【今連枷[180], 所以打穀者】, 宋魏之間謂之欜[181]殳②【音殊, 亦杖名也】, 或謂之度③【今江東呼打爲度, 音量度也】. 自關而西謂之棓④【蒲項反】, 或謂之柫[182]⑤【音拂】. 齊楚江淮之間謂之柍⑥【音悵快, 亦音爲車鞅[183]. 此皆打之別名也】, 或謂之桲⑦【音勃】.

탈곡기구(염僉)는【오늘날 연가連枷는 곡식 껍질을 벗기는 것이다】 송宋 위魏

180 『四部叢刊』本에는 '令連架'라고 되어 있으나, 戴震은 '今連枷'라고 고쳤다. 華學誠은 戴震의 수정이 옳다고 했다.
181 『四部叢刊』本에는 '攞'라고 되어 있으며, 戴震은 '欜'으로 고쳤다. 周祖謨는 戴震을 따랐다. 華學誠도 '欜'으로 고쳐야 한다고 했다.
182 『四部叢刊』本에는 '拂'로 되어 있지만, 戴震은 '柫'이라고 고쳤다. 華學誠은 戴震이 옳다고 했다.
183 『四部叢刊』本에는 '軮'으로 되어 있으나, 戴震은 '鞅'이라고 했다.

에 걸친 지역에서는 섭수欇殳[184]【음은 수殊다. 장杖이라는 명칭도 있다】라고 하며, 혹은 도度라고도 부른다.【오늘날 강동 지역에서는 타打를 도度라고 한다. 음은 량도量度의 도度다】 함곡관으로부터 서쪽 지역에서는 방(봉)棓【음은 포항반蒲項反이다】라고 하거나, 혹은 불柫【음은 불拂이다】이라고 한다. 제齊 초楚 강회江淮에 걸친 지역에서는 영柍【음은 창앙悵怏의 앙怏이다. 거앙車鞅의 앙鞅으로 읽기도 한다. 모두 타打의 다른 명칭이다】이라고 하거나, 혹은 발桲【음은 발勃이다】이라고 한다.

방언소증

案「齊語」: "耒耜枷芟.[185]" 韋昭「注」云: "枷, 柫也. 所以擊草也." 『荀子・性惡篇』: "則兄弟相拂奪矣.[186]" 楊倞「注」云: "或曰拂字從木旁, 弗擊也." 『方言』云: "自關而西謂之柫, 今之農器連枷也." 『說文』: "柫, 擊禾連枷也.[187]", "枷, 柫也. 淮南謂之柍.[188]" 『廣雅』: "棓・桲・柍・欇殳・度, 杖也.[189]", "柫謂之枷.[190]" 皆本此. '度''打', 一聲之轉. 『釋名』曰: "枷, 加也. 加杖於柄頭, 以撾穗而出其穀也. 或曰羅枷, 三杖而用之也. 或曰丫丫, 杖轉於頭, 故以名之也." '羅''連', 亦一聲之轉. 『玉篇』云: "桲, 今連枷, 所以打穀也.[191]"

---

184 殳는 지팡이, 방망이의 뜻이며, 連枷는 반드시 자루가 있어야 곡식 낟알을 떨 수 있기 때문에 欇殳란 명칭이 생겼다.

185 『國語・齊語』: "令夫農, 群萃而州處, 察其四時, 權節其用, 耒耜枷芟."

186 『荀子・性惡篇』: "假之有弟兄資財而分者, 且順情性, 好利而欲得, 若是, 則兄弟相拂奪矣."

187 『說文解字』 木部: "柫, 擊禾連枷也. 從木弗聲."

188 『說文解字』 木部: "枷, 柫也. 從木加聲. 淮南謂之柍."

189 『廣雅・釋器』: "殳・桲・棁・柍・欇・殳・梃・度, 杖也."

190 『廣雅・釋器』: "柫謂之枷."

191 『玉篇』 木部: "桲, 蒲骨切. 今連枷所以打穀也. 又榅桲, 果名."

『국어 · 제어』에 "바로 쟁기, 보습, 도리깨, 낫이다"라는 말이 있는데, 위소의 「주」에 "가枷는 도리깨채(불柫)다. 그것으로 풀을 때리는 것"이라고 했다. 『순자 · 성악편』에 "형제끼리 혼자 다 가지려고 서로 싸우게 된다"는 말이 있는데, 양경의 「주」에 "어떤 사람은 불拂자가 목木 부수라고 했으며, 불弗은 치다(격擊)의 뜻"이라고 했다. 『방언』에 "함곡관으로부터 서쪽에서는 불柫이라고 하며, 오늘날 농기구인 연가連枷(도리깨, 곡식의 낟알을 떠는 농기구)"라고 했다. 『설문해자』에 "불柫은 벼를 치는 연가連枷다. 가枷는 도리깨채(불柫)다. 회남淮南에서는 영柍이라고 한다"고 했다. 『광아』에 "방(봉)棓, 발桲, 영柍, 섭수欇殳, 도度는 방망이(장杖)다. 도리깨채(불柫)를 가枷라고 한다"고 했는데, 모두 여기에서 근거하였다. '도度'와 '타打'는 일성지전一聲之轉이다. 『석명』에 "가枷는 가加다. 자루 끝에 방망이를 첨가하여 이삭을 쳐서 곡식이 나오도록 하는 것이다. 혹은 또 나가羅枷라고도 하며, 세 막대기로 그것을 쓰기도 한다. 차차叉叉라고도 하는데, 자루 끝에서 막대기를 돌리기 때문에 생긴 이름이다"라고 했다. '나羅'와 '연連' 역시 일성지전一聲之轉이다. 『옥편』에 "발桲은 오늘날의 연가連枷다. 그것으로 곡식을 타작하는 것"이라고 했다.

역해

① 僉[첨] : 連枷. 도리깨.(그림자료 5-28 참조) 僉은 欇殳, 度, 棓, 柫, 柍, 桲의 풀이어휘.

② 欇殳[섭수] : 탈곡 기구. 宋魏之間에서 欇殳라고 함. 곽박 「주」에 殳의 발음은 殊라고 했는데, 이에 근거한 상고음은 [trjug]다.

③ 度[도] : 連枷. 탈곡 농구. 宋魏之間에서 또 度라고도 함. 곽박 당시에 江東에서는 打를 度라고 함. 곽박 「주」에 발음은 量度의 度라고 했는

데, 이에 근거한 상고음은 [*dagh]다.

④ 棓[방(봉)] : 농구로 連枷. 몽둥이는 棓이라고 하며 몽둥이로 때리는 것도 棓라고 함. 連枷의 손잡이는 몽둥이처럼 생겨서 곡식 낟알을 떠는 데 쓰이기 때문에 棓이라는 이름이 생겼다. 함곡관으로부터 서쪽 지역에서는 棓라고 함. 곽박 「주」에 발음은 蒲項反이라고 했는데, 이에 근거한 상고음은 [*brəgx]이다.

⑤ 柫[불] : 連枷. 탈곡 농구. 도리깨. 함곡관으로부터 서쪽 지역에서는 또 柫이라고 함. 곽박 「주」에 발음은 拂이라고 했는데, 이에 근거한 상고음은 [*phjət]이다.

⑥ 柍[앙] : 連枷. 탈곡 농구. 도리깨. 齊楚江淮之間에서 柍이라고 함. 곽박 「주」에 발음은 悵怏의 怏, 또 車鞅의 鞅이라고 했는데, 이에 근거한 상고음은 [*ʔjaŋx], 또 [*ʔjaŋ]이다.

⑦ 桲[발] : 連枷. 탈곡 농구. 도리깨. 齊楚江淮之間에서 또 桲이라고도 함. 곽박 「주」에 발음은 勃이라고 했는데, 이에 근거한 상고음은 [*bət]다.

방언 29

刈鉤①, 江淮陳楚之間謂之鉊②,【音昭[192]】或謂之鐹③.【音果】自關而西或謂之鉤④, 或謂之鎌⑤, 或謂之鍥⑥.【音結】

낫(예구刈鉤)은 강회江淮 진陳 초楚에 걸친 지역에서는 초鉊【음은 소昭다】라고 하거나, 혹은 과鐹【음은 과果다】라고 한다. 함곡관으로부터 서쪽에서 혹은 구鉤라고 하거나, 혹은 겸(렴)鎌이라고 하거나, 혹은 결鍥【음은

192 『四部叢刊』本에는 '召'라고 되어 있으나, 戴震은 '昭'로 고쳤다. 華學誠은 '召'와 '昭'의 古音이 비록 같다고 하더라도 郭璞 「注」의 음은 '昭'가 더 적합하다고 했다.

결結이다】이라고 한다.

방언소증

案『周禮・薙氏』: "薙氏, 夏日至而夷之.[193]" 鄭「注」云 : "以鉤鎌迫地芟之也. 若今取茭矣." 「齊語」: "挾其槍刈耨鎛.[194]" 韋昭「注」云 : "刈, 鎌也." 又"耒耜枷芟." 「注」云 : "芟, 大鎌, 所以芟草也." 『詩・周頌』: "奄觀銍刈.[195]" 『釋文』云 : "銍器可以穫禾." '鉤'亦作'句'. 『說文』云 : "句, 鎌也.[196]", "鎌, 鍥也.[197]", "銍, 穫禾短鎌也.[198]", "鉊, 大鎌也. 鎌謂之鉊, 張徹說.[199]" 『廣韻』引『說文』云 : "關西呼鎌爲句也.[200]" 今『說文』無此語, 當是兼取『方言』之文. 『釋名』云 : "鎌, 廉也, 體廉薄也", "銍, 穫黍鐵也." '鍋鎌'亦作'划鎌'. 『玉篇』云 : "句, 鎌也[201]." '鍋'[202]'鎌'[203]皆云, "刈句也." '划'亦云'刈句'. '划'與'鍋', 實一字. 『廣雅』: "划・鉊・句・鍥, 鎌也.[204]" 『方言』此條而有'划'則無'鍋'. 『玉篇』分入兩部, 故並存之.

『주례・치씨』에 "여름이 되어 평평하게 한다"는 말이 있는데, 정현의 「주」에서는 "낫으로 땅에 자란 풀을 벤다는 것이다. 오늘날의

---

193 『周禮・秋官・薙氏』: "薙氏掌殺草, 夏日至而夷之."
194 『國語・齊語』: "時雨旣至, 挾其槍刈耨鎛, 以旦暮從事於田野."
195 『詩經・周頌・臣工』: "命我衆人, 庤乃錢鎛, 奄觀銍刈."
196 『說文解字』 刀部 : "句, 鎌也. 從刀句聲."
197 『說文解字』 金部 : "鎌, 鍥也. 從金兼聲."
198 『說文解字』 金部 : "銍, 穫禾短鎌也. 從金至聲."
199 『說文解字』 金部 : "鉊, 大鐵也. 從金召聲. 鎌謂之鉊, 張徹說."
200 『廣韻』 下平聲 : "句, [古侯切] 『說文』云, 關西呼鎌爲句也."
201 『玉篇』 刀部 : "句, 古侯切. 鎌也."
202 『玉篇』 金部 : "鍋, 公臥切. 刈句也."
203 『玉篇』 金部 : "鎌, 力詹切. 刈句也."
204 『廣雅・釋器』: "划・鉊・句・鍥・鏺, 鎌也."

꼴을 베다와 같다"고 했다. 『국어 · 제어』에 "창, 낫, 괭이, 호미 등 농기구를 끼고"라는 말이 있는데, 위소의 「주」에서 "예刈는 낫"이라고 했다. 또 "쟁기, 보습, 도리깨, 큰 낫"이라는 말에 대해 「주」에서는 "삼芟은 큰 낫이며, 풀을 베는 도구"라고 했다. 『시경 · 주송』에 "낫으로 베는 것이 문득 보이다"라는 말이 있는데, 『경전석문』에 "낫은 벼를 벨 수 있는 도구"라고 했다. '구鉤'는 '구𠛎'로도 쓸 수 있다. 『설문해자』에 "구𠛎는 겸(렴)鎌(낫)이다. 겸(렴)鎌은 결鍥(낫)이다. 질銍은 벼를 베는 짧은 낫이다. 초鉊는 큰 낫이다. 겸(렴)鎌을 초鉊라고 하는 것은 장철張徹의 설이다"라고 했다. 『광운』에는 『설문해자』를 인용하여 "관서 지역에서는 겸(렴)鎌(낫)을 구𠛎라고 부른다"고 했다. 지금 『설문해자』에는 이 말이 없으며, 아마 『방언』의 문장을 인용한 것 같다. 『석명』에 "겸(렴)鎌은 렴廉이다. 몸체가 곧고 얇다. 질銍은 기장을 베는 철기 농기구"라고 했다. '과겸(렴)鐹鎌'은 '화겸(렴)划鐮'이라고도 쓴다. 『옥편』에 "구𠛎는 겸(렴)鐮(낫)"이라고 했다. '과鐹'와 '겸(렴)鐮'은 모두 "베는 기구(예구刈𠛎)"라고 했다. '화划'도 역시 "베는 기구(예구刈𠛎)"라고 했다. '화划'와 '과鐹'는 사실 같은 글자다. 『광아』에 "화划, 초鉊, 구𠛎, 결鍥은 낫(겸鎌)이다"라는 구절이 있는데, 『방언』의 이 조항에 근거하고 있지만, '화划'는 있고 '과鐹'는 없다. 『옥편』에서는 이것을 두 부部에 각각 수록하고 있다. 그래서 이들이 병존하게 되었다.

역해

① 刈鉤[예구] : 낫 종류.(그림자료 5-29 참조) 刈鉤는 鉊, 鐹, 鉤, 鎌, 鍥의 풀이어휘.

② 鉊[초] : 낫. 江淮陳楚之間에서는 鉊라고 함. 곽박 「주」에 발음은 昭라고 했는데, 이에 근거한 상고음은 [*tjagw]다.

③ 鍋[과] : 낫. 江淮陳楚之間에서 또 鍋라고도 함. 곽박 「주」에 발음은 果라고 했는데, 이에 근거한 상고음은 [*kuarx]다.

④ 鉤[구] : 낫. 모양이 갈고랑이처럼 생겨서 붙은 명칭임. 함곡관으로부터 서쪽에서는 鉤라고 함.

⑤ 鎌[겸(렴)] : 낫.(그림자료 5-29 참조) 함곡관으로부터 서쪽에서는 또 鎌이라고도 함.

⑥ 鍥[결] : 풀을 베는 낫. 새기다. 함곡관으로부터 서쪽에서는 또 鍥라고도 함. 곽박 「주」에 발음은 結이라고 했는데, 이에 근거한 상고음은 [*kit]이다.

방언 30

薄①, 宋魏陳楚江淮之間謂之苗②, 或謂之麴③【此直語楚聲轉耳[205]】. 自關而西謂之薄.[206]

누에 기르는 채반(박薄)은 송宋 위魏 진陳 초楚 강회江淮에 걸친 지역에서는 곡苗이라고 하거나, 혹은 국麴이라고도 한다.【이는 바로 초어의 성전聲轉이다】 함곡관으로부터 서쪽에서는 박薄이라고 한다. 남초南楚에서는 봉박蓬薄④이라고 한다.[207]

205 王念孫은 이 대목의 郭璞 「注」를 '此直楚語聲轉耳'이라고 하였는데, 華學誠은 慧琳 『一切經音義』의 인용문에 근거하여 王念孫의 주장이 옳다고 했다.

206 『四部叢刊』本에는 '南楚謂之蓬薄'이 더 있으나, 『方言疏證』본에는 '南楚謂之蓬薄'이 빠졌다. 華學誠은 아마도 戴震이 실수로 이 대목을 빠트렸을 것이라고 했다.

207 이 대목은 華學誠의 주장에 따라 『方言疏證』본을 보충하여 번역하였다.

방언소증

案「月令」:"季春, 具曲植籧筐.[208]" 鄭「注」云:"時所以養蠶器也. 曲, 薄也."「疏」引『方言』此條文並同.『說文』:"苖, 蠶薄也.[209]" 又云:"或說曲, 蠶薄也.[210]"『廣雅』:"笛謂之薄.[211]" 皆轉而從竹.

『예기·월령』에 "늦은 봄에는 양잠도구인 얇은 발, 막대기, 대자리, 광주리 등을 갖춘다"는 말이 있는데, 정현의 「주」에 "때가 되면 사용하는 양잠도구다. 곡曲은 박薄이다"라고 했다. 「소」에서는 『방언』의 이 문장을 인용하였으며, 문장이 동일하다. 『설문해자』에 "곡苖은 누에 기르는 채반(잠부蠶薄)"이라고 했다. 또 "혹은 말하기를 곡曲은 누에 기르는 채반(잠부蠶薄)"이라고 했다. 『광아』에 "곡笛을 부薄라고 한다"고 했다. 글자가 바뀌어도 모두 의미로 인해 죽竹이 들어간다.

역해

① 薄[박]: 박箔으로 가차되어 蠶箔으로 사용됨. 누에를 키우는 도구. 모양은 자리처럼 생겼고 대나무 혹은 갈대로 엮었음.(그림자료 5-30 참조) 함곡관으로부터 서쪽지역에서는 薄이라고 함. 薄은 苖, 麴, 蓬薄의 풀이어휘.

② 苖[곡]: 蠶箔. 누에 기르는 채반. 宋魏陳楚江淮之間에서는 苖이라고 함.

---

208 『禮記·月令』:"季春之月, 日在胃, 昏七星中, 旦牽牛中. 其日甲乙. …… 具曲植籧筐."

209 『說文解字』 艸部:"苖, 蠶薄也. 從艸曲聲."

210 『說文解字』 曲部:"曲, 象器曲受物之形. 或說曲, 蠶薄也. 凡曲之屬皆從曲. 𠃑, 古文曲."

211 『廣雅·釋器』:"笛謂之薄."

③ 麴[국] : 麯과 같음. 누룩. 宋魏陳楚江淮之間에서 또 麴이라고도 함.
④ 蓬薄[봉박] : 누에 기르는 채반. 南楚에서는 蓬薄이라고 함.

방언 31

橛①, 燕之東北朝鮮洌水之間謂之椴[212]②【楬[213], 杙也. 江東呼都, 音段[214]】

말뚝(궐橛)은 연燕의 동북과 조선朝鮮 열수洌水에 걸친 지역에서는 단椴이라고 한다.【갈楬은 익杙(말뚝)이다. 강동 지역에서는 도都라고 부르며, 음은 단段이다】

방언소증

案『爾雅』: "橛謂之闑.[215]" 「曲禮」: "大夫士入君門, 由闑右, 不踐閾.[216]" 鄭「注」云 : "闑, 門橛. 閾, 門限." 『說文』: "橜, 弋也.[217]" '橜''橛'同, '杙''弋', 古通用. 各本'椴'訛作'椵'. 椴, 徒亂反. 椵, 古雅反. '都''椴', 一聲之轉.

---

212 『四部叢刊』本에는 '椵'라고 되어 있으나, 戴震은 '椴'으로 고쳤다.
213 『四部叢刊』本에는 '揭'로 되어 있으나, 戴震은 '楬'라고 했다.
214 『四部叢刊』本에는 '音叚'로 되어 있으나, 戴震은 '音段'으로 고쳤고, 華學誠은 戴震이 옳다고 했다.
215 『爾雅 · 釋宮』: "閍謂之門, 正門謂之應門, 觀謂之闕, 宮中之門謂之闈, 其小者謂之閨, 小閨謂之閤, 衖門謂之閎, 門側之堂謂之塾, 橛謂之闑, 闔謂之扉, 所以止扉謂之閎."
216 『禮記 · 曲禮上』: "必愼唯諾. 大夫士入君門, 由闑右, 不踐閾."
217 『說文解字』 木部 : "橜, 弋也. 從木厥聲. 一曰門梱也."

『이아』에 "궐橛(문에 세운 말뚝)은 얼闑이라고 한다"고 했다. 『예기·곡례』에 "대부와 사는 군(왕궁)의 문을 들어갈 때 얼闑의 우측으로 들어가고, 문지방(역閾)을 밟지 않는다"고 했는데, 정현의 「주」에 "얼闑은 문지방(문궐門橛)이다. 역閾은 문지방(문한門限)이다"라고 했다. 『설문해자』에 "궐橜은 익弋"이라고 했다. '궐橜'과 '궐橛'은 같으며, '익杙'과 '익弋'은 옛날에는 통용되었다. 각 판본에서 '단椴'을 모두 '가椵'로 잘못 썼다. 단椴은 도란반徒亂反이고, 가椵은 고아반古雅反이다. '도都'와 '단椴'은 일성지전一聲之轉이다.

역해

① 橛[궐] : 말뚝. 문지방. 그루터기. 橛은 椴의 풀이어휘.

② 椴[단] : 나무 말뚝. 燕의 東北, 朝鮮洌水之間에서는 椴이라고 함. 곽박은 주에서 楬은 杙이라고 함. 곽박 당시에 江東에서는 都라고 부른다고 함. 곽박 「주」에 발음은 段이라고 했는데, 이에 근거한 상고음은 [*duanh]이다.

방언 32

槌①,【縣[218]蠶薄柱也. 度畏反】 宋魏陳楚江淮之間謂之植②.【音值】 自關而西謂之槌, 齊謂之样③【音陽】. 其橫, 關西曰樤④[219],【音朕. 亦名

218 『四部叢刊』本에는 '綵'로 되어 있으나, 戴震은 '縣'으로 고쳤으며, 周祖謨와 華學誠은 戴震의 수정이 옳다고 했다.

219 『四部叢刊』本에는 '㭘'으로 되어 있다. 戴震은 '樤'으로 고쳤으며, 華學誠은 戴震을 따라 고쳐야 한다고 했다.

校, 音交】 宋魏陳楚江淮之間謂之樠⑤,【音帶】 齊部謂之持⑥.【丁革[220]反】 所[221]以縣樠, 關西謂之緣⑦,【力冉反】 東齊海岱之間謂之䌰⑧,【相卞[222]反】 宋魏陳楚江淮之間謂之繯⑨,【擐甲】 或謂之環⑩【擐】[223].

잠박을 설치하기 위해 세우는 나무기둥(퇴槌)은【양잠에 사용하는 발 기둥이다. 음은 도외반度畏反이다】 송宋 위魏 진陳 초楚 강회江淮에 걸친 지역에서 식植【음은 치值다】이라고 한다. 함곡관으로부터 서쪽에서는 퇴槌라고 하고, 제齊에서는 양样【음은 양陽이다】이라고 한다. 가로대는 관서關西 지역에서는 짐㮳【음은 짐朕이다. 교校라는 명칭도 있는데, 음은 교交다】이라고 하며, 송宋 위魏 진陳 초楚 강회江淮에 걸친 지역에서는 대樠【음은 대帶다】라고 한다. 제齊 지역에서는 적持【음은 정혁반丁革反이다】이라고 한다. 적樠을 거는 것을 관서 지역에서는 염緣【음은 역염반力冉反이다】이라고 하고, 동제東齊 해대海岱에 걸친 지역에서는 선䌰【음은 상변반相卞反이다】이라고 부르며, 송宋 위魏 진陳 초楚 강회江淮에 걸친 지역에서는 환(현)繯【발음은 환갑擐甲의 환擐이다[224]】이라고 하거나, 혹은 환環【환擐이다】이라고 한다.

---

220 『四部叢刊』本에는 '謹'이라고 되어 있으나, 戴震은 '革'으로 고쳤다. 周祖謨는 戴震을 따랐다. 그러나 吳承仕는 '諽'이라고 했다. 華學誠도 吳承仕의 견해가 옳다고 했다.

221 『四部叢刊』本에는 '胡'라고 되어 있으나, 戴震은 '所'라고 고쳤다. 周祖謨와 華學誠은 戴震이 옳다고 했다.

222 『四部叢刊』本에는 '主'라고 되어 있으나, 戴震은 '卞'으로 고쳤고, 盧文弨는 '卷'이라고 고쳤다. 周祖謨는 '主'가 '玄'의 오류일 것이라고 추정했다. 그러나 吳承仕는 司馬光이나 丁度가 본 『方言』 판본에는 '主'라고 되어 있었다고 했다. 華學誠은 吳承仕의 의견에 따라 원래 판본을 고치지 않고 단지 의문점으로 남겨두었다.

223 盧文弨와 周祖謨는 이 글자가 없어야 한다고 했으며, 華學誠도 明抄本에 이 글자가 없다고 했다.

224 戴震의 설에 따라 이와 같이 번역하였다.

案『廣雅』:“欂・榺・杼・植・样, 槌也.[225]”, “絵・繏, 索也.[226]”, “繯, 絡也.[227]”『說文』云:“關東謂之槌, 關西謂之持.[228]”, “栚, 槌之横者也. 關西謂之㯋.[229]”, “繯, 落也.” ‘栚’‘榺’同. ‘落’當作‘絡’. 所云關東西與『方言』異. ‘㯋’字『說文』所無. 『玉篇』云:“槌, 蠶槌也.[230]”, “植, 養蠶器也.[231]”, “持, 槌横木也.[232]”, “絵, 懸蠶薄横也.[233]”, “繏, 懸縋索.[234]” 皆本『方言』此條. 「月令」:“具曲植籧筐[235]”, 鄭「注」云:“植, 槌也.” 「疏」引『方言』, ‘样’訛作‘牂’. 『廣韻』引『方言』:“懸蠶薄柱, 齊謂之样.[236]” 「注」内 ‘擐甲’當作‘音擐甲之擐’.

『광아』에 “대欂・짐榺・적持・식植・양样은 잠박을 설치하기 위해 세우는 나무기둥(퇴槌)이다”, “염絵・선繏는 새끼줄(색索)이다”, “환(현)繯(얽다)은 락絡”이라고 했다. 『설문해자』에 “관동 지역에서 퇴槌라고 하고, 관서 지역에서는 적持라고 부른다”, “짐栚은 퇴槌 가운데 가로대를 말한다. 관서 지역에서는 짐㯋이라고 부른다”, “환(현)繯은 락落이다”라

225 『廣雅・釋器』:“欂・榺・校・持・㭊・植・様, 槌也.”

226 『廣雅・釋器』:“縢・㩻・緎・紲・紘・縜・緝・紩・絠・絃・縻・紖・縋・絵・繏・徽・縲・絢・筊・纍・繩, 索也.”

227 『廣雅・釋器』:“縿・繯, 絡也.”

228 『說文解字』 木部:“槌, 關東謂之槌, 關西謂之持. 從木追聲.”

229 『說文解字』 木部:“栚, 槌之横者也. 關西謂之㯋. 從木弃聲.”

230 『玉篇』 木部:“槌, 紂愧切. 植也. 蠶槌也.”

231 『玉篇』 木部:“植, 時職切. 根生之屬也. 樹也. 置也. 又除吏切. 養蠶器也.”

232 『玉篇』 木部:“持, 陟革切. 槌横木也. 關西謂之持.”

233 『玉篇』 糸部:“絵, 力冉切. 懸蠶薄横也.”

234 『玉篇』 糸部:“繏, 思縣切. 懸縋索.”

235 『禮記・月令』:“季春之月, 日在胃, 昏七星中, 旦牽牛中. 其日甲乙. …… 具曲植籧筐.”

236 『廣韻』 下平聲:“様, [與章切], 『廣雅』: 雲様, 槌也. 『方言』曰: 懸蠶柱, 齊謂之様.”

고 했다. '짐栚'과 '짐𣙍'은 같으며, '락落'은 '락絡'으로 써야 한다. 관의 동서 지역이 『방언』과 다르다. '짐𣙍'자는 『설문해자』에는 없다. 『옥편』에는 "퇴槌는 양잠용 막대기다", "식植은 양잠도구다", "짐栚은 퇴槌의 가로대다", "염䌋은 양잠을 하기 위해 가로로 매단 발이다", "선繏은 매다는 줄이다"라고 했는데, 모두 『방언』의 이 조항에서 근거하였다. 「월령」에 "(늦은 봄에는……) 양잠도구인 얇은 발, 막대기, 대자리, 광주리 등을 갖춘다"라는 말에 대해서 정현의 「주」에는 "식植은 퇴槌(양잠용 막대기)다"라고 했다. 「소」에서는 『방언』의 말을 인용하였는데, '양柍'을 '장𣏌'이라고 잘못 썼다. 『광운』에서는 『방언』을 인용하여 "잠박蠶薄을 매다는 기둥을 제齊에서는 양柍이라고 한다"고 했다. 「주」의 '환갑擐甲'은 '음은 환갑擐甲의 환擐'으로 고쳐야 한다.

역해

① 槌[추] : 잠박(누에 채반)을 세우는 기둥. 蠶箔을 설치하기 위해서 놓는 나무 말뚝. 함곡관으로부터 서쪽 지역에서는 槌라고 함. 곽박 「주」에 槌의 발음은 度畏反이라고 했는데, 이에 근거한 상고음은 [*drjərh]다.

② 植[치] : 특히 잠박을 거는 기둥을 말함. 원래 문을 밖으로 닫을 때 열쇠를 달기 위해 중간에 세운 곧은 나무를 말함. 곧추 세운 나무라는 뜻에서 유래한 명칭. 宋魏陳楚江淮之間에서는 植이라고 함. 곽박 「주」에 발음은 值라고 했는데, 이에 근거한 상고음은 [*drjəgh]다.

③ 柍[양(장)] : 잠가의 나무 기둥. 齊에서는 柍이라고 함. 곽박 「주」에 발음은 陽이라고 했는데, 이에 근거한 상고음은 [raŋ]이다.

④ 𣙍[짐] : 蠶箔을 거는 나무 중 가로로 된 것을 𣙍이라고 함. 關西지역에서는 𣙍이라고 함. 곽박 「주」에 발음은 朕이라고 했으며, 이에 근거한 상고음은 [*drjəmx]이다. 또 다른 명칭으로 校라고 했으며 발음은 交

라고 했는데, 이에 근거한 상고음은 [*kragw]이다.

⑤ 槫[대] : 누에 채반을 얹는 나무기둥. 宋魏陳楚江淮之間에서는 槫라고 함. 곽박 「주」에 발음은 帶라고 했는데, 이에 근거한 상고음은 [*tadh]다.

⑥ 栚[적] : 잠박 시렁의 가로대. 齊지역에서는 栚이라고 함. 곽박 「주」에 발음은 丁革反이라고 했는데, 이에 근거한 상고음은 [*trək]이다.

⑦ 𥿍[렴] : 잠박을 기둥에 매다는 끈. 關西지역에서는 𥿍이라고 함. 곽박 「주」에 발음은 力冉反이라고 했는데, 이에 근거한 상고음은 [*ljam, *ljamx]이다.

⑧ 繏[선] : 잠박기둥 끈. 東齊海岱之間에서는 繏이라고 함. 곽박 「주」에 발음은 相卞反이라고 했는데, 이에 근거한 상고음은 [*sjianh]이다.

⑨ 繯[환(현)] : 누에 채반을 기둥에 매는 끈. 宋魏陳楚江淮之間에서는 繯이라고 함. 곽박 「주」에 발음은 擐甲의 擐이라고 했는데, 이에 근거한 상고음은 [*sgwjan]이다.

⑩ 環[환] : 잠가에 시렁 대신으로 매는 밧줄. 宋魏陳楚江淮之間에서 또 環이라고도 함. 곽박 「주」에 발음은 擐이라고 했는데, 이에 근거한 상고음은 [*sgwjan]이다.

방언 33

簟①, 宋魏之間謂之笙②【今江東通言笙】, 或謂之籧苗③. 自關而西或謂之簟, 或謂之𥲤[237]④【今云𥲤篾篷[238]也】. 其麤者謂之籧篨⑤. 自關而東或謂之篕棪⑥[239]【音剡. 江東呼籧篨爲籧, 音廢】.

---

237 『四部叢刊』本에는 '𦿝'로 되어 있으나, 戴震은 '𥲤'로 고쳤다. 周祖謨, 華學誠은 戴震이 옳다고 했다.

238 華學誠은 '篾篷'이 문헌에 사용된 예를 찾아볼 수 없으며, 현대의 방언에도 대나무 자리를 나타내는 단어 가운데 이런 방언 어휘를 찾을 볼 수 없다고 했다.

대자리(섬簟)는 송宋 위魏에 걸친 지역에서는 생笙이라고 하거나,【오늘날 강동 지역에서 일반적으로 모두 생笙이라고 한다】 혹은 거곡籧篖이라고 한다. 함곡관으로부터 서쪽에서 혹은 섬簟이라고 하거나, 혹은 제䈜[240]라고 한다.【오늘날 제䈜라고 하는 것은 대나무 자리다】 그 중 거친 것은 거저籧篨라고 하며, 함곡관으로부터 동쪽에서 혹은 합염箉掞이라고 한다.【음은 섬剡이다. 강동 지역에서 거저籧篨를 폐癈라고 한다. 음은 폐廢다】

방언소증

案左思「吳都賦」:"桃笙象簟.[241]" 劉逵「注」云:"桃笙, 桃枝簟也. 吳人謂簟爲笙, 又析象牙以爲簟也."『廣韻』引『方言』:"自關而西, 簟或謂之䈜.[242]"『廣雅』"笙·䈜·簟·籧篨·篖, 席也.[243]" 蓋'棪'謂之'籧篨', 皆本此. '棪''掞', 古通用.『說文』云:"簟, 竹席也.[244]", "籧篨, 粗竹席也.[245]"『玉篇』云:"籧篨, 江東人呼癈也.[246]", "䈜, 簟也.[247]"『詩·邶風』:"籧篨不鮮.[248]" 籧篨本粗竹席, 用爲困者之名, 不可使俯之疾似之. 故「晉語」曰:"籧篨不可使俯.[249]" 以言辭媚悅人者常仰觀顏色, 病

239 『四部叢刊』本과 『方言疏證』本에 모두 '箉掞'이라고 되어 있으나, 王念孫과 周祖謨는 '箉棪'이라고 고쳤다. 華學誠은 王念孫과 周祖謨의 수정이 옳다고 했다.

240 華學誠은 지금의 江淮 官話에서 여전히 䈜子란 말을 사용하는데 갈대 혹은 대나무로 엮은 자리를 말하며, 곡식을 쌓는데 쓰인다고 했다.

241 『文選·賦丙·吳都賦』:"桃笙象簟, 韜於筒中."

242 『廣韻』 去聲:"䈜, [征例切]『方言』云: 自關而西謂簟, 或謂之䈜."

243 『廣雅·釋器』:"笙·䈜·篾·簟·籧·篖·筵·西·薦·篛·筏, 席也."

244 『說文解字』 竹部:"簟, 竹席也. 從竹覃聲."

245 『說文解字』 竹部:"籧, 籧篨, 粗竹席也. 從竹遽聲."

246 『玉篇』 竹部:"籧, 距於切. 籧篨, 竹席也. 江東人呼癈也."

247 『玉篇』 竹部:"䈜, 之厲切. 簟也."

248 『詩經·邶風·新臺』:"燕婉之求, 籧篨不鮮."

249 『國語·晉語』: 對曰, "籧篨不可使俯, 戚施不可使仰."

若籧篨. 故『爾雅』云 : "籧篨, 口柔也.[250]"

좌사의 「오도부」에 "대나무로 짠 자리, 상아 장식을 한 대자리를" 이라는 말이 있는데, 유규의 「주」에서는 "도생桃笙은 대나무 가지로 만든 대자리다. 오나라 사람들은 점簟(대자리)을 생笙이라고 한다. 또 상아를 쪼개서 자리로 만들었다"고 했다. 『광운』에서는 『방언』을 인용하여 "함곡관으로부터 서쪽에서는 점簟(대자리)을 혹은 제䈕라고 부르기도 한다"고 했다. 『광아』에서는 "생笙・제䈕・점簟・거저籧篨・곡䈸은 자리(석席)"라고 했다. 무릇 '염䉎'을 '거저籧篨'라고 한 것은 모두 여기에서 근거하였다. '염䉎'과 '섬掞'은 옛날에는 통용되었다. 『설문해자』에 "점簟은 대나무 멍석이다. 거저籧篨는 굵은 나무로 만든 멍석"이라고 했다. 『옥편』에 "거저籧篠을 강동 지역 사람들은 폐𥲤라고 부른다. 제䈕는 점簟(대자리)"이라고 했다. 『시경・패풍』에 "더러운 대자리만 깔려 있구나"라는 말이 있는데, 거저籧篨는 원래 굵은 대나무 멍석이다. 구불구불 구부러져 있어서 붙은 명칭이다. 구부릴 수 없는 병과 같다. 그래서 『국어・진어』에 "가슴이 불룩하게 튀어나온 거저는 구부려 땅을 볼 수 없다"는 말이 있다. 이것은 말로 아첨하고 환심을 사려는 사람들은 항상 남의 안색을 살펴야 하고 거저籧篨 같은 병을 앓는 것처럼 늘 굽실거린다는 것을 말한다. 그래서 『이아』에 "거저籧篨는 입에 달콤하다"라고 했다.

역해

① 簟[점] : 삿자리. 대자리. 거적. 멍석.(그림자료 5-33 참조) 함곡관으로

250 『爾雅・釋訓』: "籧篨, 口柔也. 戚施, 面柔也. 夸毗, 體柔也."

부터 서쪽지역에서는 簟이라고 함.

② 笙[생] : 대자리. 대자리 중에서 가는 것. 宋魏之間에서는 笙이라고 함. 곽박 「주」에 笙은 당시 강동 지역의 통언이라고 했다.

③ 籧苗[거곡] : 대자리. 宋魏之間에서 또 籧苗이라고도 함.

④ 筙[제] : 대자리. 휘어서 접을 수 있는 대자리. 함곡관으로부터 서쪽 지역에서 또 筙라고도 함.

⑤ 籧篨[거저] : 거친 대자리. 籧篨는 筕篖의 풀이어휘. 곽박은 당시에 江東에서 籧篨를 籧라고 했으며 발음은 廢라고 했는데, 이에 근거한 상고음은 [*pjadh]다.(참조 : 籧는 갈대로 엮은 비낀 무늬의 굵은 자리)

⑥ 篕棪[합염] : 대자리. 함곡관으로부터 동쪽지역에서는 篕掞이라고 함. 곽박 「주」에 棪의 발음은 剡이라고 했는데, 이에 근거한 상고음은 [*djamx]이다.

방언 34

筕篖①【似籧篨, 直文而粗. 江東呼笪②[251], 音靼】[252], 自關而東周洛楚魏之間謂之倚佯③.【音羊】自關而西謂之筕篖, 南楚之外謂之篖④.

거친 대자리(행당筕篖)는【대나무 자리 거저籧篨와 비슷하며 세로무늬로 거칠다. 강동 지역에서 달笪이라고 하며, 음은 단靼이다】 함곡관으로부터 동쪽 지역 동주東周 락洛 초楚 위魏에 걸친 지역에서는 의양倚佯【음은 양羊이다】이라고 한다. 함곡관으로부터 서쪽에서는 행당筕篖이라고 하고, 남초南楚의

---

251 『四部叢刊』本에는 '笪'로 되어 있으나, 戴震은 '笪'로 고쳤고 華學誠은 戴震이 옳다고 했다.

252 『四部叢刊』本에는 '音靼'로 되어 있으나, 戴震은 '音靼'으로 고쳤으며, 華學誠은 戴震이 옳다고 했다.

외부에서는 당簹이라고 부른다.

방언소증

案'倚佯'亦作'倚陽'. 『廣雅』: "簹·倚陽, 筕簹也.[253]" 本此. 『玉篇』云: "筕簹, 竹笪.[254]", "笪, 麤籧篨也.[255]"

'의양倚佯'은 '의양倚陽'이라고 쓰기도 한다. 『광아』에 "당簹·의양倚陽은 거친 대자리(행당筕簹)"라고 했는데, 여기서 근거하였다. 『옥편』에 "행당筕簹은 죽달竹笪이다", "달笪은 거친 대자리(거저籧篨)다"라고 했다.

역해

① 筕簹[행당]: 筕篖이라고도 함. 대나무로 짠 거친 자리. 함곡관으로부터 서쪽 지역에서는 筕簹이라고 함. 곽박은 당시에 강동에서는 筕簹을 笪이라고 했으며 발음은 靼이라고 했는데, 이에 근거한 상고음은 [*tat]이다.(참조: 笪는 거친 대자리. 굵은 대나무 껍데기로 엮은 자리)
② 倚佯[의양]: 倚陽이라고도 함. 대나무로 짠 거친 자리, 즉 筕簹을 말함. 함곡관으로부터 동쪽 周洛楚魏之間에서는 倚佯이라고 함. 곽박「주」에 佯의 발음은 羊이라고 했는데, 이에 근거한 상고음은 [*raŋ]이다.
③ 簹[당]: 筕簹을 말함. 南楚의 외부 지역에서 簹이라고 함.

---

253 『廣雅·釋器』: "佯簹·倚陽, 筕簹也."
254 『玉篇』竹部: "筕, 胡庚切. 筕簹竹笪."
255 『玉篇』竹部: "笪, 丁但切. 笞也. 又丁達切. 麤籧篨也."

방언 35

牀①, 齊魯之間謂之簀②[256]【牀版也. 音迮】, 陳楚之間或謂之笫③【音滓, 又音姊】. 其杠, 北燕朝鮮之間謂之樹④, 自關而西秦晉之間謂之杠⑤, 南楚之間謂之趙⑥,【趙當作桃[257], 聲之轉也. 中國亦呼杠爲桃牀, 皆通語也】[258] 東齊海岱之間謂之樺⑦[259]【音詵】[260]. 其上版[261]衛之北郊趙魏之間謂之牒⑧【牏牒】, 或曰牑⑨【履屬】[262].

침상(상牀)은 제齊 로魯에 걸친 지역에서는 책簀이라고 하며,【침상의 바닥이다. 음은 책迮이다】 진陳 초楚에 걸친 지역에서는 혹은 자笫라고도 한다.【음은 재滓다. 또 다른 음은 자姊다】 그 강杠을 북연北燕 조선朝鮮에 걸친 지역에서는 수樹라고 하고, 함곡관으로부터 서쪽 진秦 진晉에 걸친 지역에서는 강杠이라고 하며, 남초南楚에 걸친 지역에서는 조趙라고 한다.【조趙는 마땅히 조兆며, 성지전聲之轉이다. 중국中國에서도 또한 강杠을 도상桃牀이라고 하는데 모두 통어다】 동제東齊 해대海岱에 걸친 지역에서는 선樺이라고 한다.【음은 선詵이다】 그 상판上板을 위衛의 북쪽 교외와 조趙 위魏에

---

256 『四部叢刊』本에는 '簀'로 되어 있고, 『方言疏證』본에는 '簀'로 되어 있다. 華學誠은 '簀'은 '簀'과 同字라고 했다.

257 『四部叢刊』本에는 '兆'로 되어 있으나, 戴震은 '桃'로 고쳤으며, 周祖謨는 戴震이 옳다고 했다.

258 『四部叢刊』本에는 '皆通也'로 되어 있으나, 戴震은 '皆通語也'로 고쳤다.

259 『四部叢刊』本에는 '樺'로 되어 있으며, 戴震은 '樺'으로 고쳤다. 盧文弨가 본 曹毅之 판본에도 '樺'으로 되어 있다고 했다. 華學誠도 '樺'으로 고쳐야 한다고 했다.

260 『四部叢刊』本에는 '先'으로 되어 있으며, 戴震은 이를 '詵'이라고 고쳤다. 盧文弨가 본 曹毅之 판본에도 '詵'이라고 되어 있다고 했다. 華學誠은 '詵'으로 고쳐야 한다고 했다.

261 『四部叢刊』本에는 '板'으로 되어 있다.

262 戴震도 잘은 모르겠지만 아마 "音鞭" 등과 같은 글자가 잘못 전해진 것이 아닌지 의심스럽다고 했다.

걸친 지역에서는 첩牒이라고 하고,【음은 간첩簡牒의 첩牒이다】[263] 혹은 편牑이라고도 한다.【신발 종류다[264]】

방언소증

案『說文』云:"牀, 安身之坐者.[265]", "簀, 牀棧也.[266]", "笫, 牀簀也.[267]", "杠, 牀前横木也.[268]", "牑, 牀版也.[269]"『春秋』襄公二十七年:"牀笫之言不踰閾.[270]" 杜預「注」云:"笫, 簀也."『玉篇』[271]『廣韻』[272]並引『方言』云:"杠, 東齊海岱之閒謂之樺." 今『方言』各本訛作'樺'.「注」內'詵'訛作'先'. 徐堅『初學記』引『方言』此條. 正文作'謂之樺',「注」文作'音詵'. 與『玉篇』『廣韻』同. '趙'亦作'銚'.『廣雅』:"棲謂之牀. 浴牀謂之柖. 簀, 笫也. 樹, 銚杠也.[273]", "牒, 牑, 版也.[274]" 曹憲『音釋』:"牑音鞭."「注」內'簡牒'當作'音簡牒之牒'. 牑下'履屬'二字未詳, 當是如'音鞭'等字訛舛而成.

『설문해자』에 "상牀은 몸을 편히 하고 앉는 자리다. 책簀은 평상에

263 戴震의 설에 따라 이와 같이 번역하였다.
264 이 조항의 의미와 전혀 무관하다.
265 『說文解字』 木部:"牀, 安身之坐者. 從木爿聲."
266 『說文解字』 竹部:"簀, 牀棧也. 從竹責聲."
267 『說文解字』 竹部:"笫, 牀簀也. 從竹㊉聲."
268 『說文解字』 木部:"杠, 牀前横木也. 從木工聲."
269 『說文解字』 片部:"牑, 牀版也. 從片扁聲, 讀若邊."
270 『春秋左傳』 襄公二十七年:"趙孟曰, 牀笫之言不踰閾, 况在野乎, 非使人之所得聞也."
271 『玉篇』 木部:"樺, 所銀切. 『方言』云: 杠, 東齊海岱之閒謂之樺."
272 『廣韻』 上平聲:"樺, [所臻切] 『方言』云: 杠, 東齊海岱之閒謂之樺, 杠牀前横也."
273 『廣雅・釋器』:"棲謂之牀. 浴牀謂之柖. 簀, 笫也. 樹, 銚杠也."
274 『廣雅・釋器』:"銚・棓・牒・牘・牑・牄, 版也."

깔아놓은 자리(상잔牀棧)다. 자笫는 평상에 까는 대자리(상책牀簀)다. 강杠은 침상 앞의 가로대다. 편牑은 침대 판이다"라고 했다. 『춘추』 양공 27년[275]에 "침대에서 한 말은 문지방을 넘어가지 않는다"는 말이 있는데, 두예의 「주」에 "자笫는 책簀(침대의 가로대)"이라고 했다. 『옥편』과 『광운』에는 모두 『방언』을 인용하여 "강杠은 동제東齊 해대海岱 지역에서 선榉이라고 한다"고 했다. 오늘날 『방언』의 각 판본에는 '화樺'라고 잘못 되어 있다. 「주」에서 '선詵'을 '선先'으로 잘못 썼다. 서견의 『초학기』에서는 『방언』의 이 조항 본문의 '선榉이라고 한다'와 「주」의 '음은 선詵이다'라는 구절을 인용하였는데, 이는 『옥편』, 『광운』과 동일하다. '조趙'는 '조兆兆'라고 쓰기도 한다. 『광아』에 "서棲는 상牀이라고 한다", "목욕하는 상(욕상浴牀)을 소柖라고 한다", "책簀은 평상, 침상(자笫)이다", "수樹는 조강兆兆杠이다", "첩牒, 편牑은 평상널(판版)"이라고 했다. 조헌은 『광아음석』에서 "편牑의 발음은 편鞭"이라고 했다. 「주」의 '간첩簡牒'은 '음은 간첩簡牒의 첩牒'이라고 해야 하며, 편牑 다음의 '이속履屬'이라는 두 글자는 잘 모르겠지만 아마도 '음편音鞭' 등과 같은 글자가 잘못 전해진 것이 아닌가 생각된다.

역해

① 牀[상] : 상床이라고도 씀. 침상. 상. 밥상. 책상. 앉고 눕는데 사용하는 도구.(그림자료 5-35 참조) 牀은 簀, 笫의 풀이어휘.

② 簀[책] : 대오리나 갈대로 엮어 만든 평상 깔개. 齊魯之間에서는 簀이라고 함. 곽박 「주」에 발음은 迮이라고 했는데, 이에 근거한 상고음은 [*tsak]이다.

---

275 이 『春秋』는 『春秋左傳』을 말한다.

③ 笫[자] : 대나무로 엮은 자리. 침상. 고르고 평평하기 때문에 붙은 명칭이라고 함. 陳楚之間에서 笫라고 함. 곽박 「주」에 발음은 滓, 또 姊라고 했는데, 이에 근거한 상고음은 [*tsrjəgx], 또 [*tsjidx]다.

④ 樹[수] : 침대머리의 가로대. 北燕朝鮮之間에서 樹라고 함.

⑤ 杠[강] : 침대머리의 가로대. 침상에 세운 것을 杠이라고 함. 함곡관으로부터 서쪽 秦晉之間에서는 杠이라고 함.

⑥ 趙[조] : 침상 앞의 횡목. 南楚之間에서는 趙라고 함. 곽박은 주에서 趙는 桃라고 해야 하며, 中國에서 杠을 桃牀이라고도 했는데, 모두 通語라고 함.

⑦ 樄[신] : 침상 앞의 가로대. 평상바닥. 東齊海岱之間에서 樄이라고 함. 곽박 「주」에 발음은 詵이라고 했는데, 이에 근거한 상고음은 [*srjiən]이다.

⑧ 牒[첩] : 널빤지. 침대의 상판. 衛의 北郊, 趙魏之間에서는 牒이라고 함. 곽박 「주」에 발음은 簡牒의 牒이라고 했는데, 이에 근거한 상고음은 [*diap]이다.

⑨ 牑[편] : 평상널. 衛의 北郊, 趙魏之間에서 또 牑이라고도 함.

방언 36

俎①, 几②也. 西南蜀漢之郊曰杫③【音賜】. 榻前几,[276] 江沔之間曰桯④【今江東呼爲承. 桯音刑】. 趙魏之間謂之椸⑤【音易】. 几, 其高者謂之虡⑥【即筍虡也. 音巨】.

조俎는 제사나 연향 때 희생이나 음식을 얹어 놓는 상(궤几)이다. 서

276 戴震은 桯, 椸, 虡을 俎, 几와 같은 조항으로 보았고 盧文弨, 錢繹, 周祖謨도 戴震의 설을 따랐으나, 華學誠은 桯, 椸, 虡은 침상 앞의 几로 앞의 几와는 다른 조항이라고 했다.

남西南 촉한蜀漢의 교외 지역에서는 시杫라고 한다.【음은 사賜다】 길고 좁게 만든 침상 앞의 궤几는 강면江沔에 걸친 지역에서 정(형)桯이라고 하고,【오늘날 강동 지역에서는 승承이라고 부른다. 정(형)桯은 음이 형刑이다】 조趙위魏에 걸친 지역에서는 이榹라고 한다.【음은 이易다】 궤几 가운데 높은 것은 거虡라고 한다.【즉 순거筍虡[277]다. 음은 거巨다】

방언소증

案『後漢書』第五「鍾離宋寒列傳」: "欒崧, 家貧爲郎, 常獨直臺上, 無被, 枕杫.[278]" 「注」云: "杫謂俎几也. 『方言』云: 蜀汉之郊曰杫." 『說文』云: "桯, 牀前几.[279]" 『廣雅』: "杫・虞・桯・㩼・俎, 几也.[280]" '虞'卽'虡', '㩼'卽'榹'. 「考工記」: "梓人爲簨虡.[281]" 鄭「注」云: "樂器所縣, 横曰簨, 植曰虡." '簨''筍', 古通用.

『후한서』의 제5권 「종리송한열전」에 "약숭欒崧은 하내河內 사람으로 천성이 소박하고 충성스러웠다. 집안이 가난했으며 랑郞을 담당할 때 항상 홀로 대 위에서 지냈는데, 이불, 베개, 안석(杫)도 없이 잤으며"라는 구절이 있는데, 「주」에서 "사杫는 평상 앞의 안석(조궤俎几)을 말한다. 『방언』에 촉한蜀汉의 교외에서는 사杫라고 한다"고 했다. 『설문해자』에 "정(형)桯은 침상 앞의 안석(궤几)"이라고 했다. 『광아』에 "사杫,

277 고대에 鍾과 경쇠를 거는 기구로 가로로 된 것과 세로로 된 것을 모두 虡라고 한다. 그래서 華學誠은 簨虡가 침대 앞의 안석을 가리키는 것이 아니라고 했다.

278 『後漢書・鐘離宋寒列傳』: "欒崧者, 河內人, 天性樸忠. 家貧爲郎, 常獨直臺上, 無被, 枕杫, 食糟糠."

279 『說文解字』 木部: "桯, 牀前几. 從木呈聲."

280 『廣雅・釋器』: "梡・棵・橛・椇・房・杫・虞・桯・㩼・俎, 几也."

281 『周禮・冬官考工記』: "梓人爲簨虡."

거虡, 정(형)桯, 시㮛, 조俎는 안석(궤几)"이라고 했다. 거虡는 즉 쇠북걸이 틀 기둥(거虡)이며, 시㮛는 즉 횃대(이椸)다. 『주례·동관고공기』에 "목수는 종이나 경쇠를 다는 가로 가름대 순簨과 세로 가름대 거虡를 만든다"라는 말이 있는데, 정현의 「주」에 "악기樂器를 거는 것으로, 가로로 된 것은 순簨이라고 하고, 세로로 된 것은 거虡라고 한다"고 했다. '순簨'과 '순筍'은 옛날에는 통용되었다.

역해

① 俎[조] : 탁자. 안석.

② 几[궤] : 제사나 연향 때 희생이나 음식을 얹어 놓는 상.(그림자료 5-36 참조) 几는 俎의 풀이어휘.

③ 㮛[시] : 도마. 西南의 蜀漢의 郊에서는 㮛라고 함. 곽박 「주」에 발음은 賜라고 했는데, 이에 근거한 상고음은 [*sjigh]다.

④ 桯[정(형)] : 침상 앞에 놓아두는 작은 탁자.(그림자료 5-36 참조 : 그림자료의 桯은 제향에 희생을 얹는 적대처럼 생겼다) 江沔之間에서는 桯이라고 함. 곽박 당시에 江東에서는 承이라고 함. 곽박 「주」에 발음은 刑이라고 했는데, 이에 근거한 상고음은 [*giŋ]이다.

⑤ 椸[이] : 침상 앞의 작은 탁자. 趙魏之間에서는 椸라고 함. 곽박 「주」에 발음은 易라고 했는데, 이에 근거한 상고음은 [*righ]다.

⑥ 虡[거] : 책상. 비교적 높은 탁자. 几 가운데 높은 것을 虡이라 함.(그림자료 5-36 참조) 곽박은 虡가 筍虡를 말한다고 함. 곽박 「주」에 발음은 巨라고 했는데, 이에 근거한 상고음은 [*gjagx]다.(참조 : 簨虡는 고대에 종과 경쇠를 거는 기구)

방언 37

篗①, 榬②也【所以絡絲也. 音爰】. 兗豫河濟之間謂之榬. 絡③謂之格④【所以轉篗絡[282]車也】.

확篗[283]은 실을 감는 기구(원榬)다.【명주실을 엮어 감는 것이다. 음은 원爰이다】 연兗 예豫 하河 제濟에 걸친 지역에서는 원榬이라고 한다. 락絡을 격格이라고 한다.【얼레(확篗)를 돌려 감는 수레다】

방언소증

案『廣雅』: "榬謂之篗.[284]" 本此. 曹憲『音義』[285]: "篗, 于縛, 榮碧兩反." 『說文』云: "篗, 收絲者也.[286]" 『玉篇』: "榬, 絡絲籰也.[287]" '籰'卽'篗'之訛.

『광아』에 "원榬(실을 감는 기구)을 확篗이라고 한다"고 했는데, 여기에서 근거하였다. 조헌은 『광아음석』에서 "확篗은 우박于縛과 영벽榮碧 두 가지 발음이 있다"고 했다. 『설문해자』에 "확篗은 실을 감는 얼레"라고 했다. 『옥편』에 "원榬은 실을 엮어 감는 얼레"라고 했다. '확籰'은

282 『四部叢刊』本에는 '給'이라고 되어 있으며, 송대본과 청대 교정본에는 모두 '絡'이라고 되어 있다. 華學誠은 이것이 '絡'자의 오류라고 했다.

283 둥근 수레 모양으로 만들어 실을 감는 기구로 수레의 중심에 긴 티크를 관통시키고 티크 끝에 손잡이를 하나 붙여 손잡이를 잡고 움직이면 수레는 티크를 따라 돌아서 실이 바로 수레에 감긴다.

284 『廣雅・釋器』: "榬謂之篗."

285 曹憲의 『音義』라고 되어 있는 것은 『音釋』의 오류다.

286 『說文解字』 竹部: "篗, 收絲者也. 從竹蒦聲. 䈅, 篗(篗)或從角從間."

287 『玉篇』 木部: "榬, 禹煩切. 絡絲籰也. 或作篗."

즉 '확篗'을 잘못 쓴 것이다.

역해

① 篗[확] : 자새. 둥근 수레 모양으로 만들어 실을 감는 기구.(그림자료 5-37 참조) 曹憲은 篗의 발음이 于縛反, 또 榮碧反이라고 했는데, 이에 근거한 상고음은 [*gwjak], 또 [*gwjiak]이다.
② 榬[원] : 얼레. 실을 감는 기구. 모양이 바퀴처럼 둥글어 원榬이라고 한다는 해석도 있음. 兖豫河濟之間에서는 榬이라고 함. 곽박 「주」에 발음은 爰이라고 했는데, 이에 근거한 상고음은 [*gwjan]이다.
③ 絡[락] : 얽어매는 실.
④ 格[격] : 실을 감는 얼레. 실패.

방언 38

繀車①,【繀, 蘇對反】 趙魏之間謂之轣轆車②, 東齊海岱之間謂之道軌③.

토리수레(쇄거繀車)는【음은 소대반蘇對反이다】 조趙 위魏에 걸친 지역에서 역록거轣轆車라고 하며, 동제東齊 해대海岱에 걸친 지역에서는 도궤道軌라고 한다.

방언소증

案『說文』云 : "繀, 箸絲於筟車也.[288]", "筟, 筳也.[289]", "筳, 繀絲筦也.[290]" '轣轆'亦通作'厤鹿'. 『廣雅』: "繀車謂之厤鹿, 道軌謂之鹿車.[291]" 本此. 『玉篇』云 : "繀車亦名軌車.[292]"

『설문해자』에 "쇄繀는 실을 부차筟車에서 자아놓은 것이다", "부筟는 정筳(꾸리)이다", "정筳은 물레로 실을 자아 놓은 토리(쇄사관繀絲筦)"라고 했다. '역록轣轆'은 일반적으로 '역록厤鹿'이라고도 쓴다. 『광아』에 "쇄거繀車를 역록厤鹿이라고 하고, 도궤道軌를 녹거鹿車라고 한다"고 했는데, 여기에서 근거하였다. 『옥편』에 "쇄거繀車는 또 궤거軌車라고도 한다"고 했다.

역해

① 繀車[쇄거] : 토리 수레. 물레로 실을 자아놓은 토리.(그림자료 5-38 참조) 곽박 「주」에 繀의 발음은 蘇對反이라고 했는데, 이에 근거한 상고음은 [*stədh]다.
② 轣轆車[력록거] : 돌아가는 수레. 돌릴 때 나는 소리가 歷鹿과 비슷해서 붙은 명칭이라는 설도 있음. 趙魏之間에서는 轣轆車라고 함.
③ 道軌[도궤] : 궤도를 거꾸로 한 것. 東齊海岱之間에서는 道軌라고 함.

---

288 『說文解字』 糸部 : "繀, 著絲於筟車也. 從糸崔聲."
289 『說文解字』 竹部 : "筟, 筳也. 從竹孚聲, 讀若『春秋』魯公子彄."
290 『說文解字』 竹部 : "筳, 繀絲筦也. 從竹廷聲."
291 『廣雅・釋器』: "繀車謂之厤鹿, 道軌謂之鹿車."
292 『玉篇』 糸部 : "繀, 先對切. 繀車, …… 亦名軌車, 著絲."

방언 39

戶鑰①, 自關而[293]東陳楚之間謂之鍵②【巨蹇反】, 自關而西謂之鑰③.

문의 자물쇠(호약戶鑰)는 함곡관으로부터 동쪽 진陳 초楚에 걸친 지역에서는 건鍵이라고 하며,【음은 거건반巨蹇反이다】 함곡관으로부터 서쪽에서는 약鑰이라고 부른다.

방언소증

案'鑰'亦通作'籥'. 「月令」: "脩鍵閉, 愼管籥.[294]" 鄭「注」云: "鍵, 牡. 閉, 牝也. 管籥, 搏鍵器也." 『周禮』: "司門掌授管鍵.[295]" 鄭「注」云: "管謂籥也. 鍵謂牡." 郭璞『爾雅·序』: "小藝之鈐鍵.[296]" 『釋文』引『方言』云: "鑰也. 自關而東陳楚之閒, 謂鑰爲鍵."

'약鑰'은 일반적으로 '약籥'이라고도 쓴다. 『예기·월령』에 "자물쇠를 닦고, 열쇠를 신중히 한다"는 말이 있는데, 정현의 「주」에 "건鍵은 수컷(모牡)이고, 폐閉는 암컷(빈牝)이다. 관약管籥은 건鍵을 푸는 도구"라고 했다. 『주례』에 "사문司門은 열쇠와 자물쇠를 관장한다"라는 말이 있는데, 정현의 「주」에 "관管을 약籥이라고 한다. 건鍵을 모牡라고 한다"고 했다. 『이아』의 곽박 「서」에서 "육예六藝의 관건이다"라는 말이

293 『四部叢刊』本에는 '自關之東', '自關之西'라고 되어 있으나, 戴震은 '之'를 '而'로 고쳤는데, 華學誠은 戴震이 옳다고 했다.

294 『禮記·月令』: "杯城郭, 戒門閭, 脩鍵閉, 愼管籥, 固封疆."

295 『周禮·地官』: "司門, 掌授管鍵, 以啓閉國門."

296 郭璞의 『爾雅·序』에는 "誠九流之津涉, 六藝之鈐鍵"이라고 되어 있는데, 『方言疏證』에서 '小'라고 인용한 것은 '六'의 오류다.

있는데, 『경전석문』은 『방언』을 인용해서 "자물쇠(약鑰)다. 함곡관으로부터 동쪽 진陳 초楚에 걸친 지역에서는 자물쇠(약鑰)를 건鍵이라고 한다"고 했다.

역해

① 戶鑰[호약] : 문의 자물쇠.(그림자료 5-39 참조)
② 鍵[건] : 열쇠. 함곡관으로부터 동쪽 陳楚之間에서는 鍵이라고 함. 곽박「주」에 발음은 巨蹇反이라고 했는데, 이에 근거한 상고음은 [*gjianx, *gjanx]이다.
③ 鑰[약] : 열쇠. 함곡관으로부터 서쪽에서는 鑰이라고 함.

방언 40

篿①謂之蔽②, 或謂之箘③,【音囷】 秦晉之間謂之篿. 吳楚之間或謂之蔽, 或謂之箭裏④,【簙著名箭, 『廣雅』云】[297] 或謂之篿毒⑤, 或謂之夗專⑥,【夗, 於辯反. 專, 音轉】 或謂之匴璇⑦,【或曰竹器, 所以整頓篿者[298]. 銓旋兩音】 或謂之棊⑧. 所以投篿謂之枰⑨,【評論】 或謂之廣平⑩. 所以行棊謂之局⑪[299], 或謂之曲道⑫.[300] 圍棊⑬謂之弈⑭. 自關而東齊魯之間皆謂之弈.

---

297 『廣雅·釋器』에는 "篿箸謂之箭"이라고 되어 있다.
298 『四部叢刊』本에는 '簙者'로 되어 있으며, 戴震은 '篿者'로 고쳤다. 華學誠은 戴震을 따랐다.
299 『四部叢刊』本에는 '局'로, 『方言疏證』본에는 '局'으로 되어 있다. 華學誠은 '局'과 '局'이 同字라고 하였다.
300 『四部叢刊』本에는 뒷부분이 별도의 항목으로 분리되어 있다.

박簙(도박놀이 기구)은 폐蔽라고 하거나, 혹은 균箘【음은 곤困이다】이라고 한다. 진秦 진晉에 걸친 지역에서는 박簙이라고 한다. 오吳 초楚에 걸친 지역에서는 혹은 폐蔽라고도 하고, 혹은 전리箭裏【부저簙著의 명칭을 전箭이라고 한다. 『광아』에서 말하기를】라고도 하고, 혹은 박독簙毒이라고도 하고, 혹은 원전夗專【원夗은 음이 어변반於辯反이다. 전專은 음이 전轉이다】이라고도 하고, 혹은 전선匴璇【혹은 죽기竹器라고도 한다. 박簙을 정돈하는 것이다. 이 두 글자의 음은 각기 전銓, 선旋이다】라고도 하고, 혹은 기棊라고도 한다. 투박投簙할 수 있는 것을 평枰【음은 評論의 評이다[301]】이라고 하거나, 혹은 광평廣平이라고도 한다. 바둑을 둘 수 있는 판(행기行棊)을 국局이라고 하거나, 혹은 곡도曲道라고도 한다. 바둑(위기圍棊)은 혁弈이라고 한다. 함곡관으로부터 동쪽 제齊 로魯에 걸친 지역에서는 모두 혁弈이라고 한다.

방언소증

案'簙''博', 古通用. 『說文』云 : "簙, 局戲也. 六箸十二棊也. 古者烏胄作簙.[302]", "箘, 簙棊也.[303]", "局, 博所以行棊.[304]", "弈, 圍棊也.[305]" 『荀子 · 大略篇』: "六貳之博.[306]" 楊倞「注」云 : "卽六博也. 今之博局亦二六相對也." 『楚辭 · 招魂篇』: "箟蔽象棊, 有六簙些.[307]" 王逸「注」云 : "箟, 玉也. 蔽, 簙箸以玉飾之也. 投六箸, 行六棊, 故謂六簙也." 洪興祖『補注』引『方言』此條文並同. 『史記 · 范睢蔡澤列傳』: "君獨不觀夫

301 戴震의 설에 따라 이와 같이 번역하였다.
302 『說文解字』 竹部 : "簙, 局戲也. 六箸十二棊也. 從竹博聲. 古者烏胄作簙."
303 『說文解字』 竹部 : "箘, 箘簬也. 從竹困聲. 一曰博棊也."
304 『說文解字』 口部 : "局, 促也. 從口在尺下, 復局之. 一曰博, 所以行棊. 象形."
305 『說文解字』 収部 : "弈, 圍棊也. 從廾亦聲. 『論語』曰 : 不有博弈者乎!"
306 『荀子 · 大略篇』: "不知而問堯舜, 無有而求天府. …… 曰 : 先王之道, 則堯舜已; 六貳之博, 則天府已."
307 『楚辭 · 招魂篇』: "箟蔽象棊, 有六簙些. 分曹並進, 遒相迫些."

博者乎, 或欲大投或欲分功.[308]" 『索隱』引『方言』云 : "所以投博謂之枰." 韋昭『博弈論』: "然其所志不出一枰之上.[309]" 李善「注」引『方言』: "投博謂之枰, 圍棊自關而東齊魯之間謂之弈." 『春秋』襄公二十五年『左傳』: "今甯子視君不如弈棊.[310]" 「疏」引『方言』此條文並同. 『廣雅』: "簙箸謂之箭.[311]", "死專, 簙也.[312]", "廣平, 枰也.[313]", "曲道, 楇也.[314]", "圍棊, 弈也.[315]" 皆本此. 「注」內'評論'當作'音評論之評'.

'박簙'과 '박博'은 옛날에는 통용되었다. 『설문해자』에 "박簙은 국희局戱(바둑, 장기처럼 판을 차리고 마주 앉아 하는 놀이)다. 육저六箸(고대의 박희博戱 도구, 여섯 개의 주사위(투자骰子)로 이루어졌다)와 십이기十二棊(바둑은 여섯 개의 흰 바둑과 여섯 개의 검은 바둑으로 이루어져 있기 때문에 십이기十二棊라고 한다)다. 옛날에 검은 투구로 박簙을 만들었다", "균箘은 박기簙棊(바둑)다", "국局은 넓고 평평해서 바둑을 둘 수 있는 것이다", "혁弈은 바둑이다"라고 했다. 『순자·대략편』에 "육이지박六貳之博"이라는 말이 있는데, 양경의 「주」에 "즉 육박이다. 오늘날의 박국은 역시 쌍방이 육씩 이륙二六이 서로 맞수다"라고 했다. 『초사·초혼편』에 "살대와 주사위 그리고 상아 장기, 육박 등 놀음 기구를 죽 펼쳐놓고"라는 말이 있는데, 왕일의 「주」에는 "곤菎은 옥玉이다. 폐蔽는 박저簙箸를 옥으로 장식한 것이다. 여섯 개의 저箸를 던지고 여섯 개의 기棊(알)를 두기 때문에 육박六簙이라고 부른다"라고 했다. 홍흥조의 『초사보주』에서는 『방

---

308 『史記·范睢蔡澤列傳』: "君獨不觀夫博者乎? 或欲大投, 或欲分功, 此皆君之所明知也."

309 『文選·論二·博弈論』: "廉耻之意弛, 而忿戾之色發. 然其所志不出一枰之上."

310 『春秋左傳』 襄公 二十五年 : "今甯子視君不如弈棊, 其何以免乎?"

311 『廣雅·釋器』: "簙箸謂之箭."

312 『廣雅·釋言』: "死專, 簙也."

313 『廣雅·釋器』: "廣平, 榻枰也."

314 『廣雅·釋器』: "曲道, 栻楇也."

315 『廣雅·釋言』: "圍棊, 弈也. 泚澱測也. 皮膚剝也."

언』의 이 조항을 인용하였으며, 문장은 동일하다. 『사기・범휴채택열전』에 "당신은 도박하는 무리들을 보지 못했는가? 어떤 이는 크게 거는 것을 좋아하고 어떤 이는 작게 나누어 거는 것을 좋아한다"라는 구절이 있는데, 『색은』에서는 『방언』을 인용하여 말하기를, "박博을 던지는 곳을 평枰(바둑판)이라고 한다"고 했다. 위소 『박혁론』에는 "그러나 그 뜻하는 바가 하나의 바둑판에서 벗어나지 못하며"라고 했는데, 이선의 「주」에서는 『방언』을 인용하여, "박博을 던지는 것을 평枰이라고 하며, 위기圍棊(바둑)를 함곡관으로부터 동쪽 제齊 로魯 지역에서는 혁弈이라고 한다"고 했다. 『춘추』 양공 25년 『좌전』에 "지금 그대는 어찌 군주를 하나의 바둑만도 못하게 여기는가"라고 했는데, 「소」에서는 『방언』의 이 조항을 인용하였으며, 문장은 동일하다. 『광아』에 "박저簙箸를 전箭이라고 한다", "원전夗專은 박簙(고대 바둑, 장기 등의 놀이)이다", "광평廣平은 평枰(바둑판)이다", "곡도曲道는 국梮(바둑, 박희)이다", "위기圍棊는 혁弈(바둑)"이라고 했는데, 모두 여기에서 근거하였다. 「주」의 '평론評論'은 '음은 평론評論의 평評'이라고 해야 한다.

역해

① 簙[박] : 던져 내기하는 도박놀이.(그림자료 5-40 참조) 秦晉之間에서는 簙이라고 함.
② 蔽[폐] : 옛날 도박 도구. 吳楚之間에서는 蔽라고 함.
③ 箘[균] : 화살 만들기에 알맞은 대나무. 곽박 「주」에 발음은 囷이라고 했는데, 이에 근거한 상고음은 [*khjiən]이다.
④ 箭裏[전리] : 이대. 대나무 이름. 화살. 吳楚之間에서 또 箭裏라고도 함.
⑤ 簙毒[박독] : 도박용 놀이기구. 吳楚之間에서 또 簙毒이라고도 함.
⑥ 夗專[원전] : 도박을 하는 도구. 吳楚之間에서 또 夗專이라고도 함. 곽

박 「주」에 宛의 발음은 於辯反, 專의 발음은 轉이라고 했는데, 이에 근거한 상고음은 각각 [*ʔjianx], [*trjuanx]이다.

⑦ 匴璇[전선] : 도박 도구. 吳楚之間에서 또 匴璇이라고도 함. 곽박 「주」에 匴의 발음은 銓, 璇의 발음은 旋이라고 했는데, 이에 근거한 상고음은 각각 [*tshjuan], [*rjuan, *rjuanh]이다.

⑧ 棊[기] : 바둑. 도박 도구. 吳楚之間에서 또 棊라고도 함.

⑨ 枰[평] : 쌍륙판. 바둑판. 投箒을 하는 곳을 枰이라고 함. 곽박 「주」에 발음은 評論의 評이라고 했는데, 이에 근거한 상고음은 [*bjiŋ]이다.

⑩ 廣平[광평] : 바둑판. 投箒을 하는 곳을 또 廣平이라고도 함.

⑪ 局[국] : 도박기구. 바둑판. 바둑을 하는 곳을 局이라고 함.

⑫ 曲道[곡도] : 바둑의 판. 바둑을 하는 곳을 또 曲道라고도 함.

⑬ 圍棊[위기] : 바둑의 일종. 圍棊를 弈이라고 함.

⑭ 弈[혁] : 바둑.(그림자료 5-40 참조) 함곡관으로부터 동쪽 齊魯之間에서는 모두 弈이라고 함.

방언 제6권

輶軒使者絕代語釋別國方言 第六

방언 1

聳①【山項反[1]】· 㩬②, 欲③也.【皆強欲也】 荊吳之間曰聳, 晉趙曰㩬. 自關而西秦晉之間相勸曰聳, 或曰㩬. 中心不欲而由旁人之勸語亦曰聳. 凡相被飾亦曰㩬.

송聳[2]【음은 산항반山項反이다】· 장㩬은 권면하다(욕欲)의 뜻이다.【모두 억지로 하게 하다의 의미다】 형荊 오吳에 걸친 지역에서는 송聳이라고 하고, 진晉 조趙 지역에서는 장㩬이라고 한다. 함곡관으로부터 서쪽 진秦 진晉에 걸친 지역에서는 '서로 권면하다'를 송聳이라고 하거나, 혹은 장㩬

1 『四部叢刊』本에는 '山頂也'로 되어 있으나, 戴震은 '山項反'으로 고쳤으며, 周祖謨와 華學誠은 戴震을 따랐다.

2 華學誠은 聳이 '서로 권면하다'의 의미라고 했다.

이라고 한다. 마음속으로는 하고 싶지 않은데 옆 사람들이 권하는 것을 송聳이라고 한다. 서로 치켜세우고 칭찬해주는 것도 장獎이라고 한다.

방언소증

案「楚語」: "教之『春秋』, 而爲之聳善而抑惡焉."[3] 韋昭「注」云: "聳, 獎也." 揚雄「長楊賦」: "整輿竦戎."[4] 李善「注」云: "『方言』自關而西秦晉之閒相勸曰聳." '聳'與'竦'古字通. 謝朓「齊敬皇后哀策文」: "末命是獎."[5] 「注」引『方言』: "秦晉之閒相勸曰獎." 盧諶「贈劉琨詩」: "飾獎駑猥."[6] 「注」引『方言』: "凡相被飾亦曰獎." '獎'古'獎'字. 『說文』: "獎, 嗾犬厲之也. 從犬, 將省聲."[7] 今『方言』各本'獎'皆作'㢡', 訛舛不成字. 『廣雅』: "獎, 譽也."[8] 『玉篇』云: "獎, 助也. 成也. 欲也. 譽也. 嗾犬厲之也."[9] 欲之義取於『方言』. 然聳獎皆爲中心不欲而由旁人之勸語, 則欲字應屬訛舛, 或譽欲聲相近而訛. 「注」作'皆強譽也.' 義尤明. '山頂

---

3 『國語·楚語』: "教之春秋, 而爲之聳善而抑惡焉. 以勸戒其心."(楚莊王이 태자의 교육에 관해 申叔에게 물었을 때 신숙은 다음과 같이 대답했다. 춘추를 가르치는 데 있어서는 선을 권면하고 악을 억누르며 그 마음을 권면하고 경계하게 한다. 세상을 가르치는데 있어서는 덕을 밝히고 혼미함을 덮어 없애도록 한다)

4 『漢書·揚雄傳』: "乃時以有年出兵, 整輿竦戎, 振師五莋, 習馬長楊, 簡力狡獸, 校武票禽."(자주 豊年에 출병한다. 수레와 군사들을 정돈하여 五莋으로 군대를 보낸다. 長楊에서 말을 훈련하고 맹수와 힘을 겨루며 새들과 무예 시합을 한다)

5 『文選·哀下·齊敬皇后哀策文』: "貽厥遠圖, 末命是獎. 懷豐沛之綢繆兮, 背神京之弘敞."

6 『文選·詩丁·盧諶·贈劉琨』: "承亦既篤. 眷亦既親. 飾獎駑猥. 方駕駿珍."

7 『說文解字』 犬部: "獎, 嗾犬厲之也. 從犬, 將省聲."

8 『廣雅·釋詁』: "㑥·獎·誷·與·孝, 譽也."

9 『玉篇』 犬部: "獎, 子養切. 助也. 成也. 欲也. 譽也. 嗾犬厲之也. 今作獘."

反'各本'反'訛作'也'. 後卷十三有'聳'字,[10] 「注」內亦音'山頂反'. 聳, 從耳從聲, 不當入迥韻. '頂'應是'項'之訛, 方音入講韻耳.

『국어 · 초어』에 "『춘추』를 가르치는 데 있어서는 선을 권면하고 악을 억누르며 그 마음을 권면하고 경계하게 한다"라는 구절이 있는데, 위소의 「주」에서 "송聳은 권면하다, 칭찬하다(장獎)의 뜻"이라고 했다. 양웅의 「장양부」에 "수레와 군사들을 정돈하여"란 말이 있는데, 이선은 「주」에서 "『방언』에 함곡관으로부터 서쪽 진秦 진晉에 걸친 지역에서는 서로 권면하다(相勸)를 송聳이라고 한다"고 했다. '송聳'은 '송竦'의 옛 글자와 통용된다. 사조의 「제경황후애책문」에 "제왕이 임종 전에 남긴 명령"이란 구절이 있는데, 「주」에서는 『방언』을 인용해 "진秦 진晉에 걸친 지역에서는 서로 권면하는 것을 장獎이라고 한다"고 했다. 노심의 「증유곤시」에 "용렬한 재주를 칭찬하다"라는 구절이 있는데, 「주」에서는 『방언』을 인용해 "무릇 서로 칭찬해주는 것도 역시 장獎이라고 한다"고 하였다. '장𤟹'은 '장獎'의 옛 글자다. 『설문해자』에 "장𤟹은 개를 부추겨서 화나게 하다의 뜻이다. 글자는 견犬과 장將으로 이루어졌으며, 장將의 성성省聲이다"라고 했다. 오늘날 『방언』의 여러 판본에서 '장𤟹'을 모두 '장股'으로 썼는데 이는 틀렸다. 이런 글자는 없다. 『광아』에 "장獎은 칭찬하다(예譽)의 뜻"이라고 했다. 『옥편』에 "장獎은 돕다(조助)의 뜻이며, 이루다(성成)의 뜻이고, 하고자 하다(욕欲)의 뜻이며, 칭찬하다(예譽)의 뜻이며, 개를 부추겨서 화나게 하다의 뜻"이라고 했다. 욕欲이라는 뜻은 『방언』에서 왔다. 그러나 '송聳'과 '장獎'은 모두 '마음으로는 하고 싶지 않지만 주변의 다른 사람들이 권한다'는 뜻이어서 '욕欲'자에는 분명히 틀린 부분이 있는 것 같다. 아마도 '예譽'와 '욕欲'이 발음이 비슷해서 틀린 것으로 보인다.

10 『方言』 제13권의 22번 항목을 참조할 것.

「주」에 "모두 강력하게 권하다(皆強譽也)"라고 되어 있어서 뜻이 더욱 분명하다. '산정반山頂反'은 여러 판본에 '반反'이 '야也'로 잘못되어 있다. 뒤의 제13권 '송聳'자의 「주」에는 음이 '산정반山頂反'이라고 했다. '송聳'은 글자가 이耳 형부와 종從 성부(從耳從聲)로 이루어져 형운迥韻이 아니다. '정頂'은 '항項'의 오류이며, 방언음은 강운講韻에 속하는 경우도 있다.

역해

① 聳[송] : 권장하다. 장려하다. 꼬드기다. 부추기다. 荊吳之間에서 聳이라고 함. 함곡관으로부터 서쪽 秦晉之間에서는 서로 권하는 것을 聳이라고 함. 곽박 「주」에 발음은 山項反이라고 했는데, 이에 근거한 상고음은 [*sruŋx]이다.
② 牋[장] : 권면하다. 장려하다. 晉趙에서는 牋이라고 함. 함곡관으로부터 서쪽 秦晉之間에서는 서로 권하는 것을 또 牋이라고도 함.
③ 欲[욕] : ~하려고 하다. 欲은 聳, 牋의 풀이어휘.

방언 2

聳①·聹②, 聾也③. 半聾, 梁益之間謂之聹【言胎聹[11]煩憒[12]也. 音宰】. 秦晉之間聽而不聰, 聞而不達謂之聹. 生而聾, 陳楚江淮之間謂之聳【言無所聞, 常聳耳[13]也】. 荊揚之間及山之東西雙聾者謂之

---

11 이는 晉代의 用語로 用例는 미상이다.
12 마음이 어지럽고 심란한 것을 말한다.
13 『四部叢刊』本에는 '當聳聹'라고 되어 있으나, 戴震은 '常聳耳'로 고쳤으며, 華學誠도 戴震을 따랐다. 그러나 周祖謨는 '當聳耳'이라고 했다.

聳. 聾之甚者, 秦晉之間謂之聵④【五刮反, 言聉無所聞知也. 『外傳』“聾聵司[14]火”, 音蒯聵】. 吳楚之外郊凡無耳[15]者亦謂之聵. 其言聵者, 若秦晉中土謂墮耳[16]者明⑤也【五刮反】.

송聳과 재聹는 귀먹다(농聾)의 뜻이다. 반 귀머거리는 양梁 익益에 걸친 지역에서 재聹라고 부른다.【잘 알아듣지 못하여 심기가 어지러운 것을 말한다. 음은 재宰다】 진秦 진晉에 걸친 지역에서는 들어도 잘 알아듣지 못하거나 들을 수 없는 것을 재聹라고 한다. 태어나자마자 귀가 먹은 것을 진陳 초楚 강회江淮에 걸친 지역에서는 송聳이라고 한다.【들어본 적이 없는 것을 송재聳聹라고 한다】 형荊 양揚에 걸친 지역과 산의 동서 지역에서는 두 귀가 다 먹은 사람을 송聳이라고 한다. 귀가 심하게 먹은 사람을 진秦 진晉에 걸친 지역에서는 알聵이라고 한다.【음은 오괄반五刮反이다. 귀가 먹어 들어본 적이 없는 것을 말한다. 『외전』에서 “귀머거리”라고 했다. 음은 괴외蒯聵다】 오吳 초楚의 교외에서는 귀가 없는 사람도 알聵이라고 한다. 알聵이라고 하는 것은 진秦 진晉의 중토中土에서 귀가 어두운 사람을 왈明이라고 하는 것과 같다.【음은 오괄반五刮反이다】

방언소증

案『說文』云 : “益梁之州謂聾爲聹. 秦晉聽而不聞, 聞而不達謂之聹.[17]”, “生而聾曰聳.”[18] “吳楚之外, 凡無耳者謂之聵, 言若斷耳爲盟.”[19]

---

14 『四部叢刊』本에는 ‘伺’라고 되어 있으나, 戴震은 ‘司’로 고쳤다.

15 『四部叢刊』本에는 ‘無有耳’이라고 되어 있으나, 戴震은 ‘有’를 삭제했으며, 周祖謨와 華學誠은 戴震을 따랐다.

16 귀가 심하게 먹으면 귀가 없는 것과 같으며, 귀가 떨어졌다고 표현한다.

17 『說文解字』 耳部 : “聹, 益梁之州謂聾爲聹, 秦晉聽而不聞, 聞而不達謂之聹. 從耳宰聲.”

『廣雅』:“聳・聹・䏈, 聾也.[20]” 皆本此. 諸刻'䏈'訛作'明', 惟『永樂大典』本仍作'䏈', 下'五刮反'乃'䏈'字音注. 『說文』:“䏈, 墒耳也.[21]” 卽此所云'秦晉中土謂墒耳者䏈也.' 然則'䏈'字下'言若斷耳爲盟'句乃後人校『說文』, 妄有所改. 『玉篇』引『方言』云:“聹, 半聾也. 梁益之閒謂之聹, 秦晉之閒聽而不聰, 聞而不達謂之聹. 陳楚江淮荆陽山之閒聾謂之聳.” 『廣韻』引『方言』:“聾之甚者, 秦晉之閒謂之聧.[22]” 與『說文』互有訛脫. 「注」內'言聉無所聞知也.' 諸刻脫'聉'字及下句'司火'二字, 惟『永樂大典』本有之. 『說文』云:“聉, 無知意也.[23]”

『설문해자』에 “익益 양梁 지역에서는 농聾을 재聹라고 한다. 진秦 진晉 지역에서는 안 들리는 것과 귀가 밝지 않은 것을 재聹라고 한다”고 했다. 또 “태어나자마자 귀가 먹은 것을 용𦕐이라고 한다”고 했다. 또 “오吳 초楚 이외 지역에서는 귀가 먹은 사람들을 모두 알䏈이라고 한다. 귀가 잘리는 것을 맹盟이라고 말하는 것과 비슷하다”고 했다. 『광아』에 “송聳・재聹・알䏈은 모두 귀먹다(농聾)의 뜻”이라고 했다. 이들은 모두 여기에서 근거하였다. 여러 판본에서 '왈䏈'을 '명明'으로 잘못 썼는데, 오직 『영락대전』본에서만 '왈䏈'로 썼다. 다음에 나오는 '음은 오괄반五刮反이다'는 '왈䏈'자의 음이다. 『설문해자』에 “왈䏈은 귀가 먹은 사람(휴이墒耳)”이라고 했는데, 바로 여기에서 말한 '진秦 진晉의 중토中土에서 휴이墒耳이라고 하는 것이 왈䏈이다'라는 것이다. 그러나 '알䏈'자 아래에 있는 '언약단이위맹言若斷耳爲盟'이란 말은 후대인들이

18 『說文解字』 耳部:“聳, 生而聾曰聳. 從耳, 從省聲.”
19 『說文解字』 耳部:“䏈, 吳楚之外, 凡無耳者謂之䏈. 言若斷耳爲盟. 從耳闋聲.”
20 『廣雅・釋詁』:“聳・聹・䏈・聦・聵, 聾也.”
21 『說文解字』 耳部:“䏈, 墒耳也. 從耳月聲.”
22 『廣韻』 上平聲:“聧, 『說文』云: 耳不相聽. 『方言』云: 聾之甚者, 秦晉之閒謂之聧.”
23 『說文解字』 耳部:“聉, 無知意也. 從耳出聲, 讀若孽.”

『설문해자』을 교정하면서 임의로 고친 것이다. 『옥편』은 『방언』을 인용해서 말하기를, "재聹는 귀가 반쯤 먹은 것이다. 양梁 익益 지역에서는 재聹라고 하고, 진秦 진晉에 걸친 지역에서는 들어도 잘 안 들리고 귀가 밝지 않은 것을 재聹라고 한다. 진陳 초楚 강회江淮 형양산荊陽山에 걸친 지역에서는 귀가 먹다(농聾)를 송聳이라고 한다"고 했다. 『광운』에서는 『방언』을 인용해서 "귀가 심하게 먹은 사람을 진秦 진晉에 걸친 지역에서는 규䏖라고 한다"고 했다. 이것들은 모두 『설문해자』와는 좀 다르다. 주석의 "귀가 먹어서 들어본 적이 없는 것을 말한다(言聉無所聞知也)"라는 구절은 여러 판본에 '졸聉'자가 빠졌으며, 다음 문장의 '사화司火'란 글자는 단지 『영락대전』본에만 있다. 『설문해자』에 "졸聉은 모르다의 뜻[24]"이라고 했다.

역해

① 聳[송] : 태어나면서부터 귀먹다. 陳楚江淮之間에서 聳이라고 함. 荊揚之間과 山의 東西지역에서 두 귀가 다 먹은 것을 聳이라고 함.

② 聹[재] : 귀가 어둡다. 잘 안 들리다. 梁益之間에서는 聹라고 함. 秦晉之間에서는 들어도 잘 알아듣지 못하거나 들을 수 없는 것을 聹라고 함. 곽박 「주」에 발음은 宰라고 했는데, 이에 근거한 상고음은 [*tsəgx]이다.

③ 聾[롱] : 귀가 어둡다. 귀먹다. 聾은 聳, 聹의 풀이어휘.

④ 聵[알] : 귀가 전혀 들리지 않다, 귀가 없다. 秦晉之間에서는 聵라고 함. 吳楚의 外郊 지역에서 귀가 없는 것을 또 聵이라고 함. 곽박 「주」에 聵의 발음은 五刮反이라고 했는데, 이에 근거한 상고음은 [*ŋruat,

---

24 『漢韓大辭典』(단국대 동양학연구소 간)에는 聉을 '졸'로 읽으면 '귀먹다'의 뜻이며, '올'로 읽으면 '무지하다'의 뜻으로 되어 있다.

* ŋ wriat]이다.

⑤ 聉[왈] : 귀가 어둡다. 秦晉中土에서 堕耳를 聉이라고 함. 곽박 「주」에 聉의 발음은 五刮反이라고 했는데, 이에 근거한 상고음은 [* ŋ ruat, * ŋ wriat]이다.

방언 3

陂①【偏頗】· 傜②【逍遙】, 衺③[25]也. 陳楚荊揚曰陂. 自山而西凡物細大不純者謂之傜【言俄[26]傜也】.

피陂[27]【음은 편파偏頗의 파頗다[28]】· 요傜【음은 소요逍遙의 요遙다[29]】는 비스듬하다(사衺)의 뜻이다. 진陳 초楚 형양荊揚에서는 피陂라고 한다. 산山으로부터 서쪽지역에서는 물건이 가늘고 크기가 일정하지 못한 것을 요傜【느슨하게 기울어진 것을 말한다】라고 한다.

방언소증

案「樂記」: "商亂則陂.[30]" 鄭「注」云 : "陂, 傾也." '傜'亦作'㑾'. 『說文』云 : "自關以西物大小不同謂之㑾.[31]" 『廣雅』: "陂 · 傾 · 俄, 衺也.[32]"

---

25 『四部叢刊』本에는 '衺'로 되어 있으나, 戴震은 '衺'자로 고쳤다. 그러나 周祖謨는 '衺'를 고치지 않았다. '衺'는 '기울어 바르지 못함'을 의미하며, 후에 '斜', 지금은 '邪'자로 쓴다.

26 『四部叢刊』本에는 '娥'로 되어 있으나 戴震은 '俄'자로 고쳤다.

27 원래 산비탈이나 비탈길을 이르지만 '기울다'의 의미로 인신되었다.

28 戴震의 설에 따라 이와 같이 번역하였다.

29 戴震의 설에 따라 이와 같이 번역하였다.

30 『禮記 · 樂記』: "宮亂則荒其君驕.商亂則陂. 其官壞. 角亂則憂."

「注」內‘偏頗’‘逍遙’當作‘音偏頗之頗’, ‘音逍遙之遙’.

『예기 · 악기』에 “상음商音이 어지러우면 기울어 무너질 것 같이 들린다”라는 말이 있는데, 정현의 「주」에 “피陂는 기울다(경傾)의 뜻”이라고 했다. ‘요傜’는 ‘요傜’라고 쓰기도 한다. 『설문해자』에는 “함곡관으로부터 서쪽에서는 물건의 크기가 일치하지 않으면 요傜라고 한다”고 했다. 『광아』에는 “피陂 · 경傾 · 아俄는 기울다(사邪)의 뜻”이라고 했다. 「주」에서의 ‘편파偏頗’와 ‘소요逍遙’는 마땅히 ‘음은 편파偏頗의 파頗다.’ ‘음은 소요逍遙의 요遙다’라고 해야 한다.

역해

① 陂[피] : 비탈지다. 편벽되다. 陳楚荊揚에서는 陂라고 함. 곽박 「주」에 발음은 偏頗의 頗라고 했는데, 이에 근거한 상고음은 [*phar]이다.

② 傜[요] : 고르지 않다. 크고 작음이 같지 않다. 산으로부터 서쪽 지역에서는 물건이 가늘고 크기가 고르지 못한 것을 傜라고 함. 곽박 「주」에 발음은 逍遙의 遙라고 했는데, 이에 근거한 상고음은 [*grjagw]이다.

③ 衺[사] : 옷에서 띠의 윗부분. 衺는 陂, 傜의 풀이어휘.

---

31 『說文解字』 人部 : “傜, 喜也. 從人䍃聲. 自關以西, 物大小不同謂之傜.”

32 『廣雅 · 釋詁』 : “陠 · 㚤 · 頓 · 俔 · 菲 · 彼 · 敧 · 陂 · 陀 · 傾 · 畸 · 戲 · 偏 · 俄 · 迤 · 阿 · 阪 · 哨 · 回 · 哇 · 𨂢 · 刺 · 險 · 阻 · 頗 · 隤 · 徑 · 夕 · 蕭 · 顊, 衺也.”

방언 4

由迪①, 正②也. 東齊青徐之間相正謂之由迪.

유적由迪[33]은 바르다(정正)의 뜻이다. 동제東齊 청주青州 서주徐州에 걸친 지역에서는 '서로 올바르게 하다'를 유적由迪이라고 한다.

방언소증

案『玉篇』云: "青州之閒相正謂之迪也." 卽本此而有脫誤.

『옥편』에 "청주青州 지역에서 '서로 올바르게 하다'를 적迪이라고 한다"고 하였다. 이는 바로 여기에서 근거하였는데, 유由자가 빠져 있다.

역해

① 由迪[유적] : 바로잡음. 東齊青徐之間에서는 서로 올바르게 하다를 由迪이라고 함.
② 正[정] : 바르다. 正은 由迪의 풀이어휘.

---

33 『漢書·揚雄傳』에 "蠢迪檢押"이라는 구절이 있는데, 顏師古는 「注」에서 "迪, 道也, 由也"라고 하여 迪과 由를 같은 뜻으로 보았다.

방언 5

倎①【音腆】・恧②【人力反, 又女六反】, 慙③也. 荊揚青徐之間曰倎, 若梁益秦晉之間言心內慙矣. 山之東西自愧曰恧【『小爾雅曰』: "心愧爲恧[34]"】, 趙魏之間謂之䏣④[35]【音密, 亦祕】.

전倎[36]【음은 전腆이다】・뉵恧【음은 人力反이며, 또 女六反이다】은 부끄럽다(참慚)의 뜻이다. 형양荊揚 청주青州 서주徐州에 걸친 지역에서는 전倎이라고 하는데, 이는 양梁 익益 진秦 진晉에 걸친 지역에서 마음속으로 부끄러운 것을 참慚이라고 하는 것과 비슷하다. 산의 동서 지역에서는 스스로 부끄러운 것을 뉵恧【『소이아』에 "마음이 부끄러운 것을 뉵恧이라고 한다"라고 했다】이라고 하며, 조趙 위魏에 걸친 지역에서는 밀(비)䏣【음은 밀密이며, 또는 비祕다】라고 한다.

방언소증

案左思「魏都賦」: "倎墨而謝.[37]" 劉逵「注」引『方言』: "倎, 慙也. 荊揚之閒曰倎." 陸厥「奉答內兄希叔詩」: "相如恧溫麗.[38]" 李善「注」引『方言』: "恧, 慙也." 『說文』云: "青徐謂慙曰倎.[39]" '䏣'各訛作'恥', 今改正. 『爾雅・釋言』: "愧, 慙也.[40]" 『釋文』全引『方言』此條. '倎'訛作'倎', '䏣'

---

34 『小爾雅・廣義』: "不直失節謂之慙, 慙, 愧也. 面慙曰戁, 心慙曰恧, 體慙曰逡."

35 『四部叢刊』本에는 '恥'이라고 되어 있으나, 戴震은 '恥'이 '䏣'의 오류라고 보았다.

36 錢繹은 '倎'은 '부끄러워하다', '腆'은 '두텁다'로, '倎顏'은 '厚顏'의 의미라고 했다.

37 『文選・賦丙・魏都賦』: "有靦瞢容, 神惢形茹. 弛氣離坐, 倎墨而謝."

38 『文選・詩丁・奉答內兄希叔』: "相如恧溫麗, 子云慚筆札."

39 『說文解字』 心部: "倎, 青徐謂慙曰倎. 從心典聲."

亦訛作'恥', 餘並同.[41] 『廣雅』: "悏 · 眲 · 恧, 慙也.[42]" 義本此.

좌사의 「위도부」에 "부끄러워서 안색이 변하며 사죄하였다"라는 구절이 있는데, 유규의 「주」에서는 『방언』을 인용해서 "전悏은 부끄럽다(참慙)의 뜻이다. 형주荊州 양주揚州 지역에서는 전悏이라고 말한다"고 했다. 육궐의 「봉답내형희숙시」에 "문장 수준이 그의 처남에 비해 부끄러운 수준이다"라는 구절이 있는데, 이선의 「주」에서는 『방언』을 인용해서 "뉵恧은 부끄러워하다(참慙)의 뜻"이라고 했다. 『설문해자』에 "청주青州 서주徐州 지역에서는 부끄러워하다(참慙)를 전悏이라고 한다"고 했다. '밀(비)眲'는 여러 판본에 '밀(비)恥'라고 잘못되어 있는데, 지금 이것을 바로잡는다. 『이아 · 석언』에 "괴愧는 부끄러워하다(참慙)의 뜻"이라고 했다. 『경전석문』에서는 『방언』의 이 조항을 전부 인용했는데, '전悏'은 '전倎'으로 잘못되어 있고, '밀(비)眲'는 '비恥'로 잘못되어 있으며, 나머지는 모두 같다. 『광아』에 "전悏 · 밀(비)眲 · 뉵恧은 부끄러워하다(참慙)의 뜻"이라고 했는데, 그 의미가 여기에서 근거하였다.

역해

① 悏[전] : 부끄러워하다. 荊揚青徐之間에서는 悏이라고 함. 곽박 「주」에

40 『爾雅 · 釋言』: "聘問也. 愧慙也. 殛誅也. 克能也. 翌明也."

41 『經典釋文(爾雅音義 · 釋言)』: "愧慙, 九位反, 本亦作媿. 『小爾雅』云: "不眞失節謂之慙." 慙, 愧也. 面慙曰戁, 心慙曰恧, 體慙曰逡. 『方言』云: '惬 · 赧, 慙也. 晋曰悔, 或曰惬, 秦晋之間凡愧而見上謂之赧, 梁宋曰惬, 又云倎. 恧, 慙也. 荊揚青徐之間曰倎若, 梁益秦晋之間言心內慙矣. 山之東西自愧曰恧, 趙魏之間謂之恥. 惬音匿. 倎音腆. 恧女六反. 恥音密. 亦音秘."

42 『廣雅 · 釋詁』: "挴 · 赧 · 怍 · 悏 · 誫 · 眲 · 瞢 · 惬 · 謐怩 · 磨咨 · 恧, 慙也."

발음은 腆이라고 했는데, 이에 근거한 상고음은 [*thiənx]이다.

② 恧[뉵] : 부끄러워하다. 山의 東西 지역에서 스스로 부끄러워하다를 恧이라고 함. 곽박 「주」에 발음은 人力反, 또 女六反이라고 했는데, 이에 근거한 상고음은 각각 [*njək], [*nrjəkw]이다.

③ 慚[참] : 부끄럽다. 부끄러워하다. 慙은 愧, 恧의 풀이어휘. 梁益秦晉之間에서는 마음속으로 부끄러운 것을 慙이라고 함.

④ 䀣[밀(비)] : 부끄러워하다. 부끄럽다. 趙魏之間에서 䀣라고 함. 곽박 「주」에 발음은 密, 또 祕라고 했는데, 이에 근거한 상고음은 각각 [*mjit], [*pjidh]이다.

방언 6

謇①[43]【音蹇】・展②, 難③也. 齊晉曰謇. 山之東西凡難貌曰展. 荊吳之人相難謂之展, 若秦晉之言相憚④矣. 齊魯曰燀⑤【難而雄[44]也. 昌羨反】.

건謇【음은 건蹇이다】・전展은 어렵다(난難)의 뜻이다. 제齊 진晉 지역에서는 건謇이라고 한다. 산山의 동서 지역에서는 어려운 모양을 전展이라고 한다. 형荊 오吳 지역의 사람들은 서로 어렵게 하는 것을 전展이라고 하는데, 이는 진秦 진晉에서 말하는 상탄(相憚, 서로 어려워하여 꺼리다)이라는 말과 비슷하다. 제齊 노魯 지역에서는 천燀이라고 한다.【어렵다의 뜻이다. 음은 창선반昌羨反이다】

---

43 戴震은 '謇'이라 했고, 錢繹은 '謇'이라고 했으며, 王念孫은 '蹇'라고 했다. 華學誠은 '謇'은 '謇'의 오류이며, '蹇'은 '謇'의 別體라고 했다.

44 郭璞 「注」의 '難而雄'은 뜻이 통하지 않는데, 周祖謨는 '雄'자가 오류라고 보았다.

방언소증

案'搴'卽'蹇'.『易·蹇卦·彖傳』: "蹇難也."『說文』: "憚, 忌難也. 一曰難也.[45]"『廣雅』: "蹇·展·憚, 難也.[46]" 義本此.

'건搴'은 즉 '건蹇'이다.『주역·건괘·단전』에 "건蹇은 어렵다(난難)의 뜻"이라고 했다.『설문해자』에 "탄憚은 어려워 꺼리다의 뜻이다. 난難이라고 말하기도 한다"고 했다.『광아』에 "건蹇·전展·탄憚은 어렵다(난難)의 뜻"이라고 했는데, 그 의미는 여기에서 근거하였다.

역해

① 搴[건] : 어렵다. 齊晉에서는 搴이라고 함. 곽박「주」에 발음은 蹇이라고 했는데, 이에 근거한 상고음은 [*kjianx]이다.
② 展[전] : 어려워하다. 山의 東西 지역에서 어려운 모양을 展이라고 함. 荊吳의 사람들은 어렵게 하는 것을 展이라고 함.
③ 難[난] : 어렵다. 難은 搴, 展의 풀이어휘.
④ 憚[탄] : 어려워하다. 두려워하다. 憚은 秦晉에서 서로 어려워하여 꺼리다를 말함.
⑤ 燀[천] : 어렵다. 齊魯에서는 燀이라고 함. 곽박「주」에 발음은 昌羨反이라고 했는데, 이에 근거한 상고음은 [*thjanh]이다.

---

45 『說文解字』心部: "憚, 忌難也. 從心單聲. 一曰難也."
46 『廣雅·釋詁』: "屯·驙·蹇·展·訒·赾·憯·懹·畏·憚·蹬·遴·病, 難也."

방언 7

胥① · 由②, 輔③也.【胥, 相也[47]; 由, 正[48], 皆謂輔持也】 吳越曰胥, 燕之北鄙曰由.

서胥 · 유由는 돕다(보輔)의 뜻이다.【서胥는 서로(상相)의 뜻이다. 유由 · 정正은 모두 도와서 지켜주는 것을 말한다】 오吳 월越에서는 서胥라고 하고, 연燕의 북쪽 시골마을에서는 유由라고 한다.

방언소증

案『廣雅』: "由 · 胥 · 輔, 助也.[49]" 義本此.

『광아』에 "유由 · 서胥 · 보輔는 돕다(조助)의 뜻"이라고 했는데, 그 의미는 여기에서 근거하였다.

역해

① 胥[서] : 돕다. 보조하다. 吳越에서는 胥라고 함.
② 由[유] : 돕다. 바로잡다. 燕의 北鄙에서는 由라고 함.
③ 輔[보] : 돕다. 輔는 胥, 由의 풀이어휘.

---

47 華學誠은 胥의 의미는 相이며, '서로 돕다'의 뜻이라고 했다.
48 王念孫은 郭璞 「注」를 인용하여 '正' 다음에 '也'가 있다고 했다.
49 『廣雅 · 釋詁』: "儋 · 由 · 胥 · 佐 · 佑 · 虞 · 護 · 勸 · 救 · 吹 · 扇 · 埤 · 役 · 賻, 助也."

방언 8

蛩烘①, 戰慄②也【鞏·恭兩音】. 荊吳曰蛩烘, 蛩烘又恐③也.

공공蛩烘[50]은 두려워하다(전율戰慄)의 뜻이다.【이 두 글자의 음은 공鞏, 공恭이다】 형荊 오吳 지역에서는 공공蛩烘이라고 하며, 공공蛩烘은 또 두려워하다(공恐)의 뜻이다.

방언소증

案『說文』: "烘, 戰慄也.[51]" 『廣雅』: "蛩烘, 懼也.[52]" 本此. 『玉篇』: "烘, 恐也.[53]"

『설문해자』에 "공烘은 두려워하다(전율戰慄)의 뜻"이라고 했고, 『광아』에 "공공蛩烘은 두려워하다(구懼)의 뜻"이라고 했는데, 이들은 모두 여기에 근거하였다. 『옥편』에 "공烘은 두려워하다(공恐)의 뜻"이라고 했다.

역해

① 蛩烘[공공] : 두려운 마음. 荊吳에서는 蛩烘이라고 함. 蛩烘은 또 恐의

50 戰慄은 두려워하는 모습이며, 蛩烘은 두려운 마음으로 '두렵다'가 공통 의미.
51 『說文解字』 心部 : "烘, 戰慄也. 從心共聲."
52 『廣雅·釋詁』: "惶·怖·瘱·偪·猜·忦·嘽咺·謾台·脅鬩·恇·惕·蛩烘·征伀·怪㤨·畏·恐·遽, 懼也."
53 『玉篇』 心部 : "烘, 記奉切. 恐也."

뜻. 곽박 「주」에 발음은 각각 鞏, 恭이라고 했는데, 이에 근거한 상고음은 [*kjuŋx], [*kjuŋ]이다.

② 戰慄[전률] : 두려움이나 추위로 부들부들 떨다. 戰慄은 蛩烘의 풀이어휘.

③ 恐[공] : 두려워하다. 恐은 蛩烘의 다른 의미의 풀이어휘.

방언 9

鎭①【吐本反[54]】・錘②【直睡反】, 重③也. 東齊之間曰鎭, 宋魯曰錘.

전鎭【음은 吐本反이다】・추錘【음은 直睡反이다】는 무겁다(중重)의 뜻이다. 동제東齊에 걸친 지역에서는 전鎭이라고 하고, 송宋 노魯에서는 추錘라고 한다.

방언소증

案『廣雅』: "錘・鎭, 重也.[55]" 義本此.

『광아』에 "추錘・전鎭은 무겁다(중重)의 뜻"이라고 했는데, 그 의미는 여기에서 근거하였다.

---

54 周祖謨는 曹憲의 '音腆'을 들어 '吐本反'을 오류로 보았으나, 華學誠은 周祖謨의 주장에 동의하지 않았다.

55 『廣雅・釋詁』: "權・鎈・屓・鎭・鎮・珍・瑋, 重也."

역해

① 鈍[돈]: 무겁다. 東齊之間에서는 鈍이라고 함. 곽박 「주」에 발음은 吐本反이라고 했는데, 이에 근거한 상고음은 [*thənx]이다.

② 錘[추]: 무겁다. 宋魯에서는 錘라고 함. 곽박 「주」에 발음은 直睡反이라고 했는데, 이에 근거한 상고음은 [*drjarh]이다.

③ 重[중]: 무겁다. 重은 鈍, 錘의 풀이어휘.

방언 10

鋡①【音含】· 龕②, 受③也.【今云龕囊, 依此名也】 齊楚曰鋡, 揚越曰龕. 受, 盛④也, 猶秦晉言容盛⑤也.

함鋡【음은 함含이다】· 감龕은 받아들이다(수受)의 뜻이다.【오늘날 말하는 감랑龕囊은 이것을 근거로 하여 붙여진 명칭이다】 제齊 초楚에서는 함鋡이라고 하고, 양揚 월越에서는 감龕이라고 한다. 수受는 담다(성盛)의 뜻이다. 이것은 진秦 진晉 지역에서 용성容盛이라고 말하는 것과 비슷하다.

방언소증

案『玉篇』: "鋡, 受也.[56]", "龕, 受也. 盛也.[57]" 『廣雅』: "鋡 · 龕 · 受 · 盛也.[58]" 義皆本此.

---

56 『玉篇』 金部: "鋡, 胡耽切. 受也."

57 『玉篇』 龍部: "龕, 苦含切. 龍皃也. 受也. 聲也. 盛也."

58 『廣雅 · 釋詁』: "鋡 · 堪 · 龕 · 受, 盛也."

『옥편』에 "함鋡은 받다(수受)의 뜻이다", "감龕은 받다(수受)의 뜻이다, 담다(성盛)의 뜻이다"라고 했다. 『광아』에 "함鋡·감龕·수受는 담다(성盛)의 뜻이다"라고 했는데, 그 의미는 모두 여기에서 근거하였다.

역해

① 鋡[함] : 받아들이다. 담다. 齊楚에서는 鋡이라고 함. 곽박 「주」에 발음은 含이라고 했는데, 이에 근거한 상고음은 [*gəm]이다.
② 龕[감] : 받아들이다. 담다. 揚越에서는 龕이라고 함.
③ 受[수] : 받다. 받아가지다. 受는 鋡, 龕의 풀이어휘.
④ 盛[성] : 그릇에 물건을 담다. 받아들이다. 盛은 受의 풀이어휘.
⑤ 容盛[용성] : 용기에 담다. 秦晉에서 容盛이라고 함.

방언 11

矔①【慣習】·睊②【侹侗】, 轉目也. 梁益之間瞋目曰矔, 轉目顧視亦曰矔, 吳楚曰睊.

관矔【음은 관습慣習의 관慣이다[59]】·동睊【음은 정동侹侗의 동侗이다[60]】은 두리번거리다(轉目)의 뜻이다. 양梁 익益에 걸친 지역에서는 눈을 부릅뜨는 것을 관矔이라고 하고, 눈을 두리번거리는 것도 역시 관矔이라고 한다. 오吳 초楚 지역에서는 동睊라고 한다.

59 戴震의 설에 따라 이와 같이 번역하였다.
60 戴震의 설에 따라 이와 같이 번역하였다.

방언소증

案『說文』云 : "矔, 目多精也. 益州謂瞋目曰矔."[61], "吳楚謂瞋目顧視曰䀜."[62] 「注」內'慣習''侹侗'當作'音慣習之慣', '音侹侗之侗'.

『설문해자』에 "관矔은 검은 눈동자가 많은 것이다. 익주益州에서는 눈을 부릅뜨다를 관矔이라고 한다", "오吳 초楚에서는 눈을 부릅뜨고 두리번거리다를 동䀜이라고 한다"고 했다. 곽박 「주」의 '관습慣習'과 '정동侹侗'은 마땅히 '음은 관습慣習의 관慣이다', '음은 정동侹侗의 동侗이다'라고 해야 한다.

역해

① 矔[관] : 눈을 굴리며 둘러보다. 두리번거리다. 梁益之間에서 눈을 부릅뜨다를 矔이라 하며, 눈을 돌리며 살펴보는 것도 矔이라고 함. 곽박 「주」에 발음은 慣習의 慣이라고 했는데, 이에 근거한 상고음은 [kruanh]이다.

② 䀜[동] : 눈동자를 굴리며 보다. 두리번거리다. 눈을 부릅뜨다. 吳楚에서는 䀜이라고 함. 곽박 「주」에 발음은 侹侗의 侗이라고 했는데, 이에 근거한 상고음은 [*thuŋ]이다.

---

61 『說文解字』 目部 : "矔, 目多精也. 從目雚聲. 益州謂瞋目曰矔."

62 『說文解字』 目部 : "䀜, 吳楚謂瞋目顧視曰䀜. 從目同聲."

방언 12

逴①【敕略[63]反】・騷②【先牢反】・𧿴③, 蹇④也.【跛者[64]行䟄踔也】吳楚偏蹇曰騷, 齊楚晉曰逴.【行路[65]逴也】

탁逴【음은 칙략반敕略反이다】・소騷【음은 선뢰반先牢反이다】・조𧿴는 절뚝거리다(건蹇)의 뜻이다.【절뚝발이가 절뚝거리며 다니는 것을 말한다】 오吳 초楚에서는 절뚝발이를 소騷라고 하고, 제齊 초楚 진晉에서는 탁逴[66]【길을 절름거리며 걷다의 뜻이다】이라고 한다.

방언소증

案『說文』: "蹇, 跛也."[67], "逴, 蹇也."[68] 『廣雅』: "逴・騷・𧿴, 蹇也.[69]" 義本此. 『玉篇』云: "䟄踔, 跛者行.[70]"

『설문해자』에서 "건蹇은 절뚝거리다(파跛)의 뜻"이라고 했고, "탁逴은 절다(건蹇)의 뜻"이라고 했다. 또 『광아』에서 "탁逴・소騷・조𧿴는 절다(건蹇)의 뜻"이라고 했는데, 이들의 의미는 모두 여기에서 근거하

63 『四部叢刊』本에는 '落'으로 되어 있으나, 戴震은 '略'으로 보았다. 또 제2권의 12번 항목에도 '略'으로 되어 있다.

64 『四部叢刊』本에는 '音'이라고 되어 있으나, 明 刻本에는 '者'로 되어 있으며, 『方言疏證』本도 '者'로 되어 있다.

65 『四部叢刊』本에는 '略'으로 되어 있으나, 『方言疏證』本은 '路'로 되어 있다.

66 『方言』 제2권의 12번 항목을 참조할 것.

67 『說文解字』 足部: "蹇, 跛也. 從足, 寒省聲."

68 『說文解字』 辵部: "逴, 遠也. 從辵卓聲. 一曰蹇也. 讀若棹苕之棹."

69 『廣雅・釋詁』: "逴・蓁・騷・聚・𧿴・尳・踦・𤹶, 蹇也."

70 『玉篇』 足部: "踔, 敕卓切. 跛也. 䟄踔, 跛者行."

였다. 『옥편』에 "침탁䟴踔은 절뚝발이가 걷는 모습"이라고 했다.

역해

① 逴[탁] : 발을 절다. 절름거리다. 齊楚晉에서는 逴이라고 함. 곽박 「주」에 발음은 敕略反이라고 했는데, 이에 근거한 상고음은 [*thrjakw]이다.
② 騷[소] : 절뚝거리다. 吳楚에서는 절뚝발이를 騷라고 함. 곽박 「주」에 발음은 先牢反이라고 했는데, 이에 근거한 상고음은 [*səgw]다.
③ 𡰪[조] : 절뚝거리다.
④ 蹇[건] : 절뚝발이. 절뚝거리다. 蹇은 逴, 騷, 𡰪의 풀이어휘.

방언 13

凘①[71]【音斯】· 㗨②【惡介反】, 噎③也.【皆謂咽痛也. 音翳】 楚曰凘, 秦晉或曰㗨, 又曰噎.

시凘【음은 사斯다】· 애㗨【음은 악개반惡介反이다】는 목구멍이 아프다(예噎)의 뜻이다.【모두 목이 아픈 것을 말한다. 음은 예翳다】 초楚에서는 시凘라고 하고, 진秦 진晉에서는 애㗨라고 하거나, 또는 예噎라고 한다.

---

71 『方言』 제6권의 34번 항목을 참조할 것.

방언소증

案『說文』云 : "嗌, 咽也.[72]", "噎, 飯窒也.[73]" '𤺊'亦作'嘶'. 『玉篇』云 : "嘶, 噎也.[74]"

『설문해자』에 "애嗌는 목구멍, 목메다(인咽)의 뜻"이라고 했다. "일噎은 목구멍이 아프다"라고 했다. '시𤺊'는 '시嘶'로 쓰기도 한다. 『옥편』에서 "시嘶는 목구멍이 아프다(예噎)의 뜻"이라고 했다.

역해

① 𤺊[시] : 목소리가 쉬다. 목이 메다. 楚에서는 𤺊라고 함. 곽박 「주」에 발음은 斯라고 했는데, 이에 근거한 상고음은 [*sjig]이다.
② 嗌[애] : 목이 메다. 秦晉에서는 嗌라고 함. 곽박 「주」에 발음은 惡介反이라고 했는데, 이에 근거한 상고음은 [*ʔrjigh]([*ʔjik])다.
③ 噎[예] : 목구멍이 아프다. 목구멍에 생긴 병. 噎은 𤺊, 嗌의 풀이어휘. 秦晉에서는 또 噎라고도 함. 곽박 「주」에 발음은 翳라고 했는데, 이에 근거한 상고음은 [*ʔid]이다.

방언 14

怠① · 阤②[75]【音蟲豸[76]】, 壞③也[77].【謂壞落也】

72 『說文解字』 口部 : "嗌, 咽也. 從口益聲."
73 『說文解字』 口部 : "噎, 飯窒也. 從口壹聲."
74 『玉篇』 口部 : "嘶, 先奚切. 噎也. 馬鳴也."

태怠・타阤【음은 충치蟲豸다】는 무너지다(괴壞)의 뜻이다.【파괴되어 무너져 내리는 것을 말한다】

방언소증

案張衡「西京賦」: "程巧致功, 期不陁陊.[78]" 李善「注」引『方言』: "阤, 壞也." 『廣雅』: "阤・殆, 壞也.[79]" '殆''怠', 古通用. 「注」內'音蟲豸'三字各本作'音虫豸未曉'五字. '虫'卽'蟲'之省. '未曉'二字蓋閱是書者所記, 以'虫豸'不可曉耳. '虫', 許偉反, 與'蟲'異故也. 不當雜入「注」文, 今刪.

장형의 「서경부」에 "모두 기술이 뛰어난 장인들을 뽑아 그들의 재능이 기울어 무너지지 않고 오래도록 계속될 것이다"라는 구절이 있는데, 이선의 「주」에서는 『방언』을 인용해 "타阤는 무너지다(괴壞)의 뜻"이라고 했다. 『광아』에 "타阤・태殆는 무너지다(괴壞)의 뜻"이라고 했다. '태殆'와 '태怠'는 옛날에는 통용되었다. 곽박 「주」의 '음충치音蟲豸' 세 글자는 여러 판본에 "음훼치音虫豸, 미효未曉"라고 다섯 글자로 되어 있다. '훼虫'는 '충蟲'의 약자이며, '미효未曉'란 두 글자는 아마 이 책을 읽은 사람이 썼을 것으로 생각되는데, 아마도 '훼치虫豸'라고 보고 이를 이해할 수 없었을 것이다. '훼虫'는 음이 허위반許偉反으로 '충

---

75 『四部叢刊』本에는 '陁'라고 되어 있으나, 戴震은 '阤'로 수정하였다. 그러나 周祖謨는 '陁'가 바로 '阤'이기 때문에 고칠 필요가 없다고 하였으며, 華學誠은 周祖謨의 주장이 옳다고 했다.

76 『四部叢刊』本에는 '未曉'라는 두 글자가 더 있으나, 戴震은 이는 독자가 첨가한 것으로 郭璞 「注」에서 이를 삭제해야 한다고 했다.

77 『四部叢刊』本에는 없지만 戴震은 '也'를 첨가하였다.

78 『文選・賦甲・西京賦』: "程巧致功, 期不陁陊. 木衣綈錦, 土被朱紫."

79 『廣雅・釋詁』: "陊・敗・層・徹・破・碎・隤・陁・阤・陊・殆・躛・撤, 壞也."

蟲'과는 다른 글자다. 곽박 「주」 안에 들어가지 않아야 될 글자는 여기에서 삭제한다.

역해

① 怠[태] : 무너지다.

② 阤[치] : 무너지다. 陁와 같음. 곽박 「주」에 발음은 蟲豸의 豸라고 했는데, 이에 근거한 상고음은 [*drigx]다.

③ 壞[괴] : 무너지다. 기울어지다. 壞는 怠, 阤의 풀이어휘.

방언 15

埕①[80]【音涅】・墊②【丁念反】, 下③也. 凡柱而下曰埕, 屋而下曰墊.

열埕【음은 열涅이다】・점墊【음은 정념반丁念反이다】은 아래(하下)의 뜻이다. 기둥 아래를 열埕이라고 하고, 집 아래를 점墊이라고 한다.

방언소증

案『說文』: "涅, 從水從土日聲.[81]" 埕, 蓋從土, 涅省聲. 此字後人所作, 應直用'涅'. '墊'亦作'褺'. 『廣雅』: "埕・墊, 下也.[82]" 義本此.

---

80 戴震은 이 글자는 후대인이 만든 것으로 '涅'이라고 하는 것이 마땅하다고 했다. 錢繹은 '埕'과 '涅'이 古今字라고 보았다.

81 『說文解字』 水部 : "涅, 黑土在水中也. 從水從土日聲."

『설문해자』에 "열涅은 글자가 수水와 토土, 일성日聲으로 구성되었다"고 했다. 열埕은 글자가 토土와 열涅의 성성省聲[83]으로 구성되었는데, 이 글자는 아마도 후세 사람들이 만든 글자일 것이다. 그래서 마땅히 열涅로 써야 한다. '점墊'은 '점㘷'으로 쓰기도 한다. 『광아』에서 "열埕·점墊은 아래(하下)의 뜻"이라고 했는데, 그 의미는 여기에서 근거하였다.

역해

① 埕[열] : 빠지다. 기둥 아래를 埕이라고 함. 곽박 「주」에 발음은 涅이라고 했는데, 이에 근거한 상고음은 [*nit]이다.
② 墊[점] : 빠져들다. 집 아래를 墊이라고 함. 곽박 「주」에 발음은 丁念反이라고 했는데, 이에 근거한 상고음은 [*tiəmh]이다.
③ 下[하] : 내려가다. 아래. 下는 埕, 墊의 풀이어휘.

방언 16

伆①【音刎】·邈②, 離③也.【謂乖離也】 楚謂之越④, 或謂之遠⑤, 吳越曰伆.

문伆【음은 문刎이다】·막邈은 분리되다(리離)의 뜻이다.【괴리를 말한다】 초楚에서는 월越이라고 하고, 혹은 원遠이라고 한다. 오吳 월越에서는 문

82 『廣雅·釋詁』: "句·降·窪·窆·窌·埕·埝·㘷·墊·隤·折·按, 下也."
83 省聲은 『說文解字』에서 형성자의 구조를 설명한 용어로 성부에 생략된 부분이 있는 것을 말한다.

㑌이라고 한다.

방언소증

案'㑌'亦作'迱'. 『廣雅』: "邈・迱・離・越, 遠也.[84]"

'문㑌'은 '문迱'으로 쓰기도 한다. 『광아』에서 "막邈・문迱・리離・월越은 멀어지다(원遠)의 뜻"이라고 했다.

역해

① 㑌[문]: 동떨어지다. 멀리 떨어지다. 吳越에서는 㑌이라고 함. 곽박 「주」에 발음은 刎이라고 했는데, 이에 근거한 상고음은 [*mjənx]이다.
② 邈[막]: 멀리 떨어지다.
③ 離[리]: 분리되다. 갈라지다. 離는 㑌, 邈의 풀이어휘.
④ 越[월]: 멀다. 楚에서는 越이라고 함.
⑤ 遠[원]: 멀다. 楚에서는 또 遠이라고도 함.

방언 17

顛① ・頂②, 上③也.

---

84 『廣雅・釋詁』: "邈・逷・迱・離・釗・曠・云・極・遼・遙・迂・敻・超・踰・逴・越・徂・𢓭・征・遾・高・荒・裔, 遠也."

전顚・정頂은 위(상上)의 뜻이다.

방언소증

案『爾雅・釋言』: "顚, 頂也.[85]" '顚'與'頂', 一聲之轉. 『廣雅』: "顚・頂, 上也.[86]" 義本此.

『이아・석언』에 "전顚은 머리, 꼭대기(정頂)의 뜻"이라고 했다. '전顚'과 '정頂'은 일성지전一聲之轉이다. 『광아』에 "전顚・정頂은 위(상上)의 뜻"이라고 했는데, 그 의미는 여기에서 근거하였다.

역해

① 顚[전] : 사물의 맨 위쪽. 꼭대기. 상단.
② 頂[정] : 꼭대기. 물체의 맨 위쪽.
③ 上[상] : 위. 上은 顚, 頂의 풀이어휘.

방언 18

誣①, 淹與②[87]也.【淹, 於[88]劍反】 吳越曰誣, 荊齊曰淹與, 猶秦晉

---

85 『爾雅・釋言』: "顚, 頂也."
86 『廣雅・釋詁』: "高・厲・竦・踊・騰・躍・陞・跳・搖・祖・潛・貢・顚・頂・弻・尙・營, 上也."
87 『四部叢刊』本에는 '与'로 되어 있으나 戴震은 '與'로 고쳤다.
88 『四部叢刊』本에는 '乙'로 되어 있으나, 戴震은 '於'라고 하였다.

言阿與③[89].【相阿與者, 所以致誣淹[90]】

무誣는 적대시하다, 증오하다(엄여淹與)의 뜻이다.【엄淹의 음은 어검반於劍反이다】 오吳 월越에서는 무誣라고 하고, 형荊 제齊에서는 엄여淹與라고 하는데, 이는 진秦 진晉 지역에서 아여阿與라고 하는 것과 비슷하다.【서로 증오하고 적대시하여 무엄誣淹에 이른다】

방언소증

案『廣雅』: "貸・誣・淹・授・施・遺, 予也.[91]" 後卷十內'或謂之淹'[92], 「注」云: "言誣淹也." 合之. 此「注」皆以'誣淹'連稱. 據正文'淹與'猶'阿與'. '淹''阿'乃一聲之轉. '與'讀若'譽'. 『說文』: "誣, 加也.[93]" 『集韻』: "淹, 謫也.[94]" 凡無實而虛加皆爲'誣'. 「表記」: "受祿不誣[95]", 鄭「注」云: "不信曰誣." 此正'阿與'之義. 郭璞言: "相阿與者所以致誣淹." 又轉一義矣.

『광아』에 "대貸・무誣・엄淹・수授・시施・유遺는 주다(여予)의 뜻"이라고 했다. 뒤의 제10권에서는 '혹은 엄淹이라고도 한다'는 구절이 있는데, 곽박 「주」에 "무엄誣淹을 말하는 것"이라고 해서 두 글자를 합

89 周祖謨와 王念孫은 '阿與' 뒤에 '也'를 첨가하였다.
90 『四部叢刊』本에는 '也'가 더 있으나, 『方言疏證』본에는 없다.
91 『廣雅・釋詁』: "歛・欿・匃・貸・誣・淹・授・施・裨・稟・付・載・埤・分・越・以・气・遺・予, 與也."
92 『方言』 제10권의 9번 항목을 참조할 것.
93 『說文解字』 言部: "誣, 加也. 從言巫聲."
94 『集韻』 去聲: "淹, 『方言』, 誣淹, 與也. 猶阿與也. 一曰挐也. 匿也. 謗也. 言輕也."
95 『禮記・表記』: "故其受祿不誣. 其受罪益寡."

해서 말했다. 이 조항의 주석에도 모두 '무엄誣䛳'이라고 연이어 말했다. 본문에 따르면 '엄여䛳與'와 '아여阿與'가 비슷하다고 했는데, '엄䛳'과 '아阿'는 일성지전一聲之轉이며, '여與'는 '예譽'처럼 읽는다. 『설문해자』에 "무誣는 더하다(가加)의 뜻"이라고 했다. 『집운』에 "엄䛳은 방謗"이라고 했다. 실제로는 없는데 허위로 더하는 것을 모두 무誣라고 한다. 『예기 · 표기』의 "아무렇게나 마음대로 봉록을 받지는 않는다"는 구절에 대해 정현의 「주」에서는 "불신을 무誣"라고 했다. 이것이 바로 '아여阿與'의 뜻이다. 곽박이 말한 "서로 증오하고 적대시하여 무엄誣䛳에 이른다"는 의미는 또 하나의 파생된 의미다.

역해

① 誣[무] : 없는 일을 있는 것처럼 꾸며대어 말하다. 무함하다. 비방하다. 吳越에서는 誣라고 함.
② 䛳與[엄여] : 헐뜯다. 荊齊에서는 䛳與라고 함. 䛳與는 誣의 풀이어휘. 곽박 「주」에 䛳의 발음은 於劍反이라고 했는데, 이에 근거한 상고음은 [*ʔjamh]이다.
③ 阿與[아여] : 적대시하다. 증오하다. 䛳與는 秦晉에서 阿與라고 함.

방언 19

掩①·索②, 取③也. 自關而[96]東曰掩, 自關[97]而西曰索, 或曰狙④[98].

---

96 『四部叢刊』本에는 '而'가 빠졌으나 戴震은 '而'를 보충하였다.
97 『四部叢刊』本에는 '門'으로 되어 있으나, 戴震은 '關'으로 고쳤다.
98 『四部叢刊』本에는 '狙'로 되어 있으나, 戴震은 '狙'로 고쳤다. 그러나 盧文弨,

【相棃[99]】

엄掩・소索는 취하다(취取)의 뜻이다. 함곡관으로부터 동쪽에서는 엄掩이라고 말하고, 함곡관으로부터 서쪽에서는 소索라고 하거나, 혹은 저担라고 한다.【취하다의 뜻이다[100]】

방언소증

案'掩', 『說文』作'揜', 云:"自關以東謂取曰揜.[101]" 司馬相如「子虛賦」:"揜翡翠.[102]" 「上林賦」:"揜焦朋.[103]" 李善「注」皆引『方言』:"揜, 取也." 『漢書・貨殖傳』:"又況掘冢博掩, 犯姦成富.[104]" 顔師古「注」云:"掩, 謂掩襲取人物者也." '担'各本訛作'狙'. 『永樂大典』本下有'但伺也.'三字, 外誤不可通, 後卷十内"担, 取也."[105], '担'下「注」'相棃'二字, 可證'狙'卽'担'之訛. '但伺也'卽'相棃'之訛. '相棃'當云'音相棃之相'. 『廣雅』:"索・担・掩, 取也.[106]" 義本此. 曹憲『音釋』:'担'音, '莊加''子冶'兩反.

錢繹, 華學誠은 '狙'이 '狙'라고 했다.

99 『四部叢刊』本에는 '但伺也'로 되어 있으나, 戴震은 '相棃'로 고쳤다. 그러나 盧文弨는 '狙伺'가 맞으며 '취하다'의 의미라고 했다. 錢繹과 華學誠은 盧文弨를 따랐다.

100 盧文弨, 錢繹, 華學誠의 견해에 따라 번역하였다.

101 『說文解字』 手部:"揜, 自關以東謂取曰揜. 一曰覆也. 從手弇聲."

102 『史記・司馬相如列傳』:"'於是乃相與獠於蕙圃, 媻珊勃窣上金隄, 揜翡翠, 射鵔鸃."

103 『文選・賦丁・上林賦』:"拂翳鳥, 捎鳳凰, 捷鵷鶵, 揜焦明."

104 『漢書・貨殖傳』:"又況掘冢搏掩, 犯姦成富."

105 『方言』 제10권의 47번 항목을 참조할 것.

106 『廣雅・釋詁』:"龕・岑・資・攲・釆・掇・搴・摭・芼・集・摡・扱・掟・摘・攈・素・撈・撟・穌・賴・摣・摷・撩・捼・担・收・斂・捕・攦・投・有・撤・挻・摻・銛・抍・攎・掩・竊・略・剝・剿・搏・捋, 取也."

'엄掩'을 『설문해자』에서는 '엄揜'이라고 했으며 "함곡관으로부터 동쪽에서는 취하다(취取)를 엄揜이라고 한다"고 했다. 사마상여 「자허부」에서 말한 '비취 새를 잡는다'와 「상림부」에서 말한 '초명을 잡는다'[107]에 대해, 이선의 「주」에서는 모두 『방언』을 인용해서 "엄揜은 취하다(취取)의 뜻"이라고 했다. 『한서·화식전』에 "더군다나 그런 도둑질, 도박, 강도, 사기를 저질러 치부하는 사람들"이라는 구절이 있는데, 안사고의 「주」에서 "엄掩은 몰래 남의 물건을 취하는 것"이라고 했다. '저抯'는 여러 판본에서 모두 '저狙'로 잘못되어 있다. 『영락대전』본에는 '단사야但伺也'란 세 글자가 있는데, 오류가 있어 의미는 통하지 않는다. 뒤의 제10권에 "저抯는 취하다(취取)의 뜻"이라는 구절이 있다. '저抯' 다음에 '사리柤棃'라고 한 주석을 보면 '저狙'가 '저抯'의 오류라는 것을 알 수 있다. '단사야但伺也'는 바로 '사리柤棃'의 오류다. '사리柤棃'는 '음은 사리柤棃의 사柤'라고 해야 한다. 『광아』에 "소索·저抯·엄掩은 취하다(취取)의 뜻"이라고 했다. 의미는 이것을 근거로 하였다. 조헌은 『광아음석』에서 '저抯'의 음은 '장가莊加'와 '자야子冶' 두 가지 반절이 있다고 했다.

역해

① 掩[엄] : 숨기다. 감추다. 함곡관으로부터 동쪽 지역에서는 掩이라고 함.
② 索[색] : 받아내다. 요구하다. 챙기다. 함곡관으로부터 서쪽 지역에서는 索이라고 함.
③ 取[취] : 취하다. 싸워서 차지하다. 取는 掩, 索의 풀이어휘.
④ 抯[저] : 가져가다. 건져내다. 함곡관으로부터 서쪽 지역에서는 또 抯

107 焦朋은 焦明으로 쓰기도 하며, 봉황처럼 생긴 새의 한 종류다.

라고도 함.

방언 20

瞷①【烏拔反】・略②[108]【音略】, 視③也. 東齊曰瞷, 吳揚曰略,【今中國亦云目略也】 凡以目相戲[109]曰瞷.

언瞷【음은 오발반烏拔反이다】・락(략)略【음은 략略이다】은 보다(시視)의 뜻이다. 동제東齊에서는 언瞷이라고 하고, 오吳 양揚에서는 락(략)略【오늘날(곽박 당시) 중국에서 역시 목락(략)目略이라고 말한다】이라고 한다. 눈짓으로 희롱하는 것을 언瞷이라고 한다.

방언소증

案『說文』云: "瞷, 目相戲也.[110]" 『廣韻』引『方言』: "略, 視也.[111]" 『廣雅』: "略・瞷, 視也.[112]" 本此. 「注」內'目略', 諸刻脫'略'字, 『永樂大典』本有.

『설문해자』에 "언瞷은 눈짓으로 희롱하는 것"이라고 했다. 『광운』에

108 『方言』 제2권의 22번 항목을 참조할 것.

109 『四部叢刊』本에는 '戱'로 되어 있다.

110 『說文解字』 目部: "瞷, 目相戲也. 從目晏聲. 『詩』曰: 瞷婉之求."

111 『廣韻』 入聲: "略, 『說文』曰: 眄也. 『方言』云: 視也."

112 『廣雅・釋詁』: "覝・睎・望・目・略・眥・瞭・竆・覘・覼・覡・闞・盼・觀・窺・覸・脈・睍・睌・瞡・覗・看・瞭・覷・睥睨・睞・瞰・睇・瞡・眡・䁥・譽・䁷・瞷・矍・瞍・瞀・眓・占・省・靚・睼・診・覭, 視也."

서는 『방언』을 인용해서 "락(략)略은 보다(시視)의 뜻"이라고 했다. 『광아』에 "락(략)略·언䁙은 보다(시視)의 뜻"이라고 했다. 여기에서 근거하였다. 곽박 「주」의 '목락(략)目略'은 여러 판본에서 '락(략)略'자를 빠트렸다. 『영락대전』본에는 있다.

역해

① 䁙[언] : 눈짓으로 희롱하다. 보다. 東齊에서는 䁙이라고 함. 서로 눈짓으로 희롱하다를 䁙이라고 함. 곽박 「주」에 발음은 烏拔反이라고 했는데, 이에 근거한 상고음은 [*ʔwat]([*ʔan])이다.

② 略[락(략)] : 보다. 吳揚에서는 略이라고 함. 곽박 「주」에 발음은 略이라고 했는데, 이에 근거한 상고음은 [*ljak]이다.

③ 視[시] : 보다. 視는 䁙, 略의 풀이어휘.

방언 21

遙①·廣②, 遠③也. 梁楚曰遙.

요遙·광廣[113]은 멀다(원遠)의 뜻이다. 양梁 초楚에서 요遙라고 한다.

113 戴震은 '廣'에 '멀다'의 의미가 있다고 했으며, 錢繹은 '廣'은 '曠'과 통하며 '멀다'의 의미라고 했다.

방언소증

案『廣雅』:“遙，遠也.[114]” 「越語」:“廣運百里.[115]” 韋昭「注」云:“東西爲廣，南北爲運.” 蓋‘廣’亦以言‘遠’.

『광아』에서 “요遙는 멀다(원遠)의 뜻”이라고 했다. 『국어 · 월어』에 “(구천의 땅 면적은) 길이와 넓이가 모두 100리다”라는 구절이 있는데, 위소의 「주」에서 “동서는 광廣이고 남북은 운運이다”라고 했다. 대체로 ‘광廣’에도 ‘멀다’의 뜻이 있다.

역해

① 遙[요] : 멀다. 거리가 멀다. 梁楚에서는 遙라고 함.
② 廣[광] : 멀다. 깊다. 거리가 많이 떨어져 있다.
③ 遠[원] : 멀다. 거리가 멀다. 遠은 遙, 廣의 풀이어휘.

방언 22

汩①[116]【于筆反】· 遙②[117], 疾行③也.【汩汩急貌也】 南楚之外曰汩, 或

---

114 『廣雅 · 釋詁』:“邈 · 逷 · 迦 · 離 · 釗 · 曠 · 云 · 極 · 遼 · 遙 · 迂 · 敻 · 超 · 踰 · 逴 · 越 · 袓 · 毖 · 征 · 遾 · 高 · 荒 · 裔, 遠也.”

115 『國語 · 越語』:“廣運百里.”

116 『四部叢刊』本에는 ‘汨’로 되어 있으나 戴震, 盧文弨, 周祖謨는 ‘汩’이라고 했다.

117 戴震은 ‘遹’(급히 가는 모습)로 쓸 수도 있다고 했으며, 錢繹은 ‘搖’(급하다)와 통한다고 했다.

曰遙.

율汩・요遙는 빨리 달리다(疾行)의 뜻이다.【율율汩汩은 급한 모습이다. 음은 우필반于筆反이다】 남초南楚 이외 지역에서는 율汩이라고 하며, 혹은 요遙라고 한다.

방언소증

案『廣雅』: "汩, 疾也.[118]" 司馬相如「上林賦」: "汩乎混流.[119]" 蘇林曰: "揚雄『方言』: 汩, 逕疾也." '逕'字誤. 揚雄「甘泉賦」: "涌醴汩以生川.[120]" 李善「注」引『方言』: "汩, 疾也." 枚乘「七發」: "汩乘流而下降兮.[121]" 「注」引『方言』: "汩, 疾貌也." 卽此條「注」文. 『離騷』: "汩余若將不及兮.[122]" 王逸「注」云: "汩, 去貌, 疾若水流也." 洪興祖『補注』引『方言』云: "疾行也. 南楚之外曰汩." 『爾雅・釋水』郭「注」: "汩漱沙壤.[123]" 『釋文』引『方言』云: "遙, 疾行也.[124]" '遙'上應有'汩'字, '遙'亦作'遥'. 『玉篇』[125]・『廣韻』[126]並云: "遥, 疾行也."

---

118 『廣雅・釋詁』: "敏・逞・佝・儳・趨・頪・儵・倏・倢・胇・蹂・躁・駛・猥・挑・搖・扇・拊・舞・勱・輕・汩・慫・颮・赽・鶩・跋・越・齊, 疾也."

119 『文選・賦丁・上林賦』: "行乎州淤之浦, 徑乎桂林之中, 過乎泱莽之野, 汩乎混流, 順阿而下."

120 『文選・賦丁・甘泉賦』: "蔭西海與幽都兮, 涌醴汩以生川."

121 『文選・七上・七發』: "流攬無窮, 歸神日母. 汩乘流而下降兮, 或不知其所止."

122 『文選・騷上・離騷』: "扈江離與辟芷兮, 紉秋蘭以爲佩. 汩餘若將不及兮, 恐年歲之不吾與."

123 『爾雅・釋水』: "所渠并千七百, 一川色黃." 「注」: "潛流地中, 汩漱沙壤. 所受渠多, 衆水溷淆, 宜其濁黃."

124 『經典釋文(爾雅音義・釋水)』: "汩, 于筆反, 流水也. 『方言』云: 遙, 疾行也. 『字林』云: 水聲急也."

125 『玉篇』辵部: "遥, 翼周反. 徑, 疾行."

126 『廣韻』下平聲: "遥, 疾行. 又音由, 或作繇."

『광아』에 "율汩은 빠르다(질疾)의 뜻"이라고 했다. 사마상여의 「상림부」에 "물살이 맹렬하고 빨리 흐른다"라는 구절이 있는데, 소림은 "양웅 『방언』에 율汩·경逕은 빠르다(질疾)의 뜻이라고 했다." '경逕'자는 오류다. 양웅 「감천부」에 "달콤한 샘물이 빠르게 솟구쳐 냇물을 이룬다"라는 구절이 있는데, 이선의 「주」에서는 『방언』을 인용해서 "율汩은 빠르다(질疾)의 뜻"이라고 했다. 매승의 「칠발」에 "빠르게 물살을 따라 아래로 흘러간다"라는 구절이 있는데, 「주」에서는 『방언』을 인용해서 "율汩은 빠른 모습"이라고 했는데, 이것은 바로 이 조항에 대한 곽박의 주해를 인용한 것이다. 『초사·이소』에 "시간이 화살같이 빨리 지나가서 따라잡을 수 없을 것 같다"라는 구절이 있는데, 왕일의 「주」에서 "율汩은 물이 흐르는 것처럼 빨리 가는 모습"이라고 했다. 홍흥조 『초사보주』에서는 『방언』을 인용해 말하기를, "빨리 가는 것이다. 남초 이외 지역에서는 율汩이라고 한다"고 했다. 『이아·석수』의 곽박 「주」에는 "빨리 흘러 모래흙으로 들어간다"라는 말이 있는데, 『경전석문』은 『방언』을 인용해서 "요遙는 빨리 가다(질행疾行)의 뜻"이라고 했다. '요遙' 위에 '율汩'자가 마땅히 있어야 되며, '요遙'는 '요遙'로 쓰기도 한다. 『옥편』과 『광운』에 "요遙는 빨리 가다(질행疾行)의 뜻"이라고 했다.

역해

① 汩[율] : 빨리 가다. 빠른 모양. 급한 모양. 南楚의 외부지역에서는 汩이라고 함. 곽박 「주」에 발음은 于筆反이라고 했는데, 이에 근거한 상고음은 [*gwjiət]이다.

② 遙[요] : 빨리 가다. 급히 가다. 南楚의 외부지역에서는 또 遙라고도 함.

방언 23

蹇①・妯②, 擾③也.【謂躁擾也. 妯, 音迪】 人不靜曰妯, 秦晉曰蹇, 齊宋曰妯.

건蹇・축妯은 소란스럽게 하다(요擾[127])의 뜻이다.【조급하게 움직이는 것을 말한다. 축妯의 음은 적迪이다】 사람이 조용하지 않은 것을 축妯이라고 한다. 진秦 진晉에서는 건蹇이라고 하고, 제齊 송宋에서는 축妯이라고 한다.

방언소증

案『說文』: "擾, 煩也.[128]" 『廣雅』: "蹇・妯・躁・煩, 擾也.[129]" 『詩・小雅』: "憂心且妯." 「毛傳」: "妯, 動也." 『爾雅・釋詁』同[130]. 『釋文』: "勑留反, 又音迪.[131]"

『설문해자』에서 "요擾는 괴로워하다(번煩)의 뜻"이라고 했다. 『광아』에 "건蹇・축妯・조躁・번煩은 소란스럽게 하다(요擾)의 뜻"이라고 했다. 『시경・소아』에 "근심스러운 마음에 서글퍼진다"라는 구절이 있는데, 『毛傳』에서 "축妯은 움직이다(동動)의 뜻"이라고 했다. 『이아・석고』와 같다. 『경전석문』에 "음은 칙류반勑留反이며, 또 적迪이라는 음이 있다"고 했다.

---

127 華學誠은 '擾'가 '擾(어지럽다)'와 같다고 했다.
128 『說文解字』 手部: "擾, 煩也. 從手夒聲."
129 『廣雅・釋詁』: "蹇・妯・獿・騷・獪・躁・煩, 擾也."
130 『爾雅・釋詁』: "娠・蠢・震・戁・妯・騷・感・訛・蹶, 動也."
131 『經典釋文(爾雅音義・釋詁)』: "妯, 顧依詩. 勑留反. 郭, 盧篤反. 又徒歷反."

역해

① 蹇[건] : 조급하고 소란스럽다. 秦晉에서는 蹇이라고 함.

② 妯[축] : 슬프고 가슴이 아프다. 비통하다. 齊宋에서는 妯이라고 함. 곽박 「주」에 娌의 발음은 迪이라고 했는데, 이에 근거한 상고음은 [*diək w]이다.

③ 擾[요] : 擾와 같다. 어지럽히다. 소란스럽게 하다. 擾는 蹇, 妯의 풀이 어휘.

방언 24

絓①【音乖】· 挈②【口[132]八反】· 僚③[133]【古焭字】· 介④, 特⑤也. 楚曰僚[134], 晉曰絓, 秦曰挈. 物無耦曰特, 獸[135]無耦曰介.【傳曰 : 逢澤有介麋】[136] 飛鳥曰雙⑥, 鴈曰乘⑦.[137]

괘絓[138]【음은 괴乖다】· 설挈【음은 구팔반口八反이다】· 경僚【경焭의 옛글자다】· 개介는 단독, 홀로(특特)의 뜻이다. 초楚에서는 경僚이라고 하고, 진晉에서는 괘絓라고 한다. 진秦에서는 설挈이라고 한다. 물건이 짝이 없는 것을 특特이라고 하며, 짐승이 짝이 없는 것을 개介라고 한다.【전하는

---

132 吳承仕는 '口八反'이 '古八反'의 오류라고 보았다.

133 '僚'는 '焭(외롭다)'과 같다.

134 『四部叢刊』本에는 '경傑'으로 되어 있었으나 戴震은 '僚'로 고쳤다.

135 王念孫 手校本에서는 '축嘼(가축)'으로 수정하였다.

136 『四部叢刊』本에는 '飛鳥曰雙, 鴈曰乘'이 다른 별도의 항목으로 되어 있으나 戴震은 이를 합하였다.

137 王念孫은 '雙'이 '隻'의 오류라고 하였다. 周祖謨는 '飛' 앞에 '二'를, '鴈' 앞에 '四'를 덧붙였다.

138 '絓'는 '걸리다'의 의미이며, 『방언』에서는 '특별하다, 단독'의 의미로 쓰였다.

바에 "봉택逢澤에 짝 없는 큰 사슴이 있다"고 했다】 나는 새를 쌍雙이라고 하고, 기러기는 승乘이라고 한다.

방언소증

案『廣雅』: "絓·挈·儝·介·特, 獨也.[139]" 義本此. 『史記·陳餘列傳』: "獨介居河北.[140]"『集解』引『方言』云: "介, 特也." 任昉「天監三年策秀才文」: "介在民上.[141]" 李善「注」引『方言』: "介, 特也." 『春秋』哀公十四年『左傳』「疏」引『方言』: "獸無耦曰介." 『玉篇』引『方言』, 訛作"夰, 待也."[142] 揚雄「解嘲」: "乘鴈集不爲之多, 雙鳧飛不爲之少." 李善「注」引『方言』: "飛鳥曰雙, 四鴈曰乘." '四'字, 蓋李善所增.

『광아』에서 "괘絓·설挈·경儝·개介·특特은 홀로(독獨)의 뜻"이라고 했다. 의미는 여기에서 근거하였다. 『사기·진여열전』에 "(지금 장군은 3000명으로 조나라 수십 개 도시를 점령하고) 하북에 단독으로 주둔하며 (왕이라 칭하지 않으면 지켜낼 수 없다)"라는 구절이 있는데, 『사기집해』에서 『방언』을 인용하여 "개介는 단독(특特)의 뜻"이라고 했다. 임방의 「천감삼년책수재문」에 "홀로 백성들 위에서"라는 구절이 있는데, 이선의 「주」에서는 『방언』을 인용해 "개介는 단독(특特)의 뜻"이라고 했다. 『춘추』 애공 14년 『좌전』 「소」에서는 『방언』을 인용해 "짐승이 짝이 없는 것을 개介라고 한다"고 했다. 『옥편』에서는 『방언』을 인용하였는데, '개, 대야夰, 待也'로 잘못되어 있다. 양웅의 「해조」에 "네 마리 기

139 『廣雅·釋詁』: "絓·挈·儝·介·孤·寡·素·唯·特, 獨也."

140 『史記·張耳陳餘列傳』: "今將軍下趙數十城, 獨介居河北, 不王無以塡之."

141 『文選·文·天監三年策秀才文』: "然自君臨萬寓, 介在民上, 何嘗以一言失旨."

142 『玉篇』宀部: "夰, 羈薤切. 『方言』: 夰, 待也. 畜無偶曰夰. 郭璞云: 逢澤有夰麋也."

러기가 모여 있어도 많다고 여기지 않으며, 두 마리 새가 날아가도 적다고 여기지 않는다"라는 구절이 있는데, 이선의 「주」에서는 『방언』을 인용해 "새는 쌍雙이라고 부르고 4마리의 기러기는 승乘이라고 부른다"고 했다. '사四'자는 아마도 이선이 첨가한 것으로 보인다.

역해

① 絓[괘] : 독특하다. 晉에서는 絓라고 함. 곽박 「주」에 발음은 乖라고 했는데, 이에 근거한 상고음은 [*kwrəd]이다.
② 挈[알] : 혼자. 단독. 秦에서는 挈이라고 함. 곽박 「주」에 발음은 口八反이라고 했는데, 이에 근거한 상고음은 [*khriat]이다.
③ 僥[경] : 외롭다. 煢과 같음. 楚에서는 僥이라고 함.
④ 介[개] : 홀로. 혼자. 짝이 없는 짐승. 짐승 가운데 짝이 없는 것을 介라고 함.
⑤ 特[특] : 단 하나. 단독. 외톨이. 사물 가운데 짝이 없는 것을 特이라고 함. 特은 絓, 挈, 僥, 介의 풀이어휘.
⑥ 雙[쌍] : 새 한 쌍. 새 두 마리. 나는 새에게는 雙이라고 함.
⑦ 乘[승] : 한 쌍. 넷. 나는 새는 雙이라고 하고, 기러기는 乘이라고 함.

방언 25

台① · 既②, 失③也. 宋魯之間曰台.

대台와 기既는 잃다(실失)의 뜻이다. 송宋 노魯에 걸친 지역에서는 대台라고 한다.

방언소증

案『廣雅』: "台・旣, 失也.[143]" 義本此. '台''遺', 一聲之轉. '旣', 蓋如'日食旣'之'旣'.

『광아』에서 "대台와 기旣는 잃다(실失)의 뜻"이라고 했는데, 그 의미는 여기에서 근거하였다. '대台'와 '유遺'는 일성지전一聲之轉이다. '기旣'는 '일식이 이미 다했다(일식기日食旣)'의 '기旣'와 같다.

역해

① 台[이] : 잃다. 잃어버리다. 宋魯之間에서는 台라고 함.
② 旣[기] : 잃다. 잃어버리다.
③ 失[실] : 잃다. 失은 台, 旣의 풀이어휘.

방언 26

旣①・隱②・據③, 定④也.

기旣・은隱・거據는 안정되다(정定)의 뜻이다.

143 『廣雅・釋詁』: "台・旣・抎・墜・逸, 失也."

방언소증

案'旣', 取已然之義. 隱, 據也. 故又皆爲定. 『廣雅』: "隱·據, 定也.[144]" 義本此.

기旣는 이미, 벌써의 뜻이다. 은隱은 안정되다(거據)의 뜻이다. 그러므로 또한 모두 안정하다(정定)의 뜻이 된다. 『광아』에서 "은隱·거據는 안정하다(정定)의 뜻"이라고 했는데, 그 의미는 여기에서 근거하였다.

역해

① 旣[기] : 확정하다. 안정되다.
② 隱[은] : 편안하다. 안정되다.
③ 據[거] : 안정되다. 안정시키다.
④ 定[정] : 안정되다. 定은 旣, 隱, 據의 풀이어휘.

방언 27

稟①·浚②, 敬③也. 秦晉之間曰稟, 齊曰浚, 吳楚之間自敬曰稟.

품稟[145]·준浚[146]은 공경하다(경敬)의 뜻이다. 진秦 진晉에 걸친 지역에

144 『廣雅·釋詁』: "交·贄·凝·戾·撰·質·撫·嘆·保·隱·據·刊, 定也."
145 '稟'과 '廩'은 옛날에는 통용되었으며, '廩'은 '懍(공경하다)'자로 쓰기도 한다.
146 '浚'은 '俊'으로도 쓰며, '공경하다'의 의미다.

서는 품稟이라고 하고, 제齊에서는 준浚이라고 하고, 오吳 초楚에 걸친 지역에서는 스스로 공경하는 것을 품稟이라고 말한다.

방언소증

案'稟''廩', 古通用. 『漢書・循吏傳』: "此廩廩庶幾德讓君子之遺風矣.[147]" 顏師古「注」云: "廩廩, 言有風采也. 亦作懍." 『廣雅』: "懍・浚, 敬也.[148]" 本此.

'품稟'과 '름廩'은 옛날에는 통용되었다. 『한서・순리전』에 "이런 풍채는 아마도 인덕이 많고 예의와 양보를 아는 군자들의 태도일 것이다"라는 구절이 있는데, 안사고의 「주」에서는 "름름廩廩은 풍채가 있는 것을 말한다. '름懍'이라고 쓰기도 한다"고 하였다. 『광아』에서 "름懍・준浚은 공경하다(경敬)의 뜻"이라고 했는데, 여기에서 근거하였다.

역해

① 稟[품] : 공경하다. 秦晉之間에서는 稟이라고 함. 吳楚之間에서는 스스로 공경하는 것을 稟이라고 함.
② 浚[준] : 공경하다. 삼가다. 齊에서는 浚이라고 함.
③ 敬[경] : 공경하다. 敬은 稟, 浚의 풀이어휘.

147 『漢書・循吏傳』: "此廩廩庶幾德讓君子之遺風矣. 文翁, 廬江舒人也."
148 『廣雅・釋詁』: "虔・畏・賓・齋・亟・憼・懍・浚・悛・誠・信・高・尊, 敬也."

방언 28

悛①【音銓】・懌②【音弈】, 改③也. 自山而東或曰悛, 或曰懌.【『論語』曰 : "悅而不懌."】

전悛【음은 전銓이다】・역懌【음은 혁弈이다】은 고치다(개改)의 뜻이다. 산으로부터 동쪽 지역에서는 전悛이라고 하거나, 혹은 역懌이라고 한다.【『논어』에 "기뻐하며 고치다"라고 했다】

방언소증

案『春秋』襄公四年『左傳』: "羿猶不悛.[149]" 杜預「注」云 : "悛, 改也." 『廣雅』: "悛・懌・改, 更也.[150]" 義本此.

『춘추』 양공 4년 『좌전』에 "후예后羿는 여전히 반성하고 뉘우칠 줄 모른다"라는 구절이 있는데, 두예의 「주」에서 "전悛은 고치다(개改)의 뜻"이라고 했다. 『광아』에서 "전悛・역懌・개改는 고치다(경更)의 뜻"이라고 했는데, 그 의미는 여기에서 근거하였다.

역해

① 悛[전] : 뉘우쳐 고치다. 山으로부터 동쪽 지역에서는 悛이라고 함. 곽박

149 『春秋左傳』 襄公四年 : "樹之詐慝, 以取其國家, 外內咸服. 羿猶不悛, 將歸自田."

150 『廣雅・釋詁』: "悛・懌・譁・晲・改・庚・輸, 更也."

「주」에 발음은 銓이라고 했는데, 이에 근거한 상고음은 [*tshjuan]이다.

② 懌[역] : 고치다. 변경하다. 山으로부터 동쪽 지역에서는 또 懌이라고 도 함. 곽박 「주」에 발음은 弈이라고 했는데, 이에 근거한 상고음은 [*rak]이다.

③ 改[개] : 고치다. 改는 悛, 懌의 풀이어휘.

방언 29

坻①[151]【水泜】[152]·坥②[153]【癰疽】, 場③[154]也.【場, 音傷】 梁宋之間, 蚍蜉·犁鼠之場謂之坻,【犁鼠, 蚡鼠也】 螾場謂之坥.【螾, 蛐蟮也. 其糞名坥. 螾, 音引】

지坻【음은 수지水泜의 지泜다[155]】·저坥【음은 옹저癰疽의 저疽다[156]】는 부풀은 흙(상場)의 뜻이다.【상場은 음이 상傷이다】 양梁 송宋에 걸친 지역에서는 왕개미(비부蚍蜉)·두더지(이서犁鼠)가 있는 곳을 지坻【이서犁鼠는 즉 두더지(분서蚡鼠)다】라고 한다. 지렁이(인螾)가 있는 곳을 저坥라고 한다.【인螾은 지렁이(곡선蛐蟮)다. 그 똥을 저坥라고 한다. 인螾은 음이 인引이다】

---

151 『四部叢刊』本에는 모두 '坻'로 되어 있으나 戴震은 모두 '坻'로 고쳤다.
152 『四部叢刊』本에는 '泜'라고 되어 있으나 戴震은 '泜'로 고쳤다.
153 『四部叢刊』本에는 모두 '坥'으로 되어 있으나 戴震은 모두 '坥'로 고쳤다.
154 『四部叢刊』本에는 모두 '場'으로 되어 있으나 戴震은 모두 '場'으로 고쳤다. 華學誠은 원래 판본을 따랐다.
155 대진의 설을 따라 번역하였다.
156 대진의 설을 따라 번역하였다.

案'粆', 古'棃'字. 潘岳「藉田賦」: "坻場染屨.[157]" 李善「注」云: "『方言』: '坻, 場也. 蚍蜉·犂鼠之場謂之坻.' 場, 浮壤之名也. 音傷." 『爾雅』'鼢鼠', 郭「注」云: "地中行者."[158] 「疏」云: "『方言』: 名犁鼠, 卽此鼠也. 謂起地若耕, 因名云." '蚡''鼢', 古通用. 『玉篇』引此條亦作'犂', 餘並同. 『說文』云: "益州部謂蟥場曰坥.[159]" 『廣雅』: "坻, 場也.[160]" 「注」內'水泜', '癰疽'當作'音水泜之泜', '音癰疽之疽'. '蛐'諸刻訛作'蟥'.

'이粆'는 '이棃'의 옛 글자다. 반악의 「자전부」에 "진흙땅에 신발자국이 나있다"라는 구절이 있는데, 이선의 「주」에서는 "『방언』에 '지坻는 부풀은 흙(상場)이며, 왕개미(비부蚍蜉), 두더지(이서犂鼠)의 장場을 지坻'라고 한다"고 했다. 상場은 부풀은 흙의 이름이다. 음은 상傷이다. 『이아』의 곽박 「주」에는 '두더지(분서鼢鼠)'가 "땅 속을 다니는 것"이라고 했다. 「소」에서는 "『방언』의 이서犁鼠라는 것이 바로 이것이다. 땅을 일으키며 다니는 것이 논밭을 가는 것과 비슷해서 얻은 명칭"이라고 했다. '분蚡'과 '분鼢'은 옛날에는 통용되었다. 『옥편』에서 이 조항을 인용하였는데 역시 '이犂'라고 했으며, 나머지는 같다. 『설문해자』에서 "익주益州 지역에서는 인장蟥場을 저坥"라고 한다고 했다. 『광아』에서 "지坻는 장場"이라고 했다. 곽박 「주」의 '수지水泜'와 '옹저癰疽'는 '음은 수지水泜의 지泜다', '음은 옹저癰疽의 저疽다'라고 해야 한다. '곡蛐'자는 여러 판본에 '황蟥'으로 잘못되어 있다.

---

157 『文選·賦丁·藉田賦』: "坻場染屨, 洪縻在手."
158 『爾雅·釋獸』: "鼢鼠."
159 『說文解字』 土部: "坥, 益州部謂蟥場曰坥. 從土且聲."
160 『廣雅·釋詁』: "封·垤·坻, 場也."

역해

① 坻[지] : 개밋둑. 梁宋之間에서 蚍왕개미, 두더지가 있는 곳을 坻라고 함. 곽박「주」에 坻의 발음은 水泜의 泜라고 했는데, 이에 근거한 상고음은 [*drjid]이다.

② 坥[저] : 지렁이의 똥. 곽박「주」에 발음은 癰疽의 疽라고 했는데, 이에 근거한 상고음은 [*tshjag]이다.

③ 場[상] : 부풀은 흙. 場은 坻, 坥의 풀이어휘. 곽박「주」에 발음은 傷이라고 했는데, 이에 근거한 상고음은 [*hrjaŋ]이다.

방언 30

徥①[161]·用②, 行③也.【徥徥[162], 行貌. 度揩反[163]】朝鮮洌水之間[164]或曰徥.

시(지)徥·용用은 다니다(행行)의 뜻이다.【시(지)徥는 걸어 다니는 모습이다. 음은 도개반度揩反이다】 조선朝鮮 열수洌水에 걸친 지역에서 혹은 시(지)徥라고 한다.

---

161 『方言』 제2권의 6번 항목을 참조할 것.

162 『四部叢刊』本에는 '徥皆'로 되어 있으나 戴震은 '徥徥'로 고쳤다. 그러나 盧文弨는 '徥偕'라고 했으며, 華學誠도 이에 동의했다. 『方言』 제2권의 6번 항목을 참조할 것.

163 周祖謨는 '度楷反'이라고 했으나 華學誠은 이에 동의하지 않았다. 『方言』 제2권의 6번 항목을 참조할 것.

164 『方言疏證』본에는 '間'이 빠져 있다.

방언소증

案'用'亦'由'也. 故又爲行. 『廣雅』: "徥·由, 行也.[165]" 「注」内'徥徥'各本訛作'徥皆', 今訂正. 『說文』云: "徥徥, 行貌.[166]"

'용用'은 또 '유由'다. 그래서 또 다니다(행行)의 뜻도 있다. 『광아』에서 "시(지)徥·유由는 다니다(행行)의 뜻"이라고 했다. 곽박 「주」의 '시시(지지)徥徥'는 여러 판본에서 모두 '시(지)개徥皆'로 잘못되어 있는데, 지금 이것을 바로잡는다. 『설문해자』에 "시시(지지)徥徥는 다니는 모습"이라고 했다.

역해

① 徥[시(지)] : 함께 다니는 모양. 걸어 다니는 모양. 朝鮮洌水之間에서는 徥라고 함. 곽박 「주」에 徥의 발음은 度揩反이라고 했는데, 이에 근거한 상고음은 [*drig]이다.
② 用[용] : 행동하다. 행사하다.
③ 行[행] : 행하다. 行은 徥, 用의 풀이어휘.

165 『廣雅·釋詁』: "躔·歷·逝·去·趨·徥·流·步·遵·遱·蹠·遂·般·從·遂·轉·隨·巡·充·略·將·進·由·駕·帶·貫·躰·追·遁·踚·遡·吉, 行也."

166 『說文解字』 彳部: "徥, 徥徥, 行皃. 從彳是聲. 『爾雅』曰: 徥, 則也."

방언 31

鋪頒①, 索②也. 東齊曰鋪頒, 猶秦晉言抖藪③也.【謂斗藪擧索物也. 鋪音敷】

포반鋪頒은 찾다(색索)의 뜻이다. 동제東齊에서는 포반鋪頒이라고 하는데, 이는 진秦 진晉에서 두수抖藪라고 하는 것과 비슷하다.【두수斗藪는 손을 들어 물건을 찾는 것이다. 포鋪의 음은 부敷다】

방언소증

案'藪'亦作'擻'. 『玉篇』云: "抖擻, 起物也.[167]" 『廣韻』: "抖擻, 擧貌.[168]"

'수藪'는 '수擻'로 쓰기도 한다. 『옥편』에서 "두수抖擻는 물건을 드는 것"이라고 했다. 『광운』에서 "두수抖擻는 드는 모습"이라고 했다.

역해

① 鋪頒[포반] : 찾다. 東齊에서는 鋪頒이라고 함. 곽박 「주」에 鋪의 발음은 敷라고 했는데, 이에 근거한 상고음은 [*phjag]이다.
② 索[색] : 찾다. 索은 鋪頒의 풀이어휘.
③ 抖藪[두수] : 샅샅이 뒤짐. 수색함. 손에 들고 먼지를 텂. 秦晉에서는 抖藪라고 함.

---

167 『玉篇』 手部: "抖擻, 上多口切. 下思口切. 抖擻. 起物也."
168 『廣韻』 上聲: "抖, 抖擻, 擧貌."

방언 32

參[①] · 蠡[②],【音麗】 分[③]也.【謂分割也】 齊曰參, 楚曰蠡, 秦晉曰離[④].

참參 · 려蠡【음은 려麗다】는 나누다(분分)의 뜻이다.【분할分割이란 뜻이다】 제齊에서 참參이라고 하고, 초楚에서 려蠡라고 하며, 진秦 진晉 지역에서는 리離라고 한다.

방언소증

案王粲「登樓賦」: "夜參半而不寐兮.[169]" 李善「注」引『方言』: "參, 分也." 『荀子 · 賦篇』: "攭兮其相逐而反也.[170]" 楊倞「注」云: "攭與劙同. 攭兮, 分判貌." '蠡', '離'古皆與'劙'通. 『廣雅』: "參 · 離, 分也.[171]" 『玉篇』云: "劙, 解也. 分割也.[172]"

왕찬의 「등루부」에 "깊은 밤까지 잠 못 든다"라는 구절이 있는데, 이선의 「주」에서는 『방언』을 인용해 "참參은 나누다(분分)의 뜻"이라고 했다. 『순자 · 부편』에 "헤어지면 그들은 서로를 찾아 산으로 돌아간다"라는 구절이 있는데, 양경의 「주」에서는 "라攭와 리劙는 같다. 라攭는 나누는 모습"이라고 했다. '려蠡'와 '리離'는 옛날에는 모두 '리劙'와 통용되었다. 『광아』에서 "참參 · 리離는 나누다(분分)의 뜻"이라고 했다. 『옥편』에서 "리劙는 풀다(해解)의 뜻이며, 분分은 나누다(할割)의 뜻"이라

169 『文選 · 賦己 · 登樓賦』: "夜參半而不寐兮, 悵盤桓以反側."

170 『荀子 · 賦篇』: "忽兮其極之遠也, 攭兮其相逐而反也, 卬卬兮天下之咸蹇也."

171 『廣雅 · 釋詁』: "剖 · 判 · 釁 · 劈 · 擘 · 裂 · 參 · 離 · 墳 · 析 · 斯 · 坼 · 粢 · 剮 · 異 · 劓 · 刐 · 刻 · 斑, 分也."

172 『玉篇』 刀部: "劙, 力支切. 解也. 分割也."

고 했다.

역해

① 參[삼(참)] : 나누다. 齊에서는 參이라고 함.
② 蠡[려] : 나누다. 楚에서는 蠡라고 함. 곽박 「주」에 발음은 麗라고 했는데, 이에 근거한 상고음은 [*liarh]이다.
③ 分[분] : 나누다. 分은 參, 蠡의 풀이어휘.
④ 離[리] : 분리하다. 떨어지다. 秦晉에서는 離라고 함.

방언 33

廝①·披②, 散③也. 東齊聲散曰廝, 器破曰披. 秦晉聲變曰廝, 器破而不殊其音亦謂之廝, 器破而未離謂之璺④.【音問】 南楚之間謂之敀⑤[173].【妨美反. 一音圮[174]塞】

시廝·피披는 흩어지다(산散)의 뜻이다. 동제東齊에서는 소리가 흩어지는 것을 시廝라고 하고, 그릇이 깨지는 것을 피披라고 한다. 진秦 진晉 지역에서는 소리가 변하는 것을 시廝라고 하며, 그릇이 깨져도 그 소리가 멈추지 않으면 역시 시廝라고 한다. 그릇에 금이 갔지만 완전히 깨지지 않았으면 문璺이라고 한다.【음音은 문問이다】 남초南楚에 걸친 지역에서는 비敀라고 한다.【음은 방미반妨美反이고, 또 비새圮塞의 비圮란 음이 있다】

---

173 周祖謨는 '旇'라고도 쓰며, 이는 '敀'의 或體라고 했다.
174 『四部叢刊』本에는 '把'로 되어 있으나 戴震은 '圮'로 고쳤다.

案『說文』云: "㽄, 散聲.[175]" 『春秋』成公十八年『左傳』: "今將崇諸侯之姦而披其地.[176]" 杜預「注」云: "披猶分也." 昭公五年『左傳』: "又披其邑.[177]" 「注」云: "披, 析也." 『玉篇』『廣韻』並引『方言』: "秦晉器破而未離謂之璺.[178]" 『廣韻』引『方言』: "器破而未離, 南楚之閒謂之敀.[179]" 『廣雅』: "㽄・披, 散也.[180]", "璺・斯, 裂也."[181] '敀'又作'皉'. 『玉篇』[182], 『廣韻』[183]並云: "器破也." 「注」內'圮塞', 各本'圮'訛作'把', 曹毅之本不誤.

『설문해자』에 "시㽄는 쉰 목소리"라고 했다. 『춘추』 성공 18년 『좌전』에 "지금 초나라는 제후들의 간교함을 이용하여 그들의 땅을 분할하고 오와 진 두 나라의 교통 요도要道를 막았다"라는 구절이 있는데, 두예의 「주」에서 "피披는 나누다(분分)와 비슷하다"고 했다. 소공 5년 『좌전』에 "또 그 영지를 떼어 남에게 선물로 주기도 한다"라는 구절이 있는데, 「주」에서 "피披는 가르다(석析)의 뜻"이라고 했다. 『옥편』과 『광운』에서는 모두 『방언』을 인용해서 "진秦 진晉에서는 그릇

175 『說文解字』 疒部: "㽄, 散聲. 從疒斯聲."

176 『春秋左傳』 成公 十八年: "今將崇諸侯之姦而披其地, 以塞夷庚."

177 『春秋左傳』 昭公 五年: "朝其家衆曰, 豎牛禍叔孫氏, 使亂大從, 殺適立庶, 又披其邑, 將以赦罪, 罪莫大焉, 必速殺之."

178 『玉篇』 玉部: "璺, 亡奮切. 『方言』云: 秦晉器破而未離謂之璺. 『廣雅』云: 裂也."

179 『廣韻』 上聲: "敀, 『方言』云: 器破而未離, 南楚之閒謂之敀."

180 『廣雅・釋詁』: "離・解・㽄・披・碎・布, 散也."

181 『廣雅・釋詁』: "甎・罅・瑕・璺・斯・坼・䏶・牾・振・捇・睚眦・隙・斬・裁・刓・摵・扣・劈・撻・劃・㾕・剫, 裂也."

182 『玉篇』 支部: "敀, 匹之・皮美二切. 器破也." 『玉篇』 玉部: "璺: 亡奮切. 『方言』云: 秦晉器破而未離謂之璺. 『廣雅』云: 裂也."

183 『廣韻』 上平聲: "皉, 器破也."

에 금이 갔지만 깨지지 않은 것을 문璺이라고 한다"고 했다. 『광운』은 『방언』을 인용해서 "그릇에 금이 갔지만 깨지지 않은 것을 남초南楚 지역에서는 비敀라고 한다"고 했다. 『광아』에 "시𤻮·피披는 흩어지다(산散)의 뜻이다", "문璺·사斯는 찢다(열裂)의 뜻"이라고 했다. '비敀'는 '비㱟'로 쓰기도 한다. 『옥편』과 『광운』에서 "그릇이 깨진 것"이라고 했다. 곽박 「주」의 '비새圮塞'는 여러 판본에서 '비圮'가 '파把'로 잘못되어 있지만 조의지 본에서는 틀리지 않았다.

역해

① 𤻮[시] : 목소리가 쉬다. 목이 잠기다. 東齊에서는 소리가 흩어지는 것을 𤻮라고 함. 秦晉에서는 소리가 변하는 것을 𤻮라고 함. 秦晉에서 그릇이 깨져도 그 소리가 멈추지 않으면 역시 𤻮라고 함. 곽박 「주」에 발음은 斯라고 했는데, 이에 근거한 상고음은 [*sjig]이다.

② 披[피] : 갈라지다. 쪼개지다. 찢어지다. 東齊에서 그릇이 깨지는 것을 披라고 함.

③ 散[산] : 흩어지다. 분산하다. 散은 𤻮, 披의 풀이어휘.

④ 璺[문] : 갈라진 금이나 무늬. 秦晉에서 그릇이 깨졌지만 완전히 흩어지지 않으면 璺이라고 함. 곽박 「주」에 발음은 問이라고 했는데, 이에 근거한 상고음은 [*mjənh]이다.

⑤ 敀[비] : 그릇에 금이 가다. 그릇이 깨어지다. 南楚之間에서는 敀라고 함. 곽박 「주」에 발음은 妨美反, 또 圮塞의 圮라고 했는데, 이에 근거한 상고음은 각각 [*phjidx], [*bjiədx]이다.

방언 34

緡①[184]【音旻】·緜②, 施③也. 秦曰緡, 趙曰緜. 吳越之間脫衣相被謂之緡緜④.【相覆及之名也】

민緡【음은 민旻이다】·면緜은 베풀다(시施)의 뜻이다. 진秦에서는 민緡이라고 하고, 조趙에서는 면緜이라고 한다. 오吳 월越에 걸친지역에서는 옷을 벗어 서로 덮어주는 것을 민면緡緜이라고 한다.【서로 덮어주는 것을 이르는 말이다】

방언소증

案『廣雅』: "緡·緜, 施也.[185]" 義本此.

『광아』에 "민緡·면緜은 베풀다(시施)의 뜻"이라고 했다. 의미는 여기에서 근거하였다.

역해

① 緡[민]: 옷을 벗어서 덮어주다. 秦에서는 緡이라고 함. 곽박「주」에 발음은 旻이라고 했는데, 이에 근거한 상고음은 [*mjiən]이다.
② 綿[면]: 덮어주다. 趙에서는 緜이라고 함.

184 『四部叢刊』本에는 모두 '緍'으로 되어 있으나 戴震은 모두 '緡'으로 고쳤다. 華學誠은 '민緍'은 '민緡'과 같으며 '베풀다'의 의미라고 했다.
185 『廣雅·釋詁』: "緡·緜·羲·麗·設·布·張·爲·戲, 施也."

③ 施[시] : 주다. 베풀다. 施는 緡, 緜의 풀이어휘.

④ 緡緜[민면] : 서로 덮어주는 것. 吳越之間에서 옷을 벗어 덮어주는 것을 緡緜이라고 함.

방언 35

慆①【音踊】· 偪②[186]【妨逼反】, 滿③也. 凡以器盛而滿謂之慆,【言涌出也】 腹滿曰偪.【言勑偪也】

용慆【음은 용踊이다】· 핍偪【음은 방핍반妨逼反이다】은 가득 차다(만滿)의 뜻이다. 그릇에 담아 가득 차면 용慆이라고 한다.【쏟아내는 것을 말한다】 배가 가득 차 배부른 것을 핍偪이라고 한다.【칙핍勑偪[187]을 말한다】

방언소증

案'偪'亦作'愊'. 『廣雅』: "慆·愊, 滿也.[188]" 義本此.

'핍偪'은 '폭愊'으로 쓰기도 한다. 『광아』에서 "용慆·폭愊은 가득 차다(만滿)의 뜻"이라고 했는데, 그 의미는 여기에서 근거하였다.

---

186 戴震은 '偪'은 愊'으로 쓸 수도 있다고 했다. 王念孫과 盧文弨는 '愊'으로 고쳤다. 華學誠은 원래의 판본을 따랐으며 '偪'이 '滿'의 의미라고 했다.

187 華學誠은 '勑偪'이라는 말이 곽박의 시대(晉代)에는 있었지만 현재는 무슨 뜻인지 알 수 없다고 했다.

188 『廣雅·釋詁』: "弸·憹·憑·慆·充·牣·臣·愊·窒·塞·盈·屯·飽·饋·餴·臆·溢·稣·豊, 滿也."

역해

① 悀[용] : 넘치다. 용솟음치다. 그릇에 담아 가득차면 悀이라고 함. 곽박「주」에 발음은 踊이라고 했는데, 이에 근거한 상고음은 [*ruŋx]이다.
② 偪[핍] : 차다. 가득하다. 배가 가득 차 배부른 것을 偪이라고 함. 곽박「주」에 발음은 妨逼反이라고 했는데, 이에 근거한 상고음은 [*phjiək]이다.
③ 滿[만] : 차다. 滿은 悀, 偪의 풀이어휘.

방언 36

傒醯①【醯酢】·冉鎌②,【冉音髯】 危③也. 東齊掎[189]物而危[190]謂之傒醯,【掎, 居枝反】 僞物[191]謂之冉鎌.

혜혜傒醯【음은 해초醯酢의 혜醯다】·염렴(겸)冉鎌【염冉의 음音은 염髯이다】은 위험하다, 불안하다(위危)의 뜻이다. 동제東齊에서는 물건을 위태롭게 넣는 것을 혜혜傒醯라고 한다.【기掎는 음이 거지반居枝反이다】 가짜 물건을 염렴(겸)冉鎌이라고 한다.

---

189 『四部叢刊』本에는 '椅'라고 되어 있으나 戴震은 '掎'로 고쳤으며, 華學誠은 戴震을 따랐다.
190 '掎物而危'는 물건을 불안하게 잘못 넣은 것을 말한다.
191 '僞物'은 위태롭게 넣은 물건을 말한다.

방언소증

案『廣雅』: "傒醯·冄鎌, 危也.[192]" 義本此. '鐮'鎌'同. '掎'各本訛作'椅', 今訂正. 『玉篇』云: "掎, 戴也.[193]"

『광아』에 "혜혜傒醯·염렴(겸)冄鎌은 위험하다. 불안하다(위危)의 뜻"이라고 했는데, 그 의미는 여기에서 근거하였다. '렴(겸)鐮'과 '겸鎌'은 같다. '기掎'는 여러 판본에 '기椅'로 잘못되어 있다. 지금 그것을 바로잡는다. 『옥편』에 "기掎는 대戴"라고 했다.

역해

① 傒醯[혜혜]: 물건을 위태롭게 넣다. 東齊에서 물건을 위태롭게 넣는 것을 傒醯라고 함. 곽박 「주」에 발음은 醯酢의 醯라고 했는데, 이에 근거한 상고음은 [*həgx]이다.
② 冄鐮[염렴(겸)]: 위태로움. 가짜 물건. 안전하게 두지 못한 물건을 冄鐮이라고 함. 곽박 「주」에 冄의 발음은 髯이라고 했는데, 이에 근거한 상고음은 [*njam]이다.
③ 危[위]: 위태롭다. 危는 傒醯, 冄鐮의 풀이어휘.

방언 37

紕①【音毗】·繹②【音亦】·督③·雉④, 理⑤也. 秦晉之間曰紕. 凡物

192 『廣雅·釋詁』: "㡬·矜·隉·厲·阽·刖·殆·傒醯·冄鐮, 危也."
193 『玉篇』手部: "掎, 俱爲切. 戴也."

曰督之,【言正理也】 絲曰繹之.【言解繹也】

비紕【음은 비毗다】・역繹【음은 역亦이다】・독督・치雉는 다스리다. 풀다(이理)의 뜻이다. 진秦 진晉에 걸친 지역에서는 비紕라고 한다. 물건에 있어서는 독督(바로잡는다)이라고 하고,【바르게 손질하는 것을 말한다】 실은 역繹(푼다)이라고 한다.【푸는 것을 말한다】

방언소증

案『廣雅』: "紕・督・雉, 理也.[194]" 本此. 『詩・鄘風』: "何以紕之.[195]" 「毛傳」: "紕, 所以織組也. 總紕於此, 成文於彼.[196]" 『說文』: "繹, 抽絲也.[197]" 謝惠連「雪賦」: "王乃尋繹吟翫.[198]" 傅毅「舞賦」: "繹精靈之所束.[199]" 李善「注」皆引『方言』: "繹, 理也." 『周禮』"大祝禁, 督逆祀命者.[200]" 鄭「注」云: "督, 正也." 『爾雅・釋詁』: "董・督, 正也.[201]"

『광아』에 "비紕・독督・치雉는 다스리다. 풀다(이理)의 뜻"이라고 했다. 여기에서 근거하였다. 『시경・용풍』에 "하얀 실로 깃발 테두리를 꿰매 둘렀다"라는 구절이 있는데, 「모전」에 "비紕는 실로 짠 것이다.

194 『廣雅・釋詁』: "料・亂・紕・督・雉・敕・伸・掾・撩・統, 理也."

195 『詩經・鄘風・干旄』에는 "何以紕之."가 아니라 "孑孑干旄, 在浚之郊. 素絲紕之, 良馬四之. 彼姝者子, 何以畀之"로 되어 있다.

196 『毛詩正義』: "紕, 所以織組也. 褢紕于此, 成文于彼, 原以素絲紕組之法御四馬也."

197 『說文解字』 糸部: "繹, 抽絲也. 從糸睪聲."

198 『文選・賦庚・雪賦』: "歌卒, 王乃尋繹吟翫, 撫覽扼腕."

199 『文選・賦壬・舞賦』: "歌曰: 攄予意以弘觀兮, 繹精靈之所束. 弛緊急之絃張兮, 慢末事之觚曲."

200 『周禮・春官・宗伯』: "禁督逆祀命者."

201 『爾雅・釋詁』: "董督, 正也. 享, 孝也."

여기에서 합해 꿰매지고 저기에서 문장이 이루어진다"고 했다. 『설문해자』에서 "역繹은 실을 풀어내는 것"이라고 했다. 사혜련의 「설부」에 "양왕梁王은 사색하고 탐구하며 시문을 읊고 음미한다"라는 구절이 있으며, 부의 「무부」에 "구속된 정신으로 하여금 자유를 얻도록 한다"라는 구절이 있는데, 이선의 「주」에서는 모두 『방언』을 인용해서 "역繹은 다스리다, 풀다(이理)의 뜻"이라고 했다. 『주례』에 "대축금大祝禁은 제후들이 제사에 관한 명령을 어기지 않도록 감독한다"라는 구절이 있는데, 정현의 「주」에 "독督은 바로잡다(정正)의 뜻"이라고 했다. 『이아·석고』에 "동董·독督은 바로잡다(정正)의 뜻"이라고 했다.

역해

① 紕[비] : 다스리다. 秦晉之間에서 紕라고 함. 곽박 「주」에 발음은 毗라고 했는데, 이에 근거한 상고음은 [*bjid]이다.
② 繹[역] : 실을 뽑다. 실을 풀다. 물건은 그것을 바로잡는다(督)고 하고, 실은 그것을 푼다(繹)고 함. 곽박 「주」에 발음은 亦이라고 했는데, 이에 근거한 상고음은 [*rak]이다.
③ 督[독] : 처리하다. 정리하다. 물건에 있어서는 督(바로잡는다)이라 하고, 실은 繹(푼다)이라고 함.
④ 雉[치] : 다스리다. 공평하게 하다. 夷와 통용.
⑤ 理[리] : 다스리다. 理는 紕, 繹, 督, 雉의 풀이어휘.

방언 38

弦①【古矧字】·呂②, 長③也. 東齊曰弦, 宋魯曰呂.

신弞【신矧의 옛글자다】· 여呂는 길다(장長)의 뜻이다. 동제東齊에서는 신弞이라고 하고, 송宋 노魯에서는 여呂라고 한다.

방언소증

案『廣雅』: "矧 · 呂, 長也.[202]" 義本此.

『광아』에서 "신矧 · 여呂는 길다(장長)의 뜻"이라고 했는데, 그 의미는 여기에서 근거하였다.

역해

① 弞[신] : 길다. 東齊에서는 弞이라고 함. 곽박 「주」에 矧의 옛글자라고 했음.
② 呂[려] : 길다. 宋魯에서는 呂라고 함.
③ 長[장] : 길다. 長은 弞, 呂의 풀이어휘.

방언 39

䠇① · 膂②[203], 力③也. 東齊曰䠇,【律䠇, 多力貌】 宋魯曰膂. 膂[204],

---

202 『廣雅 · 釋詁』: "鬱 · 巸 · 倭 · 儠 · 檄 · 筩 · 橢 · 矧 · 呂 · 僨 · 迒 · 暘 · 從 · 挺 · 鋌 · 抒 · 隑 · 脩 · 敻 · 繹 · 覃 · 尋 · 將 · 枚 · 袤, 長也."

203 華學誠은 '膂'와 '膐'가 같다고 했으며, 戴震은 '旅'와 통한다고 했다.

204 戴震은 제7권의 2번 항목에 있는 "墾, 力也"에 근거하여 '膂'가 '墾'의 오류라고 했다. 그러나 錢繹은 '膂'가 옳다고 했으며, 華學誠은 錢繹이 옳다고 했다.

田力也.【謂耕墾也】

굴蹶·여㢡는 힘(역力)의 뜻이다. 동제東齊에서는 굴蹶이라고 한다.【율굴律蹶은 힘이 센 모습이다】 송宋 노魯에서는 여㢡라고 한다. 여㢡는 밭에서 힘을 쓰는 것을 말한다.【경작하는 것을 말한다】

방언소증

案『玉篇』: "蹶, 足多力也.[205]" '㢡'亦通作'旅'. 『詩·小雅』: "旅力方剛.[206]" 「毛傳」: "旅, 衆也." 失之. "㢡, 田力也."之'㢡'當作'墾'. 後卷之十二內, "墾, 力也."[207], 「注」云: "耕墾用力." 可證此條'㢡'字之訛. 『廣雅』: "蹶·㢡·墾, 力也.[208]" 義本此. '田'各本訛作'由', 今改正.

『옥편』에서 "굴蹶은 다리에 힘이 센 것"이라고 했다. '여㢡'는 '여旅'로 쓰기도 한다. 『시경·소아』에 "내가 나이가 젊고 힘이 세다고 한다"라는 구절이 있는데, 「모전」에서 "여旅는 무리(중衆)의 뜻"이라고 했다. 이 해석은 잘못된 것이다. '여㢡는 밭에서 힘을 쓰는 것이다'에서의 '여㢡'는 마땅히 '간墾'으로 써야 한다. 뒤의 제12권에서 "간墾은 힘(역力)의 뜻"이라고 했다. 「주」에서는 "경작할 때 힘을 써야 한다"라고 했는데, 이것으로 이 조항의 '여㢡'자가 틀렸음을 증명할 수 있다. 『광아』에서 "굴蹶·여㢡·간墾은 힘(역力)의 뜻"이라고 했다. 의미는 여기에서 근거하였다. '전田'은 여러 판본에 '유由'로 잘못되어 있는데, 지

205 『玉篇』 足部: "蹶, 渠勿切. 足多力也."
206 『詩經·小雅·谷風之什·北山』: "嘉我未老, 鮮我方將, 旅力方剛, 經營四方."
207 『方言』 제12권의 21번 항목을 참조할 것.
208 『廣雅·釋詁』: "蹶·膂·墾·劤·威, 力也."

금 그것을 바로잡는다.

역해

① 踊[굴]: 발의 힘이 센 모양. 東齊에서는 踊이라고 함.
② 𠪚[려]: 힘. 밭을 갈다. 宋魯에서는 𠪚라고 함.
③ 力[력]: 힘. 力은 踊, 𠪚의 풀이어휘.

방언 40

瘱①【瘞埋[209]. 又翳】・謕②【瓜蔕】, 審③也. 齊楚曰瘱, 秦晉曰謕.

예瘱【음은 예매瘞埋의 예瘞다.[210] 또 예翳다】・체謕【음은 과체瓜蔕의 체蔕다】는 자세히 살피다(심審)의 뜻이다. 제齊 초楚에서는 예瘱라고 하고, 진秦 진晉에서는 체謕라고 한다.

방언소증

案'謕'亦作'諦', 『說文』: "瘞, 靜也."[211], "諦, 審也."[212] 「注」內'瘞埋', '瓜蔕'當作'音瘞埋之瘞', '音瓜蔕之蔕'. 各本'瘞埋'訛作'埋也'. 今訂正.

209 『四部叢刊』本에는 '瘞埋也'로 되어 있으나 戴震은 '瘞埋'로 고쳤으며, 華學誠도 戴震을 따랐다.
210 戴震의 설에 따라 이와 같이 번역하였다.
211 『說文解字』 土部: "瘞, 幽薶也. 從土瘱聲."
212 『說文解字』 言部: "諦, 審也. 從言帝聲."

'체諦'는 '체諦'로 쓰기도 한다. 『설문해자』에 "예瘞는 조용하다(정靜)의 뜻"이라고 했다. "체諦는 자세히 살피다(심審)의 뜻"이라고 했다. 곽박 「주」의 '예매瘞埋'와 '과체瓜蔕'는 마땅히 '음은 예매瘞埋의 예瘞다'와 '음은 과체瓜蔕의 체蔕다'라고 해야 한다. 여러 판본에 '예매瘞埋'는 '매야埋也'라고 잘못되어 있는데, 지금 그것을 바로잡는다.

역해

① 瘱[예] : 자세히 살펴보다. 구체적으로 관찰하다. 齊楚에서는 瘱라고 함. 곽박 「주」에 발음은 瘞埋의 瘞, 또 翳라고 했는데, 이에 근거한 상고음은 [*ʔjiabh], [*ʔid]다.

② 諦[체] : 諦와 같음. 자세히 살피다. 秦晉에서는 諦라고 함. 곽박 「주」에 발음은 瓜蔕의 蔕라고 했는데, 이에 근거한 상고음은 [*tiadh]다.

③ 審[심] : 자세히 살피다. 審은 瘱, 諦의 풀이어휘.

방언 41

譩【音翳】諦①,【亦音蔕】 諟②也.【亦審諟. 互[213]見其義耳, 音帝】 吳越曰譩諦.

예譩【음은 예翳다】체諦【또 다른 음은 체蔕다】는 살피다(시諟)의 뜻이다.【또 심시審諟다. 서로의 뜻을 나타낸다. 음은 제帝다】 오吳 월越에서는 예체譩諦라고 한다.

---

213 『四部叢刊』本에 '彑'로 되어 있으며 이는 '互'와 같다. 『方言』 제2권의 11번 항목을 참조할 것.

방언소증

案『廣雅』: "審・諟諦, 諟也.[214]" 義本此. 『說文』: "諟, 理也.[215]"

『광아』에 "심審・예체諟諦는 살피다(시諟)의 뜻"이라고 했는데, 그 의미는 여기에서 근거하였다. 『설문해자』에 "예諟는 다스리다(이理)의 뜻"이라고 했다.

역해

① 諟諦[예체] : 살피다. 吳越에서는 諟諦라고 함. 곽박「주」에 발음은 각각 翳, 蔕라고 했는데, 이에 근거한 상고음은 [*?id], [*tiadh]이다.
② 諟[체] : 살피다. 諦와 같음. 諟는 諟諦의 풀이어휘. 곽박「주」에 발음은 帝라고 했는데, 이에 근거한 상고음은 [*tigh]이다.

방언 42

揞①【烏感反】・揜②・錯③【音酢】・摩④, 藏⑤[216]也. 荊楚曰揞, 吳揚曰揜, 周秦曰錯, 陳之東鄙曰摩.

암揞【음은 오감반烏感反이다】・엄揜・착錯【음音은 초酢다】・마摩는 숨기다

214 『廣雅・釋詁』: "帝・褅・審・諟諦・地, 諟也."
215 『說文解字』 言部: "諟, 理也. 從言是聲."
216 『四部叢刊』本에는 '滅'로 되어 있으나 戴震은 '藏'으로 고쳤다. 周祖謨와 華學誠이 戴震을 따랐다.

(장藏)의 뜻이다. 형荊 초楚에서는 암揞이라고 하고, 오吳 양揚 지역에서는 엄揜이라고 하며, 주周 진秦에서는 착錯이라고 하고, 진陳의 동쪽 외곽마을에서는 마摩라고 한다.

방언소증

案'藏'各本訛作'滅', 今訂正. 『廣雅』: "揞·揜·錯·摩, 藏也."[217] 『說文』: "揜, 覆也."[218] 『玉篇』: "揞, 藏也."[219] 『廣韻』: "揞, 手覆."[220], "錯, 摩也."[221], "摩, 隱也."[222] 皆於'藏'之義合.

'장藏'은 여러 판본에 '멸滅'이라고 잘못되어 있는데 지금 그것을 바로잡는다. 『광아』에서 "암揞·엄揜·마摩는 숨기다(장藏)의 뜻"이라고 했다. 『설문해자』에서 "엄揜은 덮이다(복覆)의 뜻"이라고 했다. 『옥편』에서 "암揞은 숨기다(장藏)의 뜻"이라고 했다. 『광운』에서 "암揞은 손으로 덮다", "착錯은 감추다(마摩)의 뜻이다", "마摩는 숨기다(은隱)의 뜻"이라고 했다. 모두 '숨기다(장藏)'라는 뜻에 부합된다.

---

217 『廣雅·釋詁』: "葬·薶·窖窌·都·埑·伏·竄·扆·屛·宋·匿·揞·揜·錉·摩·蕧·奧·寥, 藏也."

218 『說文解字』 手部: "揜, 自關以東謂取曰揜. 一曰覆也. 從手弇聲."

219 『玉篇』 手部: "揞, 於感切. 藏也."

220 『廣韻』 上聲: "揞, 手覆."

221 『廣韻』 入聲: "錯, 鑢別名. 又雜也. 摩也. 『詩傳』云: 東西爲交邪行爲錯. 『說文』云: 金涂也."

222 『廣韻』 下平聲: "摩, 硏摩. 又滅也. 隱也. 迫也."

역해

① 揞[암] : 감추다. 숨기다. 荊楚에서는 揞이라고 함. 곽박 「주」에 발음은 烏感反이라고 했는데, 이에 근거한 상고음은 [*ʔəmx]이다.
② 揜[엄] : 숨기다. 감추다. 吳揚에서는 揜이라고 함.
③ 錯[착] : 숨어살다. 은거하다. 周秦에서는 錯이라고 함. 곽박 「주」에 발음은 酢라고 했는데, 이에 근거한 상고음은 [*dzak]이다.
④ 摩[마] : 숨기다. 감추다. 陳의 東鄙에서는 摩라고 함.
⑤ 藏[장] : 감추다. 藏은 揞, 揜, 錯, 摩의 풀이어휘.

방언 43

抾摸①, 去②也. 齊趙之總語也. 抾摸猶言持去也.

겁모抾摸는 가져가다. 가다(거去)의 뜻이다. 제齊 조趙의 총어總語다. 겁모抾摸는 지거持去(가져가다)와 비슷한 말이다.

방언소증

案『荀子・榮辱篇』: "胠於沙而思水.[223]" 楊倞「注」云 : "胠與祛同. 『方言』: 祛, 去也. 齊趙之總語. 『莊子』有「胠篋篇」, 亦取去之義." 此所引作'衣旁', 本書乃作'手旁'. 『廣雅』: "怯莫, 去也.[224]" 義本『方言』而字又

223 『荀子・榮辱』: "儵鉠者, 浮陽之魚也, 胠於沙而思水, 則無逮矣."
224 『廣雅・釋詁』: "黜・闕・虧・缺・拂・發・桀・除・袪・離・揭・放・遯・逸・去・徃・遜・行・抾莫・謝・渡, 厺也."

異. 古書流傳旣久, 轉寫不一. 據'抾摸猶言持去'一語, 二字皆'手旁'爲得. '袪''胠'假借通用. '怯'字誤.

『순자·영욕편』에 "모래밭에 가있을 때는 물을 얻으려고 해도"라는 구절이 있는데, 양경의 「주」에서는 "거胠와 거袪는 같다. 『방언』에서 거袪는 가져가다, 가다(거去)의 뜻이며, 제齊 조趙의 총어總語라고 했다. 『장자』의 「거협편」에서도 역시 가져가다(거去)의 뜻을 취했다"라고 했다. 여기에서 인용한 것은 의衣 부수지만 원래는 수手 부수로 썼다. 『광아』에서 "겁막怯莫은 가져가다(거去)의 뜻"이라고 했는데, 의미는 『방언』에서 근거하였지만 글자가 다르다. 고서들이 오랫동안 전해 내려오면서 쓰는 법이 달라졌기 때문이다. '겁모抾摸는 지거持去와 같은 말이다'에 근거하면 이 두 글자는 모두 수手 부수로 쓰는 것이 맞다. '거袪'와 '거胠'는 서로 가차 통용된다. '겁怯'은 잘못된 것이다.

역해

① 抾摸[겁모] : 가져가다. 몰아내다. 齊趙의 總語이며, 抾摸는 持去(가져가다)와 같음.
② 去[거] : 가져가다. 가다. 去는 抾摸의 풀이어휘.

방언 44

舒勃①, 展②也. 東齊之間凡展物謂之舒勃.

서발舒勃은 펴다(전展)의 뜻이다. 동제東齊에 걸친 지역에서는 물건을 펼치는 것을 서발舒勃이라고 한다.

방언소증

案『廣雅』: "舒勃, 展也.[225]" 義本此.

『광아』에 "서발舒勃은 펴다(전展)의 뜻"이라고 했는데, 그 의미는 여기에서 근거하였다.

역해

① 舒勃[서발] : 펴다. 펼치다. 펼쳐지다. 東齊之間에서 물건을 펼치는 것을 舒勃이라고 함.
② 展[전] : 펼치다. 展은 舒勃의 풀이어휘.

방언 45

摳揄①[226], 旋②也. 秦晉凡物樹稼早成熟[227]謂之旋, 燕齊之間謂之摳揄.

---

225 『廣雅·釋詁』: "伸·舒勃, 展也."
226 周祖謨는 『原本玉篇』에 근거하여 '摳輸'로 고쳤다.
227 吳予天은 '凡作物樹藝早成熟'로 고쳤으며, 華學誠은 吳予天의 주장이 옳다고 했다.

구유揠揄는 빠르다, 이르다(선旋)의 뜻이다. 진秦 진晉 지역에서는 물건이나 농작물이 일찍 익으면 모두 선旋이라고 한다. 연燕 제齊에 걸친 지역에서는 이것을 구유揠揄라고 한다.

방언소증

案『廣韻』: "旋, 疾也.[228]"

『광운』에 "선旋은 빠르다(질疾)의 뜻"이라고 했다.

역해

① 揠揄[구유] : 과일이나 곡식이 일찍 익음. 燕齊之間에서는 揠揄라고 함.
② 旋[선] : 나무나 농작물이 일찍 여물다. 秦晉에서는 물건이나 농작물이 일찍 익으면 旋이라고 함. 旋은 揠揄의 풀이어휘.

방언 46

緪①[229]【罔[230]鄧反】·筳②【湯丁反】, 竟③也. 秦晉或曰緪, 或曰竟, 楚曰筳.

---

228 『廣韻』 下平聲 : "旋, 還也. 疾也."
229 『四部叢刊』本에는 '絚'으로 되어 있으며, 戴震은 '緪'으로 고쳤다.
230 『四部叢刊』本에는 '罔'으로 되어 있으나 戴震은 '岡'으로 고쳤다.

긍縆【음은 강등반岡鄧反이다】·정筳【음은 탕정반湯丁反이다】은 마치다, 다하다(경竟)의 뜻이다. 진秦 진晉에서는 긍縆이라고 하거나, 혹은 경竟이라고 한다. 초楚에서는 정筳이라고 한다.

방언소증

案『廣雅』: "筳·縆, 竟也.[231]" 義本此. 班固「答賓戲」: "縆以年歲.[232]" 李善「注」引『方言』: "縆, 竟也." 字亦省作'亘'. 「西都賦」: "北彌[233]明光而亘長樂.[234]" 「注」云: "亘, 竟也." '亘'與'縆'古字通.

『광아』에 "정筳·긍縆은 마치다. 다하다(경竟)의 뜻"이라고 했는데, 그 의미는 여기에서 근거하였다. 반고의 「답빈희」에 "세월이 다했다"라는 구절이 있는데, 이선의 「주」에서는 『방언』을 인용해 "긍縆은 마치다, 다하다(경竟)의 뜻"이라고 했다. 글자는 '긍亘'으로 쓰기도 한다. 「서도부」에 "북쪽에 명광明光 궁전이 다했고 장락長樂 궁전이 다했다[235]"란 구절이 있는데, 「주」에서 "긍亘은 다하다(경竟)의 뜻"이라고 했다. '긍亘'과 '긍縆'은 고대에 글자가 통했다.

231 『廣雅·釋詁』: "攋·挺·櫃·遂·亹·盼·眈·畢·殁·猝, 竟也."

232 『文選·設論·答賓戲』: "獨攄意乎宇宙之外, 銳思於毫芒之內, 潛神默記, 縆以年歲."

233 彌는 '다하다'의 뜻이다.

234 『文選·賦甲·西都賦』: "輦路經營, 脩除飛閣, 自未央而連桂宮, 北彌明光而亘長樂."

235 明光과 長樂은 모두 한나라 궁전 이름이다.

역해

① 緪[긍] : 마치다. 다하다. 秦晉에서는 緪이라고 함. 곽박 「주」에 발음은 岡鄧反이라고 했는데, 이에 근거한 상고음은 [*kəŋh]이다.

② 筳[정] : 마치다. 楚에서는 筳이라고 함. 곽박 「주」에 발음은 湯丁反이라고 했는데, 이에 근거한 상고음은 [*thiŋ]이다.

③ 竟[경] : 끝나다. 끝내다. 秦晉에서는 또 竟이라고도 함. 竟은 緪, 筳의 풀이어휘.

방언 47

䌌①[236]【音剡】・㨗②【音妾】, 續③也. 秦晉續折[237]謂之擱④, 繩索謂之㨗.

염䌌【음은 섬剡이다】・첩㨗【음은 첩妾이다】은 잇다(속續)의 뜻이다. 진秦 진晉에서는 부러진 나무를 잇는 것을 염擱이라고 하고, 줄을 잇는 것을 첩㨗이라고 한다.

---

236 『四部叢刊』本에는 '擱'로 되어 있으며, 戴震은 '䌌'로 고쳤으나 그 다음의 '秦晉續折謂之擱'에서는 여전히 '擱'라고 했다. 盧文弨는 이 두 글자를 모두 '擱'로 고쳤다. 『方言』 제1권의 25번 항목을 참조할 것.

237 王念孫의 手校本에는 '折' 다음에 '木'을 보충하였다. 吳予天 『方言注商』은 『原本玉篇』에 근거하여 '折木'이라고 했다. 華學誠도 王念孫과 吳予天의 주장에 따랐다.

방언소증

案『玉篇』: "纇, 續也."[238], "㓷, 接續也."[239] 『廣雅』: "纇・㓷, 續也.[240]" 義本此. 曹憲『音釋』: "㓷, 魚劫, 且葉兩反."

『옥편』에 "염纇은 잇다(속續)의 뜻이다", "첩㓷은 연결하여 잇다(접속接續)의 뜻"이라고 했다. 『광아』에 "염纇・첩㓷은 잇다(속續)의 뜻"이라고 했는데, 이들의 의미는 여기에서 근거하였다. 조헌은 『광아음석』에서 "첩㓷은 어겁魚劫과 차엽且葉 두 가지 반절이 있다"고 했다.

역해

① 纇[염] : 잇다. 곽박 「주」에 발음은 剡이라고 했는데, 이에 근거한 상고음은 [*djamx]이다.

② 㓷[첩] : 잇다. 잇대다. 秦晉에서는 부러진 나무를 잇는 것을 撊이라고 하고, 줄을 잇는 것을 㓷이라고 함. 곽박 「주」에 발음은 妾이라고 했는데, 이에 근거한 상고음은 [*tshjap]이다.

③ 續[속] : 잇다. 계속하다. 續은 纇, 㓷의 풀이어휘.

④ 撊[염] : 잇다. 계속하다. 秦晉에서는 부러진 나무를 잇는 것을 撊이라고 하고, 줄을 잇는 것을 㓷이라고 함.

---

238 『玉篇』 糸部 : "纇, 弋冉反. 『方言』: 纇, 續也. 秦晉續折木謂之纇也."

239 『玉篇』 刀部 : "㓷, 魚劫・七葉二切. 接續也."

240 『廣雅・釋詁』: "纇・㓷・接・撚・未・連・似・㯻・屬・結, 續也."

방언 48

擘①【音檗】, 楚謂之紉②.【今亦以綫貫針爲紉, 音刃】[241]

벽擘【음은 벽檗이다】은 초楚에서 인紉【오늘날 바늘에 실을 꿰는 것도 인紉이라고 한다. 음은 인刃이다】이라고 한다.

방언소증

案『禮記 · 內則篇』: "衣裳綻裂, 紉箴請補綴."[242] 「離騷」: "紉秋蘭以爲佩.[243]" 洪興祖『補注』引『方言』: "續, 楚謂之紉." '續'字當是誤蒙上條[244].

『예기 · 내칙편』에 "옷이 실이 터지거나 갈라지면 곧바로 가져와서 꿰매야 한다"라는 구절이 있으며, 『초사 · 이소』에 "가을 난초를 엮어 패佩로 만들어 옆에 걸었다"라는 구절이 있는데, 홍흥조 『초사보주』에서는 『방언』을 인용해서 "속續(잇다)은 초楚에서 인紉이라고 한다"고 했는데, '속續'자는 위 조항의 글자이며, 잘못된 것이다.

---

241 段玉裁는 이 조항이 위 조항의 연속이라고 보았다. 王國維는 段玉裁와 같은 의견이지만 '擘'자는 이 조항의 의미와 연관이 없다고 했다. 吳予天은 '擘'자에 '續'의 의미가 있음을 피력하였으나, 華學誠은 '擘'자를 삭제해야 한다는 王國維의 주장이 옳다고 했다.

242 『禮記 · 內則』: "父母唾洟不見, 冠帶垢, 和灰請漱, 衣裳垢, 和灰請浣, 衣裳綻裂, 紉箴請補綴."

243 『文選 · 騷上 · 離騷』: "扈江離與辟芷兮, 紉秋蘭以爲佩."

244 戴震이 말한 '위 조항으로 인해 잘못 덧붙은 것'은 이것뿐만 아니라 전체 조항이 위의 조항과 연결되어 있다.

역해

① 擘[벽] : 실을 바늘에 꿰다. 곽박 「주」에 발음은 檗이라고 했는데, 이에 근거한 상고음은 [*prik]이다.
② 紉[인] : 실을 바늘에 꿰다. 楚에서는 紉이라고 함. 곽박 「주」에 발음은 刃이라고 했는데, 이에 근거한 상고음은 [*njiənh]이다.

방언 49

閻苦[245]①, 開②也. 東齊開戶謂之閻苦, 楚謂之闓③.【亦開字也】

염고閻苦는 열다(개開)의 뜻이다. 동제東齊에서는 문을 여는 것을 염고閻苦라고 하고, 초楚에서는 개闓라고 한다.【이것도 개開자다】

방언소증

案『廣雅』: "閻苦, 開也.[246]" 本此. 今『方言』各本'苦'訛作'笘'. 若'笘'字, 不應郭璞, 曹憲皆不注其音. '苦''開'亦一聲之轉. 據『廣雅』訂正.

『광아』에서 "염고閻苦는 열다(개開)의 뜻"이라고 했는데, 여기에서 근거하였다. 오늘날 『방언』의 여러 판본에는 '고苦'가 모두 '점笘'으로

245 『四部叢刊』本에는 '笘'으로 되어 있으나 戴震은 '苦'로 고쳤다. 盧文弨는 '苫'라고 했다. 華學誠은 盧文弨에 따라 '苦'로 고쳐야 한다고 했다.
246 『廣雅・釋詁』: "捭・發・張・闡・袪・擖・坼・啓・闢・闖・闓・磔・閻苦・閜, 開也."

잘못되어 있다. 만약 '점笘'자가 맞다면 곽박과 조헌이 모두 여기에 음을 표시하지 않았을 리 없다. '고苦'와 '개開'는 일성지전一聲之轉이다. 『광아』에 근거하여 바로잡는다.

역해

① 闓苦[염고] : 문을 열다. 東齊에서 문을 여는 것을 闓苦라고 함.
② 開[개] : 열다. 開는 闓苦의 풀이어휘.
③ 闓[개] : 열다. 열리다. 楚에서는 闓라고 함.

방언 50

杼①[247] · 柚②, 作③也. 東齊土作謂之杼, 木作謂之柚.

저杼 · 유柚는 짓다(작作)의 뜻이다. 동제東齊에서는 흙으로 만드는 것을 저杼라고 하고, 나무로 만드는 것을 유柚라고 한다.

방언소증

案此蓋釋『詩』'小東大東, 杼柚其空[248]'之義. 言役作於周而至窮空也. 鄭『箋』云 : "譚無他貨, 惟有麻絲耳. 今盡杼柚不作也." 讀'柚'爲'軸', 義

---

247 '杼'는 원래 의미가 '베틀의 북'이며, 『方言』의 '흙칠하는 일을 하다'의 의미는 다른 문헌에서는 보이지 않는다.
248 『詩經 · 小雅 · 大東』 : "小東大東, 杼柚其空."

亦迂曲.

이 항목은 『시경』에 "동방의 크고 작은 제후국들이 베틀 북이 비어 있고 명주가 없으면 재력이 부족해진다"의 의미를 해석한 것이다. 주나라에서 노역하고 노동하였지만 점점 빈털터리가 된다는 것을 말한다.[249] 정현의 『모시전』에서 "담譚은 다른 재화가 없으며, 오직 마와 비단만 있는데 오늘 베틀의 북이 다해서 만들 수 없다"고 했다. '유柚'를 '축軸'이라고 읽어 의미는 멀어졌다.

역해

① 杼[저] : 미장일을 하다. 흙칠하는 일을 하다. 東齊에서는 흙에 하는 것을 杼라고 하고, 나무에 하는 것을 柚라고 함.
② 柚[유] : 나무로 만드는 것. 東齊에서는 흙으로 만드는 것을 杼라고 하고, 나무로 만드는 것을 柚라고 함.
③ 作[작] : 하다. 作은 杼, 柚의 풀이어휘.

방언 51

厲① · 印②[250], 爲③也.【『爾雅』曰 : "俶 · 厲, 作[251]."[252] 作, 亦爲也】甌越

249 錢繹은 '杼'에 대한 戴震의 해석이 잘못되었으며 『시』의 구절과도 무관하다고 했다.
250 『四部叢刊』本에는 '卬'으로 되어 있으나 戴震은 『광아』와 조헌의 『광아음석』에 의거해 '印'이라고 했다. 王念孫은 戴震을 따랐으며, 盧文弨와 錢繹은 戴震을 따르지 않고 '卬'이 오류가 아니라고 했다.
251 王念孫은 '作' 다음에 '也'를 보충하였다.

曰印, 吳曰厲.

여厲와 인印은 하다(위爲)의 뜻이다.【『이아』에 "숙俶·여厲는 하다(작作)의 뜻"이라고 한다. 작作은 바로 위爲다】 구甌 월越에서는 인印이라고 하고, 오吳에서는 여厲라고 한다.

방언소증

案'印'各本訛作'卬', 今訂正. 『廣雅』: "厲·印, 爲也.[253]" 義本此. 曹憲『音釋』: 印, 於信反. 『爾雅』: "厲, 作也.[254]" 郭「注」引『穀梁傳』: "始厲樂矣."[255] 「疏」全引『方言』此條, '印'亦訛作'卬', 餘並同.

'인印'은 여러 판본에 '앙卬'으로 잘못되어 있다. 지금 이것을 바로잡는다. 『광아』에서 "려厲와 인印은 하다(위爲)의 뜻"이라고 했다. 의미는 여기에서 근거하였다. 조헌의 『광아음석』에 인印의 음은 어신반於信反이라고 했다. 『이아』에서 "여厲는 하다(작作)의 뜻"이라고 했다. 곽박「주」에서는 『곡량전』을 인용하여 "음악을 연주하기 시작했다"고 했는데, 「소」에서는 『방언』의 이 조항을 전부 인용하였는데 역시 '인印'이 '앙卬'으로 잘못되어 있으며 나머지는 같다.

---

252 『爾雅·釋詁』: "淳·肩·搖·動·蠢·迪·俶·厲, 作也."
253 『廣雅·釋詁』: "取·厲·役·靡·僞·印·方, 爲也."
254 『爾雅·釋詁』: "淳·肩·搖·動·蠢·迪·俶·厲, 作也."
255 『春秋穀梁傳』 隱公五年: "初獻六羽, 始厲樂矣."

역해

① 厲[려] : 짓다. 만들다. 하다. 吳에서는 厲라고 함.
② 印[인] : 하다. 일하다. 甌越에서는 印이라고 함.
③ 爲[위] : 하다. 爲는 厲, 印의 풀이어휘.

방언 52

戱[①]・憚[②], 怒[③]也. 齊曰戱, 楚曰憚.

희戱와 탄憚은 화나다(노怒)의 뜻이다. 제齊에서는 희戱라고 하고, 초楚에서는 탄憚이라고 한다.

방언소증

案『廣雅』: "戱・憚, 怒也.[256]" 義本此. 『詩・大雅』: "逢天僤怒.[257]" 「毛傳」: "僤, 厚也." '僤'卽'憚', 釋爲怒. '僤怒', '超遠', '虔劉'連文, 皆二字義同.

『광아』에 "희戱・탄憚은 화나다(노怒)의 뜻"이라고 했는데, 의미는 여기에서 근거하였다. 『시경・대아』에 "때마침 하늘이 격분하였다"

256 『廣雅・釋詁』: "馮・齘・苛・嫳・嫛盈・戱・憚・忿・慍・譴・怖・漢・赫・頪・悖・恚・侫・娺・忯・訮・訶・唬・嘝・諸・訛・訠・呈・喤・譴・讀, 怒也."
257 『詩經・大雅・蕩之什・桑柔』: "我生不辰, 逢天僤怒."

라는 구절이 있는데, 「모전」에서 "탄僤은 두껍다(후厚)의 뜻"이라고 했다. '탄僤'은 바로 '탄憚'이며, 노怒(노하다. 화나다)로 풀이된다. 탄노僤怒, 초원超遠[258], 건류虔劉[259]는 모두 연이어 쓰며 두 글자의 의미가 같은 단어다.

역해

① 戲[희] : 노하다. 齊에서는 戲라고 함.
② 憚[탄] : 꺼리다. 미워하다. 楚에서는 憚이라고 함.
③ 怒[노] : 분노하다. 화내다. 怒는 戲, 憚의 풀이어휘.

방언 53

爰①·喛②, 恚③也.【謂悲恚也】楚曰爰, 秦晉曰喛, 皆不欲譍而強畣之意也.

원爰과 환喛은 화내다(에恚)의 뜻이다.【비에悲恚를 말한다】초楚에서는 원爰이라고 하고, 진秦 진晉에서는 환喛이라고 한다. 모두 응답하고 싶지 않지만 억지로 대답한다는 뜻이다.

---

258 『文選·騷下·楚辭·九歌·國殤』에 "平原忽路超遠"이라는 구절이 있는데, 超와 遠은 뜻이 같다.
259 虔劉는 모두 殺(죽이다)이란 뜻이다.

방언소증

案『廣雅』: "爰 · 喛, 愁也.[260]" 曹憲『音釋』云: "喛, 呼館 · 虎元二反." '虎元'據『玉篇』當作'虛元'.[261]

『광아』에 "원爰 · 환喛[262]은 근심하다(추愁)의 뜻"이라고 했다. 조헌의 『광아음석』에 "환喛은 호관반呼館反과 호원반虎元反이라는 두 가지 발음이 있다"고 했다. '호원虎元'은 『옥편』에 근거하면 '허원虛元'이 맞다.

역해

① 爰[원]: 속이다. 슬퍼하다. 억지로 응답하다. 楚에서는 爰이라고 함.
② 喛[환]: 슬퍼하여 성내다. 秦晉에서는 喛이라고 함.
③ 恚[에]: 분노하다. 원망하다. 恚는 爰, 喛의 풀이어휘.

방언 54

傁① · 艾②, 長老也. 東齊魯衛之間凡尊老謂之傁, 或謂之艾. 【『禮記』曰: "五十曰[263]艾"】 周晉秦隴謂之公③, 或謂之翁④. 南楚謂之父⑤, 或謂之父老⑥. 南楚瀑洭之間,【暴匡兩音. 洭水在桂陽】 母謂之媓⑦, 謂婦妣曰母姼⑧,【音多】 稱婦考曰父姼⑨.【古者通以考妣爲生存之稱】

260 『廣雅 · 釋詁』: "爰 · 喛 · 慍 · 愁, 恚也."

261 『玉篇』 口部: "喛, 呼亂切. 又虛元切. 喛呼. 又喛哀也."

262 爰과 · 喛은 슬프거나 비분한 상태에서 응하고 싶지 않지만 억지로 응하는 소리를 말한다.

263 『四部叢刊』本에는 '爲'라고 되어 있으나, 戴震은 '曰'이라고 했다

수傻·애艾는 나이가 많은 늙은이다. 동제東齊 노魯 위衛에 걸친 지역에서는 노인을 존경하여 수傻라고 하거나, 혹은 애艾라고 한다.【『예기』에 "50세가 되면 애艾라고 한다"고 했다】 주周 진晉 진秦 농隴 지역에서는 공公이라고 하거나, 혹은 옹翁이라고 한다. 남초南楚에서는 부父라고 하거나, 혹은 부로父老라고 한다. 남초南楚 폭瀑 광洭【음은 폭광暴匡이다. 광수洭水는 계양桂陽에 있다】에 걸친 지역에서는 모친을 황媓이라고 하고, 아내의 어머니를 모제母姼【음은 다多다】라고 부르며, 아내의 아버지를 부제父姼라고 부른다.【옛날 사람들은 모두 고비考妣[264]를 생존 시의 호칭으로 삼았다】

방언소증

案'傻'本作'叜'. 『說文』云: "老也.[265]" 俗通作'叟'. 『孟子』: "王曰叟." 趙岐「注」云: "叟, 長老之稱也. 猶父也." 『史記·馮唐列傳』: "文帝輦過, 問唐曰: '父老何自爲郎.'[266]" 後又曰: "父知之乎.[267]" 『廣韻』引『方言』: "南楚人謂婦妣曰母姼.[268]" 『廣雅』: "傻·艾, 長老也."[269], "翁·叜, 父也."[270], "媓, 母也."[271], "妻之父謂之父姼, 妻之母謂之母姼.[272]" 皆本此.

---

264 考는 아버지고, 妣는 어머니다.

265 『說文解字』 又部: "叜, 老也. 從又從灾. 闕. 㝅, 籒文從寸. 傻, 叜或從人."

266 『史記·馮唐列傳』: "文帝輦過, 問唐曰: 父老何自爲郎? 家安在?"

267 『史記·馮唐列傳』: "今吾每飯, 意未嘗不在鉅鹿也. 父知之乎?"

268 『廣韻』 上聲: "姼, 『方言』云: 南楚人謂婦妣曰母姼也."

269 『廣雅·釋詁』: "耇·梨·傻·艾·耆·長·叡·耉·期·頤, 老也."

270 『廣雅·釋親』: "翁·公·叜·爸·爹·奢, 父也."

271 『廣雅·釋親』: "媓·妣·毑·婢·嬭·媪·姐, 母也."

272 『廣雅·釋親』: "妻之父謂之父姼, 妻之母謂之母姼."

'수傁'는 원래 '수叜'로 썼다. 『설문해자』에서 "늙은이(노老)"라고 했다. 일반적으로 모두 '수叟'로 썼다. 『맹자』에 "왕왈수王曰叟"라고 했는데, 조기의 「주」에서 "수叟는 나이가 많은 사람을 부르는 호칭이며, 아버지와 비슷하다"고 했다. 『사기·풍당열전』에 "문제가 수레를 타고 지나가며 당唐에게 묻기를 '부로父老는 어찌하여 스스로 랑郎이라고 하는가'라고 했다." 후에 또 말하기를 "어르신께서는 그것을 아는가"라고 했다. 『광운』에서는 『방언』을 인용해서 "남초 사람은 아내를 비妣라고 한다"고 했다. 『광아』에 "수傁·애艾는 나이가 많은 사람이다", "옹翁·수叜는 부父(부친)다", "황媓은 모母(어미)다", "아내의 부친은 부제父姼라고 부르고, 아내의 모친을 모제母姼라고 부른다"고 했는데, 모두 여기에서 근거하였다.

역해

① 傁[수]: 늙은이. 노인. 주로 남자를 이름. 叟와 같음. 東齊魯衛之間에서는 어른을 존경하여 傁라고 함.

② 艾[애]: 늙다. 연로하다. 노인. 東齊魯衛之間에서는 어른을 존경하여 또 艾라고도 함.

③ 公[공]: 尊長에 대한 경칭. 周晉秦隴에서는 公이라고 함.

④ 翁[옹]: 늙은 남자의 자칭. 남자 노인. 周晉秦隴에서는 또 翁이라고도 함.

⑤ 父[부]: 아버지. 나이 많은 남자(男子)에 대한 경칭(敬稱). 南楚에서는 父라고 함.

⑥ 父老[부로]: 한 동네에서 나이가 많은 남자(男子) 어른. 南楚에서는 또 父老라고도 함.

⑦ 媓[황]: 어머니. 南楚瀑洭之間에서는 어머니를 媓이라고 함.

⑧ 母姼[모제]: 장모. 南楚瀑洭之間에서 아내의 어머니를 母姼라고 함.

곽박 「주」에 奓의 발음은 多라고 했는데, 이에 근거한 상고음은 [*tar]이다.

⑨ 父奓[부제] : 장인. 南楚瀑洭之間에서 아내의 아버지를 父奓라고 함.

방언 55

巍① · 嶢② · 崝③ · 嶮④, 高⑤也.【嶕嶢 · 崝嶸, 皆[273]高峻之貌也.】

외巍 · 요嶢 · 쟁崝 · 험嶮은 높다(고高)의 뜻이다.【초요嶕嶢 · 쟁영崝嶸은 모두 높고 험한 모습이다】

방언소증

案'崝'亦作'崢'. 張衡「思玄賦」: "蹈玉階之嶢崢.[274]" 李善「注」引『方言』: "嶢崢, 高貌也." 張協「七命」: "爾乃嶢榭迎風.[275]" 「注」引『方言』: "嶢, 高也." 班固「西都賦」: "金石崢嶸.[276]" 又「七命」: "陟崢嶸.[277]" 「注」並引『方言 · 注』: "崢嶸, 高峻也." 『廣雅』: "嶕嶢, 高也.[278]"「注」內各本脫'皆'字, 曹毅之本有.

---

273 『四部叢刊』本에는 '皆'가 빠졌으나 戴震은 曹毅之 本에 근거하여 보충하였다.

274 『文選 · 賦辛 · 思玄賦』: "勔自强而不息兮, 蹈玉塔之嶢崢."

275 『文選 · 七下 · 七命』: "爾乃嶢榭迎風, 秀出中天."

276 『文選 · 賦甲 · 西都賦』: "巖峻崷崒, 金石崢嶸."

277 『文選 · 七下 · 七命』: "於是構雲梯, 陟崢嶸."

278 『廣雅 · 釋詁』: "巉巖 · 岑崟 · 巑岏 · 嶕嶢 · 阢 · 嵬 · 嵯峩 · 顡顯 · 嶚 · 巢 · 陗 · 搋 · 卲 · 亢 · 喬 · 厲 · 尊 · 極 · 競 · 弻 · 尙 · 崪, 高也."

'쟁崝'은 '쟁崢'으로 쓰기도 한다. 장형의 「사현부」에 "계단을 밟아 오르는데 높고도 높다"라는 구절이 있는데, 이선의 「주」에서는 『방언』을 인용하여 "요쟁嶢崢은 높은 모습"이라고 했다. 장협의 「칠명」에 "그대는 높은 정자에서 바람을 맞고 있다"라는 구절이 있는데, 「주」에서는 『방언』을 인용해서 "요嶢는 높다(고高)의 뜻"이라고 했다. 반고의 「서도부」에 "금석이 기묘하고 높고 험준하다"는 구절이 있으며, 또 「칠명」에 "산세가 가파르고 높고 험준하다"라는 구절이 있는데, 「주」에서는 모두 곽박의 『방언 · 주』를 인용하여 "쟁영崢嶸은 높고 험준하다(고준高峻)의 뜻"이라고 했다. 『광아』에서 "초요嶕嶢는 높다(고高)의 뜻"이라고 했다. 여러 판본의 「주」에는 "개皆"가 빠져있지만 조의지 본에는 있다.

역해

① 巍[외] : 높다. 높고 크다.
② 嶢[요] : 높은 모양.
③ 崝[쟁] : 높고 가파르다.
④ 嶮[험] : 높고 가파른 모양. 지세가 험준하다.
⑤ 高[고] : 높다. 高는 巍, 嶢, 崝, 嶮의 풀이어휘.

방언 56

猒① · 塞②, 安③也.【物足則定[279]】

279 『四部叢刊』本에는 '定'이라고 되어 있으나 周祖謨는 『玉篇』에 근거하여 '安'으로 고쳤다.

염猒・색塞은 편안하다(안安)의 뜻이다.【물건이 족하면 안정된다(定)라고 한다】

방언소증

案陸機「辯亡論」: "洪規遠略, 固不猒夫區區者也.[280]" 李善「注」云: "『方言』: '猒, 安也.' 於豔反." '猒''猒', 古通用, 亦作'懕'. 『說文』云: "安也.[281]" 『爾雅・釋訓』: "懕懕, 安也."[282] 『廣雅』: "懕・寒, 安也."[283] 義本此. 曹憲『音釋』: "懕, 一占反."

육기의 「변망론」에 "큰 계획과 원대한 책략이 실로 불안하다"라는 구절이 있는데, 이선의 「주」에서는 "『방언』에서 염猒은 편안하다(안安)의 뜻이라고 했다. 음은 어염반於豔反"이라고 했다. '염猒'과 '염猒'은 옛날에 통용되었으며 '염懕'이라고 쓰기도 한다. 『설문해자』에서 "편안하다(안安)의 뜻"이라고 했다. 『이아・석훈』에서 "염염懕懕은 편안하다(안安)의 뜻"이라고 했다. 『광아』에 "염懕・색寒은 편안하다(안安)의 뜻"이라고 했다. 의미는 여기에서 근거하였다. 조헌의 『광아음석』에 "염懕은 음이 일점반一占反"이라고 했다.

역해

① 猒[염]: 편안하다. 안온하다.

---

280 『文選・論三・辯亡論(下)』: "洪規遠略, 固不猒夫區區者也."

281 『說文解字』 心部: "懕, 安也. 從心猒聲. 『詩』曰: 懕懕夜飮."

282 『爾雅・釋訓』: "懕懕・媞媞, 安也."

283 『廣雅・釋詁』: "虞・宴・鎭・撫・慰・怗・懕・寒・宓・毒・嘆・湛・抑・倓・便・瘱・眯・佅・幹・焉・媞・尼・竫・瘖・隱・集・息, 安也."

② 塞[색] : 안정되다.

③ 安[안] : 편안하다. 安은 猒, 塞의 풀이어휘.

방언 57

倰①【音菱[284]】・㥔②【亡主反】, 憐③也.

능倰【음은 릉菱이다】・무(모)㥔【음은 망주반亡主反이다】는 가엾게 생각하다(련憐)의 뜻이다.

방언소증

案'倰'已見前卷一內.[285] 『說文』云 : "㥔, 撫也. 讀若侮."[286] 『廣雅』: "倰・㥔, 哀也."[287] 義本此.

'능倰'은 이미 제1권에 나왔다. 『설문해자』에서 "무(모)㥔는 어루만지다(무撫)의 뜻이다. 모侮처럼 읽는다"고 했으며, 『광아』에서 "능倰・무(모)㥔는 불쌍히 여기다(애哀)의 뜻"이라고 했는데, 그 의미는 여기에서 근거하였다.

---

284 『四部叢刊』本에는 '淩'이라고 되어 있으나, 戴震은 '菱'이라고 했다.

285 『方言』 제1권의 7번 항목을 참조할 것.

286 『說文解字』 心部 : "㥔, 撫也. 從心某聲, 讀若侮."

287 『廣雅・釋詁』: "倰・憮・矜・悼・憐・悫, 哀也."

역해

① 倰[릉] : 가엾이 여기다. 곽박 「주」에 발음은 菱이라고 했는데, 이에 근거한 상고음은 [*ljə ŋ]이다.
② 憮무(모)] : 불쌍해하다. 어여삐 여기다. 곽박 「주」에 발음은 亡主反이라고 했는데, 이에 근거한 상고음은 [*mjəgx]이다.
③ 憐[련] : 불쌍히 여기다. 憐은 倰, 憮의 풀이어휘.

방언 58

掩① · 翳②, 薆也③.【謂蔽薆也. 『詩』曰 : "薆而不見." 音愛】

엄掩과 예翳는 숨기다(애薆)의 뜻이다.【덮어 숨기다(폐애蔽薆)를 말한다. 『시경』에 "숨겨서 보이지 않는다"고 했다. 음音은 애愛다】

방언소증

案「月令」: "處必掩身."[288] 鄭「注」云 : "掩猶隱翳也." 左思「詠史詩」: "歸來翳負郭."[289] 李善「注」引『方言』: "翳, 薆也." 幷「注」. 『爾雅 · 釋木』: "蔽者, 翳."[290] 郭「注」云 : "樹蔭翳覆地者." 「釋言」: "薆, 隱也.[291]" 「注」云 : "謂隱蔽." 「離騷」: "衆薆然而蔽之."[292] 洪興祖『補注』引『方言』此

288 『禮記 · 月令』: "君子齊戒, 處必掩身, 毋躁."
289 『文選 · 詩丁 · 詠史詩』: "陳平無產業, 歸來翳負郭."
290 『爾雅 · 釋木』: "蔽者, 翳."
291 『爾雅 · 釋言』: "薆, 隱也."
292 『文選 · 騷上 · 離騷』: "何瓊佩之偃蹇兮, 衆薆然而蔽之."

條注文, 訛作‘謂薆蔽也’. ‘薆’亦通用‘僾’. 『說文』云 : “仿佛也.”[293] 引『詩』 : “僾而不見.” 今『毛詩』作‘愛’, 古字假借通用. 薆而猶隱然, ‘而’‘如’‘若’‘然’, 一聲之轉.

『예기 · 월령』에 “집에 있어도 몸을 노출해서는 안 되며 가려야 한다”라는 구절이 있는데, 정현의 「주」에 “엄掩은 가리다(隱翳)의 뜻”이라고 했다. 좌사의 「영사시」에 “돌아와서 부곽負郭에 숨다”라는 구절이 있는데, 이선의 「주」에서는 『방언』을 인용해서 “예翳는 숨기다(애薆)의 뜻”이라고 했다. 그리고 아울러 『이아 · 석목』의 “폐蔽는 숨기다. 감추다. 가리다. 덮다(예翳)의 뜻”이라는 말이 있는데, 곽박 「주」에서는 “나무 그늘이 짙어서 땅을 덮는 것”이라고 했다. 『이아 · 석언』에서 “애薆는 숨기다(은隱)의 뜻”이라고 했다. 「주」에서는 “은폐隱蔽를 말한다”고 했다. 『초사 · 이소』에 “사람들이 오히려 그의 광채를 가리려고 한다”라는 구절이 있는데, 홍흥조 『초사보주』에서는 『방언』의 이 조항을 인용하였지만 “위애폐야謂薆蔽也”라고 잘못 인용했다. ‘애薆’는 또 ‘애僾’와 통용된다. 『설문해자』에서는 “마치 ~같다, 흡사하다(仿佛)의 뜻”이라고 했으며, 『시경』을 인용하여 “가려서 보이지 않는다”고 했다. 오늘날의 『모시』에는 ‘애愛’로 되어 있는데 이는 옛 글자가 가차 통용된 것이다. 애이薆而는 은연隱然과 같으며, ‘이而’, ‘여如’, ‘약若’, ‘연然’은 일성지전一聲之轉이다.

역해

① 掩[엄] : 가리다. 덮다.

---

293 『說文解字』 人部 : “僾, 仿佛也. 從人愛聲. 『詩』曰 : 僾而不見.”

② 翳[예] : 숨기다. 감추다. 가리다. 덮다.

③ 薆[애] : 가리다. 숨기다. 薆는 掩, 翳의 풀이어휘. 곽박 「주」에 발음은 愛라고 했는데, 이에 근거한 상고음은 [*ʔədh]다.

방언 59

佚婸①[294]【跌唐兩音】, 婬②[295]也.

질탕佚婸【이 두 글자의 음은 질당跌唐이다】은 음탕하다(음婬)의 뜻이다.

방언소증

案'佚'亦通'劮'. 『廣雅』: "劮婸, 婬也.[296]" 本此. 曹憲『音釋』: "劮, 音逸", "婸, 大朗反." 『說文』: "婬, 私逸也.[297]" 『廣韻』'婸'[298]與'蕩'[299]同音, 云: "淫戲貌." 又'泆'[300]與'跌'[301]同音, 云: "泆蕩." '佚'與'泆''逸', 古皆通用. '婸'與'蕩'通用, '婬'與'淫'通用. '佚'從此注音'跌'. 婸, 從曹憲"大朗反". '佚婸'二字乃雙聲, 卽泆蕩也. 又'跌踼', 『廣雅』云: "行失正."[302] 踼

294 『四部叢刊』本에는 '惕'으로 되어 있으나 戴震은 '婸'으로 고쳤으며, 王念孫과 盧文弨는 '惕'이라고 했고, 劉台拱과 華學誠은 盧文弨의 견해를 따랐다.

295 『四部叢刊』本에는 '綅'으로 되어 있으나 戴震은 '婬'으로 고쳤다.

296 『廣雅·釋詁』: "夸·烝·通·媱·窕·劮婸·報, 婬也."

297 『說文解字』 女部: "婬, 私逸也. 從女㸒聲."

298 『廣韻』 上聲: "婸, 淫戲皃."

299 『廣韻』 上聲: "蕩, 大也. 又水名出湯陰. 又姓. 宋之公族也."

300 『廣韻』 入聲: "佚, 佚樂."

301 『廣韻』 入聲: "跌, 跌踼. 又差跌也."

302 『廣韻』 去聲: "踼, 跌踼, 行失正. 又音唐."

音宕.‘唐’與‘蕩’‘宕’雖有平上去之異, 本屬一聲輕重. 若佚音逸, 則‘佚婸’不連讀, 亦皆淫逸之義. 各本‘婸’訛作‘惕’, ‘婬’訛作‘緩’, 今據『廣雅』訂正.

‘일佚’은 ‘일劮’과 통한다. 『광아』에서 “일탕劮婸은 음탕하다(음婬)의 뜻”이라고 했다. 여기에서 근거하였다. 조헌의 『광아음석』에 “일劮은 음이 일逸이다”, “탕婸은 대랑반大朗反”이라고 했다. 『설문해자』에서 “음婬은 사사로이 달아나다(私逸)의 뜻”이라고 했다. 『광운』에 ‘탕婸’과 ‘탕蕩’은 동음이며, “음탕하게 노는 모습”이라고 했다. 또 ‘일佚’과 ‘질跌’은 동음이며, “일탕泆蕩”이라고 했다. ‘일佚’과 ‘일泆’, ‘일逸’은 옛날에는 통용되었으며, ‘탕婸’과 ‘탕蕩’은 통용되었다. ‘음婬’과 ‘음淫’은 통용되었다. ‘일佚’은 이 주에 따라 음이 ‘질跌’이다. 탕婸의 음은 조헌의 ‘대랑반大朗反’을 따른다. ‘일탕佚婸’ 두 글자는 쌍성이며, 바로 일탕泆蕩이다. 또 ‘질탕跌踢’에 대해 『광아』에서는 “행동이 바르지 않다”라고 했다. 척踢의 음은 탕宕이다. ‘당唐’과 ‘탕蕩’, ‘탕宕’은 성조의 차이가 있기는 하지만 원래 같은 성모의 경중의 차이에 속한다. 만약 일佚의 음音이 일逸이라면 ‘일탕佚婸’은 연이어 읽을 수 없다. 모두 음탕하다는 뜻이다. 여러 판본의 ‘탕婸’은 ‘탕惕’으로 잘못되어 있으며 ‘음婬’은 ‘환緩’으로 잘못되어 있다. 지금 『광아』에 근거해 바로잡는다.

역해

① 佚惕[질탕] : 초탈하여 구속됨이 없음. 제멋대로 하여 절제가 없음. 곽박 「주」에 발음은 각각 跌, 唐이라고 했는데, 이에 근거한 상고음은 [*dit], [*daŋ]이다.

② 婬[음] : 음탕하다. 음란하다. 婬은 佚婸의 풀이어휘.